Udo Achten

Mehr Zeit für uns

Dokumente und Bilder zum Kampf um die Arbeitszeitverkürzung

unter Mitarbeit von
Gerhard Bäcker und Reinhard Bispinck

Bund-Verlag

Umschlagentwurf und Graphische Gestaltung: bild-werk, Dortmund
Titelbild: 35 Stunden sind genug! von Gertrude Degenhardt,
Tempera auf Holz 1979, 40 x 60 cm, als Plakatdruck 65 x 96 cm,
Büchergilde Gutenberg
Lektorat: Gunther Heyder
Herstellung: Heinz Biermann
Satz: ICS Computersatz GmbH, Bergisch Gladbach
Druck: Carl Ueberreuter, Wien
ISBN 3-7663-0846-7
Printed in Austria 1984

15. Nov. 1918	Gewerkschaften und Unternehmer beschließen in der Zentralarbeitsgemeinschaft eine regelmäßige achtstündige Arbeitszeit. In Bergwerken wird die 7-Stunden-Schicht bei Untertagearbeit eingeführt.
23. Nov. 1918	Der achtstündige Höchstarbeitstag wird für Arbeiter eingeführt.
12. März 1919	Der achtstündige Höchstarbeitstag wird für Angestellte eingeführt.
1922	Arbeitskampf der süddeutschen Metallarbeiter zur Verteidigung des frühzeitigen Arbeits-Endes am Samstagnachmittag (46-Stunden-Woche). Der Kampf geht für die Gewerkschaften verloren.
1923	Die schon einmal verlängerte Demobilisierungsverordnung über den 8-Stunden-Tag läuft am 23. November 1923 aus.
21. Dez. 1923	Arbeitszeitordnung erkennt den 8-Stunden-Tag grundsätzlich an – doch durch Ausnahmebestimmungen wird der 10-Stunden-Tag ermöglicht.
Dez. 1923	Kampf um die Verteidigung des 8-Stunden-Tages gegen die Metallindustriellen in Nordrhein-Westfalen. 500 000 stehen im Arbeitskampf.
13. Febr. 1924	Verordnung über die Arbeitszeit in Krankenpflegeanstalten.
Mai 1924	Arbeitskampf im Ruhrbergbau. Die 7-Stunden-Schicht für Untertagebau wird weitgehend aufgehoben.
1925	Der ADGB-Kongreß beschließt, einen Volksentscheid über den gesetzlichen 8-Stunden-Tag durchzuführen.
16. Juli 1927	Ratifizierung des Washingtoner Abkommens, mit dem die Arbeitszeit in den verschiedenen Ländern auf acht Stunden begrenzt wird, das Abkommen soll die Wettbewerbsbedingungen vereinheitlichen.
1931	Der ADGB fordert einen Umbau der Wirtschaft und eine Wochenarbeitszeit von 40 Stunden. Die Normalarbeitszeit beträgt noch 48 Stunden, wenn man nicht zum großen Heer der Kurzarbeiter oder Arbeitslosen gehört.
1. Juni 1933	Gesetz zur Verminderung der Arbeitslosigkeit. Die Arbeitszeit bei Notstandsarbeit wird bei einem Hungerlohn auf 40 Stunden die Woche begrenzt.
26. Juli 1934	Neufassung der Arbeitszeitverordnung vom 23. Dezember 1923.
29. Juni 1936	Gesetz über die Arbeitszeit in Bäckereien und Konditoreien läßt wieder einen Arbeitsbeginn morgens um 4 Uhr zu.
1938	Neufassung der Arbeitszeitordnung. 8-Stunden-Tag bleibt auf dem Papier die Regel – zwei Stunden täglich können zuschlagpflichtig genehmigt werden.
1. Sept. 1939	Verordnung zur Abänderung und Ergänzung von Vorschriften auf dem Gebiet des Arbeitsrechts. Arbeitsschutzbestimmungen werden aufgehoben und den Bedürfnissen einer Kriegswirtschaft angepaßt.
1. Mai 1955	Im DGB Aktionsprogramm wird die 5-Tage-Woche mit 40 Arbeitsstunden und bei vollem Lohnausgleich gefordert. „Samstags gehört Vati mir".
1. Okt. 1956	„Bremer Abkommen" für die Metallindustrie. Verkürzung der Arbeitszeit von 48 auf 45 Wochenstunden bei vollem Lohnausgleich.
1965	Für die Druckindustrie wird die tariflich vereinbarte 40-Stunden-Woche wirksam.
1967	Nach zweimaliger Verschiebung zugunsten einer Lohnerhöhung tritt die letzte Stufe zur 40-Stunden-Woche in der Metallindustrie in Kraft.
1975	Die 40-Stunden-Woche wird auch im öffentlichen Dienst wirksam.
1977	Auf dem Gewerkschaftstag der IG Metall in Düsseldorf wird die 35-Stunden-Woche gefordert.
1978/79	Arbeitskampf für die 35-Stunden-Woche in der Stahlindustrie. Sechs Wochen Urlaub und Freischichten für Arbeiter im Schichtbetrieb werden vereinbart.
1982	Der IG Metall Vorstand erklärt die 35-Stunden-Woche zum vorrangigen Ziel der Tarifpolitik.

Inhaltsverzeichnis

Der verlängerte Arbeitstag

Zeichnung von Hans Baluschek

„Ich kann nicht mehr, Kinder!"
„. . . ."
„Die Tage machen sie uns länger, aber das Leben kürzer . . ."

Einleitung

Der Kampf um Verkürzung der Arbeitszeit ging, sehen wir einmal von der Kurzarbeit ab, immer von der Arbeiterbewegung aus. Der Heißhunger der Unternehmer nach Mehrarbeit war unersättlich, der Arbeitstag des Arbeiters unmenschlich lang. Die Kämpfe um Arbeitszeitverkürzungen sind ein Spiegelbild der Entwicklungsgeschichte der Arbeiterorganisationen selbst.

Die Beschäftigung mit Geschichte ist kein Selbstzweck, vielmehr schließt jede historische Betrachtung immer ein aktuelles Erkenntnisinteresse ein und leistet Orientierungshilfe für zeitgemäße Strategien. Von daher ist es nicht zufällig, daß dieses Buch über die Geschichte der Arbeitszeitverkürzung in dem Augenblick erscheint, in dem die Gewerkschaften im Kampf um die 35-Stunden-Woche stehen.

Es ist nicht möglich, diesen Kampf bis in alle Verästelungen nachzuzeichnen, das heißt, eine umfassende Geschichte der Gewerkschaften und der Arbeiterparteien zu schreiben. Vielmehr kommt es darauf an, die Vielfältigkeit und die Härte des Kampfes zu zeigen, um die heutige Auseinandersetzung besser beurteilen zu können. Eine Schwierigkeit, die immer bei solchen Arbeiten entsteht, ist die Einbeziehung der jeweiligen Lage der arbeitenden Menschen wie auch der politischen Kräfteverhältnisse. Es besteht die Gefahr, vom eigentlichen Thema abzukommen.

Jürgen Kuczynskis Einwand scheint mir durchaus berechtigt zu sein, wenn er schreibt: „In den Klassenkämpfen, wie wir sie schildern, wird noch vielfach die ganze Aufmerksamkeit auf die Seite der Unterdrückten konzentriert, so daß es auf dem Schlachtfeld gewissermaßen nur eine Klasse zu geben scheint, die kämpft. Wie aber sollen ihre Taktik und ihre Strategie richtig verstanden werden können, wenn die ihrer Feinde nur oberflächlich, falls überhaupt, dargestellt wird?" (Jürgen Kuczynski, Geschichte des Alltags des Deutschen Volkes, Bd. 1, Seite 13, Köln 1980).

In der vorliegenden Arbeit soll dem u. a. durch die Aufnahme von einer Kaiserrede und Unternehmerstellungnahmen Rechnung getragen werden.

Der Kampf um die Arbeitszeitverkürzung ist oft wenig spektakulär. Mehr Pausen, Urlaub, Einschränkungen der Arbeitszeit für bestimmte Personengruppen, Nachtarbeitsverbot für Frauen und Kinder, Nachtbackverbot, all das sind die kleinen Kämpfe, die geschlagen wurden und noch immer geführt werden müssen. Das Streiten gegen eine Intensivierung der Arbeit und für Rationalisierungsschutzabkommen sind Folgeschlachten, die, wenn sie nicht zum Erfolg führen, auch Arbeitszeitverkürzungen nicht in vollem Umfang wirksam werden lassen. Hinzu kommt, daß es kaum gewerkschaftliche Erfolge gibt, die auf Dauer gesichert sind – stündlich müssen sie neu verteidigt werden. Jeder Betriebsrat kennt das Problem der Überstunden, mit denen die Arbeitszeit immer weiter ausgeweitet wird.

Für die Gewerkschaft geht es dabei immer um das Problem, daß sie unter einem Erfolgszwang steht – jedoch, wenn Siege errungen werden, diese schon nach kurzer Zeit als selbstverständlich hingenommen werden. Gerade bei dem Kampf um Arbeitszeitverkürzung verbinden sich die kleinen und großen Kämpfe, z. B. der Kampf um eine gesetzliche Beschränkung der Arbeitszeit mit dem Kampf um fünf Minuten bezahlte Pause bei Fließbandarbeit. So soll in der vorliegenden Dokumentation auch ein Beitrag zur Geschichte des alltäglichen Kampfes geleistet werden.

„Auch wird so oft nicht beachtet, daß es gewissermaßen zwei Arten von Klassenkämpfen gibt; die großen Schlachten und den alltäglichen Kampf. (. . .) Es ist gewissermaßen nur von den Fest- oder Trauertagen der Unterdrückten die Rede, von großen Klassenkämpfen. Der Alltag des Klassenkampfes wird ungenügend beachtet." (Jürgen Kuczynski, Geschichte des Alltags des Deutschen Volkes, Bd. 1, S. 13, Köln 1980.)

In der geschichtlichen Betrachtung bieten sich immer gleichzeitig Vergleiche an und schließen sich aus, da sich im vergangenen Zeitraum die Produktivkräfte weiterentwickelt und politische Konstellationen verändert haben. Und trotzdem, die Parallelen sind oft verblüffend. Auch wenn sich diese Probleme hinter unterschiedlichen Worten verbergen. Heute ist es die flexible Arbeitszeit, die von den Unternehmern gefordert wird, und sind es die „produktionshemmenden Schutzgesetze" (Jugendarbeitsschutzgesetz), die außer Kraft gesetzt werden sollen. In der Weimarer Republik hingegen zielte die Unternehmerargumentation auf die Beseitigung des „schematischen" 8-Stunden-Tages.

Immer wieder entdecken dann Konservative die soziale Frage neu, obwohl sie doch schon sehr alt ist; lösen wollen und können sie sie aber nicht, weil es ihre ökonomischen Privilegien in Frage stellen würde.

Um sich das Schicksal der arbeitenden Menschen in den jeweiligen Epochen besser vorstellen zu können, ist es nötig, konkrete Lebensschilderungen zu lesen. Deren Aufnahme hätte die vorliegende Arbeit jedoch gesprengt. Die Zusammenstellungen von Kürbisch „Und lebten nie wie Kinder" und Emmerich „Proletarische Lebensläufe" helfen da weiter.

Daß sich das vorliegende Buch in erster Linie an Gewerkschafterinnen und Gewerkschafter wendet, ist bei der Gestaltung besonders berücksichtigt worden. Die Illustrationen sind hier weit mehr als bloße Leseanreize. Was bei Darstellungen in anderen wissenschaftlichen Disziplinen – wie Medizin, Geographie usw. – durchaus üblich ist, bildet bei Historikern die Ausnahme. Das Bild wird hier meist nicht als Quelle, sondern allenfalls als Beiwerk, als Illustration benutzt. Obwohl manchmal überhaupt keine andere Quelle vorhanden ist. So wird beispielsweise die Kleidung eines Bauern von vor 200 Jahren anhand einer alten Darstellung beschrieben, weil keine anderen Quellen mehr vorhanden sind, ohne das Bild selbst zu veröffentlichen. Sicher sind dafür auch Kostengründe ausschlaggebend, die, will man nicht auf Bilder verzichten, zum Kostenhemmnis werden, das einer größeren Verbreitung entgegensteht. Bei dem Bild als historischem Dokument wurde jedoch, was Größe und Farbe betrifft, auf eine originalgetreue Reproduktion verzichtet.

Das vorliegende Buch entstand parallel zu einer Dokumentationsausstellung der IG Metall „Damit wir heute und morgen mehr Arbeit haben". Für die Unterstützung bei der Ausstellung und des Buches danke ich den Kolleginnen und Kollegen vom IG Metall- und DGB-Archiv sowie dem Kollegen Wedde vom Archiv der Sozialen Demokratie.

Insbesondere danke ich den Kollegen Gerhard Bäcker und Reinhard Bispinck vom WSI, die den aktuellen Teil zur 35-Stunden-Woche (S. 210 ff.) verfaßt haben.

Udo Achten

Der Arbeitstag ist grenzenlos

Über die Arbeitszeit im Altertum liegen uns keine verläßlichen Zahlen vor. Zum erster Male wird bei großen Bauvorhaben, wie in Babylon, von einem siebenten Ruhetag gesprochen, auf den sich die Gottesverehrung konzentriert. Der jüdische Sabbat wird von einigen auch als eine Einrichtung angesehen, die zur Schonung der menschlichen Arbeitskraft eingeführt wurde (Handwörterbuch der Staatswissenschaften, herausgegeben von Elster u. a., Band 1, Jena 1923).

Bergordnung Joachimstal

Der Arbeitstag der selbständigen Bauern und Handwerker im Mittelalter reicht von Sonnenaufgang bis Sonnenuntergang. Verschiedene häusliche Tätigkeiten kommen hinzu (Dok. 1). Die umfangreiche Arbeit sowohl im Sommer als auch Winter wird durch die verschiendensten Feste unterbrochen. Die Arbeitsintensität führt nicht zu der totalen Verausgabung der Kräfte, die wir aus der Frühzeit der Industrialisierung kennen. Lehrlinge und Gesellen im Handwerk gehören zur häuslichen Gemeinschaft. Durch eine Ausweitung und Mechanisierung der Produktion sind die Gesellen immer weniger· „Meister in Wartestellung". Auf drei bis fünf Gesellen kommt nur noch eine Meisterstelle, die alten Zünfte lösen sich langsam auf. Zusammen mit den nicht mehr leibeigenen Landarbeitern bilden die Gesellen das Proletariat, das in den Städten entsteht. Daß diese Zeit nicht nur aus einer ländlichen Idylle besteht, belegt Jürgen Kuczynski differenziert in seiner Geschichte des Alltags des deutschen Volkes. Was Arbeit, Kleidung und Ernährung anbelangt, besteht unter der breiten Bevölkerung ein erheblicher Unterschied. Es ist etwas wesentlich anderes, Geselle in der Stadt, freier Bauer oder Leibeigener zu sein.

Mitte des vorigen Jahrhunderts setzt auch in Deutschland die Industrialisierung voll ein. Neue Verkehrswege und große Produktionsanlagen entstehen. Immer mehr Menschen arbeiten in Fabriken. Für sie ist die Sonne nur durch Fabrikfenster zu sehen. Zwölf- bis 16stündige Arbeitszeit am Tage, und das siebenmal in der Woche, ist normal. Der Einsatz von Maschinen macht in bestimmten Bereichen schwere Muskelarbeit überflüssig. Das ist eine Voraussetzung, daß selbst schon Kinder im Alter von fünf und sechs Jahren in den Betrieben ausgebeutet werden. Weil der Lohn der Männer für die Ernährung der Familien nicht ausreicht, werden Kinder und Frauen mit in die Fabrikarbeit einbezogen und gleichzeitig als Lohndrücker mißbraucht. Die Lage der Kinder ist katastrophal, so daß sie, zum Jugendlichen herangereift, zum Militärdienst nicht brauchbar

Richard Dehmel

Der Arbeitsmann

Wir haben ein Bett, wir haben ein Kind.
Mein Weib!
Wir haben auch Arbeit, und gar zu zweit,
Und haben die Sonne und Regen und Wind,
Und uns fehlt nur eine Kleinigkeit,
Um so frei zu sein, wie die Vögel sind:
Nur Zeit.

Wenn wir sonntags durch die Felder gehen,
Mein Kind,
Und über den Ähren weit und breit
Das blaue Schwalbenvolk blitzen sehn:
O dann fehlt uns nicht das bißchen Kleid,
Um so schön zu sein, wie die Vögel sind:
Nur Zeit.

Nur Zeit! Wir wittern Gewitterwind,
Wir Volk.
Nur eine kleine Ewigkeit:
Uns fehlt ja nichts, mein Weib, mein Kind,
Als all das, was durch uns gedeiht,
Um so kühn zu sein, wie die Vögel sind —
Nur Zeit!

sind. Aus diesem Grunde wird auf Initiative der Militärbehörden 1839 das Regulativ über die Beschäftigung jugendlicher Arbeiter in den Fabriken erlassen, das schon ein Jahr später novelliert wird.

Nicht nur in der Industrie zeigt sich ein solch düsteres Bild. Bei den Heimarbeitern, die noch selbständig versuchen, gegen die große Industrie zu konkurrieren, verschlechtern sich die Verhältnisse immer mehr. Die großen Maschinen, die in den Händen weniger sind, werden als Ursache des sozialen Mißstandes angesehen. Sie gehören denen, die den Preis der Ware drücken, die man so mühselig in Heimarbeit hergestellt hat. Die ganze Wut entlädt sich in Aufständen, wie sie Heinrich Heine in dem Gedicht „Weberaufstand" beschreibt. Die Weberaufstände sind die Geburtsstunde der Arbeiterbewegung, auch wenn sie noch zum Teil hilflos, verzweifelnd ihre Wut gegen die Maschinen richten. Im Dienstleistungsbereich und in der Landwirtschaft sehen die Arbeitsverhältnisse nicht besser aus.

Die Freiheit des Arbeiters besteht darin, seine Arbeitskraft an den Besitzenden verkaufen zu müssen. „Die Arbeit ist aber die eigene Lebenstätigkeit des Arbeiters, seine eigene Lebensäußerung. Und diese Lebenstätigkeit verkauft er an einen Dritten, um sich die nötigen Lebensmittel zu sichern. Seine Lebenstätigkeit ist für ihn also nur ein Mittel, um existieren zu können. Er arbeitet, um zu leben." (Karl Marx, Dok. 2 u. 3.)

Der Kapitalbesitzer hat ein Interesse daran, daß der Arbeitstag für die Arbeitenden immer weiter ausgedehnt wird, weil dies die Quelle seines Reichtums ist. Aus der Arbeitskraft wird herausgeholt, was nur eben möglich ist. Der Lohn sichert kaum ein erträgliches Auskommen (Dok. 4). Überlange Arbeitstage müssen mit Krankheit und

Kesselschmiede

Krauss-Maffei, um 1850

frühem Tod bezahlt werden (Dok. 5). Die arbeitsfreie Zeit wird zur Nahrungsaufnahme und zum Schlafen verbraucht. Ein menschenwürdiges Leben gibt es weder bei der Arbeit noch danach.

Der Staat zieht einen Paragraphenwall um das bestehende Eigentum. Wer nichts zu verkaufen hat, steht als einzelner machtlos den Unternehmern gegenüber. Das staatliche Schutzgesetz, wie das preußische Regulativ zur Einschränkung der Kinderarbeit von 1839, ist nicht das Papier wert, auf dem es gedruckt ist (Dok. 6 u. 7). Die staatlichen Institutionen wollen sich nicht mit jenen Kräften der Industrie anlegen, auf die sie sich stützen. Trotzdem, das Regulativ ist der erste große Eingriff des Staates zur Regelung der Arbeitszeit, wenn auch nur für eine bestimmte Gruppe.

Eine organisierte Arbeiterbewegung, die auf Einhaltung und Aufbau von Schutzgesetzen drängen kann, entsteht erst langsam. Sie ist aber Voraussetzung dafür, daß Schutzgesetze auch verwirklicht werden. Die 1878 auf breiter Ebene eingesetzten Fabrikinspektoren sind durch ihre Abhängigkeit nicht in der Lage und oft auch nicht willens, sich für die Sozialschwachen einzusetzen. Manche liefern sogar noch Rechtfertigungsgründe für eine stärkere Ausbeutung (Dok. 8). Doch unter ihnen befinden sich auch Beamte, die durch ihre sachlichen, korrekten und objektiven Berichte die gesellschaftliche Situation erhellen.

Krauss-Maffei, um 1850

Arbeitszeit der Handwerksgesellen im Mittelalter

Dokument 1
Karl Frohme: Arbeit und Kultur. Eine Kombination naturwissenschaftlicher, anthropologischer, kulturgeschichtlicher und sozialpolitischer Studien, Hamburg 1905, S. 104–106.

Dasselbe ist zu sagen von der Behandlung der Fronarbeiter, der Leibeigenen und Hörigen des Mittelalters. Alle diese unfreien Arbeiter hatten einen Arbeitstag von gewohnheitsmäßiger Länge, in der Regel von Sonnenaufgang bis Sonnenuntergang mit unterschiedlichen Pausen zum Essen und zur Erholung. Die Länge des Arbeitstages wechselte also nach der Jahreszeit, und zwar nicht nur für Arbeiter, die im Freien, sondern auch für solche, die in Werkstätten beschäftigt waren.

Dieses Verhältnis bestand im zünftlerisch organisierten Handwerk fort, dessen Produktion gerichtet war auf die Befriedigung des unmittelbaren Bedarfs bestimmter, genau abgegrenzter Bevölkerungskreise. Es gab hier zwischen Meistern und Gesellen zunächst keinen Streit über die Länge des Arbeitstages. Das herkömmliche Verhältnis galt als ein selbstverständliches. Und das um so mehr, als von einer so intensiven Ausbeutung der Arbeitskraft, wie sie sich in späterer Zeit entwickelte, keine Rede sein konnte. Die ursprüngliche handwerkliche Produktion, ohne nennenswerte Teilung der Arbeit, das ganze Wesen des alten Handwerks bedingte einen gemesseneren, langsameren Arbeitsprozeß, so daß selbst die vollste Länge des Arbeitstages nicht mit einer planmäßigen Verwüstung der Arbeitskraft verbunden war. Was nach unseren Begriffen der längste Arbeitstag zu lang war, das wurde ausgeglichen durch die von der Kirche gebotenen zahlreichen Feiertage, deren im Durchschnitt meistens zwei auf die Woche entfielen.

Im allgemeinen läßt sich sagen: die handwerkliche Arbeit im Mittelalter wurde nie bis zur Erschöpfung ausgedehnt. Deshalb findet sich auch kein Beispiel davon, daß die Lohnarbeiter zur Zunftzeit bei ihren zahlreichen Kämpfen mit den Meistern verlangt hätten, daß die tägliche Arbeitszeit verkürzt werde.

Das rührte nicht etwa davon her, daß sie als brave Gesellen fleißiger gewesen wären als die „arbeitsscheuen Wühler" unseres Jahrhunderts. Auch im vierzehnten und fünfzehnten Jahrhundert kämpften die Arbeiter um größere Befreiung von der Arbeit. Aber sie strebten diese Befreiung nicht an durch Verkürzung der täglichen Arbeitszeit, sondern durch Vermehrung der Feiertage.

Bevor die Arbeitswut der kapitalistischen Produktionsweise aufkam, war die Zahl der Tage im Jahre, wo gar nicht oder nur wenige Stunden gearbeitet werden durfte, sehr groß. Die Zahl der katholischen Feiertage betrug bis ins vorige Jahrhundert nicht weniger als 150, davon 90 strenge, wo jede Arbeit unterbleiben mußte. Aber diese Feiertage genügten den Gesellen nicht; sie brauchten noch mehr freie Zeit, und zwar nicht bloß zu Vergnügungen, wie die Arbeiterfeinde behaupten; so verlangten sie z. B. ausdrücklich Zeit, um ihre gewerkschaftlichen Angelegenheiten zu besorgen, und Zeit, um sich in den Waffen zu üben und zu baden, worauf im Mittelalter viel gehalten wurde. Daher erstritten sie sich zu den kirchlichen Feiertagen noch Ganz- und Halbfeiertage, u. a. auch den blauen Montag. Der Kampf um den blauen Montag war für die Zunftgesellen dasselbe, was für uns der Kampf um den Achtstundentag ist.

So gelangten die Handwerksgesellen dahin, daß sie in der Woche im Durchschnitt nur vier Tage arbeiteten, und in diesen vier Tagen soviel verdienten, um sieben Tage lang gemächlich leben zu können, eine Erscheinung, die die Vertreter des aufkommenden Kapitalismus natürlich mit großer moralischer Entrüstung erfüllte.

Wenn die tägliche Arbeitszeit des Gesellen nach Abzug der Mahlzeiten 10 bis 12 Stunden betrug, so betrug seine wöchentliche Arbeitszeit 40 bis 48 Stunden, also höchstens so viele Stunden, als heute bei der Durchführung des achtstündigen Normalarbeitstages auf den Arbeiter in der Woche entfallen würden. Es kamen hinzu die Tage, die der Geselle nicht der Arbeit widmen konnte, um seiner in den Zunftsatzungen vorgeschriebenen Pflicht des Wanderns zu genügen.

Die gewerblichen Arbeiter haben vor fünfhundert Jahren weniger angestrengt gearbeitet und eine kürzere Arbeitszeit gehabt als heutzutage, das steht fest. Trotzdem aber war ihr Lohn – in Naturalien gemessen – höher als heutzutage. Davon zeugen die vielen Luxusverbote und Lohntaxen aus dem vierzehnten und fünfzehnten Jahrhundert, die erklärten, der Arbeiter habe auf nicht mehr als zwei Fleischspeisen und ein gewisses Maß Wein oder Bier am Tage Anspruch – die Arbeiter aßen damals mit dem Meister an einem Tisch –, und die den Gesellen verboten, sich in Samt und Seide zu kleiden und dergleichen mehr. Heute wären solche Verbote höchst überflüssig. Das änderte sich, als die kapitalistische Wirtschaft ihren Anfang nahm, als die Manufaktur aufkam, als sich die Spekulation des Handels auf die Produkte des Gewerbefleißes warf. Von da entwikkelte sich das verhängnisvolle Unwesen, das sich in dem Worte „Überarbeit" begreift.

Sensenschmiede

Sobald Völker, deren Produktion sich noch in den niedrigen Formen der Sklavenarbeit, der Fronarbeit, der rechtlich geregelten und beschränkten zünftlerischen Handwerksarbeit bewegt, hineingezogen werden in einen durch die kapitalistische Produktionsweise beherrschten Weltmarkt, der den Verkauf ihrer Produkte in entfernteren Gegenden bezw. im Ausland zum vorwiegenden Interesse entwickelt, „wird den barbarischen Greueln der Sklaverei, Leibeigenschaft usw. der zivilisierte Greuel der Überarbeit aufgepfropft". (Karl Marx) Die Negerarbeit in den südlichen Staaten der amerikanischen Union bewahrte einen gemäßigt patriarchalischen Charakter, solange die Produktion hauptsächlich auf den unmittelbaren Selbstbedarf gerichtet war. In dem Grade aber, wie dann der Baumwollexport zum Lebensinteresse jener Staaten ward, wurde auch die Überarbeitung des Negers, die rücksichtslose Verwüstung seiner Arbeitskraft durch maßlos ausgedehnte Arbeitszeit und stetes barbarisches Antreiben zur Arbeitsleistung Faktor eines berechneten und berechnenden Systems. In dieser Berechnung lag hier und da, daß das Leben eines Negers in sieben Jahren konsumiert, d. h. in der Produktion zugrunde gerichtet sein müsse. Es galt nicht mehr, eine gewisse Menge nützlicher Produkte aus ihm herauszuschlagen, es galt nur der Produktion des Mehrwertes selbst. Alle ökonomischen Werte lösen sich auf in Arbeitsquanten, und diese wiederum lösen sich auf in Arbeitszeit. „Arbeit ist Tätigkeit und also Bewegung. Alle Quanten von Bewegung aber sind – Zeit. Das wußte schon Plato, das wußte schon vorher die jonische Philosophie." (Ferd. Lassalle: „Bastiat-Schulze". 3. Kapitel.)
Die Produktion des Mehrwertes, dieser hauptsächlichste Grundzug der kapitalistischen Produktion, bewirkt auch das Umsichgreifen der Überarbeit in den handwerklichen Betrieben und ihre stetige Steigerung in der Manufaktur, im Fabrikwesen. Ganze Handwerke wurden in den Kreis der kapitalistischen Produktion als deren dienendes Glied einbezogen. So die Weberei usw. Zahlreiche Handwerksmeister waren nur noch Hausindustrielle. Je mehr die Konkurrenz einsetzte, je schwieriger wurde die Lage des Handwerks und je gewaltiger machte sich das Bestreben nach Verlängerung der Arbeitszeit geltend.
Mit der Auflösung der alten gewerblichen Ordnung durch das in seine Entwicklung tretende kapitalistische System war auf der Grundlage dieses Systems eine neue Arbeiterfrage gegeben.

Die Arbeit in der kapitalistischen Gesellschaft

Dokument 2
Karl Marx: Lohnarbeit und Kapital, Neue Rheinische Zeitung, Köln 1849.

Neue Rheinische Zeitung
Organ der Demokratie.

№ 301. Köln, Samstag, den 19. Mai. 1849.

Abschiedswort der Neuen Rhei…

Kein offner Hieb in offner Schlacht –
Es fällen die Nücken und Tücken,
Es fällt mich die schleichende Niedertracht
Der schmutzigen West-Kalmücken!
Aus dem Dunkel flo…
Aus dem Hinterhalt…
Und so lieg' ich nun…
Eine stolze Rebellenle…

Auf der Lipp…

…nn im zerriss'nen Gewand,
…Haupt die Schollen;
…mit der fleißigen Hand,
…schwielenvollen.
…ringt er aus Blumen und Mai'n,
…Wunden;
…und sein Töchterlein
…ich gewunden

…GRATH.

Die Arbeit in der kapitalistischen Gesellschaft.

„Die Arbeit ist aber die eigene Lebenstätigkeit des Arbeiters, seine eigene Lebensäußerung. Und diese Lebenstätigkeit verkauft er an einen Dritten, um sich die nötigen Lebensmittel zu sichern. Seine Lebenstätigkeit ist für ihn also nur ein Mittel, um existieren zu können. Er arbeitet, um zu leben. Er rechnet die Arbeit nicht selbst in sein Leben ein, sie ist vielmehr ein Opfer seines Lebens. Sie ist eine Ware, die er an einen Dritten zugeschlagen hat. Das Produkt seiner Tätigkeit ist daher auch nicht der Zweck seiner Tätigkeit. Was er für sich selbst produziert, ist nicht die Seide, die er webt, nicht das Gold, das er aus dem Bergschacht zieht, nicht der Palast, den er baut. Was er für sich selbst produziert, ist der Arbeitslohn, und Seide, Gold, Palast lösen sich für ihn auf in ein bestimmtes Quantum von Lebensmitteln, vielleicht in eine Baumwollenjacke, in Kupfermünze und in eine Kellerwohnung. Und der Arbeiter, der zwölf Stunden webt, spinnt, bohrt, dreht, baut, schaufelt, Steine klopft, trägt usw. — gilt ihm dies zwölfstündige Weben, Spinnen, Bohren, Drehen, Bauen, Schaufeln, Steinklopfen als Aeußerung seines Lebens, als Leben? Umgekehrt. Das Leben fängt da für ihn an, wo diese Tätigkeit aufhört, am Tisch, auf der Wirtshausbank, im Bett. Die zwölfstündige Arbeit dagegen hat ihm keinen Sinn als Weben, Spinnen, Bohren usw., sondern als Verdienen, das ihn an den Tisch, auf die Wirtshausbank, ins Bett bringt. Wenn der Seidenwurm spänne, um seine Existenz als Raupe zu fristen, so wäre er ein vollständiger Lohnarbeiter."

Wir warnen Euch schließlich … Lage Kölns wäret ihr rettungslos verloren. Ihr habt in Elberfeld gesehen, wie die Bourg… hinterher aufs Niederträchtigste verräth. Der Belagerungszustand in Köln würde die ganze Rheinp… Belagerungszustand wäre die nothwendige Folge jeder Erhebung von Eurer Seite in diesem Augenblicke. Die Preu… Ruhe verzweifeln.

Die Redakteure der Neuen Rhe… Zeitung danken Euch beim Abschiede für die ihnen bewiesene Theilnahme. Ihr letztes Wort wird überall und immer sein: Emancipation der arbeitenden Klasse!

Die Redaktion der Neuen Rhein. Zeitung.

Deutschland.

* Köln, 18. Mai. Vor einiger Zeit wurde von Berlin aus an eine hiesige Behörde die Forderung gestellt, abermals den Belagerungszustand über Köln zu verhängen. Man bezweckte die standrechtliche Beseitigung der „Neuen Rheinischen Zeitung," aber man stieß auf unerwarteten Widerstand. Später wandte sich die Kölnische Regierung an das hiesige Parket, um denselben Zweck durch willkürliche Verhaftungen zu erreichen. Sie scheiterte an dem juristischen Bedenken des Parkets, wie sie schon zweimal an dem gesunden Menschenverstand der rheinischen Geschwornen gescheitert war. Es blieb nichts andres übrig, als zu einer Polizeifinte seine Zuflucht zu nehmen und man hat für den Augenblick seinen Zweck erreicht. Die Neue Rheinische Zeitung hört einstweilen auf zu erscheinen. Am 16. Mai wurde ihrem Redacteur en chef Carl Marx folgender Regierungswisch mitgetheilt:

„In ihren neuesten Stücken (!) tritt die N. Rh. Z. mit der Aufreizung zur Verachtung der bestehenden Regierung, zum gewaltsamen Umsturz und zur Einführung der socialen Republik immer entschiedener hervor. Es ist daher ihrem Redacteur en chef, dem Dr. Karl Marx, das Gastrecht (!), welches er so schmählich verletzt, zu entziehen, und da derselbe eine Erlaubniß zum ferneren Aufenthalt in den hiesigen Staaten nicht erlangt hat, ihm aufzugeben, dieselben binnen 24 Stunden zu verlassen. Sollte er der an ihn ergehenden Aufforderung nicht freiwillig Genüge leisten, so ist derselbe zwangsweise über die Gränze zu bringen."

Köln, den 11. Mai 1849.

Königl. Regierung.
Moeller.

An den Königl. Polizeidirektor Herrn Geiger hier.

Proklamation an die Frauen.

Es thut mir leid, Frau Regierungsräthin, daß Sie sich in Ihrem Herrn Gemahle so geirrt haben. Sie hielten ihn für einen Solon und da kommt er aus der Berliner Nationalversammlung nach

Heute heißt es nicht mehr: „die Franzosen kommen!" nein, „die Ungarn kommen!" und diese Ungarn sollt Ihr freundlich empfangen. Dies ist die Herzenssache der deutschen Politik. Die Un-

Die Grenzen des Arbeitstags

Dokument 3
Auszug aus Karl Marx: Der Arbeitstag, Das Kapital, Bd. 1, Kapitel 8, Berlin 1928, S. 180 f.

Wir gingen von der Voraussetzung aus, daß die Arbeitskraft zu ihrem Werte gekauft und verkauft wird. Ihr Wert, wie der jeder andren Ware, wird bestimmt durch die zu ihrer Produktion nötige Arbeitszeit. Erheischt also die Produktion der durchschnittlichen täglichen Lebensmittel des Arbeiters 6 Stunden, so muß er im Durchschnitt 6 Stunden per Tag arbeiten, um seine Arbeitskraft täglich zu produzieren oder den in ihrem Verkauf erhaltnen Wert zu reproduzieren. Der notwendige Teil seines Arbeitstags beträgt dann 6 Stunden und ist daher, unter sonst gleichbleibenden Umständen, eine gegebne Größe. Aber damit ist die Größe des Arbeitstags selbst noch nicht gegeben.

Nehmen wir an, die Linie a_______b stelle die Dauer oder Länge der notwendigen Arbeitszeit vor, sage 6 Stunden. Je nachdem die Arbeit über a b um 1, 3 oder 6 Stunden usw. verlängert wird, erhalten wir die 3 verschiedenen Linien:

Arbeitstag I
a_______b__ c,
Arbeitstag II
a_______b____ c,
ArbeitstagIII
a_______b_______c,

Karl Marx

die drei verschiedne Arbeitstage von 7, 9 und 12 Stunden vorstellen. Die Verlängrungslinie b c stellt die Länge der Mehrarbeit vor. Da der Arbeitstag = a b + b c oder a c ist, variiert er mit der variablen Größe b c. Da a b gegeben ist, kann das Verhältnis von b c zu a b stets gemessen werden. Es beträgt in Arbeitstag I $\frac{1}{6}$, in Arbeitstag II $\frac{3}{6}$ und in Arbeitstag III $\frac{6}{6}$ von a b. Da ferner die Proportion $\frac{\text{Mehrarbeitszeit}}{\text{Notw. Arbeitszeit}}$ die Rate des Mehrwerts bestimmt, ist letztre gegeben durch jenes Verhältnis. Sie beträgt in den drei verschiednen Arbeitstagen respektive $16\frac{2}{3}$%, 50 und 100%. Umgekehrt würde die Rate des Mehrwerts allein uns nicht die Größe des Arbeitstags geben. Wäre sie z. B. gleich 100%, so könnte der Arbeitstag 8-, 10-, 12stündig usw. sein. Sie würde anzeigen, daß die zwei Bestandteile des Arbeitstags, notwendige Arbeit und Mehrarbeit, gleich groß sind, aber nicht, wie groß jeder dieser Teile.

Der Arbeitstag ist also keine konstante, sondern eine variable Größe. Einer seiner Teile ist zwar bestimmt durch die zur beständigen Reproduktion des Arbeiters selbst erheischte Arbeitszeit, aber seine Gesamtgröße wechselt mit der Länge oder Dauer der Mehrarbeit. Der Arbeitstag ist daher bestimmbar, aber an und für sich unbestimmt.

Obgleich nun der Arbeitstag keine feste, sondern eine fließende Größe ist, kann er andrerseits nur innerhalb gewisser Schranken variieren. Seine Minimalschranke ist jedoch unbestimmbar. Allerdings, setzen wir die Verlängerungslinie b c, oder die Mehrarbeit, = 0, so erhalten wir eine Minimalschranke, nämlich den Teil des Tags, den der Arbeiter notwendig zu seiner Selbsterhaltung arbeiten muß. Auf Grundlage der kapitalistischen Produktionsweise kann die notwendige Arbeit aber immer nur einen Teil seines Arbeitstages bilden, der Arbeitstag sich also nie auf dies Minimum verkürzen. Dagegen besitzt der Arbeitstag eine Maximalschranke. Er ist über eine gewisse Grenze hinaus nicht verlängerbar. Diese Maximalschranke ist doppelt bestimmt. Einmal durch die physische Schranke der Arbeitskraft. Ein Mensch kann während des natürlichen Tags von 24 Stunden nur ein bestimmtes Quantum Lebenskraft verausgaben. So kann ein Pferd tagaus, tagein nur 8 Stunden arbeiten. Während eines Teils des Tags muß die Kraft ruhen, schlafen, während eines andren Teils hat der Mensch andre physische Bedürfnisse zu befriedigen, sich zu nähren, reinigen, kleiden usw. Außer dieser rein physischen Schranke stößt die Verlängrung des Arbeitstags auf moralische Schranken. Der Arbeiter braucht eine Zeit zur Befriedigung geistiger und sozialer Bedürfnisse, deren Umfang und Zahl durch den allgemeinen Kulturzustand bestimmt sind. Die Variation des Arbeitstags bewegt sich daher innerhalb physischer und sozialer Schranken. Beide Schranken sind aber sehr elastischer Natur und erlauben den größten Spielraum. So finden wir Arbeitstage von 8, 10, 12, 14, 16, 18 Stunden, also von der verschiedensten Länge.

Der Kapitalist hat die Arbeitskraft zu ihrem Tageswert gekauft. Ihm gehört ihr Gebrauchswert während eines Arbeitstags. Er hat also das Recht erlangt, den Arbeiter während eines Tags für sich arbeiten zu lassen. Aber was ist ein Arbeitstag? Jedenfalls weniger als ein natürlicher Lebenstag. Um wieviel? Der Kapitalist hat seine eigne Ansicht über dies ultima Thule, die notwendige Schranke des Arbeitstags. Als Kapitalist ist er nur personifiziertes Kapital. Seine Seele ist die Kapitalseele. Das Kapital hat aber einen einzigen Lebenstrieb, den Trieb, sich zu verwerten, Mehrwert zu schaffen, mit seinem konstanten Teil, den Produktionsmitteln, die größtmögliche Masse Mehrarbeit einzusaugen. Das Kapital ist verstorbne Arbeit, die sich nur vampyrmäßig belebt durch Einsaugung lebendiger Arbeit und um so mehr lebt, je mehr sie davon einsaugt. Die Zeit, während deren der Arbeiter arbeitet, ist die Zeit, während deren der Kapitalist die von ihm gekaufte Arbeitskraft konsumiert. Konsumiert der Arbeiter seine disponible Zeit für sich selbst, so bestiehlt er den Kapitalisten.

Der Kapitalist beruft sich also auf das Gesetz des Warenaus-

Aus: „Der Wahre Jacob"

tausches. Er, wie jeder andre Käufer, sucht den größtmöglichen Nutzen aus dem Gebrauchswert seiner Ware herauszuschlagen. Plötzlich aber erhebt sich die Stimme des Arbeiters, die im Sturm und Drang des Produktionsprozesses verstummt war:

Die Ware, die ich dir verkauft habe, unterscheidet sich von dem andren Warenpöbel dadurch, daß ihr Gebrauch Wert schafft und größren Wert, als sie selbst kostet. Dies war der Grund, warum du sie kauftest. Was auf deiner Seite als Verwertung von Kapital erscheint, ist auf meiner Seite überschüssige Verausgabung von Arbeitskraft. Du und ich kennen auf dem Marktplatz nur ein Gesetz, das des Warenaustausches. Und der Konsum der Ware gehört nicht dem Verkäufer, der sie veräußert, sondern dem Käufer, der sie erwirbt. Dir gehört daher der Gebrauch meiner täglichen Arbeitskraft. Aber vermittelst ihres täglichen Verkaufspreises muß ich sie täglich reproduzieren und daher von neuem verkaufen können. Abgesehn von dem natürlichen Verschleiß durch Alter usw., muß ich fähig sein, morgen mit demselben Normalzustand von Kraft, Gesundheit und Frische zu arbeiten, wie heute. Du predigst mir beständig das Evangelium der „Sparsamkeit" und „Enthaltung". Nun gut! Ich will wie ein vernünftiger, sparsamer Wirt mein einziges Vermögen, die Arbeitskraft, haushalten und mich jeder tollen Verschwendung derselben enthalten. Ich will täglich nur soviel von ihr flüssig machen, in Bewegung, in Arbeit umsetzen, als sich mit ihrer Normaldauer und gesunden Entwicklung verträgt. Durch maßlose Verlängrung des Arbeitstags kannst du in einem Tage ein größres Quantum meiner Arbeitskraft flüssig machen, als ich in drei Tagen ersetzen kann. Was du so an Arbeit gewinnst, verliere ich an Arbeitssubstanz. Die Benutzung meiner Arbeitskraft und die Beraubung derselben sind ganz verschiedne Dinge. Wenn die Durchschnittsperiode, die ein Durchschnittsarbeiter bei vernünftigem Arbeitsmaß leben kann, 30 Jahre beträgt, ist der Wert meiner Arbeitskraft, den du mir einen Tag in den andren zahlst, $\frac{1}{365x30}$ oder $\frac{1}{10950}$ ihres Gesamtwerts. Konsumierst du sie aber in 10 Jahren, so zahlst du mir täglich $\frac{1}{10950}$ statt $\frac{1}{3650}$ ihres Gesamtwerts, also nur ein $\frac{1}{3}$ ihres Tageswerts, und stiehlst mir daher täglich $\frac{2}{3}$ der Werts meiner Ware. Du zahlst mir eintägige Arbeitskraft, wo du dreitägige verbrauchst. Das ist wider unsren Vertrag und das Gesetz des Warenaustausches. Ich verlange also einen Arbeitstag von normaler Länge, und ich verlange ihn ohne Appell an dein Herz, denn in Geldsachen hört die Gemütlichkeit auf. Du magst ein Musterbürger sein, vielleicht Mitglied des Vereins zur Abschaffung der Tierquälerei und obendrein im Geruch der Heiligkeit stehn, aber dem Ding, das du mir gegenüber repräsentierst, schlägt kein Herz in seiner Brust. Was darin zu pochen scheint, ist mein eigner Herzschlag. Ich verlange den Normalarbeitstag, weil ich den Wert meiner Ware verlange, wie jeder andre Verkäufer.

Man sieht: Von ganz elastischen Schranken abgesehn, ergibt sich aus der Natur des Warenaustausches selbst keine Grenze des Arbeitstags, also keine Grenze der Mehrarbeit. Der Kapitalist behauptet sein Recht als Käufer, wenn er den Arbeitstag so lang als möglich und womöglich aus einem Arbeitstag zwei zu machen sucht. Andrerseits schließt die spezifische Natur der verkauften Ware eine Schranke ihres Konsums durch den Käufer ein, und der Arbeiter behauptet sein Recht als Verkäufer, wenn er den Arbeitstag auf eine bestimmte Normalgröße beschränken will. Es findet hier also eine Antinomie statt, Recht wider Recht, beide gleichmäßig durch das Gesetz des Warenaustausches besiegelt. Zwischen gleichen Rechten entscheidet die Gewalt. Und so stellt sich in der Geschichte der kapitalistischen Produktion die Normierung des Arbeitstags als Kampf um die Schranken des Arbeitstags dar – ein Kampf zwischen dem Gesamtkapitalisten, d. h. der Klasse der Kapitalisten, und dem Gesamtarbeiter, oder der Arbeiterklasse.

Der Arbeitsmarkt,

aus: „Der Wahre Jacob"

Ein gerechter Tagelohn für ein gerechtes Tagewerk

Dokument 4
Friedrich Engels: Ein gerechter Tagelohn für ein gerechtes Tagewerk, Auszug aus dem Leitartikel in „The Labour Standard", 1881 in Karl Marx, Friedrich Engels, Werke, Berlin 1973, S. 247 ff.

Ein gerechter Tagelohn ist unter normalen Bedingungen die Summe, die erforderlich ist, dem Arbeiter die Existenzmittel zu verschaffen, die er entsprechend dem Lebensstandard seiner Stellung und seines Landes benötigt, um sich arbeitsfähig zu erhalten und sein Geschlecht fortzupflanzen.

Die wirkliche Lohnhöhe mag, je nach den Schwankungen des Geschäftsganges, manchmal über, manchmal unter diesem Satze liegen; unter normalen Bedingungen sollte dieser Satz jedoch den Durchschnitt aller Lohnschwankungen bilden.

Ein gerechtes Tagewerk ist diejenige Dauer des Arbeitstages und diejenige Intensität der tatsächlichen Arbeit, bei denen ein Arbeiter die volle Arbeitskraft eines Tages verausgabt, ohne seine Fähigkeit zu beeinträchtigen, am nächsten Tag und an den folgenden Tagen dieselbe Arbeitsmenge zu leisten.

Der Vorgang kann demnach folgendermaßen beschrieben werden: Der Arbeiter gibt dem Kapitalisten die volle Arbeitskraft eines Tages, das heißt, so viel er geben kann, ohne die ununterbrochene Wiederholung des Vorgangs unmöglich zu machen. Im Austausch erhält er gerade so viel und nicht mehr an Existenzmitteln, wie nötig sind, um die Wiederholung desselben Geschäfts jeden Tag zu ermöglichen. Der Arbeiter gibt so viel, und der Kapitalist so wenig, wie es die Natur der Übereinkunft zuläßt. Das ist eine sehr sonderbare Sorte von Gerechtigkeit.

Wir wollen aber etwas tiefer in die Sache eindringen. Da nach den politischen Ökonomen Lohn und Arbeitszeit durch die Konkurrenz bestimmt werden, scheint es die Gerechtigkeit zu verlangen, daß beide Seiten zu den gleichen Bedingungen denselben gerechten Ausgangspunkt haben. Aber das ist nicht der Fall. Wenn der Kapitalist mit dem Arbeiter nicht einig werden kann, kann er es sich leisten, zu warten, und von seinem Kapital leben. Der Arbeiter kann das nicht. Er hat nur seinen Lohn zum Leben und muß daher Arbeit annehmen, wann, wo und zu welchen Bedingungen er sie bekommen kann. Der Arbeiter hat keinen gerechten Ausgangspunkt. Durch den Hunger ist er außerordentlich benachteiligt. Und dennoch ist das nach der politischen Ökonomie der Kapitalistenklasse der Gipfel der Gerechtigkeit.

Aber das ist noch das wenigste. Die Anwendung von mechanischer Kraft und Maschinerie in neuen Gewerben und die Ausbreitung und Vervollkommung der Maschinerie in Gewerben, in denen sie sich bereits durchgesetzt hat, verdrängen immer mehr „Hände" von ihrem Arbeitsplatz; und das geschieht in weit schnellerem Tempo, als die überflüssig gewordenen „Hände" von den Fabriken des Landes aufgesogen und beschäftigt werden können. Diese überflüssigen „Hände" stellen dem Kapital eine richtige industrielle Reservearmee zur Verfügung. Bei schlechtem Geschäftsgang mögen sie hungern, betteln, stehlen oder ins Arbeitshaus gehen; bei gutem Geschäftsgang sind sie zur Hand für die Ausdehnung der Produktion; und solange nicht auch der allerletzte Mann, die letzte Frau und das letzte Kind Arbeit gefunden haben sollten – was nur in Zeiten stürmischer Überproduktion der Fall ist –, solange wird die Konkurrenz dieser Reservearmee die Löhne niedrig halten und durch ihre bloße Existenz die Macht des Kapitals in seinem Kampf gegen die Arbeiter verstärken. In dem Wettlauf mit dem Kapital sind die Arbeiter nicht nur benachteiligt, sie haben eine ans Bein geschmiedete Kanonenkugel mitzuschleppen. Aber das ist nach der kapitalistischen politischen Ökonomie Gerechtigkeit.

Nun wollen wir untersuchen, aus welchem Fonds das Kapital diese so überaus gerechten Löhne zahlt. Aus dem Kapital natürlich. Aber Kapital produziert keine Werte. Arbeit ist, abgesehen vom Grund und Boden, die einzige Quelle des Reichtums; Kapital selbst ist nichts weiter als aufgehäuftes Arbeitsprodukt. Hieraus folgt, daß der Arbeitslohn aus der Arbeit gezahlt wird und daß der Arbeiter aus seinem eigenen Arbeitsprodukt entlohnt wird. Entsprechend dem, was man gewöhnlich Gerechtigkeit nennt, müßte der Lohn des Arbeiters aus dem Produkt seiner Arbeit bestehen. Aber das würde nach der politischen Ökonomie nicht gerecht sein. Im Gegenteil, das Arbeitsprodukt des Arbeiters geht an den Kapitalisten, und der Arbeiter erhält davon nicht mehr als die bloßen Existenzmittel. Und das Ende dieses ungewöhnlich „gerechten" Wettlaufs der Konkurrenz ist somit, daß das Ar-

Friedrich Engels

Georg Weerth

Arbeite!

Du Mann im schlechten blauen Kittel,
Arbeite! Schaffe Salz und Brot!
Arbeite! Arbeit ist ein Mittel,
Probat für Pestilenz und Not.

Arbeite! Rühre deine Arme!
Arbeite sechzehn Stunden so!
Arbeite! Nachts ja lacht das warme,
Das Lager dir von faulem Stroh.

Arbeite! Hast ja straffe Sehnen.
Arbeite! Denk, mit schwangerem Leib
Harrt in der Hütte dein mit Tränen
Ein schönes leichenbleiches Weib.

Arbeite! Gleich der Stirn der Rinder
Ist ja die deine breit und dick.
Arbeite! Deine nackten Kinder,
Die küssen dich, kehrst du zurück.

Arbeite, bis die Adern klopfen!
Arbeite, bis die Rippe kracht!
Arbeite, bis die Schläfen tropfen –
Du bist zur Arbeit ja gemacht!

Arbeite, bis die Sinne schwinden!
Arbeite, bis die Kraft versiegt!
Arbeite – Wirst ja Ruhe finden,
Wenn dein Gebein im Grabe liegt.

(1844/45)

beitsprodukt derer, die arbeiten, unvermeidlich in den Händen derer angehäuft wird, die nicht arbeiten, und in ihren Händen zu dem mächtigsten Mittel wird, eben die Menschen zu versklaven, die es hervorgebracht haben.

Ein gerechter Tagelohn für ein gerechtes Tagewerk! Mancherlei wäre auch über das gerechte Tagewerk zu sagen, dessen Gerechtigkeit auf genau der gleichen Höhe steht wie die der Löhne. Aber das müssen wir uns für eine andere Gelegenheit aufsparen. Aus dem Dargelegten geht ganz klar hervor, daß sich das alte Losungswort überlebt hat und heutzutage kaum noch Stich hält. Die Gerechtigkeit der politischen Ökonomie, wie sie in Wirklichkeit die Gesetze fixiert, die die bestehende Gesellschaft beherrschen, diese Gerechtigkeit ist ganz auf der einen Seite – auf der des Kapitals. Begrabt darum den alten Wahlspruch für immer, und ersetzt ihn durch einen anderen: Besitzer der Arbeitsmittel – der Rohstoffe, Fabriken und Maschinen – soll das arbeitende Volk selbst sein.

Aus: „Der Wahre Jacob"

Kinderarbeit in Fabriken in den 1870er Jahren

Dokument 5
Aus: Gottlieb Schnapper-Arndt: Fünf Dorfgemeinschaften auf dem Hohen Taunus (1882), Neudruck „zum Nachdenken", Heft 65, Wiesbaden 1976, S. 32 ff.

Von 182 Kindern in Schmitten arbeiteten 105, und zwar im Alter über zehn Jahren 53, im Alter unter zehn Jahren 52. In Seelenberg schienen von acht Jahren ab die Kinder fast sämtlich tätig zu sein. In Oberreifenberg waren von den zehn- bis vierzehnjährigen 60 Prozent, von den sechsjährigen circa 45 Prozent beschäftigt. In Arnoldshain arbeiteten (1877) von den Kindern unter zehn Jahren 20 Prozent, von den Kindern über zehn Jahren 60 Prozent der Mädchen und 33 Prozent der Knaben.
Die genaueste und zur passendsten Jahreszeit angefertigte Übersicht wurde mir über die Arbeit der Kinder in Niederreifenberg zuteil (1876). Die Zahl der mit Filet (Netzstoff, u. a.) beschäftigten Kinder betrug damals ungefähr das Doppelte der, welche in der Drahtbranche tätig waren, so daß, beide Branchen zusammengenommen, von 65 Kindern über neun Jahren 58, von 60 Kindern zwischen sechs und neun Jahren 34 beschäftigt waren. Von den 17 Kindern im Alter von acht Jahren finden wir 11 als beim Filet, 4 als bei der Drahtflechterei tätig angemerkt! Wir haben gesehen, daß die den erwachsenen Männern obliegende Tätigkeit im Laufe des Jahrhunderts schwerlich anstrengender geworden ist. Von der dem jugendlichen Alter zugewiesenen Bürde kann man, wie mir scheint, nicht in gleicher Weise reden. Zwar wenige mögen leben, die von einer ganz freien Kindheit sprechen können, vielleicht mag sogar niemand dazu imstande sein. Samt und sonders hat ja die ältere Generation beim Spinnen helfen müssen, und zwar nicht beim Spinnen zum Hausgebrauch, sondern bei dem um Lohn, wie vorhin erwähnt worden ist. „Da ging es immer hin und her, der Boden war ganz aufgetreten, wo wir auf und ab liefen, und genug gab es, die krumme Beine davon bekamen." Ich habe manche gesprochen, die – es ist keine Übertreibung dabei – sich in Rückerinnerung der Leiden, die sie als Kinder mit ihren Eltern durchgemacht haben, eine Träne im Auge zerdrückten. Aber ich habe die schmerzvollen Gefühle der Leute mehr auf die erduldeten Entbehrungen als auf die anstrengende Arbeit beziehen müssen. Ist es auch möglich, daß sich die Erzählenden darin täuschten, wenn sie angaben, daß man die Kinder nie vor dem neunten Jahre mit dem Garnspinnen habe beginnen lassen, so scheint es doch richtig, daß man sie im allgemeinen nicht so früh an das mehr Kraft erheischende Spinnen fesseln konnte, als man sie nun an das Filet zu bannen imstande ist. Desgleichen möchte es auch wohl sein, daß deren Arbeitszeit bei dem Filet eine längere geworden, was einer von F. J. Neumann geäußerten Ansicht entsprechen würde, wonach die Gefahr der Überanstengung von Kindern in scheinbar nicht anstrengenden Tätigkeiten eine erhöhte ist, indem der Umstand, daß sie hierin im größten Zustande der Erschlaffung noch nützlich gemacht werden können, am meisten ihre geistig und körperlich schädigende Ausbeutung zur Folge habe.

Und das ist es ja auch, weshalb so mancher Beschauer mit einer Art von Genugtuung an dem Kinde vorübergeht, das er emsig und geschickt mit einer scheinbar leichten und noch nützlichen Arbeit beschäftigt sieht: Er wiegt sich in der Illusion, als ob es hier mit der zweckmäßigen Ausnutzung einer überflüssigen Mußestunde zu tun habe, und vergißt, das Andauernde der Arbeit in Betracht zu ziehen. Von früh bis spät müssen die Kinder mit den Größeren konkurrieren, werden sie angehalten mit mehr oder weniger Strenge, je nachdem der Charakter der Eltern es mit sich bringt.

Kinderarbeit im Bergwerk, um 1820

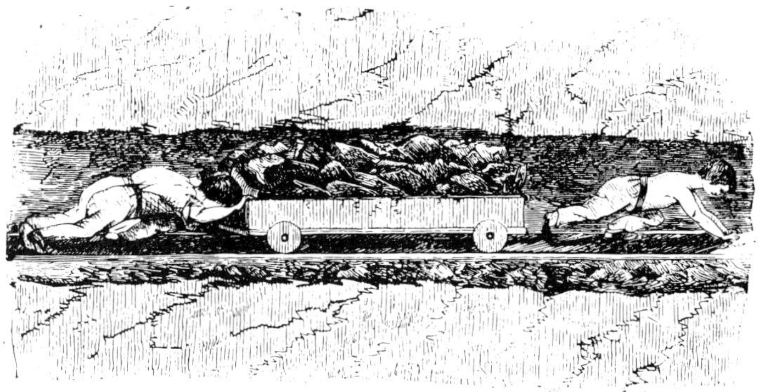

Regulativ über die Beschäftigung jugendlicher Arbeiter in Fabriken

Dokument 6
Gesetz-Sammlung für die Königlichen Preußichen Staaten, Nr. 12, Regulativ über die Beschäftigung jugendlicher Arbeiter in Fabriken, D. d. den 9. März 1839, S. 173 f.

§. 1. Vor zurückgelegtem neunten Lebensjahre darf niemand in einer Fabrik oder bei Berg-, Hütten- oder Pochwerken zu einer regelmäßigen Beschäftigung angenommen werden.

§. 2. Wer noch nicht einen dreijährigen regelmäßigen Schulunterricht genossen hat, oder durch ein Zeugnis des Schulvorstandes nachweiset, daß er seine Muttersprache geläufig lesen kann und einen Anfang im Schreiben gemacht hat, darf vor zurückgelegtem sechszehnten Jahre zu einer solchen Beschäftigung in den genannten Anstalten nicht angenommen werden.

Eine Ausnahme hiervon ist nur da gestattet, wo die Fabrikherren durch Errichtung und Unterhaltung von Fabrikschulen den Unterricht der jungen Arbeiter sichern. Die Beurteilung, ob eine solche Schule genüge, gebührt den Regierungen, welche in diesem Falle auch das Verhältnis zwischen Lern- und Arbeitszeit zu bestimmen haben.

§. 3. Junge Leute, welche das sechszehnte Lebensjahr noch nicht zurückgelegt haben, dürfen in diesen Anstalten nicht über zehn Stunden täglich beschäftigt werden.

Die Orts-Polizei-Behörde ist befugt, eine vorübergehende Verlängerung dieser Arbeitszeit zu gestatten, wenn durch Naturereignisse oder Unglücksfälle der regelmäßige Geschäftsbetrieb in den genannten Anstalten unterbrochen und ein vermehrtes Arbeitsbedürfnis dadurch herbeigeführt worden ist.

Die Verlängerung darf täglich nur eine Stunde betragen und darf höchstens für die Dauer von vier Wochen gestattet werden.

§. 4. Zwischen den im vorigen Paragraphen bestimmten Arbeitsstunden ist den genannten Arbeitern Vor- und Nachmittags eine Muße von einer Viertelstunde und Mittags eine ganze Freistunde und zwar jedesmal auch Bewegung in freier Luft zu gewähren.

§. 5. Die Beschäftigung solcher jungen Leute vor 5 Uhr Morgens und nach 9 Uhr Abends, so wie an den Sonn- und Feiertagen ist gänzlich untersagt.

§. 6. Christliche Arbeiter, welche noch nicht zur heiligen Kommunion angenommen sind, dürfen in denjenigen Stunden, welche ihr ordentlicher Seelsorger für ihren Katechumenen- und Konfirmanden-Unterricht bestimmt hat, nicht in den genannten Anstalten beschäftigt werden.

§. 7. Die Eigenthümer der bezeichneten Anstalten, welche junge Leute in denselben beschäftigen, sind verpflichtet, eine genaue und vollständige Liste, deren Namen, Alter, Wohnort, Eltern, Eintritt in die Fabrik enthaltend, zu führen, dieselbe in dem Arbeits-Lokal aufzubewahren und den Polizei- und Schulbehörden auf Verlangen vorzulegen.

§. 8. Zuwiderhandlungen gegen diese Verordnung sollen gegen die Fabrikherren, oder deren mit Vollmacht versehenen Vertreter durch Strafen von 1 bis 5 Thalern für jedes vorschriftswidrig beschäftigte Kind geahndet werden.

Kinderarbeit im 19. Jahrhundert

Die unterlassene Anfertigung oder Fortführung der im §. 7. vorgeschriebenen tabellarischen Liste wird zum ersten Male mit einer Strafe von 1 bis 5 Thalern geahndet; die zweite Verletzung dieser Vorschrift wird mit einer Strafe von 5 bis 50 Thalern belegt. Auch ist die Orts-Polizei-Behörde befugt, die Liste zu jeder Zeit anfertigen oder vervollständigen zu lassen. Es geschieht dies auf Kosten des Kontravenienten, welche zwangsweise im administrativen Wege beigetrieben werden können.

§. 9. Durch vorstehende Verordnung werden die gesetzlichen Bestimmungen über die Verpflichtung zum Schulbesuch nicht geändert. Jedoch werden die Regierungen da, wo die Verhältnisse die Beschäftigung schulpflichtiger Kinder in den Fabriken nöthig machen, solche Einrichtungen treffen, daß die Wahl der Unterrichtsstunden den Betrieb derselben so wenig als möglich störe.

§. 10. Den Ministern der Medizinal-Angelegenheiten, der Polizei und der Finanzen bleibt es vorbehalten, diejenigen besondern sanitäts-, bau- und sittenpolizeilichen Anordnungen zu erlassen, welche sie zur Erhaltung der Gesundheit und Moralität der Fabrikarbeiter für erforderlich halten. Die hierbei anzudrohenden Strafen dürfen 50 Thaler Geld- oder eine diesem Betrag entsprechende Gefängnisstrafe nicht übersteigen.

Berlin, den 9. März 1839.
Königliches Staats-Ministerium.
Friedrich Wilhelm, Kronprinz. Frh. v. Altenstein. v. Kamptz. Mühler. v. Rochow. v. Nagler. Graf v. Alvensleben. Frh. v. Werther. v. Rauch.

Schon kurze Zeit später wurde das Gesetz verbessert.

Käthe Kollwitz

Jugendschutz in Preußen

Dokument 7
Karl Korn: Die Arbeiterjugendbewegung, Einführung in ihre Geschichte, I. Teil, Berlin 1922, S. 11/12

So weit auch Deutschlands Industrie in der technischen Entwicklung hinter der englischen zurückstand, in bezug auf die schamloseste, durch keine Rücksichten der Menschlichkeit oder auch nur des wirtschaftlichen Gesamtinteresses gehemmte Ausnutzung der Kinderarbeit erwies sie sich, wie bereits oben erwähnt worden, der englischen Konkurrenz ebenbürtig. Wie in England, erhielt im kapitalistischen Deutschland, d. h. in Preußen – in den ersten Jahrzehnten des vorigen Jahrhunderts – die Oeffentlichkeit oder deren verantwortliches Organ, die Regierung, von der Existenz eines zahlreichen jugendlichen Fabrikarbeiterproletariats offizielle Kenntnis erst durch alarmierende Berichte, die aus den Zentren der Industrie, vor allem vom Niederrhein, über geradezu haarsträubende Zustände auf diesem Gebiet einliefen. Die gottesfürchtigen Unternehmer der rheinischen Pfaffengasse, besonders des Kölner, Düsseldorfer und Aachener Bezirks, ließen die Kindlein vom sechsten, teilweise schon vom fünften Jahre an zu sich kommen und beschäf-

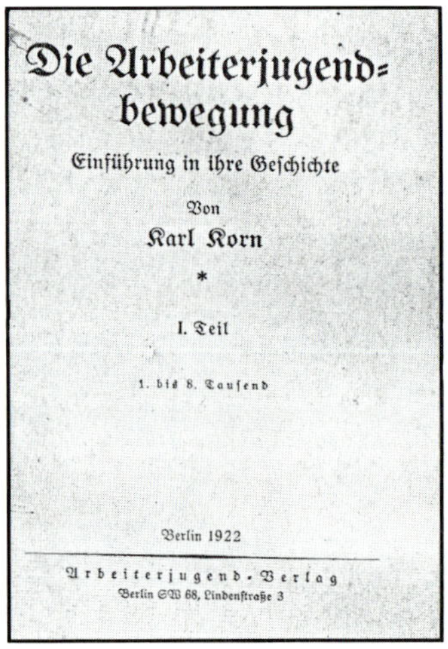

Die Arbeiterjugend-bewegung
Einführung in ihre Geschichte
Von
Karl Korn
*
I. Teil
1. bis 8. Tausend
Berlin 1922
Arbeiterjugend-Verlag
Berlin SW 68, Lindenstraße 3

Leopold Jacoby

Fabrikkinder

Siehst du das Gebäude dort mit den vielen Fenstern?
Und die hohen Schornsteine ragen
in den blauen Frühlingshimmel hinein?

Drunten
in dem ruß'gen Raum,
dort, wo der Dampf atmet,
da spricht der Kessel
mit Zisch und Zisch:
Du bist ein Mensch,
du bist ein Mensch!
Laß dich nicht schinden,
laß dich nicht schinden!

Aber droben
in dem weiten Saal,
wo die Spulen schwirren
und die Räder sausen,
Kinder stehen da
und wickeln hastig
mit ihren Händchen,
und wickeln immer
ohne Ende –
und sind doch Menschen
und sind Kinder . . .

tigten sie in ihren Spinnereien und Webereien zwölf bis fünfzehn Stunden, tags wie nachts. Zu essen bekamen die lieben Kleinen in der Hauptsache Kartoffeln, in Salzwasser gesotten, wenn es hochkam, in Rüböl gebacken, und zu trinken Zichorienbrühe.

Die Racker waren aber leider zu verstockt und zu boshaft, als daß sie solches Wohlleben dankbaren Herzens würdigten, und zogen es unbegreiflicherweise vor, sich aus diesem Kinderparadies möglichst frühzeitig auf Nimmerwiedersehen zu empfehlen. Was am Leben blieb, trat dann, als die Zeit gekommen war, wo der Vater Staat sich ebenso liebevoll seiner rheinischen Landeskinder anzunehmen gedachte, den militärischen Aushebungskommissionen in einem Zustand entgegen, daß die Militärherren Zeter und Mordio schrien und nach Berlin berichteten, die heranwachsende Generation der rheinischen Arbeiterbevölkerung sei körperlich und geistig vollkommen zugrunde gerichtet, die rheinischen Industriebezirke könnten deshalb ihren Anteil am Heeresersatz nicht mehr aufbringen. Jetzt wurde auch der Preußenkönig unangenehm, und er veranlaßte durch ein geharnischtes Donnerwetter seine Regierung, die seit langem von den Provinzbehörden über die skandalösen Zustände unterrichtet worden war, „Maßregeln" zu ergreifen, daß er künftig auch aus dem Rheinland sein gebührendes Maß strammer Musketiere bekommen könne. So kam im Jahre 1839 das erste Jugendschutzgesetz in Deutschland zustande, als „preußliches Regulativ über die Beschäftigung jugendlicher Arbeiter in Fabriken", und es erlangte Gesetzeskraft am 6. April desselben Jahres.

Daß das Gesetz den bescheidensten Anforderungen an einen auch nur einigermaßen wirksamen Jugendschutz Hohn sprach, verstand sich bei den Instanzen, die es fabrizierten, und bei den Motiven, die diese leiteten, von selbst. Arbeiterorganisationen, geschweige denn Vertretungen der unmittelbar Beteiligten, der jugendlichen Arbeiter, die gehört werden konnten, gab es nicht. Dagegen setzten die Nutznießer der skandalösen Zustände, die Fabrikanten, Himmel und Hölle in Bewegung, der Bureaukratie ihr Vorhaben auszureden oder mindestens dem beabsichtigten Gesetz alle Stacheln, die ihren Profit bedrohten, rechtzeitig auszubrechen. Die Regierung saß zwischen zwei Feuern: zwischen dem barschen Drängen der Militärbehörden, hinter denen der König stand, und dem ebenso herrischen Nein der Unternehmer, der wirtschaftlichen Machthaber, der staatserhaltenden Oberschicht, die nach alten preußlichen Regierungsgrundsätzen unmöglich vor den Kopf gestoßen werden konnte. So war das Gesetz von vornherein zur Mißgeburt verdammt, und man muß sagen: als Mißgeburt paßte es ja auch am besten zu den unglücklichen Menschenkindern, für die es bestimmt war.

Kinderarbeit in Ziegeleien 1877

Dokument 8
Jahres-Berichte der Fabriken-Inspektoren für das Jahr 1877, S. 59 ff.

Jahres-Berichte
der
Fabriken-Inspektoren
für das Jahr
1877.
Veröffentlicht im Auftrage des Ministers für Handel, Gewerbe und öffentliche Arbeiten.

Die Ziegeleien des Bezirks suchte ich im Laufe dieses Sommers thunlichst zu revidiren, um mich über die hier obwaltenden Verhältnisse genauer zu unterrichten. Ich habe den Eindruck gewonnen, daß Ziegeleien unter der Voraussetzung von ausschließlicher Knaben- (nicht Mädchen-) Arbeit, und wenn erstere weder zum Karrenschieben noch zum Kohlenaufschütten gebraucht werden, keineswegs unter die gesundheitsschädlichen oder unpassenden Kinder-Arbeiten zu rechnen sind. Wenn man jene beiden Dienste: Karrenschieben und Kohlenaufschütten ausnimmt, so bleibt nur Ziegelumsetzen und Ziegeltragen als Kinder-Arbeit in den Ziegeleien übrig. Zum Thonkneten und Ziegelstreichen wird man Kinder nicht verwenden, weil es wegen ihrer geringen Leistungsfähigkeit nicht rationell wäre. (Bekanntlich die schwerste Männerarbeit, wenn bei Akkord-Arbeit ein auskömmlicher Tagelohn verdient werden soll.) Ziegelumsetzen und Ziegeltragen aber ist eine ganz leichte Arbeit, denn die Ziegel werden einzeln in die Hand genommen und wiegen feucht höchstens 4 Kilogramm, trokken 3¾ Kilogramm, gebrannt 3½ Kilogramm. Dazu kommt, daß nur im Sommer und Herbst bei trockenem, gutem Wetter gearbeitet werden kann. Die Arbeit an und für sich hat also nichts Bedenkliches, dürfte im Gegenteil als leichte Arbeit in freier Luft als eine der gesundesten anzusehen sein. Bedenkliches hat nur der Verkehr der Jugend mit den alten Ziegelmachern der Moral hal-

Kinderarbeit, um 1840

Eine unverschämte Person von Th. Th. Heine

Aus: „Simplicissimus"

„Bitt' schön — wenn der Herr Hund vielleicht nicht alles aufessen kann . . ."

ber. Indeß auch dieser Verkehr ließe sich durch zweckmäßige Einrichtungen auf ein Minimum beschränken, indem nämlich zum Abtragen von den Pressen, statt Knaben, Frauen engagirt und Knaben nur zum Ziegelwenden und Eintragen in die Trockenschuppen benutzt würden. Das Einfahren in die Brennöfen darf nur von Erwachsenen geschehen. Mädchen-Arbeit in Ziegeleien müßte gänzlich untersagt sein, denn für sie ist der Aufenthalt daselbst sicherlich nicht geeignet.

So wie das Verhältniß der Kinder-Arbeit auf hiesigen Ziegeleien jetzt liegt, wünschen die Eltern dringend die Beschäftigung ihrer Kinder wegen des angenehmen und leichten Verdienstes, während die Ziegelei-Besitzer der Kinder-Arbeit

Kinderarbeit im Bergwerk, 1844, England

Kinderarbeit im Bergwerk

eher abgeneigt sind, und überall da, wo ich Erinnerungen machte, schleunigst mit Entlassung aller ihrer jugendlichen Arbeiter antworteten. Zur Bestätigung des Gesagten erlaube ich mir die schriftliche Aeußerung eines der größeren hiesigen Ziegelei-Besitzer mitzutheilen, welche der Hauptsache nach auch die Meinung der Uebrigen wiedergibt. Derselbe schreibt:

„Da Ihr Augenmerk und Ihre Erinnerungen bei Revision unserer Ziegeleien vorzugsweise auf die Beschäftigung von Kindern gerichtet waren, so glauben wir Ihren Wünschen zu entsprechen, wenn wir uns näher darüber auslassen. Wir haben in unsern Ziegeleien bei der Fabrikation, Pressen und Brennen von Ziegeln trotz Bitten vieler Eltern bis zum heutigen Tage noch niemals ein Kind zugelassen. Dagegen lasse wir die Arbeit des Ziegelwendens in der Regel von Kindern in Akkord machen. Bei solcher Akkord-Arbeit halfen seit dem Jahre 1873 Kinder im Sommer – denn nur vom 15. Mai bis 15. September findet sich bei uns dergleichen Arbeit – in den Freistunden oftmals ihren Eltern und trugen dadurch wesentlich zum Unterhalt der Familie bei. Der höhere Verdienst bei uns und der Umstand, daß bis dahin dergleichen Kinder nur bei größeren Landwirthen einige Beschäftigung fanden, dort aber bei sehr geringem Lohn, stets schwerere Arbeit hatten, weil sie mit Erwachsenen gleichen Schritt halten mußten, wurden wohl die Ursache, daß sich seitdem viele Kinder, Arbeit erbittend, einfanden und wir solche auf ½ und ¼ Tag, ja auf ganze und halbe Stunden beschäftigen und zwar weil:

1. die Eltern und öfters Gemeinde-Vorstände uns dringend darum ersuchten,
2. wir gern mitwirken wollten, daß solche Kinder nicht bettelnd, oder Unfug treibend auf den Dorf- und Landstraßen herumlungerten, während die Eltern auf Arbeit waren,
3. die Annahme fremder Arbeiter, die sich bei uns massenhaft melden, allerhand Uebelstände für die betreffenden Gemeinden und für die Moralität im Gefolge haben, weil häufig liederliches Gesindel darunter.

Wir übten stets eine strenge Aufsicht über die bei uns beschäftigten Kinder aus, indem wir:
A. eine Instruktion für unsere Beamten betreffs Kinderbeschäftigung gaben und
B. ein Gesuch an die Lehrer richteten, bei denen die Kinder eingeschult sind, damit uns Schul- und Freizeit bekannt und wir durch die Lehrer in der Kontrolle über die Kinder unterstützt wurden.

Wir wiederholen, daß wir Kinder nur beschäftigen in Rücksicht auf die uns zunächst gelegenen Gemeinden und deren ärmere Bewohner, daß wir aber viel billiger mit Erwachsenen arbeiten, und sofort und sehr gern alle Kinder entlassen und künftig zurückweisen, sobald wir den Eltern und Gemeinden gegenüber uns darüber ausweisen können, daß nur die behördlichen Anordnungen, welche für andere Fälle vielleicht sehr zweckmäßig, von uns aber nicht zu erfüllen sind, uns zur Zurückweisung der Kinder veranlassen."

Auch diese Ziegelei hat neuerdings ihre Kinder entlassen und beschäftigte in diesem Sommer keine mehr. Würden die übrigen 48 Ziegeleien, welche heut noch Kinder beschäftigen, diesem Beispiele folgen, und pro Sommer 1878 keine Kinder mehr beschäftigen, so resultirt daraus ein Geldausfall von mindestens M. 20 000, denn 1 Knabe kann pro Sommer M. 40 verdienen und es können bei 48 Ziegeleien 500 Kinder Beschäftigung finden. Werden dagegen durch passende Vorschriften die sämmtlichen 99 Ziegeleien des Bezirks zur Annahme von Kinder angeregt, so führt dieser Entschluß den betreffenden Gemeinden im Ganzen einen Verdienst von mindestens M. 40 000 zu und unter den von mir gemachten Voraussetzungen eine passende und gesunde Knaben-Beschäftigung, worunter weder Schulbesuch noch Sittlichkeit zu leiden hätte. In sanitärer Hinsicht ist Kinder-Arbeit im Freien sehr wünschenswerth und zur Ausbildung der Konstitution durchaus nothwendig, und es ist zu bedauern, daß nicht mehr dergleichen zu schaffen. Aehnlich spricht sich Professor Dr. Gust. Jäger in Stuttgart in No. 30 Jahrgang XIII der Berliner Industrie-Blätter (herausgegeben von Dr. Hager und Dr. Jacobson) aus. Er sagt wörtlich:

„Ist mit der Berufsarbeit der Kinder eine solche körperliche Anstrengung verbunden, daß regelmäßig die Erscheinung des Echauffements (Steigerung der Körperwärme, gesteigerter Herzschlag, rascheres Athmen, Schweißausbruch und verstärkter Appetit) auftreten, so ist sie unbedingt gesund, und zwar für jedes Alter, natürlich unter der Voraussetzung keiner Ueberanstrengung."

Elend in der Heimindustrie

Daß ich mit diesem Zitat nicht der Ziegelarbeit der Kinder, wie sie am Rhein unter den Wallonen üblich ist, das Wort zu reden gedenke, ist selbstverständlich.

Wenn ihr nur einig seid

Hamburger Schiffbauer, vor 1900

Die Lohnabhängigen haben ein starkes eigenes Interesse daran, daß ihr Arbeitstag nicht grenzenlos ist. Immer mehr erkennen die Arbeiter, daß sie einzeln schutzlos der Willkür der Unternehmer ausgeliefert sind. „Zum – Schutze – gegen die Schlange ihrer Qualen müssen die Arbeiter ihre Köpfe zusammenrotten und als Klasse ein Staatsgesetz erzwingen, ein übermächtiges gesellschaftliches Hindernis, daß sie selbst verhindert, durch freiwilligen Kontrakt mit dem Kapital sich und ihr Geschlecht in den Tod und Sklaverei zu verkaufen. An die Stelle des prunkvollen Katalogs der – unveräußerlichen Menschenrechte – tritt die bescheidene Magna Charta eines gesetzlich beschränkten Arbeitstages, die endlich klarmacht, wann die Zeit, die der Arbeiter verkauft, endet und wann die ihm selbst gehörende Zeit beginnt." (Karl Marx, Kapital Bd. 1.)

Als eigenständige politische Partei lösen sich die Arbeiter erst langsam aus der bürgerlichen Bevormundung, die die Gesellschaft nur durch individuelle Bildung verändern will. „Die Arbeiter, welche beschäftigt sind, und die Arbeiter, welche nicht beschäftigt sind, machen sich gegenseitig Konkurrenz, die ersteren indem sie zuviel arbeiten, also die anderen dadurch entbehrlich machen, die anderen, indem sie bereitstehen, unter allen Bedingungen die Stelle der Beschäftigten einzunehmen. Die Konkurrenz ist selbstverständlich niemandem willkommener als dem Unternehmer, der, weil er kein anderes Streben verfolgt, als möglichst billig zu produzieren, um möglichst viel verdienen zu können, diese für ihn so äußerst günstige Situation rücksichtslos ausbeutet." (Dok. 9)

Um ihre Arbeitsbedingungen zu verändern, schließen sich die Arbeiter in Gewerkschaftsorganisationen zusammen. Die erzwungene Konkurrenz untereinander wird durch den gemeinsamen Kampf überwunden. Die Arbeiter werden selbstbewußter. Täglich sind sie gezwungen, ihre Arbeitskraft und damit sich selbst zu verkaufen. Sie brauchen den Lohn, um sich und ihre Familie ernähren zu können. In den Kämpfen der Arbeiterbewegung gegen ihre Ausbeutung spielen sowohl die Verkürzung der Arbeitszeit als auch die Frage der Lohnhöhe eine entscheidende Rolle. Mehr Zeit für mich und meine Familie, mehr Lohn, um besser leben zu können, sind Motive im Kampf. Doch auch schon sehr früh wird die Arbeitszeitverkürzung als ein Beitrag zur gerechteren Verteilung der Arbeit angesehen. Für das Jahr 1834 schildert ein englischer Arbeiter, wie sie versuchten, durch einen Streik eine kürzere Arbeitszeit im englischen Schneiderhandwerk zu erreichen, damit Arbeitslose Arbeit bekommen (Dok. 10).

Im Handwörterbuch für Staatswissenschaften wird aus bürgerlicher Sicht nicht ganz ohne Verständnis gesehen, daß die Arbeiter oft sogar eine Arbeitszeitverkürzung einer Lohnerhöhung vorziehen, jedoch keine Arbeitszeitverkürzung wollen, die ihnen nicht mehr ihr Einkommen sichert. Es heißt dort:

Stellungnahme der Arbeiter

Für die große Mehrheit der Lohnarbeiter hat die Arbeit wohl immer teils bloßes Mittel zum Zwecke des Lebensunterhaltes, teils Erfüllung einer sittlich-religiösen Pflicht bedeutet, nicht aber etwas, was um seiner selbst willen zu erstreben sei. Da Arbeitsteilung und Maschinenverwendung die Zahl der Arbeitsaufgaben noch vermindert haben dürften, welche an sich schon dem Arbeiter eine gewisse Befriedigung gewähren können, so erscheint die Arbeitsleistung heute bei der starken Abschwächung religiös-sittlicher Motive mehr denn je als notwendiges Uebel. Insofern entspricht es durchaus dem wirtschaftlichen Prinzipe, wenn die Arbeiter ihren Zweck, den Lebensunterhalt, mit einem möglichst geringen Aufwande von Erwerbsarbeit zu erreichen suchen. Unter sonst gleichbleibenden Verhältnissen wird die kürzere Arbeitszeit also der längeren vorgezogen werden. Ablehnend gegen eine kürzere Arbeitszeit verhält sich die Arbeiterschaft nur dann, wenn eine Schmälerung des Einkommens oder eine so starke Intensivierung der Arbeitsleistung selbst als Folge befürchtet werden muß, daß trotz der kürzeren Arbeitszeit ein größerer Energieverbrauch eintritt. Es fehlt deshalb durchaus nicht an Beispielen, in denen Arbeiter eine vom Arbeitgeber angeordnete Verkürzung des Arbeitstages bekämpften.

Das sind allerdings Ausnahmen. In der Regel drängen namentlich diejenigen Arbeiter, welche von der modernen Arbeiterbewegung erfaßt worden sind, mit aller Macht auf die Abkürzung der Arbeitszeit, ja es wird dieser Reform sogar noch eine größere Bedeutung beigemessen als der Lohnerhöhung. Nicht selten findet sich in den Streikreglements der Gewerkschaften die Bestimmung, daß unter sonst gleichen Umständen die Bewegungen zur Abkürzung der Arbeitszeit vor bloßen Lohnbewegungen den Vorrang zu beanspruchen hätten.

(Handwörterbuch der Staatswissenschaften, Hrsg. Elster, u. a., Jena 1923, S. 898 ff.)

Ob man jedoch durch Arbeitszeitverkürzung generell das Problem der Arbeitslosigkeit lösen kann – wird skeptisch beurteilt (Dok. 11).

Die Geschichte des Kampfes um die Arbeitszeitverkürzung ist zugleich die Entstehungs- und Entwicklungsgeschichte der Arbeiterorganisationen selbst. In der Früh-

Werbeplakat für den 1891 gegründeten Deutschen Metallarbeiter-Verband

geschichte der Arbeiterbewegung (1867/69) versuchen die Arbeiter vom Staat ein Gesetz zu erreichen, damit durch einen gesetzlich garantierten Normalarbeitstag eine zehnstündige Nettoarbeitszeit erreicht wird. (Dok. 12 u. 13). Für tarifvertragliche Vereinbarungen sind die Gewerkschaften noch zu schwach. Bei der Forderung nach einer zehnstündigen Nettoarbeitszeit muß man berücksichtigen, daß die Arbeitszeit je nach Branchen und Regionen zwölf bis sechzehn Stunden beträgt, in einigen Fällen sogar noch länger. Und das an sieben Tagen in der Woche. Im Handwerk verkürzt sich die wöchentliche Arbeitszeit zum Teil durch die Tradition des blauen Montags (siehe Kapitel „Vom blauen Montag zum Urlaub"). Argumentative Petitionen verbessern die Arbeits- und Lebensbedingungen der Arbeiter nicht (Dok. 14), hier hilft nur ein gemeinsames sich zur Wehr setzen – und wenn es noch so gering beginnt (Dok. 15).

Heinrich Lersch

An die Arbeiter

Was schafft dir deinen Schmerz, Prolet? –
Daß du dich ganz, mit Leib und Leben,
dem Werk, der Arbeit hingegeben,
die du mit deiner Seele nährst –
und daß nichts von dir darin aufersteht:
das schafft dir deinen Schmerz, Prolet!

Daß Brücke, Schiene, Haus und Tuch
dein Blut trank und der Seele Schmerzen,
das prangt im Licht von tausend Kerzen! –
Und daß man stolz daran vorübergeht:
das ist dein und der Menschheit Fluch, Prolet!

Und daß die Herrscher unserer Welt
nach Macht und Gold aus unserem Schaffen haschen,
kristallisiert aus unserem Blut;
wir wissen, Haus und Brot sind gut,
doch hat der Lohn, das blanke Geld,
noch nicht den Fluch davon gewaschen.

So reck' dich auf! Sei stark und groß, Prolet!
Und schau: in Brücken, Häusern und Maschinen,
da kreist dein Blut, der Welt zu dienen.
Du hältst in deinen harten Händen
das Weltgeschenk: dich selbst zu spenden.
Wenn einst die Welt dich und dein Tun versteht,
bist du erlöst. Es kommt dein Tag, Prolet!

Mehr Beschäftigte durch Arbeitszeitverkürzung

Dokument 9
U. Otto-Walster: Der Schutz des Arbeiters in den internationalen Arbeiter-Gewerksgenossenschaften. Ein Mahnruf an alle deutschen Arbeiter, Dresden 1871, dritte, gänzlich umgearbeitete Auflage, S. 7-8.

So ist das Verhältniß in der industriellen Weltarbeit ein ganz unnatürliches geworden, weil Diejenigen, die in Arbeit sind, sich so abarbeiten und abplagen, daß sie die Arbeit für Andere mit vollbringen, die infolge der Ueberarbeitung der Einen für sich selbst keine Arbeit finden können. Und Diejenigen, welche unter solchen unwürdigen Verhältnissen leben, werden jeder Zeit im Schrecken erhalten von dem Gedanken, daß, wenn sie die Arbeit in der Weise, die man von ihnen wünscht, nicht vollbringen, Tausend andere, die gar keine Beschäftigung, also auch kein Brot haben, bereit stehen, in ihre Stelle einzurükken, um wenigstens den kärglichen Verdienst zu haben, um wenigstens das Leben zu fristen. Fassen wir es kurz zusammen: Die Arbeiter, welche beschäftigt sind, und die Arbeiter, welche nicht beschäftigt sind, machen sich gegenseitig Concurrenz, die Ersteren, indem sie zuviel arbeiten, und also die Anderen dadurch ent-

Aus: „Süddeutscher Postillon"

behrlich machen, die Anderen, indem sie bereit stehen, unter allen Bedingungen die Stellen der Beschäftigten einzunehmen. Die Concurrenz ist selbstverständlich Niemandem willkommener als dem Unternehmer, der, weil er kein anderes Streben verfolgt, als möglichst billig zu produzieren, um möglichst viel verdienen zu können, diese für ihn so äußerst günstige Situation rücksichtslos ausbeutet.

Da liegt es denn wohl greifbar klar vor Augen, daß die Arbeiter ein gemeinschaftliches Interesse haben, solchem Sklavenzustande durch vernünftiges Handeln, nöthigenfalls durch gemeinsamen Kampf ein Ende zu machen, damit der Arbeiter endlich auch einmal in die Lage kommt, von seinen Rechten zu sprechen. Derjenige, der bis jetzt einen Mehrverdienst dadurch suchte, daß er sich, so weit seine Kräfte nur irgend ausreichten, womöglich in Ueberstunden, Nacht- und Sonntagsarbeit abrackerte, muß einsehen, daß er damit nur seine Lage verschlimmert, daß er damit nur den Lohn herabdrückt und schließlich für 14 Stunden Arbeit nur ebensoviel verdient, als er mit 10 Stunden verdienen würde, und auf die Dauer nur noch ein schlechteres Verhältnis herbeiführt. Das Rechenexempel ist ja so leicht: Wenn heute 100 000 Arbeiter sich entschließen, statt, wie bisher 12, nur 10 Stunden zu arbeiten, so kommen dadurch täglich 200 000 Arbeitsstunden in Wegfall, welche von anderen Arbeitern ausgeglichen werden müssen; zu diesen 200 000 Arbeitsstunden müssen bei täglich 10stündiger Arbeitszeit 20 000 Arbeiter neu eingestellt werden; und 20 000 Arbeiter, die bis dahin unbeschäftigt waren und bereit standen, unter allen Umständen Arbeit anzunehmen, hören auf, den beschäftigten Arbeitern Concurrenz zu machen. Dies würde aber auch mit einem Schlage das Verhältnis zwischen Arbeits-Angebot und Nachfrage so total zu Gunsten der Arbeiter ändern, daß sie nicht nur für 10 Stunden Arbeit ebensoviel Lohn bekommen werden, wie früher für 12 Stunden, sondern es entsteht, weil nunmehr ein Mangel an Arbeitskräften eintritt, eine Concurrenz unter den Arbeitgebern, es wird Einer immer günstigere Bedingungen stellen müssen als der Andere, um nur die benöthigte Zahl von Arbeitskräften zu gewinnen oder in seiner Arbeit zu erhalten. Mag Manchem auch der Mehrverdienst durch Ueberarbeit dringend nöthig erscheinen, er muß im Auge behalten, daß er dadurch nur die Arbeit Anderer entbehrlich macht, die ihm dann gefährliche Concurrenz bereiten, daß er also dadurch nur den Lohn herunterdrückt und nur auf eine kurze Zeit einen persönlichen Vorteil errungen hat auf Kosten der Gesammtheit, deren Schicksale und Leiden er doch wiederum zu tragen haben wird.

Aus diesem einzigen Beispiel erhellt zunächst, daß die Arbeiter solange auf Verkürzung der Arbeitszeit dringen müssen, bis alle disponiblen Arbeitskräfte in die Arbeit hereingezogen werden mußten, bis also die Concurrenz, die der Arbeiter dem Arbeiter machte, vollständig beseitigt ist. Dann tritt der eine Factor der industriellen Arbeit, die Arbeitskraft, dem anderen Factor, dem Kapital ebenbürtig gegenüber und verhandelt mit ihm auf der Grundlage der Billigkeit und Gerechtigkeit.

Georg Weerth

Es war ein armer Schneider

Es war ein armer Schneider,
Der nähte sich krumm und dumm,
Er nähte dreißig Jahre lang
Und wußte nicht warum.

Und als am Samstag wieder
Eine Woche war herum:
Da fing er wohl zu weinen an
Und wußte nicht warum.

Und nahm die blanken Nadeln
Und nahm die Schere krumm –
Zerbrach so Scher und Nadel
Und wußte nicht warum.

Und schlang viel starke Fäden
Um seinen Hals herum
Und hat am Balken sich erhängt
Und wußte nicht warum.

Er wußte nicht – es tönte
Der Abendglocken Gesumm.
Der Schneider starb um halber acht,
Und niemand weiß warum.

Der Streik der Schneider von London 1834

Dokument 10
Johann Georg Eccarius: Die Schneider in London oder der Kampf des großen und des kleinen Kapitals, Marx/Engels Werke (MEGA), Erste Abteilung, Bd. 10, Berlin 1977, S. 597–598.

Im Jahre 1834 legten 20 000 Schneider die Arbeit nieder und verlangten zunächst eine Reduktion der Arbeitszeit von 2 Stunden per Tag, wodurch den Arbeitslosen Beschäftigung gegeben werden sollte. Da die bisherige Arbeitszeit auf 12 Stunden per Tag festgesetzt war, konnten nach dieser Reduktion auf je 200 zwanzig mehr beschäftigt werden. Die zweite Forderung war, daß der bisher gebräuchliche Lohn 6 Sh. per Tag nach wie vor bleibe mit der Bedingung, dem Meister sollte nicht das Recht zustehen, von dieser Summa irgend einen Abzug zu machen, wenn der Arbeiter das vom Meister als einen Tag Arbeit bestimmte Quantum nicht vollenden konnte. Das Recht des Fortschickens sollte dem Meister bleiben.

Diese Forderungen waren in der That neu. Bisher hatten die Arbeitseinstellungen nur Erhöhungen der Preise zum Zweck gehabt und obgleich diese Forderungen eine Preiserhöhung enthielten, so war doch ihr Hauptzweck, die Zufuhr mit der Nachfrage auszugleichen, ohne das Einkommen des Individuums zu reduziren. Die Schneider hatten die Arbeit ohne Vorwissen ihrer Verbündeten eingestellt. Um sich aber der Bourgeoisie gegenüber keine Blößen zu geben, erkannten die übrigen Arbeiter das Geschehene an und gaben Unterstützung. Die meisten Arbeiter betrachteten die Sache der Schneider als ihre eigene, und in demselben Maaße wie der Streit an Oeffentlichkeit und Heftigkeit gewann, wurde die Verbindung enger. Die Organisation der Schneider nahm förmlich den Charakter einer geheimen Verbindung an. Sie theilten sich in Kompagnieen und Sektionen, machten öffentliche Demonstrationen, und um sich gegen heterogene Elemente in den Sitzungen zu sichern, wurde ein Feldgeschrei nebst sonstigen Kennzeichen ausgegeben und je nach Umständen gewechselt.

Die Meister verweigerten jede Konzession. Die Aristokratie und Bourgeoisie, alarmirt über die allgemeine Theilnahme der Arbeiter wie über die ganz neue Forderung der Schneider, befürchteten, daß andere Geschäfte dem Beispiel der Schneider folgen würden, wenn diese ihren Zweck erreichten. Sie betrachteten dem

Proletariat gegen über das Interesse der Schneidermeister als das Gesammtinteresse der Besitzenden, und so wurde dieser Streik wirklich ein Kampf zwischen der Bourgeoisie und dem Proletariat. Dieselben Reaktionäre, die heute jede Gelegenheit benutzen, die Industriellen als die Urheber alles Elendes der Arbeiter anzuklagen und sich als Beschützer des Proletariats aufzuwerfen, boten damals alle Mittel auf die Arbeiter zu besiegen. Die Schneidermeister empfingen Bestellungen über Bestellungen unter der Bedingung, daß man ihnen nicht allein diese Bestellungen, son-

Englische Karikatur, aus: „Der Wahre Jacob"

Arbeiter und Kapitalist

dern die ganze Kundschaft entziehen würde, falls sie den Arbeitern nachgeben sollten. Nebenbei wurde selbst Beistand von Seiten des Parlaments und der Regierung zugesagt. Sir Henry Hardinge rief bei einer Gelegenheit im Parlament aus, er wolle lieber in bloßen Hemdsärmeln ins Parlament kommen, als daß den Schneidergesellen irgend ein Zugeständniß gemacht werde. Die Arbeiter ihrerseits exponirten die Betrügereien der Meister in öffentlichen Versammlungen wie in der Presse, um ihre reichen Gegner von dem Recht ihrer Forderungen zu überzeugen. Aber alles vergebens. Ihre Fonds schmolzen zusammen und in weniger als drei Monaten mußten sie auf Gnade und Ungnade kapituliren. Die ganze Geschichte reduzirte sich demnach auf die Manifestation, daß die Zufuhr von Arbeitern größer war als die Nachfrage, und daß die Zeit wieder gekommen, wo die Meister Bedingungen stellen konnten und die Arbeiter zu verhungern hatten oder sich zu fügen.

Vor 1834 hatten die großen Kapitalisten wahrscheinlich hinreichend Gelegenheit gefunden ihre Kapitalien anderweitig zu verwerthen als sich mit solchen Lumpereien wie Kleiderladen und dergleichen abzugeben. Andrerseits konnten sie den Kleinbürgern keine Konkurrenz machen, so lange nicht eine Anzahl Arbeiter vorhanden war, die der Hunger zwang unter den schlechtesten Bedingungen Arbeit zu nehmen. Die fortwährende Verminderung von Handarbeit durch Erfindung neuer und Verbesserung alter Maschinen führte der Schneiderei so viel junges Blut zu, daß dieses bald der Fall war, und sobald die nöthigen Bedingungen vorhanden waren, fingen auch die großen Kapitalisten an sich der Schneiderei zu bemächtigen. Früher gab es keine andere Kleiderladen als die sogenannten Trödelladen, die nur die allergeringste Sorte von Kleidungsstücken verkauften. Ihre Arbeiter waren entweder zu alt oder besaßen nicht die nöthige Geschicklichkeit, um bei den sogenannten respektablen Meistern zu arbeiten. Die großen Kapitalisten dagegen eröffneten ihre Magazine zunächst mit solchen Artikeln die von den zahlungsfähigen Arbeitern und von den Kleinbürgern getragen werden. Dabei hatten sie durch ihre stets vermehrte Zufuhr und dem immer größern Mangel an Beschäftigung den Vortheil sich die besten Arbeiter auszusuchen.

Arbeitszeitverkürzung führt zu Arbeitsintensivierung

Dokument 11
Paul Ernst: Die Arbeitsschutzgesetzgebung und ihre internationale Regelung, Berlin 1890, S. 15–16

Die Interessen des Unternehmers und die Interessen des Arbeiters bilden die entschiedensten Gegensätze; was für den einen gut ist, das ist für den andern schlecht, und umgekehrt. So wenig geneigt daher der Unternehmer zum Arbeiterschutz ist, so sehr wünschenswerth erscheint der Schutz dem Arbeiter.

Zum Theil aus falschen Erwartungen. Der Arbeiter glaubt durch Schutzgesetze eine Beschränkung der Arbeitslosigkeit, Verminderung der industriellen Reservearmee, und damit ein Steigen der Löhne erzielen zu können; auch hat er die Hoffnung, die alte Familie wieder herzustellen, wie sie vor dem Hereinziehen der Frauen und Kinder in die Produktion bestand.

Beides ist unmöglich. Betrachten wir zunächst die Frage der Einschränkung der Arbeitslosigkeit.

Es scheint ja sehr plausibel zu sein, wenn man vorrechnet: bei 12 Stunden Arbeitszeit sind hundert Arbeiter erforderlich; wird die Arbeitszeit von 12 Stunden auf 10 eingeschränkt, so müssen demgemäß mehr Arbeiter eingestellt werden, nämlich im ganzen 120. Es haben also 20 Arbeiter jetzt Arbeit, welche früher keine Arbeit hatten. Die industrielle Reservearmee wird verkleinert. Dadurch wird der Druck auf den Arbeitsmarkt geringer, und die Löhne steigen. – Dasselbe findet statt, wenn die Frauen- und Kinderarbeit eingeschränkt und die Sonntagsarbeit verboten wird.

Allein so hübsch glatt glatt geht die Sache nicht ab. Das Kapital hat durchaus keine Lust, sich seinen Gewinn beschneiden zu lassen; und wenn der Arbeitstag verkürzt wird, so findet es schon ein Mittel heraus, um das Verlorene wieder einzubringen. Die Arbeit muß eben jetzt intensiver betrieben werden. Es werden neue Maschinen eingestellt, welche ra-

Aus: „Der Wahre Jacob"

Hamburger Schiffbauer, 1903

Deutscher Metallarbeiter-Verband.

Wald

6454

Mitgliedsbuch

Haupt-Nr. 671408

für

Heinrich Fritsch

Geboren am 25ten Nov 1861 zu Mühlhausen Ostpr.

Beruf M SSERSCHLAEGER

UEBERGETRETEN

Eingetreten am 1ten MAERZ 1904 in Solingen

Deutscher Metallarbeiter-Verband (Stempel) Verwaltungsst. Solingen

Für die örtliche Verwaltung:

Wilh. Fischer

(Bevollmächtigter)

scher arbeiten und den Arbeiter gleichfalls zu größerer Thätigkeit zwingen, und so wird in kurzer Zeit erreicht, daß von denselben Arbeitern in 10 Stunden dieselbe Produktenmenge hergestellt wird, die vorher von ihnen in 12 Stunden hergestellt wurde; daß die Arbeitslosigkeit vermindert wird, davon ist nicht die Rede. Die Arbeiter müssen sich in 10 Stunden ebensoviel abhetzen, wie früher in 12 Stunden – der einzige Erfolg ist, daß sie 2 Stunden mehr für sich haben. Außer der Aufstellung neuer, zu intensiverer Arbeit zwingender Maschinen, zu welcher die Einführung eines Maximalarbeitstages das Motiv ist, wirkt noch der Umstand ein, daß der Arbeiter bei kürzerer Arbeitszeit frischer bleibt und daher in der Stunde des kürzeren Arbeitstages auch an sich schon mehr leisten kann, wie in der Stunde des längeren.

1832 wurde in England für einige Industrieen der Arbeitstag auf 12 Stunden verkürzt. Der Erfolg war, daß der Spinner jetzt 4400 Auszüge machte, während er noch 1825 in derselben Zeit nur 1640 machte.

1847 wurde das Zehnstundengesetz in den Baumwoll-, Woll-, Seiden- und Flachsfabriken eingeführt. Die Folge war, daß die Geschwindigkeit der Throstlespindel sich von 4500 Drehungen in der Minute auf 5000 steigerte, die der Mulespindel von 5000 auf 6000.

„Die Engländer sagten noch 1876, die Fabrikgesetzgebung habe das weitere Fortschreiten ihrer Industrieen ganz unbehindert gelassen. Noch im Jahre 1884 führten die Eisenarbeiter des Nordens von England vor einem Schiedsgericht den siegreichen Nachweis, daß der Wegfall der Montagsarbeit nicht zu einer Minderung der Produktion und Steigerung der Produktionskosten geführt habe; vielmehr hätten die Arbeiter nunmehr an den 5 Wochentagen mehrgeleistet, als früher in 6, und der Wegfall der Heizung von Sonntag auf Montag habe zu beträchtlichen Kostenersparnissen geführt."

Für einen Maximalarbeitstag von zwölf Stunden

Dokument 12
Allgemeiner deutscher Arbeiterverein 1867, Handbuch der sozialdemokratischen Parteitage von 1863-1909, München 1910, S. 1

Die am 25. November 1867 zu Berlin abgehaltene sechste Generalversammlung des Allgemeinen Deutschen Arbeitervereins nahm eine Anzahl Leitsätze an, deren sechster folgenden Wortlaut hat:
„6. Da das Kapital einem naturgemäßen Triebe folgt, den Arbeitstag maß- und rücksichtslos zu verlängern, und dadurch die Lebenskraft der Arbeiterschaft bis zur völligen Widerstandslosigkeit erschöpft würde, wenn diesem Triebe keine Schranke gesetzt werden sollte, muß der Arbeitstag von Staats wegen beschränkt werden und die genaue Einhaltung seiner gesetzlich vorgeschriebenen Dauer mittels der äußersten Strenge des Gesetzes erzwungen werden. Wir erblicken in der gesetzlichen Beschränkung des Arbeitstages eine Vorbedingung zu weiteren Schritten auf der Bahn der Befreiung der Arbeit von den Fesseln des Kapitals. Vorerst ist in Deutschland für alle Lohnarbeiter in Großbetriebsunternehmungen ein Maximal-Arbeitstag von 12 Stunden, einschließlich 2 Stunden für Mahlzeiten anzustreben, die Sonntagsarbeit in Großbetriebsunternehmungen abzuschaffen, sowie daselbst die Arbeitszeit für Personen zwischen 12–16 Jahren auf ein entsprechendes Minimum zu beschränken, die Kinderarbeit im Großbetriebe aber gänzlich zu untersagen, und endlich auch die Arbeitszeit der Bergleute auf ihrem seitherigen Maximum zu belassen."
Die siebente Generalversammlung des Allgemeinen deutschen Arbeitervereins, die am 25. August 1868 in Hamburg tagte, stimmte nach Vorträgen von Frick - Barmen und Kriete - Hannover zwei Resolutionen zu, die sich für einen Normalarbeitstag von 12 Stunden (10stündige Netto-Arbeit) und für Verwerfung jeglicher regelmäßigen Sonntagsarbeit erklärten.

Bundeslied für den Allgemeinen Deutschen Arbeiterverein (April 1864)

Georg Herwegh

Bet und arbeit! ruft die Welt,
Bete kurz! den Zeit ist Geld.
An die Türe pocht die Not –
Bete kurz! denn Zeit ist Brot.

Und du ackerst und du säst,
Und du nietest und du nähst,
Und du hämmerst und du spinnst –
Sag, o Volk, was du gewinnst!

Wirkst am Webstuhl Tag und Nacht,
Schürfst im Erz- und Kohlenschacht,
Füllst des Überflusses Horn,
Füllst es hoch mit Wein und Korn.

Doch wo ist dein Mahl bereit?
Doch wo ist dein Feierkleid?
Doch wo ist dein warmer Herd?
Doch wo ist dein scharfes Schwert?

Alles ist dein Werk, o sprich,
Alles, aber Nichts für dich!
Und von Allem nur allein,
Die du schmiedst, die Kette, dein?

Kette, die den Leib umstrickt,
Die dem Geist die Flügel knickt,
Die am Fuß des Kindes schon
Klirrt – o Volk, das ist dein Lohn.

Was Ihr hebt ans Sonnenlicht,
Schätze sind es für den Wicht;
Was Ihr webt, es ist der Fluch
Für Euch selbst – ins bunte Tuch.

Was Ihr baut, kein schützend Dach
Hat's für Euch und kein Gemach;
Was Ihr kleidet und beschuht,
Tritt auf Euch voll Übermut.

Menschenbienen, die Natur
Gab sie Euch den Honig nur?
Seht die Drohnen um Euch her!
Habt Ihr keinen Stachel mehr?

Mann der Arbeit, aufgewacht!
Und erkenne deine Macht!
Alle Räder stehen still,
Wenn dein starker Arm es will.

Deiner Dränger Schar erblaßt,
Wenn du, müde deiner Last,
In die Ecke lehnst den Pflug,
Wenn du rufst: es ist genug!

Brecht das Doppeljoch entzwei!
Brecht die Not der Sklaverei!
Brecht die Sklaverei der Not!
Brot ist Freiheit, Freiheit Brot!

Sozialdemokratische Argumente für die Verkürzung der Arbeitszeit

Dokument 13
Protokoll über den zweiten Kongreß der sozial-demokratischen Arbeiterpartei zu Dresden 1871, S. 7 ff. (Auszüge)

Vorwärts, mit Dampf!

Aus: „Der Wahre Jacob"

Yorck, Referat „Der Normal-Arbeitstag"

Meine Freunde! Durch die Großindustrie ist eine Konkurrenz großgezogen worden, nicht allein zwischen den Fabrikanten unter einander, sondern auch zwischen den Arbeitern; die Einführung der Maschinen, die Anwendung der Dampfkraft haben nicht dazu beigetragen, die Tagesmühen der Arbeiter auch nur im Entferntesten, auch nur um ein Quentchen zu erleichtern; nein, im Gegentheil; je mehr die Großindustrie fortschreitet, jemehr Verbesserungen und Erfindungen gemacht wurden im Laufe der Zeit, um so drükkender gestaltete sich die Lage der Arbeiter, um so mehr wurden dieselben zur Erkenntniß ihrer Klassenlage, zu dem Bewußtsein hingedrängt, ein Ende machen zu müssen mit solchen unmenschlichen Zuständen, die nur dazu dienen, die Sklaverei des Alterthums in weit verschärfter Form in die Neuzeit einzuschleppen. Es ist traurig, daß die Konkurrenz, die herbeigeführt worden ist und herbeigeführt wird durch jede Verbesserung der Maschinen, dazu beiträgt und beitragen muß, den Lohn der Arbeiter zu verkürzen, die Arbeitszeit aber zu verlängern. Ja, meine Freunde, viel Arbeitszeit und wenig Lohn! Das ist heut zu Tage die Parole, die sich die Arbeitsherren gegenseitig zurufen, wenn es sich darum handelt, den Forderungen der Arbeiter entgegenzutreten, und wir sehen ja: bei jeder Arbeitseinstellung, die stattfindet, ist es das gleiche Stichwort, um welches sich die ganze Streitfrage dreht: die Arbeiter wollen eine möglichst kurze Arbeitszeit erkämpfen, damit sie sich als Menschen fühlen, damit sie als Menschen leben können, und nicht unnöthig gezwungen werden, die halbe Zeit ihres Lebens im Sklavenjoch zuzubringen, sondern sich auch ihrer Menschenwürde freuen lernen.

Meine Freunde! Das Entgegengesetzte bringt die Konkurrenz mit sich. In umgekehrter Weise sehen wir, wie bis auf den heutigen Tag Stunde für Stunde die Arbeitszeit verlängert worden ist, und Groschen auf Groschen dem Lohn der Arbeiter (ich möchte fast sagen) hinweggestohlen wird.

Wenn wir uns einen Augenblick zurückdenken in die Zeit des Mittelalters, wo es doch auch Arbeiter und Meister gab, wo auch gearbeitet wurde in industrieller oder Handwerksbeziehung sowohl, wie in der Landarbeit, so sehen wir, abgesehen von den vielen Feiertagen, die existirten, – die Alten waren frömmer, als die Leute heutzutage; ich will den Arbeitern keinen Vorwurf daraus machen, daß sie nicht fromm sind, es ist dies ja auch

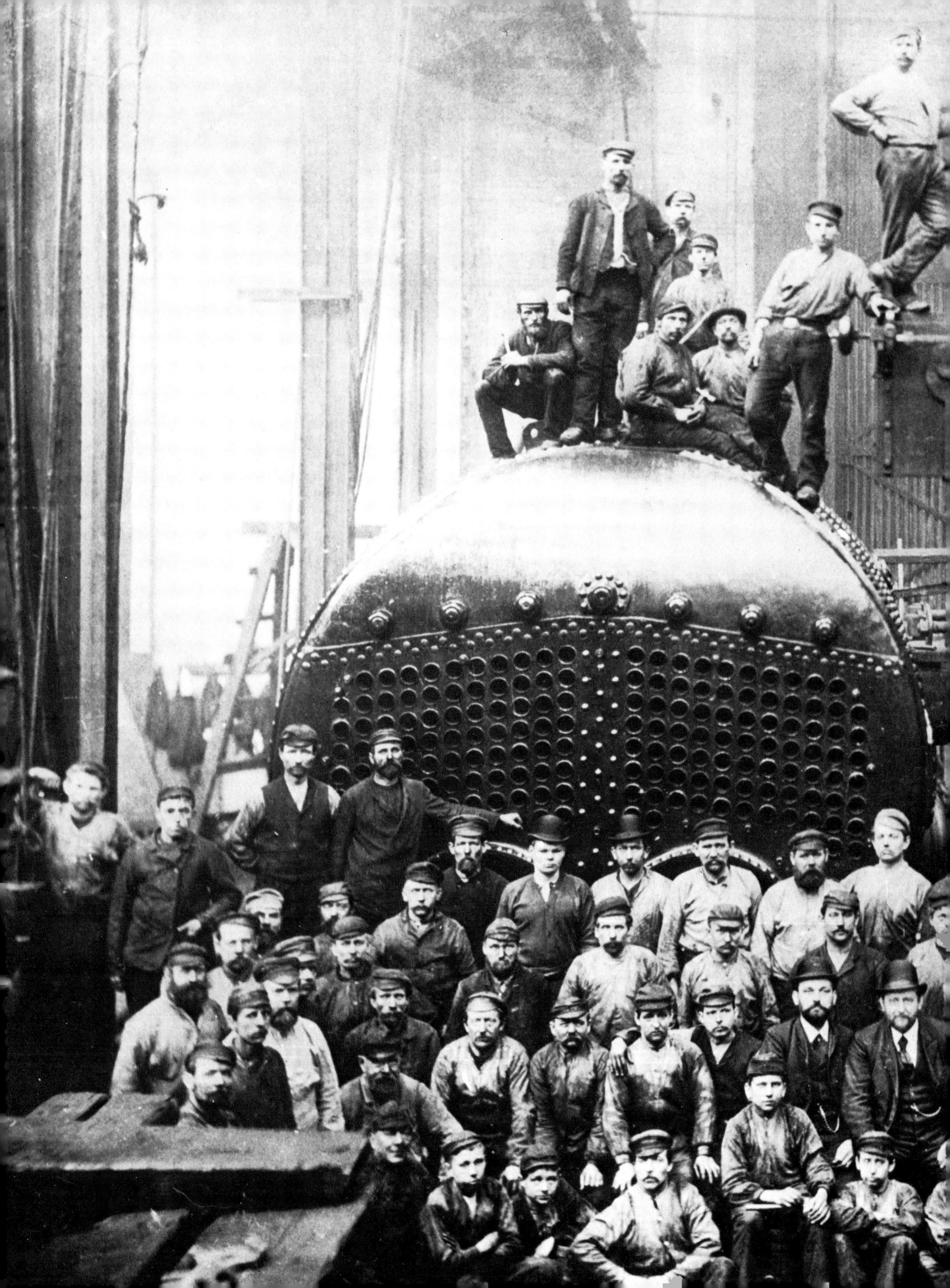

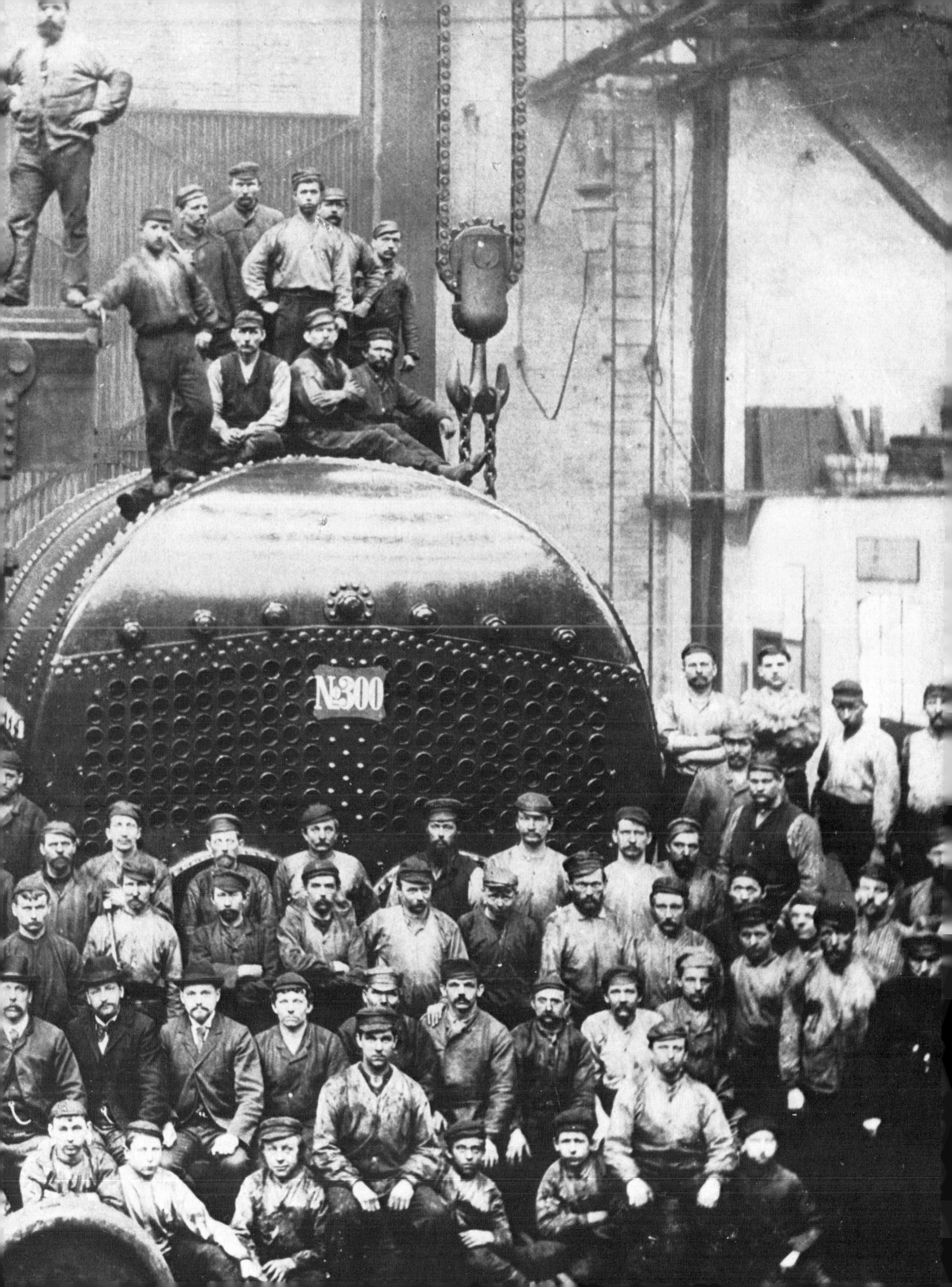
№300

Bandagenwalzwerk

ein Segen der langen Arbeitszeit, daß sie heute keine Zeit dazu haben, und wenn man in jener Zeit so fromm war, so beweist dies nur, daß man damals mindestens in der Zeit, wo man betete, nicht gearbeitet hat; ich sage also, abgesehen von den vielen kirchlichen Feiertagen, die streng innegehalten wurden, – deuten alle Einrichtungen darauf hin und bedingten es, daß die Arbeiter im Mittelalter auch an den Werktagen nicht so lange zu arbeiten nöthig hatten als heutzutage, und der so sehr verschrieene, aus der Zunftverbindung bis auf die heutige Zeit hineinragende „blaue Montag" gibt den Beweis, daß die Arbeiter eher Gelegenheit zu feiern hatten, als die Handwerke zünftig betrieben wurden, denn gegenwärtig, wo der Arbeiter nach dem Fabrikreglement bestraft wird, wenn er eine Minute zu spät kommt, wo die Fabrikglocke das Signal gibt, wann der Arbeiter in sein Sklavenjoch eintreten muß.

Von diesem Gesichtspunkte ausgehend, will es mich doch bedünken, daß die Auflehnung der Arbeiter gegen einen so unmenschlichen Zustand gerechtfertigt ist und nicht minder die Forderung, die sie stellen, die Verkürzung der Arbeitszeit durch gesetzliche Bestimmung herbeizuführen.

Nun, meine Herren, nichts ist wohl geeigneter, gerade im Interesse der Arbeiter als ein segensreiches Ereignis betrachtet zu werden, als wenn es gelingen möchte, durch unsere, durch die Agitation der Arbeiter in Deutschland die Regierungen zu zwingen, die Arbeitszeit gesetzlich zu verkürzen; wenn es uns gelänge, die 16–18-stündige Arbeitszeit, die theilweise an verschiedenen Orten in Deutschland noch stattfindet, in eine 10-stündige umzuwandeln. Aber, meine Freunde, es ist ja auch unbedingt nothwenig, daß wir in dieser Beziehung in Deutschland einmal den Anfang machen, und ich möchte fast sagen, endlich einmal hinter den Arbeitern anderer Länder herhinken, die uns in dieser Beziehung gewaltig voraus sind. Es ist gar keine Frage, daß unter den industriellen Großstaaten Deutschland bei dem niedrigsten Lohn die längste Arbeitszeit kultivirt hat. (...)

Nun, meine Freunde, hoffen wir, daß im gegenwärtigen Augenblicke, wo aufgeklärte Arbeiterkreise diese Frage in ihren Versammlungen erörtern, wo die Vereine es sich zur Aufgabe gemacht haben, dafür einzutreten, wo einzelne Arbeitszweige im offenen Kampfe gegen das Kapital für den Normalarbeitstag von 10 Stunden stehen, endlich der geeignetste Zeitpunkt gekommen sein dürfte, auch nach dieser Richtung zum Heil der Arbeiter in ganz Deutschland thätig zu sein. Und sage man uns nicht, wir sollten die Arbeitermassen nicht aufregen, nicht zu etwas verleiten, wozu sie selbst nicht einmal Lust haben. Das ist ein thörichter Einwand; ob die große Masse Lust hat oder nicht, das soll uns vor der Hand wenig kümmern, es kommt zunächst darauf an, zu konstatiren, daß die Forderung eine berechtigte und gerechte ist. Sie wissen, meine Freunde, aus statistischen Tabellen, wie gerade die Lebensdauer der industriellen Arbeiter auch in Deutschland eine so kurze ist, daß es uns mit Schauder erfüllen muß, wenn wir darüber nachdenken, daß im Durchschnitt kein Arbeiter älter wird, als 31 Jahre. Das ist wirklich eine betrübende Lehre, die uns durch die Statistik geworden ist, und die eigentlich eine so durchgreifende Wirkung auf alle Arbeiterkreise haben müßte, daß Jeder, der dies einmal weiß, Zähne und Nägel daran setzen sollte, eine Besserung dieser Verhältnisse herbeizuführen. Während die Klassen der Bevölkerung, die gar nicht arbeiten, oder deren Arbeit nur nominell ist, z. B. im Kouponabschneiden besteht, einer viel längeren Lebensdauer sich erfreuen, so daß die Rentiers z. B. ein Durchschnittsalter von 66½ Jahren erreichen, werden die Arbeiter kaum halb so alt, ist das Durchschnittsalter derselben nur 31 Jahre!

Nun, meine Freunde, ist das nicht ein Beweis dafür, daß die Arbeiter durch die lange Arbeitszeit theilweise bis zum Skelet ausgemergelt werden und nicht so viel verdienen, daß sie die Kräfte, die sie verbrauchen, wieder zu ersetzen im Stande sind und darum nach so kurzer Zeit ins Gras beißen müssen? Die lange Arbeitszeit ist also auch der menschlichen Natur widerstrebend. Wenn dem so ist, wer will es uns verdenken oder wer will überhaupt der Forderung, die wir stellen, die Berechtigung absprechen, wenn wir sagen, wir wollen, statt wie gegenwärtig 12, 14 ja 16 Stunden, nur 10 Stunden arbeiten. Meine Freunde, wenn wir in den 10 Stunden auch nicht mehr verdienen sollten, als gegenwärtig, wenn wir nur so viel verdienen, als nöthig ist, unsern Hunger zu stillen, dann arbeiten wir auch 2 Stunden weniger, wir opfern 2 Stunden weniger Arbeitskraft und Lebenssaft und machen in den 2 Stunden, die wir weniger arbeiten, nicht den Geldsack der Großindustrie voll und geben dadurch den großen Kapital nicht immer mehr Mittel an die Hand, um uns tiefer und tiefer herunterzudrücken. (Bravo!)

Meine Freunde, von diesem Gesichtspunkte ausgehend, allein als eine menschliche Forderung betrachtet, wäre die Forderung nach einem Normalarbeitstag gerechtfertigt, und trotz alledem haben wir es mit verschiedenen Gegnern zu thun, mit Gegnern in dieser oder jener Richtung, ja wir haben es mit Gegnern zu thun aus den Reihen der Arbeiter selbst und mit den verschiedenartigsten Vorwürfen, die uns gemacht werden. Es ist wirklich nothwendig, über diese Vorwürfe, diese Entgegnungen, einige Worte zu verlieren. Also es wird uns zunächst entgegengehalten, daß es gerade ein Segen sei, daß gegenwärtig so viel und so lange gearbeitet wird, weil dadurch die Waaren immer billiger würden. Und die Billigkeit der Waaren erlaube uns ja immer nur, daß wir der Segnungen der industriellen Entwickelung theilhaftig würden, daß wir z. B. besser gekleidet gehen und bessere Wohnung hätten, als die Arbeiter vor hundert Jahren, und wie diese schönen Einreden sonst noch lauten mögen. Aber ich bin denn doch der Meinung, daß dies für uns nicht ins Gewicht fallen kann; selbst wenn durch die Verkürzung der Arbeitszeit der Lohn in die Höhe geht (was die Folge davon sein muß), wenn also, anstatt daß wir gegenwärtig z. B. den Tag bei 12-stündiger Arbeitszeit 20–25 Sgr. verdienen und wir dann, wenn die Arbeitszeit um 2–4 Stunden verkürzt wird, 1 Thlr. 10 Sgr. verdienen, so geht daraus noch lange nicht hervor, daß dadurch auch zugleich die Waarenpreise so gewaltig in die Höhe gehen würden, daß wir nothwendigerweise auf irgend welche gewohnte Lebensbedürfnisse verzichten müßten. Höchstens könnte man behaupten wollen, daß wir damit nicht besser gestellt wären als jetzt. Allein auch dies ist nicht der Fall. Das im erhöhten Lohn dem Arbeiter mehr Bezahlte kann nur theilweise auf den Preis der Waaren übertragen werden, indem ein Theil davon vom Unternehmer, als Weniger am Unternehmergewinn, getragen werden muß. Dies wissen die Herren Unternehmer auch recht gut, darum ihr Sträuben gegen jede, auch die geringste Erhöhung des Lohnes, resp. Verkürzung der Arbeitszeit.

Kolonialfeudales

Die alten Raubritterburgen sind verlassen, aber neue sind uns dafür entstanden, aus: „Simplicissimus", 1906

Es ist falsch, wenn man sagt: Alle Arbeitspreise gehen in die Höhe, folglich wird Alles theurer und wir sind eben so schlecht gestellt als vorher. (...)

Aber, meine Freunde, man macht uns einen Vorwurf daraus, daß wir von Staatswegen, durch Gesetze, eine Normirung der Arbeitszeit bestimmen wollen, weil damit ja die persönliche Freiheit des Einzelnen beschränkt würde.

Es ist allerdings wahr, daß dies geschieht, und es fragt sich nur, ob ein solcher Eingriff in die persönliche Freiheit des Einzelnen nicht im Interesse der Gesammtheit nothwendig ist. Abgesehen davon, daß die lange Arbeitszeit weniger durch den freien Willen der Arbeiter, als durch die heutigen gesellschaftlichen Zustände herbeigeführt ist, wird durch Einführung eines Normalarbeitstages zwar nicht die persönliche Freiheit der Arbeiter, sondern nur deren Ausbeutung durch das Kapital, beschränkt, und darum also das wohlwollende Geschrei der Kapitalisten und Unternehmer über Beschränkung der persönlichen Freiheit, d. h. ihrer Freiheit, der Freiheit, die Arbeitskraft ihrer Arbeiter 14–16 Stunden jeden Tag ausbeuten zu dürfen. Indeß gesetzt auch, es läge eine Beschränkung der persönlichen Freiheit des Einzelnen vor: wir sozialistischen Arbeiter sind längst zu der Ueberzeugung gekommen, und in unseren Verbindungen, in unseren Gewerkvereinen, haben wir es längst praktisch erfahren, daß ohne Unterordnung der Interessen Einzelner unter die gemeinsamen Interessen Aller, wir nicht vorwärts kommen können. Dieser Einwand, daß wir, die wir sonst doch die Freiheit in jeder Beziehung erstreben, nun plötzlich die persönliche Freiheit der Arbeiter, die persönliche Freiheit des Individuums vernichten wollen, – dieser klägliche Vorwurf kann von uns auf das Glänzendste zurückgewiesen werden durch den Hinweis auf Bestimmungen, die längst schon von Staatswegen durchgeführt sind. Ich verweise Sie zunächst darauf, daß der allgemeine Schulzwang, die allgemeine Wehrpflicht Beschränkungen der persönlichen Freiheit sind, die außerdem doch besonders die Arbeiterklassen am meisten treffen. Das Gesetz bestraft Denjenigen, der durch Selbstverstümmelung versucht, sich dem Militärdienst zu entziehen, auch der Versuch des Selbstmords wird unter Umständen bestraft, und erst in neuerer Zeit ist durch Aufhebung der Koalitions-Verbote eine Beschränkung der persönlichen Freiheit der Arbeiterklassen beseitigt worden, die lediglich im Interesse der Arbeitsherren stattgefunden hatte. Dem gegenüber haben wir wohl das Recht zu verlangen, daß die persönliche Freiheit der Einzelnen, sobald sie der Gesammtheit Schaden zufügt, beschränkt wird. Und daß durch die übermäßig lange Arbeitszeit der Verdummung, Verkümmerung und Versumpfung des Volksgeistes zum großen Schaden des gesammten Volkes, am meisten der Arbeiter selbst, Vorschub geleistet wird, kann nicht bestritten werden. Aber es könnte scheinen, daß Denen ein Unrecht geschieht, die gern länger arbeiten wollen, wenn man durch Einführung eines zehnstündigen Normalarbeitstages die Arbeitszeit beschränkt, sie also verhindert ihre Arbeitskraft, ihr „Kapital" so zu verwerthen wie es ihnen beliebt.(. . .)

„Der heutige Congreß der sozial-demokratischen Arbeiterpartei erklärt es für die Pflicht eines jeden Arbeiters, einzutreten für Erkämpfung eines durch Gesetz festgestellten Normalarbeitstags von höchstens 10 Stunden zum Schutze der Arbeiter gegen übermäßig lange Arbeitszeit. (. . .)

Most (Augsburg)

(. . .) Wenn wir den Normalarbeitstag nur verlangen, so mag das vielleicht sehr harmlos erscheinen von uns Sozialisten, wenn wir dies thun; die Sozialisten sind aber keineswegs zufrieden, daß die Arbeiter bloß eine etwas kürzere Arbeitszeit haben, sie sind keineswegs zufrieden, wenn durch Verkürzung der Arbeitszeit der Lohn ein klein wenig in die Höhe geschraubt wird. Die ganze heutige Produktionsweise, welche durch die heutige Gesellschaft gegründet ist, ist faul und an ihre Stelle, an die Stelle des Arbeitslohnes, muß der Arbeitsertrag treten. Es geht uns heute ungefähr wie einem schweren Kranken, der eben weiß, ihm könne nur geholfen werden durch eine Radikalkur. Er muß einen geschickten Arzt haben, der das faule Glied amputirt. Ein solcher Kranker ist weit davon entfernt, seine Wunde nicht zu verbinden, wenn er damit seine Schmerzen lindern kann; er könnte es sonst nicht aushalten, bis zu der Zeit, wo der Arzt kommt und die Radikalkur vornimmt. Folglich ist er verpflichtet, seine Wunde zu verbinden, er lindert seine Schmerzen und ist bemüht, die Zeit abzuwarten, bis der Arzt kommt. Auch wir lindern unsere Wunden, stillen momentan unsere Schmerzen, damit wir es aushalten können, bis die Radikalkur vorgenommen wird. (Bravo!) Wir wissen, daß der heutige Arbeiter bei solcher immens langen Arbeitszeit, unter welcher er schmachtet, geistig und körperlich zu Grunde gerichtet wird, wir wissen, daß sein Körper nicht allein mehr abgenutzt wird, als er demselben wieder Kraft zuführen kann, sondern wir wissen auch, daß eben durch die immense Abnutzung des Körpers auch der Geist ganz und gar zerrüttet wird und wir wissen, wenn der Geist so zerrüttet wird, daß der Arbeiter unfähig ist einen großen, gesunden Gedanken zu fassen, wir wissen, daß der Bildungsgrad der heutigen Arbeiter im Großen und Ganzen noch sehr im Argen liegt, wir wissen, daß der Arbeiter noch ganz gehörig umgebildet werden muß, wenn er eben fähig sein soll, einen sozialistischen Zustand zu vertragen. Der Egoismus, die Vorurtheile u. s. w. müssen aus seinem Kopfe heraus und wann sollte man das dem Arbeiter beibringen, wenn er von Montag Morgen bis Samstag Abend im Joche zieht, wenn er nicht Zeit hat, über seine Lage nachzudenken, wenn er umfällt, wie ein Pferd, nachdem es ausgespannt ist, nachdem es so viele Stunden gezogen hat? Also darum wollen wir vorläufig unsere Wunden stillen, unsere Schmerzen lindern, wenn wir sehen, daß momentan nichts weiter geschieht, daß alles Andere illusorisch ist, was wir anstreben, außer der Verkürzung der Arbeitszeit. Wir wissen, daß der Lohn nicht in die Höhe geschraubt werden kann ohne Verkürzung der Arbeitszeit; wir wissen, daß überhaupt der Lohn nicht über den äußersten Rand der nothwendigen Lebensbedürfnisse auf die Dauer steigen kann, aber wir wissen, daß mindestens bei kürzerer Arbeitszeit die Arbeiter nicht weniger verdienen, als sie heute verdienen und darum verlangen wir Verkürzung der Arbeitszeit, damit den Arbeitern Gelegenheit geboten werde, zu denken, damit wir die Arbeiter auf die Höhe der Intelligenz bringen, die sie fähig macht, in den Kampf einzutreten, der in Zukunft ausgefochten werden muß, der die radikale Umgestaltung der heutigen durch und durch morschen und faulen Gesellschaft herbeiführen wird. (Bravo!) (. . .)

(Die Resolution wird einstimmig angenommen, S. 29)

Schmiedehammer, um 1900

Petition um Verkürzung der Arbeitszeit von 1865

Dokument 14
Mitteilungen für Frauen, IG-Metall Frankfurt 3/1979, „1865 Petition um Verkürzung der Arbeitszeit".

Allerunterthänigste und treugehorsamste Bitte der unterzeichneten Fabrikarbeiter der Stadt Augsburg um Abschaffung der Morgenstunde an ihrer Arbeitszeit von 5–6 Uhr früh, daher um festgesetzte Arbeitszeit von täglich Morgens 6 Uhr bis Abens 7 Uhr betreffend.
Indem wir unterzeichneten Arbeiter der Kreishauptstadt Augsburg es wagen, Euerer Königlichen Majestät Ihnen allerunterthänigst treugehorsamst mit einer Bitte zu nahen, so gibt uns nur hierzu den Muth die allbekannte Gerechtigkeitsliebe Euerer Königlichen Majestät und die wirklich väterliche Fürsorge, welche Euere Königliche Majestät auch den Geringsten ihrer Unterthanen zuwendet.

In diesem nicht zu erschütternden Vertrauen wagen wir es, die allerunterthänigste ehrfurchtsvollste Bitte um Verkürzung der Arbeitszeit in den hiesigen Fabriken zu stellen und erlauben uns, diese unsere Bitte mit folgenden Gründen allerunterthänigst zu motivieren.

In den hiesigen Baumwollspinnereien, Webereien, Kattundruckereien ist zwar jeher die Arbeitszeit von 5 Uhr Morgens bis Abends 7 Uhr festgesetzt; also täglich eine dreizehnstündige Arbeitszeit. Dazu kommt aber noch, dass in den meisten Fabriken keine Frühstücksstunde, Mittagspause, keine Abendzeit stattfindet, weil die Werke in diesen Fabriken fortlaufen.

An diese Arbeitszeit sind sämtliche Arbeiter, Erwachsene wie Kinder gebunden. Nun sind aber hauptsächlich in den Spinn- und Webereien ein Teil Kinder beschäftigt. Diese Kinder kommen schon gleich nach Beendigung der Schulzeit, also nach vollendetem 13. Lebensjahr, in die Fabrik. Auch sind schon viele Kinder unter diesem Alter in Fabriken dahier zur Arbeit aufgenommen worden, obwohl hierfür gesetzliche Bestimmungen erlassen worden sind.

In diesem Alter nun müssen diese Kinder Morgens 5 Uhr an der Arbeit sein, da jede Versäumnis mit Geld bestraft wird. Sie sind daher genötigt, Morgens 4 Uhr aufzustehen und kommen nach der Arbeit erst gegen 8 Uhr wieder nach Hause.

Hierzu kommt aber noch, dass die Arbeitszeit in diesen Fabriken sehr leicht nachweisbar überschritten wird. Es gibt dahier Fabriken, welche wochenweise oft bis 8 Uhr Abends, an Samstagen sogar bis 11 Uhr Nachts fortarbeiten lassen. Hier tritt nur ein noch trauriges Verhältnis für die Erholung und nöthige Ruhe der Arbeiter ein.

Bei einer solchen Sachlage ist es nun selbstverständlich, dass darunter die Gesundheit der Arbeiter empfindlichen Schaden leiden muss. Der Mangel an Schlaf und der nöthigen Ruhe und Erholung besonders bei Kindern im Alter von 13 bis 17 Jahren kann nicht anders als höchst nachtheilig auf die Gesundheit einwirken.

In den Säälen dieser Fabriken athmet der Arbeiter ungesunde mit schädlichen Dünsten geschwängerte Luft ein. Die grosse Anzahl Arbeiter, welche in einem solchen Saale zu arbeiten haben, erzeugt natürlich Ausdünstungen, dazu kommt noch der Staub der Wolle, den die Arbeiter einzuathmen haben, der scharfe Geruch der Oele und Fette, welche in den Fabriken verwendet werden.

Ferner ist hierbei auch hauptsächlich die geringe Wohlhabenheit der arbeitenden Klasse ins Auge zu fassen. Besonders der Mangel an genügender Nahrung und Kleidung; der Verdienst besonders der Kinder in den Fabriken muss grösstenteils an die Eltern derselben abgeliefert werden, weil oft ganze Familien auf diesen Verdienst zu ihrem Lebensunterhalt angewiesen sind. Auch die Kleidung besonders der Kinder und Weibspersonen kann eine ungenügende genannt werden und ist grösstenteils auf das Nothwendigste beschränkt.

Durch diese Entkräftung der Arbeiter wird aber dem Nationalwohlstand eine Tiefe Wunde geschlagen, denn nur ein Volk, das geistig und körperlich kräftig dasteht, vermag denselben zu haben.

Hauptsächlich leiden dadurch die Kinder in den Fabriken und es ist leicht vorauszusehen, dass in kurzer Zeit wir eine ganz entkräftigte verkommene Arbeiterbevölkerung zu erwarten haben. Diejenigen Kinder, welche genötigt sind, ihr Brod in den Fabriken zu suchen, sind, wenn sie das 21. Lebensjahr erreicht haben, ausgearbeitet und körperlich zu Grunde gerichtet.

In der freudigen Hoffnung und gewissen Erwartung einer Gewährleistung dieser gerechten Bitte, wagen wir es die innigsten Gefühle altbewährter Treue und Anhänglichkeit an Euere Königliche Majestät und das ganze königliche Haus allerunterthänigst auszusprechen und mit dem Wunsch, Euere Königliche Majestät möge noch viele und lange Jahre zum Wohle Bayerns die Zügel der Regierung führen, ersterben.

Euerer Königlichen Majestät allerunterthänigsttreugehorsamste Fabrikarbeiter der Stadt Augsburg

Verbesserungen der Arbeitsbedingungen durch Solidarität

Dokument 15
August Bebel: Aus meinem Leben, Stuttgart 1920, S. 45–46.

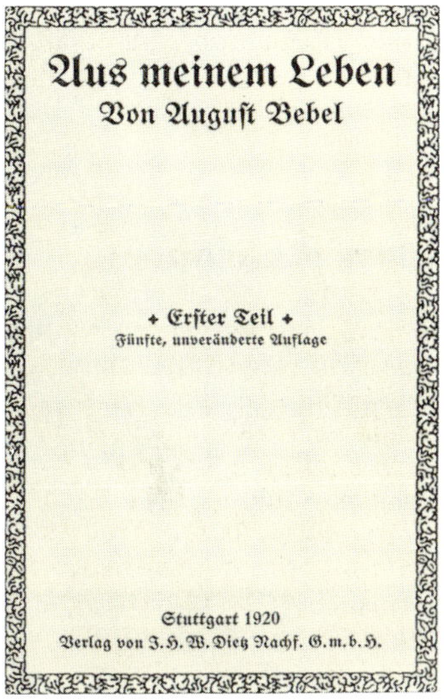
Aus meinem Leben
Von August Bebel

• Erster Teil •
Fünfte, unveränderte Auflage

Stuttgart 1920
Verlag von J. H. W. Dietz Nachf. G.m.b.H.

Ich hatte auch Glück und bekam Arbeit, und zwar in einer Werkstatt, in der ich den Artikel kennen lernte, auf den ich mich später selbständig machte. Traf ich vierundzwanzig Stunden später in Leipzig ein, so wäre die Stelle von einem anderen besetzt worden. So entschied hier wieder „ein Augenblick des Glückes" über meine Zukunft. Zum zweitenmal arbeitete ich in einer größeren Werkstatt. Es wurden fünf Kollegen und ein Lehrling neben mir beschäftigt. Meister und Kollegen gefielen mir, die Arbeit auch, bei der sich etwas lernen ließ. Was mir aber nicht gefiel, war der schlechte Kaffee, den wir morgens erhielten, und das an Quantität und Qualität äußerst mangelhafte Mittagessen. Frühstück, Vesper und Abendbrot mußten wir uns selbst stellen. Die Schlafstelle war beim Meister; wir schliefen sieben Mann in einer geräumigen Bodenkammer.

August Bebel

Ich fing sehr bald an, gegen die Kost zu rebellieren. In einigen Wochen hatte ich die Kollegen so weit, daß sie sich zu einer gemeinsamen Beschwerde bei dem Meister verstanden, wobei wir erklärten, gemeinsam die Arbeit einzustellen, falls unsere Beschwerde keinen Erfolg hätte. Wir drohten also mit Streik, noch ehe einer von uns dieses Wort gehört hatte. Die Form der Abwehr ergab sich eben aus der Sache selbst. Der Meister war äußerst betreten, er erklärte, er verstehe die Klagen nicht, ihm schmecke das Essen ausgezeichnet. Das war natürlich. Er aß mit seiner Familie später als wir und bekam ein anderes Essen. Das wußte er nicht. Nach wiederholten Verhandlungen erreichten wir, daß wir gegen entsprechende Entschädigung von seiner Seite die Selbstbeköstigung durchsetzten, wobei er, wie er behauptete, finanziell noch profitierte. Er hatte seiner Frau mehr für unsere Verpflegung zahlen müssen, als wir forderten. Später erreichten wir durch hartnäckiges Liegenbleiben im Bett, daß der Beginn der Arbeitszeit von morgens 5 Uhr auf 6 Uhr hinausgeschoben wurde. Noch später setzten wir auch die Stückarbeit durch, auf die der Meister nicht eingehen wollte, weil er fürchtete, schlechte Arbeit geliefert zu bekommen, worin er sich täuschte, wie er sich nachher überzeugte. Schließlich erlangten wir auch das Wohnen außer dem Hause.

Schutz statt Heilung

Der Schutz der Arbeitskraft wird auch durch eine Begrenzung der täglichen Arbeitszeit erreicht. Dieser Tageskampf ist ein wichtiger Meilenstein auf dem Weg zum Sozialismus, wie es sich in einer zeitgenössischen Postkarte ausdrückt (Bild, Seite 58).

Der Kampf um den Normalarbeitstag ist zugleich ein wichtiges Agitationsmittel, um den Arbeitern ein Bewußtsein ihrer Lage zu vermitteln. Gleichzeitig ist er auch ein Prüfstein gegenüber bürgerlichen Kräften, die sich sozial und liberal geben, doch über diesen Meilenstein der Arbeitszeitverkürzung stolpern (Dok. 16).

Die Begrenzung des Arbeitstages ist nicht nur wichtig, um mehr Zeit zum Schlafen und Essen zu haben. Mehr freie Zeit heißt auch, daß Menschen nicht nur dahinleben. Der „hygienische Normalarbeitstag" bedeutet, daß sich die Menschen körperlich wie geistig erholen können (Dok. 17).

Dem Drängen der erwachenden Arbeiterbewegung begegnet der Obrigkeitsstaat Bismarcks durch Peitsche und Zuckerbrot. 1878 wird unter fadenscheinigen Begründungen des Gesetz gegen die gemeingefährlichen Bestrebungen der Sozialdemokratie, das Sozialistengesetz, erlassen, um ein weiteres Anwachsen der Arbeiterorganisationen zu verhindern. Im gleichen Jahr tritt auch eine Novelle für alle Bundesstaaten in Kraft, die Fabrikinspektoren in allen Bundesstaaten vorschreibt (Dok. 18). Doch wie schon beim preußischen Regulativ für die Einschränkung der Kinderarbeit fehlt diesem Gesetz die organisierte Kraft der Arbeiterbewegung, die erst eine konsequente Verwirklichung des Schutzes möglich macht.

Die Arbeiterbewegung ist nicht gegen Versicherung der Arbeiter und ihrer Familien vor den Folgen von Krankheiten und Unfällen. Ihr kommt er jedoch in erster Linie auf den Schutz an. Nicht erst eine Ruinierung der Arbeitskraft und dann ein viel zu kleines Trostpflaster. Die Arbeiter hatten sich schon Selbsthilfeorganisationen geschaffen, die durch die Bismarcksche Sozialgesetzgebung zerschlagen wird. Mit der von Bismarck geschaffenen Sozialgesetzgebung will man die Arbeiter dem Einfluß der Sozialdemokratie entziehen. Die Bismarcksche Sozialgesetzgebung hat nicht nur die Bedeutung eines Zuckerbrotes für die Arbeiter, sie ist einerseits ideologisches Kampfmittel, andererseits hat sie jedoch auch die praktische Bedeutung, im geringen Umfang die Schäden auszugleichen, die durch die Ausbeutung im Betrieb entstanden sind, denn man braucht ja morgens wieder den gesunden Arbeiter, ohne den ein Produzieren nicht möglich ist. So versucht der Staat regulierend einzugreifen, ohne die unternehmerische Verfügungsgewalt über die Produktionsmittel anzutasten (Dok. 19).

Einen wirklichen Arbeitsschutz durch die gesetzliche Begrenzung des Arbeitstages gewährt man den Arbeitern nicht – sie würden dann ja zu wenig verdienen, ist das scheinheilige Argument des Fürsten Bismarck. Mehr Lohn könne man jedoch aus internationalen Konkurrenzgründen nicht zugestehen (Dok. 20). Die Arbeiterbewegung fordert trotzdem den Maximalarbeitstag. Weniger Arbeitszeit für jeden vergrößert die Arbeitsmöglichkeit für viele und hilft somit, die Lohndrückerei durch Arbeitssuchende zu verhindern (Dok. 21).

Der Normalarbeitstag

Dokument 16
August Geib: Der Normal-Arbeitstag, in: Die Sozialdemokratie vor dem Deutschen Reichstag, 31. Januar 1885, S. 1–2. (Auszug)

Im Programm der sozial-demokratischen Arbeiterpartei wird unter den in der Agitation zunächst zu erstrebenden Forderungen auch die Einführung des Normalarbeitstages betont. Es ist dies eine Forderung, welche zugleich das Verlangen nach Einschränkung der Frauenarbeit und nach Verbot der Kinderarbeit in sich schließt, und welcher Ausdruck zu geben vor allem die Gewerkschaftsbewegung berufen ist.

Leider aber thürmte sich bis jetzt den Gewerkschaften eine solche Unzahl von Hindernissen entgegen, daß es nöthig erscheint, eine neue, lebhafte Agitation zur Gewinnung einer breiteren Grundlage, einer festeren Gestaltung hervorzurufen. Und zum anregenden Inhalte dieser Agitation kann wohl kaum eine leichtverständlichere, eine wichtigere Frage, als es die des Normalarbeitstages ist, gefunden werden. Wir ersehen dies von Monat zu Monat aus den Arbeitseinstellungen, welche mit dem Wachsthum des Großkapitals Schritt halten, und ja auch nicht zum geringen Theile die Verkürzung der Arbeitszeit, sowie die Verbesserung der Arbeitsräume hinsichtlich ihres gesundheitsschädlichen Einflusses bezwecken.

Wenn ich nun heute besonders für die Erstrebung des Normalarbeitstages eintrete und ihn in nächster Zeit, mehr als es in Deutschland je vorher geschehen ist, zum Gegenstand einer eingehenden Erörterung, einer kräftigen Agitation bezeichnet sehen möchte, so geschieht dies, weil ich erwarte, daß die durch den letzten Krieg hervorgerufene Produktionsstörung vorzüglich in Deutschland nach geschlossenem Frieden einer wüthigen Produktionssucht weichen und deshalb eine größere Nachfrage nach Arbeitskraft erfolgen wird. Einen solchen Wendepunkt dürfen die Arbeiter sich nicht entgehen lassen, ohne für die Erleichterung ihres Looses und damit für die Kräftigung der Arbeiterbewegung etwas gethan zu haben. Man kann sich streiten darüber, ob eine solche Agitation, nicht zufrieden mit dem unmittelbaren Kampfe zwischen Lohnarbeitern und Unternehmern, auch direkt an die Gesetzgebung des „neuen deutschen Reiches", also an den Reichstag appelliren solle. Schaden kann dies nach meiner Ansicht keineswegs, mag der Reichstag noch so machtlos, oder unsern Bestrebungen noch so feindlich sein. Denn je mehr wir die Gegner der Arbeitersache durch den Probirstein „Normalarbeitstag" blosstellen, desto mehr werden die Prinzipien der Sozialdemokratie dabei gewinnen. Wir müssen die Fahne einer solchen Agitation möglichst überall entfalten, nicht etwa um unsere sozialdemokratischen Ziele damit zu verdecken, sondern um die zu ihnen hinführenden Schritte populär zu machen, kurz, um eine große und breite Stufe zu schaffen, worauf der Massentritt der Arbeiterbataillone vor Entkräftung geschützt, weil dem Sumpfe der Gleichgültigkeit gegen die eigene Klassenlage, enthoben wird.

Ueber den Normalarbeitstag ist seitens der deutschen Sozial-Demokraten schon viel gesprochen, weniger aber geschrieben worden. Und fast wäre weiteres Schreiben auch überflüssig, wenn das Marxsche Werk „Das Kapital", insbesondere die darin enthaltene Abtheilung „Arbeitstag", mehr gelesen würde.

Mehr Erholung durch Arbeitszeitverkürzung

Dokument 17
Dr. J. Zadek: Der Achtstundentag eine gesundheitliche Forderung, Einführung in die Gewerbehygiene, Berlin 1904, S. 9–11.
Die Erholung.

Aber auch eine Arbeitsdauer, die bloß Zeit zum Ausschlafen läßt, ist vom gesundheitlichen Standpunkt zu beanstanden. Der Arbeiter, welcher nur Arbeit und Schlaf kennt, ist kein Kulturmensch, sondern lebt dahin wie das Tier; er muß an seinen geistigen und sittlichen Fähigkeiten Einbuße erleiden, verfällt dem Trunk, dem einzigen Genuß, den er außer der Befriedigung des Geschlechtstriebes kennt, und kommt auch körperlich in seiner Gesundheit zurück. Das gilt insbesondere von den modernen Industriearbeitern, infolge der zunehmenden Arbeitsteilung und der gesteigerten Intensität der Arbeit.

Wohltätigkeit: Die Rechte soll nicht wissen, was die Linke tut, aus: „Süddeutscher Postillon"

Während in früheren Wirtschaftsperioden und auch jetzt noch auf dem Lande, in der Gärtnerei und andren Berufen eine harmonische Ausarbeitung und Ausbildung der Muskeln, Nerven und übrigen Körperorgane die Regel war, hat infolge der zunehmenden Arbeitsteilung in der Industrie mehr und mehr eine einseitige Inanspruchnahme bestimmter Muskeln und Organe Platz gegriffen, eine Körperhaltung, bei welcher oft genug übermäßige Dehnung von Muskeln, Belastung von Knochen, Druck auf die Eingeweide, Ueberanstrengung der Augen usw. usw. stattfindet. Aber ein Muskel, der nicht gebraucht wird, schwindet allmählich, der Bandapparat an unsren Gelenken, die Knochen der Wirbelsäule, des Beckens, des Brustkorbes, der Extremitäten geben infolge der Dehnung nach und es kommt zu Krümmungen und Mißbildungen; innere Organe, welche beengt werden, funktionieren mangelhaft, büßen an Leistungsfähigkeit ein und verkümmern schließlich.

Aus: „Der Wahre Jacob"

Kapitalistische Wohltaten.

Der Kapitalist: So! Der läuft mir nicht mehr davon!

Um die Schäden der einseitigen Arbeit wieder wett zu machen, dazu gehört eine Zeit ausgiebiger Erholung, in der die gebrauchten Muskeln und Organe ausruhen, die nicht gebrauchten geübt werden, die gedehnten und belasteten Muskeln, Bänder, Knochen und Eingeweide durch die entgegengesezten Bewegungen, Stellungen, Uebungen wieder zu ihrem Recht kommen. Vor allem ist es der Aufenthalt im Freien, bewegter Luft, der Sport in seinen mannigfachen Formen, als: Marschieren, Bergsteigen, Schwimmen, Rudern, Radfahren, Bewegungsspiele usw. der diesen Gesundheitsschädigungen durch die Arbeit entgegenwirkt und die körperliche und geistige Frische und Leistungsfähigkeit zu erhalten berufen ist. Der Sport befördert den Blutkreislauf und erzieht das Herz für größere Ansprüche an dasselbe, was z. B. bei fieberhaften Erkrankungen von so großer Bedeutung ist; er vertieft die Atmung, auch der für Tuberkulose so empfänglichen Lungenspitzen; er bessert die Verdauung, indem er die beim Sitzen und Stehen blutüberfüllten Unterleibsorgane entlastet; er regelt den Schlaf, die Haut- und Nierentätigkeit, setzt Muskeln und Blut an die Stelle übermäßigen Fettansatzes usw. Der Sport ist daher ein überaus wichtiger Faktor in der Gesundheit des einseitig arbeitenden Menschen, ein Faktor, dessen Rolle bei uns in Deutschland bei weitem noch nicht genügend gewürdigt wird, weil – es unsren Arbeitern an Zeit dazu fehlt. Zur Pflege des Sports fordert die Gesundheitspflege für alle Arbeiter mit einseitiger Inanspruchnahme und Ueberanstrengung bestimmter Muskeln und Organe eine ausgiebige Zeit der Erholung.

Dazu kommt die gesteigerte Arbeitsintensität in der Gegenwart. Die Fortschritte der Technik, die Kompliziertheit und der schnelle Gang der Maschinen haben die Anforderungen an die Arbeitsleistung des Menschen gewaltig gesteigert, so daß der Arbeitsdauer heute eine ganz andre Bedeutung zukommt als vor 100 Jahren, ja noch vor einem Menschenalter. Es ist kein Zufall, daß wir überall in den großen Industrieländern die Arbeitsleistung wachsen sehen in demselben Maße, als die Arbeitszeit zurückgeht. Als vor 30 Jahren in der Textilindustrie die Arbeitszeit von 13 Stunden auf 12, etwa um 1890 auf 11 Stunden herabging, blieb trotzdem die Arbeitsleistung dieselbe und verbesserte sich sogar in der Qualität; England mit seinem 10stündigen Arbeitstag, Amerika mit seiner noch kürzeren Arbeitszeit hat den weiteren Beweis erbracht, daß trotz kurzer Arbeitsdauer und hoher Löhne die Leistungsfähigkeit nicht leidet, sondern eben dadurch sich hebt, das besser und billiger produziert wird als zuvor. Es gelang eben, dank der Herabsetzung der Arbeitszeit und der dadurch erreichten größeren Frische des Arbeiters, die Arbeitsintensität, das Verhältnis der Arbeitsleistung zur Arbeitszeit, nach und nach in ganz wunderbarer Weise zu steigern.

Wie sehr die Uebung die Tagesleistung steigern kann, lassen die Untersuchungen von Trebes erkennen. Er fand, daß die Armmuskulatur nur kurze Zeit maximaler Leistungen fähig ist und daß diese auch nur wenig durch Uebung gesteigert werden können, nämlich von 35 auf 40 Kilogramm Hubhöhe; dagegen stieg das dauernd gehobene Gewicht durch 4 Wochen Uebung von 11 auf 29 Kilogramm und dementsprechend die in Kilogramm-Metern ausgedrückte Tagesleistung aufs zweieinhalbfache.

Durch methodische Uebung ist es im Laufe der Zeit zu einer immer vollkommeneren Anpassung der Muskeln und Nerven des Arbeiters, vor allem, der Zentralleitung in der Großhirnrinde an die höhere Betriebsform, an den Gang der Maschine gekommen, zu einer Auslese derjenigen, welche die Schnelligkeit ihrer Bewegung so einzurichten und abzuändern verstehen, wie es die Maschine gerade verlangt. „Die Maschine bestimmt das größere oder geringere Maß der Leistung, die von dem sie bedienenden Arbeiter gefordert wird, sie bedingt die Raschheit seiner Bewegungen, die Größe seines Aufwandes an Muskelkraft. Sie bildet oft das Hindernis, vermöge dessen der Arbeiter bei allem guten Willen nicht mehr leisten kann, trotz allem Aufgebot von Aufmerksamkeit und Intelligenz – sie verlangt oft im Gegenteil gebieterisch Ueberanstrengungen. ob auch der Arbeiter fast zusammenbricht." (Dr. Schuler.)

Hat die Verkürzung der Arbeitszeit bisher immer noch eine Steigerung der Arbeitsintensität nach sich gezogen und daher recht eigentlich produktions- und kulturfördernd gewirkt, so fordert umgekehrt die gesteigerte Intensität der Arbeit gebieterisch die Verkürzung der Arbeitsdauer. Der Arbeiter gibt viel mehr Kraft aus als früher in derselben Zeit und entsprechend dem gesteigerten Stoffwechsel seiner Muskeln, der gesteigerten Anspannung seiner Nerven kommt es eher zur Ermüdung, zur Erschöpfung. „Die rollenden Räder, die schnellfliegenden Hämmer und die Hast, mit der alles vor sich geht, machen uns klar, daß die Zeit als ein mächtiger Faktor in das Getriebe der Industrie eingreift, und daß durch die Tätigkeit der Arbeiter die Naturkräfte unterjocht werden müssen. Und vor diesen knirschenden, knarrenden Maschinen sahen wir halbnackte, schweißtriefende Gestalten, die eilig ungeheuren Gewichten nachgehen, die von unsichtbarer Hand in die Höhe gehoben, sich im Kreise drehen. Das Pfeifen der Dampfhähne, das Knarren der umhereilenden Karren, die beweglichen Gelenke der Maschinen, die Art, mit welcher jene gigantischen Automaten pusten; alles bringt uns zum Bewußtsein, daß sie unerbittlich in ihrem Gang fortfahren, daß der Mensch verurteilt ist, mit ihnen Schritt zu halten, daß kein Ausruhen mehr für ihn möglich ist, weil jede Minute der Erholung, eine Verschwendung von Zeit bedeutet, die Geld wert ist, und weil dadurch die Kraft und Arbeit jener Kolosse wertlos gemacht wird." (Mosso.)

Je intensiver die Arbeit, um so kürzer muß die Arbeitszeit sein, um so länger die Zeit der Erholung, bei welcher die überspannten Muskeln und Nerven entspannt werden, das überanstrengte Gehirn ausruht und das gestörte körperliche und seelische Gleichgewicht, die Frische und Elastizität sich allmählich wieder herstellt.

Schmiedehammer bei Krupp Essen

Einführung der Fabrikinspektionen

Dokument 18
Reichs-Gesetzblatt, No. 24, Gesetz, betreffend die Abänderung der Gewerbeordnung vom 17. Juli 1878, S. 199.

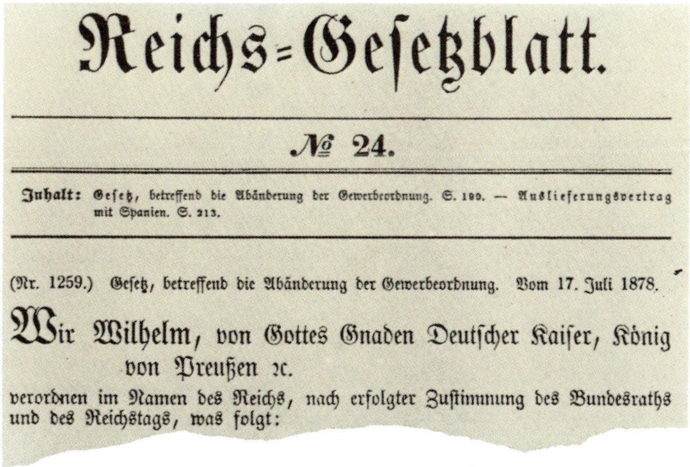

Reichs-Gesetzblatt.

№ 24.

Inhalt: Gesetz, betreffend die Abänderung der Gewerbeordnung. S. 199. — Auslieferungsvertrag mit Spanien. S. 213.

(Nr. 1259.) Gesetz, betreffend die Abänderung der Gewerbeordnung. Vom 17. Juli 1878.

Wir Wilhelm, von Gottes Gnaden Deutscher Kaiser, König von Preußen 2c.

verordnen im Namen des Reichs, nach erfolgter Zustimmung des Bundesraths und des Reichstags, was folgt:

§. 139 b.
Die Aufsicht über die Ausführung der Bestimmungen der §§. 135 bis 139 a sowie des §. 120 Abs. 3 in seiner Anwendung auf Fabriken ist ausschließlich oder neben den ordentlichen Polizeibehörden besonderen von den Landesregierungen zu ernennenden Beamten zu übertragen.

Denselben stehen bei Ausübung dieser Aufsicht alle amtlichen Befugnisse der Ortspolizeibehörden, insbesondere das Recht zur jederzeitigen Revision der Fabriken zu. Sie sind, vorbehaltlich der Anzeige von Gesetzwidrigkeiten, zur Geheimhaltung der amtlich zu ihrer Kenntniß gelangenden Geschäfts- und Betriebsverhältnisse der ihrer Revision unterliegenden Fabriken zu verpflichten.

Die Ordnung der Zuständigkeitsverhältnisse zwischen diesen Beamten und den ordentlichen Polizeibehörden bleibt der verfassungsmäßigen Regelung in den einzelnen Bundesstaaten vorbehalten.

Die erwähnten Beamten haben Jahresberichte über ihre amtliche Thätigkeit zu erstatten. Diese Jahresberichte oder Auszüge aus denselben sind dem Bundesrath und dem Reichstag vorzulegen.

Auf Antrag der Landesregierungen kann für solche Bezirke, in welchen Fabrikbetriebe gar nicht oder nur in geringem Umfange vorhanden sind, durch Beschluß des Bundesraths von der Anstellung besonderer Beamten abgesehen werden.

Die auf Grund der Bestimmungen der §§. 135 bis 139 a sowie des §. 120 Abs. 3 in seiner Anwendung auf Fabriken auszuführenden amtlichen Revisionen müssen die Arbeitgeber zu jeder Zeit, namentlich auch in der Nacht, während die Fabriken im Betriebe sind, gestatten.

Reaktionen des Staates auf das Wachsen der Sozialdemokratie

Dokument 19
Hans Weber: Die Sozialdemokratie im Deutschen Reichstag, Tätigkeitsberichte und Wahlaufrufe aus den Jahren 1871 bis 1893, Berlin 1909, S. 347–348, 496–499.

Aus: „ULK", 1890

Auch der Staat wurde gezwungen, der Agitation und dem stetigen Wachstum der Sozialdemokratie Rechnung zu tragen. Mit Schrecken sah man im Lager der Regierungen wie der herrschenden Klassen, daß die Stimmenzahl der Sozialdemokratie mit jeder neuen Reichstagswahl erheblich stieg und so proklamierte man, sobald es gelungen war, unter dem Eindrucke der Attentate des Jahres 1878 das Sozialistengesetz durchzudrücken und die Sozialdemokratie mundtot zu machen, die Pflicht des Staates, mehr als es bisher geschehen sei, der arbeitenden Klassen sich anzunehmen, und durch positive Maßregeln den Wünschen der Arbeiter entgegenzukommen, um sie dem Einfluß der Sozialdemokratie zu entziehen. Am klassischsten tritt dieses Bestreben der Regierungen in der Thronrede an den Tag, mit welcher am 15. Februar 1881 der Reichstag eröffnet und in Selbstvertretung des Kaisers vom Vizekanzler Grafen zu Stollberg-Wernigerode verlesen wurde. Dahin heißt es:

„Schon bei Eröffnung des Reichstages im Februar 1879 hat Se. Majestät der Kaiser, im Hinblick auf das Gesetz vom 21. Oktober 1878, der Zuversicht Ausdruck gegeben, daß der Reichstag seine Mitwirkung zur Heilung sozialer Schäden im Wege der Gesetzgebung auch ferner nicht versagen werde. Diese Heilung wird nicht ausschließlich im Wege der Repression sozialistischer Ausschreitungen, sondern gleichmäßig auf dem der positiven Förderung des Wohles der Arbeiter zu suchen sein. In dieser Beziehung steht die Fürsorge für die Erwerbsunfähigen unter ihnen in erster Linie. Im Interesse dieser hat Se. Majestät der Kaiser dem Bundesrat zunächst einen Gesetzentwurf über Versicherung der Arbeiter gegen die Folgen von Unfällen zugehen lassen, welcher einem in den Kreisen der Arbeiter wie der Unternehmer gleichmäßig empfundenen Bedürfnis zu entsprechen bezweckt. Se. Majestät der Kaiser hofft, daß derselbe im Prinzip die Zustimmung der verbündeten Regierungen finden und den Reichstag als eine Vervollständigung der Gesetzgebung zum Schutze gegen sozialdemokratische Bestrebungen willkommen sein werde. Die bisherigen Veranstaltungen, welche die Arbeiter vor der Gefahr sichern sollten, durch den Verlust ihrer Arbeitsfähigkeit infolge von Unfällen oder des Alters in eine hülflose Lage zu geraten, haben sich als unzureichend erwiesen, und diese Unzulänglichkeit hat nicht wenig dazu beigetragen, Angehörige dieser Berufsklasse dahin zu führen, daß sie in der Mitwirkung zu sozialdemokratischen Bestrebungen den Weg zur Abhülfe suchten."
Die angezogenen Stellen sprechen in schärfster und unwiderleglichster Weise aus, daß die Rücksicht auf die Sozialdemokratie diese sogenannte Sozialreform ins Leben rief, und daß ihr Zweck war und sein soll, die deutschen Arbeiter der Beeinflussung durch die Sozialdemokratie zu entziehen.

Die Krankenversicherung

ist durch das Gesetz vom 3. Juli 1883 als Zwang für einen Teil der gewerblichen Arbeiter eingeführt worden; 1885 wurde der Versicherungszwang ausgedehnt auch auf die Arbeiter im Transportgewerbe und in den Reichs- und Staatsbetrieben. Im Winter 1890 legte die Regierung dem Reichstage eine Novelle zum Krankenversicherungsgesetz vor, die bis zum April 1892 beraten wurde und am 1. Januar 1893 in Kraft trat.

Lange ehe Regierung und Reichstag daran dachten, eine Krankenversicherung einzuführen, hatten sich die Arbeiter freie Hülfskassen geschaffen und manche derselben in großartiger Weise ausgebaut. Ueber 1 Million Versicherte gehörten ihnen an. Anstatt nun das Reichsgesetz an diese Arbeiterorganisationen anzulehnen und den Kassen ihre Selbstverwaltung zu lassen, wurde eine bureaukratische Organisation eingeführt und den freien Kassen nicht nur das Fortkommen erschwert, sondern vielen derselben die Möglichkeit der Existenz genommen. Dabei gelang es allerlei Sonderinteressen des Unternehmertums Geltung zu verschaffen; während man die freien Kassen der Arbeiter zurückdrängte, ließ man den Orts- (Zwangs-)Kassen, Gemeindekassen, Bau- (Betriebs-) und Innungskassen sowie den Knappschaftskassen den freien Spielraum. Dadurch wurde von vornherein eine Zersplitterung der Kräfte verursacht und die Krankenversicherung eine schwerfällige, komplizierte Einrichtung. Im Gesetz von 1883 waren große Gruppen von Arbeitern von der Versicherung entweder ganz ausgeschlossen oder dieselbe wurde dem „Ermessen" höherer Verwaltungsbehörden überlassen, so z. B. die land- und forstwirtschaftlichen Arbeiter, die Dienstboten, ländliche und städtische, die Seeleute, die Hausindustriellen usw. Den Versicherten aber bot das Gesetz weniger als sie brauchten.

Den lebhaftesten Kampf verursachte der schon geschilderte § 75, der die freien Hülfskassen zugrunde richtet. Wir zeigten, daß dieselben nicht nur materiell weit mehr leisteten als die Zwangskassen, sowohl an Krankengeld wie hinsichtlich der Dauer der Unterstützung, sondern daß sie auch dem Kranken weit mehr sichere Hülfe gewähren, als er denjenigen Arzt und diejenige Behandlungsweise wählen kann, zu der er Vertrauen hat. Wir traten für unentgeltliche ärztliche Hilfeleistung ein und forderten, daß die Aerzte als Wohlfahrtsbeamte staatlich angestellt seien. Um die privatkapitalistische Ausbeutung der Kranken durch den Arzneiwucher zu beseitigen, beantragten wir die Verstaatlichung der Apotheken als Uebergang zu der von uns erstrebten unentgeltlichen Hülfeleistung durch Arzt und Apotheken. Die Staatsapotheken sollen die Arzneien zu Herstellungspreise liefern, was dieselben durchschnittlich um ¾ verbilligen würde.

Bismarck gegen den Maximalarbeitstag

Dokument 20
Stenographenberichte 1885, 15. Januar 1885, Reichstag – 25. Sitzung.

Präsident: Der Herr Reichskanzler hat das Wort.
Reichskanzler Fürst von Bismarck:
(. . .)
Ein Maximalarbeitstag hat die Gefahr, daß nun ein jeder Arbeitgeber sich berechtigt hält, bis auf das Maximum heraufzugehen, auch der, welcher es früher nicht gethan. Wenn es heißt: „14 Stunden – was ich für einen ungeheuerlichen Arbeitstag und für unzulässig halte – dürfen nicht überschritten werden", so wird auch der Arbeitgeber, der bisher nur 10 oder 12 Stunden arbeiten ließ; sich sagen: bis 14 Stunden kann ich gesetzlich gehen! Darin liegt die Gefahr für eine Maximalbestimmung.

Otto von Bismarck

Ein Normalarbeitstag, wenn er sich erreichen ließe, wäre ja außerordentlich wünschenswerth. Wer empfindet nicht das Bedürfnis, zu helfen, wenn er den Arbeiter gegen den Schluß des Arbeitstages müde und ruhebedürftig nach Hause kommen sieht, wenn er ihn mißmüthig unter der Zumuthung von Ueberstunden, erbittert darüber findet, daß ihm die Ruhe nicht gestattet ist, die ihm lieber wäre als das Geld, was er für die Ueberstunden noch verdient! –' der müßte kein Herz im Leibe haben, der nicht den dringenden Wunsch hätte, dem Arbeiter aus dieser Nothlage herauszuhelfen. Wie dies aber gemacht werden soll, – ja, da hoffe ich, daß, wenn es dahin kommt, daß die Regierung sich mit den Arbeitern beschäftigt, die Herren, welche den Antrag auf Normalarbeitstag gestellt haben, auch ihrerseits die Leitung der Thätigkeit der Regierung dabei übernehmen werden; denn die Herren, welche diesen Antrag gestellt haben, wissen offenbar ein Mittel, wie es zu machen sei (Heiterkeit); sonst würden sie den Antrag doch nicht gestellt haben. (Heiterkeit.)

Sie würden der Regierung einen außerordentlichen Gefallen thun, wenn sie über die Art, wie das zu machen ist, sich näher aussprechen und die Weisheit, in deren Besitz sie bisher sind und in deren Besitz sie den Antrag gestellt haben, der Regierung mittheilen wollten, damit wir uns danach richten könnten. Wir würden sehr dankbar sein.

Bisher stoßen wir uns immer an dem ersten Satz. Den will ich kurz nur reassumiren und zwar dahin, daß ein Normalarbeitstag nothwendig einen Normallohnsatz bedingt; sonst laufen wir Gefahr, daß, wenn Sie den Arbeitstag um durchschnittlich 20 Prozent heruntersetzen, der Lohnsatz unaufhaltsam, ohne daß die Regierung es hindern kann, allmählich oder schnell ebenfalls um 20 Prozent fällt. Wer soll nun diesen Ausfall tragen? wer ersetzt das? wollen Sie das aus Staatsmitteln dem Arbeiter ersetzen, was er durch Lohnverminderung erleidet? Der Arbeiter hat in den meisten Fällen jetzt gerade so viel, wie er bei seinen Bedürfnissen braucht; sinkt der Lohn, so hat er weniger. Also das muß ihm auf irgend eine Weise ersetzt werden. Wollen Sie es dem Arbeitgeber auferlegen, wie ich aus dem Tenor der Rede des Herrn von Hertling schließe, so ist es möglich, daß eine Anzahl Industrien das tragen können; ob sie es tragen wollen, ob sie sich nicht zurückziehen, ob nicht dadurch, wie ich vorhin sagte, der Tod der eierlegenden Henne eintritt, die Arbeit absolut aufhört, und der Arbeiter gar keine Arbeit mehr findet, – das ist eine Frage, die kann durch Enqueten ermittelt werden, und ich bin gegen keine Enquete. Vergegenwärtigen Sie sich doch, daß sich im Augenblick in der Umgebung von Paris Zeitungsnachrichten nach 300 000 brotlose Arbeiter konzentriren, weil die französische Industrie sich nicht mehr in der Lage befindet, sie zu beschäftigen. Könnte es mit irgend welchem Gewinne geschehen – daß sich irgend ein Fabrikant aufopfert und mit Verlust arbeitet, das erwarten Sie doch wohl selber nicht – könnte also die Industrie in Paris und in Frankreich mit Gewinn betrieben werden, so würden diese 300 000 Leute Arbeit haben; Sie würden vielleicht kümmerlich und im Schweiße ihres Angesicht Brot haben und es vielleicht mit einer gewissen Verbitterung genießen, aber sie würden überhaupt Brot haben. Was jetzt daraus werden soll, das weiß ich noch nicht.

Also auch nach der Seite liegt ein Extrem, dem man nicht zu nahe treten muß. Die Konkurrenz im Inlande kann durch allgemeine Bestimmungen beschränkt werden; aber die Spitze unserer Industrie ist die Exportindustrie; lassen Sie die Exportindustrie konkurrenzunfähig werden mit dem Auslande, und unsere ganze Industrie wird darunter leiden; die Möglichkeit, die Arbeiter zu beschäftigen, wird sofort erheblich zurückgehen, wenn die Exportindustrie geschädigt und nicht mehr mit dem bisherigen Erfolge zu arbeiten im Stande ist. Das sind Klippen, Scylla und Charybdis auf der einen und auf der anderen Seite; ein allgemeines Rezept, bei jedem Sturm, bei jedem Wetter zwischen Scylla und Charybdis richtig durchzufahren, wird keiner geben können. Es ist ganz unmöglich, das in genereller Weise zu reglementiren. Es ist überhaupt, wie ich schon vor einigen Wochen oder Monaten von dieser Stelle bemerkt habe, eine ganz außerordentlich gefährliche und, ich glaube, undankbare Aufgabe, die Illusion zu nähren, daß sich ein allgemeiner Normalarbeitstag überhaupt festlegen läßt. Die Fiktion, die der Herr Vorredner auch schon berührte, daß Arbeit Arbeit sei, gleichviel wie viel werth sie ist, welchen Ertrag, welchen Lohn sie bringt, – daß da gleiche Bezahlung, gleicher Lohn, gleiche Arbeitszeit nothwendig sein sollen, das ist ein Irrthum, und es würde in der Praxis sofort sich mit dem größten Schaden für unsere Wohlfahrt bestrafen, wenn wir uns diesem Irrthum hingeben wollten. Ich bedaure, daß der Antrag Hertling in dieser Richtung überhaupt gestellt ist; er macht den Eindruck, als ob er darauf berechnet wäre, den Arbeitern zu sagen: wir alle, die ihn unterzeichnen, haben die Ueberzeugung, daß hier zu helfen ist, und die Regierung soll es machen: in zwei Monaten soll sie ein Gesetz der Art vorlegen; sie kann es, sonst würden wir es ihr nicht zumuthen; es liegt also bloß an ihrem bösen Willen, – wie einer der polnischen Herren schon gestern sagte: „cherchez le chancelier!", der ist allein schuldig, daß den Arbeitern diese Wohlthat, die ihnen zu gewähren in der Hand der Regierung lag, nicht längst gewährt ist. Durch Ihren Antrag kündigen Sie öffentlich an: die Regierung kann das leisten. Das ist Ihre Ueberzeugung. Können Sie diese Ueberzeugung rechtfertigen, dann ist es wirklich eine Härte gegen die Regierung und eine Lieblosigkeit gegen Ihr Vaterland, daß Sie das Rezept, mit dessen Kenntniß Sie der Regierung diese Zumuthung stellen, nicht offenkundig hergeben. Sie haben ja das Recht der Initiative der Gesetzgebung; so schlagen Sie uns durch ein Gesetz vor, wie das ungefähr zu machen sei. Mein Latein ist dabei zu Ende, – ich gestehe aufrichtig, daß ich nicht weiß, wie diese Schwierigkeiten, die Sie in wenigen Monaten in dieser Session für überwindbar halten, und deren Lösung Sie von der Regierung verlangen, – wie die gelöst werden sollen; ich bitte sie auf das dringendste darum, unterrichten Sie mich, wie das zu machen ist, und wenn Sie das nicht vollständig in den Wind geredet haben wollen, so legen Sie in diesen acht Tagen noch einen Gesetzentwurf hier vor, der das verwirklicht, was Sie von der Regierung wollen, wenigstens in der Skizze oberflächlich andeutet, wie diese Schwierigkeiten, die ich anführe, zu umgehen sein würden.

So kommt mir die Sache vor, wie ich wohl von Souveränen gehört habe, die sagten: „Mein Wille ist, daß jeder in meinem Staate glücklich, zufrieden, frei und gehorsam sei; wie das zu machen ist, das ist Sache der Schreiber von Ministern; darum habe ich mich als Fürst nicht zu bekümmern." Das ist ungefähr die Stellung, die das Zentrum mit diesem Antrag einnimmt. Wir Schreiber von Ministern sollen uns etwas ausdenken, was Sie selbst nicht wissen. (Bewegung im Zentrum.)

Die Diskussion um den Arbeiterschutzgesetzentwurf

Dokument 21
Der Arbeiterschutzgesetz-Entwurf vor dem Reichstage. Bericht über die erste Beratung des Antrages Grillenberger, Bebel und Genossen, betreffend Abänderung der Gewerbeordnung in der Reichtagssitzung vom 11. März 1885, Nürnberg, S. 10–13, 17, 34–35, 41.

Abgeordneter Grillenberger

(. . .)
Meine Herren, es ist heuzutage nicht bloß der Fall, daß einzelne besitzende Klassen auf Kosten der großen Masse sich ein angenehmes Leben machen, sich bereichern, die großen Massen ausbeuten; sondern es ist so, daß die sämmtlichen besitzenden Klassen, daß alle diejenigen, die das Heft in Händen haben, thatsächlich dieses System, von dem Herr Rickert glaubt, daß es bloß von einzelnen Klassen getrieben wird, betreiben, und daß deshalb die Machtmittel des Staates zu Gunsten der Benachtheiligten zur Anwendung gelangen müssen.

Meine Herren, was verlangen wir auf diesem Gebiete in diesem Antrag? Wir beantragen, es sei ein Passus in die Gewerbeordnung einzufügen, daß in sämmtlichen Fabrik- und gewerblichen sowie land- und forstwirtschaftlichen Betrieben, welche mit Motoren und Maschinen zu thun haben – für die übrigen landwirthschaftlichen Arbeiter behalten wir uns noch Anträge vor –, daß für alle diese genannten Betriebe dekretirt wird, daß die Arbeitszeit nicht mehr als täglich 10 Stunden betragen darf. Das ist bereits vor mehr als 40 Jahren in England für die sämmtlichen weiblichen und diejenigen männlichen Arbeitskreise, welche das 19. Lebensjahr noch nicht erreicht haben, durchgesetzt worden.

Man wird seitens des Zentrums, das ja im Prinzip die staatliche Regelung dadurch, daß es einen 11stündigen Arbeitstag beantragt, anerkennt, die Einführung eines Normal- oder Maximalarbeitstages von 11 Stunden befürwortet. Bedenken Sie doch gefälligst, daß es sich für uns gegenwärtig nicht bloß um die staatliche Regelung der Arbeitszeit handeln kann, sondern auch um die staatliche Einschränkung der Arbeitszeit.

Es ist eine Thatsache, die von Niemand mehr bestritten wird, daß 2 bis 300 000 Vagabunden die deutschen Landstraßen bevölkern. Es wird wohl Niemand hier behaupten wollen, daß alle diese sogenannten „Vagabunden" lediglich aus Liebhaberei auf den Landstraßen liegen, daß diejenigen einfach Strolche und Stromer seien, die nichts thun mögen und deshalb es vorziehen, die Mildtätigkeit oder auch Nichtmildthätigkeit anzuflehen, um das Allernothdürftigste, was zum Leben gehört, zu erlangen. Meine Herren, es wird anerkannt werden müssen, daß diese überflüssigen Arbeitskräfte erzielt wurden dadurch, daß unsere ganze Produktionsweise sich gegen früher erheblich verschoben hat, und daß tagtäglich die Mechanik solche Fortschritte macht, daß die neuen Erfindungen auf dem Gebiete der Technik derartig sind, daß nicht bloß jedes neue Jahr, sondern jeden Tag große Scharen von Arbeitskräften überzählig werden. Es fällt uns nicht ein, die Maschinen zertrümmern zu wollen: im Gegentheil: wir wollen sie für die Gesammtheit nutzbringend machen; aber die Maschinenarbeit ist es, welche jeden Tag Menschenhände überflüssig macht und auf die Landstraße setzt. Diese Armee von 2 bis 300 000 Vagabunden wird fortwährend vermehrt, und es wird nicht gar lange Zeit dauern, dann wird diese „Armee" so stark sein wie die stehende Armee des deutschen Reiches, und das wird Ihnen dann als eine sehr große Gefahr für die öffentliche Sicherheit erscheinen.

Wenn Sie dieser Gefahr begegnen wollen, dann müssen Sie nicht hinterher mit Gewaltmaßregeln kommen. Sie müssen endlich einmal zur modernen medizinischen Wissenschaft, zu hygienischen, vorbeugenden Maßregeln greifen, und meine Herren, das ist nur möglich, indem Sie nicht bloß eine staatliche Regelung, sondern eine staatliche Beschränkung in den Fabriken und Betrieben eintreten lassen, so daß es dadurch möglich wird, die überflüssig gewordenen Arbeitskräfte, diese Reservearmee, allmählich heranzuziehen in den Prozeß der Produktion, diese Arbeiter wieder zu nützlichen Mitgliedern der Gesellschaft zu machen. In Folge dessen können wir Ihnen ruhig erklären, daß der Fundamentalsatz einer jeden wirklich freisinnigen und brauchbaren, nicht auf staatssozialistischem Schwindel beruhenden Sozialreform der Maximalarbeitstag sein muß.

Meine Herren, so lange Sie nicht herantreten daran mit vollem Ernst, so lange Sie das nicht einführen, wird Ihnen *kein Arbeiter glauben, daß es Ihnen überhaupt ernstlich um die Verbesserung der Arbeitsverhältnisse auch nur im mindesten zu thun ist! (Sehr richtig! links.)*

Nun, meine Herren, welche Vorwürfe werden von den Gegnern des Maximalarbeitstages gegen denselben hauptsächlich erhoben? Erstens sagt man: der Maximalarbeitstag ist nicht durchführbar! Warum? Das wird nicht gesagt. – Auf denselben Standpunkt ungefähr hat sich Fürst von Bismarck gestellt. – Dann kommt ein weiterer Einwand, indem man sagt: Wenn der Maximalarbeitstag eingeführt wird, geht die Industrie zu Grunde und selbstverständlich dann auch der Arbeiter! Meine Herren, daß die Industrie so schnell zu Grunde gehe, das ist keineswegs zu befürchten: so lange, wie man aus den Rechenschaftsberichten der Aktiengesellschaft ersehen kann, noch so ganz bedeutende Dividenden seitens der Unternehmer gezahlt werden, wie es thatsächlich der Fall, ist noch keine Gefahr des Zugrundegehens der deutschen Industrie vorhanden. Was man wirklich befürchtet, und namentlich der Verband der Großindustriellen in seiner neulichen Ausführung zu verstehen gegeben hat, das ist lediglich, daß die Verbesserung der Arbeiterlage schließlich, eben aus den Dividenden geschnitten werden wird. Das, meine Herren, befürchtet man, eine Schmälerung des Unternehmerprofits; und, meine Herren, wenn man gegen Interessen zu kämpfen hat, dann ist meistens eine Diskussion überflüssig; sie wird einfach nutzlos sein, weil die Herren mit Gewalt ihr Ohr verschließen, weil sie nicht davon hören wollen, daß eine derartige Besserung der Lage des arbeitenden Volkes eintritt, weil es gegen die eigenen Interessen geht.

Meine Herren, ich will Ihnen an einem Beispiel erklären, in welcher Weise der Normal- oder Maximalarbeitstag für den deutschen Arbeiter nutzbringend wirken würde. Es ist mir zufälligerweise ein Jahresabschluß einer Fabrik zur Hand gekommen, die nicht einmal mit den besten Maschinen arbeitet, die zwar nicht besonders viel Konkurrenz in Deutschland hat, aber nicht einmal zu den profitbringendsten gehört, eine Fabrik, die etwa 170 Arbeiter durchschnittlich beschäftigt und ungefähr 160 000 Mark Arbeitslohn jährlich ausbezahlt. In der Fabrik herrscht der zwölfstündige Arbeitstag. Der Geschäftsgewinn dieser Fabrik hat für die Unternehmer – es sind zwei Kompagnons – 70 000 Mark betragen nach Abzug aller Spesen u. s. w. Würde durch Gesetz diese Fabrik gezwungen werden, die Arbeitszeit von 12 auf 10 Stunden herabzusetzen, so würde selbstverständlich nothwendig sein, anstatt der 170 Arbeiter ungefähr 200 zu beschäftigen; es würden also 25 bis 30 Mann mehr einzustellen sein. Eigentlich nach der Berechnung müßten es mehr sein; aber es ist, meine Herren, eine bekannte Thatsache, daß durch die Verkürzung der Arbeitszeit auch die Leistungsfähigkeit der Arbeiter bedeutend erhöht wird, so daß also die Differenz nicht so viel beträgt, als rechnerisch eigentlich sich herausstellen müßte. Es würden also immerhin 25 bis 30 Arbeiter mehr sein müssen, und es müßte also dementsprechend mehr Lohn ausgezahlt werden.

Meine Herren, wenn das vom Geschäftsgewinn abgezogen wird, bleibt immer noch ein recht anständiger Betrag übrig, von dem nicht bloß die zwei Fabrikantenfamilien, sondern etwa 20 bis 30 Arbeiterfamilien leben könnten und müßten, weil sie dazu gezwungen sind. Meine Herren, so lange die Industrie so steht – und in ihrer Mehrzahl steht sie so –, so lange kann nicht davon die Rede sein, daß durch staatliche Regelung und Begrenzung der Arbeitszeit die deutsche Industrie zu Grunde ginge. Was zunächst dabei etwas leiden müßte, das ist der Kapitalprofit, der übermäßige Unternehmergewinn, der heutzutage aus den Arbeitern herausgeschunden wird; und, meine Herren, das wollen wir thatsächlich haben: es soll eine gleichmäßigere Vertheilung des Arbeitsertrages stattfinden, es soll denjenigen, die mit ihrer Arbeitskraft, dem einzigen Eigenthum, welches sie besitzen, alles hervorbringen, ein höherer Ertrag zu Theil werden. Das soll gerade der Maximalarbeitstag mit bezwecken, und deshalb kann uns dieser Lärm der Herren Unternehmer garnicht alteriren.

Der seichteste Einwand, meine Herren, der noch gegen den Normalarbeitstag erhoben wird, ist der, das bei einer Reduktion der Arbeitszeit ganz von selbst auch der Arbeitslohn sinken mußte. In einigen wenigen Fällen will ich gar zugeben; es wird Unternehmungen geben, welche – namentlich in solchen Branchen, wo es nicht darauf ankommt, daß qualifizirte Arbeit geleistet wird, sondern wo man jeden nächsten besten hinstellen kann, um die nöthige Handarbeit zu verrichten – in der ersten Zeit, also immerhin nur eine Zeit lang, den Lohn eine Kleinigkeit herunterdrücken werden; aber, meine Herren, das, was der Maximalarbeitstag für die Arbeiterklasse ganz besonders bringen soll und bringen wird, das ist die Steigerung des Arbeitslohnes. Denn, meine Herren, durch eine derartige Verkürzung der Arbeitszeit, wie ich sie Ihnen angegeben habe, wenn in einem solchen kleinen Betriebe, den ich Ihnen vorhin als Beispiel anführte, 20 bis 30 neue Arbeiter nothwendig sind, da ist es ganz unausbleiblich, daß in den vielen Tausenden von Fabriken und Gewerbebetrieben in Deutschland hunderttausende neuer Arbeitskräfte nöthig werden. Dadurch wird die Reservearmee, die zur Zeit auf der Landstraße liegt, und die zu jeder Zeit bereit ist, um jeden Preis ihre Arbeitskraft anzubieten und ihre Kollegen zu verdrängen, hereingezogen in die Produktion. Die Fabrikanten werden dann nicht mehr in der Lage sein, zu jeder Zeit ein Angebot von Händen zu haben, die um jeden Preis arbeiten, und dadurch wird ganz von selbst der Lohn in die Höhe getrieben werden. Das ist so klar, daß man glauben sollte, in einer so

Motiv von einer Vierfarbpostkarte, Leipzig 1912

Deutsche Arbeiterschutzgesetzgebung.

illustren Versammlung, wie der deutsche Reichstag sein soll, nicht erst darauf noch zu sprechen kommen zu müssen, das sollte sich von selbst verstehen, daß das Jedermann wüßte und anerkennt.

Meine Herren, die letzte Behauptung, die dann gewöhnlich noch in's Feld geführt wird, das letzte Gegenargument gegen die Forderung des gesetzlichen Arbeitstags ist das, daß der Staat sich überhaupt in derartige Dinge nicht einmischen dürfe und daß mit der gesetzlichen Fixirung der Arbeitszeit die persönliche Freiheit beschränkt werde; und das ist ja gerade ein sehr beliebtes Schlagwort, das auf der linken Seite dieses Hauses gebraucht wird, das auch vom Herrn Kollegen Baumbach in einer hiesigen Versammlung gebraucht wurde: die „Beschränkung der persönlichen Freiheit"! – Meine Herren, was heißt heutzutage nicht alles Beschränkung der persönlichen Freiheit und was versteht man nicht alles unter der persönlichen Freiheit! Die persönlichste Freiheit, glaube ich, haben jedenfalls diejenigen, welche wirthschaftlich die Peitsche in der Hand haben, die den Arbeiter drücken und ausbeuten können. An deren persönlicher Freiheit soll natürlich nicht gerüttelt werden; aber, meine Herren, der Arbeiter hat in Bezug auf die Selbstbestimmung bezüglich der Länge der Arbeitszeit u. s. w. überhaupt keine persönliche Freiheit, der ist einfach darauf hingewiesen, dem Unternehmer den Willen zu thun, und so lange dieses Verhältnis nicht gesetzlich geregelt wird, so lange haben die Unternehmer stets Oberwasser und werden, was die Arbeiter auf dem Wege der sogenannten freien Vereinbarung, von dem ja die Herren Freisinnigen so ungeheure sittliche Wirkungen erwarten, erzielen können, sofort wieder ruiniren, sofort wieder zu Grunde richten, sobald nur die Arbeit ein klein wenig nachläßt, sobald nicht mehr ganz so viel zu thun ist, sobald eine Krisis im Anzuge ist. Dann werden sie einfach alles das, was vielleicht nach der unerhörtesten Kraftanstrengung der Arbeiter durch Streiks u. s. w. errungen worden ist, einfach in der brutalsten Weise zunichtemachen und werden nicht das mindeste danach fragen, welche sittliche Wirkung diese That in der menschlichen Gesellschaft haben sollte. Meine Herren, durch einen derartigen Einwurf kann man die Berechtigung unserer Forderung nicht widerlegen. Die persönliche Freiheit hört einfach auf, Freiheit zu sein da, wo sie derart in die Rechte des Mitmenschen eingreift, daß derselbe unterdrückt wird. Das ist der Fall in unserer heutigen Produktionsweise. Wenn der Unternehmer heute diktirt, in meiner Fabrik wird 14 Stunden täglich gearbeitet, dann wird der Arbeiter, der sich nicht fügt, einfach hinausgeschmissen werden. Das ist die „persönliche Freiheit", die freie Vereinbarung, die er dem Fabrikanten gegenüber hat. Wenn aber von Reichs wegen festgesetzt ist, daß über eine bestimmte Maximalzeit hinaus nicht gegangen werden darf, dann ist der Arbeiter gegen eine derartige Vergewaltigung geschützt, und dadurch wird jedenfalls bedeutend mehr versittlichend auf das ganze Volksleben eingewirkt als durch die sogenannte Freiheit des Verkehrs und Vertrages zwischen Unternehmer und Arbeiter, wie sich von den Herren Freisinnigen vielfach vorgestellt wird.

(. . .)

Meine Herren, ich habe Ihnen vorhin schon gesagt, daß der Maximalarbeitstag keineswegs die soziale Frage aus der Welt schafft; denn er beseitigt das Lohnsystem nicht, und, meine Herren, die Quintessenz des Sozialismus besteht auf wirtschaftlichem Gebiete eben doch darin, das Lohnsystem durch eine andere Arbeitsmethode, durch das System der genossenschaftlichen Produktion, zu ersetzen. Das wird also durch den Normalarbeitstag keineswegs erreicht. Was aber erreicht wird, ist eine Erleichterung des Looses des Arbeiterstandes, eine Milderung der ärgsten Auswüchse der kapitalistischen Produktion, eine Kräftigung des Arbeiterstandes, eine theilweise Beschneidung des Unternehmerprofites und eine Hereinziehung der jetzigen vagabundirenden Elemente. Meine Herren, das ist allerdings etwas, was des Schweißes der Edlen wohl werth sein dürfte.

(. . .)

Abgeordneter August Bebel

(. . .)

Dann hat er namentlich auch und, wie ich nicht im geringsten im Zweifel bin, insbesondere wohl mit Rücksicht auf die Fabrikantenkreise seines Wahlkreises befürwortet, daß die Kinderarbeit in höherem Grade zugelassen werde; ihm geht nicht allein unser Gesetzentwurf zu weit, sondern sogar, wenn ich ihn recht verstanden habe, die gegenwärtige Gewerbeordnung. Denn er hat ausdrücklich angeführt, daß er wenigstens wünsche, daß je nach Umständen die Kinderarbeit bis herab zum 10. Jahr zugelassen werde. Meine Herren, wir werden sofort unsere Bestimmungen über die Kinderarbeit preisgeben und nicht weiter vertheidigen, wenn Sie Ihrerseits sich bereit erklären, auch Ihre Kinder einmal in die Fabriken zu schikken, wie das jetzt Tausende von armen Arbeitern aus Noth leider zu thun gezwungen sind. (Sehr richtig! links.)

Wenn Sie glauben, daß da keine gesundheitsschädlichen Wirkungen für die Kinder herausspringen, daß da eben nur

Heiliger Hammurabi!
„Sind Sie für Babel oder Bibel?" – „Für Bebel!",
aus: „Süddeutscher Postillon"

die pure Sittlichkeit zu holen sei, daß die Kinderarbeit sogar, wie vielfach gesagt wird, humanen Zwecken diene und dergleichen, wenn Sie von alledem, was Sie zu Gunsten der Kinderarbeit anführen, überzeugt sind, dann gehen Sie mit dem guten Beispiel in Bezug auf Ihre eigenen Kinder voran, dann werden wir Ihnen die Kinderarbeit freigeben. Solange dies nicht geschieht, solange sie wissen, daß gerade die Kinderarbeit eines der schändlichsten Ausbeutungsmittel ist, welches die moderne Industrie überhaupt besitzt, werden wir mit aller Macht darauf dringen, daß dafür gesorgt wird, daß die Arbeit wenigstens von Schulpflichtigen Kindern aus der Welt geschafft wird.

Ich begreife überhaupt nicht, wie ein Mann, der hier im Namen der Humanität auftritt, der ein frommer Christ ist, sagen kann, daß Kinder, die wenigstens vier Stunden täglich Unterricht genießen, ein in der Regel ziemlich bedeutendes Pensum Schularbeiten zu Hause zu verarbeiten haben – und mit nach Hause bekommen müssen, wenn sie überhaupt bis zum 14. Jahre entsprechend ausgebildet werden sollen –, durch eine dann nachfolgende sechs- und mehrstündige Fabrikarbeit nicht geschädigt würden. Die Schäden, die bei einem so jungen Organismus, der noch in voller Unreife und erst in seiner Entwicklung begriffen ist, entstehen müssen, wenn ihm zugemuthet wird, nach einer vierstündigen Schulzeit in Schullokalen, die wahrhaftig in den seltensten Fällen den Ansprüchen der Hygiene entsprechen, die auch schon in den meisten Fällen ein polizeiliches Einschreiten nothwendig machten, – liegen für jeden Denkenden auf der Hand. Es ist für ein Kind außerordentlich viel verlangt, nach vierstündiger Schulzeit noch sechs und mehr Stunden die mit Staub und schlechten mephitischen Gerüchen geschwängerte Fabrikluft einzuathmen und mitten in dem furchtbaren Gerassel des Maschinen im Dienste des Kapitalismus bluten und verkümmern zu müssen. Denn, meine Herren, wenn unsere Fabrikbevölkerung so rasend rasch ihrer physischen Degeneration entgegengeht, wenn die militärischen Aushebungstabellen zeigen, wie die Bevölkerung von Jahr zu Jahr mehr und mehr degenerirt, wie die Zahl der zum Militär Tauglichen immer geringer wird, dann ist ganz wesentlich – das wird jeder Sachverständige bestätigen – hauptsächlich die Kinderarbeit in den Fabriken daran schuld, weil damit schon von früher Jugend an bereits der Keim zur Zerrüttung des Körpers gelegt wird. (Sehr richtig! links.)

Wandschmuck, um 1900

Ich meine, wenn in einem Punkt von humanen und christlich gesinnten Männern unser Entwurf freudige Zustimmung finden sollte, wäre es gerade der Punkt der Kinderarbeit.
(...)
Nun, meine Herren, der Abgeordnete Grillenberger hat Ihnen bereits angeführt, wie wir selbst mit dem Gedanken umgegangen sind – und ihn theilweise, verwirklicht haben, namentlich in Bezug auf die Arbeitszeit –, eine Arbeitszeitstatistik herbeizuführen. Eine solche haben wir, wenn auch zunächst im kleinen Maßstabe, bereits erlangt. Es sind insbesondere von unserer Seite in der Stadt Bremen 627 Arbeitsstellen aufgenommen, von denen – das will ich auch hinzufügen, es ist sehr charakteristisch – nicht weniger als 392 Betriebe regelmäßig Sonntagsarbeit haben, und zwar sind dies vorzugsweise die kleinen Gewerbetreibenden; – ein Grund mehr, auch die Inspektion auf das Kleingewerbe auszudehnen. Denn wenn auf Kosten der Sonntagsarbeit und der übermäßig langen Arbeitszeit etwa künstlich die Lebensdauer des Handwerks verlängert werden sollte, so würden wir in diesem Falle nicht mitthun, denn uns stehen die Menschen höher als der Vortheil des Einzelnen. – Es ist nun interessant, wie in dieser ganzen Reihe verschiedener Gewerbe- und Arbeitsbetriebe sich ergiebt, wie selbst innerhalb der einzelnen Städte die tägliche Arbeitszeit eine ganz bedeutend differirende ist. Da haben wir z. B. bei der Zigarrenhausarbeit eine Differenz in der täglichen Arbeitszeit zwischen 10 Stunden 30 Minuten und 16 Stunden, bei den Tischlern zwischen 9 Stunden 30 Minuten und 12 Stunden, bei den Schuhmachern zwischen 11 und 17 Stunden, bei den Schneidern zwischen 10 Stunden 30 Minuten und 15 Stunden, in den Zigarrenfabriken zwischen 11 Stunden und 13 Stunden; nur die Hutmacher erfreuen sich einer durchschnittlich gleichmäßigen Arbeitszeit, indem sie überall nur 9½ Stunden haben. Ich will damit nur sagen: Sie sehen, daß wir garnicht einmal davon auszugehen brauchen, daß die Regulirung einer gleichmäßigen Arbeitszeit auf internationalem

Ausschnitt Malpostkarte

Wege nothwendig sei; sondern Sie sehen, daß selbst hier innerhalb Deutschlands eine Menge Geschäfte bestehen, die durch übermäßige Arbeitszeit, sehr oft wenigstens, die Schundkonkurrenz bilden. Dann, meine Herren, ist es ebenfalls auffallend, und ich möchte es geradezu als ein soziales Gesetz bezeichnen, daß mit der verlängerten Arbeitszeit ein schlechterer Lohn Hand in Hand geht; nicht, wie man glauben sollte, umgekehrt. Sie finden in allen den Gewerbe- und Industriezweigen, wo durchschnittlich die kürzeste Arbeitszeit besteht, die höchsten Löhne, und dort, wo die höchste Arbeitszeit ist, die schlechtesten Löhne, wahre Hungerlöhne.

„. . . was wollen eigentlich äh, diese Arbeiter?"

Rechte Seite
Aus: Max Kraft, Fabrikshygiene, Wien, 1891

„Für den kapitalistisch rechnenden Unternehmer, und die Konkurrenz nötigt schließlich jeden Unternehmer in mehr oder minder fühlbarer Weise dazu, kapitalistisch zu rechnen, stellt die Arbeitsleistung ein Mittel für geschäftliche Zwecke dar, dessen Kosten nach Möglichkeit zu vermindern sind. Es kommt also darauf an, im Verhältnis zum gezahlten Lohn und den stehenden Kapitalanlagen möglichst viel Arbeit zu erhalten" (Dok. 22). So heißt es im Handwörterbuch der Staatswissenschaften über die Position der Unternehmer gegen die Arbeitszeitverkürzung, und darauf ist auch das Unverständnis der herrschenden Gesellschaftsschichten gegenüber den Arbeitern, die eine Verkürzung des Arbeitstages erreichen wollen, zurückzuführen. Dieses Unverständnis ist nur verständlich vor dem Hintergrund mangelnder eigener Erfahrungen. Jemand der selbst nie zwölf bis 14 Stunden arbeiten mußte, kann sich auch kaum vorstellen, wie es demjenigen geht, der in der Fabrik oder den Werkstätten verschlissen wird; zumal für die Unternehmer ja diese Arbeitszeitverkürzungen nur Kosten darstellen, die den Profit schmälern. Die vorgegebene Fürsorge der Arbeitgeber, die im Konkreten nichts einbrachte, allenfalls durch die Ideologie der großen Betriebsfamilie eine Einschränkung der Kampfkraft bedeutet, wird entlarvt, wenn der Deutsche Kaiser seine Befürchtungen äußert, durch mehr Freizeit könne der Arbeiter mehr Zeit haben, um an agitatorischen Versammlungen teilzunehmen (Dok. 23). Die Bismarcksche Politik von Zuckerbrot und Peitsche scheitert, die Herrschenden erkennen die neue soziale Frage. Die neue soziale Frage, die von ihnen hin und wieder neu gesehen wird, ist nichts anderes als das Ergebnis einer alten ungelösten Frage, nämlich warum diejenigen, die den gesellschaftlichen Reichtum schaffen, von dessen Erträgen nur immer probieren dürfen, während es sich die anderen schmecken lassen.

Arbeitszeitverkürzung ist der Versuch, Arbeit gleichmäßiger auf alle zu verteilen, ist der Versuch, das Recht auf Arbeit schon hier und heute innerhalb der kapitalistischen Gesellschaftsordnung zu verwirklichen. „Es gibt im Grunde keine bescheidenere Forderung, als diejenige der Arbeit. In den Ländern, wo die Sklaverei herrscht; wird es der unterdrückten Klasse nicht einfallen, nach Arbeit zu schreien", schreibt Stefan Born schon 1848 in dem Correspondenzblatt aller deutschen Arbeiter (die Verbrüderung). In Weiterführung dieses Gedankens formuliert Paul Lafargue im gleichen Jahr "Das Recht auf Faulheit" (Dok. 24). Arbeitszeitverkürzung kann für die Arbeiter nicht nur die gleichmäßige Verteilung der Arbeit auf alle sein. Eine ganze Reihe weiterer Ansprüche verbergen sich hinter dieser Forderung. Forderungen, die die ganze Gesellschaft über den Haufen werfen würden. Es kann nur eine Garantie für und eine Pflicht zur Arbeit geben: Jeder muß arbeiten können und keiner darf sich auf den Knochen der anderen ausruhen, nur weil er über genügend Kapital verfügt. Hinter der Forderung nach Recht auf Faulheit steht jedoch auch, daß die Arbeit auf ein notwendiges Maß beschränkt werden kann und muß, damit freie Zeit nicht nur das Privileg einer Minderheit bleibt. Durch die Weiterentwicklung der Produktivkräfte und einer starken Arbeiterbewegung kann mehr Freizeit erkämpft werden, um mehr als Mensch zu leben.

Trotz zwölf Jahren Unterdrückung der Arbeiterbewegung durch das „Gesetz gegen die gemeingefährlichen Bestrebungen der Sozialdemokratie" geht die Sozialdemokratie 1890 gestärkt aus den Wahlen hervor. Das Gesetz wird nicht mehr im Reichstag verlängert, weil es sich als untaugliches Mittel erwiesen hat. Die Bismarcksche Politik mit Zuckerbrot und Peitsche ist gescheitert.

Der nun, von oben, einsetzende soziale Kurs von seiten der Regierung bleibt viertel-

Statistik der Arbeitszeiten in Deutschland.

Die neueste Arbeitsstatistik der deutschen Gewerbevereine pro 1887 über die Dauer der täglichen wirklichen Arbeitszeit, ausschließlich der Pausen ergibt für die Schneider eine 12—17-stündige Arbeitszeit, nur ausnahmsweise eine 10-stündige.

Verhältnismäßig kurze Arbeitszeiten haben Bildhauer, Lithographen, Maurer, Steinhauer. Dieselbe beträgt nirgends über 11 Stunden und geht oft auf 8—9 Stunden herab.

Bei den Bergarbeitern beträgt die Arbeitsdauer 8—10½, bei den Zimmerern 9—11, bei den Schiffszimmerern 8—11. Bei den Maschinenbau- und Metallarbeitern, sowie Fabrik- und Handarbeitern überwiegt die 10—11stündige Arbeit; doch ist auch die 12—13stündige nicht selten, die 8—9stündige sehr selten.

(*Uhl. Ind. Rundsch.*)

Tägliche Arbeitszeit der belgischen Industriearbeiter 1880.

Dieselbe beträgt 10—13 Stunden täglich, die 10- und die 12stündige Arbeit ist vorwiegend.

Die Arbeitsdauer betrug bei Erwachsenen:

weniger als 8 Stunden	für	2790	Arbeiter	= 0·73	%
8 Stunden	„	5817	„	= 1·51	„
9 „	„	12071	„	= 3·14	„
10 „	„	161193	„	= 41·97	„
11 „	„	54717	„	= 14·25	„
13 „	„	133431	„	= 35·74	„
über 12 Stunden . .	„	14046	„	= 3·66	„

Weniger als 8-stündige Arbeitszeit kommt nur im Fleischergewerbe vor. Im Durchschnitt aller Gewerbe stellt sich die Arbeitszeit auf 10 Stunden 53 Minuten. Der mittlere Lohnsatz beträgt 3 Fr. 17 C.

Die Hausindustrie in Deutschland.

Nach Stieda entfallen im ganzen Deutschen Reich auf 1000 Einwohner 10·5 Hausindustrielle.

Auf 1000 Fabriksarbeiter und Handwerksgehilfen entfallen im ganzen Deutschen Reich 82·9 Hausindustrielle.

Eilf Gewerbearten, nämlich:

1. die Seidenweberei und Sammtverfertigung,
2. die Baumwollweberei,
3. die Näherei,
4. die Leinenweberei,
5. die Strumpfwarenfabrication,
6. die Schneiderei,
7. die Wollweberei,
8. die Weberei von gemischten Waren,
9. die Schuhmacherei,
10. die Posamentenfabrication,
11. die Zeug-, Sensen-, und Messerschmiederei

weisen über 10000 Hausindustrielle auf.

Im Jahre 1882 sind im Ganzen 476080 Hausindustrielle zu verzeichnen.

Auf je 100 Hausindustrielle entfallen 439 Frauen.

8
Stunden.
Brüderschaft
der
Kupferschmiede
zu
Hamburg
Hamburg
5 August

Coupon
Arbeit.
Schlaf.
Erholung
Acht Stunden Arbeit, Erholung, Schlaf
Hält Leib und Seele gesund und brav.

herzig, weil Zugeständnisse an die Arbeitenden nur gegen die Industriellen zu verwirklichen wären (Dok. 25). Das im Parlament gescheiterte „Umsturzgesetz" 1895 und das „Zuchthausgesetz" belegen, daß man auch weiterhin mit drakonischen Mitteln des Staates gegen die Arbeiterorganisationen vorgehen will. Die Gesetzesvorlagen finden keine Mehrheit – die Arbeiter setzen ihren geschlossenen Widerstand dagegen. Der Kampf gegen eine gesetzliche Beschränkung der Arbeitszeit ist für die Unternehmer eine Machtfrage (Dok. 26), die sie dann noch mit ihrer angeblichen Fürsorgepflicht verschleiern wollen (Dok. 27).

Arbeitgeber gegen Arbeitszeitverkürzung

Dokument 22
Handwörterbuch der Staatswissenschaften (Hrsg. Elster u. a.): Stellungsnahme der Arbeitgeber gegen Arbeitszeitverkürzungen, Jena 1923, S. 898–900.

1. Gegen Abkürzung der Arbeitszeit. Für den kapitalistisch rechnenden Unternehmer, und die Konkurrenz nötigt schließlich jeden Unternehmer in mehr oder minder fühlbarer Weise dazu, kapitalistisch zu rechnen, stellt die Arbeitsleistung ein Mittel für geschäftliche Zwecke dar, dessen Kosten nach Möglichkeit zu vermindern sind. Es kommt also darauf an, im Verhältnis zum gezahlten Lohn und den stehenden Kapitalanlagen möglichst viel Arbeit zu erhalten. Je mehr die Kosten durch zeitlich möglichst weitgehende Ausnutzung des stehenden Kapitals und Verbilligung der Arbeit herabgesetzt werden können, desto günstiger fällt unter sonst gleich bleibenden Umständen die Rentabilität aus. Vom kapitalistischen Standpunkt aus scheint deshalb die Ausdehnung der täglichen Arbeitszeit so lange Vorteile zu bieten, als die quantitative und qualitative Leistung in kein Mißverhältnis zu den gezahlten Löhnen und den sachlichen Kosten (Abnutzung der Maschine, Materialverbrauch, Kraftverbrauch, Heizung, Beleuchtung) gerät. Im übrigen besteht ein Unterschied, je nachdem der Unternehmer auf eine bestimmte Arbeiterbevölkerung angewiesen ist oder nicht. Trifft der erstgenannte Fall zu, der mit der zunehmenden Industrialisierung mehr und mehr die Regel bilden wird, so kann die Arbeitszeit nur so weit erstreckt werden, als es ohne vorzeitigen Verbrauch der Arbeitskraft der Arbeiter möglich ist. Es muß also im Unternehmerinteresse selbst dafür eingetreten werden, daß die Ernährung und Ruhezeit im großen und ganzen einen ausreichenden Kraftersatz darstellen. Ist der Unternehmer aber in der Lage, an Stelle vorzeitig erschöpfter Arbeitskräfte nach Bedarf immer wieder kräftiges Arbeiterpersonal aus anderen Spären des Wirtschaftslebens heranzuziehen, so wird nur dann ein kapitalistisches Interesse an schonender Behandlung der Arbeitskraft vorliegen, wenn es sich um qualifizierte Arbeitsleistungen handelt, zu denen etwa aus der Landwirtschaft bezogene Arbeitskräfte nicht ohne weiteres verwendet werden können. Dabei ist freilich immer noch zu berücksichtigen, daß für Unternehmer, die ihre Vermögensinteressen nur für kurze Zeit mit einem Industriebetriebe verknüpfen, auch der rasche Verbrauch derartiger Arbeitskräfte lohnend sein kann.

Mag nun auch bei Überschreitung einer gewissen Arbeitsdauer die Leistung quantitativ und qualitativ so stark zurückgehen, daß die Kosten den Erfolg mehr und mehr aufzehren, so kann doch die Verkürzung der Arbeitszeit abgelehnt werden, weil diese Verkürzung selbst wieder Nachteile für den Unternehmer zur Folge hätte, die ihm noch gewichtiger erscheinen als diejenigen, welche der langen Arbeitszeit entspringen. (Vgl. die interessante Mitteilung von Bosselmann in den Schriften des Vereins für Sozialpolitik CVI S. 9.) Vor allem tritt die Frage auf: Wie verwendet der Arbeiter die durch Verkürzung des Arbeitstages gewonnene Zeit? Er geht vielleicht entsprechend länger ins Wirtshaus, konsumiert mehr Alkohol und kommt deshalb am anderen Tage trotz der kürzeren Arbeitszeit in weniger leistungsfähigem Zustande zur Arbeit als früher. Oder er zieht dann aufs Land, erwirbt einen kleinen Betrieb und widmet sich in der Freizeit landwirtschaftlichen Arbeiten. Teils infolge dieser Arbeiten, teils infolge des weiteren Weges zeigt er schließlich im Industriebetriebe ebenfalls eine geringere Leistungsfähigkeit. Oder er widmet sich mit größerer Hingebung der gewerkschaftlichen Arbeiterbewegung und nötigt den Unternehmer nicht nur zu höheren Löhnen, sondern auch noch zu weiteren Reduktionen der Arbeitszeit. Und wenn auch der Arbeiter für fähig gehalten wird, in der kürzeren Arbeitszeit dasselbe

Verschiedene Auffassung.

„Acht Stunden Arbeit und acht Stunden Ruh'.
Dazwischen acht Stunden Erholung dazu", —
Das liest ein Rentier und er schüttelt das Haupt,
An solch ein Programm hätt' er nimmer geglaubt:
„Erholung und Ruhe, die wären schon recht,
Wenn man nur die Arbeit bei Seit' lassen möcht'?"

Aus: „Der Wahre Jacob"

zu leisten, so kommt es doch noch immer sehr darauf an, ob er wirklich gewillt sein wird, eine intensivere Tätigkeit zu entfalten. Herrscht doch bei unorganisierten Arbeitern sowohl wie bei organisierten zuweilen eine Art stillschweigenden Uebereinkommens, die Leistungen nicht zu erhöhen, auch wenn die äußere Möglichkeit dazu vorhanden ist. Es soll durch die Verkürzung der Arbeitszeit eben eine größere Nachfrage nach Arbeitern geschaffen werden.

Aus derartigen Gründen stand die große Mehrzahl der Unternehmer den Bestrebungen zur Abkürzung der Arbeitszeit schon ablehnend gegenüber, wenn die Arbeitsleistungen der letzten Stunden des Arbeitstages bereits viel zu wünschen übrig ließen. Noch größer wurde der Widerstand aber begreiflicherweise dann, wenn die Abkürzung einen mehr oder minder weitgehenden Ausfall in der Leistung wahrscheinlich machte. Mochte auch die Möglichkeit bestehen, durch technische Neuerungen und andere Verbesserungen der Betriebsorganisation den Ausfall ganz oder teilweise wieder auszugleichen, so besaß doch nicht jeder Unternehmer die persönlichen und materiellen Kräfte, um diese Maßregeln zu treffen. Auf alle Fälle erwuchsen z. B. für das Zusammenwirken verschiedener Arbeitergruppen, bei denen die Verkürzung verschiedene Resultate ergeben konnte, Störungen, die man lieber vermied.

Im übrigen ist zu unterscheiden zwischen einer Verkürzung der Arbeitszeit an sich und einer mit dieser Verkürzung Hand in Hand gehenden festen Regelung der Arbeitszeit überhaupt, wie sie das Eingreifen des Staates oder der Abschluß von Arbeitstarifverträgen mit sich bringt. Es mögen einem Unternehmer z. B. 3000 Arbeitsstunden pro Arbeiter im Jahre, also im Durchschnitt eine zehnstündige Arbeitszeit genügen, er will aber, je nach den Anforderungen der Konjunktur, in der Disposition über diese Arbeitsstunden volle Freiheit bewahren, also in Zeiten dringender Aufträge zwölf Stunden, in den Zeiten der Geschäftsstille nach Belieben auch acht Stunden arbeiten dürfen.

Aus der Giesebrechtschen Garküche.

Den Vertretern von Bildung und Besitz muß im Gegensatz zu den vaterlandslosen Gesellen der nötige Einfluß auf die Gesetzgebung gesichert werden, aus: „Der Wahre Jacob"

Der Kronrat zur Arbeiterfrage

Dokument 23
Protokoll der Kronratssitzung vom 24. Januar 1890, unter Vorsitz S. M. des Kaisers im Königlichen Schloß zu Berlin, Berlin 1920, S. 157 ff.

Kronratssitzung.

Berlin, den 24. Januar 1890.

Auf Allerhöchsten Befehl war heute unter dem Vorsitz Seiner Majestät des Kaisers und Königs das Staatsministerium zu einer Sitzung im Königlichen Schlosse zu Berlin zusammengetreten, an welcher mit Ausnahme des Ministers der öffentlichen Arbeiten sämtliche Minister, sowie der mit Führung des Protokolls beauftragte Unterstaatssekretär desselben Teil nahmen.

Es kamen folgende Gegenstände zur Beratung:

1. Seine Majestät geruhten dem Staatsministerum zu eröffnen, daß Sie dasselbe zum Zweck einer Besprechung der inneren Lage, vornehmlich der Arbeiterfrage, berufen hätten. Von den vorjährigen Arbeitseinstellungen sei noch eine Verstimmung zurückgeblieben, vielleicht drohten auch für dieses Jahr neue, gleiche Ausstände.

(. . .)

In Deutschland sei die Entwicklung eine rapide gewesen, das Kleingewerbe habe dem Umschwunge nicht folgen können. Die Nachfrage nach Arbeitern habe große Massen derselben in die Zentren der Industrie geführt und aus diesen habe sich ein Proletariat entwickelt. Die Industriellen hätten sich um die Arbeiter nicht gekümmert, sondern sie lediglich ausgenutzt, und diejenigen, deren Kräfte aufgebraucht gewesen, verkommen lassen. Dadurch werde unter den Arbeitern der Gedanke wach gerufen, daß sie sich nicht gleich Maschinen ausnutzen zu lassen brauchten, sondern da doch ihre Arbeit den Arbeitgebern die Gewinne bereite, sie ein Recht hätten, das Verhältnis zu jenen in ein kollegialisches zu verwandeln.

In England seien die Trade Union entstanden, welche das Verhältnis zwischen Arbeitgebern und Arbeitnehmern vermittelten, so daß der Arbeitgeber ohne ihre Vermittlung Arbeiter nicht bekomme, aber auch nur zu den von jenen vorgeschriebenen Bedingungen in Arbeit treten dürften. Die Industrie hätte zivilisatorisch wirken, moralisch und physisch für die Arbeiter wirken müssen. Dies sei jedoch nur ausnahmsweise von einzelnen Industriellen, wie z. B. Krupp und Stumm, niemals von Aktiengesellschaften geschehen. Der sich selbst überlassene, ungebildete Arbeiter sei in Folge dessen den Lehren der Sozialdemokratie anheimgefallen. Sei in diesen noch ein Körnchen Wahrheit vorhanden, so werde doch voraussichtlich den Anarchisten das Übergewicht über jenen zufallen. Hätten nun früher die Bergarbeiter als Muster gelten können, so seien doch schließlich jene Irrtümer auch unter sie gedrungen, und das hätte sich vermeiden lassen, wenn die Industriellen sich in Fühlung mit ihnen gehalten, sich persönlich um sie gekümmert hätten, wie ein guter Kompagniechef um seine Leute! Sei nun nach den vorjährigen Arbeitseinstellungen die Ruhe wieder hergestellt gewesen, so zeige sich in der nachher aufgetretenen Sperrfrage, daß den Arbeitern nicht streng genug Wort gehalten sei. Die Verwaltungsbehörden hätten das Möglichste geleistet durch die

Was der Arbeiter trägt und erhalten muss.

Kinderschutz auf dem Lande.

Lehrer (zu den Kindern): Zum Dank für die gesunde leibliche Arbeit und um unsere Freude an der herrlichen Natur auszudrücken, lasset uns das schöne Lied anstimmen: Wer nur den lieben Gott läßt walten u. s. w.!

Die Lösung der sozialen Frage

„Sie haben völlige Freiheit, mein Lieber, Sie können nach rechts oder nach links gehen, ganz wie Sie wollen", aus: „Der Wahre Jacob"

angestellte Enquete. Inzwischen aber seien die Dinge ihren Lauf weiter gegangen, aus berechtigten Forderungen seien unberechtigte, jetzt ganz unerfüllbare (Erhöhungen der Löhne um 50 Prozent, Verminderung der Arbeitszeit auf weniger als 8 Stunden) geworden. Weitere Nachgiebigkeit helfe hier nichts, sondern erzwinge nur erhöhte Ansprüche. Erneuerten sich die Arbeitseinstellungen, so würden die Arbeiter besser organisiert und von sozialdemokratischen Agitatoren mehr aufgereizt sein, als im vorigen Jahre. Dann komme es notwendig zum Einschreiten der bewaffneten Macht behufs Aufrechterhaltung der öffentlichen Ruhe und Sicherheit. Dem sei so weit als möglich vorzubeugen und müsse man eingedenk sein, daß fast alle Revolutionen aus der Versäumnis rechtzeitiger Reformen entständen. Seine Majestät wünschte deshalb einen Erlaß an das Staatsministerium zu richten, behufs ungesäumter Beratung der zu treffenden geeigneten Maßnahmen. Es sei dabei auszusprechen, daß Seine Majestät ein warmes Herz für das Wohl der Arbeiter und den Willen hätten, ihnen zu helfen, ihnen aber Festhalten am Gesetz zur Pflicht zu machen und Ahndung jeder Gewalttat anzudrohen. Liege freilich in einer Beschränkung der Arbeitszeit auch die Gefahr der Förderung des Müßigganges und in einem zu weit getriebenen Arbeiterschutz die Möglichkeit einer Hemmung der deutschen Industrie in ihrem Wettkampfe mit der ausländischen, so ließe sich dennoch durch Beschränkung der Sonntagsarbeit auf das unumgänglich Nötige, Einschränkung der Nachtarbeit, der Arbeit der Frauen und Kinder, viel zur Verbesserung der Lage der Arbeiter tun. Ausschüsse der Arbeiter in Verbindung mit staatlichen Fabrikinspektoren, Einigungsämtern für Streiks müßten geschaffen, die fiskalischen Betriebe unter Hintansetzung großen Erwerbes als Muster eingerichtet, den dortigen Arbeitern die Möglichkeit Beamte zu werden gegeben, Sparkassen, Kirchen, gute Schulen und Krankenhäuser gegründet, durch sittliches Verhalten der oberen Gesellschaftsschichten ein gutes Beispiel gegeben werden. S. M. hielten eine internationale Übereinkunft über diese Fragen gegenüber der internationalen Verbindung der Sozialdemokratie für angezeigt. Habe die schweizerische Anregung einer solchen keinen Erfolg gehabt, so sei es etwas anderes, wenn der deutsche Kaiser eine Anregung zu einem Kongreß gebe. Seine Majestät geruhten ein Programm verlesen zu lassen, in welchen die in Betracht kommenden Gesichtspunkte niedergelegt sind.

Auf die Aufforderung S. M. über Allerhöchstihre Absichten sich zu äußern, erklärte zunächst der Minister-Präsident, einen Beschluß des Staatsministeriums über dieses Programm würden Seine Majestät wohl heute nicht erwarten. Eine schon fertige Meinung über alle diese Fragen könne man nicht alsbald aussprechen, dazu seien dieselben zu umfassend und von zu großer politischer, volkswirtschaftlicher und finanzieller Tragweite. –

Bei dem jetzt so viel angewendeten Worte Arbeiterschutz frage es sich, gegen wen der Arbeiter geschützt werden solle, gegen den Arbeitgeber, oder gegen seine eigene Erwerbslust, die ihn veranlasse, auch sonntags und auch nachts zu arbeiten und Weib und Kind zur Arbeit anzuhalten. Es sei sehr fraglich, ob man durch Einschränkung der Gelegenheit zum Erwerbe den Dank der arbeitenden Bevölkerung ernte. Bei den Streikbewegungen hätten die Fragen der Sonntags-, Frauen- und Kinderarbeit keine Rolle gespielt, sondern die Lohnerhöhung und die Einschränkung der Arbeitszeit. Solche Arbeitsverbote brächten daher auch die Gefahr mit sich, Unzufriedenheit unter den Arbeitern zu erregen und die einheimische Industrie gegen die ausländische in Nachteil zu setzen. Es sei nicht unbedenklich, zur Zeit der Wahlen so weitreichende und aufregende Fragen aufzuwerfen. Erfolge eine solche Kundgebung von Allerhöchster Stelle, so ziehe dieselbe auch gesetzliche Maßregeln nach sich und bedürfe daher einer ebenso eingehenden Erwägung, wie letztere selbst. Seine Majestät möchten daher heute nur den Bericht des Staatsministeriums über alle angeregten Gesichtspunkte befehlen.

(. . .)

Seine Majestät geruhten darauf zu erwidern, das Programm sei zunächst nur als eine Zusammenstellung von Materialien zu betrachten und verlangten Sie heute nicht eine abschließende Meinungsäußerung, erwarteten aber doch eine baldige Einreichung des Erlasses. Ein neuer Streik stehe vielleicht in naher Aussicht. Die Bevölkerung solle daher bald erkennen, daß die Krone ihr Wohl ernstlich wolle, daß Maßregeln zur Abhülfe bestehender Not in Aussicht ständen, daß diese Abhülfe auf gesetzlichem Wege sicherer als durch Unruhestiftung zu erreichen sei. – Komme es zum Aufstande, so müßte derselbe ja niedergeschlagen werden, aber es solle auch kein Mittel unversucht bleiben, um ihm vorzubeugen. Es sei daher keine Zeit zu verlieren, sonst würden die sozialdemokratischen Führer die Gelegenheit ergreifen, der Krone zuvorzukommen und sich als die wahren Wohltäter des Volkes hinzustellen.

Das Recht auf Faulheit

Dokument 24
Paul Lafargue: Das Recht auf Faulheit. Aus der Waffenkammer des Sozialismus, Frankfurt a. M. 1903, S. 96, 97, 114–117

Vorwort des Verfassers.

Als ich mich seinerzeit entschloß, die vorliegende kleine Schrift meines Freundes Lafargue den deutschen Arbeitern zu unterbreiten – sie erschien zuerst als Feuilleton im Sozialdemokrat da ward mir von verschiedenen Seiten die Befürchtung geäußert, sie werde mißverstanden werden, der Titel allein genüge, böses Blut zu machen und Anderes mehr.

Indeß, diese Furcht stellte sich als unbegründet heraus, es liefen keine Reklamationen ein, vielmehr fanden die Artikel soviel Anklang, daß die Herausgabe des Ganzen in Broschürenform wünschenswerth erschien.

Diese deutsche Übersetzung ist nicht ganz wörtlich. Im Einverständniß mit dem Verfasser sind einige nicht unbedingt zum Thema gehörige und nur für französische Leser verständliche Sätze fortgeblieben, während an deren Stellen auf deutsche Verhältnisse passende Einschaltungen vorgenommen, deutsche Persönlichkeiten an Stelle französischer zur Exemplifizirung benutzt wurden. Nur so war es möglich, der Schrift den Charakter der Satire zu erhalten. Auch die Kapiteleintheilung ist eine andere als die des Originals.

Im Übrigen seien hier die Worte wiederholt, mit denen die Redaktion des Sozialdemokrat seinerzeit die Publikation einleitete:

. . . „So denken wir uns den Dank unserer Leser dadurch zu verdienen, daß wir sie mit einer Schrift bekannt machen, welche mit ihrem beißenden Sarkasmus, mit ihrer rücksichtslosen Offenheit vortrefflich geeignet ist, mit allerhand Vorurtheilen, die sich bis in unsere Reihen eingeschlichen haben, tüchtig Kehraus zu machen. Die Biedermeierei, die in Deutschland das große Wort führt und über die „Frivolität" eines Heine augenverdrehend zetert, darf in unserer Partei keinen Widerhall finden. Mehr als je müssen wir vielmehr gegen Scheinheiligkeit und Duckmäuserei ankämpfen und uns vor Allem daran gewöhnen, offen auszusprechen, was wir für recht halten, und unbefangen zu prüfen, was neu an uns herantritt.

„Unbefangen prüfen, das ist es auch, was wir den Lesern in Bezug auf die Lafargue'sche Schrift empfehlen. Nicht aus polemischen Gründen bringen wie sie zum Abdruck – wenn wir polemisiren, so thun wir dies offen und ohne Rückhalt –, sondern ihrer unleugbaren Vorzüge wegen. Sie enthält in knappster Form eine Fülle von anregenden Gedanken, sowie von beweiskräftigem Material für unsere Sache, so daß selbst Der sie mit Frucht lesen wird, dem ihre „Moral" oder „Immoral" – wie man's eben nehmen will – doch einige „Bedenken" erregt." (. . .)

Ein neues Lied, ein besseres Lied!

Wenn die Herabsetzung der Arbeitszeit der gesellschaftlichen Produktion neue mechanische Kräfte zuführt, so wird die Verpflichtung der Arbeiter, ihre Produkte auch zu verzehren, eine enorme Vermehrung der Arbeitskräfte zur Folge haben. Die von ihrer Mission, Allerweltskonsument zu sein, erlöste Bourgeoisie wird nämlich schleunigst die Menge von Soldaten, Beamten, Kupplern usw., die sie der nützlichen Arbeit entzogen hatte, damit sie ihr konsumieren und vergeuden halfen, freigeben – das heißt den Arbeitsmarkt. Dieser wird, wenn alle gesellschaftlichen Kräfte ihm zugeführt werden, so überfüllt sein, daß man schier gezwungen sein wird, die Arbeit zu verbieten; es wird fast unmöglich sein, für diesen Schwarm bisher unproduktiver Menschen Verwendung zu finden, denn sie sind zahlreicher als die Heuschrecken. Dann wird man an die denken, die für den kostspieligen und nichtsnutzigen Bedarf dieser Leute aufzukommen hatten. Wenn keine Lakaien und Generäle mehr galonnirt, keine verheiratheten und unverheiratheten Prostituirten mehr in Spitzen eingehüllt, keine Paläste mehr eingerichtet und keine Kanonen mehr gegossen zu werden brauchen, dann wird man mittelst drakonischer Gesetze die Posamentier-, Spitzen-, Eisen- usw. usw. Arbeiter und Arbeiterinnen im Interesse der Hygiene und der Veredelung der Rasse zu Ruder- und Tanz-Übungen anhalten, damit sie ihre untergrabene Gesundheit wieder herstellen. Von dem Augenblick an, wo die europäischen Produkte nicht mehr in alle Welt hinaus verschickt werden, werden auch die Seeleute, die Lastträger und Fuhrleute anfangen, den Daumen drehen zu lernen. Dann werden die glücklichen Südsee-Insulaner sich der freien Liebe hingeben können, ohne die Fußtritte der zivilisirten Venus und die Predigten der europäischen Moral fürchten zu brauchen.

Noch mehr. Um für alle unproduktiven Kräfte der heutigen Gesellschaft Arbeit zu finden und die immer weitere Vervollkommnung der Arbeitsmittel zu fördern, wird die Arbeiterklasse ihrem Hang zur Enthaltsamkeit, gleich der Bourgeoisie, Gewalt anthun und ihre Fähigkeit, zu konsumiren, möglichst zu steigern suchen müssen. Anstatt täglich 20 oder 30 Gramm zähes Fleisch zu essen, wenn sie überhaupt welches ißt, wird sie saftige Beefsteaks von ein oder zwei Pfund essen; statt bescheiden einen Wein zu trinken, der katholisch (d. h. getaufter) ist als der Papst, wird sie aus vollen Gläsern Bordeaux und Burgunder trinken, der keiner industriellen Taufe unterzogen ist, und das Wasser dem Vieh überlassen. –

Die Proletarier haben sich in den Kopf gesetzt, die Kapitalisten zu zehn Stunden Gruben- oder Fabrikarbeit anhalten zu wollen – das ist der große Fehler, die Ursache der sozialen Gegensätze und der Bürgerkriege. Nicht auferlegen, verbieten muß man die Arbeit. Den Rothschild's, den Krupp's

Socialismus!
8
Stunden-
Tag!

No. 6363.
Gruss
Druck u. Verlag v. Bruno Bürger & Ottillie Lith. Anst. Leipzig.
8

wird erlaubt werden, den Beweis zu liefern, daß sie ihr ganzes Leben lang Nichtsthuer gewesen sind; und wenn sie versprechen, trotz des allgemeinen Zuges zur Arbeit, als vollkommene Nichtsthuer zu leben, so wird man sie unter Kontrolle stellen und ihnen jeden Morgen ein 20-Markstück für ihre kleinen Vergnügungen auszahlen. Die gesellschaftliche Zwietracht verschwindet. Einmal überzeugt, daß man ihnen durchaus nichts Übles anthun, sondern sie nur von der Plage, Überkonsumenten und Verschleuderer sein zu müssen, befreien will, werden die Kapitalisten und Rentiers die ersten sein, die sich zur Partei des Volkes schlagen. Diejenigen Bourgeois, die unfähig sind, ihre Qualifikation als vollendete Nichtsnutze nachzuweisen, wird man ihren Instinken nachgehen lassen: es existiren genügend Berufe, um sie unterzubringen. Puttkamer z. B. wird die öffentlichen Latrinen reinigen, die Mitglieder des Reichsgerichts werden in den öffentlichen Schlachthäusern das Vieh anmerken, das zum Schlachten reif ist, die Mitglieder der verschiedenen ersten Kammern werden bei den Beerdigungsanstalten als Todtengräber angestellt. Für Andere wird man Berufe finden, die ihrer Intelligenz entsprechen. Herr von Minnigerode und Herr von Kardorff z. B. würden zum Umfüllen und Verkorken von Branntwein angestellt werden, doch wird man ihnen einen Maulkorb vorbinden, damit sie sich nicht das Delirium tremens ansaufen.

Aber bittere Vergeltung wird man an den Moralisten nehmen, welche die menschliche Natur verdreht haben, an den Heuchlern und Scheinheiligen, die öffentlich Wasser predigen und heimlich Wein trinken. An den großen Volksfesten der Kommunisten, wo die Becher kreisen und duftende Kuchen und Braten zum Genuß einladen, werden die Mitglieder der Kultusbehörden, die in Frack und Talar einherwandelnden Pfaffen der ökonomischen, katholischen, protestantischen, jüdischen und freidenkerischen Kirche, die Propagandisten des Malthusianismus, der christlichen oder philosophischen Moral, in gelbem Kostüm, die Kerzen halten, bis sie sich die Finger verbrennen; bei brechenden Tafeln, die von übermüthigen Frauen bedient werden, werden sie hungern, bei gefüllten Fässern dürsten. Viermal im Jahre, immer beim Wechsel der Jahreszeiten, wird man sie in Tretmühlen 10 Stunden lang Wind mahlen lassen. Die gleiche Strafe wird über die Advokaten und Rechtsgelehrten verhängt.

Um die Zeit todtzuschlagen, die uns Sekunde für Sekunde tödtet, wird man Schauspiele aller Art veranstalten – gefundene Arbeit für unsere Herren Gesetzgeber. Man wird sie in Truppen organisiren, die auf die Dörfer und Flecken ziehen und Gesetzgebungsvorstellungen aufführen.

Generäle in Reitstiefeln, die Brust mit Tressen verschnürt und mit Orden aller möglichen Raubthiere bedeckt, werden durch die Straßen laufen und die lieben Leute zum Schauen einladen. Bismarck und Stökker werden vor der Bude ihre Späßchen aufführen. Bismarck wird, als Eisenfresser kostümirt, die Augen rollen, den Schnurrbart drehen, brennendes Werg ausspeien und Jedermann mit Degen, Revolver, Bierseidel usw. bedrohen, aber, sobald man ihm das Bild des Herrn von Münchhausen zeigt, sich in ein großes Loch stürzen. Stöcker wird als Apostel der Bruderliebe von Arbeiterwohl und Ausbeuterhaß, von christlicher Milde und christlichem Sozialismus, von deutscher Art und Sitte reden, dann aber wird er plötzlich den Talar fallen lassen und im schwarz-weißen Kostüm dastehen, in der einen Hand eine Knute, in der anderen den Klingelbeutel; um seinen Hals wird ein Plakat hängen: Agent für Landbarone, Schlotjunker und Konsorten!

In der Bude aber wird man zuerst die Wahlposse aufführen.

Vor Wählern und Holzschädeln und Eselsohren werden Bourgeois-Kandidaten im Bajazzo-Kostüm den politischen Freiheitstanz aufführen, indem sie sich Vorder- und Rückseite mit ihren Wahlprogrammen voller Versprechungen behängen, mit Thränen in den Augen von den Leiden des Volks und mit erzener Stimme vom Ruhm des Vaterlandes reden. Worauf die Köpfe der Wähler im Chor ein kräftiges Y-a! Y-a! brüllen.

Dann beginnt das große Schauspiel: Der Diebstahl der Güter der Nation:
Das kapitalistische Deutschland, ein ungeheuerliches Weib mit rauhem Gesicht und kahlem Schädel, fahler Haut und fettem, aufgedunsenem Körper, liegt gähnend und mit glanzlosen Augen auf einem Sopha hingestreckt. Zu ihren Füßen verschlingt der industrielle Kapitalismus, ein Riesenorganismus von Eisen mit einer Affenmaske, mechanisch Männer, Frauen und Kinder, deren herzzerreißende Klagerufe die Luft durchdringen. Die Bank, mit Marderschnauze, Hyänenkörper und Habichtskrallen, stiehlt ihm ein Geldstück nach dem andern aus der Tasche. Ganze Armeen elender, abgemagerter und in Lumpen gehüllter Proletarier, von Gensdarmen mit blanker Klinge eskortirt, von Furien, welche sie mit der Hungerpeitsche geißeln, getrieben, bringen Haufen von Waaren aller Art, Fässer Wein und Bier und ganze Säcke voll Gold oder Korn, und legen sie dem kapitalistischen Deutschland zu Füßen. Herr Adolph Wagner, in der einen Hand die Schriften von Rodbertus, in der anderen die Dankadresse der Antisemiten, und im Munde – die kaiserliche Botschaft, stellt sich an die Spitze der Vertheidiger der Güter der Nation und zieht auf Posten. Sobald die Lasten niedergelegt sind, verjagen sie die Arbeiter mit Bajonett- und Kolbenstößen, und öffnen den Händlern, den Industriellen und Bankiers die Pforten. Im wüsten Durcheinander stürzen sich die auf die Werthobjekte, heimsen die Fabrikwaaren, die Goldbarren, die Säcke Getreide ein und leeren die Fässer. Endlich können sie nicht mehr und wälzen sich, gleich dem Vieh, in ihrem eigenen Schmutz … Da bricht das Unwetter herein, die Erde wankt in ihren Fugen – die historische Nothwendigkeit tritt auf. Mit ehernem Fuß zermalmt sie die Köpfe der sich ihr in den

Die Hand der Regierung

wenn sie nimmt –

wenn sie gibt. (Aus: „Der Wahre Jacob")

Weg Stellenden und mit gewaltiger Hand wirft sie das zitternde und Angstschweiß-überdeckte kapitalistische Deutschland über den Haufen.

Wenn die Arbeiterklasse sich das Laster, welches sie beherrscht und ihre Natur herabwürdigt, gründlich aus dem Kopf schlagen und sich in ihrer furchtbaren Kraft erheben wird, nicht um die famosen „Menschenrechte" zu verlangen, die nur die Rechte der kapitalistischen Ausbeutung sind, nicht um das „Recht auf Arbeit" zu proklamiren, das nur das Recht auf Elend ist, sondern um ein ehernes Gesetz zu schmieden, das Jedermann verbietet, mehr als drei Stunden pro Tag zu arbeiten, so wird die alte Erde, zitternd vor Wonne, in ihrem Innern eine neue Welt sich regen fühlen . . . aber wie soll man von einem durch die kapitalistische Moral korrumpirten Proletariat einen männlichen Entschluß verlangen! — — —

Wie Christus, die leidende Verkörperung der Sklaverei des Alterthums, erklimmt unser Proletariat, Männer, Frauen und Kinder, seit einem Jahrhundert den rauhen Kalvarienberg der Leiden; seit einem Jahrhundert bricht Zwangsarbeit ihre Knochen, martert ihr Fleisch, zerrüttet ihre Nerven; seit einem Jahrhundert quält Hunger ihren Magen und verdummt ihr Gehirn . . . O Faulheit, erbarme Du Dich des unendlichen Elends! O Faulheit, Mutter der Künste und der edlen Tugenden, sei Du der Balsam für die Schmerzen der Menschheit!

Wilhelm II. zur Arbeiterfrage

Dokument 25
G. Frh. v. Eppstein: Ausarbeitungen Kaiser Wilhelms II. zur Arbeiterfrage, Berlin 1920, S. 146 ff.

I.

Berlin, den 22. Januar 1890

Vorschläge

zur Verbesserung der Lage der Arbeiter.

Die Frage von dem sogenannten Schutz der Arbeiter ist nicht bloß von dem Standpunkte der Menschenliebe zu beurteilen; sie hat eine gleich schwerwiegende wirtschaftliche und sittliche Bedeutung.

Würde ein Normalarbeitstag von 8 Stunden, ein Ausschluß jeder Frauenarbeit, die weitgehende Beschränkung der Kinderarbeit (bis zu 14 Jahren) herbeigeführt werden, so ist in sittlicher Beziehung zu befürchten:

1. das der erwachsene Arbeiter seine freie Zeit im Wirtshaus zubringt, daß er mehr als bisher an agitatorischen Versammlungen Teil nimmt, mehr Geld ausgibt und, obwohl der Lohn derselbe bleiben wird, wie für den bisherigen Arbeitstag, doch nicht zufrieden ist;

2. daß der Zuschuß, den mitarbeitende Ehefrauen und Kinder zu den Kosten des Haushalts beitragen, wegfällt, daß dieser Haushalt gezwungen wird, sich noch mehr als bisher einzuschränken und daß mit dem schwindenden materiellen Wohlbefinden auch das Familienleben einen Stoß erhält;

3. daß die heranwachsenden Kinder, insbesondere die halbwüchsigen Burschen und Mädchen, sich außerhalb des Hauses herumtreiben und sittlich verwahrlosen und verwildern. —

Kaiser Wilhelm II.

Diese üblen Folgen werden weniger zu fürchten sein, wenn die Werke der Nächstenliebe in viel höherem Umfange gediehen sind. Bis dahin kann nur mit großer Vorsicht vorgegangen werden. — In wirtschaftlicher Beziehung ist zu erwägen, daß durch eine zu weitgehende Arbeiter-Schutzgesetzgebung eine unverhältnismäßige Belastung der deutschen Industrie gegenüber der ausländischen herbeigeführt und die erstere in dem Wettbewerb im Weltverkehr beeinträchtigt wird. Schon jetzt ist die deutsche Industrie infolge der Arbeiter-Versicherungsgesetze mehr belastet als die ausländische. Wird auf dieser Bahn weiter fortgeschritten, und kann Deutschland nicht mehr die Konkurrenz des Auslandes vertragen, so tritt mit der Schädigung der Industrie auch eine Schädigung im Verdienst der Arbeiter ein.

Nichtsdestoweniger kann unter Einhaltung der gedachten Gesichtspunkte noch viel in Deutschland zum Schutze der Arbeiter geschehen, nämlich

I. Das Verbot der Sonntagsarbeit (. . .)

II. Das unbedingte Verbot der Nachtarbeit und der Arbeit unter der Erde für Frauen und Kinder.

III. Ein Verbot der Frauenarbeit während der letzten drei Wochen der Schwangerschaft und den ersten drei Wochen nach der Entbindung.

IV. Eine Unterbrechung der Frauenarbeit während des Tages zur Besorgung häuslicher Geschäfte.

V. Das Verbot oder eine Beschränkung der Frauenarbeit in einzelnen besonders schädlichen Industrie-Zweigen.

VI. Die Einschränkung der Arbeit von Kindern bis zum 14. Jahre als Regel (. . .)

Zu der Herstellung des sozialen Friedens zwischen Arbeitgebern und Arbeitnehmern würde es erheblich beitragen, wenn die sogenannten Fabrikordnungen (mit ihren vielen Disziplinarstrafen und Arbeiterreglements) nicht einseitig

Gedenkmedaille, 1890

1. MAI 1908
8 Stunden Tag
10 WÜRTTEMBERG 10
Zum 1. Mai.
100 100
Freiwilliger Beitrag.
1. Mai 1913
10
Maifonds für den 18. Reichstagswahlkreis
8 Stunden Tag
25 Freiw. Beitrag. 25
1. MAI 1897.
8 Stunden sind genug.
Freiwilliger Beitrag
50
HOCH der 1. MAI
25
8 Stunden sind genug
Duisburg, Essen, Mörs
Achtstundentag der ganzen Welt.
1. Mai 1901
10 Württemberg. 10
8 Stunden Tag
1. MAY 1898.
50 Freiw. Beitrag. 50
JEAN HOLZE, HAMBURG.
1. MAI 1902.
10 WÜRTTEMBERG. 10
1. MAI. 1896.
20
für die Lohnkämpfe d. Holzarbeiter Deutschlands
8 Stunden sind genug.
Früherer Ladenschluss
Gönnen Sie auch den Handelsangestellten
Licht-Luft-Sonne!
Besorgen Sie Jhre Einkäufe nur Wochentags
vor 7 Uhr
Nie Sonntags
Zentralverband der Handlungsgehilfen
BEZIRK THÜRINGEN.
1. MAY, 1896.
Freiw. Beitrag 50
8 Stunden Tag
1. Mai 1909
50
1. MAY 1904!
10 Württemberg
8 STUNDENTAG
MAI 1897
8 Stunden
25 Freiw. Beitrag 25
JEAN HOLZE HAMBURG
50 Pfg. KAMPFFOND
8 STUNDENTAG
Verband der Deutschen Gewerkvereine (H.D.)
1. MAY 1896.
Freiw. Beitrag 50

Nr. 541 s (Erste Mai-Nummer) Stuttgart den 16. April 1907

DER WAHRE JACOB

Abonnementspreis pro Jahr Mk. 2.60
Anzeigen pro 4gespaltene Nonpareille-Zeile Mk. 1.50
Erscheint alle vierzehn Tage.
Preis bei Postbezug vierteljährlich 65 Pfg. (ohne Bestellgeld).
Verantwortlich für die Redaktion: B. Heymann in Stuttgart.
Verlag und Druck von Paul Singer in Stuttgart.

Am 1. Mai.

„Kindermann, was wollen eigentlich, äh, diese Arbeiter?"
„Verzeihen, Durchlaucht, sie wollen den Achtstundentag."
„Ganz unglaublich, Kindermann, wie dumm dieses Volk ist. Sagen Sie ihm doch, äh, daß Achtstundentag unmöglich! Einfach unmöglich! Tag wird immer, äh, vierundzwanzig Stunden haben!"

von den Arbeitgebern erlassen, sondern in Gemeinschaft mit Vertretern der Arbeiter (Arbeiter-Ausschüssen) vereinbart würden. Um den sozialdemokratischen Einfluß von den letzteren fernzuhalten, dürfen diese Ausschüsse weder nach geographischen Bezirken noch nach Fachvereinen gewählt werden. Es muß genügen, (wenigstens für den Anfang) wenn in jeder Fabrik und zwar in solchen Betrieben, die mindestens 50 Arbeiter beschäftigen, aus deren Mitte ein Ausschuß gewählt und mit den staatlichen Fabrik-Inspektoren in Verbindung gesetzt wird. Aus diesen Ausschüssen können nachher für die Fachgenossenschaften eines Bezirks Ober-Ausschüsse gebildet werden. Auch diese sind sofort mit den staatlichen Fabrik-Inspektoren in Beziehung zu bringen. Sie können zu Einigungs-Ämtern bei Streiks ausgebildet werden. Immer aber ist dafür zu sorgen, daß diese Ausschüsse in Beziehung mit den staatlichen Behörden bleiben, und daß neben ihnen in ebenso organisierten Verbänden oder mit ihnen die Arbeitgeber zusammen wirken. Der Grund, weswegen in England die trade unions ihre Wirksamkeit einbüßen und in Deutschland die Fachvereine der Arbeiter zu sozialdemokratischen Genossenschaften ausarten, liegt darin, daß diese Verbände sich selbst überlassen bleiben und ohne Zusammenhang mit staatlichen Organen bestehen. (. . .)

Neben diesen allgemeinen Grundzügen bleibt noch ein weites Feld für Spezialfragen vorbehalten. Zu den letzteren gehört z. B. auch die Begründung von Post-Sparkassen zur Förderung des Spartriebes des kleinen Mannes in bequemer Weise, die Gründung von Kirchen und guten Schulen, von Kranken- und Waisenhäusern, Anstalten zur Pflege von Seele und Leib etc. Es darf nicht vergessen werden, daß mit den Arbeiter-Versicherungsgesetzen nur das äußerst Notwendige erreicht werden kann.

Kein geringer Wert ist endlich darauf zu legen, daß die oberen Gesellschaftsschichten durch ihr sittliches und geordnetes Verhalten beispielgebend auf die Arbeiterklassen wirken. Der aufreizende Stoff, welcher in den revolutionären Arbeiter-Zeitungen (Socialdemokrat, Freiheit, Revolte, Arbeiterstimme) enthalten ist, lehnt stets an Vorkommnisse aus dem Tun und Treiben der oberen Klassen an. Die gefährlichsten Agitationen werden unmöglich werden, wenn ihnen der Anlaß genommen wird, und Mißgunst und Neid werden sich vermindern, wenn die Spekulationswut, Luxus und Wohlleben der Reichen und Mächtigen in angemessenen Grenzen bleiben.

Wilhlm I. R.

II

Berlin, 21. I. 90.

Bemerkungen zur Arbeiterfrage

Unsere Bureaukratie hat ihr Möglichstes getan, wenn sie eine Enquete veranstaltet, in welche die Einzelnen Beteiligten über längst bekannte Dinge vernommen werden.

Inzwischen ist es nach dem natürlichen Verlauf der Dinge weitergegangen, daß berechtigte Forderungen, wenn sie nicht berücksichtigt werden, sich in unberechtigte verwandeln und sich durch den Einfluß der Anarchisten und Sozialisten bis in das Maßlose und Ungemessene steigern. Man kann das an der Frage der Arbeiterschutzgesetzgebung sehen; mit jedem Jahre steigern sich die Forderungen; jede Reichstagssession hat uns mit einem Antrag bescheert (!), welcher die früheren übertrumpfte, und jede Beratung steigert die Wünsche der Arbeiter. Wartet man noch länger, dann wird man auch beim besten Willen nicht in der Lage sein, diese Wünsche mehr zu erfüllen, und die Regierung wird dann trotz ihrer Bemühungen nicht mehr im Stande sein, die Forderungen zu befriedigen. Fast alle Revolutionen, von welchen die Geschichte spricht, lassen sich darauf zurückführen, daß rechtzeitige Reformen versäumt worden sind.

Die gegenwärtigen Forderungen der Bergarbeiter auf 50 Prozent Lohnerhöhung und nicht einmal 8 volle Stunden Arbeitsschicht sind übertrieben und unerfüllbar. Der Streik ist zum 1. Februar mit so ziemlicher Sicherheit zu erwarten; von einem Druck auf die Arbeitgeber zur Nachgiebigkeit kann füglich nicht mehr die Rede sein. Denn dieses mechanische Hülfsmittel würde nur dahin führen, daß nach einiger Zeit dasselbe Spiel von vorne wieder angeht.

Man muß sich bei dem betreffenden Arbeiterausstand auf alles gefaßt machen. Die Arbeiter haben seit dem letzten Male Vieles gelernt, sind besser organisiert und von den sozialdem. Agenten tüchtig bearbeitet worden. Überläßt man den Streik seinem Schicksal, wird es auch an Gewalttätigkeiten nicht fehlen, und es würden sich leider wohl genügend Anlässe vorfinden, aus denen auf die Leute geschossen werden müßte. Es wäre jedoch in jeder Hinsicht beklagenswert, wenn ich den Anfang meiner Regierung mit dem Blut meiner Untertanen färben müßte! Das so lange als möglich zu verhüten, ist mein sehnlichster Wunsch. Man würde mir das nie vergessen, und alle Erwartungen, die man etwa in mich gesetzt hätte, würden ins Gegenteil umschlagen. In eine solche Zwangslage darf ich nicht und will ich nicht gebracht werden. Wer es also redlich mit mir meint, muß alles aufbieten, um ein solches Unglück zu verhüten. Ich würde in solchem Falle nur der Großindustrie zu Danke handeln; sie würde nach einem blutigen Zusammenstoß wohl auf einige Jahre vor den Forderungen ihrer Arbeiter Ruhe haben; jedoch nur einige Jahre, in denen sich noch mehr Haß und Grimm gegen Regierung und die Reichen ansammeln würde. (. . .)

Ich wünsche, daß der Erlaß in warmer und begeisterter Sprache gehalten werde, welche den Arbeitern zeigt, daß nach wie vor der König ein warmes Herz für sie habe, ihre wahren Bedürfnisse erkenne und auch gewillt sei, ihnen zu helfen. Zugleich muß aber der Erlaß damit schließen, daß den Arbeitern das Festhalten am Gesetz zur Pflicht gemacht wird unter Androhung, daß jede Ausschreitung auf das schärfste unnachsichtlich geahndet werden würde. Durch ein solches Vorgehen würde dem Streik der Boden entzogen werden; es wird dann leicht sein, mit den Arbeitern zu verhandeln, sobald das Wort und Programm des Kaisers vorliegt, daß und auf welche Weise ihren Beschwerden Abhülfe geschaffen werden sollte. Sollte es trotzdem nötig werden, Truppen zur Aufrechterhaltung der Ruhe an sehr bedrohten Stellen einschreiten zu lassen – wenn die Gendarmerie und Polizei sich machtlos zeigt –, so wird die Maßregel doch an Härte verlieren, wenn zur gleichen Zeit eine Kommission zur Verwirklichung des von mir aufgestellten Programms tagt, und es wird dieses Vorgehen nicht als unverständliche Nachgiebigkeit ausgelegt werden, wenn man sieht, daß die Regierung nicht zögert, für strenge Aufrechterhaltung der Sicherheit Vorsorge zu treffen. Die Arbeiter haben eben Bedürfnisse, die befriedigt werden können und müssen.

Wilhelm I. R.

Aus: „Süddeutscher Postillon"

Umsturz in allen Ecken.

**Am Ende ist die ganze Hatz,
wie immer doch nur – für die Katz.**

Der Widerstand gegen die gesetzliche Arbeitszeitregelung

Dokument 26
Paul Umbreit: Die Arbeitsschutz-Gesetzgebung, Berlin 1906, S. 76.

Gegen die gesetzliche Arbeitszeitregelung konzentriert sich der ganze Widerstand der verbündeten Großindustriellen; die Herren, die es sich ein „Crimmitschau" kosten ließen, um den Zehnstundentag abzuwehren, bieten ihre ganze Macht auf, um die Reichsregierung von einem gesetzlichen Vorgehen nach dieser Richtung hin abzuschrecken. Der Centralverband deutscher Industriellen beschloß am 5. Mai 1905 folgende Resolution:

„Der C. d. J. ist bei Beurteilung aller das Arbeitsverhältnis betreffenden Fragen von dem für ihn unveränderten Standpunkt ausgegangen, daß der Arbeitsvertrag innerhalb der vom Gesetz gezogenen Grenzen den Gegenstand vollkommen privater Abmachungen zwischen dem Arbeitgeber und dem Arbeiter bilden muß. – Nur bei dieser Auffassung und ihrer unweigerlichen Durchführung wird dem Arbeitgeber diejenige Stellung im wirtschaftlichen Organismus gewahrt werden, die er einnehmen muß, wenn durch das Zusammenwirken von Intelligenz, Kapital und Arbeit in dem Rahmen der bestehenden Staats- und Wirtschaftsordnung die erwünschte und höchst notwendige Wirkung erzielt werden soll. – Dieser Standpunkt bedingt ferner, daß, wenn es wegen der Bedingungen des Arbeitsvertrages oder wegen anderer, das Arbeitsverhältnis betreffenden Fragen zu Meinungsverschiedenheiten oder zum Streit zwischen den Arbeitern und dem Arbeitgeber kommt, die Differenz lediglich als eine private Angelegenheit aufzufassen ist, die zwischen den beiden beteiligten Parteien unter sich zum Austrag gebracht werden muß. – Insbesondere hält sich der C.-V. für verpflichtet, Einspruch gegen die Absicht der Kgl. Staatsregierung zu erheben, einen, dem Sinne des § 120 e der Gewerbeordnung nicht entsprechenden sanitären Maximalarbeitstag für erwachsene Arbeiter künstlich zu konstruieren. Damit würde der sozialdemokratischen, von den verbündeten Regierungen bisher bekämpften, auf die Einführung eines allgemeinen Maximalarbeitstages für erwachsene Arbeiter gerichteten Forderung Vorschub geleistet und eine schwere Gefährdung unseres Wirtschaftslebens näher gerückt werden." (. . .)

Aus: „Süddeutscher Postillon"

Seltsam muß es berühren, daß die Vertreter von Industrieen, die selbst zum überwiegenden Teile den Zehnstundentag oder eine kürzere Arbeitsdauer in ihren Betrieben eingeführt haben, sich so krampfhaft gegen dessen gesetzliche Verallgemeinerung auflehnen. Selbst ein Generaldirektor Jenke erklärte: der Zehnstundentag werde ganz gewiß seinen Weg auch in die Textilindustrie finden; es frage sich nur, ob man der gesetzlichen Regelung noch länger widerstehen solle. Im Reichstage werde auf diesen Widerstand keine Rücksicht mehr genommen. – Die Antwort auf die Frage nach der eigentlichen Ursache des Widerstandes der Großindustriellen gegen die weitere gesetzliche Arbeitszeitregelung kann nur die eine sein: Der Kampf gegen den gesetzlichen Arbeitstag ist für die Großindustrie eine Machtfrage geworden, und zwar eine solche nicht bloß im politischen, sondern mehr noch im wirtschaftlichen Sinne. Die deutsche Großindustrie erhebt Anspruch darauf, ihr Verhältnis zu ihren Arbeitern als ein unmittelbares, durch keinerlei Arbeiterorganisationen beeinflußtes aufzufassen und zu erhalten, als ein Verhältnis, wie es zwischen Herr und Diener herrscht, das auf das Herrenrecht des einen und den unweigerlichen Gehorsam des anderen Teiles begründet ist. Weder politische, noch gewerkschaftliche Einflüsse sollen den Unternehmer zwingen, auch nur ein Titelchen seiner Rechte oder seiner Autorität preiszugeben, es sei denn durch seinen eigenen persönlichen Willen. Jahrzehnte lang ist denn auch die Großindustrie in weiten Gebieten des Reiches von diesen Einflüssen verschont geblieben; die ultramontane Partei, wo sie sich als Vertreterin von Arbeiterinteressen geberdete, wurde zwar häufig genug unbequem empfunden; nie hat sie aber ernst-

lich dieses Verhältnis zwischen Unternehmer und Arbeiter gestört. Und die Sozialdemokratie hat erst im letzten Jahrzehnt in den eigentlichen Siedelungskreisen der Großindustrie erhebliche Fortschritte aufzuweisen. Auch von gewerkschaftlicher Organisation ist die Großindustrie bis in die letzten 5 Jahre im allgemeinen verschont geblieben. Erst die Niederlage der Zuchthausvorlage, für die sich die Großindustrie allzu sehr blosgestellt hatte, löste den Bann, und schuf den Gewerkschaften Eingang; es hat aber noch immer lange gedauert, bis die systematische Aussperrungstaktik der Industriellen die Reihen der Organisation füllte.

Aus jenem Herrenbewußtsein heraus hat die Großindustrie seit jeher mit Nachdruck jeden gesetzlichen Eingriff in die Regelung der Arbeitsverhältnisse zurück gewiesen. Der sozialpolitischen Hochflut von 1890 war damals ihre Organisation allerdings nicht mehr gewachsen gewesen. Ihr ganzes Bestreben ist jedoch seitdem darauf gerichtet, nicht blos zu verhindern, daß „so Etwas" jemals wieder vorkomme, sondern der praktischen Durchführung der Ergebnisse jener sozialpolitischen Aera jedes mögliche Hindernis zu bereiten. Deshalb der Haß gegen das Regime: Caprivi-Berlepsch-Rottenburg, die gehässige Verleumdung aller sozialpolitisch Verdächtigen als verkappte Sozialdemokraten oder Kathedersozialisten, deshalb die Inaugurierung der Aera des Arbeitswilligenschutzes und das mehr demonstrativ, als wirtschaftlich nützliche Festhalten an der möglichst längsten Arbeitszeit. Jeder neue Eingriff in die Arbeitszeitregelung seitens des Staates wäre für sie eine politische Niederlage gewesen, die ein Stück Autorität mehr hinweggefegt und der politischen und gewerkschaftlichen Organisation der Arbeiter Vorschub geleistet hätte. Und mit dem Wachstum der gewerkschaftlichen Organisation und ihrer wirtschaftlichen Stärke begänne langsam doch sicher der Niedergang der Herrenwacht der Großindustrie, die ein Teilen des Einflusses, ein Paktieren nun einmal nicht vertragen kann. Hinter der Arbeiterorganisation kam sichtbar schon der kollektive Arbeitsvertrag und dahinter das Gespenst des Fabrikkonstitutionalismus, der Tod des Fabrikabsolutismus und -feudalismus.

Ein Unternehmer über die Wirkung der Arbeitszeitverkürzung

Dokument 27
Sozialdemokratische Partei-Korrespondenz, Ein Unternehmer über die Wirkung der Arbeitszeitverkürzung, Berlin 1907, S. 272.

Am 1. Februar 1897 war im Reichstage über einen sozialdemokratischen Antrag, die gesetzliche Einführung des achtstündigen Arbeitstages betreffend, verhandelt worden. Mit allen Künsten kapitalistischer Rabulistik wandten sich die Herren v. Stumm, v. Heynl usw. selbstverständlich gegen den Antrag und machten auch auf die Schädigungen aufmerksam, die den – Arbeitern aus einer Verkürzung der Arbeitszeit entstehen. Einige Tage darauf erhielt Reichstagsabgeordneter Richard Fischer, der den sozialdemokratischen Antrag begründet hatte, folgendes Schreiben, das am 21. Februar 1897 im „Vorwärts" veröffentlicht wurde:

Hamburger Broncewaren-Fabrik, 1909

Berlin, den 9. Februar 1807.
Werter Genosse!
In bezug auf die in der Reichstags-Sitzung vom 4. Februar d. J. gepflogene Debatte über die gesetzliche Einführung eines achtstündigen Normalarbeitstages sehen wir unterzeichneten Arbeiter der Firma Felix Lande, Berlin, Markusstr. 12, die wir den achtstündigen Arbeitstag bereits seit mehreren Jahren besitzen und aus eigener Erfahrung die Folgen desselben beurteilen können, uns veranlaßt, gegen einige der Wahrheit nicht entsprechende Behauptungen der Herren Abgeordneten v. Heyl und v. Stumm hiermit energischst zu protestieren und in folgendem zu widerlegen:

Es entspricht im allgemeinen nicht den Tatsachen, daß die Schänkstätten in der Umgebung solcher Fabriken, in denen die Arbeitszeit verkürzt ist, zunehmen. In betreff oben genannter Fabrik können wir konstatieren, daß die Schankstätten in der Umgebung derselben sich schon seit Jahren nicht vermehrt haben.

Auch hat der Alkoholgenuß der Arbeiter genannter Firma sich seit Bestehen der achtstündigen Arbeitsdauer eher vermindert als vermehrt. Da durch die Verküzung der Arbeitsdauer dem Arbeiter Gelegenheit gegeben ist, auf ein höheres geistiges wie sittliches Niveau zu gelangen, sucht er dementsprechend, anstatt seine ganze freie Zeit in Schankstätten zu verbringen, sich mehr den geistigen Genüssen sowie dem Familienleben zu widmen. Aus diesem Grunde sind die Frauen auch Freunde der Arbeitszeitverkürzung und nicht, wie behauptet, der Gegner derselben. Ebenfalls konstatieren wir, daß Produktion und Verdienst sich gleichfalls nicht vermindert haben.
Die Arbeiter der Firma Felix Lande.
I. A.: Der Arbeiterausschuß.
Obige Ausführung bestätigen hiermit
Felix Lande, Inhaber der Firma Felix Lande,
Adolph Goldberg, Mitinhaber.
Der gleiche Protest ist auch den Abgeordneten v. Stumm und v. Heyl zugegangen.

Krisen gehören zum Kapitalismus

Die Krise gehört zum Kapitalismus, wie das „Amen" in die Kirche. Die Entwicklung des Kapitalismus ist immer begleitet von Konjunktur und Krise, ein ständiges Auf und Ab, für die arbeitenden Menschen eine ständige Unsicherheit. Schon nach der Reichsgründung 1871 folgt 1873 eine große langanhaltende Krise. Krisen beschleunigen den Konzentrationsprozeß des Kapitals und schwächen die Arbeiterorganisationen. Unter den zwölf Jahren des Sozialistengesetzes 1878 bis 1890 wächst die Industrie und damit gleichzeitig die Zahl der abhängig arbeitenden Menschen. Es entstehen große Industrie- und Ballungszentren. Parallel dazu wachsen auch die Arbeiterorganisationen. Die Sozialdemokratie geht gestärkt aus der zwölfjährigen Unterdrükkung hervor. Für die Gewerkschaften beginnt nach dem Fall des Sozialistengesetzes eine Phase des Aufbaus. Jedoch auch die Zeit zwischen 1890 und dem Ersten Weltkrieg ist durch Konjunktur und Krise gekennzeichnet. Der Staat nimmt immer mehr die Aufgabe wahr, das besitzende Bürgertum vor den Forderungen der Arbeiterbewegung zu schützen. Dieses sich liberal gebende Bürgertum, daß die Freiheit der Wirtschaft auf ihre Fahnen geschrieben hat, nutzt den Staat in zunehmendem Maße als Instrument gegen die Arbeiterbewegung. Bei realistischer Einschätzung von der Krisenbedingtheit des Kapitalismus bestehen theoretische Unklarheiten über die Bedeutung der Funktion des Staates (Dok. 28). Das Sozialistengesetz, wie auch die Umsturzvorlage von 1895 und das Zuchthausgesetz von 1899 (beide können verhindert werden), sind Belege dafür. 1908 wird das Reichsvereinsgesetz beschlossen, mit dem den Gewerkschaften und den sozialistischen Jugendorganisationen Fesseln angelegt werden. Deswegen wird das Gesetz auch als das „Knebelgesetz gegen die Gewerkschaften" und das „Sozialistengesetz der Arbeiterjugend" genannt.

Die wirtschaftlichen Krisen

Dokument 28

L. D. Schmidt: Die Allgemeine Arbeitslosigkeit, ihre Ursachen und Beseitigung, Berlin 1895, S. 23–26 (Auszug)

Die wirthschaftlichen Krisen.

Außer den vorgenannten Ursachen der allgemeinen Arbeitslosigkeit kommt noch eine sehr wichtige in Betracht: die wirthschaftlichen Krisen.

Die kapitalistische Wirtschaftsweise ist, wie schon erwähnt, ein planloses, anarchisches (ungeregeltes) Produziren, dessen Zweck es nicht ist, die Bedürfnisse der menschlichen Gesellschaft zu befriedigen, sondern das Produziren ist nur das Mittel zur Erreichung eines ganz bestimmten Zweckes – der Erwerbung und Vermehrung von Mehrwerth bis in's Unendliche. Es ist nun klar, daß jeder einzelne Kapitalist diesen Zweck so schnell wie möglich zu erreichen strebt, und da im Großen und Ganzen eben keine bestimmte Regelung der Produktion existirt, so produzirt ein Jeder planlos in den Tag hinein, Keiner vom Anderen wissend, Jeder nur geleitet von einem einzigen Interesse – dem Interesse des Geldsacks, des Gewinns.

In dieser Planlosigkeit des Produzirens und in seiner Steigerung bis in's Unendliche sind jene großen Krisen begründet, welche das Wohl der Völker bis in's innerste Mark erschüttern und Tausende von Existenzen dem Untergange weihen, und welche unter dem Zeichen des wirthschaftlichen Niederganges in die Erscheinung treten.

Die Krisen zeigen an, daß über den für die im gegebenen Augenblick vorhandenen Absatzgebiete erforderlichen Bedarf an Produkten (Waaren) hinaus produzirt worden ist, und daß

Die Krisis, aus: „Simplicissimus"

Wo einst schwieg die Einsamkeit,
Rasselt jetzt die Gründerzeit.
Wo der Bauer seine Felder
Fleißig pflügte, pflanzt man Gelder;
Lieblich in die Morgenröte
Wachsen draus empor die Schlöte.
Auf der Weide statt der Tiere
Grasen Industriepapiere,
Die in Form von Dividenden
Ungeheuren Reichtum spenden.

Aber auf die Zeit der Blüte
Folgen Zeiten dritter Güte.
Alle Kurse sind gewichen
Und die Krisis kommt geschlichen;
Seht, wie das gemeine Vieh
Ruiniert die Industrie!
Auf dem Schornstein, der geborsten,
Kann der deutsche Aar nicht horsten.
Traurig spricht der liebe Gott:
„Deutschland steht vor dem Bankrott".

infolgedessen sich die letzteren auf dem Weltmarkt stauen und ihre Zirkulation stockt. Die kapitalistische Wirthschaftsweise bedingt jedoch, daß die Waaren sich in Geld umsetzen, und zwar möglichst glatt, denn ein Jeder will nicht umsonst produzirt haben; der Profit soll realisirt werden, aber wo Abnehmer für die Waaren finden? Die nothwendige Folge ist der Krach. Wer seine Waaren nicht absetzen resp. in Geld verwandeln kann, muß nothgedrungen „seine Zahlungen einstellen." So brechen während der wirthschaftlichen Krisen sehr große und angesehene Unternehmungen zusammen, in ihrem Sturze eine Unzahl anderer mit sich reißend, diese letzteren wiederum andere ruinirend usw.

Am schlimmsten kommt bei den Krisen jedoch die Arbeiterklasse davon. Die eintretende ausgedehnte Geschäftsflaue macht ihren Einfluß auf allen Produktionsgebieten geltend dadurch, daß die Produktion auf das niedrigste Maß beschränkt wird. Hierdurch werden die Arbeiter zu Tausenden auf das Straßenpflaster geworfen und dem Hunger und Elend preisgegeben. Damit sinkt naturgemäß die Konsumtionsfähigkeit der großen Masse – denn diese stellen die Millionen von Arbeitern und nicht die paar Tausende von Kapitalisten – auf das niedrigste Maß und wirkt so noch verschärfend auf die allgemeine Geschäftsflaue.

Während dieser Krisen schwillt die industrielle Reservearmee zu außerordentlichem Umfange an, und wenn sich endlich wieder ein wirthschaftlicher Aufschwung, eine Periode der Prosperität, bemerkbar macht, so können doch nicht wieder so viele Arbeiter untergebracht werden, als während der Krise brot- und existenzlos geworden sind. Dies hat seinen Grund darin, daß die flaue Geschäftslage während der Krise von der Kapitalistenklasse dazu benutzt wird, die Produktionsbedingungen, namentlich aber die Produktions- und Arbeitsmittel zu verbessern, neue technische Umwälzungen im Betriebe vorzunehmen, um den letzteren rationeller zu gestalten und so der Konkurrenz besser Stand halten zu können. Daß hierbei die Ersparniß menschlicher Arbeitskraft eine Hauptrolle spielt, haben wir schon oben bei Besprechung der Fortschritte des Maschinenwesens gesehen.

Allein jeder neue wirthschaftliche Aufschwung birgt in sich schon wieder den Keim zu neuen Krisen, welche immer umfangreicher und verheerender werden. Wir haben gesehen, daß die Krisen bedingt werden dadurch, daß bei der planlosen Produktion keine Rücksicht auf die vorhandenen Absatzgebiete genommen wird, und daß die letzteren im Augenblick der Krise mit Waaren überfüllt sind, für welche sich keine Abnehmer finden. Die nächste Sorge ist nun: neue Absatzgebiete. Die letzteren werden aber dem Handel – wenigstens heute – nicht in dem Maße erschlossen, wie sich die kapitalistische Produktion ausbreitet, und schließlich schwindet auch die Neuerschließung immer mehr und mehr in dem Grade, wie die kapitalistische Wirthschaftsweise sich in den neu entdeckten Absatzgebieten selbständig etablirt und nun diese Gebiete nicht nur selber in Anspruch nimmt, sondern, bei geeigneten Bedingungen, mit denselben Ländern, von wo sie ursprünglich eingeführt wurde, die Konkurrenz aufnimmt und deren Industrie bedroht, da sie ebenfalls bald in die Lage kommt, sich nach ausländischen Absatzgebieten für ihre Erzeugnisse umzusehen.

Ist nun die Krise durch Neuerschließung von Absatzgebieten oder – was wohl häufiger der Fall – durch einen sehr langwierigen Prozeß des Verschleißes der Waaren unter einem riesigen Preissturz derselben wieder einigermaßen behoben, so wird auch sofort wieder mit Aufbietung aller Kräfte produzirt. Jeder Kapitalist will die Scharte, die ihm die Krise beigebracht, wieder auswetzen. Die Folge ist, daß sich bald wieder Überproduktion bemerkbar macht und eine neue Krise hereinbricht.

Der wirthschaftliche Aufschwung, welcher in früherer Zeit (zu Beginn der Großindustrie) den Krisen folgte, bedingte nicht nur eine Wiedereinstellung des größten Theiles der während der Krise beschäftigungslos Gewordenen in Arbeit, sondern überhaupt eine relative Besserstellung in wirthschaftlicher Beziehung. In neuerer Zeit jedoch treten gleichzeitig mit dem größeren Umfange der Krisen die wirthschaftlichen Prosperitätsperioden nicht mehr in so ausgedehntem Maße auf wie früher.

Wir befinden uns gegenwärtig wiederum in einer solchen Krise und, wie es den Anschein hat, in einer chronischen. Die Krisen sind bis jetzt in immer kürzeren Zwischenräumen einander gefolgt. Während zu Beginn der Großindustrie (in Deutschland in den dreißiger Jahren dieses Jahrhunderts) die Krisen sich noch in Zwischenräumen von zehn bis elf Jahren folgten, sind sie in den letzten Jahrzehnten, der Entwickelung des Kapitalismus entsprechend, immer häufiger geworden. Jetzt aber scheint es, als ob die Krise, in der wir uns augenblicklich befinden, eine chronische zu werden beginnt, denn es ist kaum vorauszusehen, wann diese Verflauung, deren Beginn in das Jahr 1889 zurückreicht, sich heben wird; geschieht dies aber noch einmal, so ist es nicht unwahrscheinlich, daß dies das letzte Mal ist und zudem nicht lange dauern wird. Der Kapitalismus scheint hier an dem Punkte angelangt zu sein, wo er nothwendig an seinen inneren Widersprüchen zu Grunde gehen muß und wird.

Aus vorstehenden Betrachtungen über die Krisen, ergiebt sich, welche Aussichten dieselben nicht nur der Arbeiterklasse, sondern der ganzen Gesellschaft eröffnen. Auf der einen Seite sehen wir, wie die Produktion in einem Maße angespannt worden ist, daß die erzeugten Güter keine Abnehmer finden, auf der anderen, wie gerade infolge dieses Überflusses an Erzeugnissen für den menschlichen Bedarf der größte Theil der Menschheit, die die Mehrheit der letztern ausmachende Arbeiterklasse, zu einem nicht geringen Theil zur Arbeitslosigkeit und damit zu Hunger und Elend verurtheilt ist. Die wirklichen Erzeuger dieses Überflusses an Gütern müssen hungern und verelenden, weil sie zu viel produzirt haben. Und diesen Zustand nennt man „göttliche Weltordnung"!

Daß diese der kapitalistischen Produktonsweise anhaftende Folge-Erscheinung, die Krisen, die allgemeine Unsicherheit der Existenz zum Normalzustand der Gesellschaft machen, wird jedem Denkfähigen einleuchten.

Der eigene Feiertag

1889 treffen sich in Paris Vertreter verschiedener Arbeiterparteien unterschiedlicher Länder und beschließen Forderungen zum Schutz der Arbeitskraft: Verbot von Nachtarbeit für Frauen und Verbot von Kinderarbeit. Ununterbrochene Ruhepause von wenigstens 36 Stunden in einer Woche für alle Arbeiter und den achtstündigen Normalarbeitstag. Zur Unterstützung der Ziele beschließen sie am 1. Mai 1890, in verschiedenen Ländern große Kundgebungen durchzuführen. Damit ist der 1. Mai als internationaler Kampf- und Feiertag geboren. Für Menschen, die an sieben Tagen in der Woche von früh bis spät arbeiten müssen, ohne Zeit für sich zu haben, ist das ein großes Ziel, und sie hoffen und können sich vorstellen, seine Verwirklichung noch selbst zu erleben. Die begeisterte Aufnahme des Maifeiertages führt dazu, daß die Demonstrationen nun in jedem Jahr wiederholt werden. Die Arbeitsruhe am 1. Mai wird immer mehr als die würdigste Form des Feierns angesehen. Wenigstens an einem Tag schon einmal selbst zu bestimmen, selbstbewußt die eigenen Forderungen öffentlich darzustellen und Zeit für sich und die Familie zu haben, bedeutet ein Stück vorweggenommene konkrete Freiheit. Arbeiter, die wenigstens an einem Tag selbst bestimmen wollen, sind für die Unternehmer eine Provokation – auf die sie mit Entlassungen und Aussperrungen antworten. Damit ist der 1. Mai immer gleichzeitig ein Kampf- und Feiertag. Trotz Druck durch die Unternehmer und staatlichen Organe wird der 1. Mai zum internationalen Kampftag der Arbeiterbewegung (Dok. 29). Die Gewerkschaften werden nach dem Fall des Sozialistengesetzes stärker und ergänzen den Kampf um die gesetzliche Regelung der Arbeitszeit durch Tarifkämpfe (Dok. 30 u. 31).

Labor Day, 1885, in New York

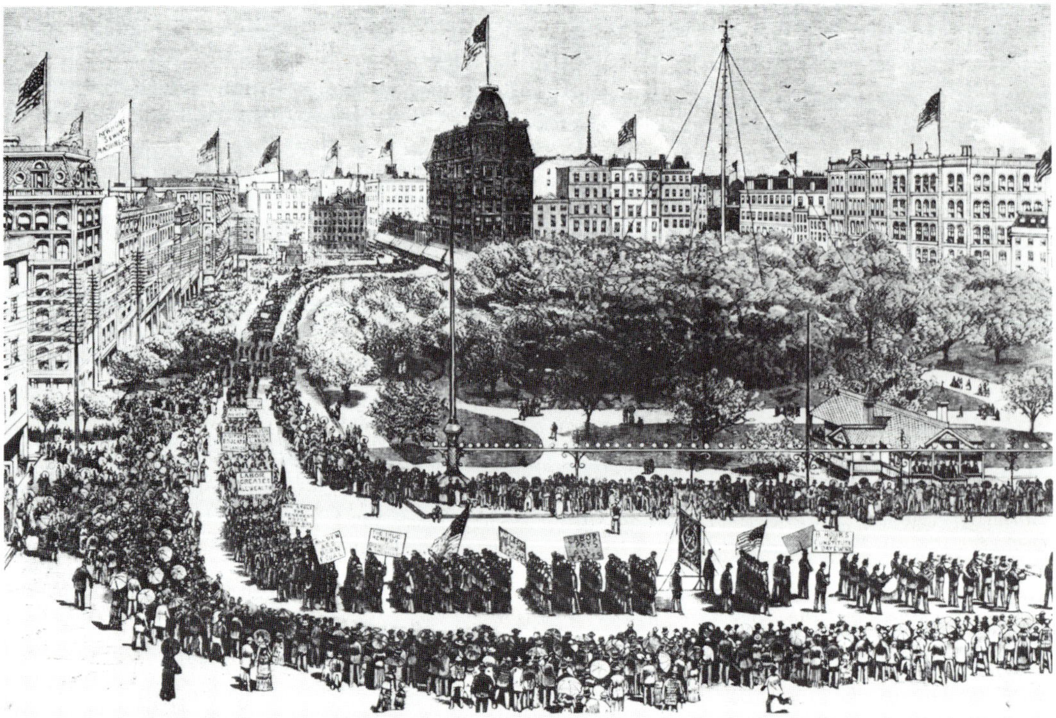

Die Forderungen des Internationalen Arbeiterkongresses 1889

Dokument 29
Protokoll des Internationalen Arbeiter-Kongresses zu Paris. Abgehalten vom 14. bis 20. Juli 1889, Nürnberg 1890, S. 112/3

Internationale Kundgebung zum 1. Mai 1890.

Der Congreß beschließt:

Es ist für einen bestimmten Zeitpunkt eine große internationale Manifestation (Kundgebung) zu organisiren, und zwar dergestalt, daß gleichzeitig in allen Ländern und in allen Städten an einem bestimmten Tage die Arbeiter an die öffentlichen Gewalten (Behörden) die Forderung richten, den Arbeitstag auf acht Stunden festzusetzen und die übrigen Beschlüsse des internationalen Congresses von Paris zur Ausführung zu bringen.

In Anbetracht der Thatsache, daß eine solche Kundgebung bereits von dem Amerikanischen Arbeiterbund (Federation of Labor) auf seinem im Dezember 1888 zu St. Louis abgehaltenen Congreß für den 1. Mai 1890 beschlossen worden ist, wird dieser Zeitpunkt als Tag der internationalen Kundgebung angenommen.

Die Arbeiter der verschiedenen Nationen haben die Kundgebung in der Art und Weise, wie sie ihnen durch die Verhältnisse ihres Landes vorgeschrieben wird, in's Werk zu setzen.

Beschluß des I. Kongresses der II. Sozialistischen Internationalen, Paris 1889

Erste und zweite Frage. Internationale Arbeiterschutzgesetzgebung. Gesetzliche Regelung des Arbeitstages. Tagarbeit, Nachtarbeit, Sonn- und Feiertagsarbeit, Arbeitszeit für jugendliche Personen. Frauen- und Kinderarbeit. Ueberwachung der Großindustrie und des Kleingewerbes einschließlich der Hausindustrie.

Der internationale Arbeiter-Congreß von Paris:

In der Ueberzeugung, daß die Emanzipation der Arbeit und der Menschheit nur ausgehen kann von dem als Klasse und international organisirten Proletariat, welches sich die politische Macht erringt, um die Expropriation des Kapitalismus und die gesellschaftliche Besitzergreifung der Produktionsmittel in's Werk zu setzen:

In Erwägung:

Daß die kapitalistische Produktionsweise in ihrer rapiden Entwicklung nach und nach alle Länder mit moderner Kultur umfaßt;

Daß diese Entwicklung der kapitalistischen Produktionsweise die steigende Ausbeutung der Arbeiter bedeutet;

Daß die immer intensiver werdende Ausbeutung die politische Unterdrückung, ökonomische Unterjochung und physische, wie moralische Degeneration der Arbeiterklasse verursacht;

Daß es in Folge dessen die Pflicht der Arbeiter aller Länder ist, mit allen ihnen zu Gebote stehenden Mitteln eine sociale Organisation zu bekämpfen, welche sie erdrückt und überhaupt jede freie Entwicklung der Menschheit bedroht; daß es sich jedoch vor allen Dingen darum handelt, den zerstörenden Wirkungen der gegenwärtigen ökonomischen Ordnung thätigen Widerstand entgegenzusetzen.

beschließt der Congreß:

Eine wirksame Arbeiterschutz-Gesetzgebung ist in allen Ländern, welche von der kapitalistischen Produktionweise beherrscht werden, absolut nothwendig.

Als Grundlage für diese Gesetzgebung fordert der Congreß:

1. Mai in Hamburg, um 1900

a) Festsetzung eines höchstens 8 Stunden betragenden Arbeitstages für jugendliche Arbeiter;
b) Verbot der Arbeit der Kinder unter 14 Jahren und Herabsetzung des Arbeitstages auf 6 Stunden für beide Geschlechter;
c) Verbot der Nachtarbeit, außer für bestimmte Industriezweige, deren Natur einen ununterbrochenen Betrieb erfordert;
d) Verbot der Frauenarbeit in allen Industriezweigen, deren Betriebsweise besonders schädlich auf den Organismus der Frauen einwirkt;
e) Verbot der Nachtarbeit für Frauen und jugendliche Arbeiter unter 18 Jahren;
f) ununterbrochene Ruhepause von wenigstens 36 Stunden die Woche für alle Arbeiter;
g) Verbot derjenigen Industriezweige und Betriebsweisen, deren Gesundheitsschädlichkeit für die Arbeiter vorauszusehen ist;
h) Verbot des Trucksystems;
i) Verbot der Lohnzahlung in Lebensmitteln, sowie der Unternehmer-Kramladen (Cantinen u. s. w.);
k) Verbot der Zwischenunternehmer (Schwitzsystem);
l) Verbot der privaten Arbeits-Nachweise-Bureaus;
m) Ueberwachung aller Werkstätten und industriellen Etablissements mit Einschluß der Hausindustrie, durch vom Staat besoldete und mindestens zur Hälfte von den Arbeitern gewählte Fabrikinspektoren.

Der Congreß erklärt, daß alle diese zur Gesundung der socialen Verhältnisse nothwendigen Maßregeln zum Gegenstand internationaler Gesetze und Verträge zu machen sind, und fordert die Proletarier aller Länder auf, in diesem Sinne auf ihre Regierungen einzuwirken. Sind solche Gesetze und Verträge erwirkt, so soll, um sie gründlicher durchzuführen, ihre Anwendung und Vollstreckung überwacht werden.

Der Congreß erklärt weiter, daß es die Pflicht der Arbeiter ist, die Arbeiterinnen als gleichberechtigt in ihre Reihen aufzunehmen, und fordert prinzipiell: gleiche Löhne für gleiche Arbeit für die Arbeiter beider Geschlechter und ohne Unterschied der Nationalität.

Um die vollständige Emanzipation des Proletariats zu erreichen, hält es der Congreß für durchaus nothwendig, daß die Arbeiter überall sich organisiren und fordert in Folge dessen das uneingeschränkte, vollkommen freie Vereins- und Koalitionsrecht.

Der Achtstundentag

Dokument 30
Robert Seidel: Der Achtstundentag vom Standpunkte der Sozialökonomie, der Hygieine, der Moral und der Demokratie, Leipzig o. J., S. 3–5

1. Wie wurde der Achtstundentag eine Volksforderung?

Im Jahre 1889 feierte Frankreich in großartiger Weise die Erinnerung an seine segensreiche Revolution vor hundert Jahren.

Aber nicht nur das französische Volk beging das Jubiläum seiner Erhebung aus der Knechtschaft, sondern alle Freigesinnten der Welt feierten mit ihm jenen Völkerlenz, dem einst Kant und Goethe und alle Heroen der deutschen Litteratur und Wissenschaft zugejubelt hatten.

In der Weltstadt Paris war mit dieser Feier eine Ausstellung der Erzeugnisse der Arbeit aller Völker der Erde verbunden, wie keine bisher die Welt gesehen. Während dieser Ausstellung fanden eine Menge internationaler Kongresse, Kongresse der Fabrikanten, Kongresse der Handelsleute der Landwirte, der Ärzte, der Lehrer und aller Menschenfreunde statt.

Auch die Schöpfer des Reichtums, die Arbeiter, hielten vom 14. bis 21. Juli einen internationalen sozialistischen Kongreß zu Paris ab und besprachen auf demselben die internationale Arbeiterschutzgesetzgebung.

400 Vertreter des Proletariates von 20 Kulturnationen der Welt waren bei einander und beschlossen:

Robert Seidel

Eidschwur am ersten Mai

Das ist ein stolzes Rauschen
Vom Flügelschlag der Zeit,
Ein wonnevolles Lauschen
Am Herz der Menschlichkeit,
Das ist ein Frühlingswehen,
Wie keines traf die Welt,
Das ist ein Auferstehen
Im Freiheitsstaatenfeld.

Das ist ein lautes Schlagen
Ans Thor der Sklaverei,
Das ist ein zitternd Zagen
Im Herz der Tyrannei;
Mit majestät'schem Gange,
Im Schilde Licht und Recht,
Zertritt die gold'ne Schlange
Der neuen Zeit Geschlecht.

Da hebt sich jauchzend Rufen
Vom Süden bis zum Nord,
Auf allen Tempelstufen
Der Menschheit schallt ein Wort:
„Acht Stunden allen dienen!
Acht Stunden täglich frei!"
Das ist der Arbeitsbienen
Eidschwur am ersten Mai.

O trage, meine Muse,
Den Schwur zum letzten Stern,
Und auf beschwingtem Fuße
Der Zukunft künde fern:
„Viel Großes ward geboren
Aus dunkler Armut Schoß,
Doch nie hat sie erkoren
Ein solch' gewaltiges Los."

O Tag des ersten Maien!
Du großer Weltentag!
Du Fest der Zukunftsfreien!
Der Menschheit Herzensschlag;
Ich preise deine Hehre!
Ich singe deinem Ruhm!
Weit über Land und Meere
Ersteht dein Heiligtum.

Anzeige über Arbeiterchronometer, aus: „Der Wahre Jacob", 1902

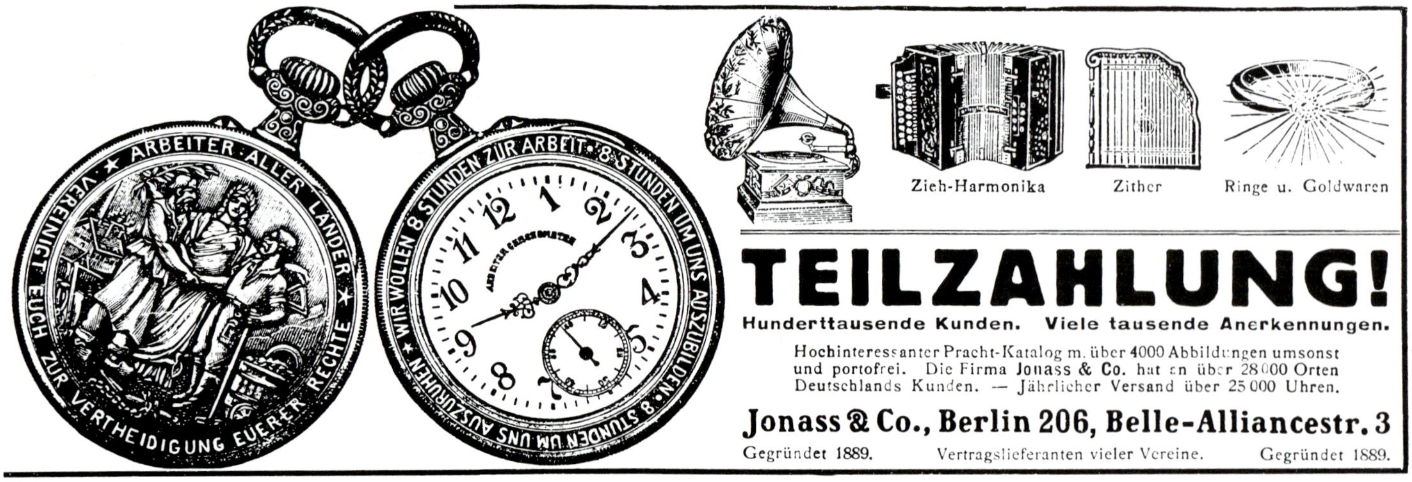

1. Mai 1893 in Hamburg

„Am 1. Mai 1890 soll eine einheitliche Kundgebung der Arbeiter aller Länder veranstaltet und die herrschende Gewalt überall aufgefordert werden, die gesetzliche Dauer des Arbeitstages auf acht Stunden zu beschränken.

Die Form der Kundgebung wurde jedem Lande überlassen.

Der 1. Mai wurde als Tag der Kundgebung bestimmt, weil bereits im Jahre 1888 der Kongreß des Amerikanischen Arbeiterbundes in St. Louis diesen Tag zu Demonstrationen für den Achtstundentag gewählt hatte.

Dies ist der Beschluß des internationalen sozialistischen Arbeiterkongresses zu Paris vom Jahre 1889. Er hat namentlich 1890 und die folgenden Jahre die ganze Welt in Aufregung versetzt und den herrschenden Gewalten blasse Furcht eingejagt. Seit 1890 haben sich alljährlich Millionen von Arbeitern und Arbeiterinnen in Versammlungen und feierlichen Aufzügen zur Ausführung dieses Kongreßbeschlusses zusammengefunden trotz Hungerpeitsche, Polizei und Gefängnis.

Der Achtstundentag ist Volksforderung, Volkswille geworden und dem Volkswillen kann auf die Dauer nichts wiederstehen.

2. Die Verleumdungen der Arbeiter; Generalstreik.

Man ersieht aus diesem Beschluß, daß darin gar keine Rede ist:

1. Von einem blauen Montag mit Sauferei, Kartenspiel und Raufhändeln.
2. Von einer allgemeinen Arbeitseinstellung.
3. Von einem Feiertag.

Die kämpfende Arbeiterschaft der ganzen Welt ist Feind des wüsten, blauen Montags und der ungeregelten Arbeitsdauer, wie sie überall dort herrscht, wo der blaue Montag noch Sitte ist. Das kämpfende Proletariat will ja gerade die Dauer des Arbeitstages regeln. Aller Orten, wo die Arbeiterbewegung auftrat, verschwand der blaue Montag, es verschwand aber auch die vertierende 14–18stündige Arbeitszeit.

Unter der organisierten Arbeiterschaft ist die Klasse der Blauenmacher fast ausgestorben. Die Gegner der Arbeiterbewegung selbst haben schon öfters erklärt, die Sozialdemokraten sind gewöhnlich die solidesten, tüchtigsten Arbeiter. Wir können es mit berechtigtem Stolze sagen, die sozialistische Arbeiterbewegung hat die Massen moralisiert; sie hat sogar die herrschenden Klassen besser gemacht.

Man hat also die kämpfende Arbeiterschaft aller Welt verleumdet, wie das schon so oft geschehen ist, indem man behauptete, sie habe einen blauen Montag beschlossen.

Wir wollen den blauen Montag abschaffen. Ja! aber wir wollen auch die verderbliche Nachtarbeit, die unheilige Sonntagsarbeit, die ungesunde Frauenarbeit und die mörderische Kinderarbeit abschaffen, ausrotten mit Stumpf und Stiel den ewigen blauen Montag derer, welche die Früchte der Arbeit verprassen.

Fort mit dem blauen Montag der Aktionäre, Eisenbahn-, Bank- und Geldfürsten! Nieder mit dem arbeitslosen Erwerb!

Verleumdungssucht und Dummheit haben ferner behauptet, der internationale Arbeiterkongreß in Paris habe den Beginn einer allgemeinen Arbeitseinstellung auf den 1. Mai beschlossen.

Das ist unwahr.

Aus: „Mai-Festzeitung der SPD", 1908

Wir wissen sehr wohl, daß eine internationale Arbeitseinstellung deshalb undurchführbar ist, weil noch lange nicht alle Arbeiter organisiert sind. Wir wissen sehr wohl, daß ein Weltstreik undurchführbar ist, weil selbst die geringe Zahl organisierter Arbeiter – gering im Verhältnis zur Gesamtarbeiterschaft – keine vollen Kassen besitzt, um längere Zeit daraus leben zu können. Wir wissen ferner sehr genau, daß der Universalstreik ein Unsinn ist, weil sein Zweck viel leichter durch Organisation und zielbewußten Kampf erreicht werden kann.

Das unfehlbare Heilmittel für die Leiden des arbeitenden Volkes heißt nicht Generalstreik, sondern Generalorganisation.

Von dem Augenblicke an, da alle Arbeiter jedes Landes national organisiert und von dem Augenblicke an, da alle nationalen Organisationen zu einem internationalen Bunde vereinigt sein werden, von diesem Augenblicke an wird jeder Streik überflüssig.

Die organisierte Arbeiterschaft kann den Kapitalisten die Gesetze diktieren und sie kann die Gesellschaft ohne Blutvergießen nach dem Ideale des Sozialismus umbilden.

Darum ertönt heute der Ruf: Arbeiter und Arbeiterinnen! Organisiert Euch! Nur durch Organisation könnt Ihr frei werden. Eure Organisation bedeutet zugleich friedliche Entwickelung und Aufbau der sozialistischen Gesellchaft.

Robert Seidel

Der neuen Aera erster Mai

Wir schaffen nicht am ersten Mai!
Wir schaffen ja das ganze Jahr
Und werden doch nicht sorgenfrei,
Und doch bleibt Elend unser Haar!
Drum soll die Arbeit einmal ruh'n!
Bei jedem Volk am gleichen Tag –
Der Freiheit gelte unser Thun,
Die Knechtschaft treffe wucht'ger Schlag.

Wir schaffen nicht! Der erste Mai
Sei unser, unser Feiertag;
Als höchsten nehmen wir ihn frei
Und führen diesen ersten Schlag,
Den gleichen Schlag in aller Welt,
Wo unterm Joch die Arbeit keucht,
Den gleichen Schlag, so weit das Geld,
Das feile Geld den Geist verscheucht.

Wir graben nicht an diesem Tag!
Wir gruben lang im tiefen Schacht,
Wohin kein Fünkchen dringen mag
Vom Feuer, das am Himmel lacht.
Wir steigen an der Sonne Licht
Wo unsre Kohle kocht den Dampf,
Der eilend uns die Bahnen bricht
Zur Freude, weit hinweg vom Kampf.

Wir bauen nicht an diesem Tag.
Da jeder Keim zur Luft erwacht;
Wer knechtisch baut in dumpfer Plag',
Wird von der Welt mit Recht verlacht.
Wir haben lang genug gebaut
Die Zwingburg gold'ner Tyrannei,
Nun endlich sei auch aufgeschaut!
Nun komm' auch endlich unser Mai!

Wir weben nicht an diesem Tag!
Wir woben lang am Hungertuch;
Es ruh' der Weberlade Schlag.
Es ruhe auch des Webers Fluch.
Den Webstuhl einer neuen Zeit –
Den rüsten wir und bäumen auf,
Und nach der Freiheit Herrlichkeit
Gerichtet sei der Schiffe Lauf.

Wir hämmern nicht an diesem Tag!
Wir schmieden nicht am ersten Mai!
Wir stellen aber eine Frag'
An jeden, der vom Golde frei:
Wer hat das Recht zu feiern? Wer?
Wer nur darf sagen: Heut' sei Fest!
Vielleicht der Drohnen kleines Heer
Und nicht der große fleiß'ge Rest?

Als Gott der Herr die Welt gemacht
Da sprach auch er: Nun will ich ruh'n;
Und wir, die Schöpfer ird'scher Pracht.
Wir dürften nicht ein Gleiches thun?
Nein, üben wir ein göttlich Recht,
Wie groß der Knechte Furcht auch sei;
Denn wir, der neuen Zeit Geschlecht,
Wir bilden unser Los uns frei.

Wir setzen einen Feiertag,
Ob's auch des Goldes Gier verletzt;
Wir setzen einen Ruhetag,
Den uns die Kirche nicht gesetzt.
Nur einen, einen einz'gen Tag
Für uns, die wir die Arbeit thun!
Nur einen, einen einz'gen Tag,
An dem wir frei uns wollen ruh'n.

Ein Losungswort, ein Feldgeschrei,
So weit erschallt der Arbeit Klag',
Der erste Tag im schönen Mai
Sei unser, unser Feiertag!
Wir nehmen und wir halten fest
Und geben ihn für Gold nicht frei
Den einen Tag, das hohe Fest,
Der neuen Aera ersten Mai!

Die Achtstundenbewegung

Dokument 31

C. D. Schmidt: Die Allgemeine Arbeitslosigkeit, ihre Ursachen und Beseitigung, Berlin 1895, S. 42–43

Wie allgemein bekannt, macht sich seit einigen Jahren in der organisirten Arbeiterschaft der ganzen zivilisirten Welt eine Bewegung kund, welche eine Abkürzung der täglichen Arbeitszeit auf höchstens acht Stunden anstrebt. Diese Forderung wurde auch im Jahre 1889 auf dem internationalen Arbeiterkongreß zu Paris aufgestellt und den Arbeitern aller Länder empfohlen, dieselbe mit allem Nachdruck an die heute herrschende Gesellschaft zu stellen und unermüdlich für deren Durchführung zu agitiren und zu kämpfen. Ebenso wurde auf diesem Kongreß der erste Mai als der Weltfeiertag der Arbeiter festgesetzt, an welchem Tage die Arbeiter aller Länder je nach Lage der Verhältnisse ihrer Nationen Kundgebungen zu Gunsten dieses Achtstundentages sowie einer durchgreifenden Arbeiterschutzgesetzgebung zu veranstalten haben.

So berechtigt die Stellung dieser Forderungen an die heutige Gesellschaft und so nothwendig die Durchführung derselben auch erscheinen mag, so dürfen wir uns, namentlich was den Achtstundentag anlangt, doch nicht verhehlen, daß die Verwirklichung desselben eine durchaus schwierige Aufgabe ist. Wir müssen uns dabei in's Gedächtniß rufen, daß die Verkürzung der täglichen Arbeitszeit um einige Stunden einen ganz wesentlichen Ausfall am Profit für Diejenigen bedeutet, an welche diese Forderung gestellt wird – die Kapitalisten; daß diese sich aber gegen diese Forderung sträuben werden, so lange es irgend geht, liegt auf der Hand.

Nehmen wir nun aber auch an, daß die Forderung des Achtstundentages durchgedrückt würde, so würde ja allerdings die Arbeitslosigkeit um ein ganz Bedeutendes eingedämmt werden, endgültig und vollständig beseitigt jedoch *wäre sie dennoch nicht. Denn der Kapitalismus steht in seiner Entwickelung nicht still und namentlich wenn ihm auf irgend welche Weise Schlappen beigebracht werden, ist er bestrebt, dieselben wieder auszuwetzen, wie wir das schon gelegentlich der Besprechung der wirthschaftlichen Krisen gesehen haben. Aber auch abgesehen davon, daß die Entwickelung des Maschinenwesens und der Technik gar bald die verloren gegangenen Tagesstunden wieder einigermaßen ersetzen würde, so ist andererseits sehr wohl zu beachten, daß eine Verkürzung der Arbeitszeit auf den menschlichen Körper nicht ohne Einfluß bleibt, daß namentlich die physischen Kräfte des Arbeiters in dem Maße zunehmen, als die unmenschliche, durch die lange Ausdehnung des Arbeitstages bedingte Schinderei aufhört und hierdurch die Leistungsfähigkeit des Körpers gesteigert wird, so daß derselbe gar bald annähernd dasselbe Werk in acht Stunden zu verrichten im Stande ist, wie vordem in einer bedeutend längeren Zeit. Wir sehen also, daß auch der Achtstundentag nur ein Palliativmittel ist, das nicht die radikale Heilung des schweren Uebels bringen wird.*

Wenn nun auch die Durchführung des Achtstundentages nicht die endgültige und vollständige Beseitigung der allgemeinen Arbeitslosigkeit bringen kann, so ist das jedoch kein Grund, auf denselben zu verzichten; im Gegentheil ist es Pflicht der Arbeiter, mit aller Energie für die Durchführung der Verkürzung der Arbeitszeit einzutreten. Dies geschieht am zweckmäßigsten, indem die Arbeiter, wie wiederholt erwähnt, ihre ganze Schwerkraft auf die politische Bethätigung konzentrieren, und so auf gesetzgeberischem Wege dem Achtstundentag zum Siege verhelfen. Was seine Durchführung auf gewerkschaftlichem Wege betrifft, so dürfen wir nicht außer Acht lassen, daß – abgesehen davon, daß mit der immer höheren Entwickelung der Großindustrie die gewerkschaftlichen Kämpfe immer aussichtsloser werden –, selbst wenn es in diesem oder jenem Berufe gelingen sollte, denselben durchzudrücken, dies nur so lange von Dauer sein kann, als die wirthschaftlichen Verhältnisse gute und somit die Arbeiter dem Kapitalisten überlegen sind; gewinnt dagegen letzterer bei wirthschaftlichem Niedergange die Oberhand, so ist auch der Achtstundentag dahin. Es ist also der Einführung auf gesetzlichem Wege entschieden der Vorzug zu geben; ist der Achtstundentag Gesetz, dann kann er nur durch Gesetz beseitigt werden; wird er aber zum Gesetz erhoben, so geschieht es nur durch die Arbeiter, und daß die letzteren keine Gesetze sich zum Schaden schaffen, also keine Ursache zur Aufhebung derselben haben werden, ist wohl selbstverständlich.
Es muß hier ausdrücklich betont werden: Die Erlangung des Achtstundentages muß das erste und erstrebenswertheste Ziel der Arbeiterklasse sein, weil derselbe die Möglichkeit in sich schließt, die letztere in körperlicher wie geistiger Beziehung auf eine höhere Stufe zu bringen, welcher Umstand eine wesentliche Vorbedingung für die endgültige Befreiung des Arbeiters aus der Lohnsklaverei bildet.

1. Mai in Hamburg, um 1900

Wenn Gift und Galle speit die Reaktion

Schon vor dem Fall des Sozialistengesetzes 1890 kommt es zu Arbeitskämpfen für die Verkürzung der Arbeitszeit. Teilweise gelingt es z. B. den Hamburger Schneidern, eine zehnstündige Arbeitszeit tariflich zu vereinbaren. Im Mai/Juni 1889 streiken 150 000 Bergarbeiter in fast allen Steinkohlerevieren. Neben Lohnerhöhungen, Beseitigung von Wagennullen (ein Lohnabzugssystem) und Verbesserung der Arbeitsbedingungen fordern sie die 8-Stunden-Schicht. Die Auseinandersetzungen werden mit aller Schärfe geführt. Obwohl die Arbeiter ihre Forderungen nicht verwirklichen können, stärkt der Kampf ihr Selbstbewußtsein. 1905 und 1912 kommt es in den Gruben zu weiteren Auseinandersetzungen, noch immer arbeiten die Bergarbeiter zehn bis zwölf Stunden täglich.

Vom 8. November 1891 bis zum 14. Januar 1892 streiken 10 000 Buchdrucker. Neben einer Lohnerhöhung geht es

Polizeiakten über den 1. Mai in Hamburg

ihnen um die Durchsetzung des 9-Stunden-Tages. Trotz finanzieller Unterstützung durch andere Arbeiterorganisationen muß der Streik erfolglos abgebrochen werden. Mit schwarzen Listen, Aussperrungen und dem Verbot von Geldersammlungen für die Streikenden versucht man den Kampf zu verhindern (Dok. 32).

1896 erreichen die Konfektionsarbeiterinnen im ganzen Reich durch Streiks Arbeitszeitverkürzungen auf zehn Stunden täglich. Die Hamburger Werftarbeiter streiken um die Jahreswende 1896/97 elf Wochen lang erfolglos um eine Begrenzung der täglichen Arbeitszeit von 6 Uhr morgens bis 18 Uhr abends. Die staatlichen Organe verbinden sich mit den Werftbesitzern gegen die Streikenden. Die Kassen der Gewerkschaften sind trotz Spenden aus dem ganzen Reich noch zu schwach. 1904 streiken ca. 8000 Textilarbeiterinnen in Crimitschau für den 10-Stunden-Tag. Trotz großer Solidarität über Crimitschau hinaus, wird der Streik nach fast einem halben Jahr erfolglos abgebrochen (Dok. 33).

Vor dem ersten Weltkrieg gelingt es den Gewerkschaften immer mehr, den 10-Stunden-Tag durchzusetzen. Verläßliche, allgemein gültige Zahlen für diesen Zeitraum gibt es nicht. Man muß jedoch davon ausgehen, daß die Arbeitszeit in den einzelnen Branchen und Regionen stark schwankt. In dem angegebenen Zeitraum sind Arbeitszeiten von 14 bis 16 Stunden trotz der allgemeinen Tendenz zum 10-Stunden-Tag noch durchaus üblich. So sperren Bremer Ziegeleibesitzer noch 1914 Arbeiter aus, weil sie den 12-Stunden-Tag fordern (Dok. 34).

Erst langsam gelingt es den Gewerkschaften, mit den Arbeitgebern Kolletivverträge (Tarifverträge) abzuschließen (Dok. 35).

Stimmen der Freiheit.
Blüthenlese
der
hervorragendsten Schöpfungen unserer Arbeiter- u. Volksdichter.
Mit 38 Portraits
Herausgegeben von Konrad Beißwanger.
Zweite Auflage.
Litterarisches Bureau Nürnberg
1901.

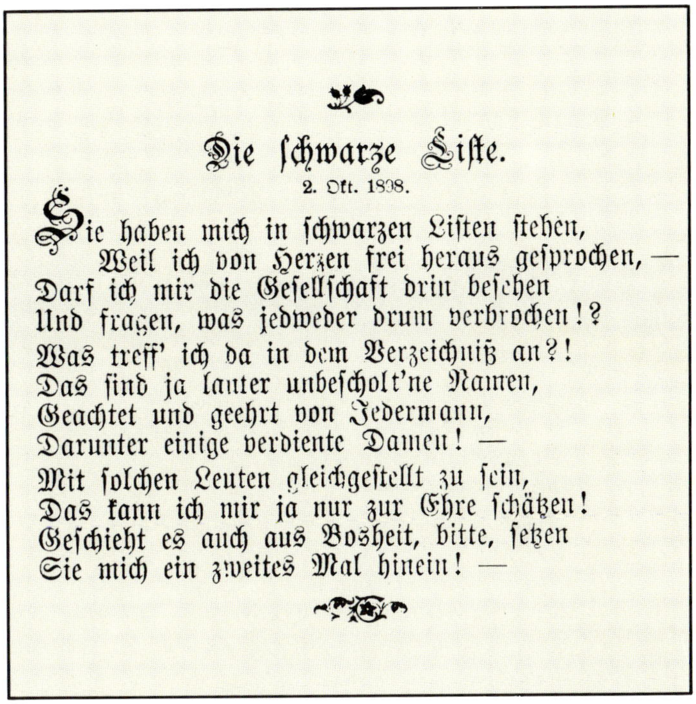
Die schwarze Liste.
2. Okt. 1898.

Sie haben mich in schwarzen Listen stehen,
Weil ich von Herzen frei heraus gesprochen, —
Darf ich mir die Gesellschaft drin besehen
Und fragen, was jedweder drum verbrochen!?
Was treff' ich da in dem Verzeichniß an?!
Das sind ja lauter unbescholt'ne Namen,
Geachtet und geehrt von Jedermann,
Darunter einige verdiente Damen! —
Mit solchen Leuten gleichgestellt zu sein,
Das kann ich mir ja nur zur Ehre schätzen!
Geschieht es auch aus Bosheit, bitte, setzen
Sie mich ein zweites Mal hinein! —

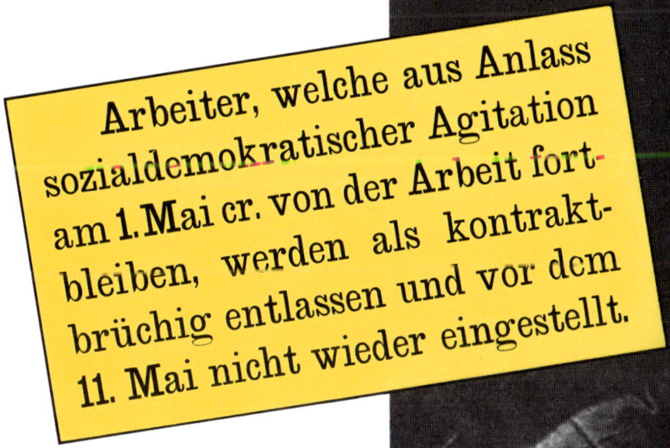
Arbeiter, welche aus Anlass sozialdemokratischer Agitation am 1. Mai cr. von der Arbeit fortbleiben, werden als kontraktbrüchig entlassen und vor dem 11. Mai nicht wieder eingestellt.

Unternehmeraushang, vor 1914

Alfred Krupp

Heinrich Kämpchen

Warnung

Schikanieren, provozieren
will man, scheint's, die Kohlengräber,
als ob Zündstoff nicht auch schon
überreich vorhanden wäre.

Nichts gelernt und nichts vergessen
hat man wohl von neunundachtzig –
Auf die Straße fliegt der Bergmann –
Ob er hungert – nebensächlich.

Wieder blüht das Paschawesen,
grade wie vor neunundachtzig –
Lohnverkürzung, Schichtverlängerung,
grade wie vor neunundachtzig.

Die Behandlung – schofel, schofel
(Prügel sind sogar nicht selten),
Strafen auch und Wagennullen,
grade wie vor neunundachtzig.

Kohlen von der schlecht'sten Sorte
für den Gräber, für den Bergmann,
und dazu noch arg verteuert,
grade wie vor neunundachtzig.

Feierschichten, Überschichten,
kunterbuntes Durcheinander.
Fremde werden angenommen,
Heimische dafür entlassen.

Ja, ein Berg fast von Mißständen
hat sich wieder angesammelt,
und die Knappen sind erbittert,
grade wie vor neunundachtzig.

Grade wie vor neunundachtzig
ist's ein Wetteifern förmlich
auf den Gruben, um den Bergmann
aufzureizen, zu empören.

Spielt man etwa mit dem Feuer?
Handelt man mit Überlegung?
Nach dem vielen was geschehen,
muß es schier uns so bedünken.

Dann die Folgen auch für jene,
die da spielten mit dem Feuer –
denn es könnten Stürme kommen,
ärger noch wie neunundachtzig.

(geschrieben kurz vor dem Streik
im Jahre 1905)

Buchdrucker fordern Neunstundentag

Dokument 32
Der Verband der Deutschen Buchdrucker, Geschichte der ältesten deutschen Gewerkschaft, 2. Band, Berlin 1933, S. 99.

Neben einigen Wünschen betreffend die tariflichen Satzpreise war es besonders die von den Gehilfenvertretern geforderte Verkürzung der täglichen Arbeitszeit auf neun Stunden, um die der Kampf der Meinungen tobte. Gehilfenseitig wurde zur Begründung dieser Forderung auf die große Zahl der Arbeitslosen hingewiesen (wobei noch an die vielen in andere Berufe geflüchteten Buchdrucker gedacht werden müsse), auf die traurigen Gesundheitsverhältnisse, unter denen die Gehilfen leiden, was sich in der Belastung der Kassen des Unterstützungsvereins auswirke, in Prinzipalskreisen werde z. T. schon für die Setzmaschine Propaganda gemacht, von großer Gehilfenersparung gesprochen. Die Gehilfen seien von der Notwendigkeit der Erfüllung ihrer Forderungen überzeugt und würden im Bewußtsein ihrer Stärke ihre Handlungen danach einzurichten wissen. Von Prinzipalsseite wurde auf die eingangs gegebenen Berichte hingewiesen, aus denen ein friedliches Zusammenarbeiten beider Teile festzustellen wäre. Die von den Gehilfen gestellten Forderungen würden bei eventueller Annahme dieser Entwicklung einen empfindlichen Stoß versetzen. Bei aller Anerkennung des humanen Zwecks der Gehilfenforderung müsse die schlechte Geschäftslage berücksichtigt werden. Der Deutsche Verlegerverein habe den Prinzipalsverein vor der Erfüllung der Gehilfenforderungen gewarnt, da die Buchhändler die dadurch bedingten Preise nicht erschwingen könnten. Die Arbeitslosigkeit sei im Verhältnis zu anderen Gewerben nicht so groß. Es wäre für das Buchdruckergewerbe segenbringender, wenn an den Tarifpositionen nicht gerüttelt und weiter an der Durchführung des Tarifs gearbeitet würde. Die über die Arbeitszeitverkürzung geführte Generaldebatte brachte keinerlei Annäherungspunkte.

Gedenkmedaille zum Druckerstreik, 1892

Schmuckblatt der Buchdrucker

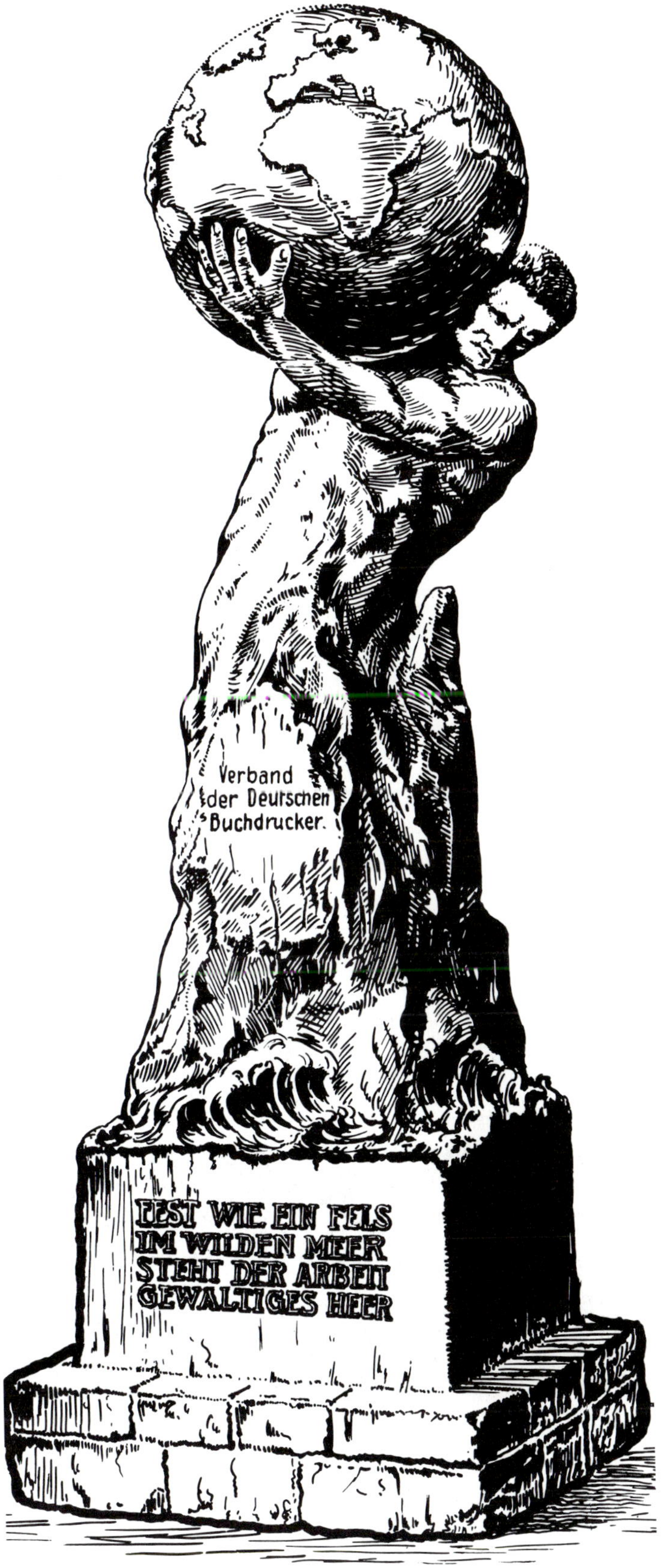

Lied zum Buchdruckerstreik 1892,
aus: „Süddeutscher Postillon"

Buchdrucker-Kampflied

Mel.: Es tönt ein Ruf . . .

Es klingt wie heller Waffenklang
Durch's deutsche Volk der Schlachtgesang:
Ihr Armen, seid zum Kampf bereit
Für die verkürzte Arbeitszeit!
Erkämpft euch einen bessern Lohn,
Verkürzt der Arbeit harte Frohn,
Ob Gift und Galle speit die Reaktion!

Schon steh'n die Drucker im Gefecht
Und kämpfen für ihr gutes Recht,
Sie führen kühn den ersten Schlag
Und fordern den Neunstundentag.
Sie wollen einen bessern Lohn
Und kürzen ihrer Arbeit Frohn,
Ob Gift und Galle speit die Reaktion!

Der Kampf ist heiß, der Kampf ist schwer
Und wogt erbittert hin und her,
Und ob sie auch der Hunger plagt,
Sie kämpfen weiter unverzagt.
Sie wollen einen bessern Lohn
Und kürzen ihrer Arbeit Frohn,
Ob Gift und Galle speit die Reaktion!

Herbei, herbei zum großen Werk
Und helft dem Volk des Gutenberg,
Thut Alle, Alle eure Pflicht,
Verlaßt die wack'ren Kämpfer nicht!
Sie wollen ja nur bessern Lohn
Und kürzen ihrer Arbeit Frohn,
Ob Gift und Galle speit die Reaktion!

Das ist der Arbeit heil'ger Krieg,
Drum kämpfet für der Drucker Sieg,
Daß stolz im Wind ihr Banner weht
Und drauf in gold'nen Lettern steht:
Hurrah, verbessert ist der Lohn,
Verkürzt ist uns'rer Arbeit Frohn,
Ob Gift und Galle spie die Reaktion!

Und ward der Sieg der Drucker Schaar,
Dann vorwärts, vorwärts Proletar!
Zu neuem Sieg das Banner führ',
Die Drucker stehen hinter dir!
Sie kämpfen auch für deinen Lohn
Und deiner Arbeit kürz're Frohn
Bis einst zerschmettert liegt die Reaktion!

Kl.

Der Kampf um den Zehnstundentag in Crimmitschau

Dokument 33
Crimmitschau 1903–1928, Blätter der Erinnerung an Sachsens bedeutsamsten Arbeitskampf, Berlin , S. 100–102.

Einher mit diesen Betätigungen gingen zahlreiche aktive Kämpfe. Es wurden partielle Streiks ausgefochten in folgenden Fabriken: C. A. Fischer, Heinrich Neubert, Otto Selbmann, Otto Vetterlein, Theodor Schönfeld, Eduard Beyer, Hermann Schönfeld, Heinrich Schönfeld. Daneben in gewissen Abständen unternahm die Arbeiterschaft, immer auf Anweisung ihrer Leitung, große Generalangriffe gegen das Unternehmertum mit der Forderung des zehnstündigen Arbeitstages. Diese Generalangriffe brachten regelmäßig die gesamte Stadtbevölkerung in Aufregung und Bewegung. Die Unternehmer anworteten immer ablehnend. Die Arbeiterschaft drängte immer stärker zum Streik. Die Leitung bremste. Noch schien die Bewegung nicht unwiderstehlich zu sein.

Sieben lange Jahre wurde so in systematischer Weise ein Kampf geführt, Stunde für Stunde, Tag für Tag, Woche für Woche. Die Idee des Zehnstundentages beherrschte die Gemüter der Arbeiter. Sie wurde hineingehämmert in die Hirne.

Die Ablehnung eines Aufrufes zur Maifeier durch den „Crimmitschauer Anzeiger" und die dadurch bewiesene Geringschätzung der Arbeiter brach-

Flugblatt vom Crimmitschauer Streik, 1903/04

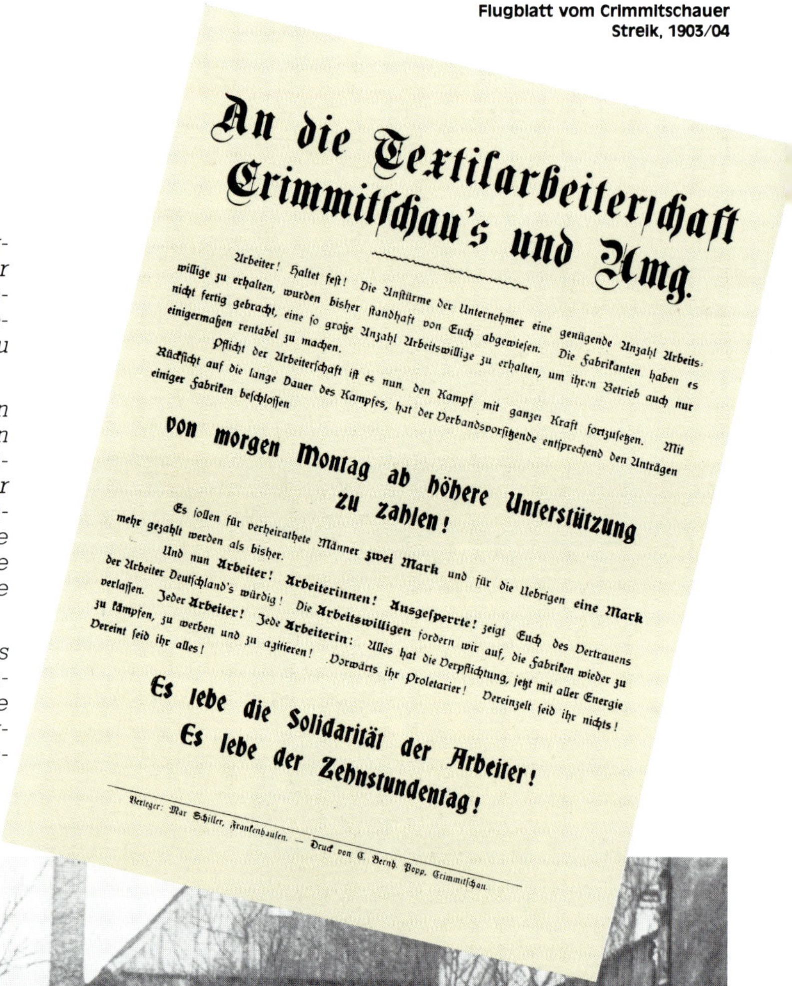
An die Textilarbeiterschaft Crimmitschau's und Umg.

Arbeiter! Haltet fest! Die Anstürme der Unternehmer eine genügende Anzahl Arbeitswillige zu erhalten, wurden bisher standhaft von Euch abgewiesen. Die Fabrikanten haben es nicht fertig gebracht, eine so große Anzahl Arbeitswillige zu erhalten, um ihren Betrieb auch nur einigermaßen rentabel zu machen.

Pflicht der Arbeiterschaft ist es nun, den Kampf mit ganzer Kraft fortzusetzen. Mit Rücksicht auf die lange Dauer des Kampfes, hat der Verbandsvorsitzende entsprechend den Anträgen einiger Fabriken beschlossen

von morgen Montag ab höhere Unterstützung zu zahlen!

Es sollen für verheirathete Männer **zwei Mark** und für die Uebrigen **eine Mark** mehr gezahlt werden als bisher.

Und nun **Arbeiter! Arbeiterinnen! Ausgesperrte!** zeigt Euch des Vertrauens der Arbeiter Deutschland's würdig! Die **Arbeitswilligen** fordern wir auf, die Fabriken wieder zu verlassen. Jeder **Arbeiter!** Jede **Arbeiterin:** Alles hat die Verpflichtung, jetzt mit aller Energie zu kämpfen, zu werben und zu agitieren! Vorwärts ihr Proletarier! Vereinzelt seid ihr nichts! Vereint seid ihr alles!

Es lebe die Solidarität der Arbeiter!
Es lebe der Zehnstundentag!

Verleger: Max Schiller, Frankenhausen. — Druck von C. Bernh. Popp, Crimmitschau.

Zehnstundenlied

Kampflied der Crimmitschauer Textilarbeiter aus dem Jahre 1900.

Melodie: Deutschland, Deutschland über alles.

Horch! Es rollt von fern der Donner!
Blitze leuchten durch die Nacht!
Wohlgerüstet ziehen Streiter
Todesmutig in die Schlacht.
Und es dringt zu Fürstenthronen,
In der Reichen Lustgemach
Ungezählter Millionen
Feldgeschrei: Zehnstundentag!

Wo am Webstuhl schwache Hände
Mühen ab sich Jahr um Jahr,
Dort, wo blasse Frauen spinnen
Fäden emsig immerdar,
Wo mit nimmermüdem Fleiße
Auch ein Farbknecht stehen mag,
Summt der Mund in froher Weise
Hoffnungsvoll: Zehnstundentag!

Ja, erwacht sind all die Sklaven!
Im Erwachen liegt die Welt!
Schon erglüht die Morgenröte,
Bald ist's wunderbar erhellt.
Selbst durch Oestreichs kranke Staaten,
Wo die Reichen — welche Schmach! —
Tief im Blut der Armen waten,
Braust es kühn: Zehnstundentag!

Laut und lauter grollt der Donner!
Blitze leuchten durch die Nacht!
Wohlgerüstet ziehen Kämpfer
Todesmutig in die Schlacht.
Und es dringt zu Fürstenthronen,
In der Reichen Lustgemach
Ungezählter Millionen
Feldgeschrei: Zehnstundentag!

H. JÄCKEL

te einen scharfen Protest. Er kostete dem „Anzeiger" zirka 500 Abonnenten, welche das „Sächsische Volksblatt gewann. Es war die glückliche Besetzung der Leitung des Deutschen Textilarbeiter-Verbandes und der wichtigsten Positionen der politischen Partei durch ein und dieselben Personen, welche jene intensive und ununterbrochene Aufklärungsarbeit ermöglichte. Jede noch so unscheinbare Bewegung trat nach außen in der ungestümen Forderung nach dem Zehnstundentag in die Erscheinung und wirkte so auf die Arbeiter. Keine Woche verging, fast kann man sagen, kein Tag verging, an dem nicht der immer stärker werdende Vertrauenskörper des Verbandes innerhalb der Gesamtarbeiterschaft aufklärend und propagandistisch sich betätigte. Nie kam die Arbeiterschaft in die Defensive. Sie beherrschte Partei und Gewerkschaft. Beides war eins.

Damals, im Vorkampf um den Zehnstundentag, wurden in Crimmitschau jene zahlreichen organisatorischen Einrichtungen geschaffen, die teilweise noch heute existieren und die Anerkennung des Gesamtbezirks hervorriefen, wie sie auch dem Gesamtbezirk zugute kamen. Damals wurde in Arbeit und Kampf der Grund gelegt für die starke Disziplin, welche die Durchführung des gewaltigen Kampfes von 1903 ermöglichte. Es ist zweifellos, daß jene Periode eine der glänzendsten, wenn nicht die glänzendste der Crimmitschauer Bewegung war.

Aber auch des Verhaltens der politischen Machthaber sei gedacht. Vom ersten Augenblick des Beginns der Zehnstundenbewegung im Jahre 1896 bis zum Ausbruch des offenen Kampfes und während desselben waren Rechtsbruch und Gewalttat die Waffen, womit die Behörden gegen die Arbeiter kämpften. Textilfabrikanten und Behörden arbeiteten gemeinsam gegen die Lohnsklaven. Jenes Verbrecherkollegium, das unter der Firma von Metzsch damals die Arbeiter bedrückte, schuf eine Atmosphäre, die in Explosionen sich entladen mußte.

Versammlungsverbote, Versammlungsauflösungen, Haussuchungen, polizeiliche Straferlasse, Anstrengung von Prozessen, Verurteilung von Arbeitern nichtiger Dinge wegen, Hinzuziehung hunderter Gendarmen aus ganz Sachsen während des Kampfes; Verbot aller Handlungen, welche die Arbeiterleitung beabsichtigte, wurden ausgeübt. Klar und scharf trat hervor: die Arbeiter in Sachsen waren Bürger minderen Rechts.

Trotz alledem hielten die Proletarier stand. Nach wenigen Wochen gelang es, den Kampf genügend, wenn auch bei niederer Unterstützung, zu finanzieren.

Das gesamte Unternehmertum Deutschlands hatte sich zu einem einzigen Block zusammengeschlossen. An einem Sieg im Sinne des Zehnstundentages als Inhalt kollektiven Arbeitsvertrages war mit dem Ende des Jahres 1903 nicht mehr zu denken. Auch die Not stieg innerhalb der Arbeiterschaft beträchtlich. Bei aller Opferwilligkeit der deutschen Arbeitsbrüder und -schwestern war die Unterstützung doch nur gering. So wurde der Kampf am 19. Januar 1904 abgebrochen. Durch Flugblatt erging die Aufforderung an die Ausgesperrten, die Arbeit bedingunglos wieder aufzunehmen.

In eiserner Disziplin folgten die Arbeiter dem Beschluß der Streikleitung. Im Jahre 1908 war der Zehnstundenarbeitstag in Deutschland für die Frauen und Mädchen und damit für die Textilindustrie Gesetz. Im Jahre 1907 hatte der Entwurf die parlamentarischen Instanzen durchlaufen.

Die Crimmitschauer Arbeiter waren geworden, was Karl Marx von den englischen Arbeitern in der Mitte des vorigen Jahrhunderts rühmt: Die Crimmitschauer Textilarbeiter und -arbeiterinnen, sie waren die Preisfechter des gesetzlichen zehnstündigen Arbeitstages für Deutschland.

Bericht des SPD-Parteivorstandes über den Streik in Crimmitschau

Dokument 34
Protokoll über die Verhandlungen des Parteitages der Sozialdemokratischen Partei Deutschlands. Abgehalten zu Bremen vom 18. bis 24. September 1904, Berlin 1904, s. 17–18. (Auszug).

Mit Recht hat der gewaltige Kampf um den 10stündigen Arbeitstag, den die Crimmitschauer Weber vom 22. August 1902 bis zum 18. Januar 1904 in mustergültiger Weise geführt haben, weit über die Grenzen Deutschlands Aufsehen erregt. Selbst bürgerliche Blätter erkennen an, daß die Textilarbeiter vor dem Ausbruch des Kampfes nichts unversucht gelassen haben, im Wege der Verhandlungen mit den Fabrikanten zu einer Verständigung zu gelangen. Die Arbeiter verlangten die Einführung des 10stündigen Arbeitstages und eine 10prozentige Lohnerhöhung. Die Fabrikanten hatten den Vorschlag der Arbeiter, das Gewerbegericht als Einigungsamt anzurufen, abgelehnt. Ebenso lehnten die Fabrikanten die Vermittlung des Stadtrats ab, nachdem die Arbeiter ihre Forderungen auf eine ¾stündige Herabsetzung der täglichen Arbeitszeit bei einer 6prozentigen Lohnerhöhung ermäßigt hatten. Damit war die Geduld der Arbeiter erschöpft. Am 7. August beschlossen die Arbeiter von 5 Fabriken, die Kündigung einzureichen. Diesen Beschluß beantworteten die Fabrikanten noch an demselben Tag mit der Kündigung sämtlicher Textilarbeiter Crimmitschaus, deren Zahl sich auf ca. 7000 bezifferte. Schon bei Ausbruchs des Kampfes griff die Polizei hindernd ein, indem sie die fünf Versammlungen, in denen über den Streik beschlossen werden sollte, auflöste. Die ersten Auflösungen wurden von den höheren Instanzen zwar für unberechtigt erklärt, aber das änderte sich im Verlauf des Kampfes. Die Versammlungsauflösungen erfolgten Schlag auf Schlag. Die Zahl der Besucher der Versammlungen wurde für die Säle auf mehr als die Hälfte der früher Zugelassenen herabgesetzt. Als diese Maßregel der fürsorgenden Polizei durch Veranstaltung mehrerer Versammlungen täglich in einem und demselben Lokal wett gemacht wurde, wurde die Verhängung des Belagerungszustandes am 3. Dezember 1903 publiziert, denn diesem kam das erlassene Verbot aller Versammlungen, Tanzvergnügungen und öffentlichen Lustbarkeiten gleich. Diesen Schlag beantwortete die deutsche Arbeiterklasse, an die sich nunmehr die Verbandsleitung des Textilarbeiter-Verbandes wandte, mit einer in der Geschichte der deutschen Arbeiterkämpfe beispiellos dastehenden Opferwilligkeit. In sechs Wochen steuerten die deutschen Arbeiter in runder Summe 1 011 000 Mark für die Unterstützung der Crimmitschauer. Besonders wetteiferten die Arbeiter Berlins und Leipzigs in der Aufbringung der Geldmittel. Am 24. Dezember erreichte die tägliche Sammlung in Berlin den Höhepunkt mit 21 000 Mark. Die Kasse des Textilarbeiter-Verbandes, die am 30. September 1903 nur einen Bestand von rund 15 000 Mark aufwies, verfügte sechs Monate später über einen solchen von 320 000 Mark. Wie der Kassenabschluß des Textilarbeiter-Verbandes ausweist, waren es nicht finanzielle Schwierigkeiten, die am 18. Januar zur Aufgabe des Kampfes führten. Von der Aufgabe des Kampfes waren die opferwilligen Arbeiter ebenso überrascht wie die unter der Fuchtel der Scharfmacher stehenden Crimmitschauer Fabrikanten. Die Verblüffung der letzteren war so groß, daß sie anfangs nicht wußten, was für einen Bescheid sie den sich zur Arbeit Meldenden geben sollten, bis sie von der Verbandsleitung Weisungen erhalten hatten. Es sollte Musterung gehalten werden. Die Abschreckungstheorie sollte in die Praxis umgesetzt werden. Die gefüllte Kasse des Textilarbeiter-Verbandes machte jedoch die teuflisch ausgesonnene Bosheit zu schanden. Der Abbruch des Kampfes am 18. Januar war das Resultat einer gründlichen Abwägung aller bei dem heroisch geführten Kampf in Betracht kommenden Umstände. Die Einmütigkeit, mit der die Aufgabe des Kampfes vollzogen wurde, ist ein ehrendes Zeugnis für die Disziplin der Crimmitschauer Arbeiter und für das gegenseitige Vertrauen, das die Arbeiter in ihre Führer und diese in die Arbeiter setzten. Der Schlußakt des Crimmitschauer Kampfes war würdig der Art und Weise, wie er auf seiten der Arbeiter geführt worden war.

Am 29. Januar wurde der über Crimmitschau verhängt gewesene sogenannte Belagerungszustand aufgehoben.

Karikatur aus dem Crimmitschauer Arbeitskampf 1903/04

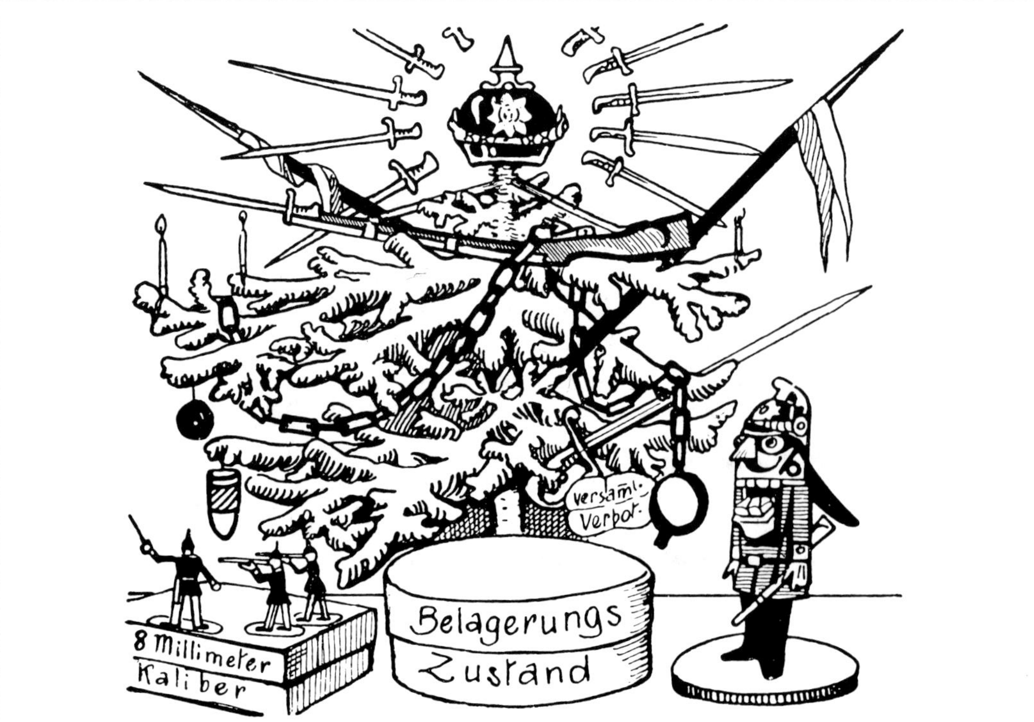

Der Crimmitschauer Christbaum.

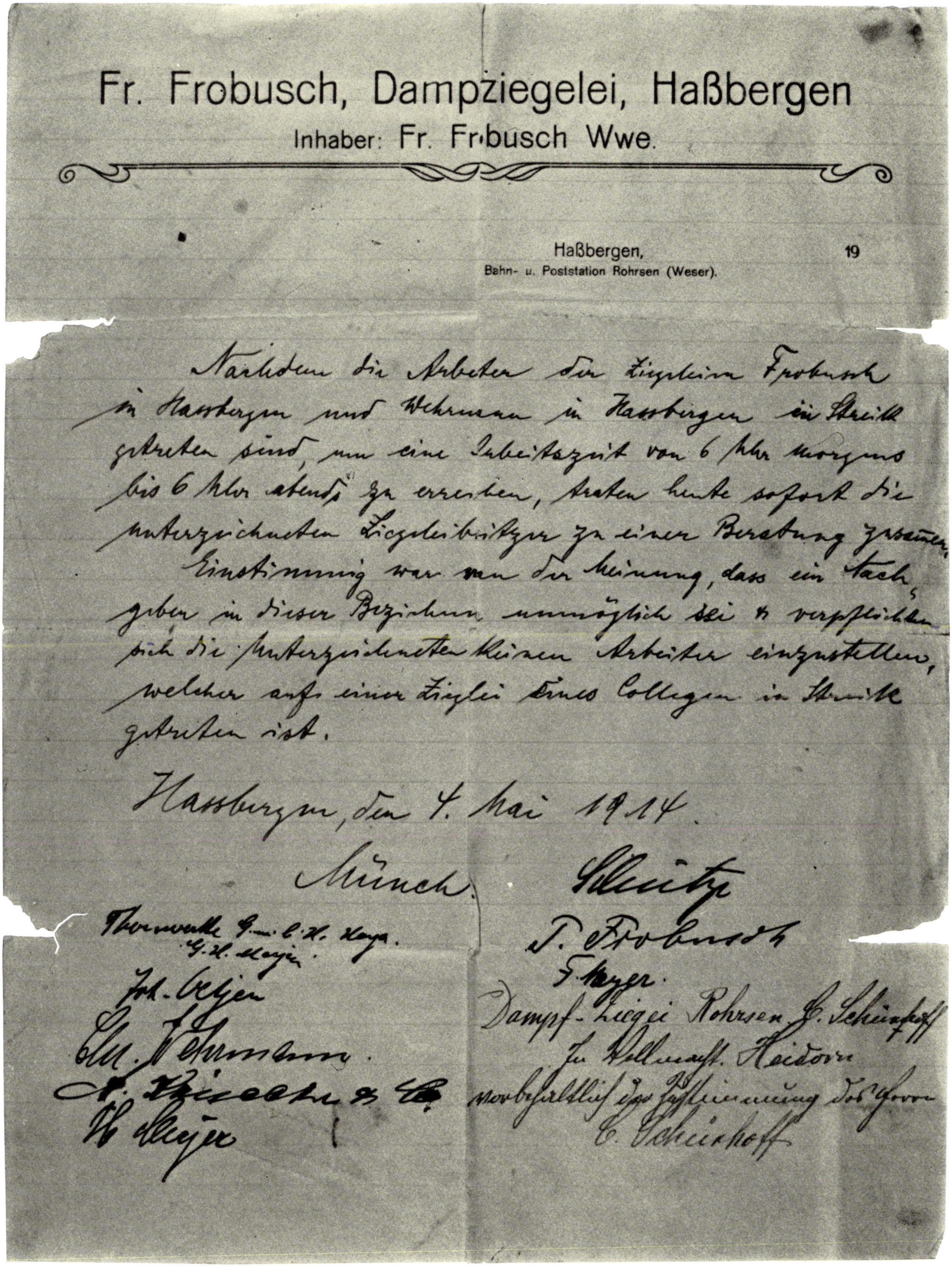

Fr. Frobusch, Dampfziegelei, Haßbergen
Inhaber: Fr. Frobusch Wwe.

Haßbergen, 19
Bahn- u. Poststation Rohrsen (Weser).

Nachdem die Arbeiter der Ziegelei Frobusch in Hassbergen und Wehrmann in Hassbergen in Streik getreten sind, um eine Arbeitszeit von 6 Uhr morgens bis 6 Uhr abends zu erreichen, traten heute sofort die unterzeichneten Ziegeleibesitzer zu einer Beratung zusammen.

Einstimmig war man der Meinung, dass ein Nachgeben in dieser Beziehung unmöglich sei & verpflichten sich die Unterzeichneten keinen Arbeiter einzustellen, welcher auf einer Ziegelei eines Collegen in Streik getreten ist.

Hassbergen, den 4. Mai 1914.

Münch. Schütz

F. Frobusch

F. Meyer.

[illegible]

Joh. Oelfen

Chr. Wehrmann.

H. [illegible] & Co.

H. Meyer

Dampf-Ziegei Rohrsen G. Scheinhoff

In Vollmacht. Heidorn

vorbehaltlich der Zustimmung des Herrn C. Scheinhoff

Achtung! Achtung!

Frauen!

Mittwoch, den 6. Januar 1897

Abends 8½ Uhr

Versammlungen der Frauen

in folgenden Lokalen:

Barmbecker Casino, Hamburgerstr.
Hamburger Ballhaus, Neust. Neustr. 24
Kluth, Ottensen, Bahrenfelderstraße.

Tages-Ordnung:

Was haben die Frauen beim gegenwärtigen Streik der Hafenarbeiter und Seeleute zu thun?

Also, Ihr Frauen, kommt Alle in die obigen Versammlungen!

Die Streikleitung.

Hamburger Buchdruckerei und Verlagsanstalt Auer & Co. in Hamburg

Deutscher
Metallarbeiter-Verband
Telephon 3392 Stuttgart Röteſtraße 16 b

Vorschlag des DMV, die Arbeitszeit tarifvertraglich festzulegen

An die Herren Arbeitgeber

der Eisen, Stahl und Metall verarbeitenden Betriebe und Werkstätten beziehungsweise deren wirtschaftliche Vereinigungen

wendet sich der unterzeichnete Vorstand des Deutschen Metallarbeiter-Verbandes mit der höflichen Anfrage, ob dieselben geneigt wären, mit dem unterzeichneten Vorstand ein für beide Teile verbindliches Abkommen zur Regelung des Arbeitsverhältnisses zu treffen und zu diesem Zwecke in Verhandlungen einzutreten über:

1. Regelung der täglichen Arbeitszeit, der Überzeit, Sonn- und Feiertags- und Nachtarbeit;
2. Festsetzung eines bestimmten Mindestlohns für die einzelnen Gewerbe, unter Zugrundelegung der durchschnittlichen Leistungsfähigkeit;
3. Schaffung bestimmter Normen für das Akkordsystem;
4. Schaffung von Vorbeugungsmaßregeln gegen umfangreichere Arbeiterentlassungen bei schlechtem Geschäftsgang;
5. Regelung von Streitpunkten zwischen Arbeitern und Arbeitgebern durch Einsetzung einer örtlichen oder Bezirks-Schlichtungskommission in paritätischer Zusammensetzung mit einem unbeteiligten Vorsitzenden;
6. Einsetzung einer in gleicher Weise zusammengesetzten Zentralinstanz zur Durchführung und Überwachung der etwa getroffenen Vereinbarungen zwischen Arbeitgebern und Arbeitern beziehungsweise deren wirtschaftlichen Vereinigungen.

Wenn wir im obigen den Herren Arbeitgebern beziehungsweise deren wirtschaftlichen Vereinigungen Vorschläge zur Regelung bestimmter, das Arbeitsverhältnis betreffender Punkte unterbreiten, so tun wir dies von der Erwägung ausgehend, daß solche Vereinbarungen durch die heutigen Zeitverhältnisse bedingt sind.

Die heutige Zeit legt auch dem Arbeiter höhere Pflichten gegen sich selbst, seine Angehörige und die menschliche Gesellschaft auf, so daß er, will er diesen gerecht werden, notwendigerweise auch auf Sicherstellung seiner Existenz bedacht sein muß. Diese Sicherstellung scheint ihm aber nur gewährleistet, wenn er im Verein mit seinen Berufsgenossen auf wirtschaftlichem Gebiet seine Interessen in der gleichen Weise vertritt, wie es die Mitglieder anderer Gesellschaftsschichten, und nicht zuletzt die Herren Arbeitgeber, auch tun. Dieses Vorgehen der Arbeiter, und im vorliegenden Falle der in der Eisen-, Stahl- und Metallindustrie beschäftigten Arbeiter, hat für sie schon mehrfach Verbesserungen im Arbeitsverhältnis gezeitigt, und es ist schon mehrfach gelungen, in diesem oder jenem Falle mit den organisierten Arbeitgebern auf dem Wege der Vertragsschließung ein Sicherung der Arbeitsverhältnisse zu Nutz und Frommen der Arbeitgeber und Arbeiter zu erreichen. Bedauerlicherweise sind aber eine ganze Anzahl solcher Verträge erst durch harte Kämpfe erreicht worden.

Begründung.

1. Regelung der täglichen Arbeitszeit, der Überzeit-, Sonn- und Feiertags- und Nachtarbeit.

Die fortschreitende Entwicklung der Technik, die weitere Ausdehnung industrieller Anlagen und Verkaufsstätten und die durch sie zum Teil hervorgerufene Entwicklung der Großstädte und Industriezentren zwingt den Arbeiter in immer weiterer Entfernung vom Verkehrsmittelpunkt für Gewerbe und Handel, an der Peripherie der Stadt oder in Vororten zu wohnen und läßt selbst denjenigen, der eine größere Anstrengung infolge der größeren Intensität und Eintönigkeit der Arbeit, wie sie die Vervollkommnung der Technik ebenfalls mit sich bringt, nicht gelten lassen will, das Bestreben der Arbeiter nach Verkürzung der täglichen Arbeitszeit gerechtfertigt erscheinen. Diesem Anerkenntnis ist die in verschiedenen Gegenden und Gewerben Deutschlands erfolgte Verkürzung der täglichen Arbeitszeit und damit zusammenhängend die Regelung der Überzeit- Sonn- und Feiertags- und Nachtarbeit zu verdanken. Kann man aber aus den Verhältnissen heraus eine Berechtigung des Bestrebens der Arbeiter auf Verkürzung der täglichen Arbeitszeit und Regelung der Überzeit-, Sonn- und Feiertags- und Nachtarbeit nicht absprechen, so liegt kein Grund vor, dem Verlangen der Arbeiter auf möglichst gleichmäßige Regelung der Arbeitszeit für alle Betriebe entgegenzutreten, zumal da ja auch Betriebe mit längerer Arbeitszeit und ungeregelter Überzeitarbeit eine Gefahr für die mit verkürzter Arbeitszeit und geregelter Überzeitarbeit insofern bilden, als die ersteren den letzteren gegenüber in weitaus den meisten Fällen eine minderwertige Konkurrenz darstellen.

Wir betrachten also die tägliche Arbeitszeit als eine Materie, die sehr wohl von Arbeitgebern und Arbeitern gemeinsam für ganze Gewerbe einheitlich geregelt werden kann und deren einheitliche Regelung nicht nur im Interesse der Arbeiter, sondern reichlich ebensosehr im Interesse der Arbeitgeber gelegen ist.

Die einheitliche Regelung der Überzeit-, Sonn- und Feiertags- und Nachtarbeit und eine gleichmäßige Bezahlung derselben rechtfertigt sich aus den gleichen Gründen. Eine Verlängerung der täglichen oder wöchentlichen Arbeitszeit über das festgesetzte Maß hinaus bedeutet eine Mehrleistung seitens der davon betroffenen Arbeiter, und gebührt einer Mehrleistung an Arbeit auch ein Mehr an Entschädigung.

[. . .]

Wir unterbreiten den Herren Arbeitgebern hierdurch unsere Vorschläge mit dem höflichen Ersuchen, in eine vorurteilslose Prüfung derselben eintreten und uns baldgefälligst Ihre Ansicht darüber mitteilen zu wollen.

Hochachtungsvoll

Stuttgart, im Juni 1904.

Der Vorstand

des

Deutschen Metallarbeiter-Verbandes.

I. Vorsitzender: Alexander Schlicke

II. Vorsitzender: G. Reichel

Hauptkassierer: Th. Werner

Sekretär: R. Massatsch

Heute gibt's nichts – heut' ist Sonntagsruh'

Der Arbeitstag ist nicht nur übermäßig lang, er besteht auch bis 1891 fast überall in Deutschland noch aus einer 7-Tage-Woche. Die Gewerbeordnung von 1884 enthält nur die Bestimmung, daß die Gewerbetreibenden die Arbeiter zu Arbeiten an Sonn- und Feiertagen nicht verpflichten können, wer aber nicht freiwillig auf Wunsch des Unternehmers seine Sonntagsruhe opferte, wurde entlassen (Dok. 36).

1885 bringt die sozialdemokratische Reichstagsfraktion einen Arbeitsschutzgesetzentwurf in den Reichstag ein. Darin wird der 10-Stunden-Tag für alle, für Jugendliche sogar der 8-Stunden-Tag gefordert. Zwar ist den Sozialdemokraten klar, daß bei Annahme dieses Gesetzentwurfes noch kein Sozialismus erreicht ist, doch wird bei Annahme des Gesetzes die menschliche Arbeitskraft vor übermäßiger Ausbeutung geschützt, zum anderen zeigt sich gerade an der Ablehnung im Reichstag wie verlogen und heuchlerisch die Bismarcksche Sozialpolitik ist.

1891 wird durch die Einführung der Paragraphen 105 a und b in die Reichsgewerbeordnung die Sonntagsarbeit eingeschränkt (Dok. 37). Doch die Einschränkung der Sonntagsarbeit läßt viele Ausnahmeregelungen zu (Dok. 38). Damit ist der Kampf um die Sonnstagsruhe noch nicht zu Ende. Eine Überwachung der Vorschriften durch die Gewerbeaufsichtsbeamten bleibt sehr lückenhaft. Deswegen kontrollieren die Arbeiter selbst die Durchführung dieser Bestimmungen (Dok. 39). Zwischen 1891 und 1940 wird die Sonntagsruhe immer mehr durchgesetzt, zum Teil sogar der frühe Feierabend am Samstag. Dieser Teil der Gewerbeordnung ist bis heute im wesentlichen noch gültig.

August Bebel

„Nur eine physisch und geistig kräftige und mit Energie ausgestattete Arbeiterklasse kann den Kampf für ihre Befreiung aufnehmen."

Bismarck vor dem Reichstag zur Sonntagsruhe

Dokument 36
Die Frage der Sonntagsruhe vor dem Deutschen Reichstage, Reichstagssitzung vom 9. Mai 1885, Nürnberg, S. 22–25

Die Rolle dieses hohen Herrn, dünkt mich, übernehmen die Herren Antragsteller einigermaßen. Wenn, wie ich höre, der Herr Abgeordnete Lieber gesagt hat, ich hätte früher den Vorwurf – ich weiß nicht, wem – gemacht, daß nichts Positives zu Stande gebracht sei, nun sei hier ein Gesetz, und das sei fertig, so muß ich doch diese Bezeichnung der Vorlage als eines wirklichen Gesetzes als eine sehr schmeichelhafte charakterisieren (Heiterkeit),

die die Vorlage nicht verdient. Ich sehe in ihr höchstens den Rahmen zu einem Gesetz; die Ausfüllung dieses Rahmens soll der Bundesrath besorgen (sehr richtig! rechts);

ich sehe darin eine Vollmacht für den Bundesrath seinerseits. Das eigentliche Ingrediens im Gesetze fehlt gänzlich; Sie sind darüber, wie man sagt, mit einem Triller hinweggegangen, mit der Hinweisung auf den Bundesrath: – das Nähere

Otto von Bismarck

bestimmt das Gesetz, heißt es in der Verfassung; hier heißt es: das Nähere bestimmt der Bundesrath. Das ist für den Bundesrath nicht annehmbar, da ist seine Rolle zu nachtheilig dabei. Es sieht so aus, als hätten Sie gewußt, wie der Bundesrath die Sache nachher zu machen habe, und nur der Bundesrath wisse es entweder nicht oder wolle wider besse-

res Wissen dem Arbeiter nicht zur Sonntagsruhe, die jeder ihm ja von Herzen gönnen wird, verhelfen. Die Ausfüllung des Rahmens ist das Wesentliche. Das Gemälde, die Anfertigung deselben überlassen Sie aber theils dem Bundesrath, theils in dringenden Fällen sogar der Ortspolizeibehörde; auf die bürden Sie Ihre legislatorischen Aufgaben ab. (Heiterkeit.)

Es wäre das für die Polizeibehörde, über deren Uebergewicht man so häufig klagt, und auch für die Regierung, für den Bundesrath, wenn sie wirklich so herrschsüchtig wären, wie man glaubt, unter Umständen eine außerordentlich nützliche Pressionsmethode. Zum Beispiel: Sie sind wegen der Unabhängigkeit der Wahlen immer so sehr in Sorge. Wenn nun irgendwo ein fortschrittlicher Fabrikherr nicht nach dem Sinn der Ortspolizeibehörde mit seinen Arbeitern stimmte, so hätte hier die Ortspolizeibehörde eine ganz hübsche Handhabe, dem Herrn die Nachtheile seiner politischen Ueberzeugung begreiflich zu machen; oder der Bundesrath, wenn er findet, daß man seinen Wünschen nicht hinreichend entgegenkommt, könnte unter Umständen eine Pression ausüben, – nicht der jetzige, aber die Personen wechseln, es kann einmal eine andere Schattirung an das Ruder kommen; dann wird man alle die Mittel, die es in der Welt gibt, um auf die Wahlen Einfluß und einen Druck auf die Beamten auszuüben, sehr viel schärfer anwenden, als wir es heute thun. (Heiterkeit links.)

Ludwig Lessen

Sonntagnachmittag

Die Straße schweigt, der Sonntag träumt,
die Sonne kringelt goldnen Schein,
mit einem warmen Glanze säumt
sie rechts und links die Häuserreih'n.
Spätsommertage eilen flink:
schon ist der frühe Abend nah ...
Horch! – aus dem Keller kling-klang-kling
tönt eine Mundharmonika.

Nun wird's lebendig. Fenster auf!
Blondköpfe lugen voll Pläsier ...
Schon strömt's heran in hellem Hauf
aus jeder Mietskasernentür.
Der Mädel weißes Festgewand
lacht nicht mehr einzeln hier und da:
das summt und ist aus Rand und Band.
Das macht die Mundharmonika.

Vorm Keller stehn sie dichtgeschart,
die Hüften wiegen sich im Takt,
schon haben welche sich gepaart
und um die Taille sich gepackt.
Die Straße wird zum Tanzsaal. Hei,
wie flink und flott das nur geschah,
und lauter singt die Melodei
die Keller-Mundharmonika.

Die Straße schweigt nicht mehr, sie klingt,
sie ist ganz Leben, ist ganz Luft,
und eine warme Freude springt
in jede sonst so arme Brust.
Um graue Mietskasernen summt
es froh, obwohl die Nacht bald nah,
und Tanz und Lachen erst verstummt,
wenn schweigt die Mundharmonika.

Dann wird das auch für Sie nützlich sein; für uns Jetzige – wir sind zu schüchtern, um von dergleichen Gebrauch zu machen (große Heiterkeit),

und ich ziehe vor, es gar nicht zu besitzen; denn es könnte ein ungeschickter Gebrauch davon gemacht werden, wie das ja nicht selten vorkommt. Aber darum handelt es sich gar nicht. Ich wollte die Verantwortlichkeit unter Umständen wohl noch übernehmen, wenn die Sache überhaupt lösbar wäre. Die Antragsteller gehen über alle die schwierigen Fragen, die sich aufzwängen, mit einem „Vielleicht" hinweg, mit der Voraussetzung, daß, wenn man sich nur in der Sache etwas mehr anstrengen wollte, man auch ein besseres Resultat in kürzerer Zeit erringen werde.

Die große Frage, die sich einem zuerst aufdrängt: ist dem Arbeiter überhaupt mit dieser zwangsweisen Sonntagsfeier gedient unter polizeilicher Aufsicht? – die könnte durch eine Enquete gelöst werden. Wenn man nun die Arbeiter darüber abstimmen ließe: „wollt ihr, daß euch bei Strafe verboten wird, Sonntags zu arbeiten?" so werden sie die Frage, ob sie ihrerseits bereit sind, 14 Prozent ihres Jahreslohnes zu verlieren, ganz bestimmt verneinen, in denjenigen Betrieben, in denen bisher nach dem Zwange der Natur des Geschäfts die Sonntagsarbeit bedauerlicherweise stattfindet.

Sie haben hier schon in der Vorlage selbst eine Anzahl solcher Betriebe angeführt, in denen es nicht möglich ist, an einem einzelnen Tage die Arbeit zu unterbrechen. Es gibt ja deren noch unzählige andere, und zwar unter den allergewöhnlichsten Betrieben. Nehmen Sie z. B. Brennereien und Brauereien. Wenn am Sonntage nicht gemaischt werden darf, hat das Vieh am Mittwoch nichts zu fressen; wenn am Sonntag nicht gebrannt werden darf, kann am Donnerstag nicht gemaischt werden, und kann am Sonntag das Vieh auch nicht fressen. Das ist also schon eine nothwendige Ausnahme, die für viele Betriebe zutrifft. Es gibt aber noch andere chemische und sonstige Verarbeitungsprozesse, bei denen das Erkalten der Feuer, das Austrocknen oder Säuern der Unterlagen des Betriebs nothwendig eintritt, sobald einen Tag pausirt wird, die sich nicht am Sonnabend abschließen und am Montag wieder neu beginnen lassen. Kurz, das Feld der Ausnahmen, die da gemacht werden können, ist unbegrenzt.

Aber überall da, wo eine solche Ausnahme nicht eintritt, wird zunächst für mich die dringlichste Frage die sein, ob der Arbeiter bereit ist, 14 Prozent seines Lohnes zu entbehren. Sie nehmen an, daß der Unternehmer diese 14 Prozent an Sonntagslohn, vielleicht in einer Vertheilung von je 1/6 auf die übrigen Wochentage zahlen kann, so daß also eine Lohnsteigerung eintreten muß, um den Arbeiter für das ausfallende Siebentel seines Lohnes zu entschädigen. Meine Herren, sind Sie ganz sicher, daß der Unternehmer dem Arbeiter gegenüber diesen Wechsel einlösen kann, daß der Arbeiter wirklich seinen Lohn nicht verlieren wird? Ich bin nicht ganz gewiß, daß das eintreten wird; ich fürchte, daß der knappe Lohn des Arbeiters auf diese Weise, wenn auch nicht um ein Sechstel, so doch vielleicht um ein Zehntel benagt werden wird, und daß er den Verlust in irgend einer Weise wird theilen müssen. Wenn derselbe wirklich 14 Prozent direkt beträgt, so sind das bei einem Jahreslohn – ich will es sehr niedrig nehmen: 600 Mark, 200 Thaler – immer 72 Mark; auf den Monat 6 Mark. Würden Sie bereit sein, dem Arbeiter einen solchen Abzug mit seiner Zustimmung aufzulegen? Ich glaube kaum. Aber jedenfalls wider seine Zustimmung halte ich es für ein gewaltthätiges Experiment, ihn auf einen unbestimmten Kampf mit seinem Arbeitgeber anzuweisen, ob er das Siebentel verloren gehenden Lohnes sich wieder erorbern kann oder nicht.

Es scheint mir das Verfahren, daß von den Herren Antragstellern eingeschlagen wird, und das sie legislatorisch nennen, ein rein empirisches zu sein; sie schieben den Regierungen die Verantwortung dafür zu, wie der Versuch der Empirie ausfallen wird. Zeigt sich, daß es nicht geht, dann heißt es von den Antragstellern: ja, wir haben den besten Willen gehabt, den Arbeitern zu helfen, wir verstehen die Sachen so genau nicht. Aber wenn die Regierung so etwas unterschreibt, so muß sie wissen, was sie thut. Es wäre Ihnen vielleicht ebenso lieb, wenn die Regierung nichts thut, sondern Halt macht in dem Stadium, wo Sie an das Thor der Regierung pochen mit einer Forderung für die Arbeiter, die sehr befriedigend klingt, wenn die Regierung die Achsel zuckt und sagt: wir bedauern – wir übersehen nicht, wohin das führen kann. Schneidet die Sache da ab, dann stehen Sie glänzend da, dann sind Sie, was man sagt, schön raus (Heiterkeit)

gegenüber der Regierung und können den Arbeitern sagen: hier ist das Gesetz – wie es der Herr Abgeordnete Lieber nennt –, das könnte helfen, wenn die Regierung unterschrieben hätte, aber die Regierung hat kein Herz für den Arbeiter, die kümmert sich um den Arbeiter nicht, wir thun, was wir können, aber die Regierungen folgen uns auf dem Wege nicht.

Meine Herren, wir können ja nicht hindern, daß Sie Ihrerseits die Attitüde annehmen, als ob das so wäre, aber Sie können sich nicht wundern, wenn die Regierungen und ich in ihrem Namen uns etwas dagegen wehren, auf diese Weise an die Wand gemalt zu werden, als ob wir etwas leicht mögliches hinderten. Ich bestreite, daß es leicht möglich ist und so ohne weiteres in's Werk gesetzt werden könnte.

Wenn die Industrie wirklich den ganzen Ausfall übernehmen würde, was sie, bin ich überzeugt, nicht wird thun wollen, – aber wenn sie es thäte, so wäre mir doch fraglich, ob sie bei einem Siebentel Abzug exportfähig bliebe. – Ja, meine Herren, nehmen Sie eine Industrie, die einen Umsatz von 70 000 Mark oder von 700 000 Mark hat – ich bleibe bei der Ziffer stehen, des leichten Divisors wegen –; wenn Sie der einen Ausfall von 10 000 Mark jährlich zumuthen, der anderen einen von 100 000 Mark, sind Sie sicher, daß sie dann in demselben Maße exportfähig bleibt? Es müßte eine schön rentirende Sache sein, die einen solchen Ausfall ohne weiteres tragen kann! Hört die Industrie, um die es sich handelt, auf, exportfähig zu sein, ja dann ist der Arbeiter wiederum der Gestrafte – schließlich heißt es: plectuntur Achivi –; die Industrie, die geschädigt wird, stellt entweder ihren Betrieb ein, und eine Menge Leute muß sieben Sonntage in der Woche machen, oder die Industrie geht ganz ein; in manchen Fällen wird dies geschehen, und der Arbeiter weiß dann nicht, an wen er sich halten soll dafür, daß er brotlos geworden ist, und daß die Industrie, von der er lebte, eingegangen ist.

Ich habe hier eine sehr schöne und tröstliche Redensart über die höheren Güter, die man nicht aufs Spiel setzen müsse um gemeinen Gewinns willen, – in dem Kommissionsbericht gefunden. Es heißt da:

Endlich sei zu erwägen, daß bei Einhaltung wöchentlicher Arbeitspausen in den häufigsten Fällen die von ausgeruhten Leuten hergestellten Arbeitsprodukte qualitativ, ja sogar zuweilen quantitativ gewönnen.

Woraus wollen Sie das schließen, meine Herren? Die Leute arbeiten so viel, wie sie können und mögen, nach ihren Kräften. Wenn Sie nun am Sonntag ausgeruht haben werden, so sind sie am Montag gewiß arbeitsfähiger. Wenn sie aber den Sonntag ihren Vergnügungen gewidmet haben, dann wird der Montag blau (Heiterkeit),

und am Montag ist die Arbeitskraft noch geringer. Darüber können Sie den Leuten keinen Zwang auferlegen, wie sie den Sonntag zubringen sollen.

Weiter sagt der Bericht:

Auch könnten materielle Verluste nicht in Frage kommen, wenn es sich um die höchsten Güter eines Volkes, seine geistige und körperliche Gesundheit, handle.

Ja, wenn aber dabei die Mittel zum Leben verloren gehen und geringer werden, und der Arbeitslohn ausfällt, was helfen dem Volke dann die höchsten Güter, wenn es Hunger leiden muß? (Hört! hört! links.)

Meine Herren, ich will dafür die Verantwortung nicht übernehmen, so etwas ohne weite-

Die Oberstkommandirenden von Hamburg.

Blohm: Lat dat Pack nich dörch, Voss, – wie sünd Herren in uns Hus!
Voss: Ja woll, Blohm, dat sünd wi!,
aus: „Der Wahre Jacob"

Das letzte Angebot.
„Das vereinigte hurra, hurra, hurra!",
aus: „Der Wahre Jacob"

Detlev von Liliencron

Samstagabend

Kaum, kaum noch im zerfließenden Duft,
Wo die Hügel verdämmern, die Landschaft, die Luft,
Ragt der Schornstein einer Fabrik.
Weißer Qualm zieht, zerteilt sich, verschwindet
Und hört plötzlich auf.
Die Woche hat eben geendet.

Im schmutzigen, staubigen Ehrenkleid
Entströmt, von der Tages Fron befreit,
Der Arbeiterschwarm der Fabrik.
Wenn Schnaps dann und wüstes Wort sich bindet,
Geht der Lohn rasch drauf,
Und der Sonntag ist morgen geschändet.

Nein, nein und nein! Auch vom Himmel ein Stück:
Offner Frauenarm, Kinderjubel, häusliches Glück,
Naht der Vater aus der Fabrik.
Wo sich am Herde die Liebe findet,
Hat des Ruhtags Verlauf
Viel künftige Kraft gespendet.

res, wie es heute liegt, dicht vor Schluß des Reichstags, wo ein Hin- und Herverhandeln zwischen den beiden gesetzgeberischen Körperschaften so gut wie ausgeschlossen ist, in die Welt zu schicken. Der Sache näher zu treten durch Enquete, durch Ermittelung, dafür bin ich sehr dankbar; Sie scheinen offenbar vorauszusetzen, daß die Regierung über das, was zu thun ist, um diese Zirkelquadratur zu erreichen, gelehrter und informirter sei, mehr wisse als Sie selbst. Darin irren Sie sich. Wir wissen das auch nicht besser als Sie. Wenn Sie es gewußt hätten, so hätten Sie die Unterscheidung selbst gemacht und hätten den Rahmen, den Sie dem Bundesrath hingeworfen haben, selbst ausgefüllt. Aber Sie überschätzen uns in unserem Wissen. Wir bedürfen auch der Belehrung darüber und sind bereit, auf die Enquete einzugehen. Dann ist der Arbeitgeber sowohl, wie namentlich die Arbeiter zu hören – deren Stimme ist mir bei weitem am wichtigsten –, ob die diesen Zwang wollen, ob ihnen damit gedient ist, und ob etwas mehr erreicht wird als ein neues Agitationsmittel allen denjenigen Arbeitern gegenüber, die am Sonntag, anstatt bei Musik und schönem Wetter im Freien zu sein, genöthigt sind, hinter den dumpfen und feuchten Fabrikmauern zu arbeiten. Ein beklagenswerthes Schicksal! Aber gar keine Arbeit zu haben, erschüttert zu sein in der Unterlage der Existenz, dem Hunger möglicherweise gegenübergestellt zu werden, um ein Sonntagsvergnügen erreichen zu können, – dazu, meine Herren, werden die verbündeten Regierungen wenigstens nicht die Hand bieten, ehe sie nicht besser als jetzt informirt sind – möge die Enquete gründlich sein – und ehe sie nicht namentlich die Stimmung der Arbeiter in den weitesten Kreisen über dieses Gesetz sondirt haben werden.

Gewerbeordnung: Arbeiten an Sonn- und Feiertagen

Dokument 37
Reichs-Gesetzblatt, Nr. 18 vom 1. Juni 1891

I. Allgemeine Verhältnisse.

§. 105.

Die Festsetzung der Verhältnisse zwischen den selbständigen Gewerbetreibenden und den gewerblichen Arbeitern ist, vorbehaltlich der durch Reichsgesetz begründeten Beschränkungen, Gegenstand freier Uebereinkunft.

§. 105 a.

Zum Arbeiten an Sonn- und Festtagen können die Gewerbetreibenden die Arbeiter nicht verpflichten. Arbeiten, welche nach den Bestimmungen dieses Gesetzes auch an Sonn- und Festtagen vorgenommen werden dürfen, fallen unter die vorstehende Bestimmung nicht.

Welche Tage als Festtage gelten, bestimmen unter Berücksichtigung der örtlichen und konfessionellen Verhältnisse die Landesregierungen.

§. 105 b.

Im Betriebe von Bergwerken, Salinen, Aufbereitungsanstalten, Brüchen und Gruben, von Hüttenwerken, Fabriken und Werkstätten, von Zimmerplätzen und anderen Bauhöfen, von Werften und Ziegeleien, sowie bei Bauten aller Art dürfen Arbeiter an Sonn- und Festtagen nicht beschäftigt werden. Die den Arbeitern zu gewährende Ruhe hat mindestens für jeden Sonn- und Festtag vierundzwanzig, für zwei aufeinander folgende Sonn- und Festtage sechsunddreißig, für das Weihnachts-, Oster- und Pfingstfest achtundvierzig Stunden zu dauern. Die Ruhezeit ist von zwölf Uhr Nachts zu rechnen und muß bei zwei aufeinander folgenden Sonn- und Festtagen bis sechs Uhr Abends des zweiten Tages dauern. In Betrieben mit regelmäßiger Tag- und Nachtschicht kann die Ruhezeit frühestens um sechs Uhr Abends des vorhergehenden Werktages, spätestens um sechs Uhr Morgens des Sonn- oder Festtages beginnen, wenn für die auf den Beginn der Ruhezeit folgenden vierundzwanzig Stunden der Betrieb ruht.

Im Handelsgewerbe dürfen Gehülfen, Lehrlinge und Arbeiter am ersten Weihnachts-, Oster- und Pfingsttage überhaupt nicht, im Uebrigen an Sonn- und Festtagen nicht länger als fünf Stunden beschäftigt werden. Durch statutarische Bestimmung einer Gemeinde oder eines weiteren Kommunalverbandes (§ 142) kann diese Beschäftigung für alle oder einzelne Zweige des Handelsgewerbes auf kürzere Zeit eingeschränkt oder ganz untersagt werden. Für die letzten vier Wochen vor Weihnachten, sowie für einzelne Sonn- und Festtage, an welchen örtliche Verhältnisse einen erweiterten Geschäftsverkehr erforderlich machen, kann die Polizeibehörde eine Vermehrung der Stunden, während welcher die Beschäftigung stattfinden darf, bis auf zehn Stunden zulassen. Die Stunden, während welcher die Beschäftigung stattfinden darf, werden unter Berücksichtigung der für den öffentlichen Gottesdienst bestimmten Zeit, sofern die Beschäftigungszeit durch statutarische Bestimmungen eingeschränkt worden ist, durch letztere, im Uebrigen von der Polizeibehörde festgestellt. Die Feststellung kann für verschiedene Zweige des Handelsgewerbes verschieden erfolgen.

Die Sonntagsruhe wird durchlöchert

Dokument 38
Sonntagsruhe, in: Handbuch für Sozialdemokratische Wähler. Der Reichstag 1893–1898, Berlin 1898, S. 123–125 (Auszug).

Dieser Trost ging in Erfüllung: die Verwaltungsbehörden haben „gemildert" so viel sie nur konnten! Am 1. April 1892 trat die Sonntagsruhe im Handelsgewerbe in Kraft, erst am 1. Januar 1895 die Sonntagsruhe in der Industrie. Und die industriellen Unternehmer erhielten nicht nur diese lange „Schonzeit" zur unumschränkten Ausbeutung, es wurden auch außerordentlich viel Ausnahmen zugelassen.
Die Sonntagsarbeit ist gestattet: nach § 105 c, 1. stets in Notfällen oder im öffentlichen Interesse, 2. einmal jährlich für Inventuren, stets für die Bewachung der Betriebe, 3. zur Reinigung und Instandhaltung, die der regelmäßige Betrieb bedingt, sowie auf Arbeiten, von denen die Wiederaufnahme des vollen werkthätigen Betriebes abhängig ist, sofern nicht diese Arbeiten an Werktagen vorgenommen werden können, 4. zur Verhütung des Verderbens von Rohstoffen oder des Mißlingens von Arbeitserzeugnissen und 5. auf die Beaufsichtigung der Sonntagsarbeit. Wenn die Arbeiten 3) und 4) länger als 3 Stunden dauern, oder die Arbeiter am Besuche des Gottesdienstes hindern, müssen die Arbeiter

an jedem dritten Sonntage volle 36 Stunden, oder an jedem zweiten mindestens 12 Stunden (von 6 Uhr Morgens bis 6 Uhr Abends) von der Arbeit frei sein. Die untere Verwaltungsbehörde kann die letztere Vorschrift aufheben, wenn dafür eine 24stündige Ruhezeit an einem Wochentage gewährt wird. Die Gewerbetreibenden haben ein Verzeichniß anzulegen, in dem die Zahl der Arbeiter, Dauer und Art der Beschäftigung angegeben sind; es ist auf Verlangen der Ortspolizeibehörde und dem Gewerbeaufsichtsbeamten vorzulegen.

§ 105 d: für ununterbrechbare und Saisonbetriebe kann der Bundesrath Ausnahmen zulassen.

§ 105 e: für Sonn- und Festtagsgewerbe, sowie für Betriebe, welche mit Wind oder unregelmäßiger Wasserkraft arbeiten, kann die höhere Verwaltungsbehörde Ausnahmen zulassen.

§ 105 f: zur Verhütung eines unverhältnißmäßigen Schadens kann die untere Verwaltungsbehörde Ausnahmen zulassen.

Diese vielfache Durchlöcherung der Sonntagsruhe hat es erstens zu Wege gebracht, daß dieselbe auch in nicht erlaubten Fällen übertreten wird, weil sich selbst diejenigen Beamten, die den besten Willen dazu haben, nicht in dem Wirrwarr der Bestimmungen zurecht finden. Die amtlichen Berichte der Gewerbeaufsichtsbeamten melden aber auch Jahr für Jahr, daß gar viele Ortspolizeibehörden, also untere Verwaltungsbehörden, diesen Willen entweder gar nicht besaßen oder so dumm und ununterrichtet waren, daß sie die Vorschriften falsch anwendeten, und zwar war (merkwürdiger Weise!) diese Unwissenheit meist zu Gunsten der Unternehmer vorhanden!! Dazu kommt die ganz mangelhafte Ueberwachung dieser wie aller andern Arbeiterschutzbestimmungen durch die Polizeibeamten (vergleiche auch: Gewerbeaufsicht), so daß nur der geringste Theil der Uebertretungen zur Kenntniß der Behörden kommt, ferner die „milde" Auffassung der Verstöße durch die Gerichte und die Unmöglichkeit für den Aufsichtsbeamten, die Richtigkeit des Verzeichnisses zu prüfen, so daß hier wie bei allen andern Schutzvorschriften verständige Gewerbeaufsichtsbeamte in ihren Berichten erklären: Durch uns allein ist die Ueberwachung nicht möglich, die Mitwirkung der Arbeiter ist nöthig. Daß aber dann solche Arbeiter von Unternehmer entlassen werden, melden sie gleichfalls!

Handelsgehilfen und Hausdiener zur Sonntagsruhe

Dokument 39
Aus der Geschichte der Handels-, Transport- und Verkehrs-Arbeiterbewegung, S. 240–242, 224, 225, 315, 316.

In dem Streben nach etwas kürzerer Arbeitszeit am Sonntag würde heute kein vernünftiger Mensch mehr eine politische Betätigung, geschweige denn eine staatsstürzende politische Arbeit sehen, aber damals unter dem Sozialistengesetz und seinem allmächtigen Vater, dem Sonntagsruhefeind Bismarck, war es eben anders. Die Zeit drückte auch der harmlosen sozialpolitischen Tätigkeit für die Verkürzung der Arbeitszeit am Sonntag ihren bezeichnenden Stempel auf. Die ersten sozialpolitischen Regungen in den Berufsvereinen kennen wir nur aus der Tradition, weil ein Fachblatt in jener Zeit nicht vorhanden war. Die Mitte der achtziger Jahre des vergangenen Jahrhunderts schon in der Bewegung tätigen Kollegen berichten uns, daß die Frage der Sonntagsruhe manche Versammlung damaliger Zeit beschäftigt hat. In der Nummer 9 der „Einigkeit" vom 29. Dezember 1889 finden wir sodann den ersten Propaganda-Artikel für die Abschaffung der Sonntagsarbeit. Der Verfasser berief sich bezeichnenderweise gleich eingangs des Artikels auf das „göttliche" Gebot: „Du sollst den Sonntag heiligen." Es wird auf die Juden hingewiesen, die ihre Sabbathfeier streng begehen. Ferner wird dargetan, daß infolge der langen Arbeitszeit an Wochentagen, „oft von 6 Uhr morgens bis 12 Uhr nachts" eine ausgiebige Ruhepause am Sonntag für die Handelsarbeiter besonders dringend ist. „Die Sonntagsruhe ist in der Tat nicht nur ein Wunsch der Beteiligten, sondern sie ist eine zwingende Notwendigkeit", heißt es da. Eine wie bescheidene Stellung man aber zu dieser „zwingenden Notwendigkeit" einnahm, geht aus dem Satze einer dem Artikel später folgenden Notiz hervor, in der gesagt wird: „Eine Frage von großer Wichtigkeit wird nächstens die Oeffentlichkeit beschäftigen. Handelt es sich doch darum, den Schluß der Geschäfte an Sonn- und Feiertagen von mittags 12 Uhr an zu bewirken." Die gesamte Arbeiterschaft sollte durch Anwendung des Boykotts helfen, diese kleine Forderung in die Wirklichkeit umzusetzen. Es wurde, gemeinsam mit der Vereinigung der Handlungsgehilfen, eine Massenversammlung arrangiert, die, nach den entsprechenden Referaten, diese Resolution zum Beschluß erhob:

Postkarte, 1910

„Die heute im Buggenhagenschen Saale tagende Versammlung aller kaufmännischen Angestellten fordert, ungeachtet ihrer prinzipiellen Ansicht, daß nur von Gesetzeswegen eine allgemeine, obligatorische und sich auf den ganzen Tag ausdehnende Sonntagsruhe erreicht werden kann, vorläufig im Interesse des Personals den Schluß von Verkaufsstellen aller Art an Sonn- und Feiertagen von Mittags 12 Uhr ab. Zur Durchführung dieser Forderung werden sich die kaufmännischen Angestellten – Gehilfen und Hausdiener – nach den Wahlen an die Bevölkerung, vor allem an das werktätige Volk Berlins wenden."

Tatsächlich wurde gleich nach den Wahlen von den Interessenten eine Volksversammlung einberufen mit der Tagesordnung: „Die Bevölkerung Berlins und die Sonntagsruhe der in kaufmännischen Geschäften Angestellten". Das war aber der Polizei schon zu viel des Umsturzes, sie begann bremsend einzugreifen. Den unmittelbaren Anlaß dazu gaben folgende Ausführungen des Referenten: „Gern würden wir die absolute Sonntagsruhe fordern, wäre sie unter den heutigen Verhältnissen durchführbar. Bei der heutigen Art der Lohnzahlung am Sonnabend ist die Arbeiterfrau gezwungen, am Sonntag vormittag einzukaufen, sie hat am Sonnabend keine Zeit mehr dazu. Dem tragen wir Rechnung, indem wir den Schluß der Geschäfte erst um 12 Uhr mittags fordern. Dafür können die Arbeiter eintreten. Kaufen die Arbeiter trotzdem in Geschäften, die gemieden werden sollen, verläuft die Bewegung im Sande, dann haben nicht die kaufmännischen Angestellten, sondern die Arbeiter eine Niederlage erlitten. Deshalb mögen die Arbeiter das ihrige tun; sie mögen ihre Kollegen in den Fabriken aufklären, daß sie die Verpflichtung haben, für die Angestellten, für die weißen Sklaven, einzutreten." Bei diesen Worten erhob sich der überwachende Beamte und löste die Versammlung auf Grund des § 9 des Sozialistengesetzes auf.

Zur gleichen Zeit wurde in öffentlichen Berufsversammlungen für die Einführung von Gewerbeschiedsgerichten agi-

Dienstbote, 1911

tiert. In einer dieser hob der Referent besonders hervor, daß man auf seiten der Juristen noch immer nicht wisse, ob man die 35 000 Berliner Hausdiener zu den gewerblichen Arbeitern, oder einfach zum Gesinde rechnen soll. In der Nr. 10 der „Einigkeit" vom Jahre 1890 finden wir bereits den Erfolg dieser Agitation in Form der Veröffentlichung eines „Entwurfs des Ortsstatuts für die Stadt Berlin betreffend das gewerbliche Schiedsgericht und Einigungsamt", dem Embryo unseres heutigen Gewerbegerichts.

Unsere Kollegen verspürten die damals übliche Rechtsprechung in Gewerbestreitigkeiten vor den Amtsgerichten und ihre Begleiterscheinungen, als ein Mittel der herrschenden Klassen, den Arbeitern kein, oder nur minderes Recht werden zu lassen. Die Klage vor dem Amtsgericht war mit zumeist für den Arbeiter unerschwinglichen Kosten verbunden, außerdem das Verfahren ein äußerst langsames; dem beklagten Arbeitgeber war es leicht, durch seinen Rechtsanwalt einen Erfolg gegen den klagenden rechtsun- oder minderkundigen Arbeiter zu erzielen. Die Gewerbegerichte stellen daher eine Errungenschaft der Arbeiterorganisation dar, erst auf der letzteren Drängen hin wurden sie zur lebenden Tatsache.

Für die Beschränkung der Sonntagsarbeit kämpften wohl die Handelshilfsarbeiter und Handlungsgehilfen gemeinsam, ohne aber einer Meinung darüber zu sein. Die in der „Freien Vereinigung" organisierten Handlungsgehilfen traten für den Schluß der Geschäfte an Sonn- und Feiertagen um 12 Uhr mittags ein, „weil die Kaufleute bei völliger Sonntagsruhe zu große Verluste erlitten." Die Hausdiener waren aber der Meinung, genau wie allen anderen Arbeitern gehöre auch den Angestellten im Handelsgewerbe ein vollständig freier Sonntag. Die Polemik in dieser Streitfrage fand auch in der Presse ihren Ausdruck; es heißt diesbezüglich in einem Artikel der „Einigkeit" vom 5. April 1890:

„Wir, die Hausdiener, haben ja nicht die Bildung genossen, wie die Herren Handlungsgehilfen, und daran wird es auch wohl liegen, daß wir aus dem Programm der Arbeiterbewegung noch nicht herausgelesen haben, daß, wenn alle industriellen Arbeiter danach streben, einen ganzen Ruhetag zu haben, die Angestellten in kaufmännischen Geschäften sich mit einem solchen von mittags 12 Uhr an begnügen sollen. Insofern stehen wir also mit den Handlungsgehilfen nicht auf dem Boden der modernen Arbeiterbewegung.

Um jedoch nicht falsch verstanden zu werden, möchten wir unseren Standpunkt noch einmal klarlegen. Als im Jahre 1889 die Aufforderung zur Beschickung des internationalen Arbeiterkongresses erfolgte, waren wir ziemlich die ersten mit, welche dazu Stellung nahmen und auch durch unsere Agitation in die glückliche Lage kamen, einen Vertreter unserer Interessen nach Paris zu schicken. Dieser war beauftragt, im Sinne des aufgestellten Programms uns dort zu vertreten. Aus diesem Grunde können und wollen wir nicht für eine Sonntagsruhe von mittags 12 Uhr an eintreten; hieße es doch dann, die gefaßten Beschlüsse nicht anerkennen, nicht halten zu wollen. Sollten also die Handlungsgehilfen gewillt sein, auf ihrer veralteten Forderung zu beharren, so ist es unserer Meinung nach das beste, wir marschieren getrennt. Wir sind uns gewiß, daß der Sieg unser sein wird."

Unsere Berufskollegen sprangen also anfangs der neunziger Jahre nicht sehr höflich mit ihren Kampfesgenossen um, aber dies ihr Verhalten zeigt erfreulicherweise doch schon die größere Weitsicht und Konsequenz.

Dann beschäftigte sich wieder eine öffentliche Hausdienerversammlung mit der Forderung auf Einführung der Sonntagsruhe. In dem daselbst gehaltenen Referat wurde betont, daß die Sonntagsruhe durch freie Vereinbarung nicht zu erreichen ist; hätten doch die meisten Kaufleute die unter ihnen zirkulierenden Listen für freiwilligen Sonntagsgeschäftsschluß nicht unterzeichnet. Diese Ueberzeugung drückte sich auch in der beschlossenen Resolution dieser Versammlung aus, die besagt:

„Die am 25. April 1890 in Feuersteins Salon tagende große öffentliche Versammlung der Hausdiener Berlins beschließt:

1. in Anbetracht des Umstandes, daß die Sonntagsarbeit der in kaufmännischen Geschäften angestellten Hausdiener eine Ausdehnung angenommen hat, die der Arbeitszeit anderer Lohnarbeiter an Wochentagen gleichkommt.

2. Es dem Hausdiener, welcher bei einer täglich 13 bis 16, resp. 18stündigen Arbeitszeit, ohne geregelte Essenspausen, einen Durchschnittslohn von 16 Mk. pro Woche bezieht, geradezu eine Lebensbedingung ist, einen mindestens 36 Stunden hintereinander dauernden Ruhetag zu haben.

3. Da dieser Ruhetag aber nur durch Reichsgesetz herbeigeführt werden kann, beauftragt die Versammlung das heutige Bureau, an den deutschen Reichstag eine Petition auszuarbeiten und dieselbe einer öffentlichen Versammlung aller Hausdiener Berlins zu unterbreiten."

Im Parteiorgan und in der „Einigkeit" erschien bald darauf ein Aufruf folgenden Inhalts:

Aufruf!
„In vielen Versammlungen ist der Beschluß gefaßt worden, vom 4. Mai an, nur in denjenigen Geschäften zu kaufen, deren Inhaber ihre Lokalitäten Sonntags um 12 Uhr mittags schließen. Die unterzeichnete Kommission richtet an die gesamte Bevölkerung die Bitte, diesen Beschluß tatkräftigst zu unterstützen. Trotzdem die Verkäuferinnen, Handlungsgehilfen und Hausdiener tagaus, tagein beschäftigt sind, haben sie nicht einmal einen halben Tag in der Woche Zeit, sich zu erholen, zu kräftigen, um neugestärkt an die Arbeit zu gehen. Und doch ist es leicht, auch für diese Arbeiter die Sonntagsruhe herbeizuführen. Wenn alle ihre Einkäufe an den Wochentagen und am Sonntag nur im Laufe des Vormittags besorgen, fällt für die Geschäftsinhaber jeder Grund fort, die Geschäfte am Sonntag nachmittag offen zu halten.

Darum fordern wir alle human denkenden Berliner auf, unsere Bitte zu erfüllen und rufen allen Prinzipalen zu, den Geboten der Gerechtigkeit zu willfahren.

Die Agitationskommission für Schließung der Geschäfte an Sonntagen."

Inzwischen wurde der, an anderer Stelle bereits erwähnte erste Kongreß aller nichtgewerblichen, richtiger, nicht gelernten Arbeiter, nach Hannover einberufen und hatten die Berliner Handelsarbeiter beschlossen, dorthin Delegierte zu entsenden.

Die sozialpolitische Tätigkeit dieser Zusammenkunft war eine sehr magere. Es wurde ein Referat über Sonntags- und Ueberstundenarbeit gehalten und nach sehr kurzer Diskussion folgende Resolution zum Beschluß erhoben:

„Zu Erwägung, daß die Sonntags- und Ueberstundenarbeit in letzterer Zeit immer mehr an Ausdehnung zugenommen hat und dadurch die physischen Kräfte der Arbeiter vor der Zeit aufreibt, sowie die große Reservearmee der Arbeitslosen stets vermehrt, beschließt der Kongreß, die Sonntags- und Ueberstundenarbeit allerorts zu bekämpfen und von der Gesetzgebung den Maximalarbeitstag und unbedingtes Verbot der Sonntagsarbeit zu fordern."

Diese Resolution wurde dem deutschen Reichstag übermittelt.

„Der unterzeichnete Vorstand rechnet mit Bestimmtheit auf die Erwägung und Gewährung dieses wiederholt ausgedrückten Verlangens, umsomehr als derselbe in diesem Falle nicht nur im Namen der Mitglieder des Verbandes, sondern unter Berufung auf die zahlreichen, stattgehabten öffentlichen Versammlungen der ungefähr 30 000 in Berlin beschäftigten Hausdiener, welche alle und ohne jede Ausnahme demselben Verlangen Ausdruck geben, einem Vorgehen, welchem sich auch alle im Handelsgewerbe Angestellten angeschlossen haben, – sprechen darf! – Die gesetzlichen Bestimmungen über die Sonntagsruhe im Handelsgewerbe, wie solche am 1. Juli d. J. in Kraft treten, halten die Unterzeichneten, in Ermangelung eines, wie im Gesetze ausdrücklich vorgesehenen resp. zugelassenen Ortsstatut, welches eine weitere Einschränkung resp. gänzliches Verbot der Arbeiten an Sonn- und Feiertagen im Handelsgewerbe ausspricht, nicht für geeignet, dem berechtigten Verlangen auf Beseitigung resp. Verkürzung der Sonntagsarbeit im Handeslgewerbe gerecht zu werden.

Die Unterzeichneten ersuchen die Stadtverordneten Berlins, im Interesse der Menschlichkeit mit dem Magistrat ein Ortsstatut zu erlassen, in welchem das in der Resolution ausgesprochene Verlangen erfüllt wird. Während ein Verbot der Sonntagsarbeit dem Handelsgewerbe durchaus gar keinen, oder doch höchstens in Einzelfällen einen gar nicht nennenswerten Nachteil bringen würde, erhoffen die Unterzeichneten – und sind davon überzeugt – daß ein solches Verbot für die großen Kreise der Angestellten im allgemeinen und unserer Berufsgenossen im besonderen gar nicht hoch genug zu veranschlagende Vorteile in jeder Beziehung bringen muß, eine Ueberzeugung, die auch von einem großen Teile einsichtiger Kaufleute und Unternehmer geteilt und praktisch ausgeführt wird. Während auch nach dem 1. Juli dem Hausdiener, der oft stundenweise Wege zu seiner Arbeitsstelle zu laufen hat, wenn nicht direkt (im Geschäftslokal), dann doch durch Uebertragen von Gängen usw. (rein nebensächlichen Arbeiten, die am Sonntag gemacht werden, weil in der Woche angeblich wichtigeres zu tun ist) vor allem durch die Unsitte, die in den Vormittagsstunden postmäßig verpackten Waren um 5 Uhr nachmittags zur Post zu bringen, die Möglichkeit genommen ist, einen Ruhetag zur Pflege des Körpers und Geistes gewährleistet zu sehen, würde der Erlaß eines Ortsstatuts, in welchem die Sonntagsarbeit in Fabrik-, Engros- und Bankgeschäften, sowie in Kellereien und Detail-Geschäften, welche nicht Lebensmittel feilhalten, gänzlich verboten und die Beschäftigung der Angestellten unter Strafe gestellt, den Detail-Geschäften mit Lebensmittel aber bis auf weiteres eine dreistündige Arbeitszeit, welche um 10 Uhr früh beendet sein müßte, vorgeschrieben würde, nachdem er an den Wochentagen eine Ar-

Dienstbote, 1911

Jugendlicher Hausdiener auf dem Dreirad, 1911

beitszeit von 12–17 Stunden, erschwert durch den Umstand, daß von einer geregelten Essenszeit oder Ruhepause nur in den seltensten Fällen geredet werden kann – geleistet, geeignet sein, dem nur billigen und gerechtfertigten Verlangen, in der Woche wenigstens an einem Tage der Erholung, der Familie und der Fortbildung leben zu können – gerecht zu werden.

Indem wir der Stadtverordneten Versammlung obiges Verlangen unterbreiten und uns im übrigen auf die von uns schon wiederholt in dieser Angelegenheit eingesandten Zuschriften berufen, zeichnen

Mit vorzüglicher Hochachtung
Der Vorstand.
Verband der Geschäftsdiener, Packer und Berufsgenossen."

Im Berliner Roten Hause hatte man auch für diese Eingabe nur taube Ohren.

Die Hoffnung unserer Kollegen hat sich bis heute noch nicht verwirklicht; der Stadtfreisinn denkt gar nicht daran, diesen berechtigten Arbeiterwunsch in absehbarer Zeit in Erfüllung gehen zu lassen.

Inzwischen war die dem Reichstage seitens der Regierung vorgelegte Novelle zur Gewerbeordnung Gesetz geworden und am 1. Juli 1892 die heute noch geltende Sonntagsruheregelung als Novelle zur Gewerbeordnung in Kraft getreten. Wir zitieren hier die für die Sonntagsruhe im Handelsgewerbe in Betracht kommenden Paragraphen der bezüglichen Gewerbeordnungs-Ergänzung:

§ 105 b.
„Im Handelsgewerbe dürfen Gehilfen, Lehrlinge und Arbeiter am ersten Weihnachts-, Oster- und Pfingsttage überhaupt nicht, im übrigen an Sonn- und Festtagen nicht länger als 5 Stunden beschäftigt werden.

Durch statutarische Bestimmung einer Gemeinde oder eines weiteren Kommunalverbandes (§ 142) kann diese Beschäftigung für alle oder einzelne Zweige des Handelsgewerbes auf kürzere Zeit eingeschränkt oder ganz untersagt werden. Für die letzten vier Wochen vor Weihnachten sowie für einzelne Sonn- und Festtage, an welchen örtliche Verhältnisse einen erweiterten Geschäftsverkehr erforderlich machen, kann die Polizeibehörde eine Vermehrung der Stunden, während welcher die Beschäftigung stattfinden darf, bis auf zehn Stunden zulassen.

Die Stunden, während welcher die Beschäftigung stattfinden darf, werden unter Berücksichtigung der für den öffentlichen Gottesdienst bestimmten Zeit, sofern die Beschäftigungszeit durch statutarische Bestimmungen eingeschränkt worden ist, durch letztere, im übrigen von der Polizeibehörde festgestellt. Die Feststellung kann für verschiedene Zweige des Handelsgewerbes verschieden erfolgen.

Die Bestimmungen des Abs. 2 finden auf die Beschäftigung von Gehilfen, Lehrlingen und Arbeitern im Geschäftsbetriebe von Konsum- und anderen Vereinen entsprechende Anwendung.

„In Erwägung, daß die gegenwärtige Dauer der Arbeitszeit der Hilfsarbeiter im Handelsgewerbe eine die Gesundheit und das Familienleben schwer schädigende ist,

in weiterer Erwägung, daß durch die Unregelmäßigkeit und das lange Hinausschieben des Geschäfts- und Arbeitsschlusses, durch die übliche Sonntagsbeschäftigung, sowie durch den späten Postschalterschluß der Ausdehnung der Arbeitszeit wesentlicher Vorschub geleistet wird,

in fernerer Erwägung, daß die notorische Unfallhäufigkeit auch in den Kleinbetrieben des Handelsgewerbes, die mangelhaften und unhygienischen Arbeits- und Aufenthaltsräume wesentliche Nachteile für Gesundheit und Leben der beteiligten Arbeiter und Arbeiterinnen zur Folge haben,

fordert der Kongreß:

1. Reichsgesetzliche Festlegung einer täglichen Maximalarbeitszeit von 9 Stunden für alle Arbeiter und Arbeiterinnen über 18 Jahre und von 8 Stunden für jugendliche Personen bis zu 18 Jahren.

2. Unterbrechung dieser Arbeitszeit durch regelmäßige Pausen, von denen die Mittagspause in der Mindestdauer von zwei Stunden festzusetzen ist.

3. Einheitliche gesetzliche Durchführung des Achtuhr-Laden-, Geschäfts- und Arbeitsschlusses für alle Handelsbetriebe.

4. Generelle Einführung des Sechsuhr-Postschalterschlusses für das ganze Deutsche Reich.

5. Vollständige Sonntagsruhe für alle kaufmännischen Betriebe.

6. Ausdehnung der Unfallversicherung auf das gesamte Handelsgewerbe.

7. Erlaß von Vorschriften betreffs der hygienischen Beschaffenheit der Arbeits- und Aufenthaltsräume.

8. Verbot des Kost- und Logiszwanges beim Arbeitgeber.

9. Verbot der Verwendung jugendlicher Arbeiter unter 21 Jahren als Transportradfahrer.

10. Errichtung von Handelsinspektoraten analog der Fabrikinspektion unter Hinzuziehung von im Beruf erfahrenen Arbeitern als Assistenten.

11. Ausdehnung des obligatorischen Fortbildungsunterrichts auf die jugendlichen Handelshilfsarbeiter und -Arbeiterinnen."

*) Protokoll des Allgemeinen Handelshilfsarbeiterkongresses 1906.

Käthe Kollwitz

Vom „blauen Montag" zum Arbeiterurlaub

Mit einigem Vorbehalt kann man den im Mittelalter üblichen „blauen Montag" als Vorläufer eines Urlaubes ansehen. Bei einer langen Arbeitswoche wollen die Gesellen einen halben Tag zum Müßiggang und Baden frei haben. Die kirchlichen und weltlichen Feiertage waren im Mittelalter häufiger als heute und bildeten eine Art Arbeitsunterbrechung, bei der man im einzelnen untersuchen muß, ob nicht das Bedürfnis nach freier Zeit das eigentliche Motiv zum Feiertag ist, für den man dann nur einen Grund suchte. Durch den Verfall des Zunftwesens im sechzehnten und siebzehnten Jahrhundert und wegen der Befürchtung, die guten Sitten könnten unter Ausschreitungen an diesem Tag leiden, wird der „blaue Montag" zurückgedrängt.

Die neuen Maschinen, die im Zuge der Industrialisierung zum Einsatz kommen, machen es nötig, den Arbeitskräfteeinsatz genauer zu planen. Leben besteht nur noch aus Arbeit (siehe Kapitel, Der Arbeitstag ist grenzenlos), und das selbst für Kinder im Alter von fünf und sechs Jahren. Feiertage werden in dieser Zeit der Industrialisierung immer mehr abgeschafft, und der Sonntag wird oft, nur durch den Kirchgang unterbrochen, zum normalen Arbeitstag. Wenn auch in Unternehmerkreisen die Einsicht wächst, daß eine Einschränkung der siebentägigen Arbeitswoche und eine Begrenzung der täglichen Arbeitszeit nötig ist, um einen gewissen sozialen Frieden herzustellen, so bedarf es bei den konkreten Verbesserungen für die arbeitenden Menschen trotzdem des Drucks der organisierten Arbeiter, da das Konkurrenzsystem der Kapitalbesitzer für soziale Taten einzelner wenig Spielraum läßt. Auch wenn sie freiwillig Vergünstigungen gewähren, ist dies eine Antwort auf die stärker werdende Arbeiterbewegung, die sie nicht nur mit Zwang, Druck und Verfolgung bekämpfen wollen.

Um 1890 gewähren einzelne Unternehmer Arbeitern einige Tage Urlaub. Oft sind diese Ferien allerdings nichts anderes als eine Erholung nach langer Krankheit. Der Urlaub zum Erhalt und zur Wiederherstellung der Gesundheit spielt bei den Beamten schon ab 1870/80 als Badereise eine Rolle. Ähnlich wie bei den Beamten wird auch in der Industrie zunehmend bei den Angestellten freie Zeit (Urlaub) unter Fortzahlung der Bezüge gewährt, um möglichst loyale Untergebene zu haben. Die Kehrseite dieser unternehmerischen Fürsorgepflicht ist die Bindung der Abhängigen an den Betrieb und die Schaffung einer Betriebshierarchie, die durch unterschiedliche freiwillig gewährte Privilegien unterstützt und dokumentiert wird.

Vor der Jahrhundertwende wird fast 50 Prozent der kaufmännischen Angestellten ein regelmäßiger Urlaub gewährt. Technische Angestellte erhalten weniger Urlaub als die kaufmännischen, in einigen Betrieben bekommen sogar Arbeiter drei bis sechs Tage Urlaub.

Wie gering körperliche Arbeit bewertet und wie die Anbindung der Angestellten an das Unternehmen gerechtfertigt wird, zeigt eine Stellungnahme der Chemnitzer Handelskammer von 1906:

„Es geht viel zu weit, einen Erholungsurlaub für Leute einzuführen, die nur körperlich tätig sind und unter die Gesundheit nicht schädigenden Verhältnissen arbeiten. Für Beamte, die geistig tätig sind und häufig Überstunden arbeiten müssen; die auch keine körperliche Ausarbeitung bei ihrer Tätigkeit haben, erscheint die Erteilung von Erholungsurlaub gerechtfertigt. Für Arbeiter dagegen ist ein solcher Urlaub in der Regel nicht erforderlich. Die Beschäftigung dieser Personen ist eine Gesunde. Eine geistige Anstrengung kommt nicht vor, auch von körperlicher Überarbeitung kann nicht die Rede sein. Soweit Handarbeit überhaupt zu leisten ist, erfolgt sie in einer Weise und in einem Tempo, die von einer Überbeanspruchung der Kräfte weit entfernt ist" (Jürgen Reulecke, Vom Blauen Montag zum Arbeiterurlaub, Seite 226).

Meist ist die Urlaubsgewährung für Arbeiter mehr eine Prämie für Wohlverhalten, auch wenn es unter den sozialreformerischen Bürgerlichen Kräfte gibt, die an das Pflichtgefühl der Unternehmer appellieren, ja wenige sogar fordern, daß die Wohlfahrtseinrichtungen wie die Urlaubsgewährung nicht als Machtmittel mißbraucht werden dürfen. Der Urlaub für körperlich schwer arbeitende Menschen unter gesundheitsschädigenden Bedingungen kommt immer mehr in die Diskussion (Dok. 40).

Von Ausnahmen in der Brauerei-Industrie, im öffentlichen Dienst und in Staatsbetrieben einmal abgesehen, gelingt es nur vereinzelt, einen bezahlten Jahresurlaub für alle Arbeiter tarifvertraglich zu vereinbaren. „Das Mindestalter für eine Feriengewährung war oft auf 35 Jahre festgesetzt, und die Dauer der Ferienzeit steigerte sich erst nach 20, z. T. sogar 30 Dienstjahren auf eine sinnvolle Länge von 10 bis 12 Tagen im Jahr. Weder war ein Anspruch auf eine Erholungszeit garantiert, noch wurde auf die Klausel verzichtet, daß eine zufriedenstellende Leistung sowie eine gute Führung vorlagen. Einer persönlichen Beurteilung von Vorgesetzten und der Möglichkeit von Schikanen und Willkür im Einzelfall war damit ein breiter Spielraum gegeben (Reulecke, a.a.O., Seite 233).

„Die Anfänge des Arbeiterurlaubs im heutigen Sinne sind eindeutig in Wohlfahrtseinrichtungen bestehender Unternehmer zu suchen, die ihnen (. . .) als soziale Schenkung, als Mittel der Belohnung und zur Bindung der Arbeiter an den Betrieb, als arbeiterfreundliche (oder arbeiterfriedliche, U. A.) Maßnahmen mit betrieblichem Nutzen und auch als simples Disziplinierungsmittel betrachtet."

Für die Arbeiterbewegung bis zum Ersten Weltkrieg steht die Forderung nach dem 8-Stunden-Tag und besserem Schutz für bestimmte Personengruppen wie Frauen und Jugendlichen, sowie der besondere Arbeitsschutz, z. B. in Bergwerken und Bäkkereien im Vordergrund.

Siehe hierzu Jürgen Reulecke: Vom Blauen Montag zum Arbeiterurlaub Vorgeschichte und Entstehung des Erholungsurlaubs für Arbeiter vor dem Ersten Weltkrieg, in: Archiv für Sozialgeschichte Bd. XVI, Bonn 1976, S. 205 ff.

. . . für Licht und Luft macht euch frei!

Dokument 40
Adolf Braun: Die Gewerkschaften, ihre Entwicklung und Kämpfe, Nürnberg 1914, S. 216–219.

Zu all den angeführten Problemen der Einteilung der wöchentlichen Arbeitszeit ist nun als jüngstes hinzugekommen die Verteilung der Arbeitszeit über das ganze Jahr. Wir haben schon das Interesse des Unternehmers hervorgehoben, ein ständiges Personal zu besitzen und von diesem eine möglichst hohe und gleichmäßige durchschnittliche Arbeitsleistung zu erzielen, das heißt auf außerordentliche Leistungen in der Regel zu verzichten, aber ebenso unterdurchschnittliche Leistungen nicht aufkommen zu lassen. Erschlaffungen der Arbeitsleistung bei ununterbrochener Betätigung sind eine Erfahrungstatsache, für den geistigen Arbeiter unbestritten, für den mehr körperlichen Arbeiter selten zugestanden, aber, auch kaum je ernsthaft bestritten. Der Staat und andere öffentliche Körperschaften haben sich seit langem genötigt gesehen, die Garantierung des Urlaubes in ihre Beamtengesetze und Dienstverträge aufzunehmen. Je niedriger der Rang, je schwerer die Arbeitslast, desto kürzer der Urlaub, aber im Prinzip doch für alle beamteten Personen eine feste Regel. Wenn John Stuart Mill im ersten Bande seiner „Politischen Oekonomie" sehr geistreiche Beobachtungen anstellt, daß der Arbeiter desto schlechter bezahlt ist, je drückender, schwieriger, häßlicher, widerwärtiger und abstoßender die von ihm geforderte Arbeitsleistung ist, so könnte man hinsichtlich der Urlaube ähnliche Erwägungen anführen. Die längsten Rasten, die ausgedehntesten Erholungszeiten haben die Frauen der hohen Bourgeoisie, denen der Begriff der Arbeit auch im gesuchtesten Sinne persönlich durchaus fremd ist. Die am meisten bedienten Personen, die für jede Handreichung fremder Hilfe bedürfen, die zum Ankleiden und Essen dienstwillige Hände notwendig haben, haben die längsten Zeiten der Rast und Erholung. Den Millionen, die keinen Werktag Ruhe haben, die sich immer für andere mühen müssen, die die schwerste Arbeit zu leisten haben, sind Tage der Ruhe, aber nicht der Kräfteerneuerung, Erholung und Beruhigung bloß die Zeiten der Arbeitslosigkeit, aber gleichzeitig auch düstere Tage ununterbrochen steigenden Elends und größter Sorge. Es ist noch nicht lange her, daß in der Arbeiterschaft überhaupt der Gedanke aufkam, daß ein wichtiges und dringliches Bedürfnis befriedigt würde, wenn der Arbeiter sorgenlose Wochen oder doch wenigstens Tage im Jahre hätte, während derer er an nichts anderes zu denken hätte als an die Erholung des Geistes und des Körpers, als an die Auffrischung der Lebenskräfte, als an die Wiederherstellung der vollen Arbeitskraft nach erschlaffen machender langer Dauer täglicher Arbeit. Wir finden nicht merkwürdiger-, sondern sehr begreiflicherweise die ersten Anwendungen des Urlaubsprinzips bei den Arbeitern in England, das seine Industriearbeiter zu den höchsten intensiven Leistungen früher erzogen hatte als irgend ein anderes Wirtschaftsgebiet. In Deutschland und in Oesterreich sehen wir vor allem in zwei voneinander weit entfernten Berufszweigen Urlaube in Arbeitsverträgen: in den polygraphischen Gewerben und in der Brauindustrie. In beiden Berufen kommt vielfach Nachtarbeit vor, in beiden Berufen steigert sich die Qualität der Arbeit durch die angespannte Aufmerksamkeit in dem Arbeitsprozesse, in beiden Berufen sind Pünktlichkeit und Genauigkeit, Aufmerksamkeit und Peinlichkeit, seltener Wechsel der beschäftigten Personen Voraussetzungen hochqualifizierter Arbeitsleistung. In beiden Berufen kommen zeitweise stark gesteigerte Arbeitsleistungen vor. Im Brauerberufe herrscht vielfach die kontinuierliche Arbeitszeit, während sich die Unternehmer gegen das Dreischichtensystem sehr energisch wehren. Ein Ausgleich der langen, sehr anstrengenden und verantwortlichen Arbeitsleistung wird dann durch den Urlaub geschaffen. Bei den Buchdrukkern, insbesondere bei den Schriftsetzern, sehen wir einen gewissen Uebergang von der rein mechanischen zur geistigen Arbeit; bei der geistigen Arbeit und ihren Abarten, zum Beispiel bei der Tätigkeit der Handlungsgehilfen, erscheint die Gewährung des Urlaubs dem Unternehmer nicht so sehr wie bei den Handarbeitern als eine schwerverständliche Verpflichtung.

Bei der Durchsicht der preußischen Fabrikinspektorenberichte seit dem Jahre 1889 fand ich, daß sie in den Jahren 1889, 1890 und 1891 von Ferien und Urlauben nicht zu berichten wußten. Auf die ersten Angaben stieß ich im Jahre 1892. Da wird eine Berliner Straußfedernfabrik erwähnt, also ein charakteristischer Betrieb der Saisonindustrie mit wenigen ständigen, während einiger Monate des Jahres stark überlasteten Arbeiterinnen, denen man einen Erlaß für die überlangen Arbeitszeiten und gleichzeitig Interesse an dem Betrieb schaffen wollte. Wir wissen überhaupt, daß in dem System der Wohlfahrtseinrichtungen der Urlaub, wenn auch selten, als ein Mittel der Fesselung der Arbeiter an den Betrieb vorkommt. So finden wir in dem Bericht von 1892 die Mitteilung des Kölner Gewerberates, daß eine Wasch- und Appretieranstalt den achttägigen Urlaub eingeführt hat, der im Falle des von dem Arbeiter auch nur für einen Tag selbstständig genommenen Urlaubs, aber auch im Falle der Krankheit des Arbeiters verwirkt wird. Welche Pression in dieser Aussicht auf Urlaub verbor-

gen ist, fühlt jeder Arbeiter das ganze Jahr hindurch. In dem gleichen Sinne mit der deutlichen Tendenz der Fesselung des Arbeiters an den Betrieb wirkt die Karenzzeit. Mehrere Jahre muß der Arbeiter im Betrieb sein, bevor er einen Anspruch auf Urlaub hat, der in der Regel mit bescheidenen drei Tagen beginnt und mit dem längeren Verbleib des Arbeiters im Betriebe langsam steigt bis zu einem nur selten überschrittenen Anspruch auf einen achttägigen Urlaub. Hier sehen wir also die alte Wohlfahrtsmethode der Fesselung des Arbeiters an den Betrieb.

Von Jahr zu Jahr wurden in einer steigenden Anzahl von Betrieben die Urlaube eingeführt, während doch das System der Wohlfahrtseinrichtungen immer mehr zurücktrat, weil es bei der Entwicklung der Gewerkschaftsbewegung die erwarteten Wirkungen nicht mehr zeitigt und die darauf verwendeten Mittel nicht mehr lohnte. Der Urlaub der Arbeiter muß heute unter anderen Gesichtspunkten betrachtet werden wie früher. Noch immer hat der Unternehmer das lebhafte Interesse, die Arbeiter an den Betrieb zu fesseln. Er rechnet aber heute nicht mehr mit der Möglichkeit, die Arbeiter zu bestechen, er sieht wohl mit Interesse zu, wie ein Teil der Unternehmer mit gelben Arbeiterschaften experimentiert, aber eine weitaus größere Anzahl der Unternehmer denkt, vor allem in der Prosperitätsperiode Differenzen zu vermeiden. Die steigende Anzahl der Tarifverträge ist nicht nur ein Beweis für die Macht der Arbeiterorganisation, sondern auch durch die Sehnsucht der Unternehmer nach gesicherter Betriebsfortsetzung und nach Erhaltung des Arbeiterstammes zu erklären. Hierzu kommen noch die von uns dargelegten Tendenzen, die die technische Entwicklung den Unternehmern aufzwingt. Man muß den Arbeiter, der die teuren Maschinen beaufsichtigt, der ihre hohen Leistungen sichern soll, der die Verantwortlichkeit für sie trägt, man muß ihn bis zu einem gewissen Grade schonen, man muß sich seine Arbeitskraft erhalten. So tritt immer mehr die Tendenz hervor, die den Beschäftiger geistiger Arbeiter bei der Urlaubsgewährung bestimmt, nämlich das Streben nach dauernd gesicherter und erhöhter Leistungsfähigkeit durch die Gewährung von Urlauben. Was als Wohltat, was als Rücksicht für die Arbeiter gepriesen und gelobt wird, ist in letzter Linie doch nichts anderes als wohlverstandenes Unternehmerinteresse. Aber dieses wohlverstandene Unternehmerinteresse muß sich erst durchringen, ja die Unternehmer müssen es erst erkennen. Vielleicht muß ihnen die Berücksichtigung ihres eigenen Interesses im Kampfe erst abgezwungen werden. Heute sehen wir zwar noch keine Kämpfe um den Urlaub, wohl aber seine Erwähnung in vielen Verhandlungen; in Tarifverträgen, insbesondere der Brauer, finden wir nun schon die Urlaube unter Fortbezahlung des Lohnes. Heute ließen sich in Deutschland schon viele Hunderte Betriebe anführen, die den Arbeitern Urlaub gewähren. Die gewerkschaftliche sowie politische Arbeiterpresse bringt alljährlich Artikel „Ferien für die Arbeiter", sie erzieht also die Arbeiter, in der kommenden Prosperitätsperiode dieser Forderung Nachdruck zu verleihen. Der deutsche Metallarbeiterverband hat ein Buch über Arbeiterferien herausgegeben, auch die bürgerliche Literatur weist selbständige Schriften auf, die diesem Gegenstande gewidmet sind. Auch die Unternehmer rechnen mit der Bewilligung der Ferien. Sicherlich wird es nicht lange währen und wir werden in den Lohnkämpfen das Problem des Urlaubs sehr häufig aufgeworfen finden. Die letzten Bände der Jahresberichte der königlich preußischen Gewerberäte und der Bergbehörden enthalten schon außerordentlich zahlreiche Angaben über die Urlaube, während sie noch vor wenigen Jahren als ganz vereinzelte Notizen, die mehr anekdotische Bedeutung zu haben schienen, auftraten. In dem Jahresberichte der preußischen Regierungs- und Gewerberäte für das Jahr 1908 wird unter anderem festgestellt, daß die Urlaube „im wohlerkannten eigenen Interesse der Unternehmer" erteilt werden. Der Berliner Gewerberat faßte in bemerkenswerter Weise, den Standpunkt der Unternehmer in den Vordergrund schiebend, sein Urteil in nachstehenden Sätzen zusammen:

„Die Erfolge der Beurlaubungen scheinen den Erwartungen vollauf entsprochen zu haben. Die, wenn auch oft nur kurze Unterbrechung der unter eigenartigen Verhältnissen sich abspielenden großstädtischen Lebens- und Arbeitsweise übt auch auf den Arbeiter einen heilsamen Einfluß aus. Neben der gesundheitlichen Stärkung ist die geistige Auffrischung nicht hoch genug anzuschlagen. Das Leben unter veränderten Verhältnissen und der Verkehr mit anderen Menschen frischen die geistige Spannkraft auf und heben die Schaffensfreudigkeit. Nach Rückkehr vom Urlaub sind nach den Bekundungen der Arbeitgeber die Arbeiter nicht nur leistungsfähiger, sondern auch geistig reger und gehen ihrem Beruf freudiger nach. Ferner ist beobachtet worden, daß in denjenigen Betrieben, die ihren Arbeitern Urlaub unter Fortzahlung des Lohnes gewähren, so insbesondere in den Brauereien, der Arbeiterwechsel merklich nachgelassen hat. Ebenso scheinen die Beziehungen zwischen Arbeiter und Arbeitgeber dadurch günstig beeinflußt zu werden."

Wer das triste Leben der Arbeiter kennt, weiß, daß sie kaum zu frischer Luft gelangen, daß sie die elende Atmosphäre der Fabrik oft nur mit der des Wirtshauses und der überfüllten Wohnung vertauschen, daß ihre Sinnesorgane, ihr ganzes Wesen, Körper und Seele nach Erholung, Abwechslung, Erfrischung, nach Natur und ländlicher Ruhe Sehnsucht empfindet oder wenigstens Sehnsucht empfinden sollte. Freilich muß es klar sein, daß der Urlaub allein, so wichtig schon die Unterbrechung der öden Arbeitsluft ist, den Arbeitern den wirklichen Genuß von Ferien nicht verschafft. Wir sehen an den Proletarierkindern, denen lange, vielleicht sogar zu lange Schulferien in der Stadt gegönnt werden, daß die Ergänzung durch die Ferienkolonie, die freilich nur ganz wenigen zugute kommt, allgemein als eine Notwendigkeit anerkannt wird.

An unsere Arbeiter.

Wir bringen hiemit zur Kenntnis, daß wir uns entschlossen haben, unseren Arbeitern alljährlich einen Urlaub zu gewähren.

Für die Bewilligung desselben gelten folgende Bestimmungen:

Jeder Arbeiter erhält nach Ablauf von 10 ohne Unterbrechung geleisteten Dienstjahren, vom Tage der Volljährigkeit an gerechnet, einen Urlaub von 1 Woche unter Bezahlung seines durchschnittlichen wöchentlichen Arbeitsverdienstes für die Dauer des Urlaubes. Außerdem gewähren wir für die Urlaubswoche eine Zulage von Mk. 7. . (Krankheit, Militärdienst und militärische Übungen gelten nicht als Unterbrechung der Dienstzeit).

Der Zeitpunkt des Urlaubes für jeden einzelnen Arbeiter wird durch dessen Betriebsführer unter möglichster Berücksichtigung der Wünsche des Urlaubsberechtigten, jedoch unter Wahrung der Sicherheit und der geregelten Fortführung des Betriebes bestimmt.

Vorstehende Bestimmungen treten mit dem Jahre 1908 in Kraft.

Ludwigshafen a. Rh., den 31. Dezember 1907.

**Die Direktion
der Badischen Anilin- & Soda-Fabrik.**

„Was? Acht Tage Ferien für jeden Arbeiter verlangt ihr? meine Fabrik ist kein Sanatorium!

Aus: „Der Wahre Jacob"

Das ist ja geradezu lachhaft! Sagt euren Kameraden: Wem's nicht paßt, der kann gehen!"

Bete kurz! Denn Zeit ist Not

Die Einführung des 10-Stunden-Tages ist für die preußische Regierung unannehmbar, denn es gibt nach ihrer Meinung eine Anzahl von Arbeitern, denen Gott der Herr die Kraft gegeben hat, länger als 10 Stunden zu arbeiten (Handbuch für sozialdemokratische Wähler 1911, Berlin 1911, Seite 361).

Michael Schneider kommt in seiner umfassenden Untersuchung „Die christlichen Gewerkschaften 1894 bis 1933" (Bonn 1982, Seiten 351 ff.) zu dem Ergebnis, daß die Forderung nach einer generellen Verkürzung der Arbeitszeit bei den christlichen Gewerkschaften nicht eine so zentrale Rolle spielte, wie bei den freien Gewerkschaften und der Sozialdemokratie. Je nach konjunktureller Lage schließen sie sich den Forderungen nach einem 10-Stunden-Tag an, aber oft halten sie ihn auch für unrealistisch und fordern eine Verkürzung der Arbeitszeit auf zehn Stunden. Eine Einschränkung der Sonntagsarbeit wird gefordert, damit die Arbeiter Zeit haben, auch am Sonntag in die Kirche zu gehen (Dok. 41).

Die Widersprüchlichkeit in den Forderungen der christlichen Gewerkschaften (Dok. 42) sind Ausdruck des widersprüchlichen Charakters der christlichen Gewerkschaften selbst, die trotz Anerkennung partieller Unterschiede, unterschiedlicher Interessen, den Klassengegensatz verneinen und somit selbst den Gegensatz überbrücken müssen, einerseits Gewerkschaften als Interessenvertretung zu sein, andererseits jedoch dem Wirtschaftsfrieden zu dienen (siehe hierzu Dieter Fricke, Zu einigen Aspekten der Geschichte der christlichen Gewerkschaften in Deutschland, Referat auf der internationalen Tagung der Historiker der Arbeiterbewegung 1982 in Linz).

Aus: „Der Wahre Jacob"

Bundeslied für den
Allgemeinen Deutschen Arbeiterverein
Georg Herwegh,
1863:

Bet' und arbeit'! Ruft die Welt
Bete kurz! Denn Zeit ist Geld.
An die Türe pocht die Not
Bete kurz! Denn Zeit ist Not.

Stellungnahme der Kirche zur Arbeitszeit

Dokument 41
Handwörterbuch der Staatswissenschaften, Hrsg. Elster u. a., Jena 1923, S. 904–905.

Die ältesten, lange Zeit wichtigsten und verbreitetsten Einschränkungen der Arbeitszeit beruhen auf dem Gebote der Sonn- und Feiertagsruhe. Die Kirche war es, die in Erfüllung ihrer seelsorgerischen Mission, die Menschheit der Arbeit des Alltags für gewisse Zeiten entzog. Während die große Zahl der Feiertage in katholischen Gebieten schließlich häufige Durchbrechungen des Ruhegebotes entstehen ließ, hielten die protestantischen Gebiete, insbesondere diejenigen puritanischer Richtung, an strengster Sonntagsruhe fest. Dabei wurden aber die Feiertage der katholischen Zeit preisgegeben und an Werktagen die Berufsarbeiten mit ungewöhnlichem Eifer verrichtet. Ununterbrochene, rastlose Berufsarbeit galt ja geradezu als bestes Mittel, um die Ueberzeugung von der certitudo salutis zu gewinnen. Eine bestimmte Schranke für die Dauer der Arbeitszeit an Werktagen konnte daher aus dem Geiste der protestantischen Ethik nicht mit Sicherheit abgeleitet werden. Obwohl die katholische Kirche dem neuzeitlichen Erwerbsleben von vornherein kühler gegenüberstand, so hat auch sie zunächst keinen Einhalt geboten, sondern sich lange Zeit offiziell damit begnügt, die Einhaltung der Sonntagsruhe soweit streng zu fordern, daß der allgemeine Besuch des Gottesdienstes ermöglicht werde. Die Frage der täglichen Arbeitszeit ist erst in dem Rundschreiben des Papstes Leo XIII. über die Arbeiterfrage eingehender erörtert worden.

„Was sodann den Schutz der irdischen Güter des Arbeitsstandes angeht, so ist vor allem jener unwürdigen Lage ein Ende zu machen, in welche derselbe durch den Eigennutz und die Hartherzigkeit von Brotherren versetzt ist, welche die Arbeiter maßlos ausbeuten und sie nicht wie Menschen, son-

dern als Sachen behandeln. Die Gerechtigkeit und die Menschlichkeit erheben Einsprache gegen Arbeitsforderungen von solcher Höhe, daß der Körper unterliegt und der Geist sich abstumpft. Wie im Menschen alles seine Grenzen hat, so auch die Leistungsfähigkeit bei der Arbeit, und über die Schranken des Vermögens kann man nicht hinausgehen. Die Arbeitskraft steigert sich freilich bei Uebung und Anspannung, aber nur dann verspricht sie die wirklich zukömmliche Leistung, wenn zur rechten Zeit für Unterbrechung und Ruhe gesorgt ist. In bezug auf die tägliche Arbeitszeit muß also der Grundsatz gelten, daß sie nicht länger sein darf, als es den Kräften des Arbeiters entspricht." Da verschiedene Arbeiten ein verschiedenes Maß von Kraft erfordern und andererseits die Arbeiter wieder ein verschiedenes Maß von Kraft je nach Alter und Geschlecht besitzen, so ergibt sich die Notwendigkeit einer Abstufung der Arbeitszeit nach Maßgabe dieser Gesichtspunkte. „Im allgemeinen aber ist daran festzuhalten, daß den Arbeitern so viel Ruhe zu sichern sei, wie zur Herstellung ihrer bei der Arbeit aufgewendeten Kräfte nötig ist: denn die Unterbrechung der Arbeit hat eben den Ersatz der Kräfte zum Zweck. Bei jeder Verbindlichkeit, die zwischen Brotherrn und Arbeitern eingegangen wird, ist ausdrücklich oder stillschweigend die Bedingung vorhanden, daß die oben genannte doppelte Art von Ruhe (die Sonntagsruhe für die Seele, die Werktagsruhe für den Körper) dem Arbeiter gesichert sei. Eine Vereinbarung ohne diese Bedingung wäre sittlich nicht zulässig, weil die Preisgabe von Pflichten gegen Gott und gegen sich selbst von niemand gefordert und von niemand zugestanden werden kann."

Diese Ausführungen sind insofern bemerkenswert, als sie den Grundsatz, die der täglichen Arbeit folgende Ruhezeit müsse eine vollständige Wiederherstellung der verbrauchten Kräfte gewähren, mit großer Schärfe proklamiert. Jede Verabredung, welche diesem Grundsatz zuwiderläuft, verstößt gegen die guten Sitten, würde also auch rechtlich unverbindlich sein. Auf der anderen Seite wird ein Recht des Arbeiters auf eine den Ersatz der Körperkraft überschreitende Erholung, ein Recht auf Lebensgenuß, freie Betätigung, Pflege des Familienlebens, der Geselligkeit usw. nicht anerkannt. Der Schutz der geistigen Güter erschöpft sich mit dem Gebote der Sonntagsruhe.

Die Belastungsprobe, aus: „Arbeiterjugend", 1913

Entsprechend dieser Auffassung haben denn auch die politischen Parteien, welche die Gebote der kirchlichen Ethik für sich als verbindlich anerkennen, ihre Aufmerksamkeit in erster Linie der Sonntagsruhe für religiöse Zwecke zugewendet und Beschränkungen der Arbeitszeit, namentlich für Kinder, jugendliche Personen und Frauen, nur so weit verlangt, als gesundheitliche und sittliche Gesichtspunkte zur Begründung herangezogen werden konnten. Einer darüber hinausgehenden Abkürzung der Arbeitszeit stehen viele katholische Sozialpolitiker nicht unsympathisch gegenüber, betrachten es aber nicht als Aufgabe des Staates, hier einzuschreiten. Da über die Grenze, bei deren Ueberschreitung ein vollkommener Ersatz der durch die Tagesarbeit aufgebrauchten Kräfte nicht mehr stattfindet, die Ansichten auseinander gehen können, so zeigt sich, daß trotz der päpstlichen Weisung die Stellungnahme der katholischen Parteien nicht ganz übereinstimmt. So ist z. B. die katholische Richtung in Deutschland, Oesterreich und der Schweiz für den Grundsatz des gesetzlichen Maximalarbeitstages eingetreten, während z. B. die Katholiken Belgiens, wo es besonders nötig gewesen wäre, in ihrer Mehrheit der Abkürzung der Arbeitszeit nur ein sehr mäßiges Interesse gewidmet haben.

Der Papst und der Achtstundentag

Dokument 42
Sozialdemokratische Partei-Correspondenz, Berlin 1907, S. 535.

Jüngst wurde berichtet, daß der Führer der belgischen Kleritalen, Charles Woeste, durch Vermittelung der höheren Geistlichkeit an den Papst die Bitte gerichtet habe, er möchte zur Frage des Achtstundentages offen Stellung nehmen. Nach dem vatikanoffiziösen „Osservatore Romano" soll der Papst gesagt haben: „Kein menschliches, kein göttliches Gesetz kann dem gesunden, kräftigen und fleißigen Mann gebieten, statt 10 oder 12, nur 8 Stunden zu arbeiten. Die Festsetzung dieses Gebotes in einem Gesetze wäre ein Anschlag auf die persönliche Freiheit, eine Beschränkung des kostbaren Vermögens des Menschen, seine Hände und seinen Geist zu betätigen."

Wie der „Zentralauskunftsstelle für die katholische Presse" von kompetenter Seite mitgeteilt wird, hat der Papst mit den Auslassungen des „Osservatore Romano" nichts zu tun. Der Artikel gibt vielmehr nur die private Ansicht seines Verfassers wieder. Schon vor mehr als einem Jahre wurde der Vatikan angegangen, zwischen den beiden Lagern oder Flügeln der katholischen Partei Belgiens zu vermitteln, und zwar ging diese Bitte von beiden Seiten aus. Auf welche Punkte sich diese Vermittlungstätigkeit des Papstes erstreckte, ist nicht bekannt geworden, jedenfalls sind die Auslassungen des „Osservatore Romano" über den Achtstundentag vom Vatikan nicht inspiriert.

Von gleicher Mühe stets umgeben

Die Industrialisierung in der zweiten Hälfte des vorigen Jahrhunderts bedeutet für viele, die noch im eigenen Haus produzieren und in Konkurrenz zu den neuen großen Produktionsanlagen stehen, eine Verelendung. Durch die rationelle, maschinelle Produktion sind sie gezwungen, ihre Waren unter den Herstellungskosten zu verkaufen. Sie sind formal selbständig, tatsächlich ist ihre Abhängigkeit von den Besitzern des großen Kapitals meist noch schlimmer als bei den Lohnabhängigen. Hinzu kommt, daß aus Kostengründen stupide Arbeiten, Massenproduktion, aus der Fabrik in die Heimindustrie ausgelagert wird (Dok. 43).

„Die Heimarbeit hat sich unter der Herrschaft der kapitalistischen Produktionsweise zu einer Arbeitsmethode entwickelt, die in zügelloser Weise die Notlage der Arbeiter und Arbeiterinnen ausnützt. Der Unternehmer spart in der Heimarbeit die Aufwendungen für Werkstätten und Werkzeuge, er rechnet dem Heimarbeiter die Rohstoffe nicht selten zu hohen Preisen an und zahlt Löhne, die zu den elendsten gehören, die in der Industrie geboten werden. Die Widerstandsunfähigkeit der Heimarbeiter, denen der einheitliche Zusammenschluß gegen diese kapitalistische Tendenz fehlt, gestattet eine wahllose Ausbeutung besonders der Frauen- und Kinderarbeit. Die gewerkschaftliche Organisation hat zwar in einigen Handwerksberufen Fuß gefaßt und hier durch Tarifvereinbarungen eine Besserung und Regelung der Heimarbeit erzielt, aber die große Masse der Heimarbeiter bleibt von diesen Reformen unberührt" (Handbuch für sozialdemokratische Wähler, Berlin 1911, Seite 365).

Eindrucksvoll wird in vielen Arbeiterbiographien von dem Elend der Heimarbeiter berichtet. Auf dem Heimarbeiterkongreß 1904 geben Delegierte erschütternde Schilderungen über die Lage der Heimarbeiterinnen und Heimarbeiter (Dok. 44). Die Gewerkschaften und die Sozialdemokraten fordern immer wieder, daß Fabrikinspektoren auch die Hausindustrie auf Minimalarbeitsbedingungen hin kontrollieren sollen. Sie fordern Bestimmungen über die Beschaffung der Arbeitsräume, Ausdehnung des Arbeitsschutzes auf die Heimarbeit. Zwischenmeister sollen nicht nur in ihren Werkstätten Arbeiter und Arbeiterinnen beschäftigen, bei einer mindestens sechsstündigen Arbeitszeit in der Werkstatt soll Arbeit nicht mehr mit nach Hause gegeben werden (Handbuch, a.a.O., Seite 366).

Trotz bestimmter Einschränkungen durch eine Veränderung der Gewerbeordnung ändert sich die Lage der Beschäftigten in der Heimindustrie kaum. Um das Problem der Heimarbeit mehr ins öffentliche Bewußtsein zu bringen, werden allgemeine Erhebungen nach dem Heimarbeiterschutzkongreß von 1904 und in den darauffolgenden Jahren (1906/1910) Ausstellungen zur Heimarbeit durchgeführt (Dok. 45), um die öffentliche Meinung noch stärker zu beeinflussen.

1912 wird ein Heimarbeiterschutzgesetz erlassen, von dem es schon zwei Jahre später heißt: „Ein vergessenes Gesetz, das seit 2 Jahren bestehende Heimarbeiterschutzgesetz ist fast nahezu vollständig in Vergessenheit geraten. Als seine bisherige Wirkung stellt die ‚Soziale Praxis' vom Januar 1914 fest:
1. In einer Anzahl von Betrieben ist erreicht, daß die Zeitversäumnis bei Ausgabe und Annahme der Arbeit verringert worden ist.
2. In einigen Hausarbeitsbetrieben sind hygienische Mißstände abgestellt; ihre Zahl ist aber, gemessen an der gewaltigen Gesamtzahl, so klein, daß sie kaum in Frage kommt.

Das alles ist verflucht wenig. Die Sozialdemokratie hat mit aller Bestimmtheit vorhergesagt, daß ein Heimarbeiterschutzgesetz ohne Mindestlöhne praktische Erfolge niemals erzielen kann" (Sozialdemokratische Parteikorrespondenz, Berlin 1914, Seite 76).

Das Los der Heimarbeiter bleibt nicht zuletzt deswegen auch unverändert jämmerlich, weil ein solidarischer Zusammenschluß in einer Gewerkschaft durch ihre isolierte Arbeitssituation erschwert wird. Um Abhilfe zu schaffen, fordert die Arbeiterbewegung den Gesetzgeber auf, hier einzugreifen.

Die Hausindustrie in Deutschland

Dokument 43
Die Hausindustrie in Deutschland, Berlin 1889, S. 6–10.

Käthe Kollwitz

Die Entstehungsgeschichte der Hausindustrie versetzt uns in die Zeit der ersten auftretenden Keime des Kapitalismus. In den Städten, wo der eiserne Zunftzwang den Umfang der Produktion genau bestimmte, konnte sich die kapitalistische Industrie im allgemeinen nicht entwickeln. Spuren derselben mögen sich allerdings in Augsburg, Lübeck, Straßburg etc. im Ausgang des Mittelalters gezeigt haben, jedoch blieb hier das zünftige Handwerk die typische Form der Industrie.

In der neueren Zeit bildeten sich jedoch vielfach alte zünftige Handwerke in hausindustrielle Berufszweige um. Wir werden in unserer Darstellung mehrere Beispiele für diesen Umbildungsprozeß herbeibringen.

Besonders günstigen Boden für die Entwicklung der Hausindustrie gab das „platte Land" ab. Hier gab es keine beengenden Zunftschranken. Noth und Elend zwangen hier häufig den Bauer, sich industrielle Nebenbeschäftigung zu suchen. Er mußte spinnen, weben, und zwar nicht mehr für eigenen Bedarf wie früher, sondern für die Rechnung eines fremden Kaufmanns. Im 17. und 18. Jahrhundert spannen und webten die Bauern in der Umgegend von Aachon. Da in der Stadt der starre, unbildsame Geist der Zunftverfassung das Tuchhandwerk niederhielt, so verpflanzten die aufkommenden industriellen Unternehmer dasselbe auf das platte Land. Sie streckten dem Bauer den nöthigen Rohstoff, die Wolle, das Garn vor, und nahmen dann das fertige Produkt aus seinen Händen in Empfang.

In der Stadt Aachen entwickelte sich im Laufe des 18. Jahrhunderts die Hausindustrie. (A. Thun: Die Industrie am Niederrhein etc.: die Tuchindustrie im Aachener Bezirk.) Der Handwebermeister brachte nicht mehr selbst sein Produkt zu Markt, sondern überließ es dem Kaufmann, „dem Verleger", der ihm das Rohmaterial lieferte. Das Komptoir desselben wird der eigentliche Mittelpunkt der Wirthschaft. Der Verleger vereinigte in seiner Person alle Funktionen des Wollhändlers und des Leiters der Produktion.

Eine gewaltige Revolution schloß dieses Verhältniß ein. Scheinbar waren zwar die Weber, die Spinner und anderen Handwerksmeister dieselben geblieben. Stand doch noch der alte Webstuhl in demselben Raum wie vorher. Die Werkstätten, die Arbeitsmittel waren noch die alten. Aber der Webstuhl arbeitete nicht mehr für den armen Handwerker, sondern draußen für den großen Kaufmann. Die Selbständigkeit des Webers war zum Teufel gegangen. Ein unsichtbares, unzerreißbares Netz der Abhängigkeit zog sich von dem Kaufmannskomptoir über die zahlreichen, zerstreut wohnenden Handwerksmeister.

Je mehr die Industrie den engen Rahmen des lokalen Marktes überschritt und dem kleinen ländlichen und städtischen Handwerksmeister die Kontrolle desselben erschwerte, je kräftiger bildete sich dieser Kaufmanns- oder Verlegerstand aus.

Die Gladbacher Industrie hatte von Anfang an eine hausindustrielle Verfassung. Die Söhne der Bauern, welche die Scholle ihrer Eltern nicht mehr ernährte, setzten sich an den Webstuhl und erkämpften sich so ihr Dasein. Ungemein „ländlich und sittlich" waren ursprünglich diese Verhältnisse, sagt Alphons Thun. Kein Zusammenhang existirte, kein Klassengegensatz. Erst die moderne wirthschaftliche Entwickelung riß diese Leute aus ihrem Pflanzendasein heraus. Das ursprüngliche patriarchalische Verhältniß zwischen Verleger und hausindustriellen verschwand mehr und mehr, immer bestimmter und schärfer bildeten sich die gegensätzlichen Interessen beider Klassen aus. Hier Ausbeuter, dort Ausgebeutete.

In Elberfeld-Barmen und Umgegend wurde „die Garnahrung" erst handwerksmäßig

Karl Bröger

Arbeiterinnen

**Von der gleichen Mühe stets umgeben,
gehn die Tage grau an mir vorbei.
Nennt es, wie ihr wollt, nur nennt's nicht Leben,
dieses stumpfe, öde Einerlei.**

**Schon in meine frühen Mädchenträume
kreischte Rädersurren, schrill und laut.
Wände staub- und lärmerfüllter Räume
haben meinem Welken zugeschaut.**

**Der Maschine hier, davor ich stehe,
war ich lange vor dem Mann vermählt.
Was zerbrach in dieser harten Ehe,
oft hab' ich es trauernd überzählt.**

**Weich sind meine Hände nie gewesen.
Eisen ist so hart fast wie die Not.
Schaut hinein und wollt: ihr könnt drin lesen
von dem schweren Kampf um Licht und Brot.**

**Zwischen Fron und kleiner Freude gehen
weiterhin die Tage grau vorbei.
Einmal aber muß die Sonne sehen
auf das trübe, stumpfe Einerlei.**

betrieben. (A. Thun: Die deutsche Industrie etc.) Dann wurde in der ersten Hälfte des 18. Jahrhunderts diese Betriebsform durch die kapitalistische Hausindustrie ersetzt. Mit der Einbürgerung derselben trat jene schon mehrfach erwähnte soziale Schichtung des Handwerkerstandes in selbständige Kaufleute und hausindustrielle Lohnarbeiter ein.

In Schlesien entwickelte sich die Hausindustrie im 17. und 18. Jahrhundert. In Gebirgsdörfern, deren magere Feldmark nur dürftig die Bewohner ernährte, wandten sich die Bauern der Leinweberei zu. Im Jahre 1725 zählte man schon 287 Orte, wo der Webstuhl emsig ging. (A. Zimmermann: Blüthe und Verfall des Leinengewerbes in Schlesien.) Diese, über zahlreiche Dörfer und Städte verbreitete Hausindustrie hatte in den Jahren 1783–1786 eine Ausfuhr von Leinewand von 4½–6 Millionen Thaler. Zwischen den Käufern und Hauswebern hatten sich die vorgenannten Garnhändler eingenistet. Von diesen bezogen die Weber die Halbfabrikate zur weiteren Verarbeitung. Sie lieferten dann meist an diese die fertigen Produkte

Käthe Kollwitz

zurück. Ein großer Theil der Weber ging noch selbst zu Markte. Aber auch sie waren meist nur scheinbar selbstständig, da sie sich ganz in den Händen wucherischer Kaufleute befanden. Der ausgeprägte Gegensatz zwischen diesen Gesellschaftsklassen, zwischen Webern und Kaufleuten verschärfte sich im Laufe der Entwickelung so, daß die Gesetzgebung eingreifen und die Beziehungen zwischen beiden Klassen gesetzlich regeln mußte. Zahlreiche Ordnungen, Statuten etc. kamen heraus, welche die Rechte und Pflichten beider Klassen fest bestimmten. Trotzdem loderten in Schlesien im Jahre 1793 kleine Weberrevolten auf, (A. Zimmermann: Blüthe und Verfall des Leinengewerbes in Schlesien.) welche ihre Spitze gegen den Wucher der Garnhändler und Kaufleute richteten.

Willibald Krain

Ueberhaupt griff die Staatsgewalt häufig in den Zwiespalt der beiden Klassen ein. Fast alle älteren Zweige der Hausindustrie haben derartige Reglements, Ordnungen, Statuten aufzuweisen. Diese schufen z. B. Schauämter, welche die Güte der von den Hausindustriellen gelieferten Waaren prüfen sollten. Häufig bemühten sie sich, technisch zurückgebliebene Gewerbe auf ein höheres Niveau zu erheben. Ferner suchten sie die unselbstständigen Hausarbeiter gegen Lohndruck und Uebervortheilung zu schützen. (Siehe darüber Schmoller: „Die Hausindustrie und ihre älteren Ordnungen und Reglements. Jahrbuch für Gesetzgebung etc.)

Gerade wie in Schlesien, so sahen sich auch in Oberfranken, im Lichtenfelser Gebiet die verarmten Bauern genöthigt, neben ihrem ländlichen Gewerbe noch Industrie zu treiben. Sie wandten sich der Korbmacherei zu. (Emanuel Sax: Die Hausindustrie Thüringens III.)
Mit dem Wachsthum der Bevölkerung trat die Landwirthschaft immer mehr in den Hintergrund, der größte Theil der Parzellenbesitzer flocht jetzt Körbe. Ursprünglich herrschte in diesem Gebiet eine zünftige Verfassung. Jedoch mit der Erweiterung des Absatzmarktes jener Industrie bildete sich eine eigene Klasse von Agenten, von kaufmännischen Unternehmern, welche ausschließlich für den Vertrieb der Körbe sorgten. Diese versahen zahlreiche Hausarbeiter mit dem nöthigen Rohmaterial und kauften dann zum Weitervertrieb die fertigen Körbe von ihnen auf. Die Produktion und der Umsatz der Körbe gerieth ganz in ihre Hände. Die Hausarbeiter wurden unselbstständige Lohnarbeiter, welche vollkommen von den Händlern abhingen. Nur wenige schwangen sich zum Unternehmerstande empor. „Der alte bescheidene Korbführer starb aus oder entwickelte sich in einzelnen Begünstigten zum ansehnlichen Handelsherrn oder Verleger."

In der ganzen Thüringer-Hausindustrie können wir denselben Bildungsprozeß zweier streng unterschiedener Klassen aus dem ehemaligen selbstständigen Handarbeiterstande verfolgen. In der Ruhlaer Messerindustrie vertrieb ursprünglich der Hausarbeiter selbst seine Messer. Er stellte die Messer vollkommen fertig und brachte sie dann auf den Markt. Im Laufe des 17. Jahrhunderts erforderte jedoch die eintretende Arbeitstheilung eine Sonderung der Handwerker in verschiedene Klassen. Unter diesen nahmen die sogenannten Fertigsteller, d. h. diejenigen Handwerker, welche die einzelnen Theile des Messers zusammenstellten und dasselbe zum Verkauf fertig machten, die wichtigste Stellung ein. In ihren Händen befanden sich die fertigen Messer, und sie übernahmen daher naturgemäß den Vertrieb. Sie wurden die eigentlichen Leiter der Produktion und des Vertriebes. Sie schrieben den in die Lohnarbeiterklasse versinkenden übrigen Handwerkern die Arbeitsbedingungen vor. Die kapitalistische Unternehmerklasse war entstanden.

In der Solinger Schwertfabrikation begegnen wir denselben Entwicklungs-Momenten. Den Absatz der Schwerter besorgten ursprünglich die Handwerksmeister selbst. Wenn sie von den Märkten heimkehrten, nahmen sie die Arbeit des Schwertfegens und Reidens wieder auf. Sie hatten sich zu einer Zunft zusammengeschlossen. Die Fortentwickelung des Gewerbes stellte höhere kaufmännische Anforderungen an die Kleinmeister. Diesen aber waren sie meist nicht gewachsen. Daher entsteht zum Theil aus den besser gestellten Handwerksmeistern ein selbstständiger Kaufmannsstand, dem der Vertrieb der Schwerter ausschließlich anheimfällt. Der handwerksmäßige Betrieb geht nun in den hausindustriellen über. Die selbstständigen Handwerker werden in unselbstständige Lohnarbeiter verwandelt. In der Messerindustrie Solingens treten uns dieselben charakteristischen Züge entgegen. Auf der einen Seite bildet sich eine Unternehmerklasse, auf der anderen eine hausindustrielle Lohnarbeiterklasse.

Derselbe Prozeß vollzieht sich in dem Schwabacher Nadlergewerbe und in der Sonneberger Spielwaaren-Industrie.

Forderungen zum Heimarbeiterschutz

Dokument 44
Protokoll der Verhandlungen des ersten Allgemeinen Heimarbeiterschutz-Kongresses, abgehalten zu Berlin im Gewerkschaftshaus am 7., 8. und 9. März 1907, Berlin 1907, S. 63, 72–73.

Heimarbeit

Wie sieht es nun in Wirklichkeit mit den Zuständen in der deutschen Tabakindustrie aus? Ich will Ihnen zunächst mal ein Pröbchen geben aus Hartha, einem Ort in Königreich Sachsen. Dort wird seitens unsrer Organisation folgendes berichtet: Von den am hiesigen Orte befindlichen 1100 Tabakarbeitern sind 350 in der Fabrik, die übrigen als Heimarbeiter beschäftigt. Die Wohnung der einzelnen Heimarbeiter besteht in der Regel aus 2 Stuben, (Wohn- und Schlafstube), oder aus drei Räumen (Wohn- und Schlafstube nebst Küche). Diese Wohnungen befinden sich sehr oft unter dem Dache oder in Hintergebäuden. Auch sind Fälle bekannt, wo Heimarbeiter im Keller wohnen. Die Höhe der Zimmer entspricht nirgends den für die Fabriken bestimmten gesetzlichen Bestimmungen. Es gibt hier Heimarbeiter, die in Räumen arbeiten und wohnen, die kaum 2 Meter hoch sind. Bei vielen Heimarbeitern betrug die Höhe ihrer Arbeitsräume 2,30 Meter, in neuerbauten Häusern jedoch 2,90 Meter. Der Kubikinhalt dieser Räume ist verschieden. Er beträgt gewöhnlich 12–16 Kubikmeter. In diesen Räumen arbeiten oft 4–7 Personen (die gesamte Familie). In allen Arbeitsräumen wird auch gewohnt und gekocht, in einzelnen Fällen sogar auch noch geschlafen. Ebenso wird von sämtlichen Heimarbeitern die Einlage im Arbeitsraume getrocknet, sowie der Tabakvorrat und das fertige Fabrikat darin aufbewahrt. Die Lohnverhältnisse sind die denkbar schlechtesten. Der Lohn schwankt zwischen 5, 5,50 bis 7,50 Mk. pro Tausend. Hierbei ist zu bemerken, daß die niederen Lohnsätze am häufigsten gezahlt werden. Infolge dieser traurigen Lohnverhältnisse ist die Arbeitsdauer durchgehends eine sehr lange; sie beträgt bei den Fabrikarbeitern täglich 10½ Stunden, bei den Heimarbeitern dagegen 12–16 Stunden. Der Gesundheitszustand der hiesigen Tabakarbeiter und Arbeiterinnen ist denn auch ein sehr trostloser, was die fortwährend hohe Zahl der erkrankten Mitglieder der Ortskrankenkasse der Zigarrenarbeiter, sowie die hohe Zahl derer, die den Lungenheilprozeß in Anspruch nehmen, zeigen.

Der vom 7. bis 9. März 1904 im Gewerkschaftshause zu Berlin tagende Heimarbeiterschutz-Kongreß fordert die Schaffung eines Heimarbeiterschutz-Gesetzes und verlangt:

1. Ein Raum, in dem im Auftrag und auf Rechnung eines dritten Waren und Gebrauchsgegenstände aller Art zugerichtet, angefertigt oder gereinigt werden, darf weder zum Kochen, noch zum Schlafen, noch als Krankenzimmer benutzt werden. Er muß hell, trocken, heizbar und leicht zu lüften sein. Auf jede darin thätige Person muß mindestens 15 Kubikmeter Luftraum entfallen.

2. Für die Durchführung dieser Vorschrift, sowie aller von der Gesundheitsbehörde angeordneten Maßnahmen ist sowohl der die Heimarbeiter beschäftigende Unternehmer, als der Hausbesitzer resp. Vermieter der von dem Heimarbeiter benutzten Werkstätte haftbar zu machen.

3. In Wohnungen und Arbeitsstätten, in denen Personen sich aufhalten, die mit ansteckenden Krankheiten behaftet sind, ist die Herstellung, Zurichtung, Ausbesserung oder Reinigung von Waren und Gebrauchsgegenständen aller Art verboten.

4. Der Inhaber und der Vermieter einer Werkstatt oder einer damit verbundenen Wohnung ist verpflichtet, jede ansteckende Krankheit, die eine darin beschäftigte oder sich aufhaltende Person befällt, dem Hausindustrie-Inspektor anzuzeigen. Erweist sich eine Desinfizierung der Wohnung oder eine Vernichtung der darin enthaltenen und zu bearbeitenden Materialien als notwendig, so fallen die Kosten dafür dem Unternehmer zur Last.

5. Für die Durchführung dieser Vorschriften ist sowohl der die Heimarbeiter beschäftigende Unternehmer als der Hausbesitzer resp. Vermieter der von dem Heimarbeiter benutzten Werkstätte haftbar zu machen.

6. Wer an Heimarbeiter Arbeitsstätten vermietet, hat dieses der Ortsbehörde innerhalb drei Tagen zu melden.

7. Wer als Hausindustrieller oder Heimarbeiter Räume der in § 1 bezeichneten Art in Benutzung nehmen will, hat hiervon der Ortsbehörde Anzeige zu machen und ihr die bestimmten Lokalitäten zu bezeichnen. Die Ortsbehörde hat über die erfolgte Anmeldung und darüber, daß die Räume den gesetzlichen Bestimmungen entsprechen, innerhalb drei Tagen eine Bescheinigung in zwei Exemplaren kostenlos auszustellen. Die Bescheinigung muß eine Angabe über den Kubikinhalt des zu benutzenden Raumes und der Personenzahl, die darin beschäftigt werden darf, enthalten.

8. Jeder Unternehmer ist zur Führung einer genauen Liste der von ihm beschäftigten Heimarbeiter und ihrer Wohnungen verpflichtet, und hat diese Liste vierteljährlich regelmäßig und auf Verlangen jederzeit dem Hausindustrie-Inspektor vorzulegen.

9. Die Bestimmungen der Gewerbe-Ordnung über Arbeitszeit, Sonntagsruhe, Wöchnerinnenschutz, Kinderarbeit, Arbeitsordnungen sind unter Haftbarmachung des Unternehmers für ihre Durchführung auf alle hausindustriellen Betriebe auszudehnen.

10. Den Bestimmungen der Kranken-, Unfall- und Invaliditäts-Versicherungsgesetze werden alle Heimarbeiter unterstellt.

11. Der Unternehmer, der Heimarbeiter beschäftigt, hat für jede von ihm beschäftigte Person ein Lohnbuch anzulegen. In dieses sind alle dem Heimarbeiter übertragenen Arbeiten spezialisiert, unter Angabe der für die einzelne Arbeit zu zahlenden Preise, einzutragen.

Das Lohnbuch bleibt bis zur Ablieferung der übernommenen Arbeiten in Händen des Heimarbeiters.

12. Die Mitgabe von Arbeit nach Hause sowohl an Fabrikwie an Werkstattarbeiter und -Arbeiterinnen ist verboten.

13. Die Hausindustriellen unterstehen bei Streitigkeiten, die zwischen ihnen und den Unternehmern (Verlegern) aus dem Arbeitsverhältnis sich ergeben, den Gewerbegerichten.

14. Auf Antrag von Arbeiter- oder Unternehmer-Organisationen hat das Gewerbegericht als Einigungsamt für den Ort seiner Zuständigkeit und für eine bestimmte Gültigkeitsdauer ein Mindestmaß der Entlohnung für die Branche, für die es berufen wurde, festzusetzen. An Orten, an denen ein Gewerbegericht nicht besteht, können besondere Mindestlohn-Kommissionen, zur Hälfte aus Vertretern der Arbeiter, zur Hälfte aus Vertretern der Unternehmer mit dem Hausindustrie-Inspektor als Vorsitzenden, eingesetzt werden. Die normierten Lohnsätze sind nach ihrer Veröffentlichung rechtsverbindlich.

15. Arbeiten des Reiches, der Einzelstaaten und Kommunen dürfen nur an solche Unternehmer vergeben werden, die diese in eigenen gewerblichen Betrieben (unter Ausschluß jeglicher Zwischenunternehmer) anfertigen lassen und die durch Tarifverträge oder von den Berufsorganisationen der Arbeiter oder den Mindestlohn-Kommissionen festgesetzten Lohn- und Arbeitsbedingungen erfüllen.

16. Zur Beaufsichtigung der hausindustriellen Betriebe und der Durchführung aller auf sie bezüglichen Gesetze sind eigne Hausindustrie-Inspektoren anzustellen, wobei Frauen und Vertreter der organisierten Arbeiterschaft besondere Berücksichtigung finden sollen.

17. Die Uebertretung der gesetzlichen Bestimmungen, für deren Einhaltung Unternehmer und Zwischenmeister in erster Linie verantwortlich sind, wird unter strenge Strafen gestellt.

Die Hasenhaarschneiderei

Dokument 45
Kurze Beschreibungen der Heimarbeit im Rhein-Mainischen Wirtschaftsgebiete, Frankfurt 1908.

Die Hasenhaarschneiderei ist in Frankfurt und dessen Umgebung ein alteingesessener Gewerbezweig. Sie hat im Laufe der letzten 30–40 Jahre große Wandlungen durchgemacht. Aus der Großstadt Frankfurt ist sie verschwunden. Sie ist noch anzutreffen in den hessischen Kreisen Groß-Gerau, Dieburg, Offenbach a. M. (Starkenburg) und Lauterbach (Oberhessen). Der Charakter der Arbeit hat sich auch geändert. Früher war die Arbeit ausschließlich Handarbeit. Jetzt wird die Abtrennung des Haares vom Balg in der Hauptsache mit Maschinen ausgeführt. Die erste Haarschneidemaschine wurde 1859 von der Firma Hutstoffwerke A.-G. vorm. C. F. Donner nach Frankfurt a. M. gebracht. Seit 30–40 Jahren finden diese Maschinen allgemeine Anwendung.

Bis zur Verwendung der Haarschneidemaschine wurde die Arbeit so gut wie ausschließlich von Männern ausgeführt; mit der Maschine trat auch die Frau in diese Industrie ein, und die Zahl der Frauen hat heute die der beschäftigten Männer weit überholt. Die Heimarbeit in der Haarschneiderei besteht jetzt noch in folgenden Teilarbeiten:

1. Reinigen (Zurichten der Felle)

2. Aufkleben von Abfällen von Tierfellen (sog. Kürschnerabfälle) auf Papierbogen als Vorbereitung zum Haarschneiden durch die Maschine,

3. Schneiden des Haares von Abfällen (Schwanz, Beine und kleine Abrißstücke).

Zahl der Fabriken: 4, nämlich in Frankfurt a. M., Offenbach a. M., Neu-Isenburg und Blitzenrod.

Zahl der Heimarbeiter: ca. 180, davon ca. 30 männlichen und ca. 150 weiblichen Geschlechts.

Unsere Enquete umfaßt 45 Heimarbeiter; von den im Kreise Dieburg ansässigen Heimarbeitern dieser Branche waren fast gar keine Angaben zu erhalten. Das Großh. Kreisamt Dieburg hat die Heimarbeit verboten, wenn nicht ein ausschließlich für die Arbeit verwendeter Raum vorhanden ist. Aus diesem Grunde waren die Arbeiterinnen mißtrauisch und verleugneten die Heimarbeit.

Von den 45 erwachsenen Heimarbeitern unserer Erhebungen waren 14 männlichen und 31 weiblichen Geschlechts; von 9 Kindern im Alter von 10–16 Jahren waren 6 Knaben und 3 Mädchen.

Alter der erwachsenen Heimarbeiter:

	männl.	weibl.
Bis zu 20 Jahren	–	1
20–30 Jahre	–	6
30–40 Jahre	2	5
40–50 Jahre	2	8
50–60 Jahre	4	7
60–70 Jahre	2	2
70–80 Jahre	3	–
unbekannt	1	2

Familienstand: 26 verheiratet, 9 verwitwet, 3 ledig, 7 unbekannt.

Vorbildung: Der männliche Haarschneider lernte früher 4 Jahre sein Handwerk; die Frauen machen für ihre Tätigkeit als Heimarbeiterinnen überhaupt keine Lehre durch.

Von den Arbeitern und Arbeiterinnen dieser Branche wird im Sommer vielfach andere Arbeit ausgeübt, die mehr Lohn einträgt und weniger oder keinen Schmutz ins Haus bringt.

Die wöchentlichen Arbeitszeiten schwanken von 15–72 Stunden. Sonntagsarbeit wird zuweilen angetroffen. Die Arbeit beginnt häufig um 6 Uhr morgens und wird bis abends 8 Uhr und noch länger ausgedehnt.

Die Löhne sind sehr verschieden. Für das Pfund geschnittener Haare werden 40 Pfg. bis 1 Mk. bezahlt, je nachdem Schwänze oder Abfallstücke zu beschneiden sind. Das Reinigen der Felle wird mit 50 Pfg. bis 1.10 Mk. für 100 Felle, das Aufschneiden der Felle mit 60–70 Pfg. für 100 Felle bezahlt. Für das Bekleben eines Bogens mit Abfällen wird 10 Pfg. bezahlt. Der durchschnittliche Stundenlohn berechnet sich für Männer bei der Fellzurichterei auf 25–30 Pfg., für Frauen beim Haarschneiden auf 8–10 Pfg. und beim Aufkleben von Abfällen auf 10–12 Pfg.

Die Arbeit wird von vielen Arbeiterinnen als sehr ungesund bezeichnet; andere haben von Gesundheitsschädigungen nichts gemerkt. Sie ist jedenfalls sehr schmutzig, verursacht großen Staub und in der Fellzurichterei starken widerlichen Geruch.

Der Kranken- und Invalidenversicherung gehören 9, der Krankenversicherung allein 5, der Invalidenversicherung allein 2 an, und garnicht versichert sind 26 Heimarbeiter.

Von den Männern sind einige gewerkschaftlich organisiert, von den Frauen keine.

Einen besonderen Arbeitsraum haben nur die seit langer Zeit in Kelsterbach ansässigen männlichen Heimarbeiter; die Frauen verrichten die Arbeit des Haarschneidens und das Aufkleben von Abfällen immer in der Küche oder einem Wohnraum, die Fellzurichterei häufig in einer Werkstätte der Zwischenmeisterin oder in einem von mehreren gemeinsam benutzten Arbeitsraum.

Arbeitersekretär Johannes Heiden in Frankfurt a. M.

Fort mit der Heimarbeit!

Kein Berufszweig, keine Beschäftigungsart birgt für den einzelnen sowohl als für die Gesamtheit solche Gefahren in sich, als die Heimarbeit. Im Interesse des Profits auf der einen Seite müssen auf der andern Seite unermeßliche

Opfer von zahlreichen Proletariern und Proletarierinnen

gebracht werden. Opfer an Gut und Blut und Gesundheit! Ja, selbst von den Kindern des Proletariats werden bereits im zartesten Kindesalter diese Opfer gefordert!

Die **Heimarbeit-Ausstellung,** die unlängst in Berlin veranstaltet worden ist, hat schlagende Beweise dafür geliefert, daß

die Heimarbeit eine furchtbare Gefahr für die große Masse des Volkes

bildet. Nur ein kleiner Teil der Bevölkerung, nämlich ein gewisser Teil von Fabrikanten, hat Vorteil davon, während die übrigen Bevölkerungsschichten, direkt oder indirekt, mehr oder weniger benachteiligt werden.

Für einen Hungerlohn

wird in der Heimindustrie vom frühen Morgen bis in die späte Nacht gearbeitet, Männer und Frauen, Greise und Kinder verschwenden ihre Arbeitskraft, die ihr einziges Besitztum ist, **gegen eine lächerlich geringe Bezahlung.** Infolge dieser erbärmlichen Bezahlung der Heimarbeit kann auch von einem vernünftigen Leben der Heimarbeiter keine Rede sein. Es ist **kein Leben, sondern ein elendes Dahinsiechen!**

Aber nicht nur die Heimarbeiter, auch andere Kreise

werden von den Gefahren der Heimarbeit erfaßt. Jene zahlreichen Produkte, die in der Heimindustrie **zumeist in engen, ungesunden und übervölkerten Wohnungen** hergestellt werden, sind nicht wenig geeignet, die Gefahren, unter denen die Heimarbeiter leiden, auch auf andere Bevölkerungsschichten zu übertragen.

Es muß anerkannt werden, daß **vielfach die Not Heimarbeiter züchtet,** denn stets hat die zügellose Profitgier einiger Kapitalisten die Notlage der nichtbesitzenden Klassen im Interesse des Profits auszunutzen verstanden. Oft genug ist **der Verdienst des Mannes so gering,** daß die Frau, ja selbst die Kinder mit verdienen müssen. Mag nun auch vereinzelt durch die Verrichtung von Heimarbeit der Familie eine geringe Hilfe winken, so steht doch dieser **geringe Vorteil in gar keinem Verhältnis zu den erheblichen Nachteilen,** die dadurch der Familie entstehen. Noch weit erheblicher und

für die Gesamtarbeiterschaft von größter Bedeutung

ist die Tatsache, daß durch die Heimarbeit mit ihren Hungerlöhnen und ihren zahlreichen gesundheitlichen Gefahren nicht nur für die einzelne Person oder Familie keine Besserung, wohl

aber für ganze Berufszweige weitere Verschlechterungen

geschaffen werden. Ganz abgesehen davon, daß die geringe Bezahlung der Heimarbeit auch **auf die Arbeitslöhne in den Fabriken und Werkstätten nicht ohne Einfluß** bleibt, so muß doch besonders darauf hingewiesen werden, daß überall, wo das irgend angängig, das Unternehmertum **bei Lohnbewegungen und Streiks**

die Heimarbeit als ein Mittel gegen die streikenden Arbeiter

anwendet. Um weniger Silberlinge willen finden sich dann Heimarbeiter oder Heimarbeiterinnen, die **zum Nachteil der Streikenden Arbeiten zu Hause** ausführen, wodurch Tausende Arbeiter und Arbeiterinnen, die jene Beschäftigung nicht als **Nebenerwerb,**

sondern als **Haupterwerb** ausüben, schwer geschädigt **werden.**

Das zeigt sich recht deutlich bei der gegenwärtigen Aussperrung der Buchbindereiarbeiter und Arbeiterinnen.

Man sollte es nicht für möglich halten, daß sich in einer Großstadt, inmitten einer aufgeklärten Arbeiterschaft noch viele Hunderte von Personen, Männer und besonders Frauen finden, die den Ausstand in einem Gewerbe als eine willkommene Gelegenheit betrachten, um die fluchwürdige Heimarbeit auch in ihrer Behausung einzuführen, die wegen weniger Pfennige, die ihnen kaum eine Hilfe sein können, große Massen von Arbeitern und Arbeiterinnen, **das sind**

ihre eigenen Klassengenossen und Genossinnen, schwer schädigen.

Nur **Verblendung** und **Unverstand** können solche **Zustände** zeitigen. Die Frauen, die, ohne sich um **die Sachlage** und um die daraus entstehenden Folgen **zu kümmern, Heimarbeit verrichten**, und die Männer, **die, obgleich** ihnen die Sachlage nicht unbekannt sein **sollte**, dennoch solche Heimarbeit in ihrer Behausung **dulden**,

müssen aufgeklärt werden;

es muß ihnen klar gemacht werden, daß sie durch ein derartiges Verhalten **ihr eigenes Los verschlechtern** helfen. Bei dem Tiefstand, der nicht selten in diesen Heimarbeiterkreisen noch vorhanden ist, und der bei der gedrückten Lebenshaltung systematisch erhalten wird, dürfte den Heimarbeitern und -Arbeiterinnen nur schwer die eigene Erkenntnis kommen. Um so mehr ist es die

Pflicht der organisierten Arbeiterschaft, die Pflicht aller Männer und Frauen, die einer Organisation angehören,

bei ihren **Bekannten** und **Verwandten**, bei ihren **Nachbarn** und **Freunden**, kurz, **überall dort, wo Heimarbeit**, ob dauernd oder nur vorübergehend geleistet wird, auf die Schäden derselben hinzuweisen. Wo diese Heimarbeit durch die Not der Zeit zu einer dauernden geworden ist, da gilt es, die Heimarbeiter anzuspornen, daß sie auf der Bezahlung **besserer Löhne** und der Schaffung eines **durchgreifenden Heimarbeiterschutzes** bestehen. Wo aber nur zu dem Zwecke **Heimarbeit verrichtet wird, um streikende**, um ihr Recht ringende Arbeiter und Arbeiterinnen zu schädigen, wie das in Leipzig auch gegenwärtig, wenn auch vielfach nur unbewußt, geschieht, da kann es nur eines geben:

Fort mit der Heimarbeit!

Der Ausschuß des Gewerkschaftskartells.

Verlag von Karl Franke in Leipzig. Rotationsdruck der Leipziger Buchdruckerei Aktiengesellschaft.

Pausen-Los?

Mittag am Fabriktor

Der nach Amerika ausgewanderte Enters berichtet um die Jahrhundertwende seinen Enkeln, wie es ihm in Wuppertal in seiner Jugend ergangen ist. Pausen während der überlangen Arbeitszeit gibt es kaum. Um Arbeitszeit einzusparen, binden sich die Arbeiter eine Trinkflasche während der Arbeit um den Hals, damit sie in der staubigen Luft ihren Durst stillen können. Bei dem zwölf- bis 16stündigen Arbeitstag wird das Essen im „Henkelmann" mit zum Werk genommen, oder Frauen und Kinder bringen die Mahlzeiten zum Fabriktor. Als Wohnung und Produktionsstätten noch unter einem Dach sind, haben die Arbeiter ein Interesse an möglichst langen Pausen. Indem die Produktionsanlagen jedoch größer werden, entfällt nicht nur das Wohnen in dem Haus, in dem auch die Produktion stattfindet, sondern es entstehen eigene Wohnstädte neben den Produktionsstätten.

Zu lange Pausen bei einer Nettoarbeitsberechnung verlängern den Arbeitstag. Für den Unternehmer sieht das Problem auch widersprüchlich aus. Einerseits stehen die Maschinen in der Pausenzeit still, andererseits arbeiten ausgeruhte Arbeiterinnen oder Arbeiter besser und intensiver (Dok. 46). Letztlich bedingt jedoch die weitere Entwicklung der Produktivkräfte und die Intensivierung der Arbeit, daß Pausen während der Arbeitszeit gemacht werden müssen.

Noch 1973 mußte die IG Metall in Nordwürttemberg/Nordbaden, um fünf Minuten bezahlte Erholungspausen innerhalb jeder Stunde zu erhalten, einen zweiwöchigen Arbeitskampf führen. Der Vertrag wurde bisher noch nicht in andere Bereiche der IG Metall übernommen.

Probleme der Arbeitszeit und der Pausen

Dokument 46
Adolf Braun: Die Gewerkschaften, ihre Entwicklung und Kämpfe, Nürnberg 1914, S. 214–216.

Nicht bloß die Dauer der Arbeitszeit ist ein Gegenstand des Kampfes zwischen Arbeit und Kapital und der technischen und organisatorischen Erwägung des Unternehmers. Beginn und Ende der Arbeitszeit, ihre Unterbrechung, die Verteilung der wöchentlichen Arbeitszeit auf die einzelnen Tage, und endlich als letzte große Aufgabe die Gruppierung der Arbeitszeit innerhalb eines Jahres für ein lange mit dem Betrieb verbundenes Personals sind wichtige Probleme der Betriebsorganisation geworden. Die Arbeiter kämpfen für den freien Samstagnachmittag, die Unternehmer und die Unternehmerorganisationen lassen ihn sich nur abringen, ja sie lassen es sogar auf schwere Kämpfe ankommen, wenn die Arbeiter auf dem freien Samstagnachmittag bestehen. Und doch ist dieser Samstagnachmittag eine minderwertige Arbeitszeit für den Unternehmer. Was Karl Marx in dem klassischen Kapitel „Seniors letzte Stunde" von der Wertlosigkeit der elften Arbeitsstunde für den Unternehmer sagt, gilt in besonders hohem Maße von dem Samstagnachmittag. Von der wochentägigen Arbeit ist die Arbeitskraft erschlafft, trotz aller Energie, trotz aller Antreibung des Stücklohnsystems und der Werkmeister vermindert sich die Leistung, verringert sich die Qualität, ja wir können es statistisch nachweisen, daß vielfach die Unfälle am Samstag am stärksten, in den Nachmittags- und Abendstunden höher wie in den Morgen- und Vormittagsstunden sind. So komplizieren sich die Samstagnachmittage zu Zeiten verminderter Aufmerksamkeit, verringerter Vorsicht, mangelnder Rücksicht auf die den Arbeiter umgebenden Gefahren, woraus man leicht den Schluß ziehen kann, daß auch die Leistungsfähigkeit des Arbeiters im Rahmen des Produktionsprozesses am Schlusse der Woche heruntergedrückt sein muß. So erscheint es im Interesse des Produktionsprozesses praktischer, auf die Arbeitszeit am Samstagnachmittag zu verzichten und im Falle des Festhaltens an einer bestimmten Wochenstundenzahl eine Verteilung vorzunehmen, die den dem Samstag vorangehenden Arbeitstagen Arbeitszeit zufügt, um den Samstagnachmittag frei zu erhalten.
Ein anderes Problem ist der spätere Beginn der Arbeitszeit am Montag. Der Unternehmer rechnet, daß der Arbeiter am Sonntag länger aufgeblieben ist, vielleicht nach langen Spaziergängen, nach weit in die Nacht hineingezogener Unterhaltung sehr ermüdet ist, daß er nicht genügend ausgeschlafen zum üblichen Arbeitsbeginn in den Betrieb kommen wird. Er erwägt, ob es nicht für die gesteigerte oder auch nur für die normale Arbeitsleistung von Vorteil sein würde, wenn man dem Arbeiter und der Arbeiterin eine Stunde mehr Nachtruhe gönnen könnte, wenn man also den Beginn der Arbeitszeit etwas hinausschieben würde. Das Prinzip höchster Arbeitsleistung erfordert ein viel stärkeres Eingehen auf die Verhältnisse der Arbeiter, als man das vielfach in Unternehmerkreisen für erforderlich erachtet.
Ein wichtiges Problem wird durch die Pausen aufgeworfen. Die Pause ist dem Unternehmer sehr unerwünscht. Der Dampfkessel ist geheizt, Kohle wird unnötig verbrannt, Dampf muß in die Luft gelassen werden, ohne Räder zu bewegen, ohne die Transmissionen im Gang zu erhalten, Licht muß brennen, Wärme geht verloren, mannigfache Generalunkosten entstehen, ohne daß ein sichtbarer Gegenwert geschaffen wird. Die Pause ist durch Gesetz, Uebung und Sitte dem Betriebe aufgedrängt, sie ist dem Unternehmer verhaßt wie alles, was nicht Mehrwert schafft. In der Abneigung gegen die Pausen treffen sich oft Wünsche der Arbeiter und der Unternehmer. Die Arbeiter und die Arbeiterinnen kommen in den Pausen nur selten zur wirklichen Ruhe. Die Mittagspause ist zumeist zu kurz, um nach Hause gehen, dort ein Mahl bereiten, es in Ruhe essen, sich eine Verdauungspause gönnen und dann gemächlich in die Fabrik gehen zu können. Den bessergestellten Arbeiter zwingt die Pause ins Wirtshaus, zu oft unerwünschtem Alkoholgenuß, der schlechtgestellte Arbeiter und die meisten Arbeiterinnen wissen nicht, wo und wie sie die Pausen verbringen sollen. So ist sehr viel Stimmung in Arbeiterkreisen, die Mittagspause auf die denkbar kürzeste Zeit, die zu einem Verzehren der mitgebrachten Speisen genügt, zusammenzudrängen, um die so ersparte Zeit vorteilhaft nach früherem Verlassen des Betriebes ausnützen zu können.

Noch mehr Gegnerschaft in den Kreisen der Arbeiter wie der Unternehmer haben die kurzen Pausen. Sie sind in noch viel höherem Maße wie die längere Mittagspause ein effektiver Verlust in der Produktion. Die Arbeiter haben keine Freude an der kurzen Pause, sie können in der Regel den Fabriksaal während derselben nicht verlassen. Sie müssen die schlechte, staubreiche, mit Oel geschwängerte, übel riechende Luft einatmen, sie haben keine Gelegenheit, ihre Glieder zu strecken und zu recken, die Umgebung ist ihnen unsympathisch, sie können sich weder reinigen noch isolieren, noch ihre Gesellschaft nach Belieben wählen, noch sich ungestört unterhalten. Sie fühlen sich kontrolliert, beobachtet, seelisch gedrückt; alle Vorteile, die die kurze Rast ihnen bringen sollte, glauben sie zu entbehren. So hat sich, besonders in England und in den Vereinigten Staaten von Amerika, aber auch in Deutschland, besonders in Berlin, vereinzelt auch in Oesterreich, die Tendenz geltend gemacht, die sogenannte englische Arbeitszeit einzuführen, das heißt die Erringung eines früheren Feierabends durch den Verzicht auf alle kleinen Pausen und durch die Herabdrückung der Mittagspause auf das möglich geringste Maß. Die englische Arbeitszeit hat ebenso begeisterte Anhänger wie auch entschiedene Gegner. Physiologen und Hygieniker befürchten von der pausenlosen Auspumpung von Arbeitskraft schwere Nachteile für die körperliche und geistige Gesundheit, verfrühte Abnützung und Erschöpfung der menschlichen Arbeitskraft, erhöhte Krankheitsgefahren. Noch fehlt es an genügendem Material, um statistisch die Bedeutung dieser Einwendungen abschätzen zu können.

Mittag am Fabriktor

Bleich steht er da — doch stolz und hochgereckt,
die braungefetzte Mütze schräg aufs Ohr gedeckt,
den Blusenärmel bis zum Muskel aufgestreift,
indes sein Blick wie suchend in die Ferne schweift.
Dort drüben wogt's — das Meer von Rauch und Qualm,
er saugt die Straßenluft wie Blütenrausch der Alm.
Ein Sommertag. Noch tropft von seiner Stirn der Schweiß,
und seinen Kittel schmückt der Arbeit Edelweiß.
Wer bringt ihm heute wohl die Speise her?
Sein Weib? Sein Kind? Er starrt ins Menschenmeer.
Dort schiebt sich's eilig wie ein Kätzchen durch den Schwarm,
sein Mädel ist's — ein Täschchen hängt am Arm.
Die schwarzen Augensterne irr'n voraus
vom Haldenhang bis hin zum Eisenhaus. —
Jetzt steht's beim Vater, schaut beglückt ihn an —
um beide schlingt sich süß ein Zauberbann.
Und nieder beugt er sich, trotz Hitze, Staub und Ruß,
ein Händedruck und dann — ein herz'ger Kuß.

Christoph Wieprecht

Arbeiten, um zu leben

1890: Das Sozialistengesetz wird nicht mehr im Reichstag verlängert. Die Politik Bismarcks gegen die Arbeiterbewegung ist fehlgeschlagen. Trotz zwölf Jahren Verfolgung und Unterdrückung ist die Arbeiterbewegung immer stärker geworden. Nach dem Fall des Sozialistengesetzes haben die Gewerkschaften und die Sozialdemokratische Partei mehr Möglichkeiten zu arbeiten. Initiativen der sozialdemokratischen Reichstagsfraktion zur Einschränkung der Arbeitszeit werden scheinheilig von der konservativen Mehrheit mit der Begründung abgelehnt, daß die dann eintretende Lohnminderung für die Arbeiter nicht zu verkraften ist. Stillschweigend gehen sie davon aus, daß bei einer Arbeitszeitverkürzung kein Lohnausgleich erfolgt.

Postkarte, 1910

In bestimmten Bereichen wie im Bäckerei-Handwerk oder für bestimmte Personengruppen, beispielsweise Jugendliche (Dok. 49) und Frauen (Nachtarbeitsverbot), kommt es vor dem Ersten Weltkrieg zu Arbeitszeiteinschränkungen auf gesetzlicher Grundlage. Auf den Parteitagen der Sozialdemokratie wird immer wieder diskutiert, wie der gesetzlich festgelegte Normalarbeitstag zu erreichen sei (Dok. 48). Ausdrücklich spricht sich Wilhelm Liebknecht für den Begriff des Normalarbeitstages aus. Damit soll die Verbundenheit zur Marxschen Analyse dokumentiert werden, die auch wesentlich das Erfurter Programm der SPD von 1891 geprägt hat. Auf dem Parteitag 1890 verweist Liebknecht auf die Schrift von Paul Lafargue: „Das Recht auf Faulheit" (Dok. 47). Er führt dazu aus: „Mit Bezug auf unser Streben nach Verkürzung der Arbeitszeit haben allerhand Leute gehöhnt: Die Sozialdemokraten wollen nicht arbeiten, sie wollen faulenzen. Dieses alberne, verleumderische Geschwätz kommt regelmäßig aus dem Munde von Leuten, die nicht wissen, was arbeiten heißt, die aber sehr wohl wissen, was faulenzen ist. (Heiterkeit) Lafargue hat diesem läppischen Geschwätz gegenüber das ‚Recht auf Faulheit', das ist auf Muße proklamiert. Der Mensch ist nicht ausschließlich zur Arbeit geboren; wir müssen, um Menschen zu sein, uns harmonisch ausbilden, – das können wir nicht ohne Arbeit; ohne Arbeit können wir überhaupt nicht leben. Die Arbeit ist folglich eine Notwendigkeit. Aber mehr arbeiten als für den Zweck, Mensch zu sein notwendig ist, das heißt den Zweck dem Mittel opfern. Nicht um zu arbeiten leben wir, sondern wir arbeiten, um zu leben. (Sehr richtig!)"

Die parlamentarischen Initiativen der Sozialdemokratie dürfen nicht losgelöst von den Massenaktionen gesehen werden, die mit außerparlamentarischem Druck erzeugt werden sollen (Dok. 50/51). Es gelingt der Arbeiterbewegung vor dem Ersten Weltkrieg nicht, auf gesetzlichem Wege eine generelle Beschränkung der Arbeitszeit durchzusetzen.

Wilhelm Liebknecht zum Normalarbeitstag

Dokument 47
Protokoll über die Verhandlungen des Parteitages der Sozialdemokratischen Partei Deutschlands, abgehalten zu Halle a. S., vom 12. bis 18. Oktober 1890, Berlin 1890, S. 178–179.

Wilhelm Liebknecht

Die Forderungen bezüglich einer einzigen progressiven Einkommensteuer für Staat und Gemeinde, bezüglich des unbeschränkten Koalitionsrechtes, des Normalarbeitstages und des Verbots der Sonntagsarbeit entsprechen noch heute unserem Standpunkte wie von vor 15 Jahren.

Als Ganzes sind die am Schlusse unseres Programms aufgestellten Forderungen des Arbeiterschutzes veraltet, von der Zeit überholt. Seit 15 Jahren sind wir auf diesem Gebiet, wenigstens theoretisch, so weit gekommen. In jedem Wahlprogramm im kleinsten Städtchen Deutschlands sind seitdem weit radikalere und umfassendere Forderungen aufgestellt worden. Damals war das neu, und so unvollkommen es heute erscheint, damals war es eine That, eine bahnbrechende That. Und mit diesen Forderungen haben wir den heutigen Klassenstaat gezwungen, daß er die Arbeiterschutzgesetzgebung als obersten Gegenstand auf die Tagesordnung gesetzt hat. Wie rasch der Fortschritt auf diesem Gebiet ist, das zeigt sich besonders deutlich am Normalarbeitstag. Hätten wir 1875 eine bestimmte Zeit festgesetzt, so wäre es schon kühn gewesen, den zehnstündigen Normal-Arbeitstag zu fordern. Heute würde der zehnstündige Arbeitstag für uns in gewisser Beziehung schon ein überwundener Standpunkt sein, heute würden wir sagen müssen: acht Stunden; und nach zehn Jahren würde vielleicht der Achtstundentag wieder ein überwundener Standpunkt sein. Es war darum sehr vernünftig, daß das Programm nicht einen zeitlich definitiv bestimmten Normal-Arbeitstag, sondern einen „den Gesellschaftsbedürfnissen entsprechenden" fordert. Den Gesellschaftsbedürfnissen und dem Gesellschaftskönnen, auch das muß ausgedrückt werden. Durch die sich immer mehr vervollkommende Technik, durch die bessere Art des Betriebes, durch die bessere Organisation der Arbeit wird die Arbeit immer produktiver und kann in Folge dessen beständig abgekürzt werden, sodaß man jetzt schon in einigen Kolonien Englands einen sechsstündigen Arbeitstag hat und in Australien einen fünfstündigen erstrebt. Mit Bezug auf unser Streben nach Verkürzung der Arbeitszeit haben allerhand Leute gehöhnt: die Sozialdemokraten wollen nicht arbeiten, sie wollen faulenzen. Dieses alberne, verleumderische Geschwätz kommt regelmäßig aus dem Munde von Leuten, die nicht wissen, was arbeiten heißt, die aber sehr wohl wissen, was faulenzen ist. (Heiterkeit.) Lafargue hat diesem läppischen Geschwätz gegenüber das „Recht auf die Faulheit", das ist auf Muße proklamirt. Der Mensch ist nicht ausschließlich zur Arbeit geboren; wir müssen, um Menschen zu sein, uns harmonisch ausbilden, – das können wir nicht ohne Arbeit; ohne Arbeit können wir überhaupt nicht leben. Die Arbeit ist folglich eine Nothwendigkeit. Aber mehr arbeiten als für den Zweck, Mensch zu sein, nothwendig ist, das heißt den Zweck dem Mittel opfern. Nicht um zu arbeiten leben wir, sondern wir arbeiten, um zu leben. (Sehr richtig!)

Die SPD-Reichstagsfraktion zum Achtstundentag

Dokument 48
Die parlamentarische Tätigkeit der Reichstagsfraktion, Berichterstatter: Hermann Molkenbuhr, aus: Protokoll der Verhandlungen des Parteitages der Sozialdemokratischen Partei Deutschlands, abgehalten zu Erfurt vom 14. bis 20. Oktober 1891, Tagesordnungspunkt 3a, Berlin 1891, S. 153–155 (Auszug).

Die wesentlichen Anträge, die wir gestellt haben, waren Abänderungsanträge, und da sich der größte Theil der Session mit der Abänderung der Gewerbeordnung zu befassen hatte, so hatten wir hierzu eine Reihe von Anträgen gestellt. Daß wir mit dem Regierungs-Entwurf nicht einverstanden waren, weil er uns nicht weit genug ging, ist bekannt. Der Entwurf bewegte sich zunächst in viel engerem Rahmen als der unsrige; aber wir suchten deshalb unsere Anträge möglichst in das Gesetz hineinzubringen. Zunächst beantragten wir, daß die Sonntagsruhe eine Dauer von 36 Stunden haben sollte, ferner, daß für das Handelsgewerbe an Sonn- und Feiertagen höchstens 3 Stunden Thätigkeit erlaubt sein solle, ferner das Verbot der Merkmale in den Zeugnissen, die Verschärfung des Verbots des Trucksystems, die genaue Regelung der Lohnzahlungsfristen, strengstes Verbot von Lohneinbehaltungen und Lohnabzügen sowohl betreffs des § 119 a als auch für Wohlfahrtseinrichtungen; endlich die Beseitigung der Kündigung. Letzterer Antrag bedarf vielleicht näherer Erörterung. Wir wissen wohl, daß in manchen Arbeiterkreisen das Bestehen der Kündigung als eine gewisse Wohlthat angesehen wird; es mag auch für Manchen unbequem sein, wenn er mit seinem Arbeitgeber in Zwist kommt, sofort entlassen zu werden. Aber alle arbeiterfeindlichen Maßregeln, welche der Gesetzentwurf neu in Aussicht nahm, die Lohneinbehaltungen, die Buße für Kontraktbruch u.s.w., alles das hatte nur Sinn, wenn die Kündigung besteht: sobald die Kündigung verboten war, hatten auch alle diese Paragraphen keinen Sinn mehr. Gerade weil diese Maßregeln aus dem Kündigungssystem hergeleitet waren, sagten wir uns, es ist besser, daß diese kleine Wohlthat wegfalle, statt alle die Schädigungen, die in der Vorlage standen, Gesetz werden zu lassen. Ferner verlangten wir gänzliches Verbot der Kinderarbeit, der Nachtarbeit jugendlicher Arbeiter, Regelung der Arbeitsordnungen und Maximalarbeitstag. Der letztere Antrag hat auch in der Partei Anfechtungen erfahren, weil nicht ohne weiteres der 8stündige Arbeitstag verlangt war. (Zwischenruf: Mit Recht!) Es wird gesagt: mit Recht. Darüber hat nicht der Einzelne zu entscheiden, sondern es ist der Parteitag im Ganzen, der zu dieser Frage Stellung nimmt. Bei jedem neu einzuführenden Gesetze dieser Art sind Uebergangsbestimmungen nothwendig. Fast allen Gesetzen ist ein Ausführungsgesetz beigegeben, welches aus dem alten in den neuen Zustand successive hinüberleiten soll. Sobald wir direkt die Forderung des Achtstundentages erhoben hätten, hätte man auch in den breitesten Schichten der Bevölkerung Anhänger für die entgegengesetzte Meinung gefunden, daß die Maßregel nicht durchführbar sei, weil die umliegenden Länder viel länger arbeiten und in 8 Stunden nicht das nöthige Quantum fabriziert werden kann. Deshalb entschieden wir uns für ein stufenweises Uebergehen. Auch der Zehnstundentag wäre schon ein gewaltiger Eingriff in das jetzige Produktionssystem, wo heute noch theilweise 16 und 18 Stunden gearbeitet wird. Hätten wir nur den zehnstündigen Arbeitstag, dann wären wir unbedingt grade in diesem Punkte allen anderen Ländern voraus. Nun hat zwar Werner erklärt, wir müßten einfach unsere Forderungen stellen, von der heutigen Gesellschaft, die uns freiwillig nichts gebe, hätten wir doch nichts zu erwarten. Wenn letzteres richtig wäre, weshalb sollten wir dann den achtstündigen Arbeitstag fordern? Das ist doch ein seltsamer Widerspruch; dann ist doch der Standpunkt der konsequentere, einfach überhaupt jede parlamentarische Thätigkeit abzulehnen. Dadurch aber würde der Partei unendlicher Schaden zugefügt werden. Wir forderten ferner zur Gewerbeordnungs-Novelle Strafverschärfung für die Kennzeichnung der Zeugnisse, Sicherstellung des Koalitionsrechts und Strafen gegen die Eingriffe in dasselbe und endlich den am meisten angegriffenen Passus – die Ausdehnung des Arbeiterschutzes auf die Hausarbeiter. Gerade an der Hausindustrie, wo die Lage der Arbeiter die gedrückteste ist, konnten wir beweisen, daß die Gegner nichts von wirklichem Schutz zugestehen wollten, auch den Leuten auf dem Lande konnten wir das an diesem Beispiel klar machen; darum vertraten wir diesen Antrag und die gesammten Gegner stimmten dagegen, um dieses kostbare Ausbeutungsgebiet sich nicht auch nur in etwas beschränken zu lassen.

SPD-Parteitag von 1896 zur Bäckereiverordnung

Dokument 49
Protokoll über die Verhandlungen des Parteitages der Sozialdemokratischen Partei Deutschlands, abgehalten zu Gotha vom 11. bis 18. Oktober 1896, Berlin 1896, S. 51–53 (Auszug).

Der Antrag der Fraktion über die gesetzliche Regelung der Arbeitszeit kam bisher nicht zur Berathung. Dagegen bot eine Bundesrathsverordnung vom 4. März dieses Jahres allen Parteien Anlaß, Stellung zum Normalarbeitstag zu nehmen.

Nach § 120 e der Gewerbeordnung können durch Beschluß des Bundesraths für „solche Gewerbe, in welchen durch übermäßige Dauer der täglichen Arbeitszeit die Gesundheit der Arbeiter gefährdet wird, Dauer, Beginn und Ende der zulässigen täglichen Arbeitszeit und der zu gewährenden Pausen vorgeschrieben, und die zur Durchführung dieser Vorschriften erforderlichen Anordnungen erlassen werden." Die Kommission für Arbeiterstatistik hatte schon lange die trostlosen, menschenunwürdigen Verhältnisse in den Bäckereien nach allen Seiten hin offengelegt, obwohl hier eigentlich gar nichts mehr zu enthüllen war; sie hatte auch bestimmte Vorschläge im Interesse der gefährdeten Bäckereiarbeiter gemacht. Der Bundesrath zögerte lange, endlich faßte er sich doch ein Herz und erließ die nachstehenden Vorschriften, die Herr Bachem in der Kommission für das Bürgerliche Gesetzbuch mit Recht als sehr harmlose bezeichnete, die jedenfalls nur den elementarsten Lebensinteressen der Arbeiter Rechnung tragen:

Der Betrieb von Bäckereien und solchen Konditoreien, in denen neben den Konditorwaaren auch Bäckerwaaren hergestellt werden unterliegt, sofern in diesen Bäckereien und Konditoreien zur Nachtzeit zwischen achteinhalb Uhr Abends und fünfeinhalb Uhr Morgens Gehilfen oder Lehrlinge beschäftigt werden, folgenden Beschränkungen:

1. Die Arbeitsschicht jedes Gehilfen darf die Dauer von

Aus: „Der Wahre Jacob"

zwölf Stunden oder, falls die Arbeit durch eine Pause von mindestens einer Stunde unterbrochen wird, einschließlich dieser Pause die Dauer von dreizehn Stunden nicht überschreiten. Die Zahl der Arbeitsschichten darf für jeden Gehilfen wöchentlich nicht mehr als sieben (!!) betragen.

Außerhalb der zulässigen Arbeitsschichten dürfen die Gehilfen nur zu gelegentlichen Dienstleistungen und höchstens eine halbe Stunde lang bei der Herstellung des Vorteigs (Hefestücks, Sauerteigs), im Uebrigen aber nicht bei der Herstellung von Waaren verwendet werden . . .

Zwischen je zwei Arbeitsschichten muß den Gehilfen eine ununterbrochene Ruhe von mindestens acht Stunden gewährt werden.

2. Auf die Beschäftigung von Lehrlingen finden die vorstehenden Bestimmungen mit der Maßgabe Anwendung, daß die zulässige Dauer der Arbeitsschicht im ersten Lehrjahre zwei Stunden, im zweiten Lehrjahre eine Stunde weniger beträgt, als die für die Beschäftigung von Gehilfen zulässige Dauer der Arbeitsschicht, und daß die nach Ziffer 1 Absatz 3 zu gewährende ununterbrochene Ruhezeit sich um eben diese Zeiträume verlängert.

Dann kam sogar noch eine reichliche Zulassung von Ausnahmen, nämlich:

3. Ueber die unter den Ziffern 1 und 2 festgesetzte Dauer dürfen Gehilfen und Lehrlinge beschäftigt werden:

a) an denjenigen Tagen, an welchen zur Befriedigung eines bei Festen oder sonstigen besonderen Gelegenheiten hervortretenden Bedürfnisses die untere Verwaltungsbehörde Ueberarbeit für zulässig erklärt hat;

b) außerdem an jährlich zwanzig der Bestimmung des Arbeitgebers überlassenen Tagen. Hierbei kommt jeder Tag in Anrechnung, an dem auch nur ein Gehilfe oder Lehrling über die unter den Ziffern 1 und 2 festgesetzte Dauer beschäftigt worden ist.

Auch an solchen Tagen, mit Ausnahme des Tages vor dem Weihnachts-, Oster- und Pfingstfest, muß zwischen den Arbeitsschichten den Gehilfen eine ununterbrochene Ruhe von mindestens acht Stunden, den Lehrlingen eine solche von mindestens zehn Stunden im ersten Lehrjahre, mindestens neun Stunden im zweiten Lehrjahre gewährt werden. Die untere Verwaltungsbehörde darf die Ueberarbeit (a) für höchstens zwanzig Tage im Jahre gestatten.

1891 war bei der Berathung des Arbeiterschutzes der „hygienische" Maximalarbeitstag allgemein als zulässig gebilligt worden; nur die Freisinnigen hatten die Vollmachten des § 120 e nicht dem Bundesrath allein übertragen wollen: der Reichstag sollte die erlassenen Verordnungen wieder aufheben können. Die Konservativen hatten damals, den Mantel nach dem Wind von oben tragend, sogar durch verschiedene Redner den wirklichen gesetzlichen Normalarbeitstag vertreten. Nach fünf vollen Jahren sollte die papierne Zusi-

Zur Reichstagswahl 1912

cherung zum ersten Male für ein größeres Gebiet in die Praxis übertragen werden, und sofort fanden sich fast alle bürgerlichen Parteien im gemeinsamen Widerstand zusammen – rechter Hand, linker Hand, beides vereint. Herr v. Buchka vergoß mit einem Male Thränen, daß man in Deutschland ganze Schichten der Bevölkerung „unter Polizeiaufsicht" halten wolle. Der Graf zu Inn- und Knyphausen entdeckte plötzlich, daß „die Freiheit der Person" wichtiger sei wie alle geltend gemachten Gründe. Der kurzsichtige Haß gegen die Arbeiterklasse und die feige Rücksichtnahme auf die Mittelstandsstimmen gaben in den Angriffen gegen die Regierung den Ton an. Herr v. Buchka sprach von allgemeiner Erregung, „weil auch andere Zweige des Handwerks mit Recht befürchten, daß ähnliche Beschränkungen, welchen die Bäcker und Konditoren in dieser Verordnung unterworfen sind auch ihnen möglicherweise über kurz oder lang blühen könnten." Der sächsische Freikonservative Merbach meinte: „Ich muß in dieser Verordnung das Anerkenntniß der Rechtmäßigkeit der Forderung eines Normalarbeitstages für männliche erwachsene Arbeiter erblicken, und ich kann nur im Namen meiner politischen Freunde, wie sie denn überhaupt die Ansichten, die ich hier entwickele, im wesentlichen, glaube ich, alle theilen, erklären, daß wir auf diesem Wege mitzugehen nicht gesonnen sind. (Sehr richtig! rechts.) Für jugendliche Arbeiter und für Frauen sind wir stets zu haben (Heiterkeit) – ja gewiß, meine Herren, sind wir da für den Arbeiterschutz immer zu haben, und ich möchte nur betonen, daß wir doch recht üble Erfahrungen in neuerer Zeit auf dem Gebiete des Schutzes der Arbeiter gemacht haben. Wenn sich dieser Schutz auf die Verkürzung der Arbeitszeit richtet, führt er denn doch oft zu Erscheinungen, die uns nicht angenehm sein können." „Gegen die Fixirung des Maximalarbeitstages sträubt sich mein Gerechtigkeitsgefühl. Ich bin fest überzeugt, daß, wenn man Schäden ausmerzen will, man dies auf einem anderen Wege besser thun kann, als indem man die Faulheit begünstigt" – so wiederum der edle Graf zu Inn- und Knyphausen, der zweifellos mehr wie 13½ Stunden Tag für Tag, siebenmal die Woche, angestrengt arbeitet. Und dann weiter: „beim Arbeiten geht niemand leicht kaput, und beim Handwerk oder Gewerbe der Bäcker ist das noch weniger der Fall; denn dieses Gewerbe gehört zu den allergesündesten, die es überhaupt giebt. Das Bäckergewerbe ist nicht nur nicht gesundheitsschädlich, sondern gesundheitsförderlich." Die Antisemiten trieben natürlich auch Mittelstands-Stimmenfang; „diese Maßregel ruinirt den Mittelstand ... nirgends, in keinem Beruf ist das Verhältnis zwischen Unternehmer und Arbeitnehmer besser als bei den Bäckern."

Der preußische Handelsminister v. Berlepsch vertrat mit großer Entschiedenheit die Bundesrathsverordnung. Er stand vor seiner Entlassung, das hob für ihn wohl manche Rücksicht auf, die sonst einen Beamten an einer offenen Aussprache hindern:

Ich möchte sagen, meine Herren: wann soll denn überhaupt der § 120 e angewendet werden (sehr richtig! links), wenn nicht in einem Falle, wo feststeht, daß in 50 pCt. aller Betriebe über 12 Stunden, bis 14, bis 16, bis 18 Stunden, und zwar zur Nachtzeit, gearbeitet wird, ohne irgend einen Ruhetag im ganzen Jahr in überheizten Räumen und in schlechter Luft –? Ja, meine Herren, wann wollen Sie denn von dem § 120 e Gebrauch machen, wenn nicht in diesem Fall? Ich kann mir gar keinen schlimmeren Fall denken, als denjenigen, der hier vorliegt; und nach meiner Ueberzeugung hätten die verbündeten Regierungen ihre Pflicht nicht erfüllt, wenn sie in diesem Falle nicht vorgegangen wären und von der ihnen vom Reichstag zudiktirten Befugniß keinen Gebrauch gemacht hätten. (Sehr richtig! links) ...

Wie liegt denn die Sache? 24 Stunden hat der Tag. Von diesen 24 Stunden sind in den Bestimmungen des Bundesraths für jeden Gehilfen 8 Stunden der Ruhe zugesprochen. Es bleiben also 16 Stunden übrig. Von diesen 16 Stunden können 13½ Stunden zu regelmäßigen Betriebsarbeiten verwendet werden, sobald während der Arbeitsschicht eine Stunde Pause gewährt wird, – was in den Bäckereibetrieben, soviel

Aus der „Interessanten" Gegenwart, aus: „Der Wahre Jacob"

ich weiß, überwiegend der Fall ist; 13 Stunden kann nämlich alsdann die Arbeitsschicht dauern und eine halbe Stunde ist für die Herstellung des Vorteigs vorgesehen. Daneben sind gelegentliche Nebenarbeiten unbeschränkt zulässig. Außerdem kann an 40 Tagen im Jahr Ueberarbeit stattfinden. Meine Herren, abgesehen von den 8 Stunden absoluter Ruhe, kann also die Arbeitszeit unter Umständen 16 Stunden dauern. Mir scheint, da könnte man die Frage aufwerfen: ist hier nicht zu wenig gefordert, anstatt zu viel? (Sehr richtig! links.) ...

Es handelt sich darum, die Bestimmungen der Gewerbe-Ordnung auszuführen. Das ist sehr einfach – ich habe das gestern schon ausgesprochen –, schöne Paragraphen machen, schöne Reden halten und nachher im Wege der Ausführung Stück für Stück wieder wegnehmen, was zugesagt ist. Dieses Prinzip können die verbündeten Regierungen nicht annehmen. (Sehr gut! links und aus der Mitte.) Es wird das ganz gewiß seitens der verbündeten Regierungen nicht geschehen; und Sie können sich darauf verlassen, solange ich einen Finger rühren „kann, wird dieser Weg nicht beschritten. (Bravo! links und in der Mitte.)"

Maidemonstration in Hamburg

Zum Antrag der SPD-Reichstagsfraktion für den Achtstundentag

Dokument 50
Bericht über die parlamentarische Tätigkeit der sozialdemokratischen Reichsfraktion im Protokoll über die Verhandlungen des Parteitages der Sozialdemokratischen Partei Deutschlands, abgehalten zu Hamburg vom 3. bis 9. Oktober 1897, Berlin 1897, S. 40 (Auszug).

Eine überraschende Zurückhaltung übte eine großer Theil unserer Gegner bei der Berathung unseres Achtstundentag-Antrages. Früher ist bei ähnlichen Anlässen oft lediglich über gesetzlich vorgeschriebene Tagedieberei, über den Anfang zum sozialdemokratischen Zuchthausstaate und über ähnliche Erfindungen der sehr verbreiteten Klasse der politisch nicht Zurechnungsfähigen gegeifert worden. Diesmal bemühte man sich geflissentlich, sachlich zu bleiben, obwohl der sozialdemokratische Antrag rundweg den gesetzlichen Achtstundentag für „alle im Lohn-, Arbeits- und Dienstverhältniß im Gewerbe-, Handels- und Verkehrswesen" stehenden Personen forderte.

Freilich, die Wahlen stehen vor der Thür. Doch das reicht zur Erklärung der überraschend eingehenden Erörterung unserer Forderung nicht aus. Die Diskussion hat vielmehr gezeigt, daß vor der stetig fortschreitenden wirthschaftlichen Entwickelung die festesten Vorurtheile nicht Stand halten, und daß diese Entwickelung sich in unseren Tagen so rasch vollzieht, daß binnen weniger Jahre Fragen in den Kreis praktischer politischer Erwägungen einrücken, die vordem lediglich ein Gegenstand nebelhafter Schwärmerei oder einer „gewissenlosen Verhetzung" schienen und die man darum früher mit ein paar Schlagworten genügend erledigt glaubte. Die immer unfassendere Abkürzung der Arbeitszeit in den Großindustrien Deutschlands, besonders aber Englands, hat einen wesentlichen Umschwung in den Anschauungen der fortgeschritteneren bürgerlichen Elemente hervorgerufen. Auf der anderen Seite allerdings: je mehr man den Achtstundentag als das unabänderlich Kommende fürchten lernt, desto stärker bäumt sich auch das gefährdete Profitinteresse auf. Herr v. Stumm war wie immer der Hauptvertreter dieser einseitigsten Unternehmerbefürchtungen. Nach ihm ist die freie Zeit für den Arbeiter überhaupt vom Uebel, besonders jedoch für den deutschen, der sich dann umsomehr in den Vereinen herumtreibt und so seinen „Ausgabe-Etat auf das Aeußerste erhöht". (Lebhafter Beifall.) Außerdem gebe der deutsche Arbeiter und seine Frau viel zu viel in Vergnügungen, Spirituosen und Putz aus: selbst durch Prämien sei er nicht zu größerem Fleischkonsum zu veranlassen; „er läßt das Fleisch, selbst wenn man es ihm umsonst giebt, stehen". Darum könne der nie so viel leisten wie der Engländer und auch nie eine englische Arbeitszeit beanspruchen. Schließlich, um der Komik seiner Ausführungen die Krone aufzusetzen, appellirte derselbe Herr Stumm, der täglich nach Ausnahmegesetzen gegen die organisirte Arbeiterklasse schreit, der seinen eige-

nen Arbeitern die erlaubten Zeitungen und Einkaufsläden vorschreibt, der seine Untergebenen nur mit seiner Erlaubnis heirathen läßt, an das „freie Selbstbestimmungsrecht des erwachsenen Arbeiters", an die „Gleichberechtigung, an die er von Gott und Rechts wegen Anspruch hat in Deutschland". „Sie suchen durch diesen Antrag den Arbeiter in eine Knechtschaft hineinzuzwingen, die toller und schlimmer ist, als sie der schlimmste Arbeitgeber jemals hätte ersinnen können." (Lebhaftes Bravo rechts.) Als ihm dieses Pulver ausging, warf Herr Stumm noch einige aus den schmutzigsten Zeitungswinkeln aufgelesene übelriechende Aepfel gegen die Sozialdemokratie und die Gewerkschaften.

Für außerparlamentarische Aktionen des Proletariats

Dokument 51
Protokoll über die Verhandlungen des Parteitages der Sozialdemokratischen Partei Deutschlands, abgehalten zu München vom 14. bis 20. September 1902, Berlin 1902, S. 176 (Auszug).

Wir wissen genau, daß der Knüppel beim Hunde liegt und daß die bürgerlichen Parteien auch nicht zu einem Jota mehr an Reformen sich verleiten lassen, als ihnen die Furcht vor dem kämpfenden Proletariat abknöpft. Wie einmal zu den Scharfmachern das Wort gesprochen ist: Meine Herren, wir arbeiten ja nur für Sie! so wird die Sozialdemokratie nach den Wahlen in der Lage sein, den gegnerischen Scharfmachern zu sagen: Sie haben nur für uns gearbeitet. Diese Situation wird uns erlauben, einen energischen Druck auf das Parlament von außen auszuüben. Der ständige Berliner Briefschreiber der „Neuen Zeit", dessen Leitartikel allein schon zur ständigen Lektüre des Blattes veranlassen sollten (Sehr richtig!), Genosse Mehring, hat sehr richtig darauf hingewiesen, daß der Zollwucher eine so außerordentlich günstige Situation für die außerparlamentarische Aktion der Massen schaffen würde, daß sie zu sozialpolitischen Fortschritten ausgenützt werden könne. Das ist aber auch nicht die Hauptsache. Die Situation bringt auch einen großen Fortschritt für die Entwikkelung unserer Partei. (Sehr richtig!) Wieder wird sich in unserer Partei eine richtigere Schätzung der parlamentarischen Arbeit und der außerparlamentarischen Aktion des Proletariats einstellen. (Sehr richtig!) In dieser Verschiebung der Werthschätzung zu Gunsten der außerparlamentarischen Aktion sehe ich einen außerordentlichen Vortheil für die Entwickelung des politischen Klassenkampfes. Es scheint fast so, als ob alle Anträge, die hier gestellt sind, an einer Ueberschätzung dessen kranken, was die parlamentarische Arbeit leisten kann, und an einer Unterschätzung dessen, was die außerparlamentarische politische Aktion des Proletariats leisten muß. Diese Werthung tritt vor allem auch in den bekannten Artikeln von Parvus zu Tage. Wie schätzenswerth, wie unentbehrlich die Aktion unserer parlamentarischen Vertreter auch sein mag, sie mögen mit Menschen- und mit Engelszungen reden, sie mögen die trifftigsten Gründe haben, so würden sie doch bei den herrschenden Klassen nichts ausrichten, wenn nicht von außen der Druck eines erkenntnißreichen, eines geschulten, eines organisirten Proletariats hinzukäme. Deshalb begreife ich das Vorgehen der Fraktion, daß den Anstoß zur kräftigen Agitation, zur Förderung der Aktion außerhalb des Parlaments geben muß. Wie der Riese Antaeus immer wieder Kraft gewann, wenn seine Schultern den mütterlichen Boden der Erde berührten, so wachsen, so erweiterten sich die Kräfte der Sozialdemokratie, wenn sie die rechte, innige Berührung mit den Massen hat. (Bravo!)

Am Pranger! Den deutschen Arbeitern in's Gedächtnis.
Aus: „SPD Wahlzeitung", 1903

„Ich mag keinen Himmel, wenn meine Brüder in der Hölle schmachten"

Hoffnungen und Wünsche der Arbeiter

Dokument 52: Die Arbeiterfrage, Adolf Levenstein, München 1912

<u>Die positiven Wünsche der Arbeiter in bezug auf die Umgestaltung ihrer ökonomischen Lage</u>

1. Wieviel Stunden würden Sie gern arbeiten? Welche Art Arbeit möchten Sie am liebsten verrichten?

2. Was würden Sie tun, wenn Sie täglich genügend Zeit für sich hätten? Was würden Sie sich für Dinge anschaffen, wenn Sie das nötige Geld hätten?

3. Welche Hoffnungen und Wünsche haben Sie?

Maipostkarte

Was hier geschrieben steht ist erlebt. (Houston Stuart Chamberlain. Grundlagen des 19. Jahrhunderts.)

Die Anregung zu vorliegender Untersuchung resultiert aus sog. Arbeiterabenden, die ich seit acht Jahren regelmäßig Mittwochs in meiner Wohnung veranstalte.

So sehr auch bisher die Form der Arbeitssysteme, des Arbeitslohnes, des Arbeitsvertrages usw., die rechtliche und ökonomische Seite der Arbeit untersucht sind, so fehlt es doch ganz an einer Massenuntersuchung, die das psychologische und physiologische Moment gebührend berücksichtigt.

Es wurde schon angeführt, daß die Lebenslage des Arbeiters nur zum Teil durch die Höhe seines Einkommens bestimmt wird. Von nicht geringem Einflusse ist die Länge seiner Arbeitszeit, denn sie entscheidet, ob er Zeit hat zur Teilnahme an der menschlichen Kultur und geistigen Entwicklung, zur Erfüllung sozialer Funktionen, zu geselligem Verkehr, zu freiem Spiel der geistigen und physischen Lebenskräfte, oder ob er zur bloßen Hand degradiert wird.

Schlepper, 20 Jahre: 8 Stunden wollte ich gern arbeiten. Ich füge mich in jede Arbeit.

Kohlenhauer, 25 Jahre: 6 Stunden. Ich möchte mir Arbeit wünschen Untertage, aber wenn ich mehr verdiene.

Hauer, 27 Jahre: Gern arbeite ich keine Stunde. Nur um meine Familie zu ernähren. Am liebsten möchte ich ein paar Morgen Land mein eigen nennen. Dann möchte ich mir mein Land bebauen und schön leben.

Bergarbeiter, 28 Jahre: 7 Stunden. – Ich möchte am liebsten solche Arbeit verrichten, welche mir Vergnügen macht, z. B. Kutscher.

Bergmann, 30 Jahre: 4 Stunden. – Arbeiten, welche die Gesundheit nicht ruinieren.

Bergmann, 30 Jahre: 4–5 Stunden. – Pastor spielen, denn er hat morgens bloß eine halbe Stunde Arbeitszeit.

Bergmann, 32 Jahre: Eine sechsstündige Schicht würde genügen. – Ich möchte jede Arbeit verrichten, wo der Geist des Menschen in Tätigkeit kommt, nur keine Handlangerarbeit, wo man nichts anderes gebraucht als ein paar Hände zum Greifen.

Hauer, 33 Jahre: 8 Stunden. – Arbeiten, an dessen Mehrwert auch ich Anteil hätte.

Bergmann, 34 Jahre: 4 Stunden. – Ich möchte am liebsten im Freien arbeiten.

Hauer, 36 Jahre: 8 Stunden. – Am liebsten würde ich einer Beschäftigung mich widmen, wo ich vom Arbeitgeber nicht abhängig bin.

Bergmann, 37 Jahre: 6 Stunden, wenn die Menschen, welche am Körper der Gesellschaft ein Schlemmerdasein fristen, könnten auch wir alles genießen, was uns die Natur bietet. – Arbeit, an der ich Freude hätte.

Kohlenhauer, 37 Jahre: 6 Stunden, um nicht physisch niedergedrückt zu werden. – Eine Arbeit, an der ich meine Selbständigkeit und Unabhängigkeit bewahren, die mir einen Lohn bringt, um meine Familie anständig zu ernähren und kein Dasein zu fristen brauche, wie es heute leider in dieser verruchten, verfluchten göttlich-kapitalistischen Weltordnung der Fall ist.

Hauer, 38 Jahre: 6 Stunden. – Einerlei, wenn ich nur als Mensch geachtet werde.

Hauer, 42 Jahre: 6 Stunden. – Tagesarbeit beim Licht der Sonne.

Wirker, 28 Jahre: 8 Stunden. – Wo ich ein ganzes Produkt selbständig anfertigen könnte.

Weber, 28 Jahre: 8 Stunden. – Die Arbeit, die ich gelernt habe, die Tuchmacherei.

Fabrikweber, 30 Jahre: 6 Stunden. – Welche mir und der Allgemeinheit Freude macht.

Kettenscherer, 31 Jahre: 8 Stunden. – Arbeiten, bei denen man selbständig handeln kann. Die Arbeit, die ich jetzt verrichte, wobei ich stupide wie ein Götze stehe, ist mir ein Greuel.

Spinner, 32 Jahre: 8 Stunden. – Mir einerlei.

Kettenscherer, 34 Jahre: 8 Stunden. – Ich möchte gern Aufseher in einem Zuchthause sein, worin alle Tagediebe, die nicht arbeiten wollen, untergebracht sind.

Weber, 35 Jahre: 8 Stunden. – Am liebsten eine Arbeit, welche nicht so eintönig ist.

Weber, 37 Jahre: 8 Stunden. – Ich bin mit Leib und Seele Weber.

Teppichweber, 40 Jahre: 5–6 Stunden würde ich gern arbeiten. – Geistige Arbeit wäre mir am liebsten, aber wie dazu gelangen? Wie ein Bleigewicht lastet die Misere der wirtschaftlichen Verhältnisse auf meiner Familie. Vor allen Dingen eine Arbeit, die Abwechslung bietet.

Metallarbeiter, 20 Jahre: Im höchsten Fall 8 Stunden. Als Lieblingsbeschäftigung wünschte ich eine Arbeit, die mich nicht immer ewig an dieselbe Stelle bannt.

Schlosser, 24 Jahre: 6 Stunden würde ich gern arbeiten. – Solche Arbeit, welche individuell ist und auch solche, welche Kunst- und Schönheitssinn erfordert.

Metallarbeiter, 25 Jahre: In kapitalistischer Frohn höchstens 6 Stunden. – Am liebsten in der freien Natur. Mit Leib und Seele wäre ich gern Förster geworden.

Werkzeugdreher, 30 Jahre: 8 Stunden. – Präzise Arbeit, wo es genau auf ein hundertstel Millimeter ankommt. Da vergeht die Zeit am besten.

Former, 31 Jahre: 5 Stunden, – unter den jetzigen ungünstigen Verhältnissen. – Eine Beschäftigung wünschte ich mir, die weniger meinen Körper als meinen Intellekt in Anspruch nähme.

Schlosser, 33 Jahre: Gern? Wenn alle diejenigen arbeiten würden, von denen man sagt, die säen nicht und ernten doch, dann erst würde ich gern 8 Stunden arbeiten. Ich würde in meinem Beruf jegliche Arbeit verrichten, aber ohne Antreiber-, ohne Aufpasserwirtschaft.

Metallarbeiter, 46 Jahre: 8 Stunden. – Jede Arbeit, die mir innere Befriedigung gewährt, und wenn dieselbe noch so untergeordnet ist. Nur müßten Vernunft und Zweckmäßigkeit zu erkennen sein.

Bergmann, 21 Jahre: Ich würde mich ins Freie begeben, um die frische Luft zu genießen. Ich würde mir besseren Lebensunterhalt und soziale und politische Bücher verschaffen.

Bergmann, 26 Jahre: Über die wirtschaftliche Lage der Arbeiter zu bekümmern und die Politik im Reichstag genauer zu verfolgen. – Da würde ich mir wissenschaftliche Werke anschaffen.

Bergarbeiter, 28 Jahre: Erstens würde ich mich genügend ausschlafen, dann würde ich im Wald spazieren gehn, um dadurch die giftigen Atome aus meiner Brust wieder loszuwerden. – Ich würde mich zuerst sattessen, für reichliche gesunde Nahrung und gesunde Wohnung sorgen.

Bergarbeiter, 28 Jahre: Ich würde mir die Zeitung und die wissenschaftlichen Sachen mehr in den Sinn nehmen als jetzt bei völliger Arbeit und mir in der Natur mehr Interesse schaffen und meiner Frau die Sachen besser ergliedern. – Ich würde mir eine Wirtschaft kaufen, wo ich genau wüßte: Ich arbeite bloß für mich und nicht für andere Herren.

Schlepper, 29 Jahre: Meine Frau unterm Arm nehmen und spazieren gehen. – Tät mir eine Villa kaufen und schönen Garten.

Plattierer, 43 Jahre: Ich habe die Hoffnung, bald von dieser Erde erlöst zu sein.

Metallarbeiter, 44 Jahre: Keine.

Metallarbeiter, 45 Jahre: Gesundheit und meine Arbeit verrichten können.

Bergmann, 33 Jahre: Ich würde mich mehr in der freien Natur erfrischen und könnte mehr nach meiner Gesundheit leben. Vor allen Dingen würde ich darauf bedacht sein, mir mehr Wissen anzueignen. – ich würde zunächst anständig leben, meinen armen Mitmenschen in ihrer bedrängten Lage beistehen. Ich würde mir eine schöne wissenschaftliche Bibliothek kaufen. Des weiteren würde ich mir einen Sport-Gegenstand kaufen (z. B. Fahrrad).

Bergmann, 37 Jahre: Ich könnte mich mehr durch spazieren im Freien erholen und auch mehr lesen. – Zuerst bessere Kost für mich und die Familie, dann bessere Kleidung und Schuhzeug, dann mehr Betten, daß die Kinder nicht zu dreien in einem Bette zu schlafen brauchen. Dann für mich und die Kinder aufklärend und veredelnd wirkende Bücher und Schriften.

Zwirner, 25 Jahre: Ich würde viel im Freien spazieren gehen, da bei meiner Arbeit die Nerven zu sehr angestrengt werden. – Ich würde mir in einem kleinen Dörfchen ein kleines Häuschen anschaffen und ein Stückchen Land zum Bewirtschaften.

Weber, 28 Jahre: Wenn ich Zeit hätte, würde ich meine Wirtschaft recht sauber halten, mich meinen Kindern widmen und öfter an die frische Luft gehn. – Wenn ich das nötige Geld hätte, kaufte ich mir ein Fahrrad, eine Taschenuhr; das übrige Geld würde ich alles sparen und mir dann ein Haus lassen bauen.

Weber, 30 Jahre: Ich würde meiner Familie mehr Dienste tun und mehr Bildung aneignen können. – Zunächst Betten anschaffen, um allein schlafen zu können.

Spinner, 33 Jahre: Zunächst würde ich meine mangelhafte Bildung verbessern, vor allen Dingen musizieren und malen, ein Haus am Waldesrand, am Bachesstrand mit Garten dran, da denk' ich dran.

Weber, 53 Jahre: Diese Zeit meiner Familie widmen. Gute wissenschaftliche Bücher lesen. Spazieren gehen. Theater besuchen. Und die übrig bleibende Zeit der politischen und gewerkschaftlichen Organisation widmen. – Zuerst eine genügend große Wohnung mit Badezimmer. Eine schöne zweckentsprechende Wohungseinrichtung. Und die Hauptsache wissenschaftliche Bücher zur Vervollständigung meiner Bibliothek, die z. Z. einen Anschaffungswert von 800,00 M. hat.

Teppichweber, 41 Jahre: Zunächst die mangelhafte Volksschulbildung verbessern. Vor allen Dingen die Muttersprache richtig sprechen und schreiben lernen, die ich leider noch immer nicht genügend beherrsche. Dann würde ich mich weiterbilden, um meinen Beruf wechseln und vielleicht Redakteur oder sonst ein tätiger Arbeiter in dem Kampfe um die Freiheit werden zu können. Lernen möchte ich, lernen und wieder lernen, um nachzuholen, was man in der Jugend leider versäumen mußte. Dazu gehört eine kurze Arbeitszeit, damit der Geist noch aufnahmefähig ist und nicht vollständig erschlafft wie jetzt. – Das nötige Geld gehört natürlich auch schon zur Durchführung des Vorstehenden. Was ich sonst noch haben möchte, weiß ich eigentlich nicht, ich bin ziemlich wunschlos. Kunstverständnis habe ich wenig oder gar nicht. Die Fronarbeit im Dienste des heutigen Kapitalismus ertötet den noch nicht entfalteten Menschengeist des Arbeiters vollständig. Eine gute Bibliothek möchte ich mein eigen nennen.

Weber, 44 Jahre: Ich würde mir viele Bücher und zwar nützliche für die Welt und auch christliche anschaffen, daß man was wüßte, wie es jenseits nach dem Tode aussieht. Wenn ich das nötige Geld hätte, so würde ich meine Kinder versorgen und Armen Gutes tun, das ist mein Verlangen.

Metallarbeiter, 26 Jahre: Diese Frage an sich geht schlecht zu beantworten, weil Zeit an sich nicht alles ist, was wir brauchen; wir müssen auch die Mittel haben, die Zeit so anwenden zu können, wie wir gerne möchten. Z. B.: In der Gegenwart haben viele Arbeiter täglich genügend Zeit, weil sie nur halbe Schichten etc. arbeiten, aber sie können mit der Zeit schlechterdings nicht viel anfangen, weil ihnen die Mittel fehlen, die Zeit ihren Wünschen entsprechend zu verwenden. – Wenn ich täglich genügend Zeit für mich hätte, dann würde ich mich fest auf die Hose setzen und die Nase gehörig in Bücher vergraben. – Diese Frage finde ich sehr unklar, was versteht man unter „nötig"? Jedenfalls aber würde ich, falls ich das „nötige" Geld hätte, alles daransetzen & versuchen, mir eine umfassende Bildung zu verschaffen.

Werkzeugschlosser, 27 Jahre: Vorerst würde ich meine Gesundheit stählen. Mein Geist noch weiter ausbilden, das geistige „Ich" vollends stärken, um „freier immer freier" mich in großen Entfernungen von den mich fesselnden Sklavenketten der Zeit zu bewegen. – Ich würde mir gern Schriften über die moderne Arbeiterbewegung, Anarchie etc. eventuell noch die okkulten Wissenschaften erstehen.

Metallarbeiter, 32 Jahre: Ich wünsche, mit der Familie mehr zusammen sein, weil sonst die Kinder sehr vernachlässigt werden, doch muß man auch freie Zeit für sich selbst haben, um zu lesen . – Ich würde, wenn Geld vorhanden wäre, ein 3tes Bettgestelle brauchen und auch sonst fehlt es an allen Ecken.

Kettenarbeiter, 33 Jahre: Ich würde mich am liebsten mit schönen Werken befassen, mich dürstet es nach Wissen, da ich nur die einfache Bauernschule besucht habe, und da man gewöhnlich nicht viel lernen kann, so kommt es im späteren Leben etwas schwer an, wenn man immer auf dem Standpunkt der Zeit stehen will. Auch würde ich von Zeit zu Zeit einen kleinen Spaziergang machen; um wieder etwas Zersträuung zu suchen. – Wenn ich das nötige Geld hätte, würde ich mich mit der Weltgeschichte befassen, griechische und römische Geschichte, sozialpolitische Werke, Gesetzeskunde und Kosmos.

Kettenarbeiter, 47 Jahre: So viel wie möglich im Freien die schöne frische Luft genießen, und so viel wie möglich in politische Lektüre vertiefen. – Die Schriften von K. Marx, F. Engels und Lassalles! Leider ist es Tausenden von Arbeitern nicht vergönnt, solche ehrenwerthen Sachen kaufen zu können; wegen Mangel an Geld.

Bergmann, 24 Jahre: Ich hoffe, daß sich die Zeit dahin wenden möge, daß man wenigstens einmal im späteren Leben an den Freuden dieser Welt teilnehmen kann. Denn die Jugendzeit habe ich im Kampfe für bessere Lebensbedingungen geopfert. Ich hoffe, daß ich vielleicht einmal die Zeit lebe, daß ich wenigstens Jährlich vieleicht 14 Tage wenigstens dazu benutzten könnte, eine Reise zu tun. Damit ich am Ende meiner Tage wenigstens mehr gesehen habe als den schrecklichen Schlund des Schachtes.

Bergmann, 28 Jahre: Ich wünsche nur einmahl gründlich mit dem Kapithal Auf zu reuhmen, und es wird eine kleine Sache sein. Wenn wier geschlossen vorgehn werden.

Grubenarbeiter, 29 Jahre: Mein Wunsch und meiner Frau Wunsch ist, daß wir keine Kinder mehr bekommen. Da redet Herr Bebel vom Schein der Wissenschaftlichkeit, wenn sich ein Arzt hergibt, und den Armen geplagten Aufklärung gibt über Verhütung der Empfängnis. Man verlangt, die Frau soll sich emanzipieren. Aber wenn er wüßte, wie es um die meisten Arbeiterfrauen steht. Ihr ganzes Denken und Fühlen ist auf die Verhütung der Empfängnis gerichtet. Man sieht es überall an der Unterhaltung. bleibt die Menstruation zum Datum aus, gleich ist die Angst groß, denn jede Arbeiterfrau weiß, was ein Kind mehr bedeutet, wieder mehr Sorge und Not, denn der Verdienst steigt nicht. So ist bei der Arbeiterfrau ein fortwährendes in der Angst leben von einer Perieode zur anderen, denn auch die Präservative verfehlen oft die Wirkung.

Bergmann, 30 Jahre: Hoffnungen! Wünsche! Welche Menschenseele würde dieses nicht haben. Sind doch die Wünsche und Hoffnungen des Menschenherzens unberechbar. Da hofft man in kindlicher Naivität, auf etwas Großes, Unerwartetes, das da eintreten wird, ihn frei machen, und aller Sorgen entheben wird. Da jagt man ungewissen Zielen zu, die gleich einer Fata-Morgana am fernen Horizonte verlockend und gleißend liegen, so weit, so unerreichbar. Dieses große Hoffen und Wünschen der Menschenseele zu entziffern, wird keinem gelingen. Man hofft, man wünscht, stellt Berechnungen an, und wenn man es hat, ist man wiederum des Wünschens noch nicht satt.

Bergarbeiter, 31 Jahre: Meine Hoffnungen und Wünsche sind nur, daß sich alle Menschen möchten zusammenschließen, um Nächstliebe zu pflegen und den Urgeist durch Thaten anzubeten. Dann wird keine Grenze mehr sein zwischen Nachbar und Nachbar auch auch keine mehr zwischen Gott und den Menschen.

Bergarbeiter, 32 Jahre: Ich habe Hoffnung, daß nächstes Jahr im Reichstage sämtliche Sozialisten sitzen werden und erhoffe Besserung. Mein bester Wunsch wäre, mit der Fahne voran und mit den Kapitalisten und Junkern einen Krieg zu führen und bis auf den letzten niederzumähen.

Hauer, 35 Jahre: Habe den sehnlichsten Wunsch, daß die arbeitenden Massen aus ihrer Lethargie aufgeweckt werden möchten, um zu begreifen, welchen Zweck ihr Dasein hat. Solange sie noch mit ihrer Ware „Arbeitskraft" zu Markte gehen können, kommt den meisten der Gedanke nicht, daß es, so bald man dem Kapital nichts mehr nützt, bald anders wird. Aus diesem Grunde verachte ich alle Institute, in denen sie dem Arbeiter Genügsamkeit und Entsagung predigen, wogegen gerade dem Arbeiter das Recht zustehen müßte, in vollem Maße an dem Segen der Kultur teilzunehmen. Da ich nun mehr berechtigte Hoffnungen als erfüllbare Wünsche habe, so bin ich fest davon überzeugt, daß es mit Hilfe des klassenbewußten Proletariats über kurz oder lang doch gelingen wird, die Lage der ums tägliche Brot ringenden Menschheit mehr und mehr zu bessern.

Bergmann, 37 Jahre: Daß ich bald bei meiner Hände Arbeit mich richtig satt essen könnte.

Bergmann, 38 Jahre: Ich hoffe, soviel zu verdienen, daß ich und meine Familie nicht mehr an Unterernährung leiden.

Bergmann, 41 Jahre: Mein Herzenswunsch wäre, daß ich für meine harte und gefahrvolle Arbeit eine anständige Behandlung und wenigstens so viel, daß ich ein menschenwürdiges Dasein haben könnte, aber viel Hoffnung habe ich nicht.

Bergmann, 45 Jahre: Ich wünsche, wenn die Zeit bald käme, daß der Arbeiter in der menschlichen Gesellschaft auch als Mensch anerkannt wäre, was jetzt nicht der Fall ist, denn die Tiere werden in der Grube besser behandelt als der Arbeiter und bekommen auch genug zu fressen, und der Arbeiter mit 6 Kindern kann nicht so leben, wie es sich gehört.

Bergmann, 46 Jahre: Bis jetzt hoffe ich nur noch, daß mich der Tod von meinen Leiden erlösen möchte.

Weber, 27 Jahre: Daß eine Revolution kommen möge. Denn so kann es nicht weitergehen.

Plüschweber, 28 Jahre: Ausgehend von der Erkenntnis, daß in absehbarer Zeit von der Herrschaft des Kapitals das Volk sich zu befreien unfähig gemacht worden ist, von einigen politischen Drahtziehern – wäre es mein innigster Wunsch, wenn die Künstler und Wissenschaftler dazu schreiten würden, Fühlung zu suchen mit den Arbeitern und umgekehrt, wenn man ferner den Arbeiter nicht als Lasttier sondern als Menschen mit denselben geistigen Fähigkeiten wie alle anderen Menschen betrachten wolle.

Weber, 30 Jahre: Hofnungen habe ich nicht viel aber destomehr hätte ich Wünsche. Ich will aber sehr bescheiden sein. Ich wäre froh, wenn ich soviel verdiente, daß meine Frau nicht mehr in die Fabrik zu gehen brauchte, und sich dem Häuschen und den Kindern widmen könnte.

Fabrikweber, 31 Jahre: Ich wünschte nicht, alt zu werden, daß man nicht zu lange sich zu quälen brauchte, denn in der heutigen Weltordnung kanns der Arbeiter zu nichts bringen, weil er von allen entrechtet wird.

Reißereiarbeiter, 33 Jahre: Ich habe bloß den einen Wunsch, daß ich einmal soviel verdiene, daß ich mit meiner Familie nicht hungern und darben zu brauche.

Tuchmacher, 34 Jahre: Ich wünschte, der Fusel (Branntwein) würde abgeschafft, weil dadurch der Mensch denkunfähig wird u. ein Hemmschuh jeglicher Aufklärung bildet, man siehts bei uns in der Parteibewegung, sie helfen nichts, sind abgestumpft, zahlen die Beiträge ungern u. sind sie voll, so belegen sie sich mit den gemeinsten Schimpfworten! Auch in den Reihen unserer Partei sieht es bös aus, die Brüderlichkeit läßt viel zu wünschen übrig, die Behandlung ist meistens sehr gehässig gegenseitig.

Stricker, 39 Jahre: Ich wünsche ein menschenwürdiges Dasein zu führen.

Maschinenschlosser, 21 Jahre: Mein Herzenswunsch ist der, daß bald alle Proletarier ihre heiligste Pflicht darin sehen möchten, sich zum Sozialismus zu bekehren und für alle Geknechteten der neue Zukunftsstaat bald anbrechen möge.

Instrumentenmacher, 24 Jahre: Möge es mir vergönnt sein, durch ein arbeitsames Leben mir eine gesegnete Zukunft zu sichern.

Former, 26 Jahre: Eine Trennung von Staat und Kirche, den gesetzlichen Achtstundentag, Abschaffung der Akkordarbeit.

Schmied, 30 Jahre: Die Hoffnungen habe ich begraben, an der nackten Wirklichkeit gehen sie zugrunde.

Metallarbeiter, 39 Jahre: Hoffnungen und Wünsche nur, welche sich für alle verwirklichen. Ich mag keinen Himmel, wenn meine Brüder in der Hölle schmachten.

Wenn die Nacht zum Tag wird

„Über die Verwerflichkeit der Nachtarbeit sind alle Hygieniker einig. Aber auch wegen der geistigen und sittlichen, ferner auch wegen der allgemeinen wirtschaftlichen und sozialen Wirkung ist die Nachtarbeit stets als eine der schlimmsten Gefährdungen der Arbeiterklasse zu bekämpfen. Je mehr das Kapital strebt, seine Maschinen und Baulichkeiten durch ununterbrochene Tätigkeit möglichst auszunutzen, um so mehr verlängert sich bei einer widerstandsunfähigen Arbeiterklasse der Arbeitstag über die Grenzen des natürlichen Tages in die Nacht hinein, um so energischer hat eine geschulte und organisierte Arbeiterschaft stets gewerkschaftlich und politisch um die Wegsicherung ihrer natürlichen und sozialen Entwicklungsgrundlage ringen und streiten müssen." (Max Schippel, Sozialdemokratisches Reichshandbuch, Berlin 1902, Seite 918.)

Die ersten gesetzlichen Einschränkungen der Nachtarbeit existieren für Jugendliche und Frauen, bei den letztgenannten besonders vor und nach der Niederkunft. Für Frauen wird 1891 mit der Novelle zur Gewerbeordnung ein generelles Nachtarbeitsverbot erlassen. Damit ist eine der Forderungen des 1. Kongresses der Zweiten Sozialistischen Internationale erfüllt.

Bis zum Ersten Weltkrieg bedarf es besonderer Anstrengungen der Arbeiterbewegung, um die Nachtarbeit für Bäcker einzuschränken. Aber auch die Durchsetzung der Sonntagsruhe sowie eines freien Tages zu Weihnachten, Ostern und Pfingsten muß in diesem Bereich besonders erkämpft werden, da bei den Novellen zur Gewerbeordnung gerade dieser Handwerksbereich, in dem die Arbeitsbedingungen besonders schlecht sind, ausgenommen ist (siehe hierzu: Geschichte der Deutschen Bäcker- und Konditorenbewegung, Band 1, Seiten 315 f., zur Arbeitszeit).

Bei zunehmender Industrialisierung werden die Maschinen größer und teurer. Damit verschiebt sich der Kapitalbedarf, der für Produktionsmittel aufgewandt werden muß, zuungunsten der Lohnkosten. Von daher ist es für den Kapitalbesitzer günstiger, wenn mit den Maschinen rund um die Uhr gearbeitet wird.

Noch während des Ersten Weltkrieges kommt es in dem theoretischen Organ der Sozialdemokratie, der „Neuen Zeit", zu einer interessanten Kontroverse. Da die ablehnende Haltung der Arbeiterbewegung zur Nachtarbeit sich in vielen Beschlüssen und Forderungen niederschlägt, wird eine abweichende Position des Gewerkschafters Schneider unter der Überschrift „Ketzereien zur Frage der industriellen Nachtarbeit" veröffentlicht. Es geht darum, ob nach dem Krieg, um die Wirtschaft schneller anzukurbeln, nicht auch die Arbeiterorganisationen Nachtarbeit zustimmen müssen. Der Artikel (Dok. 52) löst eine heftige Polemik aus (Dok. 53). (Siehe weiter Luise Zietz, NZ 1917, S. 594.)

Nachtarbeit aus wirtschaftlicher Notwendigkeit?

Dokument 53
H. Schneider, Ketzereien zur Frage der industriellen Nachtarbeit, Die Neue Zeit, Stuttgart 1917, S. 472 ff.

Fast alle grundsätzlichen Kundgebungen der organisierten Arbeiterschaft zur Frage des Arbeiterschutzes fordern ein Verbot oder doch die möglichste Beschränkung der Nachtarbeit. Schon der erste Arbeiterschutzentwurf, der 1877 von den 12 sozialdemokratischen Abgeordneten dem Reichstag des Norddeutschen Bundes vorgelegt wurde, fordert ein solches Verbot „unter enger Begrenzung der Ausnahmen" mit dem ausdrücklichen Zusatz, daß solche Ausnahmen „für Arbeiterinnen und jugendliche Arbeiter überhaupt nicht in Frage kommen". In der Arbeiterschutzresolution des Pariser Internationalen Kongresses von 1889 wird das

Verbot der Nachtarbeit gefordert „außer für bestimmte Industriezweige, deren Natur einen ununterbrochenen Betrieb erfordert". Unbedingtes Verbot wird gefordert für Frauen und jugendliche Arbeiter unter 18 Jahren. Die von Molkenbuhr dem Hamburger Gewerkschaftskongreß vorgelegte Resolution zur sozialen Gesetzgebung fordert ein Verbot der Nachtarbeit „außer für solche Arbeiten, die ihrer Natur nach, aus technischen Gründen oder aus Gründen der öffentlichen Wohlfahrt des Nachts getan werden müssen". Die Internationale Gewerkschaftskonferenz, die 1913 in Zürich stattfand, richtete an die Arbeitervertreter in den Parlamenten der verschiedenen Länder das dringende Ersuchen, „Anträge einzubringen beziehungsweise zu erneuern auf Erlaß von Verboten der Nachtarbeit für diejenigen Arbeiterkategorien und Industriezweige, in denen sie nicht durch dringende Umstände notwendig ist". Durchaus im Sinne dieser Beschlüsse fordert der Internationale Gewerkschaftsbund in seinem Entwurf der Gewerkschaftsforderungen zum Friedensvertrag:

Die Nachtarbeit zwischen 8 Uhr abends und 6 Uhr morgens ist gesetzlich zu verbieten für alle Betriebe, die nicht ihrer Art nach oder aus technischen Gründen auf die Nachtarbeit angewiesen sind. Die Arbeitszeit darf in den Betrieben, für die Nachtarbeit gestattet ist, 8 Stunden pro Schicht nicht übersteigen.

Die Frage, wie sich die organisierte Arbeiterschaft zur Nachtarbeit zu stellen hat, welche Forderungen sie dazu erheben muß, scheint demnach durchaus geklärt zu sein. Vielleicht trügt aber dieser Schein. Jedenfalls reizt mich der Versuch, zu zeigen, daß man auch in dieser scheinbar ganz einfachen und eindeutigen Frage zu einer Auffassung kommen kann, die der bei uns seither landläufigen widerspricht.

Zunächst einiges über die besondere Bedeutung der Frage für die Zeit unmittelbar nach Kriegsende.

Die Meinungen darüber, ob unmittelbar nach Beendigung des Krieges die Wirtschaftslage, richtiger der Beschäftigungsgrad gut oder schlecht sein wird, gehen bekanntlich auseinander. Einmütigkeit herrscht jedoch darin, daß dem Kriege recht bald eine Zeit folgen wird, in der alle wirtschaftlichen Kräfte auf das äußerste angespannt werden müssen. Der Krieg hat so viel Werte vernichtet, hinterläßt so große Lücken im Gütervorrat des Volkes, daß ein allgemeiner Warenhunger die Folge sein wird. Diesen zu stillen, müssen alle verfügbaren Kräfte und Mittel eingesetzt werden. Nun hat aber der Krieg auch von diesen Kräften und Mitteln gar viel vernichtet. Millionen vollkräftiger Männer sind gefallen oder ihrer Erwerbsfähigkeit ganz oder teilweise beraubt. Unübersehbare Mengen von Arbeitsmitteln (Gebäude, Maschinen, Werkzeuge usw.)

Weg zur Zeche

Hans Niekrawietz

NACHTSCHICHT

Die Nächte machen alles bleich
und blind auf unserm Gang zur Schicht.
Wir selber sind uns alle gleich
und wie ein einziges Gesicht.
Gemeinsam münden fremd und fern
unsere Tage in die Kohlengruft.
Wir sehen weder Weg noch Stern
und wittern nur der Erde Duft.
Und sind doch bäurisches Geschlecht,
das in der Furchenspur des Pflugs
leibeigen einst vom armen Knecht
zum freien Ackerbauern wuchs.
Uns Söhne trug der Boden nicht.
Noch immer graben wir im Schoß
einstiger Äcker, Schicht auf Schicht,
und sinken tief und bodenlos,
bis wir, verhärtet Blick und Mund,
in dem verfluchten Labyrinth
unserer Nächte wieder Grund
gewinnen — oder nicht mehr sind.

Aus: „Der Wahre Jacob"

sind zerstört oder verbraucht worden. Fast alle Gesellschaftsunternehmungen, vor allem der Heeresindustrien, haben ihre ungewöhnlich hohen Abschreibungen begründet mit Hinweisen auf die übermäßige Abnutzung der Maschinen usw.[1] *Auch die Landwirtschaft hat ihre Maschinen mehr als sonst abgenutzt. Daß vor allem auch die Verkehrsmittel (Schiffe, Wagen, Waggons usw.) arg mitgenommen wurden und einer Auffüllung und Ausbesserung dringend bedürfen, ist bekannt.*

Es soll und muß also mit verminderter Arbeitskraft und verminderten Arbeitsmitteln ein gesteigerter Bedarf an Lebensgütern aller Art gedeckt werden. Das ist auf zwei Wegen möglich: entweder muß die Heranziehung und Ausnutzung der menschlichen Arbeitskräfte noch weiter getrieben oder es muß durch stärkere Inanspruchnahme der Arbeitsmittel die Ergiebigkeit der Arbeit gesteigert werden.

Eine noch stärkere Heranziehung von Arbeitskräften, als sie jetzt in der Kriegszeit durch Hunger und Hilfsdienstgesetz erfolgt, dürfte im Frieden kaum möglich sein. Aber auch die Ausnutzung der einzelnen Arbeitskraft hat, von Ausnahmen abgesehen, einen Grad erreicht, der ohne ernstliche Schäden kaum noch überboten werden kann. Wenn die Unternehmer trotzdem schon jetzt auf allerlei Prämiensysteme und andere Reizmittel zur Steigerung der Arbeitsleistung sinnen, so beweisen sie damit nur, daß ihnen Rücksicht auf die Träger der Arbeitskraft fern liegt.

Es muß also versucht werden, die Ergiebigkeit der menschlichen Arbeitskraft zu steigern durch vermehrte Anwendung und schärfere Ausnutzung arbeitsparender Maschinen. Das Minus an Arbeitskräften muß ersetzt werden durch ein Plus an Arbeitsmitteln. Der vermehrten Anwendung von Arbeitsmitteln steht zunächst die schon erwähnte Tatsache im Wege, daß auch an solchen infolge des Krieges ein empfindlicher Mangel eingetreten ist. Es müssen also die vorhandenen Arbeitsmittel auf das schärfste ausgenutzt werden, wenn der Warenhunger, der ja in erster Linie ein Hunger nach Konsummitteln sein wird, gestillt werden soll.

Die Ausnutzung der Arbeitsmittel ist um so vollständiger, je mehr Stunden am Tage sie im Betrieb sind, je weniger ihre Anwendung unterbrochen wird. Wird nun durch ein allgemeines Verbot der Nachtarbeit im Friedensvertrag die Ausnutzung der vorhandenen Arbeitsmittel ohne Übergangszeit beschränkt, so wird damit der Ausgleich zwischen Bedarf und Angebot von Waren verzögert und die Senkung der durch den Mangel in der Kriegszeit unerträglich gesteigerten Preise verhindert. Es leuchtet ein, daß das nicht etwa eine Angelegenheit der Unternehmer, sondern eine solche des ganzen Volkes, vor allem der Arbeiterschaft ist.

Stollenausbau

Die in dem Entwurf des Internationalen Gewerkschaftsbundes umgrenzte Tageszeit läßt nicht einmal Raum für zwei Schichten zu je 8 Stunden. Da auf kürzere oder halbe Schichten nicht zu rechnen ist, bleibt nur das Einschichtsystem mit seiner sachlich unvollständigen Ausnutzung hochwertiger Arbeitsmittel. Es wäre deshalb meines Erachtens erwägenswert, ob es sich nicht empfiehlt, wenigstens für eine nicht zu kurz bemessene Übergangsfrist die Nachtarbeit auch für solche Betriebe, für die sie nicht aus technischen Gründen unentbehrlich ist, zuzulassen unter der Bedingung, daß die einzelne Schicht nicht länger als 8 Stunden dauert. Mindestens aber sollte die zur Arbeit freigelassene Tageszeit so gelegt werden, daß für zwei Schichten zu je 8 Stunden Raum bleibt.

[1] Der Leiter einer größeren Maschinenfabrik versicherte mir, daß er 70 Prozent seiner Maschinen sofort nach Kriegsende außer Gebrauch setzen müsse, weil sie infolge der gesteigerten und vielfach unsachgemäßen Benützung für Präzisionsarbeiten unbrauchbar geworden seien.

Den Arbeiterschutz nicht außer Kraft setzen

Dokument 54
Rudolf Wissel: Zu den Ketzereien zur Frage der industriellen Nachtarbeit. Die Neue Zeit, Stuttgart, 1917, S. 546 f.

Für die wieder in einen gewissen Beharrungszustand gekommene spätere Zeit meint Schneider, daß bei dem durch die Kriegsfolgen geschaffenen Warenhunger der Welt so rasch und so viel wie möglich produziert werden müsse. Da die Arbeitskräfte nicht vermehrt, ihre Ausnutzung nicht gesteigert werden könne, müßten die technischen Arbeitsmittel im weitestgehenden Maße ausgenutzt werden. Geschähe das in vierundzwanzig Stunden statt in acht, würden mehr Waren erzeugt und diese selbst billiger werden. Rechnerisch sucht Schneider dies darzutun. Das Verbot der Nachtarbeit hindere aber eine solche Ausnutzung. Das bewirke eine Minderung der sonst möglichen Gütererzeugung, eine Erhöhung der Erzeugungskosten, eine allgemeine Preissteigerung und eine Überflüssigmachung von sonst zu beschäftigenden Arbeitskräften. Jetzt müsse der Unternehmer versuchen, die tägliche Arbeitszeit bis zum äußersten auszunutzen. Dazu müsse er einmal neue Kapitalien in dem zu erweiternden Fabrikbetrieb anlegen, zum anderen werde es seinen Widerstand gegen jede Arbeitszeitverkürzung steigern, um so mehr, als auch der Warenhunger der Konsumenten diesen Widerstand stärke. Verminderung der Gütererzeugung, Erhöhung der Erzeugungskosten, allgemeine Preissteigerung, Überflüssigwerden von Arbeitskräften, unrationelle Verwendung von Kapitalien, stärkere Widerstände gegen die Verkürzung der Arbeitszeit – diese sechs Folgen befürchtet Schneider von einem generellen Verbot der Nachtarbeit für alle Betriebe, die nicht ihrer Art nach oder aus technischen Gründen auf dieselben angewiesen sind.

(. . .) Sie müssen ins Verdienen kommen und dürfen nicht als ohne eigene Schuld nur Zehrende auf den Unterhalt durch die Gesellschaft angewiesen sein.

(. . .) Die gleiche Auffassung, die Marx vor fünfzig Jahren ironisierte, wird heute, im angeblichen Interesse der Arbeiterschaft, von einem Gewerkschafter vertreten. Und im Wesen auch ganz übereinstimmend mit – weitere Arbeiterschutzforderungen streng ablehnenden – Anschauungen, die sich in Industriekreisen geltend machen. Professor Franke, der Vorsitzende der Gesellschaft für soziale Reform, hat diese Anschauungen in einem Aufsatz über Arbeiterschutz im Maiheft der „Deutschen Arbeit" wie folgt zusammengefaßt:

Bergarbeiter: „Wie einem die Sonne wohltut!"

So begegnet man hier und da, vorläufig noch vereinzelt und zaghaft, folgender Meinung: Auch nach dem Friedensschluß werde Deutschlands Wirtschaftsleben ebenso wie jetzt im Kiege der stärksten Anspannung aller Kräfte bedürfen, um sich wieder aufzurichten, neu zu erstarken, verlorene Gebiete zurückzuerobern, weitere zu gewinnen. Das werde um so leichter gelingen, je billiger die Herstellungskosten seien, und dazu sei unerläßlich, alle Hemmungen des Arbeiterschutzes beiseitezusetzen, die Arbeitszeit zu verlängern, die Maschinen Tag und Nacht laufen zu lassen, die verfügbaren Arbeitskräfte bis zum letzten auszunutzen. Man müsse sich sogar überlegen, ob man nicht anstatt der teuren Männerarbeit die billige Arbeit der Frauen und Jugendlichen in weit größerem Maße, als dies vor dem Kriege geschehen sei, heranziehen solle, da man doch in der Zeit der größten Not so vortreffliche Erfahrungen mit ihr gemacht habe. Diesem Argument der Industrie tritt ein anderes zur Seite, das angeblich den Arbeitern zugute kommen soll: die wahrscheinlich noch auf Jahre hinaus andauernde Knappheit und Teuerung aller Lebensbedürfnisse, der Nahrung, Kleidung, Wohnung zwinge Mann, Frau und Kind zu möglichst großem Verdienst. In die breiten und tiefen Lücken, die der Krieg durch Tod, Wunden, Krankheit in die männliche Arbeiterschaft gerissen habe, müßten eben Frauen und Jugendliche einrücken und dauernd dort verbleiben. Diesen dürfe man nicht verwehren, ihre Kraft und ihre Zeit auszunutzen, damit sie ihren Unterhalt erwerben. Dies sei aber nur zu erreichen, wenn man die Schranken des Höchstarbeitstags und der Mindestruhezeit niederreiße, das Verbot der Nachtarbeit und die Fernhaltung von schädlichen und schweren Beschäftigungen aufhebe, kurz den Arbeiterschutz ebenso für die Friedenszeit wie jetzt während des Krieges außer Kraft setze.

Arbeitsordnung ist mehr als das halbe Leben

Gesittetes Betragen verlangt

Dokument 55
Fabrikordnung von 1868 (Zigarrenfabrik)
aus: Dr. Franz Kluss – Die älteste deutsche Gewerkschaft: Die Organisation der Tabak- und Zigarrenarbeiter, Karlsruhe 1905

§ 1. Die Arbeitszeit dauert:

1) in der Zeit vom 15. April bis 16. September von 6 Uhr früh bis 7 Uhr abends.
2) vom 16. September bis 14. April von 7 Uhr früh bis 7 Uhr abends.

Ausnahmsweise kann am Montag um 6 Uhr abends aufgehört werden. Am Sonnabend erfolgt der Schluß nach Beendigung der Lohnzahlung. Jeder Arbeiter, gleichviel ob er in Lohn oder Accord arbeitet, hat die Arbeitszeit pünktlich inne zu halten, oder dem Fabrikherrn oder Meister Gründe für seine Unpünktlichkeit anzugeben. Für die jugendlichen Arbeiter gelten die gesetzlichen Bestimmungen über die Dauer der Arbeitszeit.

§ 2. Während der Arbeitszeit wird ein ruhiges, gesittetes Betragen verlangt.

§ 3. Wer während der Arbeitszeit die Fabrik verlassen will, muß dies vorher dem Fabrikherrn oder Meister anzeigen.

§ 4. Lebensmittel dürfen nur von einer dazu bestimmten Person zur festgesetzten Frühstücks- oder Vesperzeit geholt werden. Mit den Lebensmitteln ist vorsichtig umzugehen, so daß die Tabake nicht damit in Berührung kommen.

§ 5. Außer den eingehändigten Rauchcigarren dürfen weder Cigarren noch Tabake aus der Fabrik mitgenommen werden; ebensowenig ist das Rauchen während der Arbeitszeit in den Fabrikräumen gestattet.

§ 6. Der Cigarrenarbeiter kann, ohne die gesetzlich vorgeschriebene Kündigungsfrist innezuhalten, seine Arbeit einstellen; ebenso steht es dem Arbeitgeber frei, die Cigarrenarbeiter jederzeit zu entlassen.

§ 7. Es werden nur solche Cigarrenarbeiter angenommen, die einen mit dem Firmastempel versehenen Entlassungsschein ihres früheren Arbeitgebers beibringen. Jeder Cigarrenarbeiter ist verpflichtet dem Fabrikherrn resp. dessen Stellvertreter sein Krankenkassenbuch binnen 3 Tagen einzuhändigen.

§ 8. Jeder Wickelmacher, der bei seinem Cigarrenarbeiter zu arbeiten aufhören will, hat dies, sofern der Cigarrenarbeiter nicht im Laufe der Woche seine Arbeit einstellt, am Sonnabend nach Empfang des Wochenlohnes demselben anzuzeigen; der Wickelmacher erhält alsdann einen Entlassungsschein vom Fabrikherrn. Wickelmacher ohne Entlassungsschein werden auf der Fabrik nicht zugelassen.

§ 9. Das Mitbringen von Körben, das Tragen von Krinolinen während der Arbeitszeit, sowie das Kämmen der Haare in den Fabrikräumen ist untersagt.

§ 10. Dem Fabrikherrn resp. dessen Stellvertreter steht das Recht zu, zu jeder Tageszeit die Arbeiter resp. Arbeiterinnen visitieren zu lassen.

Die Uhr ist maßgebend

Dokument 56
Arbeitsordnung von 1892 für die Arbeiter der Bürstenfabrik Pensberger & Co, München (Auszüge).

§ 7.
Die tägliche regelmäßige Arbeitszeit der erwachsenen männlichen Arbeiter ist auf 10½ Stunden festgesetzt und zwar von morgens 6 bis 12 Uhr und nachmittags 1 bis 6 Uhr, mit einer Frühstückspause von 8 bis 8¼ Uhr und einer Vesperpause von 3 bis 3¼ Uhr.

An allen Montagen beginnt die Arbeitszeit morgens um 7 Uhr.

Sonn- und Feiertagsarbeit findet für gewöhnlich nicht statt. In besonderen, gesetzlich vorgesehenen Fällen sind die Arbeiter jedoch verpflichtet, dringende Arbeiten auch an solchen Tagen vorzunehmen.

§ 7 a.
Die Arbeitszeit der erwachsenen Arbeiterinnen ist die gleiche, wie bei den männlichen Arbeitern (siehe § 7 der Arbeitsordnung). Für die Einzieherinnen, Packerinnen und Bürstenabschneiderinnen fängt die Arbeitszeit morgens um 7 Uhr an.

Auf besonderen, bei den Fabrikbesitzern gestellten Antrag wird denjenigen Arbeiterinnen, die ein Hauswesen zu besorgen haben, gestattet, die Arbeit regelmäßig mittags um 11½ Uhr zu verlassen.

Wöchnerinnen dürfen erst 6 Wochen nach erfolgter Niederkunft die Arbeit wieder aufnehmen.

Wie bisher schließt die Arbeitszeit für alle weiblichen Arbeiter an allen Samstagen und an den Vorabenden der Festtage um 5½ Uhr Abends.

§ 7 b.
Die Arbeitszeit aller jugendlichen Arbeiter und Arbeiterinnen (Kinder unter 14 Jahren werden überhaupt nicht beschäftigt) ist gleich derjenigen der entsprechenden Klasse der erwachsenen Arbeiter (siehe § 7 der Fabrikordnung), mit der Maßgabe, daß die Frühstücks- und die Vesperpausen auf je ½ Stunde ausgedehnt werden.

Alle zum Besuche der Fortbildungsschule verpflichteten Arbeiter erhalten zu diesem Zweck jeden Mittwoch Nachmittag frei.

§ 8.
Für alle Zeitbestimmungen ist (Adelgundenstr. 11) die Hartmann'sche Thurm-Uhr maßgebend.

Beginn und Ende der Arbeitszeit und der Pausen werden durch ein Signal angezeigt, und haben sich alle Arbeiter pünktlich hiernach zu richten.

Vorbereitungen zum Weggehen bevor zum Schluß geläutet ist, sind untersagt.

Die regelmäßige tägliche Arbeitszeit dauert . . .

Dokument 57
Arbeitsordnung für die Arbeiter der Ilseder Hütte 1896 (Auszüge)

§ 11.
Die regelmäßige tägliche Arbeitszeit dauert:

1. für diejenigen Werksbetriebe, in welchen ununterbrochen, mit doppelter Schicht gearbeitet wird, von Morgens 6 Uhr bis Abends 6 Uhr als Tagschicht, und von Abends 6 Uhr bis Morgens 6 Uhr als Nachtschicht; bei den Betrieben mit 8stündigen Schichten findet der Schichtenwechsel Morgens um 6 Uhr, Nachmittags um 2 Uhr und Abends um 10 Uhr statt;

2. für die übrigen Arbeiten von Morgens 6 Uhr bis Abends 6 Uhr als Tagschicht und im Falle der Einführung von Nachtarbeit von Abends 6 Uhr bis Morgens 5 Uhr als Nachtschicht.

§ 12.
Als Ruhezeit zwischen der Arbeit ist bestimmt die Zeit:
Morgens von 8 bis 8½ Uhr,
Mittags von 12 bis 1 Uhr,
Nachmittags von 3½ bis 4 Uhr.

Für die Nachtarbeit finden die Ruhepausen in den entsprechenden Nachtstunden statt. Anfang und Ende der Arbeitszeiten, sowie der Ruhepausen werden in der Tagsschicht durch die Hüttenglocke angezeigt.

An denjenigen Betriebsstellen, an welchen die Art des Betriebes die Einhaltung regelmäßiger Ruhepausen nicht zuläßt, richten sich die Ruhezeiten nach den Anforderungen des Betriebes.

§ 13.
Die Arbeiter sind verpflichtet, in dringenden Fällen auf Verlangen der Vorgesetzten auch nach Beendigung der Schicht weiterzuarbeiten. Ohne Genehmigung der Vorgesetzten dürfen jedoch keine Überstunden gemacht werden.

Zur Arbeit an Sonn- und Festtagen sind die Arbeiter nur bezüglich derjenigen Arbeiten verpflichtet, welche ohne Schädigung des Betriebes nicht unterlassen werden können und nach den Bestimmungen der Gewerbeordnung oder auf Grund besonderer Bewilligung auch an Sonn- und Festtagen vorgenommen werden dürfen.

Burgfrieden oder Revolution

Als der Weltkrieg ausbrach, stellte sich die Führung der Arbeiterorganisationen – in Partei und Gewerkschaft – hinter die Regierung des Kaiserlichen Deutschlands. Sie verfolgten damit eine Politik, die zwar im Gegensatz zu den programmatischen Verlautbarungen der Parteitage und der internationalen Kongresse der Vorkriegszeit stand, die aber, genaugenommen, in der bisher tatsächlich bereits eingeschlagenen Richtung lag. Was der Krieg zum Vorschein brachte, war die Diskrepanz zwischen Wort und Tat, zwischen Programm und Praxis. Im Grunde genommen wurde nicht durch Änderung der Praxisprinzipien „verraten", sondern das Programm wurde nunmehr der realen Politik der Arbeiterorganisationen angepaßt (Fritz Opel, Der Deutsche Metallarbeiter-Verband – Während des Ersten Weltkrieges und in der Revolution, 4. Auflage Köln 1980, S. 37).

Der Kaiser kennt nun nur noch Deutsche und keine Parteien mehr. Der Verzicht der Gewerkschaften auf eine kämpferische Politik, der Verzicht auf konsequente Interessenvertretung und Streik zur Durchsetzung von gewerkschaftlichen Zielen in Form der Burgfriedenspolitik bedeutet, daß der Krieg gemäß den Vorstellungen und mit den Methoden der Herrschenden geführt werden kann. 1916 stimmen die SPD und die Gewerkschaften trotz Kritik an dem ursprünglichen Entwurf (Dok. 58) dem vaterländischen Hilfsdienstgesetz zu. Mit dem Hilfsdienstgesetz wird die Gesellschaft ein Stück weiter militarisiert und der Arbeitsmarkt zwangsrequiliert, das heißt, die freie Wahl des Arbeitsplatzes wird eingeschränkt (Dok. 59). Gleichzeitig sichert das Gesetz den Gewerkschaften jedoch auch – unter dieser Zielrichtung – bestimmte Beteiligungsrechte zu (Dok. 60). Zu Kriegsbeginn herrscht Arbeitskräftemangel, der durch Frauen und Jugendliche zunehmend ausgeglichen wird. Der Arbeitskräftemangel drückt, wie Preller (Sozialpolitik in der Weimarer Republik, Stuttgart 1949, Seite 9) schreibt, auf die Arbeitsbedingungen.

Arbeiterinnen bei Krauss-Maffei, um 1900

Die Aufhebung der Schutzbestimmungen für Arbeiterinnen und Jugendliche ist zu Anfang des Krieges zunächst nur als Ausnahme gedacht, um den stoßweisen Bedarf einer Kriegsproduktion dekken zu können. Überstundenarbeit, Nacht- und Sonntagsarbeit bürgern sich, je länger der Krieg dauert, immer mehr ein. Nach einer Erhebung des Deutschen Metallarbeiter-Verbandes beträgt z. B. die Arbeitszeit von 50 bis 60 Prozent der Arbeiterinnen 1916 54 bis 60 Stunden die Woche. Nur eine Minderheit zwischen 2,4 bis 12 Prozent arbeiten 48 Stunden die Woche, wozu noch Überstunden und Sonntagsarbeit kommen (Preller).

Die wirtschaftlichen Verhältnisse der arbeitenden Bevölkerung verschlimmern sich zu Ende des Krieges zusehends. Gegen die Burgfriedenspolitik der Gewerkschaften wird von seiten der Linken Kritik laut. Streiks, obwohl sie verboten sind, brechen als Folge der verschärften Widersprüche aus. Die Führer der Gewerkschaften verlieren zunehmend an Einfluß auf die Massen. Sie stehen zwischen Regierung, Militär und Arbeiterschaft (Preller), wo es darauf ankommt, die Kämpfe anzuführen. Die Gewerkschaftsverbände werden im Laufe der Entwicklung zu konservativen, in die bestehende Gesellschaftsordnung integrierten staaterhaltenden Gebilden, sie spielen in der Periode der revolutionären Erschütterungen der gesellschaftlichen Ordnung keine Rolle (Opel, Seite 75).

Nicht zuletzt, um in einer revolutionären Situation selbst möglichst viel Macht zu behaupten, erkennen die Unternehmer die Gewerkschaften als Verhandlungspartner an (Dok. 61). Diesen kommt es zunächst darauf an, die Lage der Arbeitnehmer im Rahmen der kapitalistischen Wirtschaftsordnung zu verbessern (Dok. 62). Die Arbeitsgemeinschaft ist der Versuch, Teile der Arbeiterbewegung in das kapitalistische System mit gewissen Zugeständnissen zu integrieren, um der revolutionären Stimmung entgegenzuwirken. Kaum sind die Unternehmer ihrer Macht wieder sicher, zeigen sie ungeschminkt ihre wirklichen Interessen. Die Betriebsfamilienideologie wird zu den Akten gelegt. Kritik gegen eine Beteiligung der Gewerkschaften an dieser Form einer Arbeitsgemeinschaft mit den Unternehmern, führt am 31. März 1924 dazu, daß der ADGB seine Mitarbeit formal einstellt. Jedoch auch weiterhin sieht die Leitung der Gewerkschaften die Notwendigkeit, mit den Unternehmerverbänden zusammenzuarbeiten (Nestriepke, Die Gewerkschaftsbewegung, Band 2, 1921, Seiten 161–163).

Die Mehrheit in der SPD und den Gewerkschaften lehnen radikale Eingriffe in die Wirtschaft ab, da für sie die Revolution auf die Staatsform beschränkt ist. Damit bestand in der Arbeiterbewegung der Gegensatz Rätesystem oder Nationalversammlung, Arbeiter- und Soldatenräte auch zur Eroberung der wirtschaftlichen Macht oder Arbeitsgemeinschaft.

Am 12. November 1918 ruft die Revolutionsregierung spätestens bis zum 1. Januar 1919 den 8-Stunden-Tag bei gleichbleibendem Gesamtverdienst aus. In der Vereinbarung zwischen Arbeitgebern und Gewerkschaften vom 15. November 1918, mit der die Gewerkschaften als die berufenen Vertreter der Arbeitnehmer anerkannt werden, wird das Höchstmaß der täglich regelmäßigen Arbeitszeit auf 8 Stunden festgesetzt, ohne daß eine Verdienstschmälerung eintreten darf. Dieses Zugeständnis an die Arbeitnehmer ist einerseits nur unter dem Eindruck der Revolution (um Schlimmeres zu verhindern) zu verstehen, andererseits ist es jedoch auch eine Folge wirtschaftlicher Notwendigkeit. Männer kommen aus dem Krieg zurück und verdrängen Frauen und Jugendliche aus ihren Arbeitsplätzen. Eine Arbeitszeitverkürzung hat somit die Bedeutung, die vorhandene Arbeit zu strecken, auf mehrere zu verteilen. Am 7. November 1918 werden die Mobilisierungsausschüsse und am 12. November ein Reichsamt für die wirtschaftliche Demobilmachung geschaffen. Die Ausschüsse und das Amt sind nicht schon ein vorweggenommener Sozialismus, der nur Übergangsvorschriften schaffen muß. Sie sind Hilfsmittel bei der Umstellung von Kriegs- auf Friedensproduktion, ohne wesentlich in die unternehmerische Verfügungsgewalt über Produktionsmittel einzugreifen. Den Unternehmern werden Subventionen durch den Staat gewährt, um Massenarbeitslosigkeit einzudämmen. Trotzdem gibt es immer mehr Arbeitslose.

Am 23. November 1918 wird der achtstündige Höchstarbeitstag für Arbeiter und am 18. März 1919 für Angestellte eingeführt. Damit ist eine alte Forderung der Arbeiterbewegung erfüllt. Jedoch dieser 8-Stunden-Tag steht auf unsicherer gesetzlicher Grundlage. Es sind nur Übergangsbestimmungen, die später durch die Nationalversammlung zu Gesetzen werden sollen. Endgültig wird nur der 8-Stunden-Tag für Bäcker mit einem Verbot von Nacht- und Sonntagsarbeit festgelegt, außerdem dürfen die Läden nur noch von morgens 7 bis abends 7 Uhr geöffnet sein. Die Bergarbeiter, die zum Teil schon eine Arbeitszeitverkürzung wegen der Schwere ihrer Arbeit durchsetzen können, werden bereits in der konstituierenden Sitzung der Zentralarbeitsgemeinschaft besonders heftig durch die Unternehmer attackiert. (Dokument 63). Doch auch unter den Gewerkschaftern selbst kommt es auf deren Verbandstagen zu Auseinandersetzungen. Auf dem Nürnberger Gewerkschaftskongreß der ADGB 1919 fordern die Bergarbeiter ein Gesetz, das ein zweites Arbeitsverhältnis neben der regelmäßigen Arbeit ausschließt (Dokument 64).

Hugo Haase zum Hilfsdienstgesetz

Dokument 58
Hugo Haase über das Hilfsdienstgesetz, Eugen Prager, Geschichte der USPD, Berlin 1921, S. 121

Das Gesetz beschlagnahmt das einzige Gut des Arbeiters, die Arbeitskraft, ohne aber andererseits die kapitalistischen Betriebe zu verstaatlichen. Einige wenige können ihr Hab und Gut vermehren, während Tausende von Existenzen zugrunde gehen. Das Gesetz fesselte die Arbeiter an die Arbeitsstelle, die reichen Müßiggänger haben nur in den Vorverhandlungen eine dekorative Rolle gespielt. Auch der Mittelstand wird unter dem Gesetz leiden, und man wird sehen, daß ganz andere Kräfte wie die Sozialdemokratie ihn vernichten. Nach den Erfahrungen mit dem Belagerungszustand müssen wir befürchten, daß politisch mißliebige Personen auf Grund dieses Gesetzes aus ihrem Wohnsitz entfernt und dem Arbeitszwang unterworfen werden. Dieses politische Gesetz hebt die Freizügigkeit auf und beseitigt das Recht, die Arbeitskraft dort anzubieten, wo sie vorteilhaft verwertet werden kann. Man hat dieses Gesetz als einen Triumph des sozialistischen Gedankens hingestellt, es ist aber Geist vom Geiste des Militarismus und modernsten Kapitalismus. Die Aufhebung der Freizügigkeit führt zum Lohndruck. Unser Antrag auf gleichen Lohn für gleiche Arbeit bei Männern und Frauen ist abgelehnt worden, und das nach all den Lobliedern auf das Heldentum der Frauen! Der Arbeiterschutz für Frauen und Jugendliche wird noch immer nicht wiederhergestellt. Die Schutzbestimmungen dieses Gesetzes verdienen nicht den Namen Rechtsgarantien. Die Landarbeiter werden an die Scholle gefesselt. Die Vorsitzenden der Ausschüsse werden, nicht aus Parteilichkeit, sondern auf Grund ihrer ganzen Erziehung und sozialen Stellung, in den meisten Fällen gegen die Arbeiter entscheiden. Wir protestieren entschieden gegen die völkerrechtswidrige und obendrein unkluge Abschiebung der belgischen Arbeiter nach Deutschland.

Hilfsdienstgesetz

Dokument 59
Gesetz über den vaterländischen Hilfsdienst
Reichsgesetzblatt 1916, S. 1333 ff.

Wir Wilhelm, von Gottes Gnaden Deutscher Kaiser, König von Preußen usw., verordnen in Namen des Reichs nach erfolgter Zustimmung des Bundesrats und des Reichstags, was folgt:

§ 1
Jeder männliche Deutsche vom vollendeten siebzehnten bis zum vollendeten sechzigsten Lebensjahre ist, soweit er nicht zum Dienste in der bewaffneten Macht einberufen ist, zum vaterländischen Hilfsdienst während des Krieges verpflichtet.

§ 2
Als im vaterländischen Hilfsdienst tätig gelten alle Personen, die bei Behörden, behördlichen Einrichtungen, in der Kriegsindustrie, in der Land- und Forstwirtschaft, in der Krankenpflege, in kriegswirtschaftlichen Organisationen jeder Art oder in sonstigen Berufen und Betrieben, die für Zwecke der Kriegsführung oder der Volksversorgung unmittelbar oder mittelbar Bedeutung haben, beschäftigt sind, soweit die Zahl dieser Personen das Bedürfnis nicht übersteigt.

Hilfsdienstpflichtige, die vor dem 1. August 1916 in einem land- und forstwirtschaftlichen Betriebe tätig waren, dürfen aus diesem Berufe nicht zum Zwecke der Überweisung in eine andere Beschäftigung im vaterländischen Hilfsdienst herangezogen werden. (. . .)

§ 7
Die nicht im Sinne des § 2 beschäftigten Hilfsdienstpflichtigen können jederzeit zum vaterländischen Hilfsdienst herangezogen werden.

Die Heranziehung erfolgt in der Regel zunächst durch eine Aufforderung zur freiwilligen Meldung, die das Kriegsamt oder eine durch Vermittlung der Landeszentralbehörde zu bestimmende Stelle erläßt. Wird dieser Aufforderung nicht in ausreichendem Maße entsprochen, so wird der einzelne Hilfsdienstpflichtige durch besondere schriftliche Aufforderung eines Ausschusses herangezogen. (. . .)

§ 11
In allen für den vaterländischen Hilfsdienst tätigen Betrieben, für die Titel VII der Gewerbeordnung gilt und in denen in der Regel mindestens fünfzig Arbeiter beschäftigt werden, müssen ständige Arbeiterausschüsse bestehen. (. . .)

§ 12
Dem Arbeiterausschusse liegt ob, das gute Einvernehmen innerhalb der Arbeiterschaft des Betriebs und zwischen der Arbeiterschaft und dem Arbeitgeber zu fördern. Er hat Anträge, Wünsche und Beschwerden der Arbeiterschaft, die sich auf die Betriebseinrichtungen, die Lohn- und sonstigen Arbeitsverhältnisse des Betriebs und seiner Wohlfahrtseinrichtungen beziehen, zur Kenntnis des Unternehmers zu bringen und sich darüber zu äußern.

Auf Verlangen von mindestens einem Viertel der Mitglieder des Arbeiterausschusses muß eine Sitzung anberaumt und der beantragte Beratungsgegenstand auf die Tagesordnung gesetzt werden. (. . .)

Gegeben Großes Hauptquartier den 5. Dezember 1916.
(Siegel)

Wilhelm
von Bethmann Hollweg.

Die Gewerkschaften zum Hilfsdienstgesetz

Dokument 60
Die Gewerkschaften zum Hilfsdienstgesetz
Aufruf der Generalkommission der Gewerkschaften Deutschlands an die Arbeiter und Angestellten, 8. Dezember 1916

Paul Umbreit, Die Deutschen Gewerkschaften im Kriege. Berlin 1928, S. 245 ff.

Das Gesetz über den vaterländischen Hilfsdienst, das der Reichstag am 2. Dezember mit 235 gegen 19 Stimmen angenommen hat, verlangt die Hergabe jeder entbehrlichen Arbeitskraft für den Dienst der Landesverteidigung.

Das Gesetz hat durch die Einführung der Arbeitspflicht den festen Boden für die Organisation der Arbeit im Dienste der Nation geschaffen. Aber das Werk kann nicht durch Zwangsarbeit gelingen, sondern es muß der Erfolg freiwilliger Mitarbeit des ganzen Volkes aus eigener Überzeugung und freudiger Hingabe sein. Namentlich bedarf es für die Arbeiter und Angestellten nicht des Arbeitszwanges, denn ein jeder von ihnen ist von Jugend an in Arbeit aufgewachsen und in Pflichtbewußtsein geschult und wünscht nichts sehnlicher als ausreichende Beschäftigung.

Die Organisation des vaterländischen Hilfsdienstes bedarf der Arbeiter und Angestellten in hervorragendem Maße, vor allen derjenigen, die früher in einem der für den modernen Kriegsbedarf tätigen Berufe gelernt und gearbeitet haben. Sie werden vom Kriegsamt aufgefordert werden, sich den bezeichneten Stellen als Facharbeiter zur Verfügung zu stellen. Aber auch die Angehörigen der übrigen Berufe dürfen nicht abseits bleiben, sondern ein jeder muß in der heimischen Arbeitsarmee einen Platz einnehmen, wo er der Landesverteidigung unmittelbar nützlich sein kann. Ein Mangel an weiblichen Angestellten und Arbeiterinnen ist zur Zeit nicht vorhanden, weshalb es sich nicht empfiehlt, den Hilfsdienststellen mit dem Überangebot solcher Kräfte die Arbeit zu erschweren. Es würde auch erschwerend für die Regelung der Lohnverhältnisse wirken, wenn Arbeitskräfte ohne Bezahlung den auf Lohnarbeit angewiesenen Arbeitern und Angestellten die Arbeitsplätze streitig machen würden. Der Hilfsdienst verlangt weitgehende Opfer von allen, nicht zum wenigsten auch Verzicht auf wichtige Rechte. Dem freien Arbeitsvertrag der Freizügigkeit sind Schranken gesetzt. Das neue Gesetz bringt aber nicht bloß

Pflichten für die Arbeiterschaft, sondern es ist auch durch die tatkräftige Mitarbeit des Reichstags gelungen, die Rechte der Arbeiter und Angestellten in Formen, die für die Interessenvertretung während des Krieges ausreichend sind, sicherzustellen. Für alle Wünsche, Anträge und Beschwerden der Arbeiter sind zunächst Betriebsausschüsse zuständig, die zur Wahrung der Interessen der Arbeiter in jedem Betrieb mit mindestens fünfzig Arbeitern bzw. Angestellten errichtet werden müssen. Kommt hierbei eine Einigung mit dem Arbeitgeber nicht zustande, so kann entweder mit Zustimmung beider Parteien das Gewerbe-, Berggewerbe- oder Kaufmannsgericht angerufen werden, oder es entscheidet eine paritätische Schlichtungskommission, da in der Regel für jeden Bezirk eine Ersatzkommission zu errichten ist. Auch die Landwirtschaft ist dieser Rechtsprechung unterstellt. Das sind ganz erhebliche Verbesserungen des seither geltenden Rechtszustandes, die ohne die energische Tätigkeit aller Gewerkschaftsgruppen nicht erreicht worden wären. In Fragen der Heranziehung von Personen zum Hilfsdienst fungieren die Ausschüsse bei den Ersatzkommissionen erstinstanzlich und als Beschwerdestellen die Ausschüsse für den Bezirk jedes stellvertretenden Genralkommandos. In Fällen der Heranziehung von Betrieben und Berufen zum Hilfsdienst entscheidet zunächst ein Ausschuß für den Bezirk des Generalkommandos und über Beschwerden ein Ausschuß beim Kriegsamt. Ferner wird das Kriegsamt zur Leitung des mit der Regelung der Arbeiterfragen betrauten Ressorts einen Gewerkschaftsvorsitzenden berufen, der das Vertrauen der deutschen Gewerkschaften in weitestem Maße besitzt. Endlich ist auch das Vereins- und Versammlungsrecht für alle im vaterländischen Hilfsdienst beschäftigten Personen durch das Gesetz selbst geschützt und darf in keiner Weise beschränkt werden. Die Ausführungsbestimmungen zu diesen Gesetz bedürfen der Zustimmung eines vom Reichstag hierzu gewählten Ausschusses.

Diese Rechtsgarantien können aber nur dadurch wirkliches Leben erhalten, daß die Arbeiterschaft sich einmütig und ohne Unterlaß für die gewerkschaftlichen Organisationen einsetzt. Ohne die Mitarbeit im Sinne gewerkschaftlicher Grundsätze würde die Umgestaltung der freien Privatwirtschaft zur geregelten Bedarfswirtschaft des Staates lediglich die Arbeiter und Angestellten benachteiligen und nicht die freudige Anteilnahme und die großen Leistungen erwecken, deren das Reich so dringend bedarf. Ohne gewerkschaftliche Interessenvertretung wären auch die Ausschüsse und

Im Ersten Weltkrieg zerstörte Fabrikhalle in Belgien

Schlichtungskommissionen nicht imstande, ernste Differenzen zu verhüten und die Arbeiter und Angestellten zu ihrem Recht kommen zu lassen. Deshalb müssen die Arbeiter und Angestellten zunächst darauf bedacht sein, gewerkschaftlich organisierte Arbeiter in die neu zu wählenden Ausschüsse zu entsenden, und sie müssen weiterhin dafür tätig sein, daß möglichst alle im vaterländischen Hilfsdienst Beschäftigten der gewerkschaftlichen Organisation als Mitglieder zugeführt und über ihre Pflichten und Rechte in kameradschaftlicher Weise aufgeklärt werden. Der vaterländischen Arbeitspflicht muß die gewerkschaftliche Organisationspflicht gleichgestellt werden, wenn das große Werk der Mobilisation aller heimischen Kräfte dauernd Nutzen bringen soll.

In dem Existenzkampf, den Deutschland um sein Bestehen und seine Zukunft führt, hat sich die Wahrheit glänzend durchgerungen, daß die Arbeiterklasse der bedeutsamste Teil des Volksganzen ist, ohne deren Opfersinn der geregelte Aufbau der Kriegswirtschaft nicht möglich wäre, der für die Selbstbehauptung unseres Volkes in diesem Kriege von entscheidender Bedeutung ist. Aber ohne ihre feste Organisation hätte die Arbeiterschaft auch diese Anerkennung nicht erreicht, und diese Organisation muß nach Beendigung des Krieges dafür sorgen, daß die Wiedergeburt Deutschlands im Zeichen der politischen Gleichberechtigung, der Anerkennung der Arbeiterorganisationen und der Sozialpolitik erfolgt.

Kieler „Rote Marine" auf dem zweiten „Roten Reichstreffen" in Berlin

Die erste und wichtigste Aufgabe der Arbeiter und Angestellten allerorts ist die Wahl gewerkschaftlich organisierter Vertreter aus ihrer Mitte zu den Betriebsausschüssen. Die Wahl ist unmittelbar und geheim und erfolgt nach den Grundsätzen der Verhältniswahl. Für Betriebe mit mindestens fünfzig Angestellten sind besondere Angestelltenausschüsse zu errichten. Solche Ausschüsse sind auch für Staatsbetriebe, mit Ausnahme der Eisenbahnbetriebe, zu wählen. Weiterhin obliegt es den gewerkschaftlichen Organisationen (Gewerkschaftskartellen bzw. Gauleitern), Vorschläge für die Berufung der ständigen Beisitzer zu den Schlichtungskommissionen für den Bezirk jeder Ersatzkommission zu machen, damit auch in diesen wichtigen Berufsinstanzen gewerkschaftlich geschulte Kräfte, zu denen die Arbeiterschaft volles Vertrauen hat, nach Recht und Billigkeit entscheiden. Über diese Wahlen werden den Kartellen bzw. Gauleitern besondere Verhaltungsmaßregeln übermittelt werden. Bei diesen Wahlen und bei der Organisationsarbeit während des Krieges sind Streitigkeiten mit den übrigen Gewerkschaftsgruppen zu vermeiden und ein gemeinsames Vorgehen aller Gewerkschaftseinrichtungen, die unabhängig von den Arbeitgebern bestehen, herbeizuführen.

Der Achtstundentag wird vereinbart

Dokument 61
Heinrich Marx,
Handbuch der Revolution 1918–19
Berlin 1919, S. 222.

Vereinbarung für die Übergangswirtschaft zwischen Arbeitgebern und Gewerkschaften, 15. November 1918

Die großen Arbeitgeberverbände vereinbaren mit den Gewerkschaften der Arbeitnehmer das folgende:

1. Die Gewerkschaften werden als berufene Vertretung der Arbeiterschaft anerkannt.

2. Eine Beschränkung der Koalitionsfreiheit der Arbeiter und Arbeiterinnen ist unzulässig.

3. Die Arbeitgeber und Arbeitgeberverbände werden die Werkvereine (die sogenannten wirtschaftsfriedlichen Vereine) fortab vollkommen sich selbst überlassen und sie weder mittelbar noch unmittelbar unterstützen.

4. Sämtliche aus dem Heeresdienst zurückkehrenden Arbeitnehmer haben Anspruch darauf, in die Arbeitsstelle sofort nach Meldung wieder einzutreten, die sie vor dem Kriege innehatten. Die beteiligten Arbeitgeber- und Arbeitnehmerverbände werden dahin wirken, daß durch Beschaffung von Rohstoffen und Arbeitsaufträgen diese Verpflichtung in vollem Umfange durchgeführt werden kann.

5. Gemeinsame Regelung und paritätische Verwaltung des Arbeitsnachweises.

6. Die Arbeitsbedingungen für alle Arbeiter und Arbeiterinnen sind entsprechend den Verhältnissen des betreffenden Gewerbes durch Kollektivvereinbarungen mit den Berufsvereinigungen der Arbeitnehmer festzusetzen.

Die Verhandlungen hierüber sind ohne Verzug aufzunehmen und schleunigst zum Abschluß zu bringen.

7. Für jeden Betrieb mit einer Arbeiterschaft von mindestens fünfzig Beschäftigten ist ein Arbeiterausschuß einzusetzen,

328

I 3219

dringend = reichsarbeitsminister
weimar schloss =

Weimar

Telegraphie des Deutschen Reichs.

R. Arb. A.

Weimar

139 ss berlin 6+ 68 26/3 1,35 s =

folgendes telegramm hier eingegangen : bezugnahme auf besprechung betreffend schichtverkuerzung im bergbau erbitte in aussicht gestellte aeusserung drahtlich , da morgen mit bergarbeitervertretern verhandelt wird . wiederhole in weimar geaeusserte bedenken gegen weitere verkuerzung der arbeitszeit und damit der arbeitsleistung . annahme , dass zustaende hiesigen reviers dort bekannt sind - auf sieben zechen ist 6 1/2, auf fuenf zechen stuendige schicht erzwungen . hugenberg = zentralbuero + +

der diese zu vertreten und in Gemeinschaft mit dem Betriebsunternehmer darüber zu wachen hat, daß die Verhältnisse des Betriebes nach Maßgabe der Kollektivvereinbarung geregelt werden.

8. In den Kollektivvereinbarungen sind Schlichtungsausschüsse respektive Einigungsämter vorzusehen, bestehend aus der gleichen Anzahl von Arbeitnehmer- und Arbeitgebervertretern.

9. Das Höchstmaß der täglichen regelmäßigen Arbeitszeit wird für alle Betriebe auf acht Stunden festgesetzt. Verdienstschmälerungen aus Anlaß dieser Verkürzung der Arbeitszeit dürfen nicht stattfinden.

10. Zur Durchführung dieser Vereinbarungen sowie zur Regelung der zur Demobilisierung, zur Aufrechterhaltung des Wirtschaftslebens und zur Sicherung der Existenzmöglichkeit der Arbeitnehmerschaft, insbesondere der Schwerkriegsbeschädigten, zu treffenden weiteren Maßnahmen wird von den beteiligten Arbeitgeber- und Arbeitnehmerorganisationen ein Zentralausschuß auf paritätischer Grundlage mit beruflich gegliedertem Unterbau errichtet.

11. Dem Zentralausschuß obliegt ferner die Entscheidung grundsätzlicher Fragen, soweit sich solche namentlich bei der kollektiven Regelung der Lohn- und Arbeitsverhältnisse ergeben, sowie die Schlichtung von Streitigkeiten, die mehrere Berufsgruppen zugleich betreffen. Seine Entscheidungen haben für Arbeitgeber und Arbeitnehmer verbindliche Geltung, wenn sie nicht innerhalb einer Woche von einem der in Frage kommenden beiderseitigen Berufsverbände angefochten werden.

12. Diese Vereinbarungen treten am Tage der Unterzeichnung in Kraft und gelten vorbehaltlich anderweitiger gesetzlicher Regelung bis auf weiteres mit einer gegenseitigen dreimonatigen Kündigung.

Diese Vereinbarung soll sinngemäß auch für das Verhältnis zwischen den Arbeitgeberverbänden und den Angestelltenverbänden gelten.

Demonstration bei der Beerdigung in Berlin-Friedhofshain

Der Achtstundentag ist nicht das letzte Ziel

Dokument 62
Dr. S. Nestriepke: Die Gewerkschaftsbewegung, Bd. 2, Stuttgart 1921. S. 161–162 (Auszug).

(. . .) Zunächst galt es noch mit dem kapitalistischen Wirtschaftssystem weiter zu rechnen und deshalb zunächst in seinem Rahmen die Lage der Arbeiter nach Möglichkeit zu verbessern. Stets hatte den Gewerkschaften hier die Verkürzung der Arbeitszeit an erster Stelle gestanden. Mit der Erringung des Achtstundentages durch das Novemberabkommen mit den Unternehmerverbänden und dann auch durch seine gesetzliche Sicherung war eine wichtige Etappe auf dem Wege der Verminderung des Arbeitstages erreicht. Aber der Achtstundentag konnte und durfte noch nicht das letzte Ziel sein. Es war durchaus berechtigt, wenn in bestimmten Arbeiterkategorien sehr rasch der Wunsch nach einer weiteren Beschränkung der Arbeitszeit laut wurde. Für gewisse Arbeiter, besonders die unter Tage, bedeutete tatsächlich eine achtstündige Arbeit ganz etwas anderes als für andere Berufe. Dazu kam, daß die Entbehrungen der langen Kriegszeit die Arbeiterschaft in hohem Grade entkräftet hatten. Es waren zunächst die Bergarbeiter und dann auch die Steinarbeiter, die eine Verkürzung der Arbeitsschichten verlangten. Begnügten sich die Steinarbeiter auf ihrem Verbandstag 1919 mit der Forderung einer siebenstündigen Arbeitszeit, so setzte in der Bergarbeiterschaft eine lebhafte Bewegung für die sofortige Durchführung einer Sechsstundenschicht ein. Die Bergarbeiter„führer" wandten sich im Interesse der Volkswirtschaft, die gerade Kohlen und immer wieder Kohlen brauchte, während die Heranziehung oder doch wenigstens die Unterbringung größerer Bergarbeitermassen auf erhebliche Schwierigkeiten stieß, gegen die Forderung; die Mehrheit des Bergarbeiterverbandes trat hinter sie. Damit stimmten die Gegner einer sofortigen Erkämpfung der Sechsstundenschicht jedoch keineswegs der achtstündigen Arbeitszeit unter Tag zu. Auf mehreren Konferenzen im März 1919, während radikale Teile der Bergarbeiterschaft in „wilden" Streiks die Sechsstundenschicht verlangten, einigten sich die Vertreter des Bergarbeiterverbandes auf die Forderung einer sofortigen Durchführung der 7½stündigen Schicht sowie auf das Verlangen ihrer Verringerung auf 7 Stunden ab Januar 1920 und auf 6 Stunden ab Januar 1921. Nachdem die 7½- und später auch die 7stündige Schicht erreicht waren, führte die Frage der Sechsstundenschicht auf dem Verbandstag im Januar 1920 zu neuen heftigen Erörterungen; auch sie endeten mit einer Verwerfung der sofortigen Durchführung der Sechsstundenschicht; wohl aber wurde sie grundsätzlich als Ziel anerkannt mit dem Hinzufügen, daß sie auf dem Wege internationaler Vereinbarungen gleichzeitig in allen Ländern erreicht werden solle und müsse.

Energisch nahmen manche Gewerkschaften auch den Kampf gegen das Überstundenwesen auf. Ein 1919 für das Steindruckgewerbe abgeschlossener Tarifvertrag bestimmte beispielsweise ausdrücklich, daß niemand im Jahr mehr als 80 Überstunden leisten dürfe. – Erst recht wesentlich wurde für alle Arbeiterkategorien die Erkämpfung von Ferien. Und in zahlreichen Tarifverträgen gelang es auch, eine einigermaßen befriedigende Regelung der Ferienfrage durchzusetzen.

Schnauze halten, „aber mehr produzieren!"

Dokument 63
Niederschrift der konstituierenden Sitzung des Zentralausschusses der Zentralarbeitsgemeinschaft der industriellen und gewerblichen Arbeitgeber und Arbeitnehmer Deutschlands, 12. Dezember 1919 (Freitag vorm. 10.00 Uhr), Berlin W., S. 98–99 (Auszug).

Es muß auch bei den Bergarbeitern der Heroismus vorhanden sein, im Interesse der übrigen Bevölkerung nun auch einmal einige Ueberstunden und, wenn es nicht anders ist, auch eine Ueberschicht zu machen. Meine Herren und Kollegen, wenn wir das nicht wollen, dann nutzt uns alles andere nichts. (Sehr richtig!) Ich weiß wohl, wo das Grundübel sitzt. Ich bin selbst schon seit länger als 45 Jahren im Ruhrrevier; mir sind also die Verhältnisse des Bergbaues und der Bergarbeiterbewegung nicht fremd, ich kann mich sehr gut in die Psyche des Bergarbeiters hineindenken. Beim Bergarbeiter ist heute die Meinung, wenn jeder xbeliebige Tagesarbeiter mit 8 Stunden sein Tagewerk getan hat, dann ist es zu viel verlangt, daß der Bergarbeiter tief unter der Erde, wo er das Sonnenlicht und alles das entbehren muß, auch 8 Stunden arbeitet!

Meine Herren, das ist das Uebel, woran wir heute kranken. Ob sich das deutsche Volk noch einmal aufraffen kann, um einmal zu sondern da, wo die allgemeine Achtstunden-Schicht berechtigt und wo sie allgemein nicht berechtigt ist. Wenn wir uns dazu nicht aufschwingen können, dann befürchte ich, daß wir parlamentieren, daß wir reden, diskutieren, aber nicht produzieren werden. (Sehr richtig!) Noch vor wenigen Tagen hatten die Vertreter der Presse den Herrn Reichskanzler eingeladen, und bei dieser Gelegenheit hat der Herr Reichskanzler dasselbe Wort gebraucht: Weniger diskutieren, aber mehr produzieren! Das muß heute unsere Losung sein, und, meine verehrten Anwesenden, das soll auch unser Leitstern für unsere Arbeitsgemeinschaft sein. Ich freue mich, daß wir zur Arbeitsgemeinschaft gekommen sind, die stets das Leitmotiv der christlichen Arbeiterschaft gewesen ist. Wir waren uns wohl bewußt, daß es zwar Gegensätze zwischen den Arbeitgebern und Arbeitnehmern gibt; auf der andern Seite sind wir uns aber auch stets bewußt geblieben, daß zwischen Arbeitgebern und Arbeitnehmern große gemeinsame Interessen bestehen, große Aufgaben gemeinsam von ihnen zu lösen sind. Heute stehen wir nun vor diesen großen Aufgaben, und ich bedaure nur, daß es eines vierjährigen schweren Krieges bedurft hat, bis Arbeitgeber und Arbeitnehmer gemeinsam zu dieser Anschauung gekommen sind. Am meisten aber bedaure ich, daß ein Teil der Arbeiterschaft auch heute noch abseits steht. Ich will hoffen, daß der Gedanke der Arbeitsgemeinschaft und die Nützlichkeit desselben auch bei allen restlos zum Durchbruch kommt. Denn ich bin der Ueberzeugung, daß gerade dieses Parlament – wenn ich mich so ausdrücken darf –, das hier vertreten ist, in der Zukunft fruchtbringender wirken kann als jedes andere. Wenn Arbeitgeber und Arbeitnehmer in dieser Weise zusammenwirken, dann werden auch die Organisationen –, wie viele auf der einen Seite gefürchtet, auf der anderen Seite gehofft haben, nicht überflüssig –, sondern werden das Fundament abgeben, auf dem es möglich sein wird, unsere Wirtschaft auf eine neue Stufe und zu neuer Blüte zu bringen. (Bravo!)

Kein zweites Arbeitsverhältnis von bereits ständig Beschäftigten

Dokument 64
Protokoll der Verhandlungen des zehnten Kongresses der Gewerkschaften Deutschlands, abgehalten zu Nürnberg vom 30. Juni bis 5. Juli 1919, Protokoll der Verhandlungen der fünften Konferenz der Arbeitersekretäre, abgehalten zu Nürnberg am 27. Juni 1919, Berlin 1919, S. 84, 587, 588.

Antrag der Bergarbeiter.

Zu Punkt 9 der Tagesordnung:

M 19. In Anbetracht dessen, daß es noch zuviel Bergarbeiter wie Arbeiter überhaupt gibt, die neben ihrer Berufsarbeit noch andere lohnende Arbeit ausführen und dadurch nicht nur mit ihrer eigenen Arbeitskraft Raubbau treiben, sondern auch das Heer der Arbeitslosen vermehren, beschließt die Generalversammlung, folgenden Antrag an den Gewerkschaftskongreß zu stellen:

„Die Regierung wird ersucht, für die Schaffung eines Gesetzes zu sorgen, wonach Arbeitgeber, welche Arbeiter bzw. Arbeiterinnen beschäftigen, die bereits anderweitig in ständiger Berufsarbeit stehen, bestraft werden.

Ebenso ist eine Strafe vorzusehen für solche Arbeiter bzw. Arbeiterinnen, die an ein und demselben Tage außer ihrer regelmäßigen Berufsarbeit noch andere lohnende Beschäftigung ausführen." (. . .)

Wißmann – Bochum (Bergarbeiter) begründet den Antrag M 19. Viele Arbeiter treiben Raubbau mit ihrer Arbeitskraft und verrichten nach dem Ende ihrer Arbeitsschicht im Bergbau noch andere Arbeiten als Bauarbeiter und dergl. (Hört, hört!) Dadurch wird unsere Forderung auf Einführung der Sechsstundenschicht sehr geschädigt. (Sehr richtig!) Wenn diese Leute dann auf Widerstand bei den anderen Arbeitern stoßen, erklären sie, sie verdienten im Bergbau nicht genug, und so entsteht die Meinung, der Bergarbeiterverband sorge nicht genügend für die Verbesserung der Lohnbedingungen. Wir müssen darauf bestehen, daß den Unternehmern gesetzlich verboten wird, solche Arbeiter nach Beendigung ihrer Arbeitsschicht noch zu beschäftigen und den Arbeitslosen durch die Annahme solcher Beschäftigungen Arbeit hinwegzunehmen und zugleich als Lohndrücker in anderen Berufen zu wirken.

Vorsitzender Legien: Der Antrag geht doch sehr weit, wenn wir auch in seinem Grundgedanken übereinstimmen. Ich schlage vor, den Antrag dem Bundesvorstand als Material zu überweisen.

Der Kongreß beschließt so.

Berlin 1920

Der Angriff gegen den Achtstundentag

Die Proklamierung des Achtstundentages durch die Revolutionsregierung und die Verordnungen über dessen Einführung werden schon bald von den Unternehmern als Übergangslösungen angesehen. Ihr Tenor: Die neugewählte Nationalversammlung müsse entscheiden. Die Vereinbarung in der Zentralarbeitsgemeinschaft zwischen Arbeitgebern und Gewerkschaften über den Achtstundentag ist daran gebunden, daß es gelingt, ein internationales Abkommen über ihn abzuschließen (Dok. 65).

Es erweist sich als schwierig, von der Kriegs- auf die Friedenswirtschaft umzustellen. Kurzarbeit, Bestriebsstillegungen und Arbeitslosigkeit bestimmen das Leben. Die Unternehmer nutzen die Schwierigkeiten, indem sie die Arbeitszeitverkürzung dafür verantwortlich machen. Damit ist nach ihrer Meinung die These widerlegt, daß bei kürzerer Arbeitszeit die Arbeitsproduktivität steigt (Feltmann-Steinig, Die Weimarer Republik zwischen Sozial- und Wirtschaftsordnung; Archiv für Sozialgeschichte, Band XIIX, Seiten 353 f.) (Dok.).

Die politischen und wirtschaftlichen Entscheidungen sind in der November-Revolution zugunsten einer bürgerlichen Demokratie ausgefallen. Innerhalb dieses Rahmens gibt es starke Kräfte in der Arbeiterbewegung, die auch weiterhin tiefgreifende gesellschaftliche Veränderungen fordern. Aus diesem Grunde wird der Angriff gegen den Achtstundentag von den Unternehmern nach 1919 erst einmal nur gegen den sogenannten „Schematismus bei der gesetzlichen Arbeitszeitregelung" vorgenommen (Dok. 66). Sie wollen ein Rahmengesetz durchsetzen, das es ihnen in Form von tarifvertraglichen Vereinbarungen und Anordnungen möglich macht, den Achtstundentag auszuhöhlen. Die Demobilisierungsverordnung zur Arbeitszeit wird bis zum Oktober 1922 verlängert. Der ADGB protestiert gegen einen von der Regierung vorgelegten Gesetzentwurf (Dok. 67). Er befürchtet eine Spaltung der Arbeiterschaft durch Sonderbestimmungen für alle möglichen Gruppen und Arbeitsbereiche. Der Achtstundentag würde dadurch ausgehöhlt.

Postkarte zur Nationalversammlung

Der Kampf der Gewerkschaften für Arbeitszeitverkürzung

Dokument 65
Theodor Leipart: Die 40-Stunden-Woche, Untersuchungen über Arbeitsmarkt, Arbeitsertrag und Arbeitszeit, Berlin 1931, S. 194 ff.

Ihre (der Unternehmer, U. A.) Bedenken gegen den Achtstundentag mehrten sich, statt zu schwinden; und die Äusserung ihrer Bedenken steigerte sich in dem Masse, wie sie ihr Machtgefühl wiedererlangten, zu einer heftigen Bewegung für seine Abschaffung. Sie warfen jetzt der geltenden Arbeitszeitanordnung vor, dass sie das Prinzip des Achtstundentages mit zu grosser „Starre" auf alle Industrien und Betriebe anwende, ohne Rücksicht auf deren von Ort zu Ort und von Zeit zu Zeit wechselndes Bedürfnis nach Beweglichkeit in der Festsetzung der Arbeitszeit. Mit diesem Bedürfnis nach Beweglichkeit begründeten sie die Forderung nach der gesetzlichen Zulassung weitgehender Abweichungen vom Achtstundentag. Sie machten ferner geltend, der Achtstundentag vom November 1918 sei als eine vorübergehende Notmassnahme gedacht gewesen, ohne zu bedenken, daß ihnen darauf entgegnet werden konnte: eine Industriewirtschaft, die im Zustande höchster Not und schwerster Verwirrung den Achtstundentag angenommen habe, könne doch nicht in Zeiten zunehmender Wiederkehr günstigerer Lebensbedingungen der Wirtschaft seine Unmöglichkeit behaupten. Auch insofern bewegten sich die Unternehmer bei dieser Argumentation in Widersprüchen, als sie ja nun wiederum die Abschaffung des seinerzeit in der Not erforderlichen Achtstundentages mit der „Not der deutschen Wirtschaft" begründeten. Die deutsche Wirtschaft bedürfe der Produktionssteigerung, hiess es. Es sei nicht möglich, sie durch Mehrung der Leistungsintensität zu bewirken, denn es mangele an Kapital zur Rationalisierung der Betriebe. Daher müsse die notwendige Steigerung der Produktionsmenge durch die Verlängerung der Arbeitszeit erzielt werden. An dieses Argument der Unternehmer knüpfte sich eine umfassende öffentliche Auseinandersetzung über den Einfluss längerer oder kürzerer Arbeitszeit auf das Mass der Arbeitsleistung – eine Debatte, die jahrelang die Presse beschäftigte, die Kongresssäle erfüllte, die Parlamente interessierte und der Wissenschaft ein Thema gab. Die Gewerkschaften setzten dem Argument der Unternehmer die Feststellung entgegen, die technische Vervollkommnung der Betriebe sei vielfach zurückgeblieben. Der Grund für diese Rückständigkeit sei eine durch die Valutakonjunktur – denn die Geldentwertung hatte inzwischen eingesetzt – begünstigte Lässigkeit der Werkleitungen. „Hier würde die Ar-

Der Achtstundentag

Bürgerliche Karikatur gegen den 8-Stunden-Tag, „Kladderadatsch", 1919

beitszeitverlängerung geradezu als Prämie für den technischen Stillstand wirken."

In dem Beschluss einer Sitzung des Bundesausschusses des ADGB. vom 22. März 1922 brachten die Gewerkschaften in dieser knappen Fassung ihren Standpunkt zu den öffentlichen Erörterungen über den Achtstundentag zur Geltung. Der Bundesausschuss hatte sich in dieser Sitzung mit zwei Gesetzentwürfen der Reichsregierung zur Regelung der Arbeitszeit der Arbeiter und der Angestellten zu beschäftigen. Die Gesetze sollten die Verordnungen vom November 1918 und vom März 1919 ablösen. Die Gewerkschaften verlangten vor allem eine einheitliche gesetzliche Regelung der Arbeitszeit für Arbeiter und Angestellte. Sie griffen die Gesetzentwürfe ferner darum an, weil diese in der Zulassung von Abweichungen vom Achtstundentag den Ansprüchen der Unternehmer überaus weit entgegenkamen. Die Gesetzentwürfe sahen auch bereits die Möglichkeit vor, die Arbeitszeit abweichend vom Achtstundentag durch Tarifvertrag zu vereinbaren. Gegen den Grundsatz, der in einer solchen Ordnung der Dinge zum Ausdruck kommen sollte, erhoben die Gewerkschaften keine Einwendungen. Aber in jener Bundesausschusssitzung gaben sie die Grenzen zu erkennen, in denen sie die Anwendung dieses Grundsatzes zu dulden bereit waren. Sie wollen, erklärten die Gewerkschaften „keine schablonenhafte Regelung der Arbeitszeit, die die wirklichen Notwendigkeiten des Wirtschaftslebens ignoriert. Sie sind aber davon überzeugt, dass der Weg tariflicher Vereinbarung genügt, um die Arbeitszeit im Rahmen der bisher gesetzlich zugelassenen Ausnahmen jedem dringenden Bedarf anzupassen, und sind bereit, durch tarifliche Regelung die Durchführung des Achtstundentages zu erleichtern." Die Unternehmer dagegen forderten eine Ausdehnung der Abweichungen vom Achtstundentag weit über den „Rahmen der bisher gesetzlich zugelassenen Ausnahmen" hinaus. Sie verlangten ferner eine Verstärkung des gesetzlichen Zwanges zur tariflichen Vereinbarung von Ausnahmen – das heisst: den Tarifverträgen sollte durch Gesetz ein Pflichtinhalt vorgeschrieben werden.

Hamburger Hafenarbeiter

In sehr lebhaften und ausserordentlich gründlichen, durch den sachlichen Wert des herangezogenen Beurteilungsmaterials denkwürdigen Verhandlungen des Reichswirtschaftsrats gelangten diese Meinungsgegensätze zum Austrag. Aber über das Stadium der Erstattung von Gutachten durch den Reichswirtschaftsrat, einem Mehrheitsgutachten, das von den Arbeitgebern stark beeinflusst war, und einem Minderheitsgutachten der Arbeitnehmer – über dieses Stadium hinaus gedieh die Beratung der Gesetzentwürfe nicht. Als die Gesetzentwürfe erschienen waren, hatte die allgemeine öffentliche Diskussion über den Achtstundentag einen neuen Auftrieb erfahren. Jedermann glaubte, nun nahe die Entscheidung. Alle Kräfte wurden aufgeboten. Wohl war die Entscheidung nahe, aber sie knüpfte sich nicht an die Erledigung der Gesetzentwürfe. Sie fiel in anderer Form und unter einem anderen Stern. Ruhrkampf und Inflation führten zu einer Wendung.

Die Anordnung vom 23. November 1918 war am 17. November 1923 abgelaufen und vom Reichstag nicht wieder erneuert worden. Statt dessen hatte der Reichstag der Regie-

rung durch Gesetz die Ermächtigung gegeben, neben vielen anderen Dingen auch die Arbeitszeit durch Verordnung zu regeln.

Die Regierung hatte gleichwohl nicht den Mut, dem Achtstundentag ohne Umschweife ein Ende zu bereiten. Sie übernehm in den § 1 ihrer Verordnung aus den alten Arbeitszeitverordnungen die Formel: „Die regelmässige werktägliche Arbeitszeit, ausschliesslich der Pausen, darf die Dauer von acht Stunden nicht überschreiten." Die auf eine Abschaffung des Achtstundentages berechneten Möglichkeiten zu Abweichungen von diesem Prinzip liess die Regierung erst im Hintergrunde erscheinen. Weiten Spielraum gab die Verordnung der tarifvertraglichen Vereinbarung von Überschreitungen der achtstündigen Dauer der täglichen Arbeitszeit. Wir erwähnten bereits, dass die Gewerkschaften diesen Gedanken zu billigen durchaus bereit waren; hätte ihnen doch die an bestimmte gesetzliche Grenzen gebundene tarifvertragliche Regelung der Arbeitszeit die ihrem Wesen gemässe Basis gegeben für den nunmehr unausbleiblichen Kampf um den Achtstundentag. Aber das durfte von den Gegnern der Arbeiterbewegung nicht zugelassen werden. Die Unternehmer wollten die Zeit und die – vielleicht nie wiederkehrende – Gelegenheit für ihre Ziele nutzen. Hätten sie den normalen Ablauf der geltenden Tarifverträge abwarten müssen, so wäre ihnen kostbare Zeit verlorengegangen. Darum gab die Verordnung in ihrem § 12 den Unternehmern das Recht, Bestimmungen von Tarifverträgen, die eine kürzere als nach der Verordnung zulässige Arbeitszeit vorsahen, mit 30tägiger Frist – ohne Rücksicht auf die bei Abschluss des Vertrages festgesetzte Geltungsdauer – zu kündigen. Doch auch damit nicht genug; denn als die Unternehmerorganisationen in weitestem Umfange von dieser „Ermächtigung" Gebrauch machten, stand der gesamte Apparat der Schlichtungsbehörden zu ihrer Verfügung, um mit dem Mittel des Zwangstarifs die Verlängerung der Arbeitszeit zu bewirken. Die Vereinigung der Arbeitgeberverbände führte eine Statistik über den Umfang der Neuregelung der Arbeitszeit. Bis Mitte April 1924 erfasste die Zählung 5 Millionen Arbeiter der verschiedensten Industrien. „Soweit … festgestellt werden kann, dürfte angenommen werden, dass … eine freie Vereinbarung für nicht sehr viel mehr als 1½ Millionen Arbeiter, d. h. aber für nicht mehr als ein Fünftel der gesamten erfassten Arbeiterzahl in Frage kommt, während bei der weitaus überwiegenden Zahl der Fälle Schiedssprüche vorliegen, die nur zum geringsten Teil von den Gewerkschaften angenommen und auf dem Wege des Zwangstarifs – bezeichnenderweise auch hier unter heftigem Widerstand der Gewerkschaften – zum grossen Teil vergeblich durchzuführen versucht wurden." („Die Arbeitszeitfrage in Deutschland". Schriften der VDA. Heft 8.).

Die Lohnfrage

Dokument 66
Albert Ballewski:
Der Fabrikbetrieb. Praktische Anleitungen zur Anlage und Verwaltung von Maschinenfabriken und ähnlichen Betrieben sowie zur Kalkulation und Lohnverrechnung, Berlin 1919, S. 127–130.

Wieviel Stunden täglich gearbeitet werden soll, richtet sich nach dem Beschäftigungsgrad; der zehnstündige Arbeitstag ist zurzeit vorherrschend, doch sind Bestrebungen nach Verkürzung seit Jahren im Gange. Mit der kürzeren Arbeitszeit ist aber den Arbeitern allein nicht gedient, dieselben verlangen auch, daß mit der Herabsetzung der Arbeitszeit eine solche Erhöhung des Stundenlohnsatzes erfolgt, daß für den Arbeiter durch die verminderte Arbeitszeit kein Ausfall in dem Verdienst eintritt. Und hierin liegt das Verhängnisvolle für den Industriellen bei der Herabsetzung der Arbeitszeit. Aber neben der Erhöhung des Lohnes hat eine Verminderung der Arbeitszeit auch noch andere Übelstände für den Industriellen zur Folge; die Werkeinrichtungen werden weniger ausgenutzt, die Leistungen verringert und die Generalunkosten werden im Verhältnis zu der geleisteten Arbeit eine Steigerung erfahren. Es ist daher sehr wohl zu verstehen, daß Werkbesitzer sich oft einer Lohnerhöhung gegenüber nicht abgeneigt zeigen und ihren Arbeitern gern einen Mehrverdienst zukommen lassen wollen, wenn nur auf die jetzt überall angestrebte Herabsetzung der Arbeitszeit verzichtet wird. Wie einschneidend die Forderungen der Arbeiter, die Arbeitszeit herabzusetzen und den Lohn dabei so zu erhöhen, daß der bisherige Tagesverdienst auch weiter bestehen bleibt, auf das Gedeihen und Bestehen eines Werkes sein kann, mag aus folgendem Beispiele ersehen werden.

Ein Arbeiter hat bisher einen Stundenlohn von 40 Pfennig gehabt und verdient also bei einer zehnstündigen Arbeitszeit täglich 4 Mark. Wird die Arbeitszeit auf neun Stunden herabgesetzt und der Tagesverdienst von 4 Mark soll dabei bestehenbleiben, so muß der Lohn für die Stunde auf 44½ Pfennig erhöht werden. Es ist dies eine Lohnerhöhung von 11%! Im Verhältnis zur Verringerung der täglichen Arbeitszeit vermindert sich aber im allgemeinen auch die Leistungsfähigkeit des Werkes; zieht man dann noch die Generalunkosten hinzu, welche bei der geringen Arbeitsleistung ebenso hoch sind wie bei der größeren, so kommt man zu einer so hohen Belastungsziffer des Werkes durch die um eine Stunde verminderte Arbeitszeit und den erhöhten Lohnsatz, daß der sorgfältig rechnende Geschäftsmann sich sehr besinnen muß, ob er auf eine solche Doppelforderung der Arbeiter eingehen kann oder nicht. Da der Wettbewerb beständig zunimmt, der Verdienst aber von Jahr zu Jahr geringer wird, muß die Lohnfrage einer sehr sorgfältigen Prüfung unterzogen werden, damit nicht das Werk unter der Last der Verpflichtungen zugrunde geht.

Die Annahme, daß bei neunstündiger Arbeitszeit ebensoviel geleistet wird wie bei zehnstündiger, weil der Arbeiter frischer und tatkräftiger bleibt, ist eine Behauptung [Siehe hierüber die ausführl. Schrift von Ernst Bernhard: „Höhere Arbeitsintensität bei kürzerer Arbeitszeit". (Dunkker & Humblot, Leipzig)], welche den Tatsachen kaum entspricht. Bei Arbeitern, welche an Arbeitsmaschinen beschäftigt sind, ist eine solche Annahme eher als bei Handarbeitern zutreffend. Die neunstündige Arbeitszeit wird oft damit begründet, daß dem Arbeiter mehr Zeit für seine Erholung und sein Familienleben verschafft werden soll. Wird die durch die verringerte Arbeitszeit gewonnene Zeit von den Arbeitern zu diesem Zweck wirklich verwendet, dann kann dies für die Erhaltung eines gesunden und zufriedenen Arbeiterstandes nur von Nutzen sein; aber sehr oft führt zu viel freie Zeit zur Langeweile und zur Aufsuchung von Zerstreuungen und Beschäftigungen, welche den Hausstand und das Familienleben, das man zu fördern hoffte, untergraben.

Die Forderung der Arbeiter, Überstunden mit einem 25 bis 100% höheren Lohn als die gewöhnliche Arbeitszeit zu bezahlen, ist im Laufe der letzten Jahre vielfach bewilligt worden. Bei Behandlung der Lohnfrage muß der Werkbesitzer bei der Auslohnung seiner Arbeiter solche Wege einschlagen, welche ihm die Sicherheit bieten, daß bei vorübergehender stärkerer Beschäftigung, welche das Einlegen von Überstunden notwendig macht, nicht Belastungen entstehen, welche einen jeden Nutzen bei einem Geschäfte ausschließen. Es ist ja ganz gut, wenn, um dem Umsichgreifen der Überstundenarbeit vorzubeugen, eine besondere Vergütung für die letztere dem Arbeiter gewährt wird; diese Vergütung muß sich aber nur nach der wirklich geleisteten Arbeit, bzw. nach der aufgewandten Zeit richten.

Die Vertreter des Acht- und Neunstundentages sind Gegner aller Überstunden. Sie verlangen, daß, wenn viel Arbeit vorliegt, mehr Arbeiter angestellt werden. Daß die Erhöhung der Belegschaft eines Werkes auch eine Vermehrung der Arbeitseinrichtungen und damit einen höheren Kapitalaufwand bedingt, wird nicht berücksichtigt, denn das Kapital ist für diejenigen, welche es nicht herzugeben haben, eine Nebensache. Werden Arbeitseinrichtungen beschafft, welche es ermöglichen, eine so große Arbeiterzahl anzustellen, daß jede Überstundenarbeit bei der vorübergehend stärkeren Beschäftigung vermieden wird, was soll aber später mit den von weit und breit herangezogenen Aushilfsarbeitern werden, wenn der flotte Geschäftsbetrieb nachläßt und wieder gewöhnliche Verhältnisse eintreten? Richtig wäre es, in solchen Fällen alle kurze oder längere Zeit in Arbeit stehenden Arbeiter zu behalten und die Arbeitszeit so herunterzusetzen, daß sie für die zu erledigenden Aufträge ausreicht. Aber eine solche Geschäftshandhabung würde nicht nach dem Sinne der Arbeiter sein, am allerwenigsten aber den Vertretern des Acht- und Neunstundentages passen. Treten solche Verhältnisse ein, dann soll der im Werk viele Jahre beschäftigte Arbeiter vor dem neuangenommenen, der verheiratete vor dem jugendlichen und der einheimische vor dem eingewanderten Arbeiter bevorzugt werden; der Selbsterhaltungstrieb setzt sich dann über alles hinweg und was man noch vor kurzer Zeit als allein richtig und notwendig hingestellt hat, wird nun verworfen. In solcher Zeit sehnen sich viele Arbeiter nach den oft gelästerten Überstunden zurück. Es war eine schöne Zeit, wenn am Löhnungstage ein Viertel und noch mehr über den gewöhnlichen Wochenlohn ausgezahlt wurde, weil Überstunden eingelegt werden mußten. Es entstand eine Einnahme, welche manche Einschränkung aufhob und manche Besserung des Lebensunterhaltes zuließ. Die schönen Tage sind vorüber, die Bedürfnisse sind geblieben, die guten Einnahmen aber, welche durch die Überstunden bewirkt wurden, sind für immer dahin! Man sieht daraus, daß die Lohnfrage eine sehr wichtige ist, die nicht durch Schlagworte gelöst werden kann, sondern nur durch gewissenhafte Prüfung und Beurteilung der allgemeinen wirtschaftlichen und betrieblichen Verhältnisse!

„Hier würde die Arbeitszeitverlängerung geradezu als Prämie für den technischen Stillstand wirken."

Sondergesetze zur Aushöhlung des Achtstundengesetzes

Dokument 67
Protokoll der Verhandlungen des elften Kongresses der Gewerkschaften Deutschlands (1. Bundestag des Allgemeinen Deutschen Gewerkschaftsbundes, abgehalten zu Leipzig vom 19. bis 24. Juni 1922, Protokoll der Verhandlungen der sechsten Konferenz der Arbeitersekretäre, abgehalten zu Leipzig am 17. und 18. Juni 1922 Berlin 1922, S. 173–178.

Die Reichsregierung beabsichtigt, die Arbeitszeit nicht einheitlich zu regeln, vielmehr in Sondergesetzen für die gewerblichen Arbeiter einerseits, für die Angestellten andererseits, weiter die Arbeitszeit der Eisenbahner, Straßenbahner und Binnenschiffer je für sich, ferner die der übrigen Arbeiter öffentlicher Verkehrsanstalten, endlich die der sonstigen Verkehrsarbeiter und Seeleute. Der dem Reichswirtschaftsrat bisher vorgelegte Entwurf erstreckt sich nur auf die gewerblichen Arbeiter. Bei solcher Regelung muß befürchtet werden, daß der Achtstundentag für die einzelnen Arbeitnehmergruppen verschieden behandelt und durchbrochen wird. Mit Recht verlangen daher die nicht berücksichtigten Arbeitnehmerkreise eine gleichzeitige gesetzliche Regelung ihrer Arbeitszeit. Der Entwurf für die gewerblichen Arbeitnehmer stellt zwar den Achtstundentag als allgemeines Prinzip auf, aber er läßt dafür so viele Ausnahmen zu, daß diese Arbeitsdauer unter jeder Art von Begründung beliebig verlängert werden kann.

So ist den Arbeitgebern nicht bloß die Wahl zwischen dem achtstündigen Arbeitstag und der 48-Stunden-Woche gelassen, sondern es sind Ausnahmen vorgesehen:

1. Für ununterbrochene Betriebe, denen eine 56stündige Arbeitswoche zugebilligt wird,
2. für Arbeiten in Notfällen, insbesondere zur Verhütung erheblicher Störungen und bei nicht vorherzusehenden Unterbrechungen des Vertriebes durch Naturereignisse, Unglücksfälle,
3. für Arbeiten zur Bewachung der Betriebsanlagen, zur Reinigung und Instandhaltung, durch die der regelmäßige Fortgang eines eigenen oder fremden Betriebes bedingt ist,
4. für Arbeiten, von denen die Wiederaufnahme des vollen Betriebes abhängig ist,
5. bei außergewöhnlicher Häufung der Arbeit, sowie in Gewerben, in denen regelmäßig zu gewissen Zeiten des Jahres ein vermehrtes Arbeitsbedürfnis eintritt oder deren Betriebe ihrer Natur nach auf Jahreszeiten beschränkt sind,
6. unter außergewöhnlichen Verhältnissen, insbesondere zur Ersparung von Brennstoffen,
7. für gewisse Arbeitszweige oder Gruppen von Arbeitern, bei denen regelmäßig und in erheblichem Umfange bloße Arbeitsbereitschaft vorliegt,
8. für Arbeiterinnen in Gewerbezweigen, in denen die Verrichtung von Nachtarbeit zur Verhütung des Verderbens von Rohstoffen oder des Mißlingens von Arbeitserzeugnissen dringend erforderlich ist,
9. für Jugendliche, deren Arbeitszeit einschließlich der Unterrichtszeit in der Pflichtfortbildungsschule innerhalb einer Woche 54 Stunden dauern darf,
10. weitere erleichternde Ausnahmen für die nächsten drei Jahre, wenn diese Ausnahme aus Gründen des Gemeinwohls dringend erforderlich seien, endlich
11. und 12. Ausnahmen für den Bereich von allgemein verbindlich erklärten Tarifverträgen, die im Wege tariflicher Regelung vereinbart werden.

Von allen diesen Ausnahmen sind für die Gewerkschaften nur die letztgenannten, tariflich zu vereinbarenden diskutabel. In der Tat könnte das ganze Ausnahmeverzeichnis durch eine solche tarifliche Regelung zwischen den Organisationen der Arbeitgeber und Arbeitnehmer vollkommen ersetzt werden, sofern der Achtstundentag als allgemeine Grundlage gesetzlich anerkannt ist. Solche tariflichen Vereinbarungen würden sich für unerläßliche Ueberarbeit in Notfällen, in Fällen außergewöhnlicher Häufung der Arbeit, in Saison- und Kampagnebetrieben und bei der Gefahr des Verderbens von Rohstoffen usw. leicht herbeiführen lassen, und es läge in der Hand der Beteiligten, sich über das Maß derselben zu verständigen. Unter allen Umständen müssen die Gewerkschaften Ausnahmen ablehnen, die eine dauernde Mehrarbeit über den Achtstundentag hinaus vorsehen, wie es hier für die unterbrochenen Betriebe geplant ist, sowie gegen Durchbrechungen des Achtstundentages unter der Annahme, daß es sich nicht um Arbeitszeit, sondern um bloße Arbeitsbereitschaft handele. Als Berufe, bei denen eine Arbeitsbereitschaft in Frage komme, führt der Entwurf die Pförtner, Wächter, Fuhrleute, Schaltbrettwärter, Gehilfen in Gast- und Schankwirtschaften, Friseure und Bahnarbeiter und ferner Arbeiterinnen und jugendliche Arbeiter in Glashütten, Walz- und Hammerwerken an. In der öffentlichen Erörterung dieser Frage spielen auch die staatlichen Verkehrsbetriebe keine geringe Rolle. Das Beispiel des Streckenwärters auf einer Kleinbahn, die täglich nur bis zu vier Züge befördert, wurde als besonders charakteristisch hervorgehoben. Es unterliegt indes keinem Zweifel, daß es sich in letzterem Falle um Ausnahmestellungen handelt, die auch schon seit längerer Zeit mit Personen von beschränkter Erwerbsfähigkeit besetzt worden sind und die wahrscheinlich durch eine mechanische Umgestaltung der Bahnkontrolle ersetzt werden können. Die übrigen genannten Berufe wenden sich sehr energisch gegen die Annahme, daß ihre Arbeitszeit nur mehr als Ar-

Die Maschine kann 24 Stunden im Tag arbeiten; sie hat keinen Geist und weder Gesundheit noch Krankheit. Aber der Mensch, der sie bedient, besitzt nicht die Reparaturfähigkeit der Maschine; er bleibt, wenn er durch Überarbeitung abgenutzt ist, alsdann ein Invalide mit verkürzter Lebenszeit. Hygieniker Prof. Dr. A. Vogt in Bern, 1890.

beitsbereitschaft zu bewerten sei und beliebig verlängert werden könne. Die Gewerkschaften müssen es ablehnen, auf solche Weise Ausnahmen von der gesetzlichen achtstündigen Arbeitszeit zuzulassen, die sehr bald den Achtstundentag selbst zur Ausnahme machen könnten. Die Arbeiter der staatlichen Verkehrsbetriebe haben sich inzwischen bereit erklärt, auf tariflichem Wege einer Regelung der Arbeitszeit zuzustimmen, bei welcher die in den Schichten enthaltenen Pausen durch teilweise Anrechnung berücksichtigt werden und den Bedürfnissen des öffentlichen Verkehrs Rechnung getragen wird. Der tarifliche Weg erscheint auch für andere Berufe zweifellos als der geeignetste, die Arbeitszeit den Bedürfnissen des Wirtschaftslebens anzupassen, vorausgesetzt, daß als gesetzliche Grundlage der Achtstundentag anerkannt wird.

(. . .) Der Ausschuß des ADGB. hat sich mit der gesetzlichen Arbeitszeitregelung in seiner Dezembertagung 1921 befaßt und folgende Beschlüsse hierzu einstimmig angenommen:

1. Der Bundesausschuß des ADGB. erkennt aus dem vorliegenden Entwurf eines Gesetzes zur Regelung der Arbeitszeit gewerblicher Arbeiter, daß die Reichsregierung bestrebt ist, den durch die Gesetzgebung der Revolutions- und Demobilmachungszeit erreichten Achtstundentag für alle Arbeiter wieder zu beseitigen. Diesem Zweck soll vor allem die Sonderregelung für gewerbliche Arbeiter dienen, neben der Sondergesetze für die Arbeitszeit der Angestellten, der Verkehrsbetriebe, der Schiffahrt, der Heimarbeit, der Land- und Forstwirtschaft und schließlich der Beamten geplant sind. Im Einklang damit steht ferner die Zulassung von Ausnahmen in einem Umfange, der jedes Maß wirtschaftlicher Notwendigkeit überschreitet und die Arbeitsdauer im Einzelfall der Willkür der Arbeitgeber und Behörden überläßt. Der Bundesausschuß muß gegen eine solche Gestaltung des Arbeitsrechtes Verwahrung einlegen. Er fordert die Gewerkschaftsvertreter im Vorläufigen Reichswirtschaftsrat und die Arbeitervertreter im Reichstag auf, dafür zu sorgen, daß den deutschen Arbeitnehmern ihr gesetzlicher Achtstundentag ungeschmälert erhalten bleibt.

Die Gewerkschaften können nur einem Arbeitszeitgesetz zustimmen, das

a) die Arbeitszeit aller Arbeiter, Angestellten und Beamten einschließlich der Sonntagsruhe und des Urlaubs gleichzeitig und gemeinsam nach den gleichen Grundsätzen regelt,
b) zum mindesten die Verpflichtungen der Abkommen von Washington und Genua sofort und in vollem Umfange verwirklicht,
c) den Achtstundentag wirksam schützt, anstatt ihn preiszugeben.

2. Der Ausschuß des ADGB. hat mit Befremden davon Kenntnis genommen, daß die deutsche Reichsregierung die internationalen Arbeitsabkommen von Washington und Genua noch immer nicht ratifiziert hat, obwohl diese schon vor längerer Zeit vom Vorläufigen Reichswirtschaftsrat zur dringenden Annahme empfohlen worden sind. Die Gewerkschaften halten eine Verzögerung der Ratifikation dieser Abkommen schon deshalb für unverständlich, weil deren Inhalt bis auf wenige untergeordnete Punkte bereits von der deutschen Gesetzgebung erfüllt und teilweise überholt ist. Um so mehr Gewicht ist darauf zu legen, daß Deutschland durch die Anerkennung der Vereinbarungen den noch zögernden Industriestaaten ein Beispiel sozialer Vorarbeit und der Arbeiterschaft jener Staaten einen Ansporn zur Einwirkung auf ihre Regierungen gibt, diesem Beispiel alsbald zu folgen. Der Bundesausschuß des ADGB. erwartet von der Reichsregierung, daß sie zum wenigsten diejenigen Abkommen sofort ratifiziert, die durch die deutsche Gesetzgebung bereits erfüllt sind.

Der Achtstundentag ist der Hebebaum, durch den der Riese Proletariat auf die Beine gestellt und in den Stand gesetzt wird, von seinen Kräften Gebrauch zu machen. F. Domela Nieuwenhuis, 1889.

Erneut nahm der Bundesausschuß in seiner Märztagung 1922 zur gesetzlichen Arbeitszeitfrage Stellung, die zur Annahme folgender Entschließung führte:

Gegenüber den Bestrebungen, den gesetzlichen Achtstundentag zu beseitigen und die Arbeitszeit der Arbeiter, Angestellten und Beamten wieder zu verlängern, erklärt der Ausschuß des ADGB., daß die Gewerkschaften jedem darauf gerichteten Versuch den entschlossensten Widerstand entgegensetzen werden. Der Achtstundentag ist eine durch Vereinbarung mit den Arbeitgeberorganisationen erzielte und durch die Gesetzgebung sowie durch die internationale Arbeitskonferenz in Washington anerkannte Errungenschaft, die sich die deutsche Arbeiterklasse nicht wieder nehmen lassen wird.

Die Gewerkschaftsvorstände sind der Ueberzeugung, daß der Achtstundentag in allen Wirtschaftszweigen durchführbar ist und daß bei der gesetzlich zugelassenen Arbeitszeit keineswegs alle Produktionsmöglichkeiten überall voll ausgenutzt sind, wie es das deutsche Wirtschaftsleben erwarten ließe. Insbesondere ist die technische Vervollkommnung der Betriebe und Arbeitsmethoden, begünstigt durch die Valutakonjunktur, vielfach derartig zurückgeblieben, daß selbst die rückständigsten Unternehmungen noch mit Gewinn betrieben werden. Hier würde die Arbeitszeitverlängerung geradezu als Prämie für den technischen Stillstand wirken.

Die deutschen Gewerkschaften wollen keine schablonenhafte Regelung der Arbeitszeit, die die wirklichen Notwendigkeiten des Wirtschaftslebens ignoriert. Sie sind aber davon überzeugt, daß der Weg tariflicher Vereinbarung genügt, um die Arbeitszeit im Rahmen der bisher gesetzlich zugelassenen Ausnahmen jedem dringenden Bedarf anzupassen, und sind bereit, durch tarifliche Regelung die Durchführung des Achtstundentages zu erleichtern. Die Voraussetzung dafür aber ist die gesetzliche Anerkennung des Achtstundentages, weshalb die Gewerkschaften jeden Angriff auf diese Position zurückweisen müssen.

„Wir wußten wie schwer der Kampf sein wird ...“

Solidaritätsmarke Metallarbeiterstreik 1921

Im Frühjahr 1922 kommt es in Süddeutschland zum bis dahin schwersten Kampf (so DMV-Jahrbuch 1922) der Metallarbeiter. Neben der Lohnforderung ist die Arbeitszeit der strittigste Punkt. In den Betrieben hat sich ein früherer Schluß am Samstag eingebürgert, so daß die wöchentliche Arbeitszeit nur noch 46 Stunden beträgt, während die Unternehmer auf der 48-Stunden-Woche beharren (Dok. 68). Nach langen Verhandlungen und Ablehnung eines Schiedsspruches, der nur die Unternehmerposition berücksichtigt, treten die Metallarbeiter in den Streik. Die Unternehmer sperren im großen Rahmen aus. Der Kampf dauert von Februar bis Mai 1922, und die 46stündige Arbeitszeit kann nicht gehalten werden. Trotzdem bewertet der Vorstand des Deutschen Metallarbeiter-Verbandes den Kampf nicht als Niederlage. „Wir wußten wie schwer der Kampf sein wird, und wir haben uns nicht kampflos ergeben“, heißt es dazu im Jahrbuch des Deutschen Metallarbeiter-Verbandes. Die Klassenjustiz feiert im nachherein Orgien, heißt es dann weiter. 60 Kollegen aus Stuttgart und Eßlingen wird der Prozeß gemacht.

Mit diesem Kampf versucht der Deutsche Metallarbeiter-Verband erfolglos seine vorgeschobenen Positionen in der Arbeitszeitfrage zu sichern, nachdem es ihm schon auf dem Gewerkschaftstag des ADGB 1919 in Nürnberg nicht gelungen ist, die anderen Gewerkschaften mit in diese Auseinandersetzung einzubeziehen. (Dok. 69).

Für eine 46-Stunden-Woche

Dokument 68
Zum Kampf der süddeutschen Metallarbeiter, Korrespondenzblatt des Allgemeinen Deutschen Gewerkschaftsbundes, Berlin 1922, S. 238

In der Metallindustrie ist seit 10 Wochen ein Kampf entbrannt, der die gesamte Arbeiterschaft Deutschlands angeht. Es handelt sich um die Abwehr einer von der Unternehmerorganisation geforderten Verlängerung der tariflichen 46stündigen Arbeitswoche. Unter dem Vorwand, eine Arbeitswoche von 48 Stunden zur vollen Auswirkung zu bringen, soll die Arbeitszeit über das seitherige Maß, das schon lange einen kürzeren Arbeitstag an Sonnabenden anerkennt, ausgedehnt werden. Die Arbeiterschaft erblickt in der Forderung der Unternehmer, die bisher tariflich festgelegte

Arbeitszeit zu verlängern, einen Angriff gegen den Achtstundentag. Sie hat den Kampf gegen dieses Verlangen entschlossen aufgenommen und bisher mit Zähigkeit und Opferwilligkeit durchgeführt.

Der Ausschuß des Allgemeinen Deutschen Gewerkschaftsbundes hat in seiner Sitzung vom 2. Mai zu diesem Kampfe Stellung genommen. Er erkennt die große Bedeutung dieses Kampfes für die gesamte Arbeiterschaft an und spricht den im Kampfe stehenden Arbeitern seine vollen Sympathien aus. In der Erwartung, daß die Kämpfenden in ihrem Widerstand nicht erlahmen, beschließt der Bundesausschuß, die Gewerkschaftsvorstände aufzufordern, ungesäumt alle erforderlichen Maßnahmen zu treffen, um den Kampf in der nachhaltigsten Weise zu unterstützen und die Bewegung zu einem erfolgreichen Abschluß zu bringen.

Als erste dieser Maßnahmen beschließt der Bundesausschuß, daß die von der letzten Ausschußsitzung für die Dänenhilfe festgesetzten Beiträge von 5 Mk. für jedes männliche und 3 Mk. für jedes weibliche Mitglied, soweit das nicht schon geschehen ist, nunmehr zu erheben und an die Bundeskasse abzuführen sind, um diese Mittel für den süddeutschen Kampf zu verwenden.

Zum Kampf der süddeutschen Metallarbeiter.

In der Metallindustrie Süddeutschlands ist seit 10 Wochen ein Kampf entbrannt, der die gesamte Arbeiterschaft Deutschlands angeht. Es handelt sich um die Abwehr einer von der Unternehmerorganisation geforderten Verlängerung der tariflichen 46stündigen Arbeitswoche. Unter dem Vorwand, eine Arbeitswoche von 48 Stunden zur vollen Auswirkung zu bringen, soll die Arbeitszeit über das seitherige Maß, das schon lange einen kürzeren Arbeitstag an Sonnabenden anerkennt, ausgedehnt werden. Die Arbeiterschaft erblickt in der Forderung der Unternehmer, die bisher tariflich festgelegte Arbeitszeit zu verlängern, einen Angriff gegen den Achtstundentag. Sie hat den Kampf gegen dieses Verlangen entschlossen aufgenommen und bisher mit Zähigkeit und Opferwilligkeit durchgeführt.

Der Ausschuß des Allgemeinen Deutschen Gewerkschaftsbundes hat in seiner Sitzung vom 2. Mai zu diesem Kampfe Stellung genommen. Er erkennt die große Bedeutung dieses Kampfes für die gesamte Arbeiterschaft an und spricht den im Kampfe stehenden Arbeitern seine vollen Sympathien aus. In der Erwartung, daß die Kämpfenden in ihrem Widerstand nicht erlahmen, beschließt der Bundesausschuß, die Gewerkschaftsvorstände aufzufordern, ungesäumt alle erforderlichen Maßnahmen zu treffen, um den Kampf in der nachhaltigsten Weise zu unterstützen und die Bewegung zu einem erfolgreichen Abschluß zu bringen.

Als erste dieser Maßnahmen beschließt der Bundesausschuß, daß die von der letzten Ausschußsitzung für die Dänenhilfe festgesetzten Beiträge von 5 Mk. für jedes männliche und 3 Mk. für jedes weibliche Mitglied, soweit das nicht schon geschehen ist, nunmehr zu erheben und an die Bundeskasse abzuführen sind, um diese Mittel für den süddeutschen Kampf zu verwenden.

„Korrespondenzblatt des Allgemeinen Deutschen Gewerkschaftsbundes", 1922, S. 238

Bayerns Metallarbeiter erkämpfen die 44-Stunden-Woche

Dokument 69
Protokoll der Verhandlungen des zehnten Kongresses der Gewerkschaften Deutschlands in Nürnberg 1919, Berlin 1919, S. 53, 580, 581.

M. 21. Die bayerische organisierte Metallarbeiterschaft hat durch eine allgemeine Lohnbewegung die 44stündige wöchentliche Arbeitszeit erreicht. Dieselbe ist in der Form festgelegt, daß der Achtstundentag und der freie Samstagnachmittag zur Einführung gelangte. Die dauernde Aufrechterhaltung dieser Arbeitszeit wurde von dem Unternehmertum davon abhängig gemacht, daß diese Arbeitszeit generell in ganz Deutschland zur Einführung gelangt.

Der 10. Kongreß der Gewerkschaften Deutschlands begrüßt den Erfolg der bayerischen Metallarbeiterschaft und erklärt es als erstrebenswertes Ziel der Gewerkschaften, daß die 44stündige Arbeitswoche in ganz Deutschland zur Einführung kommt.

Bogner und Genossen.

(. . .) Vorsitzender Legien: Der erste Teil des Antrags ist nur eine Feststellung. Dem zweiten Teil können wir aber nicht zustimmen, weil er alle Verbände verpflichtet, für die 44stündige Arbeitszeit einzutreten. Das muß den einzelnen Verbänden überlassen werden. Der Kongreß hat natürlich den Wunsch, daß diese Verkürzung der Arbeitszeit überall erreicht wird.

Mit dieser Erklärung betrachtet der Kongreß den Antrag als erledigt.

Künstler zum Achtstundentag

Dokument 70
Publikationen der Künstlerhilfe, Stellungnahme führender Künstler zum Achtstundentag, 1924, S. 10, 13, 21, 22, 23.

Die vorliegende Veröffentlichung wurde im Jahre 1924 von der Zentralstelle der Künstlerhilfe (I.A.H.) Berlin herausgegeben. Sie enthält Beiträge von folgenden Persönlichkeiten: G. G. L. Alexander, Hans Baluschek, Max Barthel, Beerfelde, Alfred Birkle, Otto Dix, Paul Eickmeier, Otto Freundlich, Ernst Friedrich, Felixmüller, Oskar Fischer, Friedländer-Mynona, L. Gibarti, George Grosz, Sella Hasse, Karl Holtz, Kurt Hiller, Eric Johansson, Käthe Kollwitz, Willibald Krain, Berta Lask, Lu Märten, Erich Mühsam, Otto Nagel, Oskar Oehme, Erwin Piskator, Alfons Paquet, Peri, Hans Richter, Bruno W. Reimann, Rudolf Schlichter, Arthur Segal, Ernst Toller, Karl Völker, Heinrich Zille.

Eric Johanson, Künstlermappe zur Verteidigung des 8-Stunden-Tages

Otto Dix, Künstlermappe zur Verteidigung des 8-Stunden-Tages

An alle Künstler und geistig Schaffenden!

Liebe Freunde, Kameraden und Kollegen!
Überall in ganz Deutschland stehen die Arbeiter im Kampf für die Erhaltung des Acht-Stundentages. ACHT STUNDEN fesseln die Arbeiter freiwillig ihren Körper an die Maschine. ACHT STUNDEN spannen sie ihre Nerven freiwillig in den Apparat der Industrie. ACHT STUNDEN wollen sie mechanische, geisttötende Tätigkeit üben, ACHT STUNDEN Ihren ausgemergelten müden Körper schaffen lassen. ACHT STUNDEN! All' die Leute, die nicht wissen, was es bedeutet, acht Stunden immer dieselbe Hebelbewegung auszuführen, acht Stunden bis 1 800 Metern unter der Erde zu schaffen oder vor den höllischen Feuern der Dampfkessel und Hochöfen zu stehen, diese Leute fallen über den Arbeiter her. Sie wollen – sie fordern, daß der Arbeiter seinen siechen, unterernährten Körper nicht nur acht, sondern zehn, zwölf Stunden schuften läßt. Wohlgemerkt, die wollen ihn zwingen, die für sich das Recht am Gewinn der Arbeit in Anspruch nehmen, die sich anmaßen, Träger der Kultur zu sein. Jede Stunde Arbeit mehr, bedeutet für den Arbeiter Ausschluß an der Teilnahme und an dem Genuß der Kunst.

Das Recht ist auf Seiten der Arbeiter. Wir Künstler stellen das fest. Wir können nicht ruhig mit ansehen, wie das Recht des Menschen auf seinen Körper, auf Kultur, aller Menschlichkeit zum Hohn, mit Füßen getreten wird. Hunderttausende Arbeiter stehen im Kampf, sind von ihren Arbeitgebern ausgesperrt, weil sie nur ACHT STUNDEN schaffen wollen. Wir müssen ihnen zu Hilfe eilen, müssen uns mit unserer Kunst, unserer Feder für sie einsetzen. Überall in Deutschland, soweit es noch nicht geschehen, müssen sich die Künstler zu Arbeitsausschüssen zusammentun, Veranstaltungen arrangieren, um den für den Acht-Stundentag kämpfenden Arbeitern auch materielle Hilfe zu bringen. Das ist unsere Pflicht.

Alfred Birkle, Berta Lask, Max Barthel, George Groß, Rudolf Schlichter, Paul Eykmaier, Joh. R. Becher, G. G. L. Alexander,

Paul Ferdinand Schmidt, Otto Nagel, Bruno W. Reimann, Eric Johanssen, Hans Baluschek, Heinrich Zille, Karl Hofer, Friedländer-Mynona, Max Eck-Troll, Alfons Paquet, Willibald Krain, Eugen Hoffmann, Wilhelm Oesterle, Karl Völker, Erich Heckel, Max Dungert, Peri, Otto Freundlich, Erich Mühsam, Ernst Toller, Otto Dix, Sella Hasse, Emil Lindt, Oskar Oehme, Ines Wetzel. – Oskar Fischer, Erwin Piskator, Lu Märten, Ernst Friedrich.
(...)

Niederschönenfeld (Festung), Juni 1924.

Die Verzögerung meiner Antwort auf Ihr Schreiben vom 5. Juni erklärt sich daraus, daß ich inzwischen vielfach nachgedacht habe, in welcher Form ich Ihrem Wunsch nach einem Beitrag zu dem geplanten Buch „8 Stunden" nachkommen soll. Ich bin schließlich zu dem Ergebnis gekommen, daß mein Standpunkt zur Arbeitszeitfrage, der mit dem der AAUE und eines großen Teils der Anarchisten übereinstimmt, es mir nicht möglich macht, dafür einen meinem Temperament entsprechenden Ausdruck zu schaffen, der von hier aus befördert werden könnte. Dagegen habe ich die Einverständniserklärung zum Aufruf der Künstlerhilfe gern unterschrieben.

Sollte ich bis zur Herausgabe einer zweiten Auflage in Freiheit sein, so will ich dann versuchen, das Unterlassene nachzuholen.

Mit Gruß
Erich Mühsam.
(...)

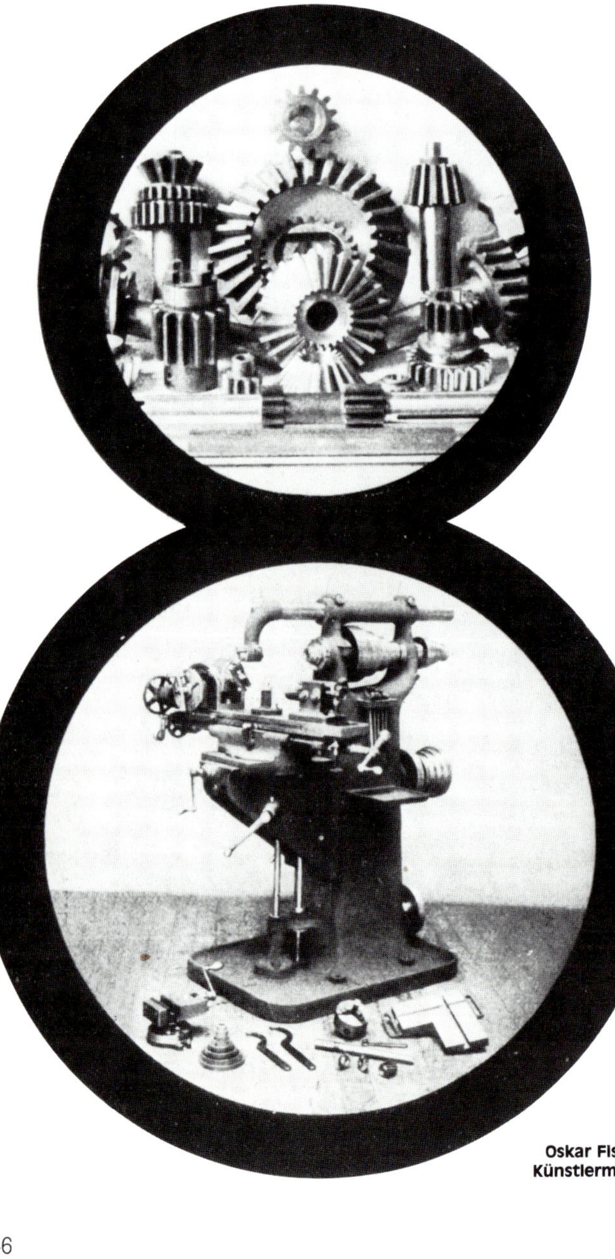

Oskar Fischer, Künstlermappe

Die erste Stunde ist ein lustiges Gefecht,
Da sind noch unsre Herzen mutig.
Die zweite Stunde aber macht uns blutig,
Die dritte Stunde schindet uns erst recht.
Wenn die Maschinen in der vierten Stunde kreisen,
Da tanzen in dem Radschwung grober Räder
Die Fieber wild durch das Geäder,
Die uns nach vorn, zur fünften Stunde, reißen.
Wir fühlen kaum, wie schwer der große Hammer kracht,
Wir armen Hunde in der Arbeitsschlacht.

Mit heißem Rachen lechzt nach uns Gefahr,
Wie viele sind schon auf dem Platz geblieben,
Wenn sich der Stundenkreis beschloß mit sieben,
Und Lärm der Welt in unsrer Seele war.
Gewiß, wir halten Gold und Elfenbein und Seide,
Die Güter aus der Welt in unsren Händen.
Das werden Blitze, die die Augen blenden
Und Dolche, die uns treffen mit geschliffner Schneide.
Wir seufzen schwer im Joch. Der Tag ist für uns Nacht,
Wir Frontsoldaten in der Arbeitsschlacht.

Dann endlich rundet sich auch der verfluchte Kreis
Der Arbeit hin zur achten Stunde.
Wir fühlen schmerzhaft bluten eine Wunde,
Die auch die Feierstunde nicht zu heilen weiß.
Wenn wir die Wege heim zu unsren Frauen gehen,
Zu unsren Kindern in den dumpfen Stuben,
Da ist in uns die Unrast der Fabriken und der Gruben,
Die sich auch noch durch unsre Träume drehen.
Wir kämpfen noch im Schlaf tief in der Nacht
Den schweren Kampf der harten Arbeitsschlacht.

Wir wissen: einmal endet alle Not.
Das Werk wird uns erfreuen und beseelen
Und springt nicht mehr nach unsern Kehlen
Und mischt verdammtes Gift ins trockne Brot.
Dann werden singend die Maschinen und Motore kreisen,
In jedem Radschwung schwingen wir um die erlöste Erde,
Daß sie noch strahlender, noch heimatlicher werde,
Daß alle Menschen Freunde, Brüder heißen.
Schlag' zu, oh Hammer, daß die Knechtschaft kracht,
Schlag' zu, oh Hammer, daß das Werk vollbracht!

Max Barthel

DAS RESULTAT DER ARBEIT SOLL EINE FREUDE FÜR DEN SCHAFFENDEN SEIN.
SOMIT MUSS AUCH DIE ARBEIT FREUDE SEIN.
UM DAS SEIN ZU KÖNNEN, DARF DIE ARBEITSZEIT NICHT ZU LANGE DAUERN.
DER VERDIENST, DAS HEISST DIE MITTEL ZUM LEBENSUNTERHALT, MUSS AUSREICHEND SEIN.
DESHALB VERNACHLÄSSIGT NICHT NEBEN DEN LOHNKÄMPFEN
DEN KAMPF UM DEN ACHTSTUNDENTAG.

An der Arbeit erkennen wir unsre Kultur

Arbeit ist allgemein anerkannte sittliche Pflicht. Aber der Mensch ist nicht der Arbeit wegen da, sondern die Arbeit ist Mittel zum materiellen Lebensunterhalt. Jedem ehrlichen sozialen Empfinden spricht Hohn, wenn Arbeit zum Frondienst erniedrigt wird, durch den Menschen Menschen ausbeuten, um sich zu bereichern. Die Arbeitsweise, welche wir unbedingt finden müssen, die allein kulturfähig genannt werden darf, ist schöpferische Arbeit.

Wenn nun schon der verwahrloste allgemeine Lebensbetrieb von heute den Menschen zur Arbeitsmaschine – das Gegenteil vom schöpferischen Arbeiter – erniedrigt hat, als Haupterfolg unserer hochgelobten „Kultur", so fordert die Menschenwürde, auf die auch der Geringste Anspruch hat, daß jede Maschinen-, Sklaven- und Mordmaterialarbeit scharf abgebaut wird, und daraus ergibt sich unmittelbar eine zeitliche Beschränkung jeder maschinenmäßigen Arbeit auf das nur denkbar geringste Maß. Hier könnte die Technik ungeheure Dienste leisten, verbunden mit absoluter Bedarfsarbeit und sozialem Ausgleich in Arbeitsleistung mit Ertrag. Dann allein werden Kräfte frei für wahre Kultur. Um diesen Weg zu finden, bedarf es jedoch einer vollkommenen Umstellung unseres geistigen und materiellen Lebens aus dem Erleben des verborgenen Sinns unseres Daseins als Einheit und seelische Gemeinschaft. Alle anderen Versuche müssen utopistisch bleiben. –

Beerfelde.

Der Wochenlohn. „Wat, zehn Mark die janze Woche?" – „Ja und von morjen ab zwee Stunden länger Arbeet!" – „Armet Kind, det ooch noch!" – „Er hat jesagt, er käme uns entjejen, je länger wir arbeeten däten, desto weniger Jelejenheit hätten wir, Geld auszujeben!", H. Zille, Künstlermappe

Acht Stunden Arbeit oder Volkszerstörung

Kraft und Freudigkeit sind die wertvollsten Güter, die der Einzelmensch, das Volk, die Menschheit besitzen. Wer von Kraft und Freude erfüllt ist, ist schaffensfroh und gütig, ist zu allem Gutem und Hohem fähig und bereit.

Stellt ein Volk andere materielle Güter über diese Güter, so ist es krank oder wahnsinnig. Fast alle Staaten sind gegenwärtig von diesem Wahnsinn erfüllt. Der Kapitalismus erzeugt diesen Wahnsinn. In fast allen Staaten wird die Mehrzahl der Menschen zu einer Arbeitsweise und Arbeitsleistung gezwungen, die Kraft und Freude in ihnen töten. Nachdem die einzigen positiv wertvollen Volksgüter vernichtet sind, versucht man mittels der zerstörten Menschenmaschinen „wertvolle Güter" zu produzieren, „Reichtümer" zu erzeugen. Zu diesem Zweck werden die Menschenmaschinen angetrieben, möglichst lange zu arbeiten.

Der eine Teil der Menschenmaschinen verfällt dabei in völlige Stumpfheit und leblose Ergebenheit, der andere Teil peitscht sich durch Alkoholrausch, Blutrausch, Sensationsrausch, Sexualrausch zu künstlicher Scheinlebendigkeit auf.

Unsere Zivilisation bringt es mit sich, daß die wenigsten Menschen frei gewählte, ihrem Wesen gemäße und sinnvolle Arbeit in Freude tun können. Die meisten Menschen müssen in mehr oder weniger unwürdigen Abhängigkeitsverhältnissen eine wenig sinnvolle, erschreckend öde, oft ganz mechanische Teilarbeit tun, oft unter Umständen, die für Körper, Nerven und Seele schädlich ist. Für solche Arbeit sind acht Stunden das Maximum. Kommt zu der achtstündigen Arbeit noch ein weiter Weg zur Arbeitsstätte hinzu, so ist eine fruchtbare Gestaltung der kurzen Mußestunden sehr schwer, bei längerer Arbeitszeit ist sie ganz unmöglich.

Geistige Weiterbildung, Aufnahme von Wissensstoff, Erweiterung des Gesichtskreises, Kunsterlebnis, geselliger Verkehr, der sich nicht auf Genuß und Rausch beschränkt, erzieherische Einwirkung auf Kinder, Familienleben, all das ist unmöglich bei einer Arbeitszeit über acht Stunden.

Nach Tagen der Überanstrengung ist niemals ein Einholen der zu viel verbrauchten Kräfte möglich. Die Übermüdung wird chronisch. In wenigen Jahren ist der Mensch ein abgestumpftes Arbeitstier, das nur noch in der Tretmühle zu laufen vermag.

Diese Erscheinungen gelten für alle Menschen; wie viel schlimmer müssen die Folgen der Mehrarbeit für das durch jahrelange Unterernährung und seelische Leiden geschwächte deutsche Volk sein! Und vor allem für die Jugend.

Worte sind zu schwach, um auszudrücken, was die Verlängerung der Arbeitszeit für unsere Jugendlichen bedeutet.

Otto Nagel, Arbeitslose, Künstlermappe

Rolf Schlichter, Künstlermappe

Vielleicht können nur Mütter es ganz begreifen. Es bedeutet das Todesurteil für diese ganze Generation. Diese Jugendlichen der Nachkriegszeit brauchten nach ihrer jammervollen Kindheit mit Kohlrüben- und Kartoffelnahrung, nach Überfütterung ihrer jungen Seelen mit blutiger Grausamkeit und Gemeinheit, nach dem (meist unbewußten) Erlebnis des Zusammenbruchs aller sittlichen Werte eine Fülle von Freude, Wärme und Fürsorge, um Menschen zu werden. Und diese bleichsüchtigen, schwächlichen, freudlosen Jugendlichen sollen für 10 Stunden an die dröhnenden Maschinen gekettet werden, in Staub und giftige Dünste, in die ausdörrende Trostlosigkeit der Schreibstuben, in die vergiftete Buntheit der Warenhäuser und in die Banken, in das graue Gespensterreich wuchernder Zahlen. Was bleibt den so Verdammten übrig, als zwischen Arbeitsfron und Arbeitsfron freud- und stumpflos dahinzudämmern oder in verzweifelten Exzessen Vergessenheit zu suchen? Wie können sie, denen keine Zeit und Kraft zu Wachstum und Entfaltung blieb, denen die jungen werdenden Kräfte vor dem Erblühen tropfenweise ausgesogen wurden, jemals starke, Werte schaffende Menschen werden?!

Wahrlich, eine herrschende Klasse, die die schutzlose Jugend des ganzen Volkes mit schamlosen Händen erwürgt, verdient von einer Sintflut fortgefegt zu werden.

Wir dürfen nicht warten, bis dieses Zerstörungswerk vollendet ist; wir müssen in diesem Meer von Wahnsinn und blinder Gier kämpfen, diese Generation vor dem Untergang zu bewahren.

Berta Lask.

Acht Stunden Arbeit

Zu einer Zeit, da eine Million Menschen in diesem Lande, die gern arbeiten wollen, die arbeiten wollen müssen, gleichwohl keine Arbeit finden (dank unserer bewährten Wirtschaftsordnung), „Arbeitsdienstpflicht" vorzuschlagen, statt eines staatlichen Rechts auf Arbeit, das ist verrückt oder zynisch. Zu einer Zeit, da eine Million Menschen, die gern acht Stunden täglich arbeiten wollen, gleichwohl keine halbe Stunde täglicher Arbeit finden (dank unserer gepriesenen Wirtschaftsordnung) und weitere Hunderttausend zur Kurzarbeit gezwungen werden, dem Rest der Bevölkerung die Arbeitszeit zu verlängern, statt sie zu verkürzen und dadurch den Arbeitslosen wenigstens Kurzarbeit zu verschaffen, das ist verrückt oder zynisch.

Ich finde nach langem Überlegen einen einzigen Vergleich: Jemand mit beginnendem Star auf dem rechten Auge begibt sich zu Doktor Eisenbart; der sticht ihm das linke aus.

Im übrigen ist der Achtstundentag auch jenseits von Produktionskrisen als Mindestforderung unbedingt aufrechtzuerhalten. Traurig die verhältnismäßig große Zahl der Arbeitenden, die jüngst mit Vergnügen bereit schienen, sich zur Mehrarbeit pressen zu lassen – da ja das Mehr an Schufterei für fremde Taschen zugleich ein Mehr an Verdienst für die eigene, ein paar Groschen mehr immerhin bedeuten würde und es wichtiger sei, den Hunger zu stillen, als die „Prinzipiensucht". Das ist unsolidarisch und unheriosch, nicht unter dem Gesichtspunkt eines Jahrhunderts und der Menschheit gedacht, nicht unter dem Gesichtspunkt systematischer Befreiung der unterdrückten Massen. Dieser „Privategoismus" ist bürgerlich. Erblicken Blutsauger im Achtstundentag einen „Schutzbrief für die Faulheit", so haben sie recht gegenüber diesen Fleißigen, die der Erkenntnis der Maximierung der Brotarbeit allerdings weltenfern sind. Sie wissen nur von einem einzigen Gegensatze zur Arbeit: der Ruhe, der Untätigkeit, während ja der Achtstundentag die Arbeit in Wahrheit zugunsten der Tätigkeit beschränken will. Sein unabschätzbarer Wert besteht gerade darin, daß er den besten Köpfen und Herzen der arbeitenden Bevölkerung, vor allem der Jugend, Kraft läßt und Zeit gibt zum Geiste; zu einem fruchtbar-rezeptiven und aktiven Kulturdasein; zu eigentlichem und echtem Leben; nicht zuletzt dazu, sich die Vorbedingungen zu schaffen für die Mittat am Gigantenwerk der Menschheitsbefreiung. Daß die Attentate auf den Achtstundentag nicht sowohl aus Gründen des Mitleids und der Humanität, als vielmehr aus Gründen der Kulturgestaltung und des Humanismus zu verwerfen sind, vermögen freilich die nicht zu ahnen, denen ihre Freiheit, statt zum schöpferischen Müßiggang, schlicht zum Müßiggang dient oder zu fadesten Vergnügungen, und die, von mir aus, täglich sechzehn Stunden robotten dürften – wenn nur der Proletarier geistigen Geblüts, zumal der junge, von geisterstickender Fron erlöst wird. Nicht die Bequemlichkeit – die Idee (die Idee der Welterlösung) fordert den unerbittlichen, feurigen Kampf für den Achtstundentag, dereinst: für den Sechs-, den Vierstundentag; wem die Rentenpfennige heller klingen als der Ruf der Idee – kein moralisierend düsterer, ein froher Ruf ist es! – den nenne ich mir eine erbärmliche Philisterseele, mag er Prolet sein oder sonstwas.

Solange es unmöglich scheint, dem Räuber die Pistole aus der Hand zu schlagen, bliebe es doch verächtlich, sie ihm auch noch zu laden!

Kurt Hiller.

George Grosz, Künstlermappe

Wir müssen die Scharte wieder auswetzen

Die Verlängerung der Demobilisierungsverordnung über den Achtstundentag läuft am 30. November 1923 aus, und da man dem Aufruf der Volksbeauftragten vom 12. November 1918 keine Gesetzeskraft zumißt, da es nur eine Übergangsbestimmung sei, wird eine neue gesetzliche Regelung nötig. Durch diesen Wegfall der gesetzlichen Beschränkung der Arbeitszeit sehen die Unternehmer den Weg geebnet, wieder zu Vorkriegsarbeitszeiten zurückzukehren. Die Errungenschaften der Novemberrevolution sollen nun endgültig beseitigt werden. Unter ständiger Androhung von Entlassungen werden die Arbeiter gezwungen, vermehrt zu arbeiten, mehr Schichtarbeit zu leisten, während gleichzeitig ein Heer von über einer Million Arbeitslosen besteht (Dok. 71).

Bevor ein Gesetzentwurf über den Achtstundentag im Reichstag eingebracht wird, versuchen die Industriellen im Bergbau, per Anordnung eine Arbeitszeitverlängerung durchzusetzen. Die Ruhrbesetzung durch französische Truppen gibt ihnen einerseits die Möglichkeit, die Arbeiter und ihre Organisationen mit in ihre patriotische Stimmungsmache einzubeziehen und den Gegensatz zwischen Kapitalbesitzern und Arbeitern ideologisch zu verkleistern, andererseits jedoch wird von den Arbeitern ständig Mehrarbeit durch verlängerte Arbeitszeit verlangt. Der frontale Angriff auf die Arbeitszeit der Bergarbeiter wird zunächst durch die Uneinigkeit der Unternehmer verhindert. Doch die Arbeiterorganisationen verzichten auf einen massiven Widerstand und belassen es nur allzuoft bei verbalen Protesten. Dabei müssen jedoch auch die wirtschaftlich katastrophalen Verhältnisse, die die Gewerkschaftsarbeit erschweren, berücksichtigt werden (Feltmann, Steinig, Die Weimarer Republik zwischen Sozial- und Wirtschaftsstaat. Die Entscheidung gegen den Achtstundentag, in: Archiv für Sozialgeschichte, Bd. XVIII, Bonn 1978, S. 353 ff.).

Sozialdemokratisches Flugblatt, 1925

Am 21. Dezember 1923 wird eine neue Arbeitszeitverordnung erlassen, den den Achtstundentag auf dem Papier anerkennt, doch durch viele Ausnahmebestimmungen den Zehnstundentag wieder möglich macht, und das bei einer Vermehrung von Schichtarbeit. Die Arbeitgeber nutzen wieder ihre alten Argumente vom schematischen Achtstundentag, um die Arbeitskraft ihren jeweiligen Bedürfnissen anzupassen. Die schon zitierte Mehrarbeit und Kurzarbeit, Leistungsverdichtung und Entlassungen, Schichtarbeit und Lohnsenkung sind die Wechselbäder, die es den Arbeitern schwer machen, in der

Weimarer Republik ihren sozialen Staat zu sehen. Arbeiter radikalisieren sich zunehmend. Die Kritik an der Regierungspolitik und der allzugroßen Kompromißbereitschaft der Gewerkschaftsführung (Dok. 72) bei enormer Verschlechterung der Arbeits- und Lebensbedingungen stärkt die Kommunisten in den Betrieben. Sie greifen die Unzufriedenheit der Arbeiter auf und stehen in Konfrontation zu den Sozialdemokraten und christlichen Gewerkschaften. Sie fordern zum konsequenten Handeln bis hin zum Generalstreik auf.

Das Instrument der Zwangsschlichtung zeigt seine Grenzen. Die Regierung hat über den Reichsarbeitsminister die Möglichkeit, durch Schlichtung zwangsweise in Tarifverhandlungen einzugreifen.

Bei diesen Schlichtungsvereinbarungen beugt sich die Regierung meist den sogenannten wirtschaftlichen Sachzwängen, da die Unternehmer unerbittlich auf ihren Machtpositionen beharren. Die Gegenposition ist geschwächt. Die Mitgliederzahlen der Gewerkschaften sinken, ihre Kassen leeren sich zunehmend. In dieser Situation lehnen sich die Gewerkschaften oft an die staatlichen Schlichtungen an und geraten damit selbst in den Widerspruch, die wirtschaftlichen Sachzwänge höher zu bewerten als die sozialen Belange der Arbeiter.

Dezember 1923 versuchen die Metallindustriellen in Nordrhein-Westfalen den Zehnstundentag wieder einzuführen. Der Deutsche Metallarbeiter-Verband ruft zum Streik auf, die Unternehmer sperren um ein Mehrfaches der Streikenden aus, so daß nach einiger Zeit 500 000 im Arbeitskampf stehen. Es ist ein Abwehrkampf, den die Metallarbeiter führen, der jedoch nach Meinung eines Delegierten auf dem DMV-Tag (1924, Kassel, Seite 272) offensiv geführt werden muß. Es gelingt den Metallern weiterhin nicht, den Achtstundentag zu verteidigen. Streikführer und Streikleitungen werden in einzelnen Städten verhaftet und vor Gericht gestellt. Auf dem Gewerkschaftstag heißt es: „Gegen links geht man mit Gefängnis und Zuchthausstrafen vor, steht aber eine Person von rechts vor den Schranken des Gerichts, dann ist derselbe Gerichtshof, von Milde triefend, nicht wiederzuerkennen, der Tags zuvor harte Schreckensurteile gegen Arbeiter gefällt hat."

Sicher wären die Verhältnisse ohne Streiks noch schlechter geworden. Insgesamt kommt es neben den Arbeitszeitverlängerungen auch zu Lohnabbau.

Von den Werftarbeitern, den Eisenbahnern, in der Textil- und Chemieindustrie werden ebenfalls Arbeitskämpfe gegen Lohnabbau und Arbeitszeitverlängerungen geführt.

Im Mai 1924 greifen die Unternehmer massiv den Siebenstundentag der Untertagearbeiter im Bergbau an.

Mit staatlicher Zwangsschlichtung bemüht sich der Reichsarbeitsminister, einen Arbeitskampf zu verhindern, doch die Unternehmer versuchen, einseitig auf dem Anordnungsweg die Arbeitszeit zu verlängern. Sie sperren die Bergleute aus. Den kämpfenden Arbeitern gelingt es nicht, die Siebenstundenschicht Untertage und die Achtstundenschicht Übertage zu halten. Die Arbeitszeit erreicht fast wieder das Vorkriegsniveau.

Die Bergarbeiter kämpfen verbittert um die Verteidigung der Errungenschaften der Novemberrevolution. Um sie in die Knie zu zwingen, nutzen die Unternehmer die kalte Aussperrung – in einigen Stahlbetrieben wird die Arbeit einen Tag nach Streikbeginn im Bergbau – wegen Kohlemangel – eingestellt.

Der Druck der wirtschaftlichen Verhältnisse – als Folge des Ersten Weltkrieges müssen ernorme Reparationsleistungen gezahlt werden – führt dazu, daß einzelne führende Sozialdemokraten, wie der Arbeitsrechtler Hugo Sinzheimer, eine befristete Arbeitsverlängerung befürworten. Die Hoffnung, dafür Verbesserungen im kollektiven Arbeitsrecht zu erlangen,

Lastenverteilung oder warum es um die deutsche Republik schief steht!, aus: „Lachen links"

ist trügerisch, da sich unter den Bedingungen der Inflation eine weitere Machtverschiebung zugunsten der Großindustrie ergibt, die sie mit Hilfe staatlicher Zwangsschlichtungen auch intensiv nutzt. Für viele Arbeiterfunktionäre in Gewerkschaften und Parteien ist jedoch der Achtstundentag unveräußerlich erkämpftes Recht, das nicht preisgegeben werden darf, will man nicht wieder zum „willenlosen Arbeitssklaven werden" (DMV, Protokoll 1924, Seite 143).

Die Ruhrbesetzung durch die Franzosen, die damit die Reparationszahlungen erzwingen wollen, führt zum passiven Widerstand, der sich katastrophal auf die wirtschaftlichen Verhältnisse auswirkt. Die in der Novemberrevolution durchgesetzten Beschränkungen der Arbeitszeit lassen in den ersten Jahren schon durch Ausnahmeregelungen erhebliche Arbeitszeitverlängerungen zu. Der Angriff der Unternehmer auf die gesetzlich fixierte Normalarbeitszeit ist der Versuch, eine Praxis rechtlich abzusichern, um auf dieser neuen Grundlage eine noch weitergehende Arbeitszeitverlängerung vorzunehmen. Nachdem die Demobilisierungsverordnungen über die Arbeitszeitfrage ausgelaufen sind, wird ein Gesetzentwurf vorgelegt, der zwar noch nach wie vor den Achtstundentag als Regelarbeitszeit betont, doch durch seine Ausnahmeregelungen den Protest der Arbeiterorganisationen hervorruft. Die Ausnahmen machen den Achtstundentag zu reiner Proklamation und die Ausnahme zur Regel. Am 21. Dezember 1923 wird aufgrund eines Ermächtigungsgesetzes eine Verordnung zur Regelung der Arbeitszeit erlassen, die weitgehenden Abweichungen vom Achtstundentag Tür und Tor öffnet.

Die im Ersten Weltkrieg zwischen Arbeitgebern und Gewerkschaften gegründete Zentralarbeitsgemeinschaft, die wesentlich vom Gedanken der Sozialpartnerschaft geprägt ist, wird 1923 aufgelöst, nachdem sich in der Praxis gezeigt hat, daß die Unternehmer, sobald es die Machtverhältnisse zulassen, entgegen aller Ideologie, wieder einseitig die Arbeitsbedingungen bestimmen und zum Herrn-im-Hause-Standpunkt zurückkommen. Über die Art und Weise, wie man der Ausdehnung des Achtstundentages durch die Arbeitszeitverordnung begegnen soll, gibt es unter den Gewerkschaftern unterschiedliche Positionen. Während der Bundesvorstand des ADGB immer wieder die Ausweitungen als Ausnahme darstellt, verweist der Deutsche Metallarbeiter-Verband darauf, daß die Ausnahmen schon längst zur Regel geworden sind, gegen die man nur durch Mobilisierung der Mitgliedschaft etwas erreichen kann. Um diesen Mobilisierungsprozeß in Gang zu setzen, fordert der Deutsche Metallarbeiter-Verband auf dem ADGB-Kongreß 1925, einen Volksentscheid durchzuführen (Dok. 73).

Verlust und Zurückeroberung des Achtstundentages

Dokument 71
Die 40-Stunden-Woche, Untersuchungen über Arbeitsmarkt, Arbeitsertrag und Arbeitszeit, Hrsg. ADGB, Theodor Leipart, Berlin 1931, S. 196 ff.

Als im Spätsommer 1923 die Geldentwertung die Grenzen alles Vorstellbaren überschritt, geriet die wirtschaftliche Tätigkeit ins Stocken. Und obwohl die Einbürgerung der neuen, wertfesten Währung mit überraschender Schnelligkeit gelang, blieb eine Wiederbelebung der Konjunktur zunächst aus. Die Zahl der Arbeitslosen stieg. Im August 1923 waren 6 v. H. aller Gewerkschaftsmitglieder arbeitslos, im Dezember jedoch 28 v. H. Die Vomhundertzahlen der Kurzarbeiter, die unter dem Einfluß der noch geltenden Arbeitsstreckungsverordnung das ganze Jahr hindurch bereits eine bedeutende Höhe aufwiesen, betrugen entsprechend 26 und 42. Im Januar 1924 waren arbeitslos 27, standen in Kurzarbeit 23 v. H. aller Gewerkschaftsmitglieder. Nun gingen die Zahlen langsam zurück. Aber noch im September 1924 verzeichneten die Verbände unter ihren Mitgliedern 11 v. H. Arbeitslose und 18 v. H. Kurzarbeiter. Erst im Oktober begann ein stärkerer Abstieg in beiden Zahlenreihen, der für die Dauer eines Jahres anhielt.

Diese Überflutung des Arbeitsmarktes verursachte die denkbar ungünstigste Situation für die gewerkschaftliche Bewegung. Dazu kam, daß die Rücklagen der Verbände durch die Geldentwertung vernichtet waren und zahlreiche Mitglieder, in jüngerer Zeit gewonnen und mit den Möglichkeiten und Grenzen der gewerkschaftlichen Tätigkeit nicht genügend vertraut, die Organisationen verließen. Die Gewerkschaften waren ferner belastet mit der Sorge und den Kämpfen um die Wiederherstellung der Entlohnungsbasis; denn die Summe und die Kaufkraft der Löhne und Gehälter waren in der Wendung von der Inflation zur Wiederherstellung der Währung auf ein Mindestmass gesunken.

Diese Lage nutzten die Unternehmer, um dem Achtstundentag den entscheidenden Stoss zu versetzen. Der Zechenverband beschloß, am 9. Oktober 1923 die Vorkriegsarbeitszeit gegen Gesetz und Vertrag im Bergbau wiedereinzuführen. Die Schwerindustriellen des Westens unternahmen sogar den Versuch, die fremden Besatzungsbehörden zum Erlaß einer Verfügung zur Einführung einer längeren Arbeitszeit zu bewegen. Im Bergbau endete die Bewegung mit dem Abschluß eines Überschichtenabkommens. Und in der Schwerindustrie wurde durch verbindlicherklärten Schiedsspruch das Zweischichtensystem wiedereingeführt.

Das Zeichen zum Angriff gegen den Achtstundentag auf der ganzen Linie war gegeben. Die Gewerkschaften hatten bei diesem Ringen den Wind im Gesicht. Auch die öffentliche Meinung befand sich nicht auf ihrer Seite. Die Propaganda der Arbeitgeber für eine Vermehrung der Produktion durch Mehrarbeit hatte ihre Wirkung getan. Dank seiner Primitivität erschien dieser Gedanke weiten Kreisen einleuchtend. „In dieser Zeit des völligen Zusammenbruchs der Währung und der Wirtschaft war im deutschen Volke und in der deutschen Arbeiterschaft das Bewußtsein erstarkt, dass nur mit Steigerung unserer Arbeitsleistung und Produktion eine Besserung zu erzielen sei", schrieb die Vereinigung der Deutschen Arbeitgeberverbände in einer Denkschrift vom Juli 1924. Streicht man aus diesem Satz die Worte: „und in der deutschen Arbeiterschaft", so kann diese Feststellung für jene Zeit gelten, nur dass das „Bewußtsein", in dem diese Anschauung wurzelte, systematisch irregeleitet war. Auch die Regierung Marx berief sich auf diese Stimmung, als sie – am 21. Dezember 1923 – eine Verordnung zur Regelung der Arbeitszeit erließ, die weitgehenden Abweichungen vom Achtstundentag das Tor erschloss.

Polemik gegen Kompromißhaltung

Dokument 72
Handzettel „Universal-Achtstunden-Tag".

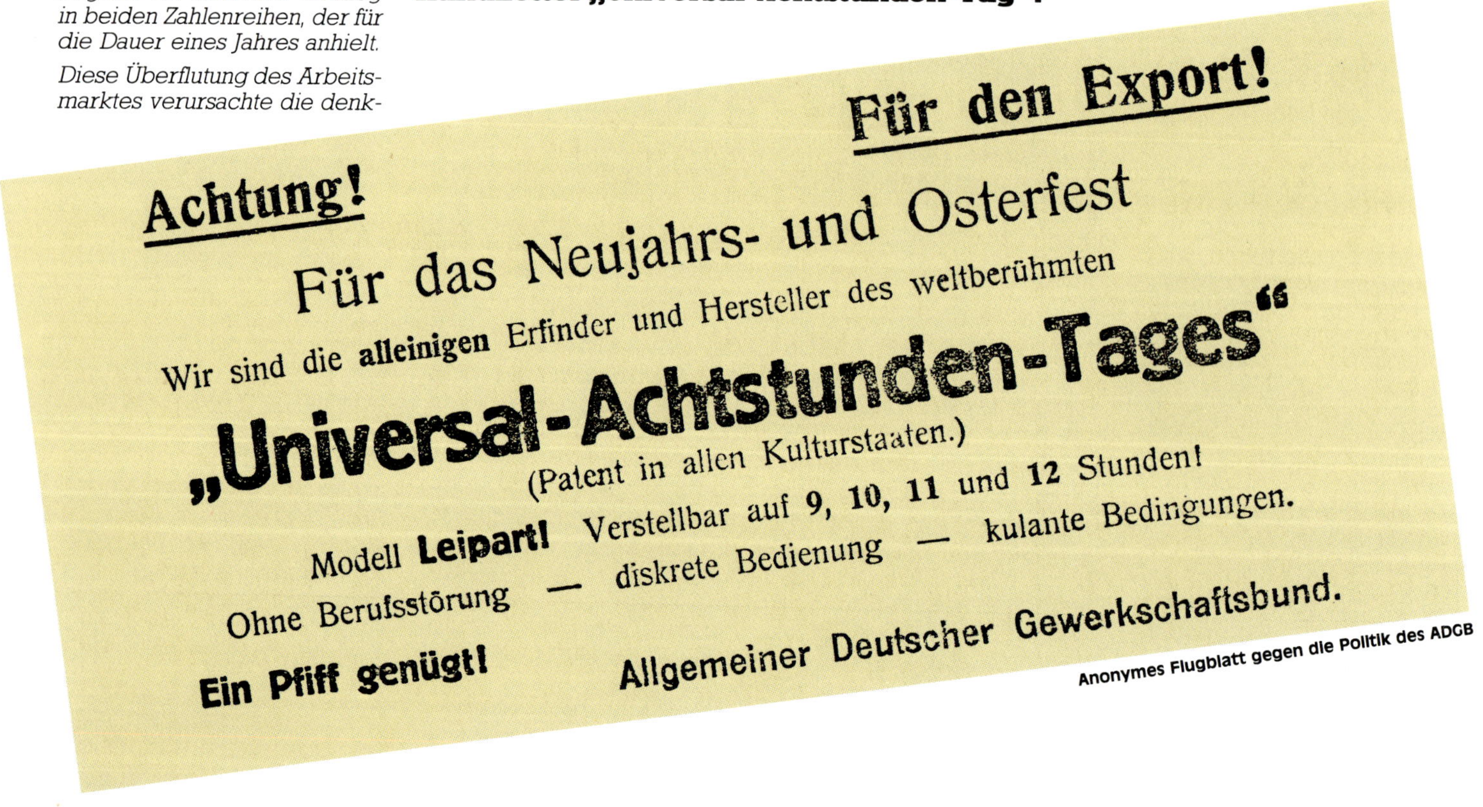
Für den Export!
Achtung!
Für das Neujahrs- und Osterfest
Wir sind die **alleinigen** Erfinder und Hersteller des weltberühmten
„Universal-Achtstunden-Tages"
(Patent in allen Kulturstaaten.)
Modell **Leipart!** Verstellbar auf **9, 10, 11** und **12** Stunden!
Ohne Berufsstörung — diskrete Bedienung — kulante Bedingungen.
Ein Pfiff genügt! **Allgemeiner Deutscher Gewerkschaftsbund.**

Anonymes Flugblatt gegen die Politik des ADGB

ADGB bekräftigt Forderung nach dem Achtstundentag

Dokument 73
Protokoll der Verhandlungen des 12. Kongresses der Gewerkschaften Deutschlands (2. Bundestag des Allgemeinen Deutschen Gewerkschaftsbundes), abgehalten in Breslau vom 31. August bis 4. September 1925, Berlin 1925, S. 21, 44–46, 119–124, 139–143, 180, 181.

Seit dem im November 1918 mit Zustimmung der Arbeitgeber durchgeführten Achtstundentag durch die Arbeitszeitverordnung vom 21. Dezember 1923 der gesetzliche Boden entzogen wurde, tobt ununterbrochen in der deutschen Wirtschaft der Kampf um die Arbeitszeit. Unter Bruch des von ihnen unterschriebenen Abkommens vom 15. November 1918 haben nach Aufhebung der Demobilmachungsverordnung die Arbeitgeberverbände fast überall eine rein mechanische Verlängerung der Arbeitszeit betrieben mit dem Vorwand, daß die Mehrarbeit Voraussetzung zur Gesundung der deutschen Wirtschaft sei.
Die Erfahrung hat seitdem gezeigt, daß durch erzwungene Arbeitszeitverlängerung die Produktivität nicht gesteigert worden ist, weil die Arbeitsintensität nicht steigt mit der verlängerten Arbeitszeit. Das ist durch wissenschaftliche Feststellungen erhärtet, die im Gegenteil nachweisen, daß der günstigste Leistungseffekt bei verkürzter Arbeitszeit, insbesondere auch in kontinuierlichen Betrieben durch Einführung des Dreischichtensystems, zu erzielen war.
Der 12. Kongreß der Gewerkschaften Deutschlands steht nach wie vor fest zu der alten sozialpolitischen Forderung der Arbeiterschaft nach dem Achtstundentag. Die Beschränkung der Arbeitszeit auf acht Stunden ist die erste Voraussetzung für die Hebung der kulturellen und gesundheitlichen Lage der Arbeiter.
Der Kongreß stellt daher mit Befriedigung fest, daß es den Gewerkschaften gelungen ist, für mindestens die Hälfte der deutschen Arbeiterschaft den Achtstundentag zu erhalten oder zurückzugewinnen. Er bekräftigt den entschlossenen Willen der Gewerkschaften, ihn auch in den Betrieben wiederzuerobern, in denen er zurzeit noch überschritten wird. Da auf die Einsicht der Arbeitgeber, deren Forderung nach verlängerter Arbeitszeit nur ihren machtpolitischen Bestrebungen und ihrer Gegnerschaft gegen eine freie Entwicklung der Arbeiterklasse entspringt, nicht zu rechnen ist, fordert der Kongreß von der Reichsregierung und dem Reichstag ein beschleunigtes Arbeitszeitgesetz, das die Sicherung des Achtstundentages für die Arbeitnehmer wiederherstellt.

Der Kongreß kann leider auf Grund des bisherigen Verhaltens der Regierung von diesem Appell keinen entscheidenden Erfolg erhoffen. Indem der Kongreß den Bundesvorstand beauftragt, seine Anstrengungen zur Herbeiführung einer gesetzlichen Festlegung des Achtstundentages zu verstärken, gegebenenfalls unter Anwendung des Volksentscheids, fordert er zugleich die Gewerkschaften und die gesamte Arbeiterschaft auf, in ihrem Kampf um die tarifvertragliche Festlegung des Achtstundentages nicht nachzulassen, sondern ihn ungeschwächt mit allen gewerkschaftlichen Machtmitteln bis zum endgültigen Siege fortzuführen. Nur eine geschlossene Front der Arbeiterschaft kann den endlichen und beständigen Sieg des Achtstundentages verbürgen.
(. . .) Der Bundesvorstand.
(Angenommen.)

Zu Punkt 2 der Tagesordnung: Bericht des Bundesvorstandes.

[1])8. Metallarbeiter-Verband Essen: Der Kongreß spricht dem Bundesvorstand das Mißtrauen aus, weil seine bisherige Haltung in den gewerkschaftlichen und politischen Kämpfen den Interessen der Arbeiterschaft nicht entspricht. Besonders hat es der Bundesvorstand unterlassen, in den Kämpfen um die Arbeitszeit alle Mittel anzuwenden, und ist daher mit verantwortlich für den Raub des Achtstundentages. Der Kongreß fühlt sich deshalb verpflichtet, einen Bundesvorstand zu wählen, der die Gewähr bietet, die ganze Kraft des ADGB. einzusetzen, um die Befreiung der Arbeiterklasse durchzusetzen.

[1])9. Metallarbeiter-Verband Guhl u. Umg. und Freiburg i. Schles., Zimmerer-Verband München, Verband der Lithographen Mannheim, Baugewerksbund Hamborn, Verkehrsbund Göppingen: Um einen wirklichen entschlossenen Kampf um den uneingeschränkten Achtstundentag zu führen, beauftragt der Kongreß die Bundesleitung,

a) auf dem schnellsten Wege einen eigenen Arbeitszeitgesetzentwurf auszuarbeiten und der Reichsregierung bzw. dem Reichstag vorzulegen. Der Gesetzentwurf muß alle gegen Lohn oder Gehalt Beschäftigten umfassen, den uneingeschränkten Achtstundentag bzw. den Sechsstundentag für Bergleute unter Tage, für Jugendliche und für alle unter großer Hitze oder mit giftigen Stoffen Arbeitenden vorsehen;
b) zur Erzwingung dieses Gesetzes das gesamte Proletariat zu mobilisieren und unter Einsatz der ganzen Macht der Gewerkschaften den Kampf parlamentarisch und außerparlamentarisch zu führen, wozu in weitestgehendem Maße internationale Kampfbündnisse mit den Gewerkschaften anderer Länder herzustellen sind;
c) strikte Anweisungen an alle Verbandsleitungen zu geben, Arbeitszeitbewegungen und -kämpfe im Sinne dieser Richtlinien zu führen.

[1])Die Anträge 8 und 9 wurden nicht ausreichend unterstützt und damit abgelehnt.

[2]) 10. Beirat des Deutschen Metallarbeiter-Verbandes: Die gesetzliche Regelung der Arbeitszeitfrage mit gleichzeitiger Sicherung des Achtstundentages und einer dreifachen Schicht in kontinuierlichen Betrieben ist dringend erforderlich. Die Reichsregierung ist jedoch keineswegs bemüht, die Einbringung einer entsprechenden Gesetzesvorlage zu beschleunigen, sondern ihre Verschleppungstaktik tritt immer deutlicher hervor. Der 12. Deutsche Gewerkschaftskongreß beauftragt daher den Bundesvorstand, die Reichsregierung zur baldigen Einbringung einer entsprechenden Gesetzesvorlage aufzufordern. Lehnt die Regierung die Einbringung einer Vorlage innerhalb eines zeitlich befristeten Termins ab, dann ist der im Jahre 1924 vom Ausschuß des ADGB. beschlossene Volksentscheid zur Ratifizierung des Washingtoner Abkommens durchzuführen. Zu diesem Zweck müssen alle Kräfte der werktätigen Massen in Stadt und Land mobilisiert werden, um durch eine weitumfassende Bewegung dem Volksentscheid einen Erfolg zu sichern.

[2])Der Antrag 10 wurde durch Annahme der Entschließung Nr. 2 als erledigt erklärt.

[3])11. Metallarbeiter-Verband Berlin, Essen, Görlitz und Chemnitz, Holzarbeiter-Verband Glückstadt, Fabrikarbeiter-Verband Glückstadt und Baugewerksbund Dortmund beantragen die Durchführung der Beschlüsse über den Volksentscheid zum Achtstundentag.

[3])Der Antrag 11 wurde durch Annahme der Entschließung Nr. 2 als erledigt erklärt.

[4])12. Metallarbeiter-Verband Emden: Die Mitgliederversammlung des DMV. Emdens ersucht den ADGB., eine Abrechnung über die eingegangenen Beträge, welche dazu dienen sollen, eine Volksabstimmung über den Achtstundentag herbeizuführen, zu erstatten.

[4])13. Metallarbeiter-Verband Leipzig: Der Vorstand des ADGB. wird beauftragt, seine den Achtstundentag betreffend schon mehrmals gegebenen Versprechungen sofort in die Tat umzusetzen. Der Reichsregierung ist ein kurzfristiges Ultimatum zu stellen und im Falle der Ablehnung die gesamte Arbeiterschaft zum Kampfe aufzurufen.

[4])14. Eisenbahner-Verband Lörrach-Basel: Der Gewerkschaftskongreß beauftragt die Bundesleitung, unverzüglich alle erforderlichen Kampfmaßnahmen zur Wiedererringung des Achtstundentages in allen Betrieben gemeinsam mit den Vorständen der Gewerkschaften zu treffen. Die gesetzliche Regelung der Arbeitszeit, acht Stunden über Tage und sechs Stunden unter Tage sowie in stark gesundheitsschädlichen Betrieben usw., ist mit allen Mitteln zu erstreben bzw. zu erzwingen.

[4])15. Holzarbeiter-Verband Bruckmühl: Der Gewerkschaftskongreß hat dafür zu sorgen, daß die normale Arbeitszeit auf 40 Stunden in der Woche festgelegt wird.

[4])16. Metallarbeiter-Verband Stuttgart und Spremberg und Schuhamcher-Verband Naila beantragen den starren Achtstundentag.

[4])17. Metallarbeiter-Verband Emden, Braunschweig, Düsseldorf und Schuhmacher-Verband Chemnitz und Baugewerksbund Hirschberg beantragen die Wiederherstellung des Achtstundentages.

[4])18. Metallarbeiter-Verband Solingen, Lederarbeiter-Verband Metzingen, Lithographen-Verband Mannheim und Tabakarbeiter-Verband Berlin: Abgesehen davon, daß ein großer Teil der Arbeiter und Angestellten des Handels und Verkehrs sowie der Landwirtschaft außerhalb jedes gesetzlichen Schutzes gestellt wird, ermöglichen eine Anzahl Artikel des Abkommens die Durchbrechung und Umgebung des Achtstundentages, so daß in der Praxis vom Achtstundentag nicht mehr geredet werden kann.

Der Gewerkschaftskongreß geschließt daher die Ablehnung der Artikel 4, 4, 5. 6 und 14 des Washingtoner Abkommens und fordert die gesetzliche Festlegung des starren, uneingeschränkten Achtstundentages ohne Ausnahme für alle Arbeiter, Angestellten und Beamten jeglicher Gewerbe und staatlichen Institutionen.

[4])Die Anträge 12 bis 18 wurden nicht ausreichend unterstützt und damit abgelehnt.

(. . .)

Den Bericht des Bundesvorstandes erstattet Theodor Leipart:

Und dann noch ein drittes Beispiel. Als infolge der sündhaften Finanz- und Währungspolitik der Regierung, insbesondere in der Zeit des Ruhrkampfes, auch unsere Gewerkschaften am Ende finanziell völlig lahmgelegt und deshalb vor-

DMV Postkarte

übergehend widerstandsunfähig geworden waren, da war es wieder die Regierung, die gerade in dieser Zeit der Widerstandsunfähigkeit den Arbeitern den gesetzlichen Schutz des Achtstundentages raubte, indem sie die Demobilmachungsverordnung außer Kraft treten ließ, und dann durch die Arbeitszeitverordnung auch noch sogar die tarifvertragliche Festlegung des Achtstundentages mitten in der Geltungsdauer der Tarifverträge einfach aufhob. (Lebhafte Zustimmung und Rufe: Unerhört!)

Deutlicher kann die einseitige Stellungnahme der Regierung gegen die Forderungen und Wünsche der Arbeiter und gegen die Arbeiterinteressen gewiß nicht bewiesen werden. Ich will dem Herrn Reichsarbeitsminister schließlich glauben, daß er sich damals nicht von der Absicht, die Arbeiter zu schädigen, hat leiten lassen, sondern von der Sorge um die allgemeinen Interessen der Wirtschaft, so wie er sie damals gesehen hat. Um so mehr aber muß ich bedauern, daß der Herr Reichsarbeitsminister immer noch nicht einsehen oder zugeben will, wie sehr er sich über die Wirkung seiner Maßnahmen getäuscht hat. (Sehr richtig!)

Denn wo ist durch die Verlängerung der Arbeitszeit eine Steigerung der Produktion, wo insbesondere ist eine Verbilligung der Produktion, die doch das Hauptziel nach der Beseitigung des gesetzlichen Achtstundentages sein sollte, seither eingetreten? Niemand hat von einer Verbilligung der Preise auch nur das geringste verspüren können.

Und kaum hatten die Arbeitgeber die Schranke des Achtstundentages durchbrochen und in leider recht weiten Gebieten eine verlängerte Arbeitszeit, zumeist mit Hilfe der amtlichen Schlichtungsstellen, den Arbeitern aufgezwungen, da erhoben sie sofort ein neues Geschrei über die unerträglich hohe Sozialbelastung der deutschen Wirtschaft und nicht minder über die zu hohen Löhne der Arbeiter. Ihrem Schreien über die hohen Steuern haben Regierung und Reichstag neuerlich weitgehend nachgegeben und daneben die hohen Zölle zum Schutze der Industrie und der Landwirtschaft beschlossen. Auch die Folge hiervon ist nicht etwa eine Verbilligung der Produktion und der Preise, sondern im Gegenteil die ungeheure weitere Preissteigerung, unter der am schwersten wieder die arbeitende Bevölkerung zu leiden hat

In dieser Lage sehen die Arbeiter sich völlig auf sich selbst und auf die Hilfe der Gewerkschaften angewiesen. Die Regierung erkennt es nicht als ihre Pflicht, den Arbeitern nun wenigstens bei der notwendigen Erhöhung der Löhne zum Ausgleich der Teuerung zu helfen. Sie tut eher das Gegenteil. Und die Regierung hält es auch nicht für ihre Pflicht, den gesetzlichen Achtstundentag zum Schutze der Arbeiter wiederherzustellen oder wenigstens das bereits im Jahre 1919 in Washington getroffene internationale Abkommen auch für Deutschland zu ratifizieren.

Die mir zu Verfügung stehende Zeit gestattet es mir leider nicht, im Anschluß hieran mich auch noch, wie ich es gern möchte, mit der Vereinigung der Deutschen Arbeitgeberverbände und ihrem jetzigen Herrn Vorsitzenden länger auseinanderzusetzen. Die Vereinigung hat in den letzten Jahren keine Mühe und keine

Kosten gescheut, um die Öffentlichkeit vom einseitigen Unternehmerstandpunkt aus zu beeinflussen. Unser Bundesvorstand ist dieser Beeinflussung nach Möglichkeit entgegengetreten. Wir haben die Reden des Herrn v. Borsig und die Broschüren der Vereinigung der Deutschen Arbeitgeberverbände über die Arbeitszeit und über die Lohnpolitik sowie ihre wiederholten Denkschriften an die Regierung jedesmal ausführlich und mit guten Gründen beantwortet, wie das Ihnen wohl genügend bekannt geworden ist. Ich darf deshalb hierüber hinweggehen und auf die entsprechenden Kapitel in unseren Jahrbüchern verweisen. Jedoch in einem Punkte möchte ich Herrn v. Borsig, dem Vorsitzenden der Vereinigung der deutschen Arbeitgeberverbände, von dieser Stelle aus heute nochmals eine Antwort geben.

Herr v. Borsig hat in einer Rede auf der Industrietagung im Jahre 1924 gegen den Achtstundentag und gegen die Ratifizierung des Washingtoner Abkommens gesprochen. Er hat dabei an einen Brief erinnert, der mit der Überreichung des bekannten Abkommens vom 15. November 1918 an den Rat der Volksbeauftragten gerichtet wurde, in dem gesagt wurde, die Verbände seien sich darüber einig, daß die Vereinbarung nur dann dauernd durchgeführt werden könne, wenn der Achtstundentag für alle Kulturländer durch internationale Vereinbarung festgesetzt werde. Der Rat der Volksbeauftragten wurde darum gebeten, diese Forderung bei den Friedensverhandlungen zu stellen und zu vertreten. Im Anschluß an die Verlesung dieses Briefes erklärte Herr v. Borsig auf jener Tagung der Industriellen: „Dieser Brief wird von den Gewerkschaften nicht gern gehört. Aber aus der Mißachtung dieses Briefes ist meiner Ansicht nach der Kampf um die Arbeitszeit entstanden, denn sonst hätten die Gewerkschaften ihn nicht entfesseln und den Arbeitgebern Vertragsbruch vorwerfen dürfen. Die Nichtachtung dieses Briefes ist meiner Meinung nach ein Vertragsbruch."

Bei aller Hochschätzung für Herrn v. Borsig, der in den weitesten Kreisen unserer Gewerkschaften als ein ehrlicher und unerschrockener Gegner bekannt ist, der auch aus seiner Gegnerschaft gegen die Vereinbarung vom 15. November 1918, gegen den Achtstundentag und gegen die Tarifverträge trotz seiner damaligen Unterschrift niemals ein Hehl gemacht hat, muß ich doch meine äußerste Verwunderung über diese Darstellung der Sachlage zum Ausdruck bringen.

Es ist Herrn v. Borsig doch bekannt, daß es den vereinigten Forderungen und Anstrengungen der Gewerkschaften in allen europäischen Ländern gelungen ist, ihren Einfluß beim Abschluß des Friedensvertrages von Versailles dahin auszuüben, daß der Grundsatz der internationalen Geltung des Achtstundentages neben all den übrigen Bestimmungen über die Internationale Arbeitsorganisation in dem Friedensvertrag festgelegt worden ist. Und es ist Herrn v. Borsig ebenso bekannt, daß bereits im Jahre 1919 auf der ersten Internationalen Arbeitskonferenz in Washington von den Vertretern der Regierungen aller Länder und mit Zustimmung der Vertreter der Arbeitgeber und der Arbeiter aus allen Ländern eine Vereinbarung über die allgemeine internationale Durchführung des Achtstundentages getroffen worden ist. Warum verschweigt Herr v. Borsig diese wichtige Tatsache? Niemand von uns, die wir am 15. November 1918 das bekannte Abkommen unterzeichnet haben, hat damals geglaubt und es für möglich gehalten, daß der Achtstundentag so schnell einen solchen Siegeszug in der Welt feiern könnte. Ferner ist es Herrn v. Borsig doch auch bekannt, daß die Regierungen von England, Frankreich, Belgien und anderen Ländern wiederholt ihre Bereitwilligkeit erklärt haben, das Abkommen von Washington zu ratifizieren, wenn auch Deutschland es anerkennen und durchführen würde. Ich habe zwar schon mehrmals, auch in den Sitzungen des Internationalen Arbeitsamts in Genf, ausgesprochen, daß ich das Verlangen von England, Frankreich und Belgien, daß Deutschland mit der Ratifizierung des Washingtoner Abkommens vorangehen müsse, in keiner Weise als berechtigt anerkennen könne. Aber darüber kann doch kein Zweifel sein, daß auch die deutsche Regierung, den deutschen Reichstag und insbesondere das deutsche Unternehmertum ein großes Verschulden daran trifft, daß die Ratifizierung des Washingtoner Abkommens bisher so wenig Erfolg gehabt hat. Gerade die jetzige deutsche Arbeitszeitverordnung hat wesentlich dazu beigetragen, daß die Ratifizierung auch in den übrigen Ländern so sehr verzögert wurde. (Sehr richtig!)

Ich darf deshalb wohl mit Zustimmung des ganzen Kongresses sagen, daß niemand von uns sich dagegen sträubt, an jenen Brief vom 15. November 1918 an den Rat der Volksbeauftragten, den Herr v. Borsig und Karl Legien unterzeichnet haben, erinnert zu werden. Denn was darin verlangt wurde, ist längst erfüllt worden. Und der damalige Hinweis darauf, daß der Achtstundentag für alle Kulturländer durch internationale Vereinbarung festgesetzt werden müsse, zeugt überdies von einer solchen Weitsicht und einer solchen Einsicht der verantwortlichen Führer der Gewerkschaften in die wirtschaftlichen Notwendigkeiten, wie wir nur wünschen können, daß auch die Führer im Unternehmerlager sie stets und namentlich in der gegenwärtigen Zeit an den Tag legen möchten. (Sehr gut!)

Ich müßte nun eigentlich wohl in ausführlicher Weise darüber berichten, was wir im einzelnen getan haben, um die Angriffe auf den Achtstundentag abzuwehren, um der deutschen Arbeiterschaft den gesetzlichen Achtstundentag zu erhalten. Wollte ich dies, so müßte ich dazu allein aber wenigstens eine Stunde in Anspruch nehmen.

Sie wissen, daß die Angriffe nicht nur von den Unternehmern ausgingen. Vielmehr ging es durch die ganze Bevölkerung bis in die Reihen der Arbeiter hinein wie eine geradezu religiöse Anschauung, daß das deutsche Volk in seiner Bedrängnis nur durch Mehrarbeit gerettet werden könne. Sie erinnern sich alle noch dieser Stimmung, die allerdings in der Hauptsache von den einflußreichen Mächten im Lager der Unternehmer und aller politischen Gegner der Arbeiterbewegung hervorgerufen war. Ich habe bereits ausgeführt, wie sich inzwischen längst herausgestellt hat, daß diese Auffassung von der „einzig möglichen Rettung" durchaus falsch und eine große Täuschung war, daß durch die Verlängerung der Arbeitszeit keine Steigerung, besonders aber keine Verbilligung der Produktion herbeigeführt worden ist. Das war aber damals allgemein in Aussicht gestellt und vielfach wohl auch tatsächlich erwartet worden.

In der öffentlichen Diskussion wurde in jener Zeit nur vereinzelt die vollständige Aufhebung des Achtstundentages oder doch seine Suspendierung auf längere Zeit verlangt. Im übrigen erklärten jedoch alle, daß grundsätzlich am achtstündigen Arbeitstag festgehalten und nur Ausnahmen in bestimmten Fällen zugelassen werden sollten; der Achtstundentag dürfe nicht länger schematisch durchgeführt werden.

Wir haben diesen Vorwurf der schematischen Anwendung stets mit praktischen Beispielen entkräften können, so oft wir an den verschiedenen Stellen bei der Regierung, bei den Unternehmern und sonstwo ernsthaft verhandelt haben. Im übrigen hatte unser Bundesausschuß bereits im März 1922 in einer Entschließung öffentlich erklärt, daß auch die Gewerkschaften, eine schablonenhafte Regelung der Arbeitszeit, die die wirklichen Notwendigkeiten des Wirtschaftslebens ignoriert, gar nicht wollten. Sie wären aber davon überzeugt, daß der Weg tariflicher Vereinbarung genügt, um die Arbeitszeit im Rahmen der bisher gesetzlich zugelassenen Ausnahmen jedem dringenden Bedarf anzupassen. Sie wären auch bereit, durch tarifliche Regelung die Durchführung des Achtstundentages zu erleichtern. Die Voraussetzung dafür sei aber die gesetzliche Anerkennung des Achtstundentages.

Die Möglichkeit also, im Notfalle durch bezahlte Überstunden den Achtstundentag zu überschreiten, war somit fast überall gegeben. Aber diese Hinweise der Gewerkschaftsvertreter wurden zumeist gar nicht beachtet, weil es eben nach unserer Überzeugung den Gegnern des Achtstundentages gar nicht so sehr um die Arbeitszeit selbst zu tun war, sondern vielmehr darum, einen politischen Sieg über die allzu erfolgreich gewesene Arbeiterbewegung zu erringen.

Deshalb war der Kampf gegen die Angriffe auf den gesetzlichen Achtstundentag auch mindestens ebensosehr ein politischer Kampf, der im Reichstag zu führen war. Damit will ich natürlich nicht sagen, daß die Gewerkschaften nicht auch ihre Pflicht tun mußten. Diese Pflicht haben die Gewerkschaften nach besten Kräften erfüllt. Wir kennen anderseits auch die Gründe, warum die Arbeitszeitgesetze, die im Reichswirtschaftsrat unter der lebhaftesten Mitwirkung der Gewerkschaftsvertreter längst durchberaten waren, im Reichstag nicht zur Verhandlung gekommen sind. Die wiederholten und lang dauernden Regierungskrisen im Herbst 1923 haben dies verhindert.

Die sozialdemokratische Fraktion und ihre gewerkschaftlichen Mitglieder haben später mehrmals einen Vorstoß im Reichstag unternommen, um die Ratifizierung des Washingtoner Abkommens durchzusetzen. Dieses Drängen im Reichstag und auf die Regierung ist durch Beschlüsse unseres Bundesausschusses sowie durch zahllose mündliche und schriftliche Vorstellungen des Bundesvorstandes bei der Regierung immer wieder unterstützt und gefördert worden. Ich kann darüber im einzelnen jetzt nicht berichten, sondern muß Sie auf die gedruckten Jahresberichte verweisen.

Aber eines möchte ich hier doch aussprechen. Wir müssen zwar verlangen, daß der parlamentarische Kampf um ein brauchbares Arbeitszeitgesetz fortgesetzt und in nächster Zukunft mit der größten Kraftanstrengung geführt werden muß, ehe wir von dem in Aussicht genommnenen letzten Mittel, nämlich der Anrufung des Volksentscheids, Gebrauch machen werden. Gänzlich falsch aber wäre es, wenn die deutschen Arbeiter ihre ganze Hoffnung auf den Reichstag oder auf die eventuelle Volksabstimmung setzen wollten. (Sehr wahr!) Aus diesem Grunde hat auch der Bundesausschuß wiederholt durch fast einstimmige Beschlüsse zum Ausdruck gebracht, daß es in erster Linie die Aufgabe der Verbände sein muß, durch den gewerkschaftlichen Kampf und durch eine kluge gewerkschaftliche Taktik die Widerstände gegen den Achtstundentag zu überwinden. Und wir glauben, daß die großen Erfolge, die die deutschen Gewerkschaften schon vor 1918 hinsichtlich der Verkürzung der Arbeitszeit errungen haben, uns zu der zuversichtlichen Hoffnung berechtigten, daß für die Wiedererringung des Achtstundentages auch weiterhin der gewerkschaftliche Kampf die besten Aussichten bietet.

In diesem Zusammenhang muß ich zu meinem Bedauern einige kritische Bemerkungen machen, die sich an die Arbeiterschaft in den Betrieben richten. Es ist gewiß überaus erfreulich zu sehen, wie sehr die Überzeugung von der Nützlichkeit der Verkürzung der Arbeitszeit jetzt allgemein in die Köpfe der Arbeiter eingedrungen ist, und wie sehr alle mit ihrem Herzen am Achtstundentag hängen. Aber trotzdem wird der gewerkschaftliche Kampf um den Achtstundentag, um die kürzere Arbeitszeit nicht selten dadurch erschwert, daß, wenn die Unternehmer bei der Gewerbeaufsicht die Genehmigung von Überstunden beantragen, solche Anträge auch von den Arbeitern des Betriebes aus egoistischen Gründen unterstützt werden. (Hört! Hört!) Jedenfalls haben wir häufig hören müssen, daß solche Anträge damit begründet werden, die Überarbeit liege im Interesse der Arbeiter, die sonst mit ihrem Arbeitsverdienst nicht auskommen könnten.

Wenn Anträge mit solcher Begründung auch von den Arbeitern des Betriebes oder gar ihrer Betriebsvertretung mit unterzeichnet werden, so muß diese Tatsache doch bedenklich stimmen. Das gleiche gilt für andere Anträge, die auf Genehmigung einer Verkürzung der Pausen oder auf die Genehmigung von Nachtarbeit für weibliche Arbeiter gerichtet sind. Es scheint mir eine dringende Notwendigkeit zu sein, die Betriebsvertretungen und die Gesamtheit der Arbeiter in allen Betrieben darüber aufzuklären, daß sie derartige Anträge der Unternehmer mit der gebotenen Vorsicht aufnehmen (Sehr richtig!), sich vorher genau ansehen müssen und sich im gegebenen Falle nicht darauf einlassen dürfen, sie zu unterschreiben.

Einigermaßen komisch muß es natürlich wirken, wenn dann gerade aus den Reihen dieser Arbeiter, die so unüberlegt und unvernünftig handeln, die Vorwürfe gegen die Gewerkschaften kommen, daß sie nichts oder doch nicht genug für die Erhaltung des Achtstundentages getan hätten. Es muß diesen Kritikern immer wieder eindringlich klargemacht werden, daß alle Mühen und alle Erfolge der Gewerkschaften niemals einen dauernden Gewinn bringen können, wenn nicht die Arbeiter in den Betrieben selbst den Mut aufbringen und insbesondere auch den Willen zeigen, für ihre Durchführung und Aufrechterhaltung mit ihrer eigenen Person einzutreten. (Sehr richtig!)

Es ist oftmals an uns das Verlangen gestellt worden, und auch einige dem heutigen Kongreß vorliegende Anträge verlangen dies, daß wir zum Kampf für die Arbeiterinteressen die Massen aufrufen, sie mobilisieren sollen. Was hierunter verstanden werden sollte, ist nur selten klar ausgesprochen worden. Wir haben aber wiederholt erlebt, wie von gewisser Seite diese Parole aufgefaßt und durchgeführt worden ist. Mancher Rückschlag in der Arbeiterbewegung und vieles Elend in der Arbeiterschaft sind durch diese Art der Mobilisierung der Massen verschuldet worden. (Lebhafte Zustimmung.) Ich möchte deshalb an dieser Stelle einmal sagen, was ich und alle verantwortlichen Führer der deutschen Gewerkschaften mit mir darunter verstanden wissen möchten, wenn von der Mobilisierung der Massen geredet wird.

Dißmann (Metallarbeiter Stuttgart):

Wenn die Herren von der Schwerindustrie aus dem Westen vor wenigen Wochen mit der deutschen Reichsregierung beisammen waren und zunächst Klage führten über die hohen Kohlenbestände auf den Halden, über den Mangel an flüssigem Kapital usw., so wissen wir zur Genüge, daß sie es dabei nicht bewenden ließen, sondern auch darauf bedacht waren, Nutznießer ob ihrer Klagen zu werden.

Hugo Stinnes

Ebenso wie nach dem Ruhrkampf viele Hunderte von Millionen als Entschädigung an die Herren des Westens gezahlt worden sind, das heißt an den Besitz, während die Arbeitnehmer, die im Ruhrkampf die furchtbarsten Opfer brachten, nachher leer ausgingen, so versuchen heute dieselben Nutznießer von damals, aus ihren Klagen Vorteile zu ziehen und gleichzeitig zu einem Vorstoß gegen die Interessen der Arbeiter auszuholen. Ihre neuen Verhandlungen mit der Reichsregierung bezweckten in dürren Worten nichts anderes als das Verlangen: zunächst längere Arbeitszeit für die Bergarbeiter und in der Folge nichts anderes als auch längere Arbeitszeit für die übrigen Arbeiter. Weiter verlangen sie Senkung der Löhne, Beseitigung der angeblich, allzu hohen Soziallasten, Beseitigung der die Unternehmer drückenden harten Steuern. Sie haben es hier mit einem planmäßigen Vorstoß der Unternehmer zu tun, der sich auch bereits bei den Lohnkämpfen auswirkt, denn der letzte Bauarbeiterkampf war ja nicht nur getragen von den Herren der Industrie des Baugewerbes, sondern, wie die Unterschriften zeigen, von dem gesamten Unternehmertum Deutschlands. Die Überhebung der Schwerindustriellen im Westen, denen sich die Schwerindustriellen der Che-

Arbeite nur 7 Stunden!

[illegible] Gesellschaft beglückt die werktätigen Masse mit Hygiene-Ausstellungen, Gesundheitswochen, Aufklärungsfilmen und dergleichen mehr, aber sie gibt keine gesunden Verhältnisse: keinen ausreichenden Lohn, keine Wohnungen, nicht satt Brot. In mörderischem Raubbau zerstört man die Gesundheit und gibt dann Ratschläge wie man jung und schön bleiben kann. Man soll viel ruhen, fleißig baden, sich gut kleiden und vor allem sich sehr gut ernähren. Zugleich verteuert das Kapital die Wohnungen, verkürzt die Löhne, steigert die Warenpreise, verlängert die Arbeitszeit und pfeift auf Schutzvorrichtungen. Aber dafür gibt es jetzt auch einen Ersatz. Die Harpener Bergbau A.-G. im westfälischen Industriegebiet ging den erschreckend zunehmenden Unfällen im Bergbau mit einem ganz zunftmäßigen Preisausschreiben zu Leibe. Es sichert einige Prämien für die besten Bildentwürfe, die plastisch darstellen sollen, wie man sich gegen Unfälle im Bergbau schützt. Es ist nicht ausdrücklich gesagt, daß die eigentliche Ursache der erschreckenden Zunahme von Unfällen nicht aufgezeigt werden darf, aber das gilt als selbstverständlich. Wir gleichen darum das Manko aus. Der Bergarbeiter A. G. hat sich mit dem Problem beschäftigt und uns eine Reihe von Entwürfen mit dem dazugehörigen Text zur Verfügung gestellt. Wir veröffentlichen drei seiner künstlerisch hochstehenden Blätter und seine Unterschriften: Die schlimmste Ursachenquelle ist die zu lange Arbeitszeit, das Ueberstundenunwesen und die Akkordantreiberei. Darum heißt die erste und dringendste Unfallverhütungsvorschrift: Arbeite nur 7 Stunden! Arbeite mit Ruhe und Ueberlegung! Lasse dich nicht hetzen! Mache keine Ueberstunden!

Der zweite Ursachenherd für die Zunahme der Unfälle ist das Fehlen von Schutzvorrichtungen. Bei der wahnsinnigen Hetze nach Kohlen unterbleiben die dringendsten und notwendigsten Vorrichtungsarbeiten. Aus Sparsamkeitsgründen wird nicht genügend Holz für das Verschalen und Absteifen zum Schutze gegen Kohlen- und Steinfall geliefert. Darum heißt die zweite Forderung, deren dringende Beachtung den Zechenverwaltungen eingehalten wird: Liefert ausreichend Holz! Laßt genügend Stempel setzen! Schützt den Bergmann gegen Stein- und Kohlenfall!

Werden diese Vorschläge vollständig beachtet, dann sinkt die Zahl der Unfälle sofort rapid. Mehr noch. Auch der Totengräber bekommt weniger Arbeit. Das Kapital wird vielleicht die Vorschläge des Bergmannes als zu luxuriös verwerfen. Es möchte die Unfallkosten verringern, auf Kosten der Arbeiter, nicht sich den Arbeiterschutz Geld kosten lassen und in der Oeffentlichkeit will es den Anschein erwecken, als ob die Zunahme der Unfälle lediglich der Leichtfertigkeit der Bergarbeiter zuzuschreiben sei.

Denke an deine Familie! Sie hat nichts davon, wenn du dich tot arbeitest.

Hier muß gebaut werden, warum sorgt die Verwaltung nicht für Holz?

Laß dich nicht treiben! Die Treiberei schafft die meisten Unfälle.

„AIZ", 1927

mie und auch zum Teil der Textilindustrie würdig an die Seite stellen, geht heute so weit, nicht nur Arbeitszeit und Löhne in der von ihnen beherrschten Industrie zu bestimmen, sondern sie wollen sie bis zum letzten kleinen Handwerker im Lande diktieren. (Sehr wahr!) Nur ein Beispiel, wie man vorgeht. Anfang Juli bekam die Metallindustrie des Westens einen Schiedsspruch über 5 Prozent Lohnerhöhung. Der Beschluß der nordwestlichen Gruppe der Eisen- und Stahlindustriellen dazu lautete einfach: 5 Prozent Lohnerhöhung bedeutet 5 Prozent Arbeiterentlassungen und dementsprechend haben alle Hochöfen, Stahl- und Walzwerke im Westen sofort 5 Prozent der Arbeiter zur Entlassung gebracht. So antworten sie sogar auf einen vom Reichsarbeitsministerium für verbindlich erklärten Schiedsspruch. Wenn die Unternehmer eine solche brutale Antwort selbst auf einen vom Reichsarbeitsministerium anerkannten gerechten Schiedsspruch geben – und das will in der heutigen Zeit gewiß allerhand sagen (Sehr richtig!) –, so frage ich: Was hat das Reichsarbeitsministerium, die Reichsregierung getan, um jenem brutalen Vorgehen Halt zu gebieten. (Zuruf: Fleisch von ihrem Fleisch!) Sehr richtig! Bei dieser Gesamtlage haben wir alle Ursache, von diesem Kongreß aus der Regierung und den herrschenden Klassen zu sagen, wie bitter ernst es uns ist mit dem eisernen, festen Willen unseren Weg zu gehen zur Zurückeroberung dessen, was man uns nahm, und den breiten Arbeitermassen zum Bewußtsein zu bringen, daß wir entschlossen sind, alle uns zur Verfügung stehenden Mittel anzuwenden, um den Achtstundentag wiederzugewinnen. Ich behaupte, unbekümmert um die Entgleisungen mit Überstunden und anderem gibt es keine Frage und keine Forderung, die so tief in den Herzen der Millionen deutscher Arbeiter verankert ist wie der Achtstundentag. (Sehr richtig!) Das muß jeder Gewerkschafter anerkennen, und die tiefen Wunden, die den Arbeitern geschlagen wurden mit dem Raub des Achtstundentages auf weiten Gebieten, werden nicht eher heilen, bis der Achtstundentag zurückerobert ist. Wenn wir frei davon sind, uns auf ein Mittel als das Allheilmittel einzustellen, so kann ich doch nur unterstreichen, was auch Leipart sagte, wir sind bereit, alle Kampfmittel anzuwenden, allerdings jedes zu seiner Zeit. Wir lehnen ab Tagesparolen und andere, wie sie von einer anderen politischen Fakultät verkündet werden. Wir unterstreichen: Im Vordergrund bleibt unser Tagesringen im gewerkschaftlichen Kampf. – Das ist eine platte Selbstverständlichkeit. Mit dem sozialen Kampf, den die Gewerkschaften führen, verbinden wir den parlamentarischen Kampf, und wir müssen damit verbinden auch das in der neuen Reichsverfassung gegebene Mittel des Volksentscheids. In bezug auf den parlamentarischen Kampf kann ich nicht unterschreiben, was auf Seite 28 des Jahrbuches des ADGB. steht. Nach zwei Seiten nicht. Wir haben uns auch im Bundesausschuß früher wiederholt darüber ausgesprochen. Mich dünkt, daß die sozialdemokratische Reichs-

Sozialdemokratisches Flugblatt, 1925

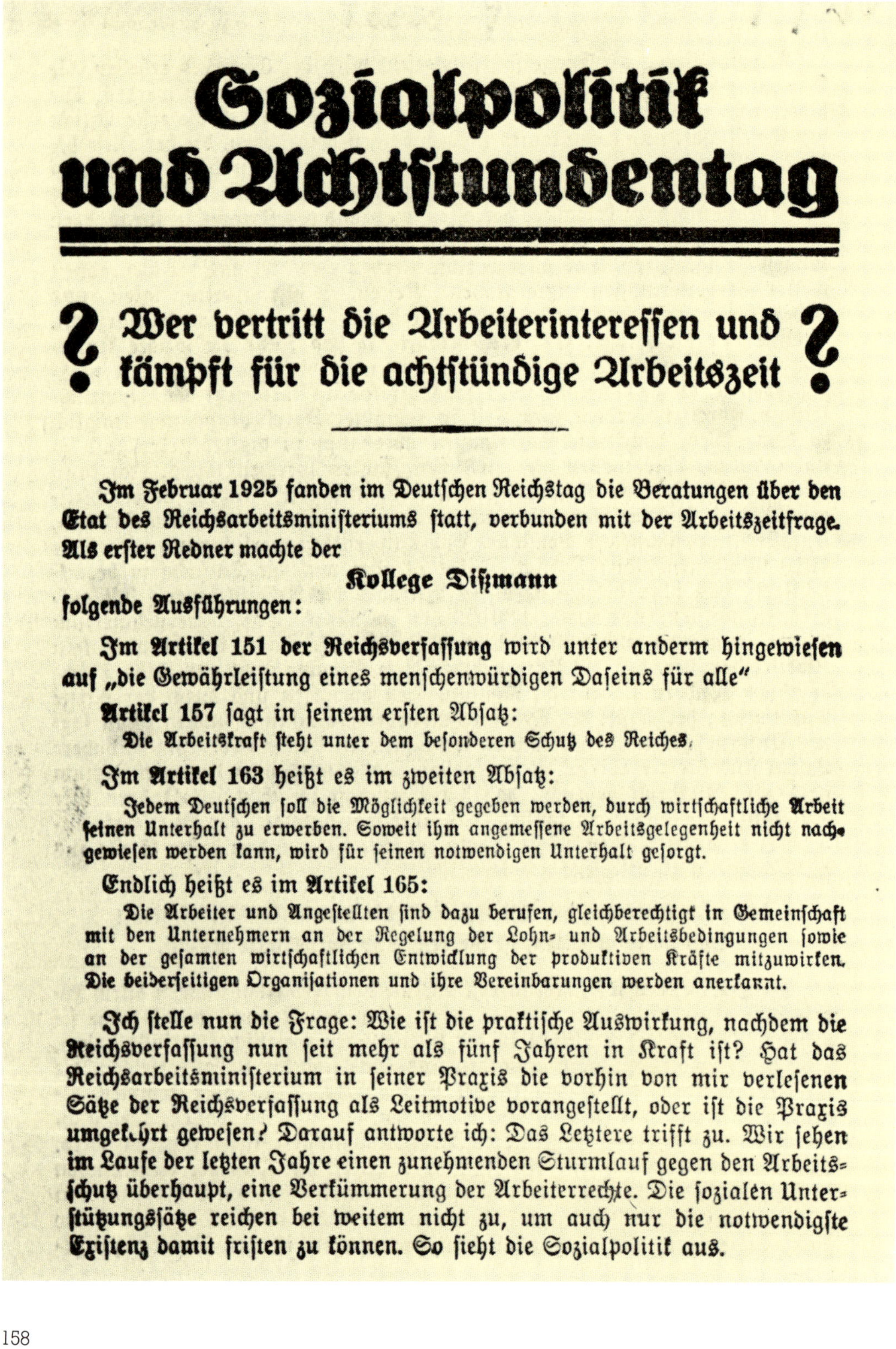

Sozialpolitik und Achtstundentag

? Wer vertritt die Arbeiterinteressen und kämpft für die achtstündige Arbeitszeit ?

Im Februar 1925 fanden im Deutschen Reichstag die Beratungen über den Etat des Reichsarbeitsministeriums statt, verbunden mit der Arbeitszeitfrage. Als erster Redner machte der

Kollege Dißmann

folgende Ausführungen:

Im Artikel 151 der Reichsverfassung wird unter anderm hingewiesen **auf „die Gewährleistung eines menschenwürdigen Daseins für alle"**

Artikel 157 sagt in seinem ersten Absatz:

Die Arbeitskraft steht unter dem besonderen Schutz des Reiches.

Im Artikel 163 heißt es im zweiten Absatz:

Jedem Deutschen soll die Möglichkeit gegeben werden, durch wirtschaftliche Arbeit seinen Unterhalt zu erwerben. Soweit ihm angemessene Arbeitsgelegenheit nicht nachgewiesen werden kann, wird für seinen notwendigen Unterhalt gesorgt.

Endlich heißt es im Artikel 165:

Die Arbeiter und Angestellten sind dazu berufen, gleichberechtigt in Gemeinschaft mit den Unternehmern an der Regelung der Lohn- und Arbeitsbedingungen sowie an der gesamten wirtschaftlichen Entwicklung der produktiven Kräfte mitzuwirken. Die beiderseitigen Organisationen und ihre Vereinbarungen werden anerkannt.

Ich stelle nun die Frage: Wie ist die praktische Auswirkung, nachdem die Reichsverfassung nun seit mehr als fünf Jahren in Kraft ist? Hat das Reichsarbeitsministerium in seiner Praxis die vorhin von mir verlesenen Sätze der Reichsverfassung als Leitmotive vorangestellt, oder ist die Praxis umgekehrt gewesen? Darauf antworte ich: Das Letztere trifft zu. Wir sehen im Laufe der letzten Jahre einen zunehmenden Sturmlauf gegen den Arbeitsschutz überhaupt, eine Verkümmerung der Arbeiterrechte. Die sozialen Unterstützungssätze reichen bei weitem nicht zu, um auch nur die notwendigste Existenz damit fristen zu können. So sieht die Sozialpolitik aus.

tagsfraktion jederzeit die Interessen der deutschen Gewerkschaften, ihre Forderungen und Anregungen im allerweitesten Maßstabe berücksichtigt hat. (Sehr richtig!) Wie soll es auch anders sein, wir sind ja viel zu sehr miteinander verwachsen und verbunden. Es stimmt also nicht, was hier an Sorgen eines Teiles der Gewerkschafter hervorgehoben wird, und wenn eine andere Bemerkung dabei gemacht wurde, die sich auf Meinungsverscheidenheiten in der Sozialdemokratischen Partei selbst bezieht, so möchte ich nur eines bemerken: So wie wir in der deutschen Gewerkschaftsbewegung unsere sachlichen Meinungsverschiedenheiten selbst austragen, so wird es auch die Partei tun, und die Gewerkschaften werden sich hüten müssen, sich da hineinzumengen. Mehr heute nicht darüber, mir kam es nur darauf an, das auch hier nicht unwidersprochen zu lassen. Ich muß zum Achtstundentag betonen: Der Volksentscheid darf n i c h t in den Hintergrund gestellt werden, weder der Regierung und den herrschenden Klassen, noch den Arbeitern selbst gegenüber. Der im vorigen Jahr vom Bundesausschuß gefaßte Beschluß, den Volksentscheid zur Ratifizierung des Washingtoner Abkommens vorzubereiten, muß durchgeführt werden, wenn die Regierung das Arbeitszeitgesetz nicht vorlegt. Es sieht wahrlich nicht so aus, als ob die deutsche Regierung sich damit beeilt. Sie hat zum 1. April d. J. die Verordnung für die Hochöfen und Kokereien herausgegeben. Der Sturmlauf aber, den die Unternehmer dagegen unternahmen, hat zweifellos, neben der geistigen Einstellung der Regierung überhaupt, mit dazu geführt, daß sie jetzt noch mehr zurückhuft, noch mehr Verschleppungspolitik betreibt.

(. . .)

Wir wünschen nach unserem Antrag zum Volksentscheid nicht, daß, wenn heute der Kongreß einen solchen Beschluß faßt, etwa eine Frist von sechs Wochen festgelegt wird. Aber verlangen können wir, wenn der Referentenentwurf im Reicharbeitsministerium im Dezember vorigen Jahres bereits fertig war, und wenn man einen schüchternen Versuch gemacht hat, in unserer Schwereisenindustrie einmal Arbeitgeber und Arbeitnehmer zu hören mit dem utopistischen Bemühen, beide Teile zu einer Verständigung über den Achtstundentag zu bringen, daß nunmehr die Sache nicht einfach auf Jahre hinaus verschleppt wird, sondern wir müssen fordern, nachdem die besitzenden Klassen Steuern, Aufwertung, Zölle vor dem Auseinandergehen des Reichstags noch in ihre Scheuern gefahren haben, daß zu den Vorlagen, die in der Herbstsession des Reichstags kommen sollen, auch vor allem die Arbeitszeitgesetze gehören. (Sehr richtig!) Und wenn die Regierung dazu keine Anstalten macht, dann haben wir Arbeitnehmer und die Gewerkschaften als Führende den notwendigen Dampf dahinterzusetzen, und zwar nach allen Seiten hin. Wir betrachten das nicht etwa als eine Aktion, zu der man heute aufruft, um sie innerhalb zweimal 24 Stunden durchzuführen. Unser Antrag weist darauf hin: Wenn weiter Verschleppungspolitik von der Regierung betrieben wird, dann haben die Gewerkschaften die Pflicht, den vor mehr als Jahresfrist gefaßten Beschluß über den Volksentscheid in dem Sinne durchzuführen — das wollen wir lediglich —, um eine Volksbewegung zu entfesseln, wie sie des Achtstundentages und der deutschen Gewerkschafts- und Arbeiterbewegung würdig ist. Wir kämpfen seit Jahrzehnten für die Erringung des Achtstundentages. Wenn wir an die Schwierigkeiten dieses Kampfes vor Jahrzehnten denken und uns das stattliche Heer vergegenwärtigen, das uns in den Arbeiterorganisationen, in der AfA und im Allgemeinen Deutschen Beamtenbund heute zur Verfügung steht, so muß es möglich sein, wenn die Frage des Achtstundentages, diese nüchterne soziale und wirtschaftliche Forderung der Arbeitnehmer nach Ratifizierung des Washingtoner Abkommens, losgelöst von den leider allzusehr bisher bei allen Wahlen in den Vordergrund stehenden politischen Streitigkeiten, bei den Volksmassen zur Abstimmung gestellt wird, eine Volksbewegung zu entfesseln, die weit über die Kreise der freidenkenden Arbeiter hinaus bis in das Lager der Hirsch-Dunckerschen, der Christlichen und der indifferenten Arbeitermassen hineingeht. Wir wollen also, wenn die Regierung nichts tut, wenn alle Bemühungen fruchtlos bleiben, eine solche Volksbewegung entfesseln, um damit der gesamten Arbeiterbewegung und dem Achtstundentag den besten Dienst zu erweisen. Wird alle Kraft dafür eingesetzt, so wird auch ein Erfolg zu erzielen sein, und das wird dazu beitragen, das Vertrauen der Arbeiter Deutschlands zur freien Gewerkschaftsbewegung zu festigen und zu stärken. (Lebhafter Beifall.)

Kraus (Metallarbeiter Stuttgart):

. . . Genosse Leipart sagte weiter: Wir haben die Verpflichtung, das Interesse des Volksganzen im Auge zu behalten. Ich behaupte: Es ist ein Fehler der Gewerkschaften, die Erhaltung des Volksganzen als das größte Interesse hinzustellen. Alle Gewerkschaften und insbesondere alle freien Gewerkschaften haben die Pflicht, die Arbeiterinteressen zu vertreten und nichts anderes. Wenn man meint, man müsse das Wohl des Volksganzen hüten, dann schützt man die kapitalistische Wirtschaft, die kapitalistische Gesellschaftsordnung. Die freien Gewerkschaften sind aber in erster Linie verpflichtet, die armen Proletariermassen rücksichtslos und brutal gegen die Kapitalisten zu schützen. Auf diese Aufgabe haben wir uns zu konzentrieren, und dazu sind gut eingeleitete außerparlamentarische Massenaktionen dringend notwendig.

Über die Beratungen der Antragskommission erstattet Bericht Tarnow (Holzarbeiter, Berlin): Die Antragskommission schlägt Ihnen vor, die Entschließung Nr. 1 zur Lohnfrage unverändert anzunehmen.

Bei der Entschließung Nr. 2 bitten wir, im zweiten Absatz die Worte „durch die erzwungene Mehrarbeit" zu ersetzen durch die Worte „durch erzwungene Arbeitszeitverlängerung". Denn objektiv ist wohl nicht ganz richtig, daß durch die erzwungene Mehrarbeit die Produktivität nicht gesteigert worden ist. — Bei der Arbeitszeitresolution sind nun auch die Anträge 10 und 11 zu berücksichtigen. Die Antragskommission ist zu derselben Überzeugung gekommen, die soeben Kollege Leipart in seinem Schlußwort zum Ausdruck gebracht hat. Es wird keinen Delegierten und keinen verantwortlichen Gewerkschaftsführer geben, der nicht bereit wäre, alle Mittel einzusetzen, um den Achtstundentag sowohl praktisch zu verwirklichen wie seine gesetzliche Festlegung zu erzwingen. Welche Mittel im einzelnen angewendet werden müssen, ist eine taktische Frage, über die auf Kongressen nicht bindend beschlossen zu werden pflegt. Auch Kollege Dißmann hat erklärt: Wenn der Antrag Nr. 10 angenommen wird, heißt das nicht, daß in sechs Wochen die Volksabstimmung durchgeführt werden muß. Also auch bei Annahme des Antrages wäre immer noch zu prüfen, wann der Zeitpunkt gekommen ist und welche Vorbereitungen zu treffen sind. Es ist in der Gewerkschaftsbewegung üblich, die Durchführung solcher taktischen Maßnahmen den verantwortlichen Instanzen zu überlassen. Der Bundesvorstand muß das Vertrauen der Mitglieder für sich in Anspruch nehmen. Selbst wer dieses Vertrauen zum Bundesvorstand nicht hat, der weiß, daß neben dem Bundesvorstand der Bundesausschuß besteht, in dem sämtliche Verbände vertreten sind, und der jeden Tag das beschließen kann, was er für erforderlich hält. Wir schlagen demgemäß eine Ergänzung zur Arbeitszeitresolution vor, die die Anträge 10 und 11 erledigen soll. Wir bitten, den zweiten Satz im letzten Absatz folgendermaßen einzuleiten: „Indem der Kongreß den Bundesvorstand beauftragt, seine Anstrengungen zur Herbeiführung einer gesetzlichen Festlegung des Achtstundentages zu verstärken, gegebenenfalls unter Anwendung des Volksentscheids, fordert er zugleich die Gewerkschaften . . ." Die Kommission empfiehlt, diese Änderung anzunehmen und damit die Anträge 10 und 11 für erledigt zu erklären.

(. . .)

Darauf wird die Entschließung Nr. 2 mit der von der Antragskommission empfohlenen Ergänzung einstimmig unter lebhaftem Beifall angenommen.

Das Gesetz soll den Achtstundentag schützen und nicht preisgeben

Rechte Seite: Sozialdemokratisches Flugblatt

Auf dem 1. Gewerkschaftstag nach der Novemberrevolution gehen die Delegierten noch davon aus, daß der Achtstundentag nun gesetzlich gesichert sei. Auf diesem Nürnberger ADGB-Kongreß wird auch schon die 44-Stunden-Woche diskutiert. Vom Bergarbeiterverband kommt die Forderung, daß neben der eigentlichen Berufsarbeit bei Androhung von Strafe nicht noch weitere Lohnarbeit zugelassen werden darf. Einerseits wird durch eine solche „Zweitbeschäftigung" anderen die Arbeit weggenommen, und andererseits besteht die Gefahr der Lohndrückerei.

Der im Herbst 1921 vom Reichsarbeitsministerium vorgelegte „Gesetzentwurf über die Arbeitszeit gewerblicher Arbeiter" stößt auf Widerspruch bei den Gewerkschaften, da er den Achtstundentag durch Ausnahmeregelungen faktisch aufhebt. Die Ausnahmen übersteigen das Maß wirtschaftlicher Notwendigkeit, heißt es, und die Arbeitsdauer ist im Einzelfall der Willkür der Arbeitgeber und Behörden überlassen. Dagegen fordert der ADGB für Arbeiter, Angestellte und Beamte einheitliche Regelungen der Arbeitszeit sowie eine gleiche Behandlung bei Urlaub und Sonntagsruhe. Weiterhin soll Deutschland die internationalen Abkommen von Washington und Genua anerkennen, mit denen eine möglichst gleiche Arbeitszeit in den einzelnen Ländern erreicht werden soll, um Konkurrenznachteile auszuschließen.

Der Gesetzentwurf zur Arbeitszeitregelung der Angestellten wird 1922 vorgelegt. Er stößt aus den gleichen Gründen auf Ablehnung. Mit der Arbeitszeitordnung von 1923 wird der Achtstundentag grundsätzlich anerkannt, doch durch die vielen Ausnahmeregelungen ist sie fast eine Verordnung über den Zehnstundentag.

Vom Textil- und Metallarbeiter-Verband kommen Initiativen zur Durchführung eines Volksentscheids zur Durchsetzung des Achtstundentages. Bei der Debatte über den Volksentscheid geht es letztlich auch um die Frage, wie ein Rechtsfortschritt erzielt werden kann. Durch außerparlamentarischen Druck oder durch Verhandlungen? Muß man sich an ein Gesetz halten, das gegen die arbeitenden Menschen erlassen wurde? Auf welchen Ebenen erreicht man einen Rechtsfortschritt – durch gewerkschaftliche Gegenwehr oder durch politische? Die Probleme bestimmen die Diskussion auf dem Gewerkschaftstag 1925. Es wird zwar beschlossen, einen Volksentscheid durchzuführen, doch die konkrete Ausgestaltung wird dem Vorstand überlassen. Die Verteidigung des Achtstundentages ist zugleich eine Frage tariflicher Auseinandersetzung; in der Frage der Mehrarbeit geht es um ein Problem der betrieblichen Interessenvertretung wie auch der parlamentarischen Auseinandersetzung (siehe hierzu Flugblatt, Reichstagswahlen).

Sowohl SPD wie KPD (Dok. 74/75 u. S. 161) setzen sich im Reichstag für den Achtstundentag ein, doch die Arbeiterbewegung ist sowohl auf der parlamentarischen Ebene als auch auf der gewerkschaftlichen zerstritten. Beim Kampf um den Achtstundentag nehmen 1924 namhafte Künstler für die Arbeiter Stellung. In einer Künstlermappe

Achtstundentag und Luxus.

„Der Achtstundentag ist der raffinierteste Luxus, gegen den all der schäbige Luxus in den Tanzpalästen und Schieberlokalen nur ein beiläufiges Item (ohne Bedeutung) ist!"

Das war am 17. November 1923 in der „Deutschen Allgemeinen Zeitung", dem Hauptorgan des Herrn Hugo Stinnes, des bekannten Großkapitalisten, zu lesen.

Alle bürgerlichen Parteien sind offene oder versteckte Gegner des Achtstundentags, den die Sozialdemokratische Partei im November 1918 durchgesetzt hat. Mit aller Entschiedenheit lehnt die Vereinigte Sozialdemokratische Partei Deutschlands jede Verlängerung der gesetzlichen achtstündigen Arbeitszeit ab.

Wer auch den Arbeitern, Angestellten und Beamten ein menschenwürdigeres Dasein schaffen will, **der sorge für die Erhaltung der achtstündigen Arbeitszeit und wähle bei den Reichstagswahlen**

Vereinigte Sozialdemokratische Partei Deutschlands

×

Peter Graßmann
Johanne Reitze
Franz Laufkötter
Friedrich Paeplow

Hamburger Buchdruckerei und Verlagsanstalt Auer & Co. in Hamburg.

der Künstlerhilfe sind sowohl Schriftsteller als auch Maler vertreten. (Im vorliegenden Buch als „Künstlermappe für Achtstundentag" gekennzeichnet.)

Damit ist ein unmittelbarer Zusammenhang hergestellt. Bei allem guten Wollen der Künstler für die Mehrheit der Bevölkerung, für die arbeitenden Menschen und deren Familien zu arbeiten, stoßen sie auf das Hindernis, das sich durch die überlange und schwere Arbeit in den Weg stellt. Es heißt dann auch auf dem ADGB Kongreß 1925: „Die Beschränkung der Arbeitszeit auf acht Stunden ist die erste Voraussetzung für die Erhebung der kulturellen und gesundheitlichen Lage der Arbeiter."

KPD für verstärkten Kampf um Achtstundentag

Dokument 74
Maßnahmen zur Verstärkung des Kampfes für den Achtstundentag, beschlossen vom Politbüro des ZK der KPD am 30. März 1927, Dokumente und Materialien zur Gechichte der deutschen Arbeiterbewegung, Berlin 1975, Seiten 529/530.

1. Im Reichstag bei [der] ersten Lesung der Notverordnung der Regierung nach kurzer Begründung unseres Gesetzentwurfes eine Anzahl Änderungsanträge zum Arbeits[zeit]notgesetzentwurf des ADGB einbringen und der SPD vorschlagen, die von uns gemachten Vorschläge anzunehmen. In diesem Falle soll die kommunistische Reichstagsfraktion für den Gesetzentwurf des ADGB stimmen. Der SPD weiter vorschlagen, im Reichstag für die von uns gemachten Vorschläge zum Arbeitszeitnotgesetzentwurf des ADGB einzutreten und den Parteivorstand der SPD und den Vorstand des ADGB aufzufordern, gemeinschaftlich mit uns zur Durchsetzung des Entwurfes und Ablehnung des Regierungsentwurfes außerparlamentarische Demonstrationsbewegungen durchzuführen.

2. Dem Vorstand des ADGB vorschlagen, jeden Schiedsspruch, der eine längere Arbeitszeit als 8 Stunden vorsieht, den Arbeitern zur Ablehnung zu empfehlen und gegen die Verbindlichkeitserklärung solcher Schiedsspürche aktiven Widerstand zu leisten.

3. Diesen Vorschlag der Partei zu unterstützen durch gleichlaufende Aktionen aller Gewerkschaftsorganisationen, Gewerkschaftskartelle und Betriebe, die unter kommunistischem oder oppositionellem Einfluß stehen.

4. Vorschlag an die SPD, in allen Landes- und Gemeindeparlamenten gemeinsame Anträge der KPD und der SPD für sofortige Einführung der achtstündigen Arbeitszeit in allen Staats- und Gemeindebetrieben sowie in gemischtwirtschaftlichen Betrieben, in denen der Staat oder die Gemeinde maßgeblichen Einfluß hat, einzubringen.

5. Heraussuchen aller Betriebe in den Bezirken, in denen es möglich ist, die Anweisung des ADGB zum Verlassen des Betriebes nach 8 Stunden unmittelbar durchzuführen.

6. Erneutes Verlangen in allen Gewerkschaften, die Erwerbslosen zu organisieren und sie aktiv an dem Kampf um den Achtstundentag zu beteiligen.

„Jammern, meine Herren, feste jammern! Damit das Volk nicht hört, wie hinten der Profit klimpert!", aus: „Der Wahre Jacob"

Organisierung von Demonstrationszügen der Erwerbslosen für Herabsetzung der Arbeitszeit.

7. Verstärkung der Massenmobilisierung zum 1. Mai für Demonstrationen für den Achtstundentag.

8. Vorschlag an den Vorstand des ADGB und der SPD (Annahme von Beschlüssen in Gewerkschaften und Betrieben), bei Annahme des Regierungsentwurfes für eine Arbeitszeitnotverordnung als Protestaktion und Auftakt zur Abwehrbewegung gegen die Durchführung der Verordnung die Arbeiter aufzufordern, an einem noch zu bestimmenden Tage alle Betriebe, auch solche, für die tariflich eine längere Arbeitszeit vereinbart ist, nach 8 Stunden (im Bergbau nach 7 Stunden) zu verlassen.

9. Die Rede des Genossen Heckert nach der dritten Lesung der Verordnung als 10-Pf-Broschüre unter den Massen zu verbreiten.

IML, ZPA, 3/1/603.

Dokument 75
Gewerkschaftszeitung des ADGB, April 1924, Auszüge S. 14/15

Nr. 15 • 34. Jahrgang

Berlin, 12. April 1924

Gewerkschafts-Zeitung

Organ des Allgemeinen Deutschen Gewerkschafts-Bundes

Redaktion und Expedition: Berlin S 14, Inselstraße 6, Telephon: Amt Moritzplatz Nr. 14623/27

Das Blatt erscheint wöchentlich am Sonnabend • Bezugspreis monatlich 0.40 Goldmark

Lohnkampf und Wahlkampf.

Gewöhnlich werden diese Dinge auseinandergehalten. Für den Lohnkampf sind die *Gewerkschaften*, für den Wahlkampf die *Parteien* da. Aber es gibt Situationen, in denen der Lohnkampf zum Gegenstand des Allgemeininteresses wird, wie dies beim Konfektionsarbeiterstreik 1896, beim Streik der Hamburger Hafenarbeiter 1898, beim Crimmitschauer Textilarbeiterstreik 1903/1904, beim Bergarbeiterstreik 1912 der Fall war, besonders dann, wenn es sich um Probleme handelt, die, falls der Kampf zwischen Kapital und Arbeit keine Entscheidung bringt, im Wege der Gesetzgebung gelöst werden müssen. Und es gibt Lohnkämpfe, die wiederum erst durch die *Gesetzgebung* ausgelöst werden, wie die Kämpfe um die Arbeitsdauer, die wir der *Arbeitszeitverordnung* vom 21. Dezember 1923 und besonders der Außerkraftsetzung der geltenden Tarifverträge zu danken haben. Schließlich sind die gesamten Lohnkämpfe während der *Inflationsperiode* dahin zu rechnen, als ein ebenso ständiger wie vergeblicher Versuch der Gewerkschaften, mit den Folgen einer durch die Gesetzgebung nicht verhüteten Geldentwertung fertig zu werden.

Aber man braucht die politische Seite des Lohnkampfes noch gar nicht einmal so zu verallgemeinern. Es genügt auch schon, an den starken Einfluß zu erinnern, den der Staat auf die Lohnbewegungen durch seine *Schlichtungsinstanzen* ausüben kann und der durch das Mittel der Verbindlicherklärung von Schiedssprüchen sogar Lohnkämpfe verhindern und einer Partei einen Schiedsspruch gegen ihren Willen aufzwingen kann. Dieses Recht war der Regierung während der Demobilmachungszeit verliehen worden als Ausfluß jener gemeinwirtschaftlichen Einstellung, die Kämpfe verhüten wollte, um die Uebergangswirtschaft zu fördern. Die Demobilmachungsverordnungen sind fast alle abgebaut, aber der Zwangsschiedsspruch ist geblieben. Man kann ihn für nützlich oder schädlich halten. Starke Gewerkschaften werden in ihm eine bedenkliche Hemmung des Koalitionsrechtes erblicken. Aber sicher ist, solange ein solches Zwangsschiedsrecht besteht, ein starkes Moment der *Politisierung der Lohnkämpfe* gegeben, da die Anwendung dieses Rechts völlig von den regierungsbehördlichen Schlichtern und dem Reichsarbeitsministerium abhängt. Und da das Reichsarbeitsministerium wieder im Sinne der derzeitigen Regierung arbeitet und die Regierung vom Reichstag gebildet wird, so sind die starken Fäden bloßgelegt, die den Lohnkampf mit dem Wahlkampf verbinden.

Im gegenwärtigen Wahlkampfe kulminiert sich das Interesse an der *Arbeitspolitik* der Reichsregierung in einem Maße, daß alle übrigen Fragen dahinter zurücktreten. Die Regierung, unbeschwert durch sozialdemokratischen Einfluß und daher aller Rücksichtnahme auf Arbeitnehmerinteressen bar, hat sich auf eine *Produktionspolitik* eingestellt, die lediglich dem *Unternehmertum* zugute kommt. *Mehrarbeit, längere Arbeitszeit, niedrige Löhne sind ihr Programm.* Sie betätigt es einmal als *Arbeitgeber* gegenüber ihren eigenen Arbeitnehmern, indem sie deren Arbeitszeit verlängert und sich gegen die Anpassung der Löhne an die Teuerung wehrt. Daher die Lohnbewegungen in der Reichspostverwaltung und in der Reichsverkehrsverwaltung, die teilweise schon zu Arbeitseinstellungen geführt haben. Sie lehnt aber auch dort den Lohnausgleich ab, wo der Staatsbetrieb ihn zu tragen vermag, und zwar geschieht dies eingestandenermaßen aus Rücksicht auf die *Privatwirtschaft*. Der Reichsfinanzminister, der die Seele dieser eigenartigen Lohnpolitik ist, hat sich dafür die Theorie zurechtgelegt, daß jede Lohnerhöhung in staatlichen Betrieben solche in der übrigen Wirtschaft nach sich ziehen müsse und einen Mehrbedarf an Zahlungsmitteln erfordere, der die *Rentenmark* gefährde. Mögen die Preise also wieder in die Höhe gehen, mögen die Mieten steigen, jeder Lohnausgleich ist aus Rücksicht auf die Stabilität der Währung abzulehnen. Es sei daran erinnert, daß das Reichsfinanzministerium am 14. Januar d. J. in einem Schreiben an das Reichsarbeitsministerium einen Druck im Sinne dieser Lohnpolitik auszuüben suchte, aber von letzterem eine Ablehnung erfuhr. Ein Jahr zuvor hatte das Reichswirtschaftsministerium eine Kundgebung gegen Lohnerhöhungen (die damals nichts anderes als einen Ausgleich gegen Teuerung bedeutete) veröffentlicht, und eine Denkschrift des Reichsfinanzministers vom 30. September 1922 über die gleitende Gehaltsskala enthielt bereits alle Argumente gegen die Vollanpassung der Löhne an die Teuerung. Das Reichsfinanzministerium weiß natürlich sehr gut, daß die Wirtschaft und die Währung nicht nur durch Niedrighaltung der Löhne entlastet, ja auf die Dauer überhaupt nicht auf Kosten der Arbeiter saniert werden können, sondern daß nur eine *Bereinigung der Wirtschaft* von ihren Schmarotzern und überflüssigen Unkosten eine dauernde Besserung verspricht. Aber es weiß auch, daß die privaten Wirtschaftsführer auf solche Morallehren pfeifen und durch die Rentenmark-Bank die Reichsfinanzen scharf kontrollieren. Es stellt seine Taktik daher ein auf die Seite des geringsten Widerstandes, und das sind zurzeit die Arbeitnehmer, deren Organisationen durch die Inflation gelitten haben, deren Schlagkraft durch die Krisis gelähmt ist. *Auf Schwache braucht man keine Rücksicht zu nehmen* — das ist die Moral des Reichsfinanzministers, die natürlich die volle Billigung der Arbeitgeberverbände findet. Das Reichskabinett hat sich diese Taktik zu eigen gemacht, verhindert die Durchführung abgeschlossener Lohntarife und lehnt Lohnerhöhungen im Eisenbahnwesen ab, alles für die Stützung der Rentenmark, die die Arbeiter retten sollen.

Hier wird von der Reichsregierung eine *zentrale Lohnpolitik* betätigt, die sich in verhängnisvollster Weise gegen die Arbeitnehmer richtet. Und die Arbeitgeberverbände, die sonst die Einmischung der Regierung in die Wirtschaft nicht scharf genug zurückweisen können, jubeln dieser Politik zu und benutzen sie als Sturmbock gegen das Reichsarbeitsministerium, falls dessen Schlichtungsbehörden irgendwo den Lohnforderungen der Arbeiter nachgeben könnten. Sie bestreiten dem Reichsarbeitsministerium jede zentrale Lohnpolitik, es sei denn die des Reichsfinanzministers.

Kann die Arbeiterschaft angesichts dieser Kämpfe im Götterhimmel der Regierung noch daran zweifeln, daß es sich bei den bevorstehenden Wahlen um mehr handelt als darum, ob diese oder jene Konstellation von Parteien zur Regierung gelangt. Es handelt sich bei dieser Reichstagswahl für das *Unternehmertum* um die dauernde Stabilisierung seines Einflusses auf die Regierung und *Wirtschaftspolitik*. Das bedeutet für die *Arbeiterschaft* die dauernde Befestigung einer *arbeiterfeindlichen Arbeitszeit- und Lohnpolitik*, die *Stabilisierung der Mehrarbeit und des Hungers*, die Ueberwindung aller Kriegsfolgen auf Kosten der Lage der Arbeiter. Lohnkampf und Wahlkampf sind diesmal dasselbe; es sind verschiedene Seiten des gleichen Problems. Eine alte Erfahrung zeigt, daß Lohnkampf und Wahlkampf einander ergänzen. In Perioden wirtschaftlichen Drucks, wenn die Widerstandskraft der Gewerkschaften erlahmte, stiegen die Stimmenzahlen der politischen Arbeiterparteien. Die Arbeitermassen suchten dann instinktiv nach einer Verstärkung ihres politischen Einflusses. Auch heute ist der deutschen Arbeiterschaft die Gelegenheit gegeben, *den rücksichtslosen wirtschaftlichen Gegner in seiner politischen Position anzugreifen*, seine Macht zu erschüttern, seine Hoffnungen zunichte zu machen. Es kommt auf jede Stimme an, die den Parteien des Kapitals entzogen und der *Partei der Arbeit* zugewendet wird. Aber auch die zielbewußte Arbeiterpolitik duldet *keine Stimmenzersplitterung*. Kein Arbeiter, der seiner Gewerkschaft mit Ueberzeugung angehört, kann seine Stimme einer Partei geben, die die Gewerkschaften bekämpft und zerstören will. Nur der Sieg unserer *altbewährten politischen Arbeiterpartei* verbürgt uns eine soziale Wiederaufbau- und Wirtschaftspolitik, in der der Arbeiter zu seinem Lohn und zu seinem Rechte kommt.

Rationalisierung für wen?

Die gesetzliche Regelung der Arbeitszeit von 1923 ist nur vorläufig gedacht. In den sogenannten „goldenen zwanziger Jahren" stabilisieren sich die Verhältnisse etwas nach den hektischen Jahren

„Lächerlich, der Schrei nach Arbeit! Wir haben doch auch keine Arbeit und leben ganz gut!",
aus: Arbeitende Jugend

der Inflation. Doch die Stabilisierung ist nur relativ. Mehrarbeit und Überstunden bei gleichzeitig steigenden Arbeitslosenzahlen. Zunahme der Kinderarbeit und Jugend ohne Ausbildung. In dieser Situation fordern die Gewerkschaften ein „Notgesetz zur Wiederherstellung des Achtstundentages". Die Unternehmer laufen mit dem Argument, „die Wirtschaft muß erst einmal stabilisiert werden", dagegen Sturm (Dok. 76). Im Winter 1926/27 steigt die Arbeitslosenzahl auf über zwei Millionen, deswegen sieht sich auch die bürgerliche Regierung gezwungen, etwas gegen das gleichzeitig bestehende Überstundenwesen zu unternehmen. Im Oktober 1926 stellen die Gewerbeaufsichtsämter in einer Untersuchung von dreiviertel Millionen Arbeitern fest, daß 93 Prozent Überstunden leisten, davon die Hälfte 32 bis 54 Wochenstunden, ein Sechstel sogar noch mehr (Preller, Seite 350).

Das am 14. April 1927 erlassene Arbeitsschutzgesetz stellt einen Kompromiß dar. Der Achtstundentag wird prinzipiell gesetzlich anerkannt, doch gibt es weiterhin Ausnahmeregelungen für Mehrarbeit. Für diese Mehrarbeit muß jedoch ein 25prozentiger Zuschlag gezahlt werden (Dok. 77). In entscheidenden Wirtschaftszweigen geht man vom Zwei- zum Dreischichtensystem über.

Im Juli 1927 wird das Washingtoner Abkommen ratifiziert, das in allen unterzeichnenden Industriestaaten eine ähnliche Arbeitszeit garantieren soll. Mit der 1929 einsetzenden Wirtschaftskrise wird jedoch das Problem der Arbeitslosigkeit und die Finanzierung der Arbeitslosenversicherung zum vordringlichsten Problem. Die steigende Arbeitslosigkeit ab 1929 macht eine weitere Arbeitszeitverkürzung notwendig (Dok. 78). Die neue abgeschlossene Phase verstärkter Rationalisierung und relativer Stabilisierung ist abgeschlossen. Die Haltung der Gewerkschaft, die Erwartungen ihrer Mitglieder sind einerseits gegenüber der Rationalisierung unkritisch bis hoffnungsvoll, andererseits zutiefst resignativ angesichts der hohen Arbeitslosigkeit (Dok. 79). Nicht umsonst ironisiert Kurt Tucholsky im Stempellied die Haltung der Gewerkschaften zur Rationalisierung, wenn es dort heißt: „Holde Rationaliserung singt dir die Gewerkschaftsführung sinnig zum Jeleit . . . stellt sie dir zum Stempeln an."
Der Zusammenhang zwischen Rationalisierung, Produktionsfortschritt und Arbeitszeit wird gesehen.

Otto Bauer:

„War die Rationalisierung die Antwort des Kapitals auf den 8-Stunden-Tag, so mußte die weitergehende Verkürzung der Arbeitszeit, die Antwort der Arbeiterklasse auf die Rationalisierung sein."

Rationalisierung gilt als Voraussetzung von Arbeitszeitverkürzung.

Eine mögliche Arbeitszeitverkürzung wird auf dem Gewerkschaftstag des ADGB 1928 auf eine etwas diffusdefinierte wirtschaftliche Vertretbarkeit hin orientiert. Auf dem gleichen Gewerkschaftstag fordern die Delegierten die Demokratisierung der Wirtschaft, die durch die organisierte Arbeiterschaft, selbst ohne den Umweg über den Staat, erreicht werden müsse (Dok. 80).

Kritisch wird über die Frage diskutiert, ob die proletarische Bewegung nur in der Zeit der guten Konjunktur, des störungsfreien Wirtschaftswachstums Fortschritte machen kann (Dok. 81). Gegenüber den Vorstellungen einer Wirtschaftsdemokratie, vergleichbar mit Mitbestimmungsvorstellungen nach 1945, wird geltend gemacht, daß auf dem Boden der kapitalistischen Gesellschaft Krisenprobleme prinzipiell nicht lösbar sind. Die unterschiedlichen Einschätzungen der Reformierbarkeit der bestehenden Gesellschaftsordnung sind jedoch keine rein theoretischen Auseinandersetzungen, vielmehr haben sie praktische Folgen in der Auseinandersetzung darum, wie und wieweit gegen Krise und Kapitalismus gekämpft wird.

Angesichts der steigenden Arbeitslosenzahlen 1930 fordert der ADGB die Einführung der 40-Stunden-Woche. Die Arbeit gerechter verteilen wollen die anderen, doch angesichts der steigenden Kurzarbeiterzahlen wenden auch viele ein, daß es sich hierbei nur um eine gleichmäßigere Verteilung der Not handele (siehe hierzu Michael Schneider, Seite 49, Bild DMV, Zahlen, Daten, Fakten über Arbeitslosigkeit).

Der entscheidende Punkt bei der Verkürzung der Arbeitszeit ist damit die Frage der Reallohnsicherung, d. h. der Sicherung der Massenkaufkraft, damit nicht durch sinkende private Nachfrage die Krise immer schlimmer wird (Dok. 82). Man will einerseits durch Stärkung der Massenkaufkraft, andererseits durch Arbeitsbeschaffungsmaßnahmen der Krise entgegenwirken. Die ganze Spannbreite unterschiedlicher Forderungen, Ziele und Strategien, die gleichzeitig auch die Unterschiede innerhalb der Arbeiterbewegung offenlegt, bildet in der zugespitzten wirtschaftlichen Situation ein Klima, das es den Bürgerlichen ratsam erscheinen läßt, zu ihrem letzten Machtmittel zu greifen, zum Faschismus, unter Verrat ihrer eigenen Ideale von Freiheit, Gleichheit und Brüderlichkeit.

Unternehmer zum Achtstundentag

Dokument 76
Erklärung der deutschen Unternehmerverbände vom 1. November 1926 über den Achtstundentag, Deutsche Allgemeine Zeitung Nr. 512 vom 2. November 1926, S. 181

August Thyssen

Die Spitzenorganisationen der deutschen Arbeitnehmer haben sich mit einer gemeinsamen Entschließung an die Öffentlichkeit gewandt, in der zur Behebung der Arbeitslosigkeit die sofortige Wiederherstellung des Achtstundentages im Wege eines Notgesetztes verlangt wird.

Hierzu erklären wir, daß ein solcher Eingriff in die Produktionsgrundlagen der deutschen Wirtschaft nach der wirtschaftlichen Seite eine Verminderung der Produktionsleistung und damit letzten Endes eine Zeitverteuerung mit allen ihren verhängnisvollen Folgen nach innen und nach außen nach sich ziehen müßte. Vor allem aber würde dieser Schritt keine irgendwie ins Gewicht fallende Wiedereinstellung der Arbeitslosen zur Folge haben, wohl aber in seinen weiteren Auswirkungen die aufs tiefste zu beklagende jetzige Arbeitslosigkeit sicher nur noch verstärken. Die Arbeitszeit, wie sie jetzt in der deutschen Wirtschaft gehandhabt wird, ist auf gesetzlicher Grundlage im Einvernehmen mit den deutschen Arbeitnehmern so gestaltet worden, wie es den Lebensbedürfnissen der deutschen Wirtschaft zur Überwindung der aus dem Kriege, der Inflation und den weltwirtschaftlichen Veränderungen hervorgegangenen Schwierigkeiten entspricht. Die heutige, leider vielfach zu optimistisch angesehene, unserer Überzeugung nach noch durchaus ernste und nicht gesicherte Lage der deutschen Wirtschaft erlaubt es nicht, unsere Produktion so schweren Erschütterungen auszusetzen, wie sie die von den Gewerkschaften verlangte gesetzgeberische Maßnahme unserer festen Überzeugung nach mit sich bringen würde.

Wir wenden uns daher mit größtem Ernst warnend sowohl an die Reichsregierung wie an die politischen Parteien mit der dringenden Bitte, das dem gesamten Volke drohende Unheil abzuwehren. Vereinigung der Deutschen Arbeitgeberverbände (es folgen eine Reihe weiterer Arbeitgeberverbände).

Wer hat, der hat.

Gegenüber den unverschämten Forderungen des inneren Feindes erklärt die Ruhrindustrie aufs neue einmütig den passiven Widerstand.

Gegen dieses Arbeitszeitgesetz

Dokument 77
Das Arbeitzeitgesetz, Sozialdemokratische Parteikorrespondenz 1923–1928, Berlin 1930, S. 275–378

Der Bürgerblock hat in der letzten Sitzung des Reichstags vor den Osterferien 1927 das Arbeitszeitgesetz beschlossen, das von dieser Regierung zu erwarten war. Nachdem der am 26. Februar veröffentlichte Vorentwurf eines Arbeitszeitnotgesetzes in der Oeffentlichkeit auf heftigsten Widerspruch gestoßen war, gelangte nach langwierigen Verhandlungen hinter den Kulissen Ende März der endgültige Entwurf der Regierungsparteien an den Reichstag.

Gegenüber diesem Entwurf nahmen die Spitzenkörperschaften der deutschen Gewerkschaften (ADGB., AfA-Bund und Gewerkschaftsring) eine scharf ablehnende Haltung ein. Sie erklärten (Kundgebung vom 1. April 1927), daß entgegen den Forderungen der Gewerkschaften auf Wiederherstellung des Achtstundentages auch dieser Regierungsentwurf sich damit begnügt,

„die Ueberschreitung des Zehnstundentages einzuschränken. An den für die regelmäßige Überschreitung des Achtstundentages entscheidenden Bestimmungen der Arbeitszeitverordnung will der Entwurf nichts ändern. Aber selbst das Ueberschreiten, des Zehnstundentages soll auch künftig in weitgehendem Maße zulässig sein und in sehr vielen Fällen ohne voraufgegangene behördliche Genehmigung einzig von der Entscheidung des Unternehmers abhängen.

Gegenüber diesen Absichten erklären die unterzeichneten Vorstände erneut, daß es das Lebensinteresse der Arbeitnehmer und die wachsende Not der Erwerbslosen erfordern, der Verlängerung der Arbeitszeit über acht Stunden täglich mit allen Kräften entgegenzutreten."

Die Gewerkschaften forderten dehalb gleichzeitig die deutsche Arbeitnehmerschaft auf, der Parole ihrer Verbände zu folgen und die Leistung von Ueberzeitarbeit fortab aus eigenem Entschluß abzulehnen.

Entgegen dieser Stellungnahme der Gewerkschaften wurde an dem Regierungsentwurf im Laufe der Beratungen nichts wesentliches geändert. Alle Forderungen der Opposition, insbesondere sämtliche Verbesserungsanträge der sozialdemokratischen Reichstagsfraktion wurden im Ausschuß und Plenum niedergestimmt.

Wie das Arbeitszeitgesetz im einzelnen aussieht und was es in seiner tatsächlichen Wirkung bedeutet, sei nachfolgend kurz zusammenfassend dargestellt.

Das Hauptziel der Neuregelung sollte angeblich die Beseitigung der bisher straffreien „freiwillig angebotenen Ueberarbeit" sein.
Tatsache ist, daß zwar der diesbezügliche § 11 Abs. 3 gestrichen, gleichzeitig aber ein neu formulierter § 10 eingeschmuggelt wurde, der die zugestandenen Vorteile fast völlig aufhebt. Durch diese neue, noch viel gefährlichere Fassung des § 10 ist eine Reihe sogenannter „außergewöhnlicher Fälle" konstruiert worden, die den Achtstundentag aufheben. An Stelle der bisherigen „freiwilligen" Ueberarbeit ist jetzt dem Unternehmer der Zehnstundentag an die Hand gegeben, wenn eine „geringe Zahl von Arbeitnehmern an einzelnen Tagen beschäftigt wird". Das Maß der „geringen Zahl" wie alle übrigen Voraussetzungen bestimmt selbstverständlich der Unternehmer selbstherrlich.

Die Ueberarbeit wird noch in einer Reihe anderer Paragraphen verewigt.

Der Unternehmer kann entgegen der Forderung aller Gewerkschaften von sich aus 30 Ausnahmetage vom Achtstundentag im Jahr festsetzen.

Die Forderung der Sozialdemokratie, die tariflich vereinbarte Arbeitszeit auf acht Stunden zu beschränken, wurde ebenfalls abgelehnt.

Ebenso wurden abgelehnt die sozialdemokratischen Anträge, die ein Ueberschreiten der Achtstundenschicht im Bergbau vermieden wissen wollten.

Die bisherige Maximalgrenze von 10 Stunden für Ausnahmefälle in gesundheitsschädlichen Betrieben ist sogar gefallen.

Mit einem Wort, durch diese Neuregelung der Arbeitszeitgesetzgebung ist dem Neun- und Zehnstundentag durch Zwangstarif Tür und Tor geöffnet.

Ebensowenig wie eine Einschränkung der Ueberstundenwirtschaft ist die Forderung erfüllt worden, daß alle über 48 Stunden hinausgehenden Ueberstunden mit einem angemessenen Zuschlag entlohnt werden sollen.

In den Fällen der Arbeitsbereitschaft, der Vorbereitungs- und Ergänzungsarbeit, wo Mehrarbeit ebenso wie in Notfällen, Unglücksfällen oder „anderen unvermeidlichen Störungen" getan werden muß, wird der angemessene Ueberstundenzuschlag nicht gewährt. In den Saisongewerben kann der gesetzliche Anspruch auf Bezahlung der Ueberarbeit vom Reichsarbeitsminister aufgehoben werden. Das bedeutet Zehnstundentag im Baugewerbe!

Der angemessene Zuschlag von 25 Proz. gilt ferner nur „sofern nicht eine andere Regelung vereinbart ist" oder „besondere Umstände eine solche rechtfertigen". Diese Dehnung bietet den Unternehmern zahllose Möglichkeiten, sich um die Bezahlung des Zuschlages für Ueberstunden zu drücken. Beispielsweise ist bei den Angestellten bereits laut der Begründung des neuen Gesetzes

Das Arbeitszeitgesetz

„Sie sehen, bei mir steht nach Ablauf der gesetzlichen Arbeitszeit der ganze Betrieb." – „Ja – aber was sieht man durch die Hintertür?", aus: „Lachen links"

pauschale Abgeltung der Ueberstundenbezahlung möglich. Der Unternehmer kann den einzelnen Angestellten im Dienstvertrag zwingen, diese Abgeltung anzuerkennen.

Die Lehrlinge sind vollkommen von einer Vergütung der Mehrarbeit ausgenommen.

Das Versagen der christlichen Gewerkschaften

Das Ergebnis der neuen Arbeitszeitregelung widerspricht vollkommen den Forderungen, die auch von den christlichen Gewerkschaften aufgestellt wurden; beispielsweise in der Düsseldorfer Entschließung, die die Stimmung der ganzen christlich organisierten Arbeiterschaft des Westens wiedergab, wurde Anfang März 1927 gefordert, daß nicht der „vollkommen unzulängliche" Regierungsentwurf, sondern der „Entwurf" der gewerkschaftlichen Spitzenorganisation zur Grundlage einer Neuregelung der Arbeitszeit gemacht werden sollte. Es besteht kein Grund zu behaupten, daß das jetzige Arbeitszeitnotgesetz von dem damals so entschieden abgelehnten Regierungsentwurf sich in wesentlichen Punkten vorteilhaft unterscheidet. Es ist auch nicht möglich, davon zu sprechen, daß in dem neuen Gesetz die „Reihe von Verbesserungen" vorgenommen wurde, die in der Kundgebung der christlichen Gewerkschaften als „unbedingt geboten" erklärt worden ist.

Stegerwald selbst hat Anfang März 1927 in Fulda in einer Rede erklärt:

„Das dem Reichsrat vorgelegte Arbeitszeitnotgesetz geht sehr tastend an die Dinge heran. Dem Deutschen Gewerkschaftsbund geht es nicht weit genug; seine dem Reichstag angehörenden Mitglieder werden dem Gesetz in dieser gegenwärtigen Fassung nicht zustimmen."

Als Stegerwald im Reichstage an diese und andere seiner Reden erinnert wurde, suchte er vergeblich durch einschränkende Auslegung seiner früheren Aeußerungen den von ihm vollzogenen Umfall zu verschleiern. Es läßt sich nicht verheimlichen, vor allen Dingen nicht vor den christlichen Arbeitern, daß sie in der Frage des Achtstundentages von den „christlichen" Arbeiterführern aufs schmählichste im Stich gelassen worden sind. Die „christlichen" Arbeiterführer sind aus der Front der Arbeitnehmer ausgebrochen und haben aus politischen Gründen die Interessen der Arbeitnehmer den Forderungen der Unternehmerparteien geopfert.

Das Arbeitszeitnotgesetz ist in dritter Lesung mit 195 gegen 184 Stimmen angenommen worden. Diese knappe Mehrheit wäre in eine Minderheit verwandelt worden, wenn nur sechs der den christlichen Gewerkschaften angehörenden Reichstagsabgeordneten sich auf ihre Pflicht gegenüber den christlichen Arbeitern besonnen und mit den Vertretern der freien Gewerkschaften gestimmt hätten. Dann wäre der Anschlag des Bürgerblocks auf die werktätigen Massen zu einer Niederlage des Kapitals geworden. Indem die christlichen Arbeitervertreter im Reichstag vor dem Unternehmertum kapitulierten, versetzten sie der Arbeiterschaft selbst den schwersten Schlag.

Verband der Nahrungsmittel- und Getränkearbeiter
Ortsgruppe Gr.-Hamburg

Hamburg, den 19. Januar 1929

Aussperrung

bei der Firma

Daniel Wischer, Fischbratküchen

Hamburg, Steinstraße 15 u. Kaiser Wilhelmstr. 76

Achtung! Achtung!

Zur Aufklärung!

Die Arbeitnehmer in diesem Betriebe sind ausgesperrt, weil sie 8 Stunden arbeiten wollen, weil sie eine Lohnaufbesserung und menschenwürdige Behandlung erbeten haben!

Bisher mußten sie **91 Stunden die Woche arbeiten** und **erhielten einen Lohn von RM. 31.25 netto!** Das weibliche Personal **mußte wöchentlich 60 Stunden arbeiten und bekamen dafür einen Lohn von RM. 21.90.**

Bei jeder Verspätung zum Arbeitsantritt wurden dem einzelnen Arbeitnehmer 50 Pfennig von diesem kargen Lohn noch in Abzug gebracht. Von diesen Strafgeldern veranstaltete die Firma eine Weihnachtsfeier für das Personal! Die Beurteilung einer solchen Weihnachtsfeier überlassen wir getrost der Bevölkerung.

Weitere Ausführungen wollen wir uns vorbehalten. Wir richten nur die bescheidene Bitte an die gesamte Bevölkerung Hamburgs:

Helft ihnen, ihre Lohn- und Arbeitsbedingungen zu verbessern!!

Die Sektionsleitung
I. A.: F. Warnecke

Gewerkschaftliches Flugblatt

Die „Kölnische Zeitung" für den Achtstundentag.

Das Versagen der christlichen Gewerkschaften wiegt um so schwerer, wenn man dagegen hält, was selbst ein so weit rechtsstehendes Organ der Deutschen Volkspartei, wie die „Kölnische Zeitung", zur Neuregelung der Arbeitszeit Mitte März geschrieben hat.

Unter Hinweis auf die „politischen Folgen eines sozialpolitischen Versagens der Koalition" wandte sich die „Kölnische Zeitung" in diesem Artikel gegen die Argumente der Wirtschaftsvertreter, daß die Bezahlung der neunten Arbeitsstunde mit einem Zuschlag von 25 Proz. für die Wirtschaft „untragbar" sei, mit folgenden, außerordentlich beachtenswerten Worten:

„Wer sich diese Begründung (der Untragbarkeit) zu eigen macht, sollte bedenken, daß die Zeiten wie beim Erlaß der bisher gültigen Verordnung vorbei sind, wo man mehr als achtstündige Arbeitszeit unter dem Druck der Not ohne besondere Zugeständnisse erlangen konnte.

Gewiß wäre es wünschenswert, wenn die Wirtschaft in ihrer Gesamtheit erst noch weiter gestärkt und gehoben werden könnte, bevor ihr irgendwelche neue Belastungen auferlegt würden; aber gleichwohl sollte sie begreifen, daß die gesamtpolitische Lage heute die größtmöglichen sozialen Zugeständnisse erfordert."

Diese Aeußerung der „Kölnischen Zeitung" ist von den schweren Sorgen um den Bestand des Bürgerblocks diktiert. Sie beweist, daß die Stellung der christlichen Arbeitervertreter bei der Durchsetzung der Arbeitszeitforderungen der Gewerkschaften außerordentlich stark war. Um den Preis der Erhaltung des Bürgerblocks wäre selbst die Deutsche Volkspartei als ausgesprochene Vertretung des Industriekapitals zu den größten Konzessionen bereit gewesen.

Diese Möglichkeit nicht im entferntesten ausgeschöpft zu haben, ist die schwere Schuld der christlichen Arbeitervertreter, von der sie niemand freisprechen kann. Durch ihre Nachgiebigkeit ist die Deutsche Volkspartei darum herumgekommen, die sozialen Zugeständnisse zu machen, zu denen sie, wie die Aeußerung der „Kölnischen Zeitung" klar beweist, trotz der Haltung der Unternehmer aus politischen Gründen bereit war und mit denen sie sich innerlich bereits abgefunden hatte.

Der ADGB zur gesetzlichen Regelung der Arbeitszeit und der Arbeitsaufsicht

Dokument 78
Protokoll der Verhandlungen des 13. Kongresses der Gewerkschaften Deutschlands (3. Bundestag des Allgemeinen Deutschen Gewerkschaftsbundes), abgehalten in Hamburg vom 3. bis 7. September 1928, Berlin 1928, S. 18–20.

Entschließungen

(Soweit die vorgelegten Entschließungen vom Kongreß abgeändert wurden, sind die Änderungen durch Unterstreichung besonders kenntlich gemacht.)

Zu Punkt 2:

Bericht des Bundesvorstandes. 1. Gesetzliche Regelung der Arbeitszeit und der Arbeitsaufsicht.

Der 13. Kongreß der Gewerkschaften Deutschlands macht sich die Kritik zu eigen, die der Bundesausschuß in seiner Sitzung vom 16. Februar 1927 an dem Entwurf eines Arbeitsschutzgesetzes geübt hat. Er richtet erneut die Aufforderung an Reichsregierung und Reichstag, durch das Arbeitsschutzgesetz die Arbeitszeit klar und eindeutig für alle Arbeitnehmer auf 8 Stunden täglich zu begrenzen. Der Kongreß stellt fest, daß die gegenwärtige Regelung der Arbeitszeit, wie sie zuletzt durch das Arbeitszeitnotgesetz vom 8. April 1927 getroffen worden ist, weit entfernt ist von den Forderungen, die die Gewerkschaften in der Frage der Arbeitszeit erhoben haben. Die Gewerkschaften wollen, daß der Grundsatz des Achtstundentages, dessen soziale, volkswirtschaftliche und kulturelle Bedeutung heute niemand mehr ernsthaft zu bestreiten wagt, in allen Zweigen der Wirtschaft durchgeführt wird.

Weiter sind die Gewerkschaften der Auffassung, dass schon nach dem heutigen Stande der Technik und der Arbeitsorganisation sowie nach der Lage auf dem Arbeitsmarkte eine weitere Verkürzung der Arbeitszeit berechtigt und wirtschaftlich tragbar wäre. Mit dem weiteren Fortschreiten der Rationalisierung muss diese Forderung immer dringlicher werden.

Diese Forderung erhebt der Kongreß auch gegenüber dem Entwurf eines Arbeitsschutzgesetzes, der infolge der zahlreichen Ausnahmen keineswegs eine Garantie für die grundsätzliche Durchführung des Achtstundentages gibt. Eine Reihe von Bestimmungen des Entwurfs erfüllt nicht einmal die Bedingungen des Washintoner Abkommens. Der Kongreß erklärt aber erneut, daß er die Vorschriften des Washingtoner Abkommens als ein Mindestprogramm auf dem Gebiet der Arbeitszeit betrachtet. Er erwartet von der Regierung und vom Reichstag, daß gleichzeitig mit der Verabschiedung des Arbeitsschutzgesetzes das mehrfach gegebene Versprechen zur bedingungslosen Ratifizierung des Washingtoner Abkommens eingelöst wird. Er appelliert aber auch an den Verwaltungsrat des Internationalen Arbeitsamtes, die Ratifikation des Washingtoner Abkommens nicht durch Verhandlungen über Abänderung der Konventionen zu verzögern.
[. . .]

Jugendlicher Schlepper, aus: „Illustrierte Reichsbanner Zeitung", 1925

3. Freizeit der Jugend.

Die von den Gewerkschaften seit langem erhobenen Forderungen nach besonderen sozialpolitischen Schutzbestimmungen für die erwerbstätige Jugend sind von der Gesetzgebung bisher nicht erfüllt worden. Der vorliegende Entwurf des Arbeitsschutzgesetzes enthält wohl die geforderte Erhöhung des Kinder- und Jugendschutzalters und auch eine weitere Einschränkung der Nacht-

Ferienpaten, H. Zille

arbeit Jugendlicher; er bringt aber eine nur unzulängliche Regelung der täglichen Arbeitszeit und geht auf die Freizeitforderungen für die Jugendlichen (Frühschluß vor Sonn- und Feiertagen und jährlicher Urlaub) gar nicht ein. Die große Zahl derjenigen Jugendlichen, die nicht in den Genuß der bisher allein durch Tarifverträge geschaffenen Urlaubsansprüche kommen, macht jedoch eine sofortige gesetzliche Regelung des Urlaubs für Jugendliche zur Notwendigkeit.

Der Gewerkschaftskongreß richtet deshalb an die Reichsregierung und an den Reichstag das dringende Ersuchen, die von weiten Kreisen des deutschen Volkes vertretenen Freizeitforderungen für die erwerbstätige Jugend so bald als möglich zu verwirklichen und zu diesem Zweck das Arbeitsschutzgesetz entsprechend auszugestalten.

Weiter ersucht der Gewerkschaftskongreß die Reichsregierung, Beginn und Beendigung der allgemeinen Schulpflicht im ganzen Reich einheitlich zu regeln, um den Schwierigkeiten vorzubeugen, die sich sonst aus den erweiterten Kinder- und Jugendschutzbestimmungen ergeben könnten.

Bundesvorstand und
Bundesausschuß:
(Angenommen.)

Der Arbeiter muß seine Seele in der Garderobe abgeben

Dokument 79
Rationalisierung und Verkürzung der Arbeitszeit, aus: „Gegen die soziale Redaktion" – März 1930, S. 35–36 (Referentenmaterial des Fabrikarbeiterverbandes).

Verkürzung der Arbeitszeit als volksgesundheitliche Korrektur der Rationalisierung.

Der mechanisierte Arbeitsprozeß der rationalisierten Industrie verwandelt den arbeitenden Menschen in einen Bestandteil der automatischen Maschine. Die Arbeit am laufenden Band, die Bedienung der automatischen Maschine zwingt ihm in dem Produktionsmechanismus die Rolle eines Rädchens auf, das eine bestimmte Anzahl von Drehungen in einer bestimmten Geschwindigkeit machen muß. Diese mechanisierte Arbeit schädigt durch Monotonie nicht nur seine körperliche, sondern auch seine seelische Gesundheit. Sie beraubt ihn jeder geistigen Initiative, jeder seelischen Beziehung zu seiner Arbeit. Es ist eine Beleidigung der Intelligenz des Arbeiters, zu erwarten, daß er Arbeits- und Berufsfreude bei einer mechanisierten Tätigkeit haben soll, die sich in der Industrie mit einigen Abweichungen millionenfach wie folgt vollzieht:

Ein Mann schiebt Metallringe auf eine 20 Zentimeter breite Führung, die sie dann automatisch durch die Maschine bewegt, bis die Ringe einige Sekunden später geschlitzt wieder zum Vorschein kommen. Sein Lohn hängt davon ab, wie viele dieser geschlitzten Ringe der Prüfung standhalten. Seine Augen sind die ganze Zeit über auf die kleine Plattform konzentriert, eine Hand bewegt sich in dieser, die andere in jener Richtung, immer und immer wieder die Wiederholung. Er darf keine Umdrehung der Räder verpassen. Die Räder zerschlitzen sein Leben langsam, aber ebenso sicher, wie sie die Ringe schlitzen. Wirtschaftlich ist er ein Teil der Maschine, eine automatische Zufuhrvorrichtung, die zufällig aus Fleisch und Blut und Geist besteht. In nicht zu langer Zeit wird er wahrscheinlich von dieser Arbeit durch die Verlängerung der Arme der Maschine abgelöst werden, da er nichts tut, was nicht ebensogut oder besser durch die Maschine getan werden kann.

Prof. Sombart prägte den Satz: „In der modernen Industrie muß der Arbeiter seine Seele in der Garderobe abgeben."

Die entseelenden Wirkungen der modernen Industriearbeit können nur durch die Verlängerung der Freizeit neutralisiert werden, die es dem Arbeiter ermöglicht, außerhalb der Arbeitszeit Mensch zu sein und seine menschlichen Fähigkeiten, die während der Arbeitszeit brach liegen müssen, zu pflegen.

Die Verkürzung der Arbeitszeit ist als seelisch geistige und gesundheitliche Korrektur der mechanisierten Arbeitsmethoden der rationalisierten Industrie notwendig.

Vater kommt! Hans Baluschek

„Mutter, eigentlich sieht det aus wie im Gefängnis!" – „Na ja, et ist ja ooch 'ne Fabrik, Junge!", aus: „Lachen links"

Verkürzung der Arbeitszeit als volkswirtschaftliche Maßnahme.

Die Rationalisierung hat die Produktivität der industriellen Arbeit ungeheuer gesteigert. Immer mehr wird der arbeitende Mensch durch die automatische Maschine verdrängt, die immer weniger Wartung und Bedienung bedarf. Ein Teil der Arbeiterschaft wird als überflüssig aus dem Produktionsprozeß ausgeschieden und arbeitslos auf die Straße geworfen. Das gleiche geschieht auch durch die Einführung der Fließarbeit und durch andere neue Arbeits- und Entlohnungssysteme, wie z. B. das Bedaur-System, die ausschließlich auf das Ziel der Steigerung der Arbeitsleistung gerichtet sind.

Die gegenwärtige Arbeitslosigkeit ist nicht allein eine Wirkung der schlechten Konjunktur, sondern auch der Rationalisierung der Industrie, die zahlreiche Arbeitskräfte freigesetzt, während sie gleichzeitig die Produktonsleistungen steigert.

Es bedarf deshalb einer weiteren Verkürzung der Arbeitszeit zur Entlastung des Arbeitsmarktes. Die Arbeitszeitverkürzung darf nicht beim Achtstundentag und bei der 48stündigen Arbeitswoche stehenbleiben. Neben dem Bestreben, die Arbeitszeit in jenen Betrieben, die noch eine längere Arbeitszeit als die 48stündige haben, zu vermindern und die Überzeitarbeit zu vermeiden, muß eine der Leistungssteigerung der rationalisierten Industrie entsprechende Verkürzung der Arbeitszeit herbeigeführt werden.

Opel-Werke Rüsselsheim, 1928

Der ADGB zur Wirtschaftsdemokratie

Dokument 80
Entschließung über die Verwirklichung der Wirtschaftsdemokratie, 13. Kongreß der Gewerkschaften Deutschlands (3. Bundestag des ADGB) vom 3. bis 7. September 1928 in Hamburg, Berlin 1975, S. 719–720.

Ausgehend von der Erkenntnis, daß das Wohl der Arbeiterklasse neben dem unverändert im Vordergrunde der gewerkschaftlichen Aufgaben stehenden Kampf um die Verbesserung der Lohn- und Arbeitsbedingungen entscheidend abhängig ist von der Umwandlung des Wirtschaftssystems, erhebt der 13. Kongreß der Gewerkschaften Deutschlands von neuem die Forderung der Demokratisierung der Wirtschaft.

Die Gewerkschaften erblikken, wie es der Nürnberger Kongreß im Jahre 1919 schon erklärt hat, im Sozialismus gegenüber der kapitalistischen Wirtschaft die höhere Form der volkswirtschaftlichen Organisation. Die Demokratisierung der Wirtschaft führt zum Sozialismus. Diesen Weg deutlich zu zeigen und die ökonomische und gesellschaftliche Entwicklung auf diesem Wege zu führen ist eine Aufgabe, die in erster Linie den Gewerkschaften zufällt. Nicht als fernes Zukunftsziel, sondern als täglich fortschreitender Entwicklungsprozeß stellt sich die Umwandlung des Wirtschaftssystems dar. In diesem Entwicklungsprozeß sind der organisierten Arbeiterschaft vielfältige Einzelaufgaben erwachsen.

Die Demokratisierung der Wirtschaft bedeutet die schrittweise Beseitigung der Herrschaft, die sich auf dem Kapitalbesitz aufbaut, und die Umwandlung der leitenden Organe der Wirtschaft aus Organen der kapitalistischen Interessen in solche der Allgemeinheit. Die Demokratisierung der Wirtschaft erfolgt schrittweise mit der immer deutlicher sichtbaren Strukturwandlung des Kapitalismus. Deutlich führt die Entwicklung vom kapitalistischen Einzelbetrieb zum organisierten Monopolkapitalismus. Damit wurden auch die Gegenkräfte der organisierten Arbeiterschaft und der politisch-demokratisch organisierten Gesellschaft geweckt. Der Gegenstoß gegen die wirtschaftliche Autokratie des Unternehmertums ist bisher schon nicht erfolglos geblieben. Lebenswichtige Zweige der Wirtschaft werden bereits in der kapitalistischen Gegenwart in steigendem Maße von der privaten in die öffentliche Hand überführt. Die Arbeitsbedingungen hängen nicht mehr allein von der Freiheit des Marktes ab, die für den Arbeiter schlimmste Unfreiheit bedeutete. Sie werden gestaltet unter dem zunehmenden Einfluß der Gewerkschaften und mitgeformt von Gesetzen, die der demokratisierte Staat gegen die Freiheit der Ausbeutung erlassen muß. Auch eine Wandlung des Eigentumsrechtes ist in ihren Anfängen sichtbar.

Diese Anfänge der Neuordnung erleichtern es der Arbeiterklasse, die Demokratisierung der Wirtschaft weiterhin in schnellerem Tempo zu fördern. Auf zwei Wegen ist die Kraft der Gewerkschaften hierfür einzusetzen. Auf der einen Seite stehen die Forderungen an die Gesetzgebung und die öffentliche Verwaltung. Sie werden sich in dem Maße durchsetzen, als die Gewerkschaften und die politische Macht der Arbeiterschaft im demokratischen Staat sich Geltung und Einfluß erringen. Auf der anderen Seite stehen die Aufgaben des Aufbaues neuer, demokratischer Wirtschaftsformen, die unmittelbar von der organisierten Arbeiterschaft selbst, ohne den Umweg über den Staat, zu erfüllen sind.

Zu diesen Aufgaben und Forderungen gehören die Ausgestaltung des kollektiven Arbeitsrechts, des sozialen Arbeitsschutzrechts, der Ausbau und die Selbstverwaltung der Sozialversicherung, die Erweiterung des Mitbestimmungsrechts der Arbeitnehmer im Betrieb, die paritätische Vertretung der Arbeiterschaft in allen wirtschaftspolitischen Körperschaften, die Kontrolle der Monopole und Kartelle unter voller Mitwirkung der Gewerkschaften, die Zusammensetzung von Industrien zu Selbstverwaltungskörpern, die Ausgestaltung der Wirtschaftsbetriebe in öffentlicher Hand, die Produktionsförderung in der Landwirtschaft durch genossenschaftliche Zusammenfassung und Fachschulung, die Entwicklung der gewerkschaftlichen Eigenbetriebe, die Förderung der Konsumgenossenschaften, die Durchbrechung des Bildungsmonopols.

Die Durchführung dieser Aufgaben wird nicht nur die gei-

Demonstration in Berlin, 1926

stigen und materiellen Lebensbedingungen der Arbeiterklasse verbessern, sie wird gleichzeitig durch die Befreiung der Wirtschaft vom privaten Profitstreben die Lebensbedingungen der Gesamtheit auf eine höhere Stufe heben.

Dieser Kampf für eine neue Wirtschaftsordnung wird um so erfolgreicher geführt werden können, je geschlossener die Arbeiterklasse zusammenhält, je einiger sie sich für die Erringung ihrer Ziele einsetzt. Den Rahmen für diesen Befreiungskampf bilden die Verbände, unter deren Banner die Arbeiterschaft schon bisher von Erfolg zu Erfolg geschritten ist, bilden die von der Arbeiterschaft für die Arbeiterschaft geschaffenen Gewerkschaften.

Die Krise und die proletarische Klasse

Dokument 81
Franz Petrich: Ein Streifzug durch die Krisentheorien, in: Die Krise des Kapitalismus und die Aufgabe der Arbeiterklasse, Berlin 1930, S. 177–183

Kein Zweifel, das Proletariat hat die Hauptlast der Krise zu tragen. Auf seine Schultern sucht der Kapitalismus alle Schäden, die das eigene System hervorruft, abzuwälzen. Das soziale Elend steigt in den Zeiten akuter Krise flutartig. Jeder Arbeitslose mehr bedeutet gerade in der Depressionsperiode, daß es dem Proletariat am Unentbehrlichen und Notwendigsten fehlt: Weniger Brot, weniger Kleidung, weniger Wärme: millionenfacher Hohn auf das soziale Existenzminimum tritt ein. Das ganze materielle, geistige, seelische Dasein der proletarischen Klasse wird unterhöhlt, erschüttert. Denn die drückende materielle Not muß das Denken und Fühlen der Massen notwendigerweise tiefgreifend verändern. Der Druck des Kapitalismus auf die Massen überträgt sich zwangsläufig auf die Organisationen des Proletariats, die dann die ganze Schwere des Stoßes zu spüren bekommen. Sie, die auch nur die Opfer der Krise des Kapitalismus sind, sollen helfen, abwehren, alles ungeschehen machen. In dem Maße, in dem sie es nicht können, tritt Unsicherheit, Unzufriedenheit, Fluktuation und Rebellion in ihren Reihen ein. Die Radikalisierung der Massen, die in jeder Periode akuter Krise zu beobachten ist, äußert sich nur zu oft gefühlsmäßig, sie ist nicht geleitet von realem Denken. Aus diesen Erfahrungen hat sich die Auffassung gebildet, daß das Proletariat samt seinen Organisationen dazu verurteilt sei, die Krisen des Kapitalismus nur zu erleiden. Der Fatalismus, der darin zum Ausdruck kommt, ist außerordentlich gefährlich; er wird es immer mehr, je öfter und schärfer die Krisen sich wiederholen.

Dieser Gefahr mit äußerster Kraft zu begegnen, ist ein Gebot der Stunde! Denn neben der unklaren, gefühlsmäßigen Radikalisierung im Verlauf der Krise ist doch auch unverkennbar der zunehmende Drang der Massen nach theoretischer Erkenntnis der Ursachen und Zusammenhänge, die zur Krise führen. Von der Verdrängung der bloß instinktiven Vorstellung durch die erkenntnismäßige Erfassung der Krisenursache wird zu einem großen Teil das Schicksal der modernen Arbeiterbewegung abhängen. Also mehr politische und ökonomische Erziehungsarbeit in einem ganz umfassenden Sinne! Erst dann wird es möglich sein, dumpfe Rebellengefühle, Resignation, Enttäuschung, Verzweiflungsstimmung umzuwandeln in wahrhaft revolutionäres Wollen. Voraussetzung dafür ist freilich, daß man sich in den Organisationen selbst von allen Fehlschlüssen und Illusionen freihält. In der Zeit der Depression muß es sich rächen, wenn die Jahre der Prosperität dazu benutzt werden, in den eigenen Reihen irrige Vorstellungen von einer sich anbahnenden konjunkturlosen Wirtschaft, von der Überwindung der Krisen durch den Kapitalismus und dessen fortschreitender Organisation zu erwecken. Ein solches Beginnen bedeutet, daß der Boden des Marxismus verlassen wird. Die Stärke des Marxismus beruht in der rückhaltlosen Kritik des Kapitalismus, in der uneingeschränkten Aufdeckung seiner Schäden, seiner wachsen-

Aufkleber des Reichsbanners

Georg Grosz

Wo die Dividenden herkommen ... wo sie hinkommen.

den Krisenhaftigkeit. Die Waffe der Kritik wird in dem Maße eine reale Waffe werden in dem Kampf gegen den Kapitalismus, als immer mehr Proletarier sich ihrer bedienen. Die Theorie ist deshalb auch nicht nur eine abstrakte Angelegenheit, sondern eine höchst praktische. Daran hat es in den zwölf Jahren nach dem Kriege sehr gefehlt! Man hat in einer oft kritiklosen Verallgemeinerung von der politischen Demokratie Schlüsse gezogen auf die Demokratisierung der Wirtschaft. Die gegenwärtige Krise, die Haltung der kapitalistischen Schichten, ihre Zuflucht zu faschistischen Methoden, der einseitige Einsatz des demokratischen Staates für die kapitalistischen Interessentenhaufen ist die schlagende Antwort darauf.

Kann die proletarische Bewegung, kann der Sozialismus nur Fortschritte machen in der Zeit der guten Konjunktur, des störungslosen Wirtschaftsablaufs? Das ist die Frage, die gerade jetzt und insbesondere nach dem 14. September immer eindringlicher gestellt wird. Es ist absolut unmarxistisch und in Widerspruch zu der jüngsten kapitalistischen Wirklichkeit stehend, wenn man solchen Spekulationen Raum gibt. Die Sozialisten, die einer solchen Auffassung huldigen, sind obendrein stolz auf ihren „Realismus". Aber dieser nur scheinbare Realismus wird von der fortschreitenden kapitalistischen Entwicklung schnell ad absurdum geführt. Auf Marx und Engels kann sich diese Ideologie wahrhaftig nicht berufen. Die Altmeister des wissenschaftlichen Sozialismus sahen in jeder Krise einen Schlag gegen die kapitalistische Ordnung und eine Quelle für das Erstarken der proletarischen Klassenbewegung. Man studiere auf diesen Punkt hin ihren Briefwechsel. Sie rechneten dabei freilich nicht auf eine absolute Verelendung des Proletariats, wer das unterstellt, setzt sich in Widerspruch zu den Grundgedanken des Marxismus. Wohl aber ist eine relative Verelendung ganz unzweifelhaft, sie wird in den Perioden akuter Krisen besonders deutlich. Das ist der Angelpunkt des proletarischen Klassenkampfes; er wird es immer mehr, je mehr die Klassenkämpfe infolge Verschärfung der Klassengegensätze den Charakter von Entscheidungskämpfen bekommen, von Kämpfen, die den Übergang von der kapitalistischen zur sozialistischen Gesellschaftsordnung anbahnen sollen. Diese geschichtliche Situation darf für das Proletariat nicht eine Schwächung seiner Klassenmacht zur Folge haben, sondern sie muß der Ausgangspunkt für Forderungen, für Aufgaben, für Aktionen, für Kämpfe werden, die neue Energien, gesteigerte Hingabe, größere Opferbereitschaft, entschlossenere Willenskräfte auslösen.

Freilich, auf dem Boden der kapitalistischen Gesellschaft ist das Krisenproblem nicht lösbar. Alle wirtschaftspolitischen Gegenwartsforderungen des Proletariats reichen nicht an die Wurzel des Übels, beseitigen nicht die Krisenursachen; sie können nur den Zweck haben, die zerstörenden Auswirkungen der Krise zu mildern und ihre Dauer möglichst abzukürzen. Mit Lohnforderungen, und seien sie noch so radikal und kühn, ist der Krise nicht beizukommen –, es sei denn, sie ginge bis zur Zertrümmerung des Kapitalismus. Marx hat mehr als einmal darauf hingewiesen, daß gerade dann, wenn die Reallöhne am höchsten sind, in der Periode der Hochkonjunktur, die Krise zum Ausbruch kommt. Hohe Reallöhne können also das Eintreten der Krise nicht verhindern, denn höher als die Löhne wird immer das Produktions- und Preisniveau der Kapitalisten sein; deshalb wird auch die Menge des akkumulierten Kapitals relativ immer schneller steigen als der Lohnteil. Ob in der guten Konjunktur oder in der Krise, der Kampf um die Steigerung des Reallohnes hat für das Proletariat im Kapitalismus immer nur den Sinn der relativen Selbstbehauptung.

In der Krisenzeit wird allerdings das Lohnproblem besonders brennend, und der Kampf um die Erhaltung der Reallöhne bekommt eine außergewöhnliche konjunkturpolitische Bedeutung. Ist man sich klar über die Ursachen der Krise, so wird es selbstverständlich, daß die Milderung und schnellere Überwindung der Krise nur möglich ist, wenn die Kaufkraft des inneren Marktes, d. h. aber die Höhe der Arbeitseinkommen, erhalten bleibt. Die Kapitalistenklasse behauptet unentwegt das Gegenteil, sie dehnt ihre Beweisführung auf die sozialpolitischen Aufwendungen aus. Was ist hier Wahrheit? Offenbar gibt es in dieser Frage, die gegenwärtig mit Recht die Gemüter bis zur Siedehitze in Anspruch nimmt, keine absoluten Wahrheiten, sondern nur Klassenwahrheiten: die Kapitalistenklasse will sich gerade in der Krisenzeit, der Periode verminderten Absatzes, schadlos halten; sie will auf Kosten der Arbeiterklasse die Depression überstehen und die Voraussetzungen für neue Prosperität schaffen. Ohne Zweifel ist diese kapitalistische Methode nur allzusehr geeignet, den Kreis der Krise größer zu ziehen, ihre Auswirkungen zu verschärfen, ihre Dauer zu verlängern. Die kapitalistische Klasse tut es dennoch, weil es ihrem materiellen Klasseninteresse, gewiß sehr kurzsichtig gesehen, entspricht.

Die Arbeiterklasse setzt sich gegen diesen sozial ebenso ungerechten wie ökonomisch verhängnisvollen Druck zur Wehr. Sie vermag aber, wie jeder Tag aufs neue sehr anschaulich lehrt, die „andere

Seite" nicht zu überzeugen, sie kann ihr nur etwas abtrotzen durch kämpferischen Einsatz wirtschaftlicher Klassenmacht. Daß die Arbeiterklasse, weil sie die überwiegende Mehrheit der Gesellschaft darstellt, mit ihrem wirtschaftspolitischen Kampf namentlich in der Krisenzeit nicht nur ihr eigenes Klasseninteresse, sondern zugleich auch das wahre wirtschaftliche Interesse des Landes vertritt, unterliegt nicht dem geringsten Zweifel. Indessen sind in der kapitalistischen Gesellschaft Wirtschaftsfragen nicht Angelegenheiten der menschlichen Vernunft und Einsicht, vielmehr sind sie ausgesprochenermaßen Machtfragen.

Aehnlich verhält es sich mit den Arbeitszeit- und Preisproblemen. Der „Abbau der Preise" als Vorwand für verheerende Lohnsenkungen ist in der Periode des Monopolkapitalismus ein offenkundiger Betrug. Solange der Preisabbau nicht an der eigentlichen Quelle, im Bereich der industriellen Kartelle, erfolgt, wenn er sich auf die Handelsspanne beschränkt, kann er nichts anderes als ein Schwindelmanöver sein.

Um die Lohn- und Preishöhe ist der Kampf entbrannt. Deutlicher denn je kann das Proletariat beobachten, daß die Kapitalistenklasse unnachgiebiger denn je ist; sie will von ihrem Profit nichts missen, sie glaubt noch eine lange Zeit der Expansion vor sich zu haben, dazu sammelt und konzentriert sie die Mittel. Der Kampf geht aber außerdem um die Arbeitszeit, deren Kürzung an dem Grade der Rationalisierung gemessen die dringendste wirtschaftspolitische Aufgabe unserer Tage ist. Die Kapitalistenklasse widersetzt sich in der Arbeitszeitfrage nicht minder. Sie erhebt gegenüber der proletarischen Forderung wesentlicher Herabsetzung der Arbeitszeit die Gegenforderung der allgemeinen Arbeitsdienstpflicht. Schärfer und unversöhnlicher kann der ökonomische Klassengegensatz in der kapitalistischen Gesellschaft nicht zum Ausdruck kommen.

Alle diese wirtschaftspolitischen Gegenwartsforderungen der Arbeiterklasse erheben nicht den Anspruch, daß nach ihrer Durchführung kapitalistische Wirtschaftskrisen nicht mehr entstehen können. Sie beschränken sich vielmehr darauf, die heftigen Pendelausschläge, das jähe Auf und Ab von Prosperität und Depression zu vermindern, die Lage der Arbeiterklasse in der kapitalistischen Gesellschaft zu bessern, es befähigter und reifer für die Verwirklichung des Sozialismus zu machen.

Die „Durchstaatlichung der Wirtschaft" ist sehr weit entfernt von jenen Wunderwirkungen, die ihr vielfach zugeschrieben werden. Die Sozialpolitik, namentlich die Arbeitslosenfürsorge, so wichtig sie ist im Kampf des Proletariats um seine Selbstbehauptung, kann die Krisenelemente im Kapitalismus nicht mildern oder gar aufheben, da sie an die Wurzeln des Uebels nicht heranreicht. Sie bedeutet nur eine Umschichtung der sozialökonomischen Spannungen. Bis zu einem gewissen Grade greift sie zwar ein in die Verteilung des Sozialprodukts zwischen den Klassen, sie drückt zugleich aber auch auf den Staatshaushalt und ruft vermehrte Kämpfe um die innere Lastenverteilung hervor. Die verhältnismäßig bedeutenden Aufwendungen für Arbeitslosenversicherung sind deshalb nicht ein Zeichen für den zunehmenden Konjunkturausgleich, sondern sie sind im Gegenteil der Ausdruck der zunehmenden Krisenverschärfung. Auf dem Boden des Kapitalismus wird von dieser Seite gesehen der Ausgleich zusehends schwieriger. Das ist gegenwärtig schon wahrzunehmen. In Zukunft wird es noch mehr der Fall sein. Fragen, die einen überwiegend politischen und sozialpolitischen Charak-

Aus: Wahlflugblatt der SPD, 1930

ter zu tragen scheinen, bekommen darum immer mehr ein ökonomisches Gesicht, entsprechend ihrer ursächlichen Bedingtheit.

Eine auch nur annähernd befriedigende Lösung des Krisenproblems erscheint auch ausgeschlossen, wenn über die eigentliche Erwerbslosenfürsorge hinaus zur produktiven Erwerbslosenfürsorge gestritten wird. Die zweifellos sehr ernst zu nehmenden Anstrengungen, die von der britischen Labourregierung gerade in dieser Richtung unternommen wurden, zeigen sehr deutlich die ungenügende Reichweite dieser unbedingt ehrlich gemeinten Bemühungen. Die Labourregierung hat trotz des eigenen Ministeriums für Arbeitsbeschaffung, mit einem hervorragenden Gewerkschaftler an der Spitze, und trotz ansehnlicher Aufwendungen für diesen Zweck die ununterbrochene Zunahme der Arbeitslosigkeit nicht verhindern können. Und wenn nicht alle Zeichen trügen (Stimmung im Lande, Nachwahlen in Industriegebieten), wird das bisherige Scheitern der Arbeitsbeschaffungsversuche der Labourregierung die wesentlichste Ursache für den nächsten Rückschlag sein. Daraus folgt eines der aktuellsten Gegenwartsprobleme, die Klarstellung der Bedingungen für die teilweise oder alleinige politische Machtausübung der Arbeiterklasse unter dem schnellen Wechsel der Konjunktur, besonders aber in der Periode der Depression. In dieser Hinsicht ist bis zur Stunde eigentlich so gut wie nichts geschehen, in den Ländern der Koalitionspolitik noch weniger (obwohl für sie das Problem am brennendsten ist!) als in den Ländern mit Arbeiterregierungen.

Aus der schnellen Aufeinanderfolge und Verschärfung der Krisen des Kapitalismus ergeben sich eine Fülle neuer, größerer Aufgaben für das Proletariat. Es handelt sich und kann sich für uns nicht nur handeln um eine theoretische Auseinandersetzung, sondern es kommt darauf an, Theorie und Praxis, Idee und Kampf in Uebereinstimmung zu bringen. Mit anderen Worten: Entschiedener, kühner, zielklarer als bisher Kampf wider den Krisenkapitalismus mit dem Ziel seiner Veränderung und Überwindung!

Plakat Käthe Kollwitz

Arbeitsbeschaffung durch Arbeitszeitverkürzung

Dokument 82
Protokoll der Verhandlungen des Außerordentlichen (15.) Kongresses der Gewerkschaften Deutschlands (5. Bundestag des Allgemeinen Deutschen Gewerkschaftsbundes), abgehalten im Plenarsaal des Reichstags in Berlin am 13. April 1932, S. 21 ff.

Bundesvorsitzender Theodor Leipart:

Auf Grund des Beschlusses des Bundesausschusses vom 15. Februar haben wir nur den einzigen Punkt auf die Tagesordnung gesetzt: die Notwendigkeit der Arbeitsbeschaffung. Als damals der Bundesausschuß tagte, war die Zahl der Arbeitslosen zum erstenmal auf über 6 Millionen gestiegen. Wir hatten diese Zahl in den Zeitungen gelesen und hatten wahrgenommen, daß die Zeitungen fast gar kein Aufhebens mehr davon machten. Es wurde das als eine Nachricht wie sonst irgendeine Nachricht veröffentlicht, und wir hatten den Eindruck und haben ihn auch inzwischen nicht verloren, daß die gesamte Öffentlichkeit in einem Maße gegenüber dieser gewaltigen Not der Arbeitslosen abgestumpft ist, daß wir uns sagten: eine solche Gleichgültigkeit können wir nicht dulden.

Wenn die Öffentlichkeit den Verzweiflungsschrei der arbeitslosen Massen schon anfängt zu überhören, dann ist es die Aufgabe der Gewerkschaften, diesen Schrei der Arbeitslosenmassen zu verstärken. Die Gewerkschaften sind schließlich gezwungen, das habe ich jener Bundesausschußsitzung am 15. Februar schon gesagt, ein Stück ihrer wohlüberlegten Haltung, ihrer kühlen Mäßigung aufzugeben, denn offenbar ist es sonst nicht möglich, eine Änderung zu erzwingen, die verantwortlichen Stellen aus ihrer Passivität auf-

Arbeitsvermittlung, ca. 1930

Mitglieder des Deutschen Metallarbeiterverbandes, 1930

zuscheuchen. Ich wiederhole diese Meinungsäußerung, nicht etwa in der Absicht, den Kongreß heute aufzufordern, sie wörtlich zu nehmen, und etwa die kühle Überlegung fallen zu lassen. Nein, der heutige Kongreß wird den Kopf nicht in den Sand stecken dürfen vor den Schwierigkeiten, die der Arbeitsbeschaffung und ihrer Durchführung entgegenstehen. Aber der Kongreß wird den Schrei nach Arbeit stark zum Ausdruck bringen müssen. Gegenüber der riesengroßen Not im Lande müssen von hier aus heute SOS-Rufe ertönen an die gesamte Öffentlichkeit in Deutschland wie in der ganzen Welt, denn es kann so nicht mehr lange fortgehen. (Sehr wahr!)

(. . .)

Ja, meine verehrten Anwesenden, mit der Frage der Arbeitsbeschaffung unlösbar verbunden ist die Frage nach der gerechten Verteilung der vorhandenen Arbeitsgelegenheiten. (Sehr wahr!) Wir empfinden es nicht nur als eine gar nicht zu rechtfertigende Ungerechtigkeit, sondern als einen Skandal, daß noch immer in Deutschland regulär über 48 Stunden in der Woche gearbeitet wird. (Lebhafte Zustimmung.) Es ist eine unverzeihliche Ungerechtigkeit, daß noch immer vielfach Überstunden gemacht werden. (Sehr wahr!) Es ist ein Skandal, daß Hunderte und Tausende von Pensionären den Arbeitslosen die Arbeitsplätze wegnehmen. (Sehr wahr!) Und es ist tief bedauerlich, daß die Frage der Doppelverdiener immer noch nicht eine angemessene Lösung gefunden hat. Für viele Zehntausende wäre Arbeitsmöglichkeit in Deutschland vorhanden, wenn dieser Skandal aufhörte (Erneute lebhafte Zustimmung), und für weitere viele Zehntausende wäre Arbeitsmöglichkeit da, wenn endlich einmal die 40-Stunden-Woche durchgeführt würde. (Sehr richtig!) Ich will über den Leidensweg der 40-Stunden-Woche in Deutschland hier nicht ausführlich sprechen. Wir wissen, daß mancherlei ernste Schwierigkeiten ihrer Durchführung entgegenstehen, von denen uns auch Herr Arbeitsminister Stegerwald auf dem Frankfurter Kongreß gesprochen hat. Aber ich darf daran erinnern, daß Herr Minister Stegerwald uns im Anschluß an die Darlegung dieser Schwierigkeiten in Frankfurt folgendes gesagt hat: „Andererseits gibt es sicher auch zahlreiche Fälle, in denen die Verkürzung der Arbeitszeit ohne wesentliche Beeinträchtigung der Wirtschaftlichkeit möglich ist. In diesen Fällen muß <u>in den nächsten Wochen</u> gehandelt werden. (Hört! Hört!) Hier muß sich endlich die notwendige Rücksichtnahme auf die Arbeitsmarktlage durchsetzen, und wenn dies nicht freiwillig geschieht, dann muß schon in den nächsten Wochen durch eine Notverordnung nachgeholfen werden." (Lebhaftes Hört! Hört!) Ich bin überzeugt, Herr Minister Stegerwald hatte den guten Willen; die Widerstände aus dem Arbeitgeberlager hat er wohl nicht überwinden können. Wir kennen diese Widerstände ja zur Genüge. Von Unternehmerseite wird insbesondere und wurde die ganze Zeit hindurch darauf hingewiesen, daß die Verkürzung der Arbeitszeit eine Steigerung der Produktionskosten herbeiführen würde, während eine <u>Kostensenkung</u> das Gebot der Stunde sei. Sie alle, Kollegen, erinnern sich daran, welche Versprechungen uns bei diesem Ruf nach Kostensenkung im ganzen und bei den einzelnen Verhandlungen gemacht worden sind: wenn ihr vernünftig wäret und zur Kostensenkung dadurch beitragen würdet, daß ihr in eine, wenn auch nur bescheidene Lohnsenkung einwilligen würdet, dann würde alles besser sein. (Heiterkeit.) Wie oft ist uns das in diesen zwei Jahren gesagt worden, und dann wurde <u>dauernd der Lohn gesenkt</u>, er wurde gesenkt mit staatlicher Hilfe, und alle Hoffnungen sind enttäuscht, alle Versprechungen sind nicht gehalten worden. (Lebhafte Zustimmung.) (Zuruf: Die Arbeitslosigkeit wurde größer!) Nichts hat sich gebessert, alles ist in der Wirtschaft schlechter geworden. Oder wo hat sich irgendein Vorteil aus dieser Kostensenkung gezeigt? (Zuruf: In den Kassen der Nationalsozialisten! Sehr gut!) Man hat dauernd über die <u>Kaufkrafttheorie</u> der Gewerkschaften gespöttelt, aber hat sich diese Kaufkrafttheorie nun nicht doch als richtig erwiesen – (Sehr wahr!) oder etwa die andere Theorie von der Kostensenkung?! Indem man die Kaufkraft der Massen vernichtete, trieb man Industrie, Handel und Gewerbe in immer größere Not hinein, und der Umfang der Arbeitslosigkeit, das Elend der Arbeitslosen ist mit jedem neuen Angriff auf die Löhne gewachsen. (Lebhafte Zustimmung.)

Die kapitalistische Wirtschaft

Arbeitslosigkeit

Geldnot — Warenüberfluß

Warenvernichtung

Arbeitszeit im Faschismus – „Wir führen Euch herrlichen Zeiten entgegen!"

Plakat der NSDAP

„Von den 12,4 Millionen, die Dezember 1932 noch beschäftigt waren, hatten mindestens 2 Millionen nur noch stark verkürzte Arbeitszeiten. Auch die durchschnittliche tägliche Arbeitszeit ging stark zurück und blieb in den Jahren 1931 und 1932 in den meisten Industriezweigen unter 7 Stunden" (Mason, Seite 25).

In der Endphase der Weimarer Republik und in den ersten Jahren des Faschismus sinken die Löhne schneller als die Lebenshaltungskosten. Die vielen Arbeitslosen, die, nachdem sie nicht mehr Anspruchsberechtigte der Versicherung sind, von Familienmitgliedern durchgezogen werden müssen, werden als Lohndrücker genutzt. 1933 wird die organisierte Arbeiterbewegung von den Faschisten zerschlagen, ihre Kassen werden beschlagnahmt, ihre Häuser besetzt, die Zeitungen verboten, viele werden in Gefängnisse und Konzentrationslager verschleppt. Um Lösungsstrategien aus der Krise zugunsten der Unternehmer durchführen zu können, muß die Arbeiterbewegung beseitigt werden. Scheinlösungen zur Behebung der sozialen Probleme dürfen nicht durch Gegenkräfte gestört werden. Die Faschisten versprechen allen alles, doch in Wirklichkeit gehen ihre Aktionen zu Lasten der arbeitenden Menschen.

Das Recht auf Arbeit wird in einen Zwang zur Arbeit umgemünzt. Diejenigen, die sowieso schon durch die wirtschaftlichen Verhältnisse zur Arbeit gezwungen sind, müssen nun ohne entsprechende tarifliche Bezahlung arbeiten. Die sogenannte gemeinnützige Arbeit ist nur allzuoft eine heimliche Vorbereitung auf Rüstungsmaßnahmen beziehungsweise für die Rüstungsindustrie. So werden beispielsweise die elementarsten Grundrechte des Arbeitsschutzes beim obligatorischen Reichsarbeitsdienst mißachtet, da zudem noch der Einsatz von Maschinen verboten ist. Zerstörung der Ware Arbeitskraft, die unter dem Entwicklungsstand der Produktivkräfte eingesetzt wird, bei radikaler Senkung der Reproduktionskosten für die Arbeitskraft. Praktisch heißt das, den ganzen Tag mit dem Spaten schwerste körperliche Arbeit leisten, obwohl sie mit Maschinen leichter zu bewältigen wäre. Wohnen und Leben unter fast militärischen Bedingungen in Baracken und Lagern. Arbeitsdienst, Haushaltsjahr und Landverschickung sind Maßnahmen nach 1933, um wenigstens die Zahl der Arbeitslosen statistisch zu senken. Tatsächlich wird kein Arbeitsplatz zusätzlich geschaffen. Der Arbeitsdienst wird der Kontrolle der Gewerbeaufsichtsämter entzogen.

Jedoch berichten Gewerbeaufsichtsämter des öfteren darüber, daß versucht wird, durch Arbeitsverkürzung die vorhandene Arbeit auf möglichst viele zu verteilen – eine ähnliche Tendenz enthält eine bis 1934 geltende Vorschrift, die die Notstandsarbeiten auf 40 Stunden in der Woche beschränkt (Mason, Seite 50).

Der Tiefpunkt der Krise ist beim Machtantritt der Faschisten 1933 schon überschritten. Doch der überwiegende Teil des Verdienstzuwachses bei Löhnen und Gehältern wird zwischen 1933 und 1936 durch zunehmende Beschäftigungsmöglichkeiten und ein Großteil der Steigerung des durchschnittlichen Wochenverdienstes durch die Verlängerung der Arbeitszeit erzielt (Mason, Seite 62).

Der Lebensstandard der arbeitenden Bevölkerung entwickelt sich in den ersten Jahren der faschistischen Diktatur widersprüchlich. Scheinbar kann der Lebensstandard von 1933 in den nächsten drei Jahren gehalten werden. Tatsächlich profitieren jedoch die Arbeiter in den Rüstungsbetrieben von der zunehmenden Militarisierung, während die Löhne und die Arbeitszeit in der Verbrauchsgüterindustrie weit dahinter zurückbleiben (Mason, Seite 65). Verschärfend für diese Ungleichgewichtigkeit in der Entwicklung ist dann, daß die Rüstungsindustrie vom Staat finanziert werden muß, der sich diese Ausgaben über höhere Steuern und den Abbau von Sozialleistungen bzw. die Erhöhung der Beiträge von der Mehrheit der Bevölkerung holt. So kommt es zum Beispiel in der Textilindustrie infolge geringer privater Nachfrage zu Kurzarbeit (Mason, Seite 72). Das heißt, zur 40-Stunden-Woche und weniger ohne entsprechenden finanziellen Ausgleich, obwohl schon der Normalverdienst nicht zum Leben ausreicht.

„Na dann Prosit, Herr Generaldirektor, auf ein glückliches neues Spiel!", aus: „Der Wahre Jacob"

„Tägliche Arbeitszeiten von 24 Stunden – wöchentliche Arbeitszeit unter 24 Stunden – Arbeiter, die die Beibehaltung des Zweischichtsystemes fordern, da das Dreischichtsystem ihnen nicht genügend Verdienstmöglichkeiten läßt – Heeresaufträge, die den Arbeitsbeginn um 3 Uhr morgens erfordern, offensichtliche Sondergesetze für die Arbeitszeit auf den Reichsautobahnen und bei Wehrmachtsaufträgen – Arbeiter, die schwerer bestraft werden als Unternehmer, welche letztere dann durch Amnestien von lächerlichen Geldstrafen befreit werden" (Jürgen Kusczinsky, Bd. 6, Seite 213).

Teilweise wird von Ausnahmegenehmigungen nach der Arbeitszeitordnung (AZO) ausgiebig Gebrauch gemacht. Tägliche Arbeitszeiten von zwölf Stunden sind keine Seltenheit. Durch das Gesetz über die Arbeitszeit in Bäckereien und Konditoreien vom 29. Juni 1936 hat die lang umstrittene Arbeitszeitfrage in diesem Gewerbe ihre endgültige Regelung erfahren. Die Vorverlegung des zulässigen Arbeitsbeginns auf 4 Uhr morgens entspricht den Wünschen des heimischen Gewerbes. Ein entsprechender Rückgang von Verfehlungen gegenüber dieser so veränderten Gewerbeordnung ist die Folge (Kusczinsky, Bd. 6, Seite 213).

Die Zahl der Überstunden nimmt ab, da sich die regelmäßige tarifliche Arbeitszeit verlängert. Dementsprechend begreifen viele auch erst die elfte und zwölfte Stunde Arbeit am Tag als

Mehrarbeit. Daraus schlagen die Faschisten propagandistisch Nutzen, indem sie darauf verweisen, daß die Zahl der Arbeitszeitüberschreitungen zurückgeht. Sie verschweigen, daß der Arbeitstag selbst legal erheblich verlängert wurde.

1937 ist der Zehnstundentag wieder eingeführt. Damit müssen die Arbeiter Arbeitszeiten wie vor dem Ersten Weltkrieg hinnehmen. Die Löhne verbessern sich in der Zeit von 1936 bis 1939, da besonders in der Rüstungsindustrie die Arbeitskräfte knapp werden. Dadurch entsteht auch ein Sog auf die anderen Industrien, die nun Arbeitskräfte an die Rüstungsindustrie abgeben müssen. Mangels einschneidender Maßnahmen zur „Menschenbewirtschaftung" (so heißt das bei den Faschisten) und da man auf keine fremden Reserven zurückgreifen kann, bleibt Mitte 1938 Arbeitszeitverlängerung der einzig effektive Ansatz zur Überwindung der durch Arbeitskräftemangel verursachten Stockung der Industrieproduktion. Die 60-Stunden-Woche, zum Beispiel im Flugzeugbau, ist keine Seltenheit (Mason, Seite 146).

Zu berücksichtigen ist darüber hinaus, daß zahlreiche Regimegegner in Konzentrationslagern eingesperrt sind, die unter gänzlich menschenunwürdigen Bedingungen arbeiten müssen. Und später werden noch Millionen weitere im Zuge der von den Faschisten verfolgten „Endlösung" folgen. Einerseits direkte Vernichtung durch Gaskammern und Erschießungen, andererseits das langsame qualvolle Sterben in Arbeitslagern. Und neben der Judenvernichtung kommt es zur massenhaften Verschleppung ausländischer Arbeiter. Zu Recht verweist Jürgen Kusczinsky darauf, daß für die aus ihren Heimatländern Verschleppten, die Fronarbeit in Deutschland noch viel schlimmer ist als für die deutschen Arbeiter.

Der Traum aller Spießer, vertrottelter Gamaschenknöpfe und Feldwebelseelen. Jugend, du bist gewarnt!, aus: Arbeitende Jugend"

„Die Lage der Arbeiter, die Entwicklung ihrer Ernährung, Kleidungs- und Wohnverhältnisse, die Lohnentwicklung usw. bezog sich nur auf deutsche Arbeiter, und wenn wir feststellen konnten, daß ihre Lage schlimm war, so müssen wir gleichzeitig bemerken, daß sie einem wahren Paradies auf Erden gleicht, gemessen an der Lage der ausländischen Arbeiter. Sie wurden alle schlechter genährt, gekleidet und untergebracht" (Jürgen Kusczinsky, Bd. 6, Seite 307).

Schon 1934 schaffen die Faschisten eine Arbeitszeitordnung, die die bis dahin geltenden Regeln zur Arbeitszeit zusammenfaßt. Die Zerschlagung der Gewerkschaften am 2. Mai 1933 schaltet gewerkschaftliche Gegenpositionen im Betrieb aus. Wesentlicher Widerstand ist nur noch illegal möglich. Die Tarifautonomie wird außer Kraft gesetzt und das Führer-Gefolgsschaftsprinzip soll die Klassengegensätze verschleiern und die Unternehmerherrschaft absichern.

1938 wird die Arbeitszeitordnung verändert und in der Folge in der betrieblichen Realität an die Bedürfnisse einer Kriegswirtschaft angepaßt. Am 1. September 1939 wird durch Verordnung die Arbeitszeitordnung, die gerade erst ein Jahr alt ist, in den wesentlichen Teilen wieder außer Kraft gesetzt. In der Begründung zum Entwurf dieser Aufhebungsverordnung heißt es schon im November 1938: „Für die Kriegsfall sind auf dem Gebiet des Arbeitsrechts einschneidende Abänderungen der geltenden Vorschriften erforderlich. Neben einer schärferen Überwachung der Arbeitsbedingungen müssen gewisse, dem Schutz der Gefolgschaftsmitglieder die-

nende Vorschriften den zwingenden Notwendigkeiten des Krieges zumindestens zeitweilig weichen. Durch die vorliegende Verordnung werden die wichtigsten arbeitsrechtlichen Vorschriften entsprechend diesen Erfordernissen, die ein kommender Krieg an das Arbeitsleben stellen wird, ausgeschaltet" (Mason, Seite 1011).

Die Arbeitsbedingungen werden verschärft, Löhne gedrückt. In dem Erlaß des Reichsarbeitsministers an den Reichstreuhänder der Arbeit vom 4. September 1939 heißt es zur Lohngestaltung im Kriegsfalle: „Es ist aus psychologischen Gründen nicht zu vertreten, daß in einer Zeit, in der viele Volksgenossen ihre Heimat unter Einsatz ihres Lebens verteidigen, in der Kriegswirtschaft besonders gute Verdienste erzielt werden. Daher ist erstes Gebot: Jede Lohn- und

Arbeitsbeschaffungsmaßnahme Autobahnbau München–Salzburg

Gehaltserhöhung über den bisherigen Stand hinaus zu verhindern. (. . .) Es wird jedoch nicht genügen, nur die bisherigen tatsächlichen Verdienste zu stabilisieren. Die gebotene Einschränkung in der Lebenshaltung und die unvermeidbare Minderung des Verbrauches verlangt ebenso wie die Rücksichtnahme auf die Finanzierung des

Krieges die Zurückführung derjenigen Löhne und Gehälter, die in einer von allen Schichten des Volkes Opfer verlangenden Kriegswirtschaft als zu hoch anzusprechen sind. Die Anpassung der Arbeitsverdienste an den kriegsnotwendigen Stand bedeutet also einen Abbau all der durch die Konjunktur der letzten Jahre stark erhöhten Lohne und Gehälter" (Mason, Seite 1102).

Immer mehr Männer werden zum Wehrdienst eingezogen, so daß sogar in den Gruben Anfang 1945 45 Prozent der Belegschaften aus Rentnern besteht. Die Arbeitszeit Untertage wird von 8¼ auf 8¾ Stunden täglich und Übertage von 9 auf 9½ Stunden täglich verlängert (Jürgen Kusczinsky, Bd. 6, Seite 236).

Die Arbeitszeitordnung wird nach dem Zweiten Weltkrieg wieder von den Alliierten in Kraft gesetzt und hat in den Grundzügen bis heute Gültigkeit. Noch immer, 1984, stehen Begriffe wie Betriebsführer und Gefolgschaftsmitglieder in der geltenden AZO.

Arbeitsbeschaffungslotterie

Dokument 83
Krauss-Maffei, München 1935.

Nationalsozialistische Betriebszellen-
Organisation.
Betriebszelle Krauss-Maffei.

Betrifft: Arbeitsbeschaffungslotterie.

Arbeitskameraden!

Es ist Pflicht sämtlicher Gefolgschaftsmitglieder mindestens ein Los der diesjährigen Arbeitsbeschaffungslotterie zu kaufen. Jeder hat Gelegenheit bis Ende des Monats bei seinem Zellenwalter sich Lose zu beschaffen.

Dass sich an dieser Lotterie ein jeder von uns beteiligt, ist selbstverständlich, nachdem unsere Betriebsgemeinschaft fast ausschliesslich durch Arbeitsbeschaffungsmassnahmen der Regierung besteht. Wir müssen darum unsere ganze Ehre darein setzen, eine möglichst grosse Anzahl Lose zuerwerben. Wer kein Los nimmt und damit beweist, dass ihm die Arbeitsbeschaffung der Regierung gleichgültig ist, der soll einen anderen Volksgenossen seinen Arbeitsplatz zur Verfügung stellen.

Wer bis Ende dieses Monats sich kein Los beschafft hat, dem wird ein solches mit der Lohn- bezw. Gehaltszahlung, bei entsprechendem Abzug zugewiesen.

Bedenke, dass der Erfolg dieser Lotterie auch deinen Arbeitsplatz sichert und darum die kleine Ausgabe für das Los dir vielhundertfachen Gewinn bringt.

München, den 15.11.35.

Heil Hitler

Betriebzellen-Obmann.

Krauss-Maffel, München

Der Krieg fordert seinen Preis

Dokument 84
Aufruf des Reichsleiters der Deutschen Arbeitsfront an alle Schaffenden Großdeutschlands vom 19. November 1939, T. Mason, Arbeiterklasse und Volksgemeinschaft, Opladen 1975, S. 1192 ff.

Dr. Ley zieht Bilanz nach zehn Kriegswochen.
Der deutsche Sozialismus wird Englands Geldsackherrschaft bezwingen.
Trotz der Kriegszeit wesentliche soziale Verbesserungen
Nacht- und Feiertagszuschläge werden wieder bezahlt.

Der Reichsorganisationsleiter und Leiter der Deutschen Arbeitsfront, Dr. Ley, hat einen Aufruf an alle Schaffenden Großdeutschlands gerichtet . . .

Ein Zeichen der besonderen wirtschaftlichen Stärke des Reiches in diesem Kriege sind wesentliche soziale Verbesserungen, die der Reichsorganisationsleiter gleichzeitig ankündigt. Der Aufruf Dr. Leys hat folgenden Wortlaut:

Arbeiter und Arbeiterinnen! Betriebsführer und Gefolgschaft!
Schaffende in Stadt und Land!
Der uns von England aufgezwungene Krieg dauert nun zehn Wochen. Es ist also möglich, eine vorläufige Zwischenbilanz über den Erfolg und über die weiteren Aussichten zu machen. Unser unverrückbares Ziel ist: Sieg, Sieg und nochmals Sieg und damit die endgültige Niederwerfung Englands und der Herrschaft seines Geldsacks über die übrigen Völker des Erdballs. Sozialismus gegen Kapitalismus! Das ist unser Schlachtruf.
(. . .)

Die Kriegswirtschaftsverordnung sah auch auf dem sozialen Sektor einschneidende Maßnahmen vor: Es war selbstverständlich, daß der Achtstundentag aufgehoben wurde, denn der Krieg fordert auch vom Arbeiter den letzten Einsatz seiner Kraft. Außerdem sah die Kriegswirtschaftsverordnung Anpassung der Löhne an die Kriegsnotwendigkeiten vor, sie setzte den Urlaub außer Kraft, annullierte die Zuschläge zu Mehr-, Feiertags- und Nachtarbeit. Dienstverpflichtung und Beschneidung der Freizügigkeit waren bereits früher eingeführt.

Karl Arnold

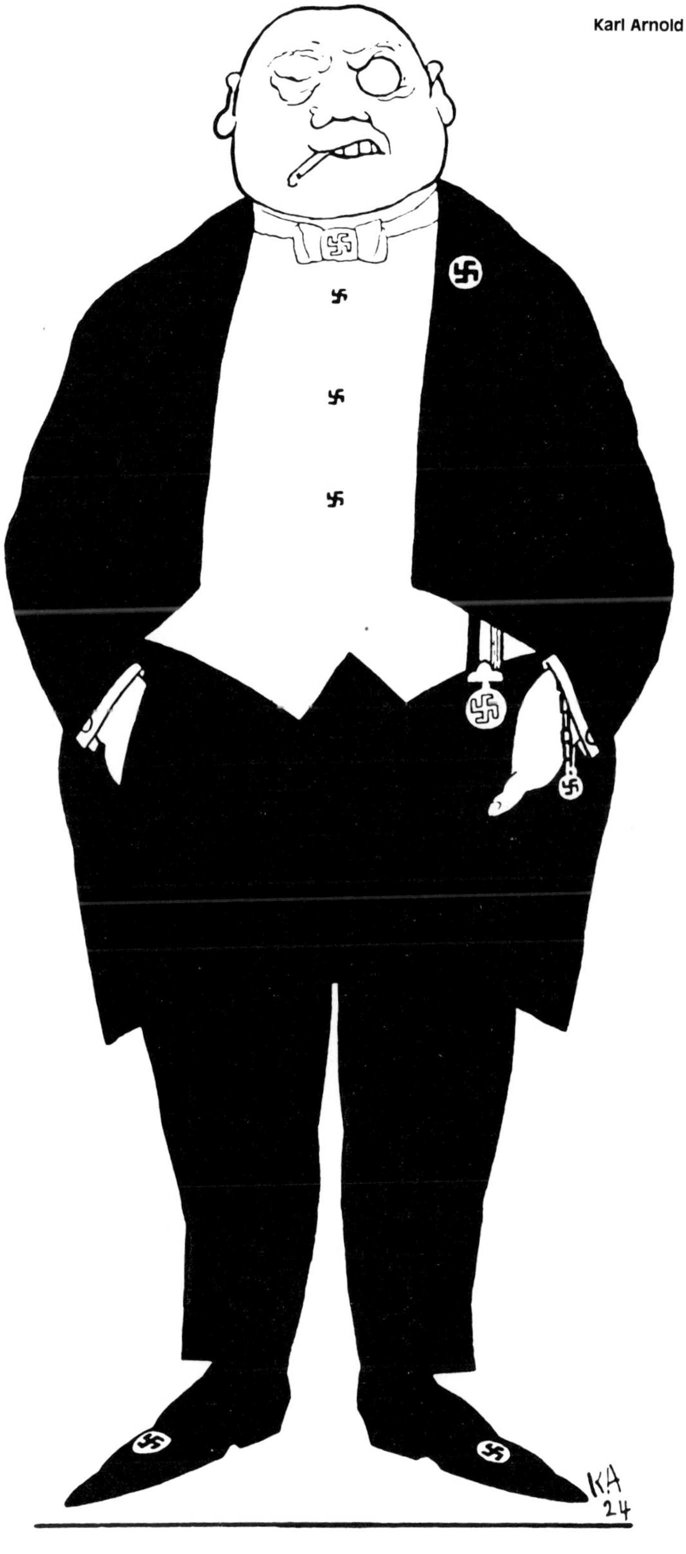

All diese Maßnahmen waren schwere Opfer. Der Arbeiter weiß es, er weiß aber auch, daß sie notwendig sind und daß sie bei weitem nicht an die Opfer heranreichen, die der Soldat zu tragen hat.

Vor allem aber empfand der Arbeiter, daß es vernünftig, ehrlich und tapfer war, ihm diese notwendigen Opfer gleich zu Beginn aufzuzeigen und nicht erst damit zu warten, bis es zu spät war oder sie ihm löffelweise einzugeben. Aus dieser Einsicht ertrug er sie[,] ohne zu murren, freudig und gefaßt. In den ersten Tagen des Krieges wollte in einem Großbetrieb der Betriebsobmann die Notwendigkeit der Kriegswirtschaftsverordnung erklären, jedoch die Arbeiter schnitten ihm das Wort ab und sagten: Du brauchst gar nicht zu reden, wir sehen die Notwendigkeit dieser Opfer unbedingt ein. Für den Führer bringen wir sie freudig und gern.

Bilanz von zehn Kriegswochen

Nach zehn Kriegswochen ziehen wir nun die Bilanz und stellen mit Genugtuung und höchster Befriedigung folgendes fest. Von den Vollmachten, die das Kriegswirtschaftsgesetz vorsieht, ist bisher nur ein Bruchteil in Anspruch genommen worden: In der Lohnpolitik genügte ein allgemeiner Lohnstop.

Der Achtstundentag soll in einen Zehnstundentag – und zwar der Weisung des Generalfeldmarschalls Göring entsprechend: als höchstzulässige Arbeitszeit – umgewandelt werden.

Ganz dringende Ausnahmen soll dann der Reichsarbeitsminister bewilligen. Bei zehnstündiger Arbeitszeit werden Betriebe in die Lage versetzt, eine warme Mahlzeit zu verabreichen, für die das Ernährungsministerum zusätzliche Nahrungsmittel bereitstellt. Die DAF. ist beauftragt, in allen Betrieben mit zehnstündiger Arbeitszeit Verpflegungsstellen einzurichten. Da die Zuschläge für die neunte und zehnte Stunde fortfallen, soll eine Steuerbereinigung durchgeführt werden, damit der

Mehrverdienst nicht wieder voll weggesteuert wird. Wird ausnahmsweise eine elf- und zwölfstündige Arbeitszeit bewilligt, so müssen hierfür die normalen Zuschläge gezahlt werden. Die Zuschläge der Nacht- und Feiertagsarbeit werden wieder bezahlt werden.

Frauen sollen zur Nachtarbeit nicht herangezogen werden. Unumgängliche Ausnahmen, wie in Munitionsfabriken, müssen vom Reichsarbeitsminister genehmigt werden.

Der Urlaub wird ab Anfang nächsten Jahres wieder gewährt. Auch Weihnachtsgratifikationen werden gezahlt.

Dienstverpflichtung soll nur nach sorgfältiger Prüfung und unbedingter Notwendigkeit ausgesprochen werden. Der Jugendschutz bleibt in vollem Umfange in Kraft.

Während in den anderen kriegsführenden und auch in den meisten neutralen Staaten eine wilde Preissteigerung eingetreten ist, konnten in Deutschland die Preise stabil gehalten und zum Teil sogar für einige kriegswichtige Produkte gesenkt werden.

Die für einzelne Betriebe entstehenden Kriegsschäden werden von der alsbald nach Ausbruch des Krieges gebildeten Notgemeinschaft der Wirtschaft getragen, die für diese Wirtschaftsschäden eine Solidarhaft übernahm und den Staat für diese Zahlungen entlastete.

Aus: „Der Wahre Jacob"

Der soziale Schein soll gewahrt bleiben

Dokument 85
Meldungen aus dem Reich (Bericht zur innenpolitischen Lage) vom 2. Februar 1940 (Auszug), T. Mason, Arbeiterklasse und Volksgemeinschaft, Opladen 1975, S. 1218/9.

BA Koblenz, R 58, Bd. 148.

. . . Unklarheiten bei den Sonntags-, Nacht- und Überstundenzuschlägen.

Die Wiedereinführung der Sonntags- und Nachtzuschläge sowie die Verordnungen über den Arbeitsschutz vom 12. 12. 1939, nach denen u. a. auf die nach der zehnten Arbeitsstunde geleisteten Überstunden ein Aufschlag von 25 Prozent bezahlt werden muß, sind von der Arbeiterschaft mit großer Befriedigung aufgenommen worden. Nicht zuletzt ist auch die Feststellung begrüßt worden, daß der Achtstundentag als Grundlage beibehalten wird. Es wird allerdings in den Arbeiterkreisen darauf hingewiesen, daß[,] solange die Zuschläge fortfielen, die Unternehmer mehr Überstunden arbeiten ließen, während nach der Wiedereinführung viele Arbeiten als nicht so dringlich bezeichnet würden. Nach hier vorliegenden Meldungen sind jedoch bezüglich der Durchführung der Zuschlagszahlungen noch Unklarheiten vorhanden. Die Betriebsführer vertreten teilweise die Auffassung, daß die Zuschläge für Überstunden erst zu zahlen sind, wenn in der Woche mehr als 60 Stunden gearbeitet wird; nach dem Wortlaut der Bestimmung kann jedoch angenommen werden, daß dieser Zuschlag zu zahlen ist, wenn die tägliche Arbeitszeit mehr als 10 Stunden beträgt. Die Durchführungsverordnung vom 16. [recte: 14.] 1. 1940 stellt nun fest, daß der Mehrarbeitszuschlag für die über 10 Stunden am Tag hinausgehende Arbeitszeit keine Anwendung findet bei Überschreitung der 10-Stundengrenze durch andere Verteilung der Arbeitszeit, vorausgesetzt, daß die andere Verteilung der Arbeitszeit dazu dient, für die Gefolgschaftsmitglieder einen Frühschluß zur Erholung und zur Erledigung häuslicher Angelegenheiten herbeizuführen. Die Zehnstundengrenze darf jedoch höchstens um eine Stunde überschritten werden. Diese Durchführungsverordnung, die eine Einschränkung der Verordnung vom 12. 12. 39 darstellt, bringt praktisch erst die Zahlung von Zuschlägen bei einer täglichen Arbeitszeit von über 11 Stunden in den ersten fünf Arbeitstagen der Woche und wird daher bei der Arbeiterschaft nicht als dem Sinn der Grundverordnung entsprechend angesehen.

Bezüglich der Bezahlung der Feiertage sind Unklarheiten vorhanden, welche Arbeitszeit nun eigentlich zu bezahlen ist. Bei der Deschimag in Wesermünde vertreten der Betriebsführer und der Treuhänder der Arbeit beispielsweise den Standpunkt, daß die regelmäßige Arbeitszeit 8 Stunden betrage, die DAF betrachtet als regelmäßige Arbeitszeit die Durchschnittsstundenzahl der letzten sechs Wochen, während ein großer Teil der Arbeiter glaubt, ein Recht auf Bezahlung von 10 Stunden zu haben. Ebenso macht die nichterfolgte generelle Regelung der Nachtarbeitszeiten die Bezahlung schwierig. Im Baugewerbe z. B. gilt als Nachtzeit die Zeit zwischen 20 und 6 Uhr, im Metallgewerbe die von 22 bis 6 Uhr, in öffentlichen Betrieben ist sie bisher dagegen nicht einheitlich festgelegt. Da bei den Betrieben auch in dieser Hinsicht Zweifelsfragen auftauchen, erscheint eine allgemeine Regelung notwendig . . .

Die Arbeitszeit für Frauen und Jugendliche

Dokument 86
Deutschland-Berichte der Sozialdemokratischen Partei Deutschlands (Sopade) 1934–1940, Siebter Jahrgang, 1940, Die Arbeiter unter Kriegsrecht, Febr. 1940, Nachdruck Frankfurt 1980, S. 142.

Aus: „Der Wahre Jacob"

Die kriegswirtschaftliche Verordnung dehnte den Erlaß des Reichsverteidigungsrats vom 1. September 1939, der nur die Beschränkungen der Arbeitszeit für männliche Beschäftigte über 18 Jahre aufgehoben hatte, auch auf Frauen und Jugendliche aus. Eine sich auf die Kriegswirtschaftsverordnung stützende Anordnung des Reichsarbeitsministers vom 11. September 1939 bestimmte, daß Frauen und Jugendliche über 16 Jahre, abweichend von den bis dahin maßgebenden Vorschriften, bis zu 10 Stunden täglich, jedoch nicht über 56 Stunden wöchentlich beschäftigt werden können. Diese Mehrarbeit bedurfte keiner besonderen Genehmigung, indes war der Betriebsführer verpflichtet, auf Verlangen des Gewerbeaufsichtsamtes „gegebenenfalls" den Nachweis zu erbringen, daß sich die Mehrarbeit nicht vermeiden läßt. Das Verbot von Nachtarbeit für Frauen ist faktisch aufgehoben. Die Arbeitszeit für Jugendliche unter 16 Jahren darf bis auf 54 Stunden wöchentlich ausgedehnt werden.

Außerdem sah die Anordnung vom 11. September vor, daß für Jugendliche die Unterrichtszeit in einer Berufsschule nicht auf die Dauer der Arbeitszeit angerechnet zu werden braucht. Alle Vorschriften über Frühschluß vor Sonn- und Feiertagen für Jugendliche über 16 Jahren traten gleichfalls außer Kraft. Den Jugendlichen unter 16 Jahren kann an Stelle des freien Sonnabend-Nachmittags ein anderer Nachmittag freigegeben werden.

Ein Teil der drakonischen Maßnahmen der Kriegswirtschaftsverordnung ist wieder rückgängig gemacht worden. Aber das einmal aufgestellte Prinzip bleibt gewahrt, denn im Einzelfall kann die Behörde auch nach den Milderungen jede noch bestehende Arbeitsschutzvorschrift teilweise oder ganz außer Kraft setzen.

Wir wollen, daß niemand sei des anderen Knecht

1. Mai 1947, Bremen

Die nötigen Aufbauarbeiten nach 1945 (Dok. 87/88) bedingen eine wöchentliche Arbeitszeit von 60 Stunden und mehr, bei gleichzeitig miserabler Ernährungslage und katastrophaler Wohnsituation. Nach dem Zusammenbruch des faschistischen Herrschaftssystems und der engen Verbindung der Unternehmer mit ihm, müssen die arbeitenden Menschen erst einmal die Wirtschaft alleine wieder in Gang bringen. Der Sieg der alliierten Siegermächte über den Faschismus läßt viele auf tiefgreifende gesellschaftliche Veränderungen hoffen. Sogar im Ahlener Programm der CDU heißt es: „Der Kapitalismus ist den Lebensinteressen des Deutschen Volkes nicht gerecht geworden." Eine Umgestaltung von Wirtschaft und Gesellschaft, mehr Rechte der Betriebsräte, Mitbestimmung auf allen Ebenen bis hin zu Wirtschafts- und Sozialräten und Sozialisierung der Schlüsselindustrie sind umfassende Veränderungsvorstellungen der ersten Stunde. Doch sehr schnell schaffen konservative Kräfte in der Bundesrepublik Strukturen, die die gesellschaftlichen Forderungen utopisch erscheinen lassen.

„Ich will von Politik nichts mehr wissen!"

Manche Leute zeigen auf die uns umgebenden Trümmer und sagen: „Seht, das ist die Folge von Politik! Nie wieder werde ich mich um so etwas kümmern!"

Wer arbeitet soll auch essen

Dokument 87
Resolution Betriebsrat Krauss-Maffei 1947

Betriebsrat der Firma

An die
Gewerkschaft
Fachgruppe Metall
München

Betr. R./Br. 13. Mai 1947

Resolution

Der Betriebsrat der Firma Krauss-Maffei faßte in seiner Sitzung am Montag, dem 12. 5. 47 folgende Resolution:

Der Betriebsrat lehnt aufgrund der katastrophalen Ernährungslage, hervorgerufen durch

1. die derzeitigen gekürzten Rationssätze für Normalverbraucher

2. die derzeitigen gekürzten Rationssätze für Schwerarbeiter

3. die in Aussicht genommene nochmalige Kürzung der Rationssätze für Normalverbraucher und Schwerarbeiter

jede weitere Verantwortung gegenüber den zuständigen Stellen der Wirtschaft und der Gewerkschaft ab.

Nachdem den Forderungen der Betriebsräte in der Aula der Münchener Universität nicht stattgegeben wurde, richten wir für unseren Betrieb die letzte Warnung an die verantwortlichen Stellen des Staates und fordern, daß in dieser Hinsicht eine nachhaltige Änderung auf dem schnellsten Weg zu Gunsten der Schaffenden herbeigeführt wird.

Der Betriebsrat ist sich bewusst, dass bei Beibehaltung der jetzigen Rationssätze oder gar bei einer evtl. Neukürzung mit schwersten wirtschaftlichen Schäden zu rechnen ist, da es ihm unmöglich sein wird unter diesen Umständen die Ruhe und Ordnung im Betriebe aufrechtzuerhalten, was zur Folge hätte, dass das dem Werk von der Militär-Regierung und den deutschen Behörden auferlegte Produktionsprogramm keinesfalls erfüllt werden könnte.

Der Betriebsrat Krauss-Maffei

1. Mai 1947, Bremen

Die Arbeitszeit bei Krauss/Maffei 1952

Dokument 88

K r a u s s - M a f f e i A.G. Mü.-Allach, den 15.2.1952
KPA-St/Ro.

A n w e i s u n g
= = = = = = = = = = = =

Betreff: Arbeitszeitregelung für Betriebsingenieure und Meister sowie verschiedene Betriebsbüros

Mit Wirkung vom 18. Februar 1952 wird für die Betriebsingenieure und Meister sowie für sämtliche Meisterbüros, ferner für Magazin und Versand die Arbeitszeit wie folgt festgesetzt:

Montag bis Donnerstag	von	7.15 - 17.30 Uhr
Freitag	von	7.15 - 17.50 "

Soweit aus betrieblichen Gründen eine Überschreitung dieser Arbeitszeit notwendig ist, werden Überstunden vergütet. Dabei wird im besonderen auf die GTB-Anweisung vom 1.2.1952 hingewiesen.

Der Betriebsrat
der Krauss-Maffei A.G.

K r a u s s - M a f f e i
Aktiengesellschaft
ppa.

Samstags gehört Vati mir

Im DGB-Grundsatzprogramm 1952 wird die stufenweise Durchsetzung der 40 Stunden an 5 Tagen in der Woche gefordert. Dem Dritten DGB-Bundeskongreß 1954 liegen Anträge zur Schaffung eines Aktionsprogrammes vor, das dann auch auf dem Vierten Ordentlichen Bundeskongreß beschlossen wird. Nachdem die wesentlichen gesellschaftspolitischen Entscheidungen fast alle gegen gewerkschaftliche Neuordnungsvorstellungen entschieden sind, sollen mit dem Aktionsprogramm populäre gewerkschaftliche Nahziele formuliert werden, um aus der defensiven Position herauszukommen. Mitbestimmung, mehr Urlaub und Urlaubsgeld (siehe Solidaritätsmarken), Alter ohne Not, gleiche Arbeit – gleicher Lohn, Lohnfortzahlung im Krankheitsfalle und die 40-Stunden-Woche sind die zentralen Forderungen. Mit dem „Bremer Abkommen" vom Juli 1956 wird für die Metallindustrie eine Reduzierung von 48 auf 45 Stunden die Woche bei vollem Lohnausgleich ab Oktober 1956 vereinbart.

Otto Brenner

Im „Sodener Abkommen" über die Arbeitszeitregelung in der Metallindustrie erreicht dann die IG Metall ab 1. Januar 1959 eine Arbeitszeit von 44 Stunden pro Woche. Die weitere stufenweise Arbeitszeitverkürzung bis zur 40-Stunden-Woche wird 1960 in Bad Homburg für die Metallindustrie ausgehandelt. Die Regelung sieht vor:

Ab 1. Januar 1962 soll 42,5 Stunden, ab 1. Januar 1964 soll 41,5 Stunden und ab 1. Juli 1965 soll nur noch 40 Stunden in der Metallindustrie gearbeitet werden.

Die Durchsetzung der 40-Stunden-Woche ist Ausdruck des gewerkschaftlichen Kräfteverhältnisses, jedoch gegen eine Unternehmerschaft, die bei steigender Konjunktur mehr Verteilungsspielraum hat. Das sind Zugeständnisse bei konkreten Arbeits- und Lebensbedingungen, nachdem die Zielvorstellungen der Gewerkschaften nach grundlegenden Veränderungen der Gesellschaft verhindert werden konnten. Damit ist dieser Erfolg auch der Versuch, eine Stück soziale Befriedung herzustellen, begünstigt durch die Ideologie vom ständigen wirtschaftlichen Wachstum und gleichzeitig langsameren wirtschaftlichen Entwicklungen in der DDR. Das bildet genauso den politischen sozialen Hintergrund, wie einerseits der „Kalte Krieg" und andererseits gleichzeitig große Massenbewegungen der Gewerkschaften gegen die Rüstungspolitik und Atombewaffnung.

Trotz Reduzierung der Arbeitszeit ergibt sich in den fünfziger und sechziger Jahren, nicht zuletzt durch Rationalisierung, eine erhöhte Produktion. An der durch Rationalisierung gesteigerten Produktion wollen die Gewerkschaften durch eine aktive Tarifpolitik teilhaben. „Wir sind nicht generell gegen die Rationalisierung, doch keiner darf dabei auf der Strecke bleiben", heißt es dazu auf der 1. Mai Kundgebung in Bremen (siehe Bild S. 193). In dieser Zeit sinkt die wöchentliche Arbeitszeit um circa ein Prozent im Jahr, doch muß gleichzeitig eine Zunahme der Mehrarbeit festgestellt werden. 1960 werden zwei und 1970 schon vier Wochenstunden mehr gearbeitet, wobei Männer ein höheres Maß an Überstunden leisten als Frauen. Entgegen dem lautstark erhobenen Geschrei von den Privilegien des öffentlichen Dienstes werden dort Arbeitszeitverkürzungen, gemessen an der Industrie, erst immer mit jahrelangen Verzögerungen wirksam. Erst 1975 wird die 40-Stunden-Woche im öffentlichen Dienst wirksam.

In den siebziger Jahren gelingt es den Gewerkschaften, mehr Jahresurlaub durchzusetzen, wobei die durchschnittliche wöchentliche Arbeitszeit sich nur noch unwesentlich verkürzt.

1977 beschließt der Gewerkschaftstag der IG Metall in Düsseldorf die 35-Stunden-Woche, um die Arbeitsplätze zu sichern und die Arbeit humaner zu gestalten. Immer mehr zeigt sich, daß durch die Weiterentwicklung der Technik und der Arbeitsorganisation die Ergiebigkeit der Arbeit steigt. Für die Arbeitnehmer bedeutet dies zunehmende Angst um den Arbeitsplatz, Angst vor dem Arbeitsplatz, gesteigertes Arbeitstempo. Demgegenüber bedeutet Arbeitszeitverkürzung die Möglichkeit, die Arbeit gleichmäßiger zu verteilen und einen Beitrag zu leisten, das Arbeitnehmer besser und menschenwürdiger arbeiten können. In der Stahlindustrie werden die Probleme in der zweiten Hälfte der siebziger Jahre besonders akut. Deshalb fordert die IG Metall für die Eisen- und Stahlindustrie 1978 die Verkürzung der wöchentlichen Arbeitszeit auf 35 Stunden mit vollem Lohnausgleich. Die Arbeitgeber verschließen sich dieser Forderung und zwingen die IG Metall zu einem Arbeitskampf. Die Antwort auf diesen Streik heißt: Aussperrung. Der Kampf endet mit einem Tarifvertrag, der Lohnerhöhung und mehr Urlaub für alle bringt sowie eine Verkürzung der Wochenarbeitszeit für Schichtarbeiter und für ältere Arbeitnehmer.

Otto Brenner zum Aktionsprogramm des DGB

Dokument 89
Protokoll 4. Ordentlicher DGB-Bundeskongreß Hamburg, 1. bis 6. Oktober 1956, Referat: Aktionsprogramm des DGB, S. 346 ff.

Otto Brenner,
Frankfurt a. M.,
Vorsitzender der IG Metall:

Meine sehr verehrten Anwesenden, meine lieben Kolleginnen und Kollegen! Als vor zwei Jahren der DGB-Kongreß in Frankfurt a. M. sich mit den Anträgen auf Schaffung eines Aktionsprogrammes beschäftigte, gab es zunächst viele Skeptiker. Es wurde unter anderem darauf hingewiesen, daß die Beschlüsse des DGB-Kongresses von München 1949 noch nicht verwirklicht seien, und schon komme man wieder mit einem neuen Programm. In dem wirtschaftspolitischen Referat war sogar die Meinung vertreten worden, ein Aktionsprogramm müsse auch die Probleme der Vergesellschaftung, der Steuerpolitik, Fragen der Landwirtschaftspolitik und die gewerkschaftliche Anschauung über die europäische Integration enthalten. Von anderer Seite wurde verlangt, es müsse eine Art „Regierungsprogramm" sein.

Ich möchte mich zunächst mit diesen wenigen Worten begnügen, um in die Erinnerung zu rufen, welche Unklarheiten, Mißverständnisse und Zweifel über Sinn und Bedeutung, über die Zweckmäßigkeit oder gar Notwendigkeit eines Aktionsprogramms in unseren eigenen Reihen bestanden. Das war zum Teil auch gar nicht anders möglich, denn auch die eifrigsten Befürworter eines Aktionsprogramms haben sich damals selbst erst Schritt für Schritt an den Kern des Problems heranarbeiten müssen, und jene Stimmen, von denen ich sprach, haben mit ihren skeptischen Bemerkungen auf ihre Weise ebenfalls zur Klärung der Probleme beigetragen.

Wenn eine neue Konzeption erarbeitet wird – und darum handelt es sich bei dem Aktionsprogramm –, ist das in einer demokratischen Organisation überhaupt nicht anders möglich als durch freie Diskussion.

Was war nun das Kernstück des Programms? Worum ging es eigentlich?

Nach 1945 haben wir alle die Hoffnung, ja die Überzeugung gehabt, daß es möglich sein werde, eine völlige Neuordnung von Staat, Wirtschaft und Gesellschaft herbeizuführen. Die Erfahrungen der Weimarer Republik und ihr Zusammenbruch in der großen Wirtschaftskrise, die Errichtung der Hitlerdiktatur mit ihren Schrecken, der Krieg mit seinen ungeheuerlichen Folgen, all das dürften wir nicht vergessen, und eine Wiederholung müsse verhindert werden. Diese Überzeugung war da-

DGB-Veranstaltung für die Verwirklichung des Aktionsprogrammes mals weit über den Rahmen der Gewerkschaften hinaus verbreitet. Uns schwebte vor: eine Vergesellschaftung der Schlüsselindustrien, der Banken und der Versicherungen, eine demokratisch kontrollierte Planwirtschaft und eine betriebliche und überbetriebliche Mitbestimmung in allen Zweigen der Wirtschaft und der Verwaltung. Auf dem Münchener DGB-Kongreß im Jahre 1949 wurden diese Vorstellungen in dem Grundsatzreferat unseres Kollegen Hans Böckler und in den Beschlüssen des Kongresses niedergelegt. Selbst damals, 1949, hatten wir noch die Erwartung, daß es sich keineswegs nur um Fernziele handele. Noch war die Bundesrepublik – ein Jahr nach der Währungsreform – im Werden, noch befand sich alles scheinbar im Fluß, noch hatte sich die Restauration in Staat und Wirtschaft nicht endgültig durchgesetzt. Noch hatten wir diese Hoffnung in München, obwohl bereits die Wahlen zum ersten Bundestag eine Bundestagsmehrheit und eine Regierung hervorbrachten, die man beim besten Willen nicht als Anhänger von Sozialisierung oder Planwirtschaft bezeichnen konnte. Es gelang uns aber doch noch, jener Bundesregierung und jenem Bundestag die Mitbestimmung bei Kohle und Stahl abzuringen. Allerdings erst unter dem Druck einer Streikabstimmung. Hans Böckler gab in jenen Wochen seine letzte Kraft für das große Ziel. Jener Erfolg war aber auch der letzte große Erfolg der Gewerkschaften in der Nachkriegszeit. Und was kam danach? Es zeigte sich immer mehr, daß sich die restaurativen Kräfte in unserer Bundesrepublik durchsetzten. Diese restaurative Entwicklung fand ihren Ausdruck in unserem Mißerfolg im Kampf um ein fortschrittliches Betriebs- und Personalvertretungsgesetz, in den Bundestagswahlen 1953, in dem Versuch, die Einheit der Gewerkschaften zu untergraben, in der Diffamierung der Gewerkschaften und ihrer Funktionäre, denen man Machtlüsternheit unterschob, und nicht zuletzt in der Wiedererrichtung der alten Konzerne und in einem immer maßloseren und frecheren Auftreten ehemaliger Nazis und Kriegsverbrecher. Das war etwa die Situation Ende 1953 bis Anfang 1954, als so manche von uns – teils aus Gefühl, teils aber auch aus der Erkenntnis – sich die Fragen vorlegten: Was kann man jetzt tun? Wie können wir diese Lage überwinden?

Aus den unzähligen Diskussionen in Mitglieder- und Funktionärkreisen um diese Fragen kristallisierten sich allmählich klare Erkenntnisse heraus: Die eine war, das Kräfteverhältnis zwischen Kapital und Arbeit habe sich so verändert, daß es eine Utopie sei, zu glauben, man könne in nächster Zukunft unsere Münchener Grundsatzforderungen auf Neuordnung der Wirtschaft durchsetzen.

Die andere Erkenntnis war, daß das Kräfteverhältnis im Parlament so gelagert sei, daß man von der gegenwärtigen Bundestagsmehrheit keine Unterstützung wesentlicher gewerkschaftlicher Anliegen erwarten könne.

Diese Erkenntnisse von den Schwierigkeiten, unsere Grundsatzforderungen durchzusetzen, machten uns klar, daß es notwendig war, neue Mittel und Wege zu suchen und uns nur auf solche Nahziele zu beschränken und zu konzentrieren, die durch eigene und gemeinsame Kraft der Gewerkschaften erreichbar waren. Das war der Sinn des Aktionsprogramms.

Unsere Münchener Grundsatzforderungen waren weder überlebt noch sollten sie vergessen oder auf Eis gelegt werden. Worauf es ankam, war eben, nicht nur auf jene Grundsatzforderungen zu starren, die zu verwirklichen 1954 keine Kraft der deutschen Gewerkschaftsbewegung ausgereicht hätte, sondern aus der Defensive, aus der Erstarrung herauszukommen, die restaurativen Bestrebungen zu stoppen, den Arbeitnehmern und der Gewerkschaftsbewegung ein neues Kraftgefühl zu geben.

Es kam darauf an, gerade durch konkrete Nahziele, die den Wünschen und Hoffnungen aller Gewerkschaftsmitglieder, gleichgültig, ob christlich oder sozialistisch, entsprachen, unsere Einheitsgewerkschaften so zu festigen und zu stärken, daß alle Spaltungsversuche zum Scheitern verurteilt wurden. Es kam darauf an, die öffentliche Meinung, deren Bedeutung wir nicht unterschätzen dürfen, soweit als möglich für unsere wirtschaftlichen, sozialen und kulturellen Anliegen zu gewinnen.

Und nicht zuletzt kam es darauf an, Forderungen herauszustellen, um Arbeiter, Angestellte und Beamte, Männer und Frauen, alt und jung in Stadt und Land in gleicher Weise anzusprechen, und die geeignet waren, trotz aller natürlichen Sonderinteressen das einigende Band zu kräftigen und das Solidaritätsgefühl zu stärken.

Das Kernstück dieses Programms sollten solche Forderungen sein, die das brennende Interesse aller Arbeitnehmer wie auch ihrer Familien und damit das Interesse der großen Mehrheit unseres Volkes ausdrücken. Diese Forderungen mußten so sein, daß sie unabhängig von den gegenwärtigen politisch-parlamentarischen Verhältnissen auch mit gewerkschaftlichen Mitteln realisierbar sind. Sie sollten so populär formuliert werden, daß jeder wissen und erkennen konnte, daß es bei den Forderungen dieses Aktionsprogramms um das Wohl und Wehe, um die Zukunft, um Kultur, um menschliche Würde, um Glück und Freiheit von Millionen Schaffenden und Notleidenden geht.

Das waren die Ideen, die dem Aktionsprogramm zugrunde lagen.

Und nun, meine Kolleginnen und Kollegen! Wer von uns hat noch vor zwei Jahren in Frankfurt zu hoffen gewagt, daß es uns in so kurzer Zeit gelingen könnte, auch nur eine Forderung des Aktionsprogramms in die Tat umzusetzen? Wer von uns hätte geglaubt, daß es uns gelingen würde, die breite Öffentlichkeit so für uns zu gewinnen, wie das seit der Verkündung des Aktionsprogramms am 1. Mai 1955 der Fall war? Denken wir in diesem Zusammenhang nur an die Forderun-

Willst Du 'ne kürzere Arbeitszeit, dann sei auch zum Demonstrieren bereit!

Aus: Zeitung „Metall", Jg. 1956

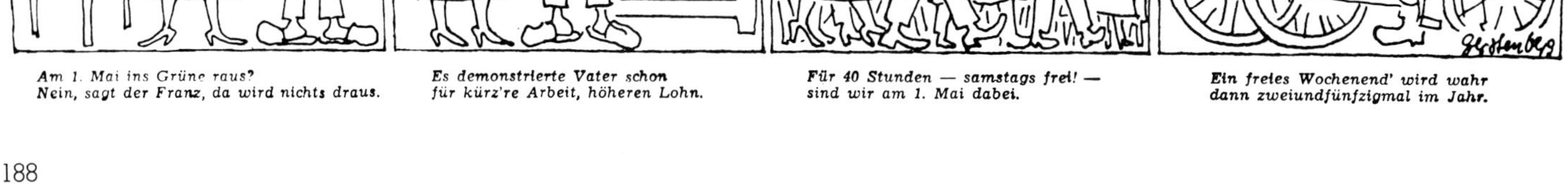

Am 1. Mai ins Grüne raus? Nein, sagt der Franz, da wird nichts draus.

Es demonstrierte Vater schon für kürz're Arbeit, höheren Lohn.

Für 40 Stunden — samstags frei! — sind wir am 1. Mai dabei.

Ein freies Wochenend' wird wahr dann zweiundfünfzigmal im Jahr.

gen des Aktionsprogramms nach der 5-Tage-Woche, der 40-Stunden-Woche mit vollem Lohn- und Gehaltsausgleich! Sie ist heute gar nicht mehr wegzudenken aus unserem Bewußtsein und aus dem Bewußtsein der großen Mehrheit unseres Volkes. (Beifall.)

(. . .)

Nicht unwichtig ist in diesem Zusammenhang die Tatsache, daß sich die Zweifler an der Notwendigkeit wie an der praktischen Durchführbarkeit der Arbeitszeitverkürzung aus der Schicht mit dem höchsten Einkommen rekrutierten. Der größte Widerstand gegen die Arbeitszeitverkürzung kommt also aus den besitzenden und privilegierten Schichten. Es ist also gar nicht in erster Linie die sachliche Einschätzung als vielmehr das ökonomische und gesellschaftliche Interesse gewisser Kreise, das diese Ablehnung diktiert. Um so erfreulicher ist der Umstand, daß nicht nur die Arbeitnehmer im Betrieb, sondern die gesamte arbeitende Bevölkerung hinter der Arbeitszeitverkürzung stehen.

Die Forderung nach Arbeitszeitverkürzung ist also mit voller Absicht an die Spitze des Aktionsprogramms gestellt worden. Obwohl Prof. Preller gestern hier in seinem vorzüglichen Referat schon einige dieser Fragen angesprochen hat, muß ich doch noch einmal zu diesen Dingen etwas sagen. Die Zahlen aus der Kranken-, Unfall- und Rentenstatistik bringen alarmierende Tatsachen zum Ausdruck. Von 1951 bis 1955 stieg der Anteil der arbeitsunfähigen Mitglieder der sozialen Krankenversicherungen um 14,7 Prozent. Bei den gewerblichen Berufsgenossenschaften erhöhte sich die Zahl der gemeldeten Unfälle je 1000 Versicherte in der gleichen Zeit um 15,4 Prozent. Noch erschreckender sind die Ergebnisse der Rentenstatistik. Bei der Invalidenversicherung entfielen 1953 73,8 Prozent neubewilligte Renten auf Frühinvaliditätsfälle. In der Angestelltenversicherung waren 63,1 Prozent der neuen Rentenempfänger nicht an die Altersgrenze herangekommen. Das Durchschnittsalter der wegen Berufsunfähigkeit Invalidisierten betrug in der Invaliden- und Angestelltenversicherung zusammen 54,3 Jahre. Diese Zahlen kann man nicht bagatellisieren. Sie machen deutlich, daß die gewerkschaftliche Forderung nach Arbeitszeitverkürzung nicht als Wunsch nach einem bequemen Leben bezeichnet werden kann, wie es böse Zungen immer noch versuchen. Es geht uns vielmehr um die Verringerung der schweren Belastung des arbeitenden Menschen in der modernen Industriegesellschaft und die Beendigung des Raubbaues an der Arbeitskraft.

Wir können mit Genugtuung feststellen, daß seit der Verkündung des Aktionsprogramms zur Verwirklichung der 40-Stunden-Woche wesentliche Erfolge erzielt werden konnten. Es gibt heute kaum noch eine Stimme in der Bundesrepublik, die unsere gewerkschaftliche Forderung nach Arbeitszeitverkürzung grundsätzlich und offen ablehnt. Auch die öffentliche Meinung steht der Arbeitszeitverkürzung positiv gegenüber und – was wohl das Wichtigste ist – in einer Reihe von Industrie- und Wirtschaftszweigen ist es uns bereits gelungen, zu tariflichen Abschlüssen über kürzere Arbeitszeit zu kommen.

Im Bergbau ist jetzt eine Arbeitszeitverkürzung tarifvertraglich vereinbart worden. Aber abgesehen davon wird im Steinkohlenbergbau schon seit 1953 wöchentlich nur 45 Stunden gearbeitet. Weiter sind – um nur einige zu nennen – Tarifverträge abgeschlossen für das graphische Gewerbe mit der neuen Normalarbeitszeit von 45 Stunden, das private Versicherungswesen mit 45 Stunden, die Privatbanken mit 46 Stunden, die Zigarettenindustrie mit 42,5 Stunden sogar, die Margarineindustrie mit 46 Stunden und die Mühlenindustrie mit 44 Stunden, die chemische Industrie und die metallverarbeitende Industrie mit 45 Stunden. Insgesamt betrug die Zahl der Arbeitnehmer mit tariflich gesicherten Arbeitszeiten unter 48 Stunden bis zur Stunde in der Bundesrepublik mehr als vier Millionen. Wir können also mit Recht feststellen, daß es unseren gemeinsamen Anstrengungen gelungen ist, entscheidende Schritte auf dem Wege der 40-Stunden-Woche mit vollem Lohn- und Gehaltsausgleich getan zu haben. Die Arbeitszeitverkürzung wird nicht nur – was unser Hauptanliegen ist – die ungeheure körperliche und moralische Belastung des arbeitenden Menschen verringern, sondern ungleich stärker noch als der 8-Stunden-Tag wird die 5tägige 40-Stunden-Woche die Lebensbedingungen der Arbeitnehmer verändern. Die Erkenntnis von der Notwendigkeit des solidarischen Zusammenstehens aller Arbeitnehmer wird neue Wurzeln schlagen. Der freie Samstag wird aber auch größere Möglichkeiten zur geistigen und körperlichen Entspannung bringen. Er wird Zeit schaffen für kulturelle, sportliche und politische Betätigung und nicht zuletzt zur Festigung des Familienlebens beitragen. Unsere Losung zum diesjährigen 1. Mai „Samstags gehört Vati mir!" hatte darum ihre tiefere Bedeutung.

Zwar zerbrechen sich viele den Kopf darüber, was wohl die Arbeitnehmer mit ihrer Freizeit anfangen. Am liebsten möchten gerade diejenigen, die sonst gegen jede Planung sind, dem Arbeitnehmer vorschreiben, was er in seiner Freizeit zu tun und zu lassen hat. Und es wird heute oft – und meist von interessierter

Solidaritätsmarken für den Kampf um das Aktionsprogramm

Seite – bezweifelt, daß die arbeitenden Menschen ihre Freizeit vernünftig anbringen.

MIT DIESEM PLAKAT ERÖFFNET DIE JUGEND DER IG METALL IHREN WERBEMONAT

Abgesehen davon, daß man bei der Diskussion der Freizeitgestaltung oft von einer Minderheit auf die Gesamtheit schließt und falsche Verallgemeinerungen macht, hat die von mir erwähnte Umfrage auch zu diesem Problem Ermittlungen angestellt und hat festgestellt, daß zwei Drittel diese Zweifel nicht haben. Deutlicher als das kann man wohl der Öffentlichkeit nicht klarmachen, wie hier die Beurteilungen liegen. Nur diejenigen, die ohnehin gegen mehr Freizeit sind und deren Interesse im Widerspruch zur Arbeitszeitverkürzung steht, äußern Zweifel. Im übrigen ist dieser Zweifel sehr alt. Ein bekannter französischer Soziologe schrieb dazu bereits: „Denken wir daran, was geschehen ist, seitdem die Beschränkung des Arbeitstages auf acht Stunden eingeführt wurde. Man hat sich gefragt: Was wird der Arbeiter mit seiner Freizeit anfangen? Man fragte sich, ob das Leben des Arbeiters nicht mit künstlichen und willkürlichen Beschäftigungen ausgefüllt wird, oder ob er nicht Wünsche entwickle, deren Befriedigung eine unnütze Verschwendung an Zeit und Aktivität bedeute! Es sollte zur Vorsicht mahnen, daß solche Bedenken jedesmal auftauchen, wenn die Arbeiter dabei waren, ihre Situation zu verbessern." (Zurufe: Sehr richtig.)

Auch in der Bismarckschen Zeit kam man uns schon mit dem Argument, bei Verkürzung der Arbeitszeit würden die Arbeiter in Kaschemmen und Spelunken verkommen. Die Arbeiterbewegung und die Gewerkschaftsbewegung ist allein durch ihren Kampf um die Verkürzung der Arbeitszeit zur größten kulturfördernden Kraft geworden. (Beifall.) Sie wußte und weiß um die kulturelle Bedeutung der Freizeit. Die erkämpfte Freizeit hat der Arbeitnehmerschaft ein erhöhtes Bildungsniveau erbracht. Erst sie hat ermöglicht, daß die Arbeitnehmer aus eigener Kraft sich die in unserer Gesellschaft und Wirtschaft notwendigen Kenntnisse erwerben. Volkshochschulen, Gewerkschaftsschulen, Arbeiterakademien haben sie befähigt, die gesellschaftlichen Probleme zu erkennen und schließlich sogar selbst mit zu gestalten. (Beifall.) Soll die Arbeitnehmerschaft die ihrer Größe und Bedeutung entsprechende Rolle und den ihr zustehenden Einfluß ausüben, so bedürfen die Arbeitnehmer noch mehr Kenntnisse und mehr Freizeit, um sie auch erwerben zu können. Die Ausgestaltung der Freizeit soll man darum getrost uns selbst überlassen. Arbeiter, Angestellte und Beamte brauchen keine „Freizeitgestaltung" unseligen Angedenkens! (Beifall.)

Frühjahrsmoden 1956 Aus: Zeitung „Metall"

In früheren Epochen der Geschichte war Freizeit und Muße das soziale Privileg einer schmalen Schicht. Der heutige Widerstand gegen die Arbeitszeitverkürzung ist unter anderem auch ein Ausdruck dieses Privilegs. In einer demokratischen Gesellschaft, wie wir sie uns vorstellen, können Privilegien auf die Dauer jedoch nicht aufrechterhalten werden.

Indem die Gewerkschaften das Privileg von Freizeit und Muße schrittweise beseitigen, kämpfen sie zugleich für die materiellen Voraussetzungen der Demokratie, der politischen und kulturellen Selbstbestimmung der arbeitenden Bevölkerung.

Liebe Kolleginnen und Kollegen!

Nun zu jenen Argumenten, die in der Arbeitszeitverkürzung eine schwere Belastung für die Wirtschaft sehen. Wir wissen selbst, daß der Übergang von der 48- zur 40-Stunden-Woche nicht allgemein von heute auf morgen leicht möglich ist. Die bisherigen Abschlüsse und die gestellten Forderungen zeigen mit aller Deutlichkeit, daß wir auch bereit sind, eine stufenweise und den besonderen Bedingungen jedes Wirtschafts- und Industriezweiges angepaßte Arbeitszeitverkürzung zu akzeptieren.

Dabei stellen wir fest, daß die bisherige Arbeitszeitverkürzung auf wirtschaftlichem Gebiete keine negativen, sondern positive Auswirkungen hatte. Sie hat dazu beigetragen, mit der Arbeitskraft sparsamer umzugehen, neue technische Verfahren einzuführen und insgesamt die Produktivität und Leistungsfähigkeit der Wirtschaft wesentlich zu erhöhen.

Die gleichen Argumente, die heute der 40-Stunden-Woche entgegengesetzt werden, wurden um die Jahrhundertwende bereits gegen den 8-Stunden-Tag ausgesprochen. Sie haben sich durch die Entwicklung selbst als falsch erwiesen. Genauso wie beim 8-Stunden-Tag wird eine rückschauende Betrachtung einst ergeben, daß mit der 40-Stunden-Woche eine neue Etappe der wirtschaftlichen Entwicklung eingeleitet wurde, die vermehrten Wohlstand unter menschenwürdigeren Bedingungen mit sich brachte.

Die Erfolge, die wir erringen konnten, sind uns nicht in den Schoß gefallen. Es ist kein Geheimnis, daß die Bundesvereinigung der Deutschen Ar-

beitgeberverbände – und in deutlicher Übereinstimmung mit ihr auch das Bundeswirtschaftsministerium – zwar öffentlich die Berechtigung der gewerkschaftlichen Forderungen anerkannte, aber in der Praxis der Arbeitszeitverkürzung sehr entschiedenen Widerstand entgegensetzte.

Noch in aller Erinnerung ist das sogenannte 10-Punkte-Programm der Bundesvereinigung der Deutschen Arbeitgeberverbände, in dem Lohn- und Gehaltserhöhungen und Arbeitszeitverkürzungen nur von einer weiteren Steigerung der Produktivität abhängig gemacht wurden. Man hielt uns anscheinend für einfältig genug, auf diese Weise anzuerkennen, daß die gegenwärtige Verteilung des Sozialprodukts gerecht sei.

Die Annahme dieses 10-Punkte-Programms hätte die gegenwärtige ungerechte Einkommensverteilung in der Bundesrepublik verewigt, das Ausmaß der Arbeitszeitverkürzung nach den ungünstigsten Wirtschaftszweigen ausgerichtet und die Hebung des Lebensstandards der arbeitenden Menschen zu einer schematischen Angelegenheit zweifelhafter Statistiken und des Rechenschiebers gemacht.
(...)

Mit der Arbeitszeitverkürzung steht im engsten Zusammenhang die Forderung unseres Aktionsprogramms nach Hebung des Lebensstandards durch Erhöhung der Löhne und Gehälter für Arbeiter, Angestellte und Beamte. Seit langem verfolgen wir mit großer Sorge die Einkommensentwicklung in der Bundesrepublik. Bereits die Geldreform brachte die Unternehmer als Sachwertbesitzer in eine wesentlich günstigere Ausgangsposition als die Arbeitnehmer. Die dann folgenden wirtschaftspolitischen Maßnahmen der Bundesregierung waren nur geeignet, diese Situation noch zu verschärfen. Über hohe Preise, über eine ganze Reihe von Vergünstigungen der Einkommens- und Gewinnbesteuerung flossen den Unternehmern riesige Gewinne zu. Aber die Löhne und Gehälter blieben zurück. Von 1949 bis 1955 ging der Anteil der Nettolöhne und -gehälter am Sozialprodukt von 42,4 Prozent auf 40,6 Prozent zurück, obwohl die Zahl der Arbeitnehmer sich um mehr als 30 Prozent erhöhte. Während es in diesen Jahren gelang, das durchschnittliche Geldeinkommen je Arbeitnehmer um 54,5 Prozent zu steigern, erhöhte sich das Nettoeinkommen je Unternehmer um 93,1 Prozent. Es stieg also fast um das Doppelte. Die Unternehmergewinne waren so hoch, daß aus ihnen der größte Teil der Investitionen finanziert werden konnte. Die sogenannten nicht entnommenen Gewinne betrugen in den Jahren 1949–1955 insgesamt 70,1 Milliarden DM. Noch im Jahre 1955 wurden 80 Prozent aller industriellen Investitionen über die Preise finanziert. In der gleichen Zeit ging der Anteil des privaten Verbrauchs am Sozialprodukt der Bundesrepublik von 69 auf 56 Prozent zurück. Über die hohen Gewinne und verschiedenen steuerlichen Bestimmungen waren die Unternehmer in der Lage, sogenannte freiwillige Sozialleistungen in den Betrieben zu gewähren. Uns kommt es darauf an, daß diese betrieblichen sozialen Leistungen tarifvertraglich gesichert werden und damit ein Rechtsanspruch für die Arbeitnehmer gegeben ist. (Beifall.) Auch das ist eine Forderung des Aktionsprogramms. Es ist ein Irrtum, zu glauben, daß diese sozialen Leistungen ein Gechenk der Arbeitgeber darstellen. Ohne das Vorhandensein der Gewerkschaften und ohne die gewerkschaftlichen Vertrauensleute und Betriebsräte würden die meisten Unternehmer sich wohl kaum jemals mit der sogenannten „sozialen Betriebsgestaltung" beschäftigt haben. (Beifall.)
Wir wollen keineswegs den Arbeitnehmern in den Betrieben, in denen bessere soziale Leistungen gegeben werden, diese wieder nehmen. Im Gegenteil! Wir wollen jedoch, daß sie als das angesehen und behandelt werden, was sie sind: ein Teil des schwer verdienten, dem Arbeitnehmer zustehenden Lohnes und Gehaltes. (Beifall.)
Die aktive Lohn- und Gehaltspolitik, die im Aktionsprogramm gefordert wird, kann mit dazu beitragen, das Schicksal jener großen Zahl von Arbeitnehmerfamilien zu verbessern, die noch heute am Rande des Existenzminimums zu leben gezwungen sind. Sie kann den verhältnismäßigen Rückgang des privaten Verbrauchs in der Bundesrepublik aufhalten und dadurch mit eine Voraussetzung für die Stabilisierung und gradlinige Aufwärtsentwicklung der Wirtschaft schaffen. Sie kann die sozialen Spannungen und politischen Gefahren mildern, die aus der ungerechten Vermögensverteilung entstehen.
Wir können nicht anerkennen, daß der gegenwärtige Anteil der Arbeitnehmer an Löhnen und Gehältern an den Erträgen der Produktion richtig und groß genug ist. Die Frage nach dem gerechten Lohn wurde schon oft und von vielen aus verschiedenen Betrachtungspunkten gestellt. Aber nahezu immer wurden die entscheidenden Gesichtspunkte außer acht gelassen. Hätten sich die Gewerkschaften zu irgendeinem Zeitpunkt auf die Zusagen des Bundeswirtschaftsministers verlassen, wo wären wir da heute hingekommen? (Beifall.) Die Lebenshaltung wäre gesunken! Keine seiner Zusagen ist bis heute eingetroffen. Mit einer erstaunlichen Zähigkeit zieht er landauf und landab und macht jeden, nur nicht sich selbst für die Preisentwicklung in der Bundesrepublik verantwortlich. (Beifall.)

Die Gewerkschaften haben sich durch diesen Feldzug des Bundeswirtschaftsministers nicht beeinflussen lassen und immer wieder Lohn- und Gehaltserhöhungen gefordert.

In unserer Zeit wird zwar sehr viel von dem Zusammenwirken des Kapitals, der unternehmerischen Initiative und der Arbeit des Arbeitnehmers zur Herstellung von Produkten ge-

Wahlkampfanzeige der CDU in „Quick" 1965

Das Überstunden-Ungeheuer, 1955

1. Mai-Demonstrationen in Bremen 1956 – 1970

Fotos:
Karl Ed. Schmidt

Samstags gehört Vati mir
1. MAI
DEUTSCHER GEWERKSCHAFTSBUND

Freie Zeit — Deine Zeit
Eine große Jugendrevue
Horst Braun
Cornelia Froboess
Gerhard Froboess
3 King Kols
Bühneninterviews mit Prominenten
Brigitte Mira
Harald Nielsen
Joachim Rödel
Giselle Vesco
Berlin All Stars
Mundharmonika-Trio Essen
Jugendchor Dortmund
Hawaians Berlin
IGM
Musikalische Leitung:
Ernst Kallipke
Jugendwerbemonat der I G METALL

sprochen. Es nutzt uns herzlich wenig, daß die Leistungen der Arbeitnehmer ideell anerkannt werden. Auch die materielle Anerkennung der abhängigen Arbeit ist notwendig! Mit der aktiven Lohnpolitik wollen wir die Ausgangspunkte für die Verteilung des Sozialprodukts verändern. Das muß stetig und unablässig geschehen. Es ist selbstverständlich, daß die Veränderung der Ausgangspunkte eine Veränderung im Denken derjenigen notwendig macht, mit denen wir es auf der Arbeitgeberseite zu tun haben. Allerdings haben wir nach den Erfahrungen wenig Hoffnung, daß die deutschen Unternehmer ganz von selbst bereit sein werden, ihren „Herr-im-Hause-Standpunkt" aufzugeben. (Beifall.)

Aber: So positiv wir auch die Möglichkeiten einer aktiven gewerkschaftlichen Lohn- und Gehaltspolitik einschätzen, so deutlich müssen wir aber auch aussprechen, daß sie allein nicht in der Lage ist, die Grundzüge des herrschenden Wirtschaftssystems zu ändern. Die kapitalistische Marktwirtschaft beruht auf dem Prinzip des Privateigentums an den Produktionsmitteln. Dieses Prinzip schließt zwingend ein, daß der Unternehmer allein über Umfang und Zielrichtung der Produktion und der Investitionen, über den Preis seiner Produkte, über die Anwendung oder Nichtanwendung technischer Neuerungen, über seine Absatzpolitik usw. entscheidet.

In einem Wirtschaftssystem, das so weitgehend von den alleinigen Entscheidungen der Unternehmer abhängt wie das der Bundesrepublik, leben wir ständig am Rande der Krise. Die Jahre des Aufschwunges nach der Geldreform, die gegenwärtige Vollbeschäftigung, dürfen und können uns nicht in Sicherheit wiegen. Wie oft haben die Menschen in Zeiten der Konjunktur geglaubt, nun seien die Wirtschaftskrisen endlich überwunden. Aber immer wieder standen sie vor Tatsachen wie Arbeitsrückgang und Massenarbeitslosigkeit. Kein verantwortungsbewußter Wirtschaftswissenschaftler kann heute mit Sicherheit sagen, wie unsere wirtschaftliche Situation im nächsten Jahr sein wird. Wenige Tage noch vor dem „schwarzen Freitag" an der New Yorker Börse, der die Wirtschaftskrise der dreißiger Jahre einleitete, hat der berühmte amerikanische Nationalökonom Fisher alle Befürchtungen zurückgewiesen und von einer „langen Periode weiteren Aufstiegs" gesprochen. Aber der Silberstreifen am Horizont verschwand sehr schnell.

Unsicherheit ist ein charakteristisches Kennzeichen der kapitalistischen Marktwirtschaft. Unter dem Einfluß des neoliberalen Dogmas hat es die Bundesregierung in der Vergangenheit versäumt, sich die von der modernen Wirtschaftswissenschaft entwickelten Einrichtungen zur Steuerung der Wirtschafts- und Konjunkturpolitik zu schaffen. Selbst die Ratschläge des wissenschaftlichen Beirats beim Bundeswirtschaftsministerium wurden nicht beachtet, und nicht einmal innerhalb des Kabinetts bestehen in wirtschaftlichen Fragen klare Vorstellungen. Die schwachen Ansätze zur Koordinierung der Konjunkturpolitik sind inzwischen wieder versandet. Bekannt ist die jüngste Auseinandersetzung zwischen den Ministern Erhard und Lübke, die mit einem Sieg der preissteigernden Agrarschutzpolitik geendet hat.

Aus: „Gewerkschafter", IG Metall

Eine Verkürzung der Arbeitszeit – was man davon hält und damit anfangen will

Dokument 90
Gewerkschafter 1/1957, S. 21/22.

Nachdem das Bremer Abkommen die erste Bresche geschlagen hatte, konnten in rascher Folge von der IG Metall und anderen DGB-Gewerkschaften weitere Erfolge in der Arbeitszeitverkürzung erzielt werden. Bereits heute gilt die 45-Stunden-Woche für Millionen Männer und Frauen als Norm. Die Ansicht der Öffentlichkeit zu allen damit zusammenhängenden Fragen spiegelt eine im Auftrag der IG Metall von der DIVO Markt- und Meinungsforschung GmbH im August 1956 vorgenommene Volksbefragung wider.

Wenn sie auch heute noch da und dort als ein zweifelhafter Jux angesehen wird, der mit Horoskopstellen und Handliniendeuten gleichgestellt wird, so hat die Methode der Meinungsforschung, der Repräsentativ-Erhebung, doch längst ihre Berechtigung und echten Möglichkeiten bewiesen. Wissenschaftliche Überlegungen und die Erfahrung haben bewiesen, daß man durchaus nicht jeden einzelnen fragen muß, um die Meinung der Allgemeinheit festzustellen. So kann man ein ziemlich genaues Spiegelbild der Meinung der 50 Millionen Bundesbürger erhalten, wenn man etwa 2000 einzelne befragt. Zutreffende

METALL

ZEITUNG DER IG METALL FÜR DIE BUNDESREPUBLIK DEUTSCHLAND

Jahrgang VIII / Nr. 12 | Frankfurt a. M., den 20. Juni 1956 | Auflage 1,6 Millionen

Das Tor ist aufgestoßen

Arbeitszeitverkürzung mit vollem Lohn- und Gehaltsausgleich für 2 Millionen Männer und Frauen in der Metallindustrie!

Ab 1. Oktober 1956 wird die wöchentliche Arbeitszeit in der Metallindustrie der Bundesrepublik auf 45 Stunden verkürzt werden. Die Freizeit von 2 Millionen Männern und Frauen wird verlängert.

Für die 45stündige Arbeitswoche werden dieselben Löhne und Gehälter gezahlt wie bisher für 48 Stunden. Überstundenzuschläge werden von der 46. Stunde an geleistet. Darüber hinaus werden die Löhne und Gehälter noch erhöht.

Das ist das erste bedeutsame Ergebnis des gewerkschaftlichen Kampfes um die so dringend notwendige Verkürzung der Arbeitszeit.

Im Jahre 1918 gelang es der Gewerkschaftsbewegung in Deutschland den 8-Stunden-Tag zu verwirklichen. Jahrzehntelang mußte gekämpft und schwere Opfer mußten gebracht werden, ehe es gelang, die Arbeitszeit von 12, 14, ja 16 Stunden täglich, auf 8 Stunden zu verringern und so den Arbeitern, Angestellten und Beamten ein menschenwürdiges Leben zu ermöglichen.

Seit fast 40 Jahren ist die 48stündige Arbeitswoche die Norm. Nunmehr ist es den intensiven und konzentrierten Anstrengungen der IG Metall gelungen, die Arbeitszeit weiter zu verkürzen und damit das Tor zur 40-Stunden-Woche weit aufzustoßen.

Mit Stolz verzeichnet die IG Metall diesen bedeutsamen Fortschritt, der die gesamte Arbeitnehmerschaft ermutigen wird, den Kampf um Arbeitszeitverkürzung aufzunehmen.

Der Vorstand der IG Metall dankt allen Funktionären und Mitgliedern unserer Gewerkschaft, die durch ihre unermüdlichen Anstrengungen diese große soziale Errungenschaft ermöglicht haben.

Vielseitiger und starker Widerstand war zu überwinden. Noch bis zur letzten Stunde wurden zahlreiche Versuche gemacht, die Arbeitnehmerschaft um die Früchte ihres Kampfes zu prellen. Die enorme Steigerung des Arbeitstempos, die erschreckend hohe Zahl der Berufsunfälle, die fortschreitende Rationalisierung und in besonderem Maße die zunehmende Automatisierung der Produktion, verlangen gebieterisch den Kampf für die weitere Verkürzung der Arbeitszeit, wenn die Volksgesundheit nicht gefährdet und Massenarbeitslosigkeit als Folge des technischen Fortschritts verhindert werden soll. Mehr freie Zeit ist aber ebenso notwendig, wenn das Leben des arbeitenden Menschen besser und glücklicher werden soll. Dieses zu verwirklichen, ist das Ziel der IG Metall. Sie ruft dazu alle in der Metallindustrie und im Metallhandwerk beschäftigten Frauen und Männer auf.

Der erste Schritt ist getan. Jetzt gilt es, das Erreichte schnellstens auf alle von diesem Abkommen noch nicht betroffenen Betriebe auszudehnen und darüber hinaus die Vorbereitungen zu treffen, um das Ziel: die 40-Stunden-Woche, Wirklichkeit werden zu lassen.

Ein neuer Tariferfolg:

Mehr Urlaub. Mehr Urlaubsgeld.

Mehr Urlaub
In der Metallindustrie beträgt der Urlaub für Arbeitnehmer im Alter von

19 - 25 Jahren 20 Arbeitstage
25 - 30 Jahren 23 Arbeitstage
über 30 Jahre 26 Arbeitstage
(1 Woche = 5 Arbeitstage)

Mehr Urlaubsgeld
In der Metallindustrie wurde das zusätzliche Urlaubsgeld von 30 auf 50 Prozent erhöht.

Es entspricht etwa einem halben Monatseinkommen.

IG Metall.

Gertrude Degenhardt: Kommt an den Tisch unter Pflaumenbäumen. Farbige Tuschzeichnung 1978, 50 x 35 cm.
Aus: Kommt an den Tisch unter Pflaumenbäumen. Alle Lieder von Franz Josef Degenhardt. Mit Zeichnungen von Gertrude Degenhardt. Frankfurt/Main, Wien, Olten, Büchergilde Gutenberg.

Ergebnisse kann eine solche Repräsentativ-Befragung natürlich nur dann erbringen, wenn die Zusammensetzung des befragten Personenkreises der der westdeutschen Bevölkerung entspricht, und zwar hinsichtlich Alter, Geschlecht, Beruf und Einkommen, Schulbildung, Konfession und vieler anderer Punkte. Ohne Einzelheiten des Verfahrens weiter zu erörtern, soll als erwiesen angesehen werden, daß dieses Mittel der Volksbefragung eine wissenschaftliche Methode ist, sonst verborgen liegende Wahrheiten ans Licht zu bringen.

Sofort erhebt sich die Frage, ob nicht auch den Gewerkschaften hier ein Mittel in die Hand gegeben ist, mit dessen Hilfe wertvolle Aufschlüsse zu gewinnen wären – ja, ob nicht für sie geradezu eine Verpflichtung besteht, sich solcher fortschrittlicher Methoden zu bedienen.

Der Vorstand der IG Metall hat sich diese Frage gestellt und sie bejaht. Eins der in Westdeutschland bestehenden Meinungsforschungsinstitute wurde mit einer Erhebung über die öffentliche Meinung zur

1.-Mai-Plakat der IG Metall

Frage der Arbeitszeitverkürzung beauftragt. In einem 70 Seiten starken Heft sind die Ergebnisse zusammengefaßt. Einige erhärten längst Vermutetes und bestätigen vielfältige Erfahrungen, andere dagegen sind überraschend und weisen auf neue Wege, die unsere Organisation, vor allem in ihrer Werbung, wird einschlagen müssen. Nur einige wenige Punkte dieses überreichlichen

Die Verkürzung der tariflichen Wochenarbeitszeit von 48 auf 40 Stunden in verschiedenen Wirtschaftszweigen der Bundesrepublik Deutschland*

Wirtschaftszweig	45 Stunden	40 Stunden	Jahre	Stufen
Chemische Industrie	1957	1969	12	5
Metallverarb. Industrie	1956	1967	11	5
Druckindustrie	1956	1965	9	6
Textilindustrie	1957	1970	13	6/7
Baugewerbe	1957	1969	12	6
Nahrungs- und Genußmittelindustrie	1957/58	1970/80	13/23	6/10

* Die Angaben beziehen sich auf die in den verschiedenen Tarifgebieten häufigsten Vereinbarungen.

Materials können hier behandelt werden. Zu bemerken ist, daß die Umfrage vor Inkrafttreten des Bremer Abkommens durchgeführt wurde, also bevor die, durch die IG Metall erreichte, Arbeitszeitverkürzung erfolgt war.

Das wichtigste Ergebnis: Drei Viertel der Bevölkerung Westdeutschlands (läßt man die Meinungslosen außer Betracht) halten die Verkürzung der Arbeitszeit für notwendig – und für möglich. Daß hier nicht der Wunsch der Vater des Gedankens ist, geht u. a. aus der Tatsache hervor, daß sich sogar 37 Prozent der Selbständigen dieser Meinung anschließen. Die Begründungen, die für diese Ansicht gegeben wurden, lassen sich in zwei Gruppen einteilen: Die erstere hält wegen des durch gesteigertes Tempo erhöhten Verschleißes der Arbeitskraft die Verkürzung der Arbeitszeit für notwendig, während die zweite das Bedürfnis nach mehr Freizeit betont. In jedem Fall aber begegnen uns hier die gleichen Argumente, die von den Gewerkschaften zur Begründung ihrer Forderung vorgebracht wurden. Also ein Erfolg der gewerkschaftlichen Propaganda? Nein, eher ein Beweis dafür, daß die Forderung „kürzere Arbeitszeit" bzw. „mehr Freizeit" nicht von einer kleinen Funktionärsclique inspiriert wurde, sondern das allgemeine und nachdrückliche Verlangen weitester Kreise der Bevölkerung darstellt. Daß aber diese erste Forderung des Aktionsprogrammes so ungewöhnlich stark unterstützt wird, liegt zum andern gewiß auch darin begründet, daß das Thema „Arbeitszeitverkürzung" seit Jahren im Vordergund der gewerkschaftlichen Ziele stand und bei den Mai-Demonstrationen, in Versammlungen und in der Gewerkschaftspresse entsprechend hervorgehoben und begründet wurde. Diese Konzentration auf ein einziges klar umrissenes Nahziel hat zur Folge gehabt, daß sich auch Tagespresse und Rundfunk des Themas annahmen und ihrerseits dazu beitrugen, die Diskussion in der Öffentlichkeit in Gang zu halten.

In diesem Fall ist es den Gewerkschaften nicht nur gelungen, die Aufmerksamkeit der Öffentlichkeit auf das Problem selbst hinzulenken, sie werden auch als die Träger der auf seine Lösung gerichteten Aktivität angesehen. Auf die Frage, wer vor allem sich für die Verkürzung der Arbeitszeit einsetze, wußten zwar noch immer 32 Prozent der Befragten keine Antwort. Der Rest dagegen nannte mit 85 Prozent den DGB, die Gewerkschaften oder bestimmte Verbände des DGB. Wie in den meisten im Laufe der Untersuchung gestellten Fragen zeigen sich auch hier das Landvolk und die Gruppe Berufslose: Hausfrauen, Rentner, Schüler auffallend schlecht unterrichtet. Während im Durchschnitt der Gesamtbevölkerung 58 Prozent „Ja, die Gewerkschaften" und 33 Prozent „Nein, ich weiß nicht" sagten, sind die entsprechenden Zahlen beim Landvolk 41 und 49 Prozent, bei den Berufslosen ist das Verhältnis nur wenig günstiger. Überdurchschnittlich informiert zeigten sich die Geschäftsleute (65 Prozent), die Beamten und Angestellten (67 Prozent) und die Verheirateten (72 Prozent). Das Verlangen „Kürzere Arbeitszeit – mehr Freizeit" ist demnach bei Verheirateten – deren größeres Interesse an der Tätigkeit der Gewerkschaften sich auch in andern Fragen herausgestellt hat – stärker als bei den Ledigen: ein Beweis mehr, daß zusätzlich gewonnene Freizeit in erster Linie dem Familienleben, nicht der Vergnügungsindustrie zugute kommt.

Bedeutsam in mehr als einer Hinsicht ist die Tatsache, daß von den befragten Gewerkschaftsmitgliedern volle 88 Prozent die richtige und nur 6 Prozent keine Antwort zu geben wußten. Gerade an diesem Beispiel erweist sich die Bedeutung der Gewerkschaftspresse ungewöhnlich eindrucksvoll: sie ist schlechthin das Bindeglied zwischen Organisation und Mitglied, vor allem zu dem wenig aktiven.

Dazu ein seltsamer, auf den ersten Blick erschreckender Gegensatz: Man weiß allgemein, daß sich die Gewerkschaften für die Verkürzung der Arbeitszeit einsetzen, die Frage nach dem gewerkschaftlichen Aktionsprogramm dagegen rief überwiegend verneinendes Kopfschütteln hervor. Wohlgemerkt: die Tatsache der Existenz des Programms ist weitgehend unbekannt, von dem Inhalt der einzelnen Forderungen gar nicht zu reden! „Nein, ich habe nicht gehört oder gelesen, daß der DGB ein Aktionsprogramm entwickelt hat!" sagten (im August 1956!) 70 Prozent der westdeutschen Bevölkerung. Die Aufgliederung ergibt, daß die freien und selbständigen Berufe zwar weniger gut informiert sind als die Arbeiter, aber doch um einiges besser als die Beamten und Angestellten – eine je nach Gesichtspunkt amüsante oder beschämende Feststellung! Und das dicke Ende kommt nach: auch 47 Prozent, also fast die Hälfte aller Gewerkschaftsmitglieder, ist die Existenz des Aktionsprogramms unbekannt!

Wie ist das möglich? Das Aktionsprogramm, sollte man meinen, hat doch wahrhaftig lange und gründlich genug in der Diskussion gestanden, sein belebender Einfluß auf die gewerkschaftliche Praxis ist sichtbar und spürbar, seine Forderungen wurden konsequent und energisch ihrer Erfüllung näher gebracht – und trotzdem diese verbreitete Unkenntnis?

War die Publizierung ungenügend? War die Bezeichnung vielleicht falsch gewählt? Ist es überhaupt von Bedeutung, daß die Tatsache der Fixierung bestimmter Ziele unbekannt ist? Ist nicht vielmehr entscheidend, daß die Ziele selbst bekannt sind? In diesem Zusam-

menhang erhebt sich die Frage, ob der DGB werbepsychologisch richtig handelt, wenn er in Inseraten und auf Klebemarken das Wort „Aktionsprogramm" stark hervorhebt?

Aber auch die IG Metall wird sich fragen müssen, ob sie genügend tut, ihre großartigen Erfolge, die sie z. B. mit dem allgemeinen Übergang zur 45-Stunden-Woche errungen hat, publizistisch auszuwerten (d. h. sie alle jenen zur Kenntnis zu bringen, in deren Interesse sie errungen wurden), nicht zuletzt im Hinblick auf die Mitgliederwerbung.

Es würde den Rahmen dieses Artikels, der sich ausschließlich mit den Ergebnissen der angestellten Meinungsumfrage beschäftigen soll, sprengen, wenn hier der Versuch zur Beantwortung der aufgeworfenen Fragen unternommen würde. Aber die Fragen sind uns gestellt und sie verlangen im Interesse einer erfolgreichen Arbeit eingehende Beantwortung.

Mehr Freizeit – mehr Freiheit

Die Untersuchung erweist einen wachsenden Anteil derer, die nicht nur eine kürzere Arbeitszeit wollen, sondern das gleiche Verlangen umgekehrt, d. h. positiv ausdrücken. die bisher oft nur als Arbeitspause, zur Regeneration erschöpfter Kräfte bestimmte Freizeit wird als Selbstzweck mit ganz eigenem Wert angesehen und als natürliches Recht gefordert. Hier verläßt die Frage der Arbeitszeitverkürzung den ökonomischen Raum und greift in Bereiche hinaus, die der angeblich nur auf die Vertretung handfester materieller Interessen gerichteten Tätigkeit der Gewerkschaften scheinbar völlig fernliegen. In dem, vielleicht unklaren, Empfinden, daß unsere Gesellschaftsordnung ihn materiell und geistig hemmt, versucht der Arbeitnehmer sein Menschenbild in der berufs- und arbeitsfreien Sphäre, in der Freizeit zu verwirklichen.

Wirklich? Wissen denn die Arbeitnehmer mit der Freizeit etwas anzufangen? Werden sie vernünftigen Gebrauch auch von vermehrter Freizeit machen? 61 Prozent der Befragten meinten „Ja", 23 Prozent „Nein". Bei den Angehörigen der freien und selbständigen Berufe, den Geschäftsleuten und dem Landvolk halten sich beide Meinungen die Waage; bei denen, die die Arbeitszeitverkürzung nicht für notwendig halten, überwiegen die Neinstimmen mit 50 : 30 Prozent. Interessante Einblicke in die Geisteshaltung der Skeptiker gewährt ein Blick in die Begründungen.

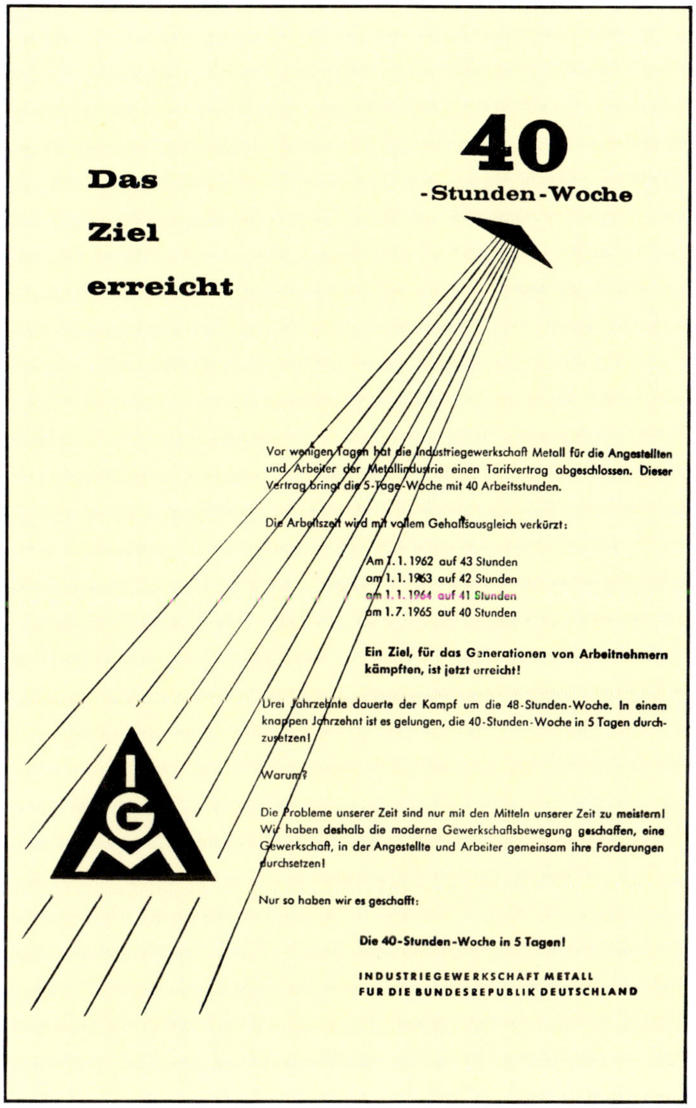

IG Metall-Plakat

„Kommen nur auf dumme Gedanken, wenn sie zuviel Freizeit haben!"

„Liegen in den Wirtschaften herum!"

„Wissen jetzt schon nicht, was sie anfangen sollen!"

„Werden zu einem lockeren Lebenswandel verführt!"

„Ein Arbeiter muß beschäftigt werden!"

Das sind Ressentiments, recht häßliche zum Teil, überwunden gehoffte, aber keine Argumente. Selten hat sich die ganze Verständnislosigkeit gewisser Kreise, aber auch ihr Dünkel und ihr Neid auf den Aufstieg der Arbeiter und Angestellten deutlicher enthüllt.

Dabei ist die Frage, welcher Gebrauch denn von dem gewonnenen Mehr an Freizeit gemacht wird, eine Frage, die nicht nur Arbeiter, Beamte, Angestellte, sondern ganz allgemein den Menschen von heute angeht – durchaus den ernstesten Überlegungen wert. Werden die Menschen, nachdem die Fron im seelenlosen Mechanismus der industriellen Arbeitsteilung ihre Kräfte weitgehend erschöpft hat, noch die Freizeit sinnvoll nutzen? Werden sie noch Individuum genug sein, Muße zu genießen statt Langeweile zu empfinden? Oder brauchen sie organisierte sogenannte „Freizeitgestaltung", Vergnügungsrummel, Unterhaltung oberflächlicher Art?

Die Antworten auf die beiden Fragen: (1) „Womit beschäftigen sie sich am liebsten in ihrer Freizeit?" und (2) „Womit würden sie sich sonst noch beschäftigen, wenn sie mehr Freizeit hätten?", machen alle düsteren Zweckprognosen zunichte.

Die Liste der Interessierten zu Frage (1), nach den Lieblingsbeschäftigungen, wird angeführt von „Handarbeiten, Basteln, Malen, Zeichnen, Fotografieren, Sammeln", von den ausgesprochenen Hobbys also. Dann folgt „Lesen", darauf „Garten- und Hausarbeiten" und „Ausflüge und Reisen".

Bei vermehrter Freizeit (Antworten auf Frage [2]) würde sich eine andere Reihenfolge ergeben: 27 Prozent (gegen heute 3 Prozent) würden kulturelle Veranstaltungen (Theater, Oper, Konzert usw.) besuchen. Ebenfalls 27 Prozent nannten „Ausflüge machen, zu Fuß, mit Rad, Roller, Moped, Motorrad, Auto; Reisen". Dann kommen mit je 23 Prozent „Lesen„ und (gegen heute 4 Prozent!) „Musizieren, Chorgesang, Schallplatten, Radio, Fernsehen", dicht gefolgt von „Garten- und Hausarbeiten". „Geselligkeit, Besuch, Tanz", und die erwähnten „Hobbys" wurden von je 17 Prozent genannt.

„Sport jeder Art und Besuch von Sportveranstaltungen" rangiert ziemlich am Schluß der Tabelle.

Kann angesichts dieser Vorstellungen von Freizeitnutzung der diesbezügliche Pessimismus noch als gerechtfertigt angesehen werden? Selbst wenn man einräumt, daß der tatsächliche Gebrauch von vermehrter Freizeit von den hier geäußerten Wünschen in der einen oder anderen Richtung abweichen wird, eins ist mit Sicherheit der Untersuchung zu entnehmen: das starke Verlangen, teilzuhaben an den kulturellen Gütern, Geselligkeit zu pflegen, die private Sphäre zu erhalten (oder sich eine solche zu schaffen!), mit einem Wort: Mensch, freier Mensch zu sein.

H. S.

MEHR
LOHN
MEHR
KAUFKRAFT
MEHR
ARBEITSPLÄTZE
IG METALL
ULM
Wir wollen
unsere
Kaufkraf
erhalten!
Kontoauszug
Bitte beachten Sie die
Hinweise auf der Rückseite
DM
Pf
Alter Kontostand
vom 05.05.83 **********18294-
Umsatz
Postscheckkonto-Nr.
1825 72-466
Buchung
Art
1,30- GB
KONTOGEBUEHR 05/83
UE/LT ANLAGE
UE/LT ANLAGE
UE/LT ANLAGE
GEBUEHREN,KOSTEN,ZINSEN USW
14000-
1046-
1000-
130-
A: Der Lebensstandard bei uns liegt doch sehr hoch.
B: Ja, das stimmt. Viele erreichen ihn nicht.
(Michael Hillen)
**********34470-
Neuer Kontostand
03.06.83
Buchungstag
KTO UEBERZOGEN,BITTE AUFFUELLEN

Immer wieder konnten die Gewerkschaften Löh-e und Gehälter erhöhen. So leben die Arbeiter, ngestellten und Beamten in der Bundesrepublik eute besser als vor 20 oder vor 10 Jahren.

Trotzdem muß auch heute im Arbeitnehmer-aushalt mit jeder Mark gerechnet werden. Des-alb darf die Arbeitszeitverkürzung nicht zu Lohn-inbußen führen.

Der volle Lohnausgleich ist aber auch nötig, wenn icht die Warenlager überquellen sollen, während unden mit leeren Taschen davorstehen. Wo wegen eldknappheit keine Nachfrage besteht, da läßt ch nichts verkaufen. Höhere Arbeitslosigkeit äre die Folge. Voller Lohnausgleich liegt deshalb uch im Interesse der gesamten Wirtschaft.

40 Stunden sind zuviel – 35 ist unser Ziel

35-Stunden-Woche ein Gebot der Stunde

Dokument 91
Zwölfter ordentlicher Gewerkschaftstag der Industriegewerkschaft Metall für die Bundesrepublik Deutschland in Düsseldorf 1977, Frankfurt 1977, S. 322/3.

Gerhard Krüger,
Lübeck

Kolleginnen und Kollegen!
...Wir haben in der Verwaltungsstelle Lübeck in den Vertrauensleutesitzungen und in der Vertreterversammlung uns sehr intensiv mit dem Antrag auf Arbeitszeitverkürzung auf 35 Stunden befaßt. Nach der nun schon fast zwei Jahre andauernden Diskussion über die Arbeitslosigkeit, über die Rationalisierungsfolgen und über die Arbeitsplatzvernichtung insgesamt kann es nicht angehen, daß immer mehr Vorschläge gemacht werden, diese Vorschläge aber nachher – ich überziehe etwas – wie ein Neckermann-Katalog, immer wieder wie es gerade paßt, zur Hand genommen wird, indem man aufzeigt, was man alles machen könnte.

Wir sind als Gewerkschafter aufgerufen, jetzt echte Daten zu nennen, die auch der einzelne Arbeitnehmer im Betrieb begreifen und an denen er sich festhalten kann. Jeder, der den allgemeinen Trend kennt, muß doch ja sagen zu einer Verkürzung der wöchentlichen Arbeitszeit.

Dies ist eine Frage und eine Aufgabe an uns Gewerkschafter. Die Verkürzung der Lebensarbeitszeit oder die Ausdehnung der Schulpflicht auf ein zehntes Pflichtschuljahr sind Forderungen, die wir zwar indirekt beeinflussen können, aber deren Umsetzung dem Gesetzgeber vorbehalten bleibt.

Wöchentliche Arbeitszeitverkürzung, so wird gesagt, schaffe keine neuen Arbeitsplätze. Wir meinen aber, daß eine Verkürzung der Arbeitszeit eine Verlangsamung der jetzt schon laufenden Arbeitsplatzvernichtung bewirken würde. Auch das Argument, durch die Verkürzung der Arbeitszeit würde die Rationalisierung und der Druck auf die Arbeitsleistung noch stärker werden, dürfte bei genauer Betrachtung der Entwicklung der letzten Jahre wohl nicht standhalten. Denn gerade auf dem Gebiet der Verwaltung, wo durch Einführung neuer Informations- und Arbeitssysteme erst ein Anfang gesetzt wird für eine Automatisierung und Mechanisierung der Arbeitswelt im Verwaltungsbereich, zeigt, daß diese Entwicklung fast mit einer Eigendynamik verläuft.

Das bedeutet aber, daß wir nicht lange zögern sollten, deutlich zu machen, welche Ziele wir als Gewerkschafter sehen und verfolgen.

Deswegen meinen wir, daß die Einführung der 35-Stunden-Woche, erhoben als Forderung der Gewerkschaft, ein richtiger Weg ist. Wenn durch die Einführung neuer Techniken und neuer Steuerungssysteme die Produktion mit weniger Arbeitskräften gesteigert wird, dann ist die Umsetzung der 35-Stunden-Woche ein Gebot der Stunde. Wir werden die technische Entwicklung nicht aufhalten, aber wir müssen daraus unsere Folgerungen ziehen und unsere Forderungen aufstellen, damit das Ergebnis der Entwicklung den arbeitenden Menschen zugute kommt.

(Stefan Siegert)

Ich erinnere an die Aussagen und Untersuchungen über die Technologie in der Schriftenreihe „Automation und technischer Fortschritt" und weise

Stahlarbeiterstreik 1979/Scholz

auf die Ergebnisse der Oberhausener Kongresse in den letzten 15 Jahren hin, wonach die Entwicklung der Arbeitsplätze in der Industrie und die Struktur zu Lasten der Industrie und zugunsten der Dienstleistungsbereiche aufgezeigt worden sind.

Wir befinden uns heute mitten in der damals aufgezeigten Entwicklung. Es ist aber damals auch gesagt worden, daß der technische Fortschritt kein Fluch für den arbeitenden Menschen zu sein braucht, wenn wir die Möglichkeiten rechtzeitig ergreifen und sie umsetzen in kürzere Arbeitszeit, längeren Urlaub und vieles andere mehr. Ich will es mir ersparen, alles aufzuzählen. Es gibt jedoch eine weitere Begründung für die 35-Stunden-Woche. Sie stellt nämlich eine weitere Möglichkeit dar, und zwar nicht nur eine Möglichkeit unter vielen anderen, vielmehr muß sie als eine herausragende Forderung von uns aufgestellt werden. Der Europäische Gewerkschaftsbund hat in seinem Aktionsprogramm bis 1980 die Forderung nach der 35-Stunden-Woche ebenfalls aufgestellt, um den Folgen der Rationalisierung entgegenzutreten. Wir haben in den Berichten des Vorstandes und der Diskussionsteilnehmer die Arbeitsmarktsituation aufgezeigt bekommen, die sich wie ein roter Faden durch die ganze Diskussion zieht.

Wir selber als Betriebsräte oder Vertrauensleute kennen diese Situation aus eigener täglicher Erfahrung. Es besteht die Gefahr, daß wir uns in die Defensive drängen lassen, wodurch die Solidarität, die wir beschwören, in Gefahr gerät, wenn wir nicht die Einführung der 35-Stunden-Woche als eine klare gewerkschaftliche Forderung aufstellen.

Ich kann nicht verstehen, wenn diese 35-Stunden-Woche in die Reihe der vielen Möglichkeiten zwar aufgenommen werden soll, aber nicht als klare Forderung besteht. Es wäre möglich, dann die Frage zu stellen: Will man eventuell zu

Solidaritätsaufkleber Stahlarbeiterstreik 1979/Kuro

der in den 60er Jahren heiß diskutierten und heute vormittag abgelehnten betriebsnahen Tarifpolitik kommen; das heißt, daß in einzelnen Branchen, in einzelnen Betrieben die 35-Stunden-Woche bei Bedarf eingeführt wird, während in anderen Bereichen – weil es zum Beispiel in der Automobil-Industrie im Moment ein bißchen besser geht und im Stuttgarter Raum Arbeitsplätzemangel besteht – weiter die 40-Stunden-Woche bleibt.

Wenn das so gemeint ist und die 35-Stunden-Woche weniger Priorität haben soll als drei Minuten und sechs Minuten Verteilzeit oder Erholzeit, dann müssen wir uns darüber hier einmal auseinandersetzen. Dann müßte hier klar gesagt werden, ob dies ein Mittel der betriebsnahen Tarifpolitik sein soll.

Ich bin der Auffassung, daß die 35-Stunden-Woche als eine zentrale Forderung von uns allen aufgestellt werden sollte, und wir sollten die 35-Stunden-Woche nicht so betrachten, daß wir sagen, eventuell brauchen wir sie morgen. Wir wissen doch selbst, daß die Bewußtseinbildung und die Mobilisierung der Kollegen einer gewissen Zeit bedarf. Wenn wir heute hier ein Zeichen setzen, dann sind wir in der Lage, dies morgen, übermorgen und im nächsten Jahr auch umzusetzen und zu sagen: Es wird Zeit, Kollegen, 35-Stunden-Woche überall!

Wie sollen wir uns sonst mit den Arbeitslosen solidarisch erklären, wenn wir nicht sagen: Das wollen wir, und das ganz klar. (Beifall)

Kolleginnen und Kollegen, ich bitte euch, unserem Antrag 300 und der Empfehlung der Antragsberatungskommission zuzustimmen. (Beifall)

IG Metall Gewerkschaftstag in Düsseldorf, 1977

Frauen für die „35“

Betriebliche aktion

Mohrenkopf-wettessen

Gespenster unterwegs

Fotowettbewerb zur freizeitgestaltung

„35“ für jeden

„Argumentations-säule“

Gute vorsätze für 1984

Den gipfel erklommen . . .

Revue „Die reise zur 35-stunden-woche“

Familienseminar

Wunsch eines hobbygärtners

Radtour „35“ ins grüne

Rollende werbung

Volle fahrt voraus

. . . in die auseinandersetzung um die 35-stunden-woche. Allerorten haben phantasievolle, engagierte aktivitäten die tarifbewegung 1983/84 eingeleitet.

Schöne aussicht

Arbeitsmarktkonferenz

Malwettbewerb für den nachwuchs

Weihnachtswünsche

Grillfete

Die IG Metall fordert

Dokument 92
Entschließung 12, Tarifpolitik, zwölfter ordentlicher Gewerkschaftstag der Industriegewerkschaft Metall für die Bundesrepublik Deutschland Düsseldorf 1977, Frankfurt 1977, S. 220 ff.

(bild-werk)

Die nach langer Diskussion angenommene Entschließung:

Der 12. ordentliche Gewerkschaftstag der IG Metall stellt fest, daß trotz ständig zunehmender Verschärfung der tarifpolitischen Auseinandersetzungen infolge der veränderten wirtschaftlichen Situation erhebliche Verbesserungen

(Rose)

zugunsten der Arbeitnehmer durch die Tarifpolitik erreicht werden konnten.

Nach wie vor sieht die IG Metall in einer uneingeschränkten Tarifautonomie die unabdingbare Voraussetzung für eine erfolgreiche Tarifpolitik. Sie lehnt daher alle Versuche, sie durch Orientierungsdaten, Lohnleitlinien oder durch eine Koppelung von Löhnen und Gehältern ausschließlich an den Produktivitätszuwachs zu binden, ab und hält eine entsprechende Zweckbeeinflussung der öffentlichen Meinung durch politische Stellen mit der Tarifautonomie für nicht vereinbar.

„Die Reihenfolge der Forderungen begründet keine Priorität. Die Entscheidungsgremien der Organisation werden zum jeweiligen Zeitpunkt die Forderungen im einzelnen festlegen."

Das Streikrecht darf nicht angetastet werden. Die Aussperrung ist sittenwidrig und widerspricht dem Grundsatz der Kampfparität (Zwangsschlichtung in jeder Form wird abgelehnt).

Allen Versuchen der Arbeitgeber und ihrer Verbände, die gegenwärtige wirtschaftliche Situation zum Nachteil der Arbeitnehmer auszunutzen, ist mit einer weiterhin aktiven Tarifpolitik zu begegnen, sie richtet sich auf die Wahrung und Verbesserung der Lebens- und Arbeitsbedingungen der Arbeitnehmer insbesondere hinsichtlich Einkommen, Arbeitsbedingungen und Bestand der Arbeitsplätze!

Deshalb fordert die IG Metall:

a) Erhöhung der Löhne, Gehälter- und Ausbildungsvergütungen;

b) die Tarifverträge so zu gestalten, daß die Erhöhung der Löhne, Gehälter und Ausbildungsvergütungen in verschiedenen Formen und Kombinationen gefordert und durchgeführt werden kann;

c) die Vereinbarung eines Monatsentgeltes für Arbeiter, entsprechend den Gehaltsbestimmungen für Angestellte;

d) ein garantiertes Jahresarbeitsentgelt, das aus einer festen Grundvergütung und veränderten zusätzlichen Anteilen besteht, wie:
Qualifikationsanteil,
leistungsbezogener Anteil,
sonstige Anteile (tarifliche Zulagen und Zuschläge),
sonstige tarifliche Leistungen (z. B. Sonderzahlung, vermögenswirksame Leistung, zusätzliches Urlaubsgeld);

e) Tarifverträge mit gleichlautenden Arbeits- und Entgeltbedingungen für alle Arbeitnehmer (für Arbeiter und Angestellte);

(hewig)

f) neue Tarifbestimmungen der Entgeltdifferenzierung für alle Arbeitnehmer (Arbeiter und Angestellte);

„g) Vereinbarungen über Arbeitszeitverkürzungen je nach Situation und nachstehender Zielvorstellungen durch Veränderung der Lebens-, Jahres-, Wochen-, Tages-, Schicht- und Stundenarbeitszeit mit vollem Lohnausgleich bei gleichzeitig definierten Arbeitsbedingungen";

h) 6 Wochen Mindesturlaub für alle Arbeitnehmer;

i) Verbesserung der allgemeinen Urlaubsbestimmungen und Erhöhung des zusätzlichen Urlaubsgeldes;

„j) Einführung der 35-Stunden-Woche";

k) 6 Minuten Mindesterholungszeit pro Stunde für Arbeitnehmer, 12 Minuten Mindesterholungszeit pro Stunde für alle Arbeitnehmer, die in Nachtschicht arbeiten;

l) mindestens 3 Minuten persönliche Zeit pro Stunde für al-

le Arbeitnehmer, mindestens 6 Minuten pro Stunde persönliche Zeit für alle Arbeitnehmer, die in Nachtschicht arbeiten;

m) die Vereinbarung zumutbarer Bedingungen bei Nacht- und Schichtarbeit;

n) tarifvertragliche Regelungen zur Erhaltung des sozialen Status der Arbeitnehmer bei technischen und organisatorischen Veränderungen;

o) tarifvertragliche Regelungen zur Erhaltung des Qualifikationsniveaus;

p) mindestens ein 13. Monatseinkommen für alle Arbeitnehmer;

r) die Verbesserung und Ausweitung der Tarifverträge über Kündigungschutz und Verdienstsicherung;

s) den vertraglichen Schutz gewerkschaftlicher Vertrauensleute;

t) die menschengerechte Gestaltung der Arbeitsbedingungen hinsichtlich Arbeitszeit, Arbeitsplatz, Arbeitsorganisation, Arbeitsablauf und Arbeitsumgebung durch:

Zum Stahlarbeiterstreik 1979/Wagner

– Festlegung von Mindestarbeitsinhalten mit dem Ziel einer Arbeitserweiterung, Arbeitsbereichung oder eines Arbeitsplatzwechsels, verbunden mit einer entsprechenden Erhöhung des Entgelts;

– Bestimmungen über die menschengerechte Gestaltung von technischen Anlagen und Mitteln, von Arbeitsverfahren und Arbeitsabläufen und von Arbeitsbereichen und Arbeitsplätzen;

– keine Abgeltung von Arbeitserschwernissen und Gesundheitsgefährdungen durch Geld, sondern Abbau der nicht menschengerechten Belastungen;

– für nicht vermeidbare Belastungen ist ein angemessener Ausgleich in Form von bezahlter Freizeit zu vereinbaren, für das Benutzen der vorgeschriebenen Körperschutzeinrichtungen und -mittel sind entsprechende Geldzulagen zu vereinbaren;

u) tarifliche Regelungen über Arbeitssicherheit und Gesundheitsschutz;

v) Bestimmungen in Tarifverträgen zur Verbesserung der beruflichen Bildung.

Die Tarifverhandlungen der IG Metall werden je nach Zweckmäßikeit und Erfordernis regional oder zentral geführt.

Zur Verwirklichung der tarifpolitischen Ziele ist eine ständige Information und Diskussion in der Mitgliedschaft unumgänglich.

(Rose)

35 Stunden sind genug

Seit fast zehn Jahren registrieren die Arbeitsämter in der Bundesrepublik Arbeitslosigkeit in Millionenhöhe, und ein Ende dieser bedrückenden Lage auf dem Arbeitsmarkt ist nicht abzusehen. Im Gegenteil: Alle Prognosen deuten darauf hin, daß die Arbeitslosenzahlen bis zum Ende dieses Jahrzehnts auf vier Millionen und mehr ansteigen werden. Die Gewerkschaften stehen vor der Alternative: Massive Verkürzung der Arbeitszeit oder weiter steigende Massenarbeitslosigkeit. Der Kampf um

das Recht auf Arbeit wird konkret: Es geht um die Durchsetzung der Forderung nach der 35-Stunden-Woche; diese Verkürzung der Wochenarbeitszeit führt zur Sicherung und Schaffung neuer Arbeitsplätze zwischen 1,4 und 1,8 Millionen. Auf diese Weise kann die Massenarbeitslosigkeit spürbar verringert werden.

Die Unternehmer haben bereits sehr frühzeitig ihre totale Ablehnung jeglicher Form der tariflichen Arbeitszeitverkürzung bekundet und nie Zweifel darüber aufkommen lassen, daß sie den gewerkschaftlichen Forderungen härtesten Widerstand entgegensetzen wollen. Denn beim Kampf um die 35-Stunden-Woche geht es um mehr als um kürzere Arbeitszeiten. Sicherung und Schaffung neuer Arbeitsplätze – das bedeutet nicht nur Abbau der Arbeitslosigkeit, sondern verbessert auch die Möglichkeit zu wirksamer gewerkschaftlicher Interessenvertretung insgesamt. Die Arbeitgeber haben deshalb ein Interesse an der Aufrechterhaltung der Arbeitslosigkeit als Druckmittel. Denn Arbeitslosigkeit schafft Angst und Unsicherheit in den Betrieben, drängt die Betriebsräte in die Defensive und schwächt die Gewerkschaften.

Die Gewerkschaften wissen: Sie stehen in einer Auseinandersetzung von großer Tragweite. Wenn sie mit einer Niederlage endet, hat dies nachhaltige politische, ökonomische und soziale Auswirkungen. Auf Jahre hinaus werden Handlungsfähigkeit und Durchsetzungsvermögen der Gewerkschaften und damit auch ihre Verankerung bei den abhängig Beschäftigten erheblich beeinträchtigt. Bei einem Erfolg hingegen gerät das gesellschaftliche Kräfteverhältnis zwischen Gewerkschaften und Unternehmern in Bewegung, können sich die Gewerkschaften aus ihrer Defensivposition befreien.

Die Gewerkschaften befinden sich in einer schwierigen Position: Zum einen sehen sie sich einem propagandistischen Trommelfeuer der Arbeitgeberverbände gegenüber, die in teueren Hochglanzbroschüren und großformatigen Anzeigen – unterstützt von der überwiegenden Mehrheit der Massenmedien – gegen die gewerkschaftliche Forderung zu Felde ziehen. Schwerer wiegen jedoch die wirtschaftlichen und politischen Voraussetzungen:

Zweieinhalb Millionen registrierte Arbeitslose – das sind mehr als jemals zuvor in der Geschichte der Bundesrepublik. Hinzu kommen rund eine Million, die die Hoffnung auf einen Arbeitsplatz längst aufgegeben haben und aus den Statistiken der Arbeitsämter verschwunden sind. Das bedeutet nicht nur für viele materielle Armut, sondern auch soziale Verelendung und seelisches Leid für alle, die von Arbeitslosigkeit betroffen sind. In den Betrieben nimmt die Bereitschaft zum Widerstand gegen Lohnabbau, Arbeitshetze und Stellenabbau immer weiter ab. Die Konkurrenz der Arbeitnehmer untereinander wächst. Es droht die Spaltung der Belegschaften. Die schwächsten Gruppen – darunter die Frauen, Ausländer, Jugendlichen und ältere Arbeitnehmer – werden zuerst ausgesiebt und an

(bild-werk)

den Rand der Gesellschaft gedrängt. Kollektiver Widerstand der Betroffenen, wie z. B. durch die Betriebsbesetzungen auf den Werften, ist die Ausnahme, nicht die Regel.

Michael Hillen:

„

A: Der Lebensstandard bei uns liegt doch sehr hoch. B: Ja, das stimmt. Viele erreichen ihn nicht.

“

Wie sehr Wirtschaftskrise und Massenarbeitslosigkeit fast zwangsläufig auch die Gewerkschaften in die Defensive drängen, zeigen die Tarifabschlüsse der vergangenen Jahre. Seit 1981 ist es nicht mehr gelungen, die Realeinkommen der Beschäftigten zu sichern. Die Kürzung übertariflicher Lohnbestandteile und das Streichen betrieblicher Sozialleistungen ist an der Tagesordnung. Die Unternehmer nutzen die Krise nach Kräften. Die Folge: Die Arbeitnehmereinkommen in der Bundesrepublik liegen unter dem Niveau des Jahres 1978. Die Umverteilung zugunsten der Gewinne ist in vollem Gange. Die Lebenslage breiter Bevölkerungsschichten hat sich empfindlich verschlechtert.

Auf der staatlichen Ebene sieht es nicht anders aus. Rücksichtsloser noch als ihre Vorgängerin zieht die Rechtskoalition ihr Programm zur sogenannten Konsolidierung der Staatsfinanzen durch. Die Krisenlasten werden auf die Arbeitnehmer und die sozial Schwachen in dieser Gesellschaft insgesamt abgewälzt. Die Opfer von wirtschaftlicher Stagnation und steigender Arbeitslosigkeit erleben tagtäglich, wie das Netz der sozialen Sicherung immer mehr durchlöchert wird und die Bewältigung der sozialen Risiken immer stärker dem Einzelnen überlassen bleibt. Diese Reprivatisierung der sozialen Risiken trifft Rentner, Schüler und Studenten, Behinderte, Sozialhilfeempfänger, erwerbstätige Mütter, Ausländer und Arbeitslose. Keine Gruppe, die auf das soziale Sicherungssystem angewiesen ist, bleibt verschont. Die Kehrseite dieser Sozialdemontage ist eine Politik der massiven Gewinnpflege durch Subventionen, verbesserte Abschreibungsmöglichkeiten und Steuererleichterungen für die private Wirtschaft.

Der Abmarsch vom Sozialstaat in den Unternehmerstaat nimmt inzwischen auch auf anderen Gebieten bedrohliche Formen an. Immer unverhüllter geht die Bundesregierung gegen hart erkämpfte Schutzrechte der Arbeitnehmer vor. Dem massiven Druck der Kapitalverbände folgend betreibt sie z. B. die Aushöhlung des Jugend- und Frauenarbeitsschutzes und des Kündigungsschutzes. Sie schreckt auch vor Angriffen auf die Tarifautonomie nicht zurück.

Diese arbeitnehmerfeindliche Politik geht einher mit dem Versuch, die Gewerkschaften durch scheinbare verbale Zugeständnisse zu besänftigen. So auch in der Arbeitszeitfrage. Die zuständigen Minister Blüm und Lambsdorff kommen regelmäßig mit der Beteuerung zu Wort, Arbeitszeitverkürzungen seien sinnvoll und dürften kein Tabu sein. Was oberflächlich so gewerkschaftsfreundlich aussieht, ist tatsächlich nur Wortgeklingel: Die gesetzliche Rahmenregelung für ein

(Scholz)

Text: Sibylle Köppler
Musik: „Bürgerlied"

Metallerlied

Bürgerlied (Neufassung 1978)

1. Ob wir einen Blaumann tragen / oder ob im weißen Kragen, / Arbeitsmäntel, schwere Schuh; / ob wir an Maschinen schwitzen / oder ob am Schreibtisch sitzen: / das tut, das tut nichts dazu.

2. Ob als Werkzeugmacher oder / als Monteure oder Schlosser / müssen schaffen immerzu; / ob Maschinen wir bedienen / oder putzen die Kantine: / das tut, das tut nichts dazu.

3. Daß wir Männer und wir Frauen / stets auf unsre Kraft vertrauen, / was auch jeder von uns tu; / daß die Jungen und die Alten / lieber kämpfen als verwalten: / das tut, das tut was dazu.

4. Oder daß wir kritisch denken, / unsre Rechte nicht verschenken / und den Bossen setzen zu; / daß wir nicht alleine stehen, / sondern stets gemeinsam gehen: / das tut, das tut was dazu.

5. Wenn wir streiken vor den Toren, / geben wir uns nicht verloren, / was auch immer stößt uns zu; / wenn die Bosse uns aussperren, / werden wir uns weiter wehren: / das tut, das tut was dazu.

6. Drum Kollegin, drum Kollege, / sei auch du auf unsrem Wege, / denn kein Boss schenkt uns 'ne Mark; / täglich werden wir geschunden, / kämpft für 35 Stunden: / nur gemeinsam sind wir stark!

Text: Sibylle Stamm, Musik: „Bürgerlied"

vorzeitiges Ausscheiden aus dem Arbeitsleben (Tarifrente) zielt, so der Bundesarbeitsminister, direkt gegen die Forderung nach Wochenarbeitszeitverkürzung. Das gleiche gilt für die Unterstützung flexibler Arbeitszeitregelungen. Und an der wahren Haltung der Bundesregierung zur 35-Stunden-Woche bei vollem Lohnausgleich hat Kanzler Kohl keinen Zweifel gelassen: „Dumm und absurd", so der Kanzler, sei der Glaube, daß man mehr erreiche, „wenn man weniger leisten und arbeiten" wolle. Die Realisierung der Forderung müsse verhindert werden.

Wirtschaftliche Stagnation, steigende Arbeitslosigkeit und politischer Rechtsruck sind keine günstigen Vorzeichen für die Auseinandersetzung um die 35-Stunden-Woche. Für die Gewerkschaften gibt es aber zur Durchsetzung der 35-Stunden-Woche letztlich keine Alternative. Wenn eine folgenschwere Schwächung der Arbeiter- und Gewerkschaftsbewegung abgewendet werden soll, dann hilft kein Warten auf bessere Zeiten. Sicherung und Schaffung von Arbeitsplätzen und die Verbesserung der Arbeits- und Lebensbedingungen – diese Ziele können die Gewerkschaften zur Zeit durch nichts wirkungsvoller erreichen als durch die Verkürzung der Wochenarbeitszeit bei vollem Lohnausgleich.

Artur Troppmann

LOHNSTREIFEN

Wir müssen mit uns rechnen denn wir sind die Mehrzahl

Statt neuer Arbeitsplätze ständig Überstunden

Dokument 93
Metall 19/1982

Walzwerk Ewald Wiebel KG in Hagen erzwingt Mehrarbeit.

Nach der Jagd auf Kranke wird nun zum Halali auf diejenigen geblasen, die aus guten Gründen Überstunden ablehnen. Kollegen im Walzwerk der Hagener Ewald Giebel KG werden von der Firmenleitung in Briefen unter Druck gesetzt, weil sie nicht bereit sind, mehr als eine Überstunde täglich zu machen.

„Einen Skandal“ nennen IG Metall und Betriebsrat die Unverschämtheit der Giebel-Geschäftsleitung. Der Aufforderung, „Ihre Einstellung bezüglich notwendiger Überstunden einmal zu überprüfen“, folgt in den Unternehmerbriefen der unmißverständliche Hinweis: „. . . wobei wir es Ihnen natürlich anheimstellen, sich einen Ihren Vorstellungen entsprechenden Arbeitsplatz bei einem anderen Unternehmen zu suchen“. Die Drohung sitzt, und die Unruhe bei den betroffenen Kollegen wächst.

Unter Tabu-Druck

Immerhin ist eine Überstunde täglich bei der Giebel KG an der Tagesordnung, in manchen Abteilungen sogar wesentlich mehr, und regelmäßige Samstag-Schichten. Der Betriebsrat mußte schon mal die Gewerbeaufsicht einschalten, weil die Giebel-Bosse wie Diktatoren zwölf Stunden Arbeit pro Tag von manchen ihrer 460 Beschäftigten verlangten.

Nicht nur, daß die Unternehmer durch die ständige Überstundenanordnung Raubbau mit der Gesundheit der abhängig Beschäftigten betreiben. Sie vernichten die Arbeitsplätze sogar da, wo sie aufgrund der vorhandenen Arbeit existieren, empört sich IG-Metall-Sekretär Willi Jahn über diese wirtschaftspolitische Verantwortungslosigkeit. Betriebsratsvorsitzender Jürgen Bläsing hat ausgerechnet, daß 15 zusätzliche Arbeitsplätze eingerichtet werden müßten, würden die Überstunden wegfallen.

Bruni Franke

Arbeit für alle

(Vollmer)

Seit dem Beginn der Wirtschaftkrise 1974/75 gehört die Massenarbeitslosigkeit in Millionenhöhe zum Alltagsbild der Bundesrepublik. Entlassungen, Stillegungen, Konkurse sind an der Tagesordnung. Trotz eines konjunkturellen Aufschwungs in den Jahren von 1977 bis 1980 stieg die Arbeitslosigkeit auf eine Höhe an, die das Ausmaß des Beschäftigungsmangels in den unmittelbaren Nachkriegsjahren noch weit übersteigt. Im Jahresdurchschnitt 1983 registierten die Arbeitsämter in der Bundesrepublik 2,35 Millionen Arbeitslose. Zusätzlich zu berücksichtigen ist noch, daß rund sechshunderttausend Arbeitnehmer kurzarbeiten müssen, und daß es schätzungsweise eine Million Arbeitslose gibt, die der sogenannten „stillen Reserve" angehören und nicht bei den Arbeitsämtern offiziell als Arbeitslose gemeldet sind und in der Statistik nicht mitgezählt werden. Zugleich sank in den letzten Jahren das Angebot an offenen Stellen. 1983 standen durchschnittlich 37 registrierte Arbeitslose einer offenen Stelle gegenüber. Schon allein diese Entwicklung der letzten Jahre zeigt auf, daß es aus beschäftigungspolitischen Gesichtspunkten unumgänglich ist, die Arbeitszeit massiv zu kürzen. Um die unerträglich hohe Zahl der Arbeitslosen abzubauen, muß die Arbeitszeit verringert werden, so daß mehr Menschen Beschäftigung erhalten. Wochenarbeitszeitverkürzung in Form der 35-Stunden-Woche ist ein wichtiger Beitrag zu dem Ziel, allen Arbeitnehmern den Arbeitsplatz zu sichern oder zu schaffen. Sie ist die solidarische Alternative zu der brutalen Art von „Arbeitszeitverkürzung", wie sie die kapitalistische Krise hervorbringt: Arbeitslosigkeit, das bedeutet für die Betroffenen unfreiwillige „Arbeitszeitverkürzung", sie sind zum Nichtstun verdammt, während der andere Teil der Arbeitnehmer bis zur Erschöpfung arbeiten muß.

Bei dem gegenwärtigen Stand der Massenarbeitslosigkeit wird es nicht bleiben. Alle Arbeitsmarktprognosen weisen darauf hin, daß schon in den nächsten Jahren die Arbeitslosigkeit weiter anwachsen und noch dramatischere Ausmaße annehmen wird: So rechnet etwa das Institut für Arbeitsmarkt- und Berufsforschung damit, daß bis Ende der achtziger Jahre die Zahl der Arbeitssuchenden auf vier Millionen Personen ansteigt. Dies gilt für den Fall einer noch günstigen wirtschaftlichen Entwicklung, bei der im jährlichen Durchschnitt das Sozialprodukt um zwei Prozent wächst. Wird dieses hochgesteckte Wachstumziel nicht erreicht, so überschreitet die Arbeitslosenzahl bereits in kürzerer Frist die 4-Millionen-Grenze. Für diese drohende Entwicklung sind zwei Ursachen ausschlaggebend: Auf der einen Seite wird die Zahl der Arbeitssuchenden weiter wachsen, während auf der anderen Seite die Zahl der Arbeitsplätze weiter sinken wird.

Eine wachsende Zahl von Arbeitssuchenden . . .

Bis 1990 wird die Zahl der Arbeitnehmer, die einen Arbeitsplatz suchen, stark zunehmen. Dann, so die Experten, wird das Potential an Arbeitskräften um 900 000 bis 1,3 Millionen Personen größer sein als heute. Frühestens um die Jahrtausendwende wird der gegenwärtige Stand wieder erreicht und in den Jahren danach unterschritten. Auf absehbare Zeit werden jedes Jahr mehr Personen auf den Arbeitsmarkt eintreten, als ältere Arbeitnehmer in den Ruhestand gehen und den Arbeitsmarkt verlassen. Dafür ist vor allem der Zugang der Jugendlichen verantwortlich. Die Jungen und Mädchen der stark besetzten Geburtsjahrgänge der sechziger Jahre beenden ihre Schulpflicht und suchen einen Ausbildungsplatz und später ein Beschäftigungsverhältnis.

Lehrstellenmangel und Jugendarbeitslosigkeit zeigen, wie das kapitalistische Wirtschaftssystem und die Berufsbildungspolitik auf diese Situation reagieren. Einer ganzen Generation von Jugendlichen werden Berufs- und Lebensperspektiven vorenthalten, weil die Unternehmer nicht bereit sind, Ausbildungs- und Arbeitsplätze in ausreichender Zahl bereitzustellen. Zugleich hat sich die Bundesregierung, und zwar sowohl die sozial-liberale wie auch nach 1982 die konservativ-rechtsliberale, geweigert, durch Ausbildungspflicht und Ausbildungsabgabe die Betriebe zur Bereitstellung von Ausbildungsplätzen zu veranlassen, obwohl immer mehr Jugendliche ohne eine Ausbildungsstelle bleiben. 1983 waren es über 50 000, und für die nächsten Jahre droht ein weiterer Anstieg. Aber auch die Zahl ausländischer Arbeitnehmer wird zunehmen, und zwar auch dann, wenn keine Zuwanderung erfolgt. Denn die in der Bundesrepublik geborenen Kinder ausländischer Eltern wachsen heran und werden ebenfalls Ausbildungs- und Arbeitsplätze suchen. Die ausländischen Jugendlichen haben dabei die geringsten Chancen; ihre Arbeitslosigkeit ist besonders hoch.

(Rose)

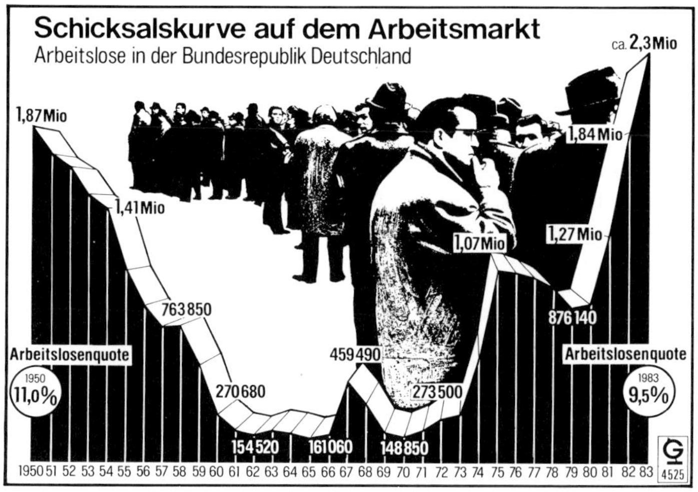

. . . trotz einer verstärkten Ausgliederung älterer Arbeitnehmer

Die Zahl der Arbeitssuchenden wäre noch größer, wenn nicht in den letzten Jahren so viele ältere Arbeitnehmer vorzeitig in den Ruhestand getreten wären. Tatsächlich liegt die Altersgrenze nicht mehr bei 65 oder 63 Jahren, sondern weit niedriger: Bei den Arbeitern lag 1982 das durchschnittliche Rentenalter bei 57,9 Jahren, bei den Angestellten bei 60,5 Jahren. Aus den Betrieben und Verwaltungen sind demnach ältere Arbeitnehmer schon weitgehend ausgeschieden, so u. a. durch die 59er Regelung (Rente mit 60 Jahren nach einem Jahr Arbeitslosigkeit), durch Frühinvalidität, durch vorzeitige Pensionierungen in Folge von Sozialplänen.

In der Stahlindustrie werden durch Sozialpläne bereits alle über 55jährigen in den Ruhestand „entlassen". Diese Ausgliederung älterer Arbeitnehmer ist für die betriebliche Personalpolitik zu einem bevorzugten Instrument des Beschäftigungsabbaus geworden. Sozialpolitisch problematisch ist dabei die Tatsache, daß das Ausscheiden nicht immer freiwillig erfolgt. Gerade unter dem Druck der Arbeitsmarktlage werden auch diejenigen älteren Arbeitnehmer aus den Betrieben gedrängt, die eigentlich noch berufstätig sein wollen. Aus der Freiwilligkeit wird hier rasch ein „stummer Zwang".

Da durch die betriebliche Ausgliederungspraxis die Altersgrenze bereits sehr stark herabgedrückt worden ist, kann durch eine Lebensarbeitszeitverkürzung auf 60

(Vollmer)

oder 58 Jahre arbeitsmarktpolitisch nicht viel erreicht werden. Bei einer Herabsetzung der Altersgrenze auf 60 Jahre wären noch gerade 400 000 Personen betroffen, bei einer Herabsetzung auf 58 Jahre rund 930 000 Personen. Diese Zahlen gelten für die gesamte Wirtschaft, in den einzelnen Branchen liegen sie entsprechend niedriger. In der Metallindustrie beispielsweise sieht es so aus: Die Herabsetzung der Lebensarbeitszeit auf 60 Jahre würde in der Metallverarbeitung etwa 60 000 Personen betreffen und in der Stahlindustrie ca. 2 000 Personen, dies sind, bezogen auf die gesamte Metallindustrie, nur 1,5 Prozent der Beschäftigten. Wenn man unterstellt, daß etwa 75 Prozent der Betroffenen von der Regelung Gebrauch machen, würden in der Metallindustrie 46 500 Arbeitsplätze frei.

Arbeitsplatzvernichtung durch forcierte Rationalisierung

Obwohl die Zahl der Arbeitssuchenden in den nächsten Jahren ständig wachsen wird, ist nicht damit zu rechnen, daß auch neue Arbeitsplätze angeboten werden. Ganz im Gegenteil: Arbeitsplätze werden zunehmend abgebaut. Allen beruhigenden Erklärungen über den Aufschwung und die Wende zum Trotz wird die Lücke zwischen Angebot und Nachfrage nach Arbeitsplätzen immer größer. Die Arbeitsplatzvernichtung, wie sie schon seit 1970 das Bild in fast allen Bereichen der Wirtschaft geprägt hat, wird fortschreiten. Verantwortlich dafür ist die Entwicklung der Arbeitsproduktivität.

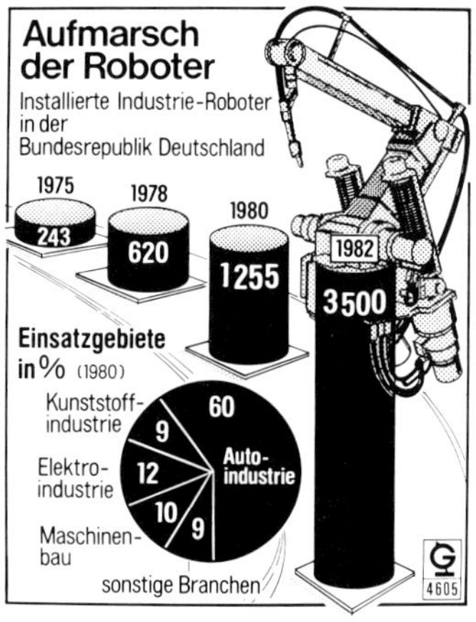

Denn die Zuwachsrate der Arbeitsproduktivität gibt Auskunft über die technische und arbeitsorganisatorische Rationalisierung und über die Leistungsintensivierung. Erhöhung der Arbeitsproduktivität durch Rationalisierung, das bedeutet, daß eine gleich hohe Produktion von Gütern oder Dienstleistungen mit immer weniger Beschäftigten bewerkstelligt werden kann. Arbeitsplätze werden dadurch vernichtet; Maschinen ersetzen die menschliche Arbeitskraft.

Alle Erfahrungen und Erkenntnisse sprechen dafür, daß sich in nächster Zeit die Produktivitätsentwicklung durch vielfältige Rationalisierungsmaßnahmen beschleunigen wird. Vor allem die auf der Mikroelektronik beruhenden neuen Technologien sind anwendungsreif entwickelt. Ihr Einsatz steht allerdings noch in den Anfängen. Bislang ist nur die „Spitze eines Eisberges" zu sehen. Sie werden aber in kurzer Frist sowohl im industriellen Produktionsprozeß als auch im Dienstleistungs-, Büro- und Verwaltungsbereich im breiten Maße eingesetzt und in massiver Form zu Arbeitsplatzabbau führen. Verschiedene Untersuchungen zeichnen beispielsweise folgende Trends auf:

– Durch den Einsatz von Industrierobotern in der Automobilindustrie, dem Maschinenbau und der Elektroindustrie drohen 160 000 Arbeitsplätze wegzufallen.

– Durch den Einsatz neuer Technologien in der Texterfassung und -verarbeitung, der Nachrichtentechnik, der Informations- und Kommunikationstechniken, der Datenerfassung und -verarbeitung sind über zwei Millionen Arbeitsplätze gefährdet.

– Durch den Einsatz von Datenkassen und Warenwirtschaftssystemen im Einzelhandel werden 100 000 Arbeitsplätze bedroht.

– Durch Prozeßüberwachung und -steuerung in der Stahlerzeugung, chemischen und petrochemischen Industrie, Glas- und Keramikindustrie sind etwa 115 000 Arbeitsplätze bedroht.

UNTERNEHMER AUF DEM PRÜFSTAND

Vernichtende Bilanz

Gegen Unternehmerversprechen und Phrasen – hier die nachprüfbaren Fakten der IG Metall:

Unsere Aktion erbrachte den Beweis:

Bei sinkendem Reallohn ⟶ immer stärkere Arbeitsplatzvernichtung

Lohnabschluß		Beschäftigte Metallindustrie BaWü	Vernichtete Arbeitsplätze
1980	6,8 %	988.231 (November)	
1981	4,9 %	962.940 (November)	25.291
1982	4,2 %	928.824 (November)	34.116

Der Versuch, unsere Aktion zu verhindern, ist gescheitert.

Geschäftsführer rissen unsere Plakate von den schwarzen Brettern, Manager versuchten, die Flugblattverteilung zu verhindern.

Es half ihnen nichts. – Unsere Argumente stimmen. Die Fakten liegen auf dem Tisch.

Neue Versprechen der Unternehmer:

Jetzt sagen sie, erst wenn ihre Gewinne noch stärker steigen und wir über mehrere Jahre Reallohnverzicht leisten, können zusätzliche Arbeitsplätze geschaffen werden.

Den Gegenbeweis liefern wir heute schon.

IG Metall · Bezirk Stuttgart

Verantwortlich: Franz Steinkühler, IG Metall Bezirksleitung, Willi-Bleicher-Straße 20 Gestaltung: J.Grosz

Trotz Riesenprofiten ➡ Arbeitsplatzabbau

Auch die Zusage, »langanhaltende hohe Profite führen zu zusätzlichen Arbeitsplätzen«, erweist sich als Windei.

Die IG Metall untersucht Unternehmen mit langjährigen Riesenprofiten:

Beispiel 1: Siemens

Gesamtvermögen des Konzerns:	36,8 Milliarden DM
flüssige Mittel und Wertpapiere:	11,2 Milliarden DM
Jahresüberschuß (Gewinn):	in einem Jahr um 45 % gestiegen
Investitionen in Sachanlagen:	in einem Jahr um 12 % gesunken
weltweit 30. 9. 1980 bis 31. 12. 1982	**27.000 Arbeitsplätze abgebaut**
im Inland 30. 9. 1980 bis 31. 12. 1982	**20.000 Arbeitsplätze abgebaut**

Beispiel 2: Bosch

Gesamtvermögen des Konzerns:	9,2 Milliarden DM
flüssige Mittel und Wertpapiere:	843 Millionen DM
Jahresüberschuß (Gewinn):	weiter gestiegen
Investitionen in Sachanlagen:	in einem Jahr um 23,8 % gesunken
weltweit 1980 bis 1982	**10.600 Arbeitsplätze abgebaut**
im Inland 1980 bis 1982	**6.450 Arbeitsplätze abgebaut**

Was bleibt vom erneuten Versprechen, daß langanhaltende zusätzliche Profite zu mehr Arbeitsplätzen führen? – Nichts!

Wir werden die Unternehmer nicht vom Prüfstand lassen. Wir prüfen weiter, denn wir glauben weder den alten noch den neuen Versprechen.

Die IG Metall setzt nicht auf Versprechen sondern auf Fakten. Deshalb unsere Orientierung auf Lohnsicherung, Vollbeschäftigung und menschengerechte Arbeitsbedingungen durch

➡ **eine Wirtschaftspolitik, die sich ausrichtet an den Bedürfnissen der Bevölkerung**

➡ **eine Tarifpolitik, die den Lohn sichert und die Bedingungen der Arbeit verbessert**

➡ **Arbeitszeitverkürzung, um Arbeit menschlicher zu machen und Arbeitslosigkeit abzubauen.**

Wirtschaftswachstum allein verhindert den Arbeitsplatzabbau nicht

Der durch die Rationalisierung verursachte Arbeitsplatzabbau könnte theoretisch dadurch ausgeglichen werden, daß durch wirtschaftliches Wachstum, d. h. durch Mehrproduktion von Gütern und Dienstleistungen an gleicher oder anderer Stelle, neue Arbeitsplätze geschaffen würden. Geht man sehr vorsichtig von einem durchschnittlichen Anstieg der Arbeitsproduktivität von drei Prozent je Jahr aus, so müßte das Wirtschaftswachstum ebenfalls jährlich drei Prozent betragen, um zumindest den gegenwärtigen Bestand an Arbeitsplätzen zu sichern. Liegt das Wirtschaftswachstum aber nur bei zwei Prozent, dann übersteigt die rationalisierungsbedingte Arbeitsplatzvernichtung die wachstumsbedingte Arbeitsplatzschaffung um einen Prozentpunkt jährlich. Im Ausmaß dieser Schere zwischen Wachstum und Produktivität wird in jedem Jahr der Gesamtbestand an Arbeitsplätzen abgebaut: Im Zeitraum von 1980 bis 1990 entspricht dies einem Verlust von mindestens 1,2 Millionen Arbeitsplätzen in der Wirtschaft.

Schon seit den sechziger Jahren hat sich die Schere zwischen hoher Arbeitsproduktivität einerseits und nachlassendem Wirtschaftswachstum andererseits geöffnet. Seit dieser Zeit vermindert sich die Zahl der Arbeitsplätze ständig. Daß die Massenarbeitslosigkeit nicht schon damals mit voller Wucht eingetreten ist, liegt daran, das die Gewerkschaften in den sechziger Jahren noch in großem Umfang Arbeitszeitverkürzungen durchsetzen konnten.

Die wachsende Zahl von Arbeitssuchenden <u>und</u> der Abbau von Arbeitsplätzen durch Rationalisierung führen bei einem unterstellten Wachstum von zwei Prozent jährlich dazu, daß bis 1990 die Zahl der Arbeitslosen auf über vier Millionen steigen wird. Erst wenn es gelänge, jedes Jahr ein durchschnittliches Wachstum von rund sechs Prozent zu erreichen, könnte bis 1990 die bestehende Arbeitslosigkeit abgebaut werden. Anhand einer Grafik, die die Prognosen über die Entwicklung der Zahl der Erwerbstätigen mit den Prognosen über die Entwicklung des Bedarfs an Arbeitskräften (d. h. des Angebots an Arbeitsplätzen) verbindet, läßt sich dies gut verdeutlichen. Die Spanne zwischen den jeweiligen unteren und oberen Linien zeigt das Ausmaß der zu erwartenden Beschäftigungslücke. Die der Grafik zugrundeliegende Prognose des Instituts für Arbeitsmarkt- und Berufsforschung setzt 1980 ein. In den Jahren von 1980 bis 1982 ist unsere Volkswirtschaft aber nicht gewachsen, sondern sogar um 0,5 Prozent geschrumpft, so daß die Spanne bereits jetzt größer ist als ausgewiesen.

Josefine Konietzko

Am Band

Im Schichtdienst steht er neben mir
Achmed aus der Türkei
Er arbeitet mit mir am Band
Doch spricht er kaum dabei

Sein fremdes Heimatland ist hier
Sein Wortschatz ist nicht groß
Familie in Istanbul
Er ist ein Rädchen bloß

Bis er dann eines Tages sagt:
„Kollege ich geh'n fort."
Sein Platz ist leer, nun fehlt er mir
Nicht nur beim Bandakkord

Marl 1982

Die Erfahrungen mit der wirtschaftlichen Stagnation der Jahre 1980 bis 1983 zeigen auf, daß es absolut unrealistisch ist, für die nächste Zeit auf Wachstumsraten von mehr als zwei Prozent zu setzen. Höhere durchschnittliche Wachstumsraten (etwa von sechs Prozent) sind wirtschaftspolitisch reine Illusion; von daher muß jeder Versuch, die Arbeitsmarktprobleme allein durch Wachstum zu entschärfen, von vornherein scheitern. Außerdem sind solche hohe Wachstumsraten, die in wenigen Jahren eine Verdoppelung des Güter- und Dienstleistungsangebotes bewirken würden, auch unter sozialen und ökologischen Gesichtspunkten nicht wünschens- und erstrebenswert, weil sie mit einer unvorstellbaren Umweltbelastung und Rohstoffvergeudung verbunden wären. In der Bundesrepublik wird es eine Rückkehr zu den „goldenen" fünfziger und sechziger Jahren mit hohen Wachstumsraten und einer Politik des „sozialpartnerschaftlichen" Verteilens der Zuwächse nicht geben. Betrug nämlich die durchschnittliche Wachstumsrate in den fünfziger Jahren jahresdurchschnittlich 7,9 Prozent, waren es in den sechziger Jahren nur noch 4,7 Prozent und in den siebziger Jahren lediglich 2,4 Prozent. Und seit Anfang der achtziger Jahre beherrscht Stagnation das Bild.

Zwar kann in den nächsten Jahren ein leichter konjunktureller Aufschwung einsetzen. Dies wird aber nichts an den drastisch abgeschwächten Wachstumsraten ändern, denn im kapitalistischen Krisenzyklus wird auch diese leichte konjunkturelle Belebung vom folgenden Konjunkturabschwung wieder zunichte gemacht werden.

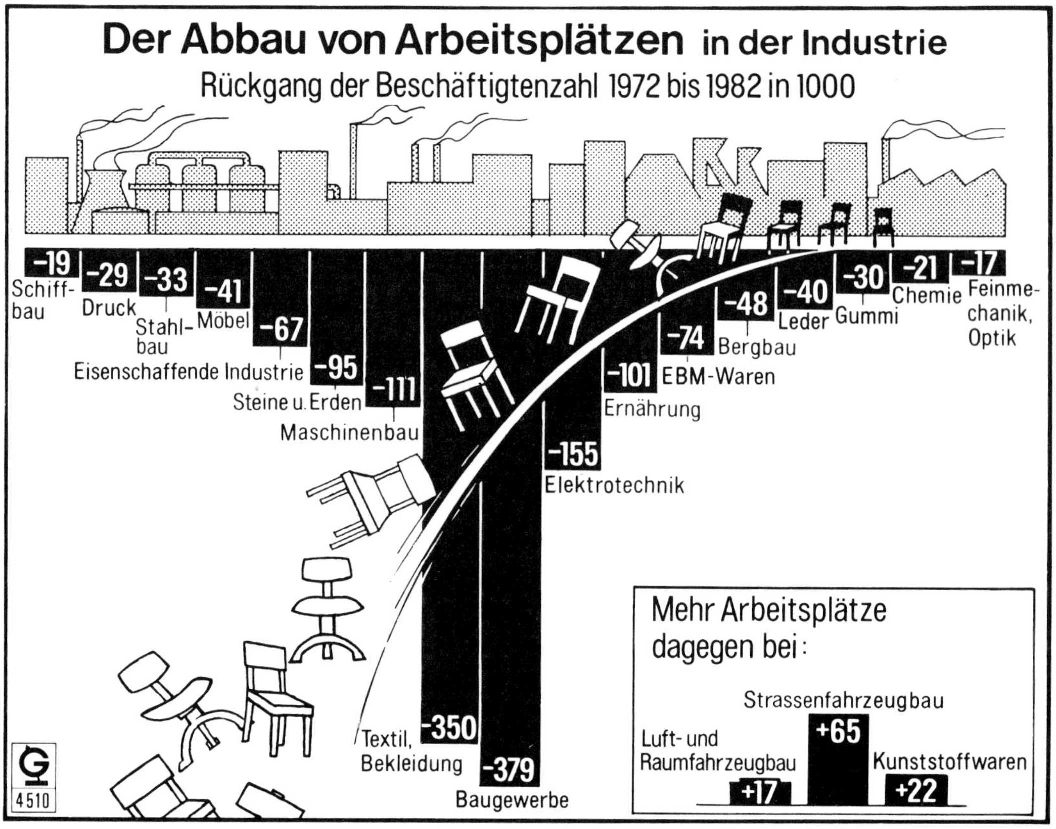

Qualitatives Wachstum bleibt notwendig

So wenig wie allein durch Wachstum die Arbeitslosigkeit abgebaut werden kann, läßt sich allein durch Arbeitszeitverkürzung dieses Ziel erreichen. Arbeitszeitverkürzung ist kein Allheilmittel zur Wiedererlangung der Vollbeschäftigung und erst recht kein Instrument zur Überwindung der inneren Krisenhaftigkeit des kapitalistischen Wirtschaftssystems. Wochenarbeitszeitverkürzung stellt für die Gewerkschaften aber das zentrale tarifpolitische Instrument dar, um die begrenzte Zahl von Arbeitsplätzen und das begrenzte Arbeitsvolumen so umzuverteilen, daß möglichst viele Arbeitssuchende eine Beschäftigungsmöglichkeit erhalten. Auf der anderen Seite besteht die Notwendigkeit, eine alternative, auf Vollbeschäftigung ausgerichtete Wirtschafts- und Beschäftigungspolitik durchzusetzen. Zur Sicherung der Beschäftigung und zur Schaffung neuer Arbeitsplätze ist ein Investitions- und Beschäftigungsprogramm unverzichtbar, das sich an einem qualitativen Wachstum orientiert. Das Ziel muß sein, brachliegende Produktionskapazitäten zu nutzen und Arbeitsplätze in Bereichen gesellschaftlichen Mangels und der umwelt- und energiepolitischen Vorsorge zu schaffen.

Ein solches Alternativkonzept widerspricht der herrschenden Doktrin von den Selbstheilungskräften der Marktwirtschaft. Die profit- und angebotsorientierte Wirtschaftspolitik seit der Krise von 1974/75 hat indes die verbreiteten Erwartungen auf einen „selbsttragenden Aufschwung", in dessen Gefolge sich die Vollbeschäftigung einstellen würde, nicht eingelöst. Dennoch wirken Illusionen über die angeblich „soziale" Marktwirtschaft nach: Viele Arbeitnehmer machen sich Hoffnungen, daß durch eine Erhöhung der Gewinne des Kapitals auch ihre eigene Situation und die Lage auf dem Arbeitsmarkt verbessert würde. Die Realität der fortgesetzten Politik der Gewinnförderung und Steuerentlastung, Subventionierung, Lohnsenkung und des Sozialabbaus sieht jedoch anders aus: Die Arbeitslosigkeit ist beständig gestiegen.

Die 35-Stunden-Woche ist beschäftigungspolitisch unumgänglich

Beschäftigungspolitisch ist eine Arbeitszeitverkürzung mit großen Wirkungen und in großen Schritten unabdingbar. Dies ist die entscheidende Aufgabe für die nächsten Jahre. Sie kann durch ein Bündel gesetzlicher und tariflicher Maßnahmen zur Arbeitszeitverkürzung erreicht werden. Aber nur die Wochenarbeitszeitverkürzung in Form der 35-Stunden-Woche schlägt wirklich nachhaltig zu Buche. Rechnerisch würde durch die 35-Stunden-Woche gesamtwirtschaftlich eine Beschäftigungswirkung von rund 2,8 Millionen Personen erreicht. Tatsächlich würde sich eine Entlastung in der Größenordnung von 1,4 bis 1,8 Millionen erzielen lassen. Dieser überragend hohe Beschäftigungseffekt der Wochenarbeitszeitverkürzung macht verständlich, warum der DGB ausdrücklich die Erreichung der 35-Stunden-Woche zum zentralen Ziel der qualitativen Tarifpolitik erklärt hat. Maßnahmen der Arbeitszeitverkürzung, die nur für kleinere Teile von Beschäftigten gelten, sind aus vielen anderen Gründen sinnvoll und notwendig, bleiben in ihrem Volumen aber begrenzt. Wird Arbeitszeitpolitik auf solche Sondermaßnahmen (z. B. Freischichten für über 58jährige Arbeitnehmer, Tarifrente, Erholpausen) beschränkt, bleibt die Beschäftigungslage faktisch unberührt; dies um so mehr, wenn dadurch zugleich die Wochenarbeitszeit auf Jahre hinaus festgeschrieben wird.

Es geht darum, die von den Arbeitgebern als Tabu festgeschriebene Grenze der 40 Wochenarbeitsstunden zu durchbrechen. Der seit einigen Jahren eingetretene Stillstand der Arbeitszeitentwicklung muß überwunden werden. Wenn man nämlich den bisherigen Verlauf der tariflichen Arbeitszeitentwicklung betrachtet, so muß mit Sorge registriert werden, daß ausgerechnet in den Jahren sich verschärfender Massenarbeitslosigkeit das Tempo der Arbeitszeitverkürzung drastisch zurückgegangen ist. Betrug in den fünfziger und sechziger Jahren die tarifliche

Arbeitzeitverringerung im Schnitt noch rund ein Prozent pro Jahr, so hat sich seit Ende der siebziger Jahre diese Rate auf jahresdurchschnittlich 0,3 Prozent verringert. Während also in den fünfziger Jahren und in der ersten Hälfte der sechziger Jahre insbesondere die Wochenarbeitszeitverkürzung von 48 auf zunächst 45 und dann schrittweise auf 40 Stunden zu einer raschen Eingliederung der Arbeitslosen und darüber hinaus zu einer erheblichen Ausweitung der Beschäftigung ausländischer Arbeitnehmer geführt hat, hat sich seit Mitte der siebziger Jahre bei der Wochenarbeitszeit kaum noch etwas getan. Statt dessen hat die Urlaubsverlängerung an Bedeutung gewonnen. Sie konnte jedoch den durch die Stagnation der Wochenarbeitszeit bewirkten Tempoverlust der Arbeitszeitverkürzung nicht wettmachen. Auch die Vereinbarung gruppenspezifischer Arbeitszeitverkürzungen (z. B. für Schichtarbeiter und ältere Arbeitnehmer) rückte zunehmend in den Vordergrund, aber ebenfalls mit vergleichsweise geringen quantitativen Entlastungswirkungen auf den Arbeitsmarkt.

Im Ergebnis kann man festhalten: Während die Durchsetzungsbedingungen für eine kräftige Arbeitszeitverkürzung sich zusehends verschlechtern, wächst mindestens in gleichem Maße die ökonomische und soziale Notwendigkeit einer kollektiven Verringerung der Arbeitszeit. Die Aufgabe, vor der die Gewerkschaften stehen, ist also ungleich schwieriger und komplizierter als in den fünfziger und sechziger Jahren. Für die Unternehmer ist Arbeitslosigkeit nämlich letztlich, wenn für sie keine politischen Gefahren drohen, ein akzeptabler, ja geradezu idealer Zustand, um ihre ökonomischen und politischen Interessen ungehindert von Arbeitnehmer- und Gewerkschaftsrechten realisieren zu

(Wagner)

können. Auch damit läßt sich der vereinte und verbissene Widerstand gegen beschäftigungswirksame Arbeitszeitverkürzungen erklären.

Die Erfolge der Gewerkschaften bei der Arbeitszeitverkürzung in den Jahren bis 1975 haben ganz erheblich dazu beigetragen, daß die Arbeitslosigkeit heute nicht noch weit höher liegt. Ohne Arbeitszeitverkürzung, also z. B. mit der 1960 noch üblichen jährlichen Arbeitszeit von 2 081 Stunden je Erwerbstätigen, wäre bei der heutigen Produktion und Arbeitsproduktivität die Zahl der Arbeitslosen um mindestens eine Million Personen größer! Überdies ist zu bedenken, daß durch die Schul- und Ausbildungszeitverlängerung, die im Zuge der Bildungsreform durchgesetzt wurde, und durch die Absenkung der flexiblen Altersgrenze auf 63 Jahre im Jahre 1973 die Zahl der Erwerbspersonen deutlich verringert worden ist. Ohne diese Entwicklung läge die Zahl der Erwerbspersonen und damit die Arbeitslosigkeit noch deutlich höher.

Sicherung und Schaffung von Arbeitsplätzen bei vollem Lohnausgleich

Wochenarbeitszeitverkürzung ist in allen Bereichen der Wirtschaft notwendig. Dabei sind die Wirkungen je nach den Bedingungen des Betriebes und der Branche unterschiedlich: In Betrieben und Branchen, die ohne Arbeitszeitverkürzung in den nächsten Jahren ihren Beschäftigtenstand unverändert halten würden, müßten Arbeitszeitverkürzungen zu Neueinstellungen führen. In Betrieben und Branchen mit ohnedies rückläufigen Beschäftigtenzahlen werden durch Arbeitszeitverkürzung ansonsten durch Rationalisierung gefährdete Arbeitsplätze sicherer, d. h. anstehende Entlassungen werden vermieden bzw. das hohe Niveau von Kurzarbeit wird zurückgeschraubt. Erst in der Zusammenfassung dieser jeweiligen Wirkungen errechnet sich der Gesamteffekt auf dem Arbeitsmarkt. Es ist deshalb falsch, von einem Mißerfolg der Arbeitszeitverkürzung zu reden, wenn in einem Betrieb keine Neueinstellungen erfolgen. Ganz im Gegenteil: Da die große Masse der Betriebe und Branchen in den nächsten Jahren mit einer massiven, rationalisierungsbedingten Arbeitsplatzvernichtung rechnen muß, kommt der Wochenarbeitszeitverkürzung die entscheidende Funktion zu, Arbeitsplätze zu sichern. Ein Millionenheer von jetzt noch Beschäftigten würde ohne Arbeitszeitverkürzung zu Arbeitslosen.

Soll die Sicherung und Schaffung von Arbeitsplätzen durch die Arbeitszeitverkürzung gelingen, so ist die Durchsetzung eines vollen Lohnausgleiches unabdingbar. Nur so ist gewährleistet, daß nach der Arbeitszeitverkürzung das Gesamteinkommen der Arbeitnehmer und damit die gesamtwirtschaftliche Nachfrage gestärkt wird. Es ist ja mittlerweile deutlich geworden, daß vor allem die anhaltende Nachfrageschwäche eine wichtige Ursache für die derzeitige Krisensituation darstellt. Diese Nachfrageschwäche, die aus dem rückläufigen privaten und staatlichen Verbrauch herrührt, muß überwunden werden, um zu einer wirtschaftlichen Belebung zu kommen. Ein Verzicht auf Reallohnsicherung und vollen Lohnausgleich würde verheerend wirken. Arbeitsplätze würden wieder vernichtet, da durch den Nachfragerückgang die Produktion abfällt. Bei den vielfältigen Appellen zum Lohnverzicht wird diese gesamtwirtschaftliche Wirkung regelmäßig übersehen.

(Kuro)

Damit die Arbeit uns nicht völlig kaputtmacht

(Meyer)

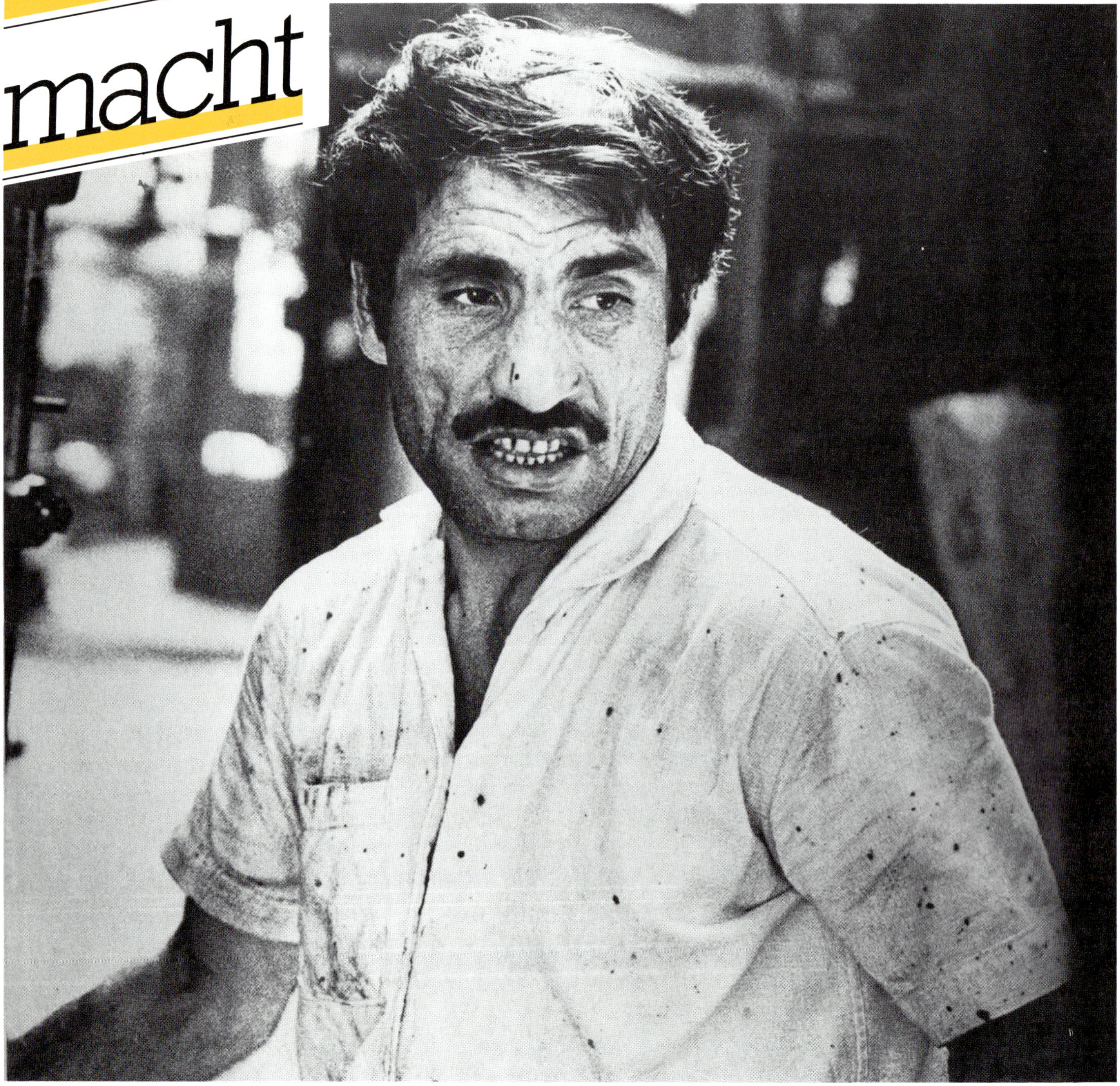

Arbeit belastet, sie kann krank machen und zerstört in vielen Fällen unwiderruflich die Gesundheit. Überlange Arbeitszeiten, Belastungen durch Lärm, Hitze, Staub und gefährliche Arbeitsstoffe, Arbeitshetze und Leistungsdruck, kurz: unmenschliche Arbeitsbedingungen und rücksichtslose Ausbeutung der Arbeitskraft verschleißen die Gesundheit der abhängig Beschäftigten. Daran hat sich bis heute nichts geändert. Seit ihrem Bestehen kämpfen die Gewerkschaften deshalb um den Erhalt der Arbeitskraft der Lohnabhängigen. Und wie schon so oft in ihrer Geschichte unternehmen die Gewerkschaften auch jetzt

(Berger)

wieder den Versuch, durch massive Verkürzung der Arbeitszeit den Gesundheitsverschleiß infolge der belastenden Arbeitsbedingungen einzuschränken. Die Durchsetzung der 35-Stunden-Woche soll die tägliche und wöchentliche Dauer der Ausbeutung im Arbeits- und Produktionsprozeß verkürzen und die Zeit für Regeneration der Arbeitskraft und Erholung verlängern.

Wiederum haben die Unternehmer härtesten Widerstand gegen die gewerkschaftliche Forderung angekündigt. Nicht, wie sie fälschlicherweise behaupten, weil diese Arbeitszeitverkürzung zu untragbaren Kostensteigerungen führen würde, sondern weil dadurch ihre Verfügungsgewalt über die Ware Arbeitskraft empfindlich eingeschränkt und die zeitlichen Möglichkeiten zu ihrer Nutzung spürbar beschnitten würden. Beim Kampf um die 35-Stunden-Woche geht es also um einen fundamentalen Interessengegensatz: Der Anspruch der abhängig Beschäftigten auf Erhaltung ihrer Arbeitskraft und ihrer Gesundheit steht gegen das Interesse der Unternehmer an ihrer möglichst ungehemmten Ausbeutung zum Zweck der Gewinnerzielung. Und daß die Arbeitgeber mit den bestehenden, durchaus weitreichenden Möglichkeiten keineswegs zufrieden sind, zeigt ihre Forderung nach Aufhebung „hemmender" Vorschriften und Gesetze zum Arbeits- und Gesundheitsschutz.

Arbeitsbelastungen gefährden Arbeitskraft und Gesundheit

Ein Blick auf den Alltag in den Betrieben und Verwaltungen zeigt, daß nach wie vor ein hohes Niveau an traditionellen Arbeitsbelastungen besteht. Die Hoffnung darauf, daß der technische Wandel gleichsam automatisch die belastenden Arbeitsumgebungseinflüsse wie Lärm, Staub, Hitze und Dämpfe aus der Welt schaffen und aus stumpfsinnigen und sich ständig im Sekundentakt wiederholenden Arbeitsvollzügen befriedigende und inhaltlich anspruchsvolle Tätigkeiten machen würde, hat sich nicht erfüllt. Schlimmer noch: Zu den bestehenden, vielfach nur geringfügig gemilderten Arbeitsbelastungen sind neue hinzugetreten. Der rasch um sich greifende Einsatz von Computertechnologie in der Industrie, in Büros, Verwaltungen und im Dienstleistungsgewerbe hat den Streß für viele zur Berufskrankheit Nummer Eins werden lassen. Die nervliche und seelische Belastung beim Umgang mit neuen Technologien ist für viele Arbeiter und Angestellte mittlerweile unerträglich geworden.

Gesundheitsbelastung durch Überstunden

Unabhängig von der Schwere der Arbeitsbedingungen im einzelnen werden die Arbeitnehmer bereits durch die Dauer der Arbeitszeit und deren Lage und Verteilung belastet. Die Statistik läßt keinen Zweifel daran: Die weitverbreitete Vorstellung, daß die wöchentliche Arbeitszeit der Arbeitnehmer 40 Stunden beträgt, stimmt mit der Wirklichkeit nur zum Teil überein. Überstunden, Nacht- und Schichtarbeit haben die 40-Stunden-Woche in der Praxis weitgehend durchlöchert.

Jedes Jahr ermittelt die Bundesanstalt für Arbeit die geleisteten Mehrarbeitsstunden. Für das Jahr 1982 kam sie zu dem Ergebnis, daß jeder Arbeitnehmer durchschnittlich rund 90 Mehrarbeitsstunden geleistet hat. Das sind pro Woche immerhin mehr als zwei Überstunden. Aus anderen Untersuchungen weiß man, daß sich diese Überstunden nicht gleichmäßig auf alle Beschäftigten verteilen. Eine repräsentative Befragung von 30 000 bundesdeutschen Arbeitnehmern aus dem Jahr 1979 hat ergeben, daß 36 Prozent aller abhängig Erwerbstätigen länger als 40 Stunden und 15 Prozent sogar mehr als 50 Stunden in der Woche arbeiten. Die Betroffenen sind sich der Tatsache durchaus bewußt, daß ständige Mehrarbeit letztlich ihrer Gesundheit schadet. Aber der Druck des Arbeitgebers und vor allem der Mehrverdienst läßt viele Arbeitnehmer ihre Bedenken gegenüber der Mehrarbeit gezwungenermaßen zurückstellen. In einer Befragung

(Wagner)

Bremer Metallarbeiter haben drei Viertel der Befragten zu Protokoll gegeben, daß sie Überstunden als anstrengend und auf die Dauer nicht durchhaltbar empfinden. Um dem Druck der Arbeitgeber zu entgehen, plädieren rund zwei Drittel der Befragten dafür, im Tarifvertrag festzuschreiben, daß Überstunden nur freiwillig gemacht und nicht einseitig vom Arbeitgeber angeordnet werden dürfen.

Diese Untersuchungsergebnisse und die alltäglichen Er-

(Vollmer)

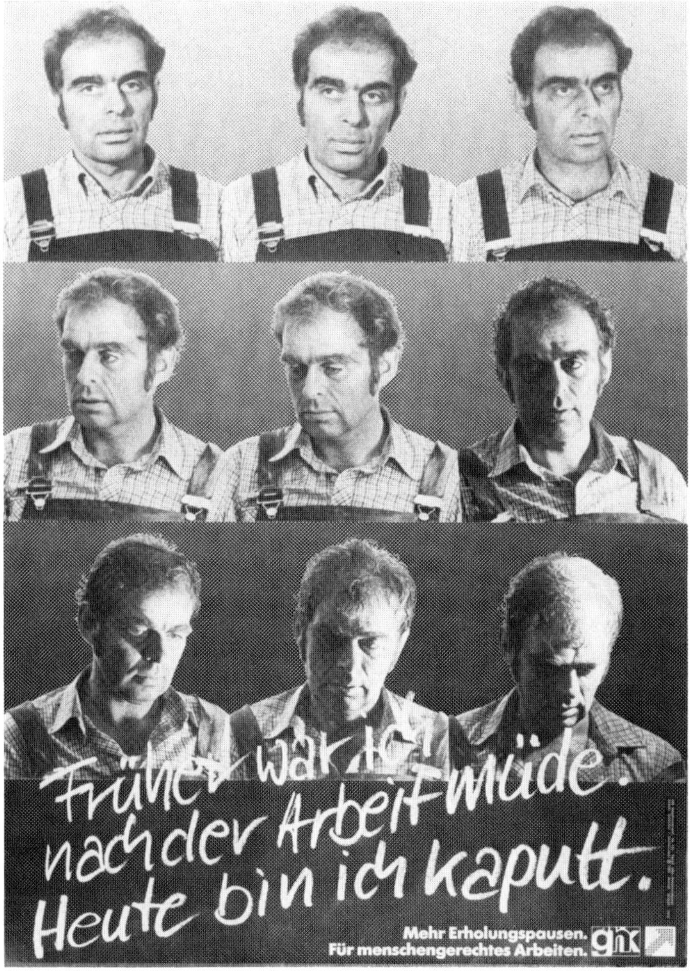

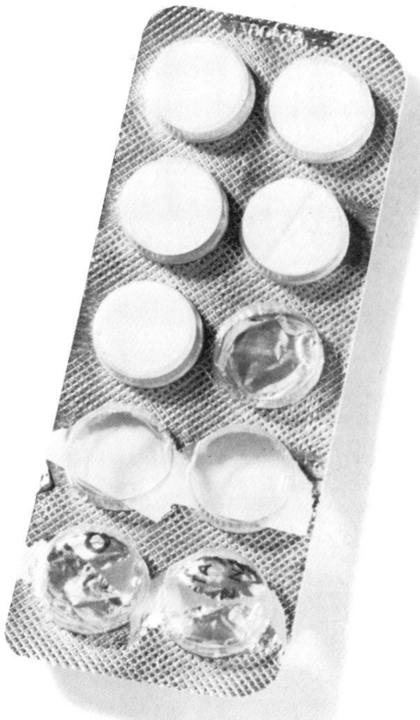

fahrungen der Arbeiter und Angestellten lassen folgende Schlußfolgerungen zu: Die 40-Stunden-Woche steht für einen großen Teil der Arbeitnehmer lediglich auf dem Papier. Die Durchsetzung einer massiven Verkürzung der wöchentlichen Arbeitszeit wird gerade für diese Beschäftigtengruppe eine wichtige Entlastungswirkung haben. Zugleich zeigt sich, daß die Bekämpfung des offensichtlich immer noch sehr weit verbreiteten Überstundenunwesens für die betriebliche und gewerkschaftliche Interessenvertretung einen höheren Stellenwert bekommen muß als bislang. Die Begrenzung der Mehrarbeit gehört deswegen zu dem Bündel arbeitszeitpolitischer Forderungen, das die Gewerkschaften den Arbeitgeberverbänden übermittelt haben.

Nacht- und Schichtarbeit

Besonderen gesundheitlichen, aber auch sozialen und familiären Belastungen sind die rund 3 850 00 Beschäftigten ausgesetzt, die in der Bundesrepublik Schichtarbeit leisten. Das sind immerhin 18 Prozent der Arbeitnehmer insgesamt. Davon arbeiten 2,3 Millionen in nicht-kontinuierlichen Schichtsystemen (zwei Schichten, freies Wochenende), weitere rund 640 000 in vollkontinuierlichen (drei Schichten, auch am Wochenende), ca. 400 000 in teil-kontinuierlichen (drei Schichten, freies Wochenende), 345 000 in sonstigen Schichtarbeitssystemen und etwa 180 000 in Nachtschicht.

Da der Mensch selbst nach langer Gewöhnungszeit nicht in der Lage ist, seinen biologischen Tagesrhythmus z. B. auf Nachtschicht- und Wechselschichtarbeit umzustellen, arbeitet jeder Schichtarbeiter gegen seine „innere Uhr" und wird noch dazu durch den Wechsel der Schichtzeit (Schichtlage) zusätzlich belastet. Vor allem durch die Kombination von Schichtarbeit und zusätzlichen Belastungen, z. B. durch negative Arbeitsumgebungseinflüsse, entstehen vielfältige körperliche und seelische Beschwerden bis hin zu Krankheiten. Schlafstörungen, allgemeines Unwohlsein, Appetit- und Verdauungsstörungen, Alkohol- und Medikamentenmißbrauch, Erkrankungen des Magen-Darm-Trakts und psychische Störungen und Erkrankungen treten bei Schichtarbeitern häufiger auf als bei Nicht-Schichtarbeitern. Das zeigen zahlreiche arbeitswissenschaftliche und arbeitsmedizinische Untersuchungen. Diese Gesundheitsrisiken und -gefährdungen sind um so bedrohlicher, als die Schichtarbeit sich in den vergangenen Jahrzehnten ständig ausgeweitet hat und dieser Prozeß offensichtlich noch nicht zum Stillstand gekommen ist. Im Zeitraum von 1960 bis 1975 hat die Zahl der Arbeitnehmer in regelmäßiger Schichtarbeit um fast ein Drittel zugenommen. Nur die Hälfte der Schichtarbeiter hat die 40-Stunden-Woche, in kleineren und mittleren Betrieben ist es nur gut ein Drittel (36 Prozent) und 16 Prozent arbeiten sogar 56 Stunden und mehr pro Woche.

(Rose)

Die Verkürzung der Wochenarbeitszeit dürfte für Schichtarbeiter in jeder Form besonders positive Auswirkungen haben; dann, wenn sie in Form der Schichtzeitverkürzung realisiert wird, etwa von acht auf sieben Stunden bei Wechselschicht, aber auch dann, wenn z. B. bei vollkontinuierlicher Schichtarbeit die Arbeitszeitverkürzung zu Blockfreizeiten gebündelt wird. Ein besonderes Problem, das sich bei der Verkürzung der wöchentlichen Arbeitszeit stellt, besteht darin, daß sich die Gefahr zur Ausweitung der Schichtarbeit erhöht. Denn um die Arbeitszeitverkürzung möglichst kostenneutral zu realisieren und zugleich die Auslastung der Maschinen und Anlagen zu verbessern, werden die Unternehmer alles daransetzen, um die Betriebszeiten nicht nur aufrechtzuerhalten, sondern möglichst noch zu verlängern. Möglichkeiten dazu bieten die Einführung bzw. Ausweitung von Schichtarbeit und die (Wieder-)Einführung von Samstagsarbeit. Es wird von seiten der Gewerkschaften erhebliche Anstrengungen kosten, um diese Strategie zu durchkreuzen.

Belastungen durch Arbeitsumgebung und Arbeitsinhalt

Hört man die Sonntagsreden von Unternehmervertretern und liest man die von den Arbeitgeberverbänden bezahlten Umfragen zum Thema Arbeitsbedingungen und Gesundheit am Arbeitsplatz, dann scheint in den Betrieben alles in bester Ordnung zu sein: Die Arbeitnehmer sind durchweg mit ihrer Arbeit sehr zufrieden, und die Arbeitgeber bemühen sich ständig um die Verbesserung der Arbeitssicherheit. Leider weicht die Realität von diesem propagandistischen Wunschbild in zahllosen Punkten deutlich ab.

Arbeits- und sozialwissenschaftliche Untersuchungen haben erdrückende Belege dafür erbracht, daß Millionen Arbeitnehmer zum Teil extremen Arbeitsumgebungsbelastungen ausgesetzt sind. 6,4 Millionen arbeiten häufig unter Lärmeinwirkung, 5,2 Millionen arbeiten ständig in Nässe, Kälte, Hitze oder Zugluft, 4 Millionen werden fast immer durch Rauch, Staub, Gase oder Dämpfe belästigt. Hinzu kommen Belastungen aus dem Arbeitsvollzug selbst: 4,2 Millionen müssen häufig oder fast immer in gebückter Körperhaltung arbeiten, 3,8 Millionen müssen ebenso häufig schwere Lasten von mehr als 20 Kilogramm bewegen. Vieles spricht dafür, daß diese Zahlen eher die Untergrenze darstellen, denn Ausländer wurden bei dieser Untersuchung des Instituts für Arbeitsmarkt- und Berufsforschung nicht berücksichtigt. Sie sind aber erfahrungsgemäß auf den am meisten belastenden und gesundheitsgefährdenden Arbeitsplätzen eingesetzt. Dieses Bild der Arbeitsbelastungen bliebe unvollständig, wenn man nur die einzelnen Belastungen aufzählen würde. Einzelbelastungen sind die Ausnahme, Mehrfachbelastungen die Regel.

Neue Belastungen durch den Einsatz von Computertechnologien

Während Betriebsräte und Gewerkschaften noch vollauf mit der Bekämpfung der herkömmlichen Gesundheitsbelastungen beschäftigt sind, lauern an einer anderen Front bereits neue Gefahren. Der beängstigend rasch um sich greifende Einsatz von Computertechnologien in allen Wirtschaftsbereichen führt zu neuen Anforderungen und Belastungen. Vor allem geistig-nervliche und seelische Belastungen treten verstärkt auf und führen oft zu starken gesundheitlichen Beeinträchtigungen. Hohe Anforderungen an die Aufmerksamkeit und Konzentration, sozial isoliertes Arbeiten, Zeit- und Verantwortungsdruck, Leistungsverdichtung und schärfere Kontrolle durch automatische Leistungserfassung sind die Ursache dafür, daß viele Betroffene den neuen Technologien mit zunehmender Skepsis gegenüberstehen.

Ohne Zweifel können computergestützte Technologien zum Abbau von Belastungen und Gesundheitsgefahren eingesetzt werden. Und es lassen sich auch zahlreiche Beispiele dafür nennen, wie inhumane Arbeitsbedingungen durch den Einsatz neuer Technik durchgreifend verbessert worden sind. Weitaus häufiger ist allerdings das Gegenteil zu beobachten. Die ausschließlich am Profitstreben der Unternehmer ausgerichtete Rationalisierung mit neuen Technologien ruft, wie die folgenden Beispiele demonstrieren, neue Gefährdungen der Gesundheit der Arbeitnehmer hervor.

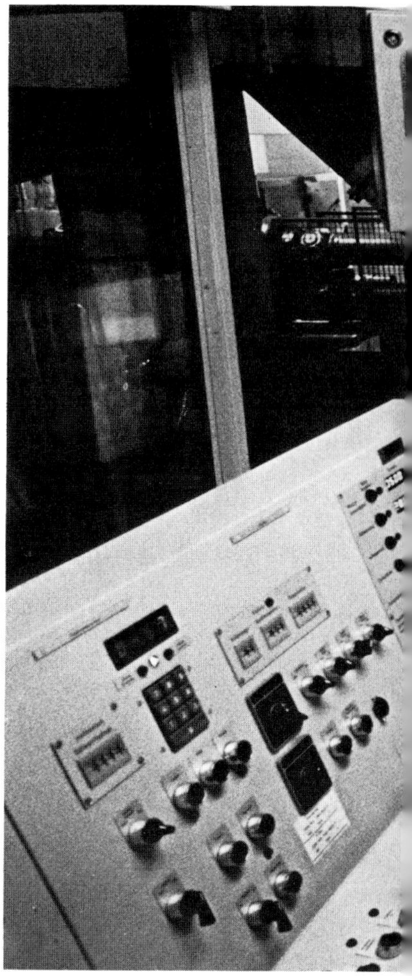

Industrierobotereinsatz

Rund 5 000 Roboter sind zur Zeit in der Bundesrepublik im Einsatz. Ende dieses Jahrzehnts werden es 30 000 sein. Die Tätigkeiten, die mittlerweile von Robotern ausgeführt werden, sind zahlreich: Punkt- und Lichtbogenschweißen, Beschichten, Montieren, Entgraten, Be- und Entladen von Pressen, Werkzeugmaschinen, Druck- und Spritzgußmaschinen und vieles andere gehören dazu. Bei genauem Hinsehen zeigt sich, daß in vielen Einsatzfällen von der behaupteten Humanisierung der Arbeitsbedingungen in der Praxis nicht viel übrig bleibt. Ein Ergebnis des Robotereinsatzes ist z. B. die Verringerung der Arbeitsinhalte. Wo die Maschine das Bearbeiten des Werkstücks übernimmt, bleibt für den Arbeiter nur noch das Einlegen der Werkstücke als Resttätigkeit. Diese Tätigkeitsverarmung geht oft einher mit einer erhöhten Taktbindung der Arbeitnehmer, wenn z. B. manuelle Einzelarbeitsplätze durch Roboterisierung in ein taktbestimmtes Maschinensystem eingebunden werden. Eine Folge der technischen Umstellung ist häufig auch Anlaß für arbeitsorganisatorische Rationalisierungsmaßnahmen und Leistungs-

(Rose)

(Vollmer)

verdichtungen. In Einzelfällen hat infolge des Robotereinsatzes die Leistungsintensität nachweislich bis zu 20 Prozent zugenommen.

Numerisch gesteuerte Werkzeugmaschinen

Computergesteuerte Werkzeugmaschinen, sogenannte NC- und CNC-Maschinen, verdrängen in vielen Branchen zunehmend die konventionellen Dreh-, Fräs- und Bohrmaschinen. Insgesamt dürften heute rund 35 000 NC/CNC-Maschinen im Einsatz sein, davon die Hälfte im Maschinenbau. Die Tätigkeit z. B. eines Drehers an einer solchen numerisch gesteuerten Werkzeugmaschine ist mit der Arbeit an einer konventionellen Drehbank nicht mehr zu vergleichen, der Streß häufig bedeutend höher. Ständige Aufmerksamkeit ist an den neuen Maschinen unabdingbar. Handlungsspielräume und Möglichkeiten, seine Arbeit persönlich zu planen und einzuteilen, bestehen wegen der zumeist auf rigide Arbeitsteilung gerichteten Arbeitsorganisation kaum noch. Enge Zeitvorgaben und genau vorgegebene Arbeitspläne setzen die Arbeiter unter enormen Leistungsdruck.

Bildschirmarbeit

Zahlreiche Untersuchungen über die gesundheitlichen Auswirkungen von Bildschirmarbeit haben ein breites Spektrum von negativen Beanspruchungsfolgen nachgewiesen: Ob Datenerfasserinnen, Schreibkräfte, Sachbearbeiter oder Ingenieure, sie alle klagen über Befindlichkeits- und Funktionsstörungen der Augen, wie z. B. Augenbrennen und -jucken, Minderung der Sehschärfe usw., sie leiden unter einer insgesamt verkrampften und verspannten Körperhaltung, unter Nacken- und Schulterschmerzen oder unter Sehnenscheidenentzündungen. Schließlich geraten viele Betroffene aufgrund ihrer Bildschirmtätigkeit in Hektik und Nervosität, sind häufig gereizt und angespannt, leiden unter Ängsten, Beklemmungen oder gar Depressionen. Die Arbeit an Bildschirmgeräten, die in zahllosen Werbeschriften und Anzeigen als kinderleicht, problemlos und entlastend für die Bediener gepriesen wird, führt also in der betrieblichen Praxis zum Teil zu massiven gesundheitlichen Beeinträchtigungen. Wie bei den Robotern und den computergesteuerten Werkzeugmaschinen liegen aber auch bei der Bildschirmarbeit die Gesundheitsgefahren nicht in der Technologie selbst, sondern in ihrer konkreten, auf Kostensenkung und Rationalisierungswirkung ausgerichteten Organisation und Ausgestaltung begründet.

Heinz Kahlau

Lied über die Hände

Der ewig gleiche Griff
von Tag zu Tag.
Die gleiche Drehung
lange Stunden.

Was macht der Kopf,
zu dem die Hand gehört?
Hat dieser Kopf
den stumpfen Tanz erfunden?

Was macht die Frau
nach solch einem Arbeitstag,
wenn ihre Hebel
wieder Hände werden?

(Oberheitmann)

Gesundheitliche Beeinträchtigung, arbeitsbedingte Erkrankungen und Frühinvalidität

Lange Arbeitszeiten, Überstunden, Nacht- und Schichtarbeit, schädigende Arbeitsumgebungseinflüsse und Belastungen durch die Arbeit selbst, wirken belastend auf jeden einzelnen Arbeitnehmer ein und führen zum Verschleiß der Arbeitskraft und häufig zur dauerhaften Schädigung der Gesundheit. Befindlichkeitsstörungen, arbeitsbedingte Erkrankungen, Berufskrankheiten, Arbeitsunfälle und Frühinvalidität sind die Folgen. Das wahre Ausmaß arbeitsbedingter Belastungen und Fehlbeanspruchungen dürfte weitaus größer sein, als selbst Pessimisten vermuten. Denn wissenschaftliche Untersuchungen, Forschungsberichte und amtliche Statistiken erfassen nur die Spitze des Eisbergs. Dennoch zeigen sie eindrucksvoll allen schönfärberischen Sonntagsreden zum Trotz: Arbeit macht krank.

Zwar führen längst nicht alle Arbeitsbelastungen unmittelbar zu Erkrankungen, sondern rufen häufig zunächst Befindlichkeitsstörungen hervor, die nicht automatisch Arbeitsunfähigkeit zur Folge haben. Aber der hohe Krankenstand und die überdurchschnittlichen Arbeitsunfähigkeitszahlen in vielen Berufen und Arbeitsbereichen sind ein unübersehbarer Hinweis auf den engen Zusammenhang von Arbeitsbelastungen und Erkrankungen: Eine zunehmende Bedeutung haben Herz-Kreislauferkrankungen und Verschleißerkrankungen des Stütz- und Bewegungsapparates infolge jahrelanger hoher Belastungen im Arbeitsprozeß. Ihren Niederschlag finden die Arbeitsbelastungen auch in den (offiziell anerkannten) Berufskrankheiten. Nach wie vor rangieren hier Lärmschwerhörigkeit und -taubheit, Hauterkrankungen und Silikose an der Spitze. Ständig steigt auch das Niveau der arbeitsbedingten Frühinvalidität. Mehr als jeder zweite Arbeitnehmer geht wegen Erwerbs- oder Berufsunfähigkeit in Rente. Das Ausscheiden aus dem Erwerbsleben wegen Erreichen der Altersgrenze von 63 oder 65 Jahren bildet mittlerweile die Ausnahme.

Wochenarbeitszeitverkürzung ist vorbeugender Gesundheitsschutz

Angesichts dieser Erfahrungen und Erkenntnisse über den Zusammenhang von Arbeitsbedingungen, Belastungen und Gesundheitsgefahren kann an der vorbeugenden, gesundheitserhaltenden Wirkung einer Verkürzung der täglichen und wöchentlichen Arbeitszeit kein Zweifel bestehen. Die 35-Stunden-Woche kann zwar an konkreten Belastungsfaktoren nichts ändern, sie ist auch kein Ersatz für einen wirksamen Arbeitsschutz und macht eine menschengerechte Gestaltung der Arbeit keineswegs überflüssig. Aufgrund der Verkürzung der Dauer der Belastung ist sie dennoch ein wirksames Mittel des vorbeugenden Gesundheitsschutzes und damit ein Beitrag zur Humanisierung des Arbeitslebens. Die Verringerung der Belastungsdauer durch die Einführung der 35-Stunden-Woche schafft für jeden Arbeitnehmer dauerhaft einen Ausgleich für die gestiegene Leistungsverausgabung und -intensität. Die bloße tarifliche Vereinbarung und Durchsetzung der Arbeitszeitverkürzung allein wird allerdings keinesfalls genügen,

(Rose)

um den Entlastungseffekt auch tatsächlich eintreten zu lassen. Die Unternehmer werden alles daran setzen, um eigentlich notwendigen Neueinstellungen aus dem Wege zu gehen, um dadurch zusätzliche Personalkosten zu vermeiden. Weil viele Arbeitnehmer eine Verschärfung des Leistungsdrucks als Folge der Arbeitszeitverkürzung befürchten, setzt sich in den Gewerkschaften zunehmend die Auffassung durch, daß eine wirkungsvolle Einflußnahme auf die Gestaltung der Arbeits- und Leistungsbedingungen unbedingt erforderlich ist, damit nicht das angestrebte Ziel in der Praxis ins Gegenteil verkehrt wird.

Angesichts der Belastungen und Gesundheitsgefahren, denen die Arbeiter und Angestellten in allen Wirtschaftsbereichen heutzutage ausgesetzt sind, und angesichts der absehbaren technologischen Entwicklung und Rationalisierung in den Betrieben und Verwaltungen gibt es zur 35-Stunden-Woche keine sinnvolle Alternative. Keine andere arbeitszeitpolitische Maßnahme ist in dieser Weise geeignet, einen wirkungsvollen Beitrag zur Verringerung der Arbeitsbelastung zu leisten und dadurch die Arbeitswelt insgesamt ein Stück menschlicher zu machen. Allerdings sind mit der Wochenarbeitszeitverkürzung nicht alle Arbeitszeitwünsche der Arbeitnehmer erfüllt. So fordern vor allem die älteren Beschäftigten, die häufig über Jahrzehnte hinweg unmenschliche Arbeitsbedingungen aushalten mußten, daß ihren Belastungen durch eine Senkung der Altersgrenze Rechnung getragen wird. Schon seit Jahren bestehen deshalb die Gewerkschaften aus sozialpolitischen Gründen auf einer Verkürzung der Lebensarbeitszeit von 63 auf 60 Jahre, um älteren Arbeitnehmern die Gelegenheit zu geben, früher als bislang aus dem Erwerbsleben ausscheiden zu können.

Die Lebensarbeitszeitverkürzung darf allerdings nicht gegen die 35-Stunden-Woche ausgespielt werden. Denn die Verkürzung der Lebensarbeitszeit ist kein Beitrag zur Verringerung der Arbeitsbelastungen und zur Verbesserung der Arbeitsbedingungen für alle Arbeitnehmer. Sie ist eine sozialpolitisch notwendige und sinnvolle Maßnahme für die Älteren. Hier hat vor allem der Staat eine große sozialpolitische Verantwortung, aus der er sich nicht herausstehlen darf. Eine Überfrachtung der Tarifpolitik mit immer neuen Aufgaben droht sie zu überfordern. Die Tarifrente wäre in der Praxis nur um den Preis einer weiteren jahrelangen Festschreibung der Wochenarbeitszeitverkürzung durchzusetzen. Dieser Preis wäre aus beschäftigungs- und humanisierungspolitischen Gründen aber entschieden zu hoch. In Zeiten von Wirtschaftskrise und Massenarbeitslosigkeit tun die Gewerkschaften deshalb gut daran, in der Tarifpolitik ihre Kräfte zu konzentrieren, um ein möglichst positives Ergebnis zu erzielen. Für die Verringerung von Arbeitsbelastung und Leistungsdruck bedeutet das die möglichst rasche und umfassende Durchsetzung der 35-Stunden-Woche.

Artur Troppmann

Stechkarten-Krimi

Nachts
nicht schlafen können
weil die Arbeit
noch immer
zwischen den Schläfen
läuft.
Weil die Akkorduhren
noch immer
Träume stoppen.
Auf der Stirn
bilden sich Blasen
die platzen
wenn der Wecker läutet.

(Koch)

Wir wollen Arbeit. Wir wollen Familie. Wir wollen Freizeit und Kultur.

(Vollmer)

Arbeitszeitverkürzung ist kein solidarisches „Opfer" der Beschäftigten gegenüber den Arbeitslosen. Arbeitszeitverkürzung führt ganz im Gegenteil dazu, daß die Arbeitsplätze aller Beschäftigten sicherer werden und daß zugleich die arbeitsfreie Zeit für alle Beschäftigten zunimmt. Dieser Zuwachs an arbeitsfreier Zeit eröffnet den Arbeitnehmern und ihren Familien die Gelegenheit, ihre individuellen Lebensbedürfnisse und -interessen besser zu erfüllen. Weniger Arbeitszeit, das bedeutet mehr Zeit zum Leben, mehr Zeit für Familie, Kultur, Bildung, Freizeit.

Durch Arbeitszeitverkürzung läßt sich die wachsende Arbeitsproduktivität sinnvoll nutzen, um außerhalb der Erwerbsarbeit persönliche Aktivitäten zu entfalten – intensiver und besser als bei der gegenwärtigen Dauer des Arbeitstages und der Arbeitswoche. Wenn es so ist, daß infolge der Rationalisierung immer mehr Güter mit immer weniger Menschen hergestellt werden können, daß also menschenleere Fabrikhallen und Büros zu erwarten sind, dann kann und muß diese Entwicklung positiv aufgegriffen werden: Eine Erweiterung der arbeitsfreien Zeit wird ökonomisch möglich und notwendig, ohne daß sich dabei der Lebensstandard verschlechtert. Arbeitszeitverkürzung wird selbst zu einem Bestandteil einer besseren Lebensqualität. Rationalisierung und neue Technologien äußern sich gegenwärtig als Fluch, nämlich als Arbeitslosigkeit für viele. Sie können aber auch als positive Chance zur Arbeitszeitverkürzung für alle genutzt werden. Diese Chance zu einer Verbesserung der Arbeits- und Lebensbedingungen durch Arbeitszeitverkürzung ergibt sich allerdings nicht automatisch, sie muß gegen den Unternehmerwiderstand erkämpft werden. Die Bedingungen für die Arbeitszeitverkürzung sind von der Seite der Produktivität und der Technologie jedoch gegeben.

Hildegard Lackschéwitz: Träume von einer anderen Welt, metall-Poster

Ein Zuwachs an arbeitsfreier Zeit ist auch notwendig, um sich nach dem anstrengenden Arbeitstag besser zu erholen und um die Arbeitskraft wieder herzustellen. Gerade die gestiegenen Belastungen und Beanspruchungen in der Arbeit durch Leistungsverdichtung und neue Technologien erfordern eine ausgedehnte Erholungszeit. Auch steigt der Zeitbedarf für Bildung und Weiterbildung.

Die 35-Stunden-Woche berücksichtigt die Tatsache, daß Lebensbedürfnisse nicht erst im Urlaub oder Ruhestand anfallen, sondern in jeder Arbeitswoche, an jedem Arbeitstag. Kulturelle und politische Interessen, Freizeitaktivitäten, Familienleben und Kindererziehung können nicht auf spätere Zeiten vertagt werden, im Ruhestand ist es dafür in aller Regel zu spät. Das gegenwärtige Ausmaß der wöchentlichen und täglichen Arbeitszeit begrenzt alle diese Wünsche und Bedürfnisse aber nachhaltig; das so häufig ausgerufene Reich der „Freizeitgesellschaft" sucht man vergebens. Für die weit überwiegende Mehrzahl der Beschäftigten bleibt nach der Arbeit nur wenig Raum für die Verwirklichung von Freizeitinteressen. Dafür fehlt die Zeit. Und dafür war der Arbeitstag körperlich wie nervlich zu anstrengend.

Werden von den 24 Stunden am Tag die arbeitsgebundenen Zeiten abgezogen, so stellt der Restbetrag natürlich noch nicht die Freizeit dar. Zusätzlich abgezogen werden müssen die Zeiten für Schlafen, Essen und Hygiene und die Zeiten für Haushalts- und Familienaufgaben. Im günstigsten Fall bleiben zwei bis vier Stunden übrig!

(Vollmer)

35-STUND

EN-WOCHE

Peter Maiwald

Taglauf

**Feierabend.
Drück die Karte.
Schnell zur Bahn.
Schubs Dich rein.
Dräng Dich vor.
Anschlußstelle.
Mach daß Du
nach Hause kommst.
Schalte ab.
Schalte ein.
Programmtafel
für morgen.**

Arbeitszeit und arbeitsfreie Zeit heute

Die Diskussion um die 40-Stunden-Woche und den 8-Stunden-Tag läßt allzuleicht vergessen, wie es mit dem Verhältnis von Arbeitszeit und Freizeit wirklich aussieht. Denn die Normgrößen geben keine Auskunft darüber, wieviele Stunden am Tag die Arbeitnehmer durch die Arbeit insgesamt beansprucht werden.

– Zu berücksichtigen ist zunächst das hohe Maß an Überstunden. Aber auch für diejenigen, die keine Überstunden leisten, fängt nach den acht Arbeitsstunden noch lange nicht die Freizeit an. Denn die Anwesenheitsdauer im Betrieb ist im Schnitt um eine Stunde länger. Mitzuzählen sind die gesetzlichen halbstündigen Pausen sowie die tariflichen oder betrieblichen Zusatzpausen. Und ebenfalls von Bedeutung sind die Rüstzeiten, also Zeiten für Umziehen und Waschen.

– Zur gesamten betrieblichen Anwesenheitsdauer müssen dann noch die z. T. sehr langen Wegezeiten zugerechnet werden. Die Zeiten für die Fahrt zur Arbeit und zurück haben in den letzten Jahren zugenommen. Überfüllte Straßen und schlechte öffentliche Verkehrsmittel führen zu Zeitverlust und zu Streß. Und die Entfernungen zwischen Arbeitsstätte und Wohnung werden größer: Konzerne schließen Niederlasssungen außerhalb der industriellen Ballungsgebiete; Arbeitslosigkeit in ländlichen Regionen zwingt die dort lebenden Menschen, sich in entfernten Städten Arbeit zu suchen.

– Betriebliche Anwesenheitsdauer und Wegezeiten zusammengefaßt ergeben die arbeitsgebundene Zeit. Sie läßt sich durchschnittlich auf zehn Stunden am Tag veranschlagen.

(Vollmer)

Voller Lohnausgleich ist notwendig

Dieses Bild des dicht gedrängten Zeitablaufs am Tage macht verständlich, warum für Arbeitnehmer kaum Möglichkeiten gegeben sind, ihr Interesse an Hobbys, Kultur, Sport, politischem und gewerkschaftlichem Engagement stärker zu entfalten. Die 35-Stunden-Woche ist ein wichtiger Schritt, um diese Möglichkeiten zu verbessern. Ob aber die erweiterte arbeitsfreie Zeit tatsächlich im Sinne einer qualifizierten Teilhabe am kulturellen, politischen und sozialen Leben genutzt werden kann, hängt von den Einkommensverhältnissen ab. Die Sicherung eines ausreichenden Einkommens ist Voraussetzung, um Freizeitmöglichkeiten und andere Aktivitäten überhaupt wahrnehmen zu können. Allzu häufig wird vergessen, daß dies im Regelfall mit Kosten verbunden ist. Bei einer Arbeitszeitverkürzung ohne Einkommensausgleich bliebe deshalb für die breite Masse der Beschäftigten eine individuelle Gestaltung von Lebensinteressen und -bedürfnissen unerreichbar. Ohne Einkommensausgleich würde der Wunsch, sich stärker der Familie zu widmen oder persönliche Aktivitäten zu entfalten, in den Zwang umgekehrt, Überstunden oder Schwarzarbeit zu leisten.

(bild-werk)

Der emanzipatorische Charakter einer erweiterten arbeitsfreien Zeit wird auch dadurch gefährdet, daß die kapitalistische Freizeit- und Medienindustrie nichts unversucht lassen wird, um die Freizeit der Arbeitnehmer für ihre profitwirtschaftlichen Interessen zu vereinnahmen.

Die Teilhabe der Arbeitnehmer am kulturellen und politischen Leben ist nicht ihr Ziel. Damit lassen sich keine Gewinne machen; es droht im Gegenteil, daß dabei eine kritische Auseinandersetzung mit dem profiwirtschaftlichen System erfolgt. In diesem Zusammenhang sind auch die Pläne zur Verkabelung und zur Errichtung des Privatfernsehens zu sehen. Arbeitszeitverkürzung und gewerkschaftliche Vorstellungen zur Medien-, Kultur- und Freizeitpolitik gehören deshalb eng zusammen.

mein arbeitstag mein wochenende und was ich schon immer mal machen wollte

Liebe kolleginnen,
(liebe kollegen,)
unsere Industriegewerkschaft Druck und Papier hat sich vorgenommen, die 35-stunden-woche durchzusetzen. Die arbeitszeitverkürzung ist für viele kolleginnen und kollegen zu recht mit der hoffnung verknüpft, daß arbeitsplätze trotz fortschreitender rationalisierung gesichert und geschaffen werden, daß die schier unerträgliche arbeitsbelastung abgebaut wird, daß mehr freie zeit für erholung, familie und kulturelle betätigung – also, mehr zeit für uns selbst – dabei herauskommt.

Dies gilt ganz besonders für uns frauen. An allen ecken und enden fehlt es an zeit. Beruf, haushalt und kindererziehung unter einen hut zu bringen, das ist für viele von uns nur unter aufwand unserer letzten kraftreserven möglich.

Und trotzdem: Wir wollen nicht verzichten. Wir wollen arbeit, familie, freizeit und kultur!

Dafür müssen wir kämpfen. Uns wird nichts geschenkt.

Laßt uns in die diskussion kommen. Sagt uns, wie's aussieht mit eurem arbeitstag; zeichnet die täglichen vielen arbeits- und die oft wenigen ruhestationen in die 24-stunden-uhr ein (ihr werdet euch selbst wundern, was dabei herauskommt). Sagt uns, wie's aussieht mit eurem wochenende. Und vor allem: Sagt uns, was ihr schon immer mal machen wolltet. Für euch selbst. Wenn mehr zeit da wäre (lesen, ausruhen, bewegung, theater, gemeinsame probleme diskutieren, kinderzuwendung, politische arbeit, lernen).

Schreibt es uns. Viele: arbeiterinnen, angestellte, journalistinnen, frauen mit und ohne kinder, jüngere, ältere, ausländerinnen . . . Auf zwei seiten.

Wir sind sicher: Die zeit ist nicht mehr fern, und wir werden in der woche fünf stunden mehr zeit auch für uns haben. Dafür lohnt es sich, gemeinsam und solidarisch einzutreten. Laßt uns heute schon darüber reden und planen, damit uns die gewonnene zeit nicht wie sand durch die hände läuft.

Schreibt an die
IG Druck und Papier
hauptvorstand/abteilung frauen
postfach 1282, 7000 Stuttgart 1

Der tagesablauf einer berufstätigen frau – ein beispiel aus früheren jahren.

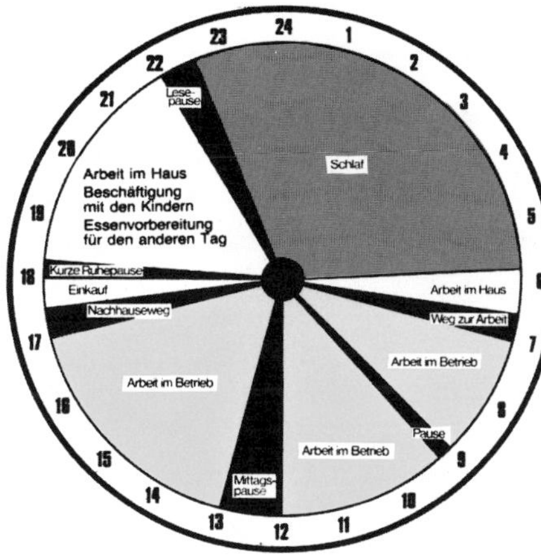

Aus: „druck und papier", 12/1983

Vereinbarkeit von Beruf und Familie für Frauen und Männer

Wenn von arbeitsgebundener Zeit, Freizeit und Lebensbedürfnissen die Rede ist, dürfen die häuslichen und familiären Tätigkeiten nicht vergessen werden. Denn die Hausarbeit macht den Hauptanteil der nicht erwerbswirtschaftlichen Arbeit aus. Sie wird nach wie vor weit überwiegend von den Frauen gemacht. Sicherlich ist zu bemerken, daß die Männer in den letzten Jahren verstärkt mithelfen; aber im Prinzip besteht die traditionelle Aufgaben- und Rollenverteilung unverändert: Die Frauen sind für die Erziehung der Kinder und die Versorgung der Familie zuständig. Immer mehr Frauen lehnen sich aber gegen diese diskriminierende Rollenverteilung auf. Die Erwerbsbeteiligung von verheirateten Frauen und von Müttern steigt seit Jahren an. Die Frauen wollen beides, sowohl erwerbstätig sein als auch zugleich Kinder erziehen. Sie wollen durch qualifizierte Erwerbstätigkeit eine materielle Grundlage für eine eigenständige Gestaltung ihres Lebens schaffen.

Erwerbstätigkeit von Müttern ist aber angesichts der häuslichen Aufgabenfülle und Aufgabenverteilung zwangsläufig mit einer Doppel- und Mehrfachbelastung verbunden. Die Dauer der arbeitsgebundenen Zeit für Vollzeitbeschäftigte zwingt zu einem Pendeln zwischen zwei Arbeits- und Lebensbereichen, zwischen Fabrik/Büro und Familie. Zieht man die Schlafenszeit ab, so verbringen die Frauen die Hälfte ihrer Tageszeit in der einen Sphäre und die Hälfte in der anderen Sphäre. Bedürfnisse für Freizeit und Kultur, politisches und gewerkschaftliches Engagement fallen häufig ganz unter den Tisch.

Diese unerträgliche Belastung läßt vielen Frauen keine andere Wahl, insbesonde-

Peter Schütt

EINFACHE RECHNUNG

Fünfmal die Woche
acht Stunden
machen vierzig Stunden,
vierzig Stunden
Streß, Arbeitshetze
und Hochofenhitze,
vierzig Stunden
für die Bosse . . .
fünfunddreißig
Stunden, das sind
fünf Stunden weniger,
das sind fünf Stunden
mehr für meine Kinder,
für meine Frau
und für mich,
fünf Stunden mehr
für unsere Zärtlichkeit
und für unsere Solidarität.

(bild-werk)

re nach der Geburt von Kindern, als aus dem Erwerbsleben auszuscheiden. Gesellschaftliche Unterstützung gibt es kaum. Familienergänzende Einrichtungen und Dienstleistungen wie etwa Kinderkrippen, Kindertagesstätten, Gesamtschulen fehlen oder sind unbezahlbar. Der Sozialabbau hat diese Einrichtungen besonders hart betroffen. Die geringe Zahl der Kindertagesstätten wurde nochmals verringert und drastisch verteuert. Gekürzt wurde auch die Höhe des Mutterschaftsurlaubsgeldes, von maximal 750,00 DM auf maximal 550,00 DM im Monat. Häufig bietet Teilzeitarbeit eine Chance, Beruf und Familie besser zu vereinbaren. Aus ihrer Not heraus nehmen viele Frauen Teilzeitarbeitsverhältnisse an, obwohl auch ihnen klar ist, daß es sich hierbei nahezu durchgängig um schlecht bezahlte, unqualifizierte Arbeitsplätze mit hoher körperlicher und nervlicher Belastung handelt.

Die Unternehmer nutzen die Notsituation der Frauen aus. Das durch die Familienorientierung erzwungene Ausscheiden aus dem Erwerbsleben – auch wenn es nur zeitweise ist – bietet Anlaß, die Frauen ein Leben lang beruflich zu diskriminieren.

Eine Fabrikarbeiterin erzählt:
„Halb fünf steh' ich auf und koche Kaffee, dann gehe ich ins Badezimmer und mach' mich fertig, in der Zeit ist der Kaffee durchgelaufen. Na ja, und dann mach' ich den Frühstückstisch fertig, weil mein Mann ißt morgens richtig Frühstück, . . . und wenn ich das fertig habe, dann weck ich meinen Mann, dann steht der auf und frühstückt . . . ja, denn mach' ich die Flasche fertig für meinen Jungen, und dann ist es auch schon soweit, daß mein Mann fertig ist, daß ich den Tisch abräume – ich kann das nämlich nicht haben, wenn ich nachmittags nach Hause komme, und der Tisch steht noch voll. Dann krieg ich gleich zuviel. Und na ja, dann muß ich den Jungen wecken, wenn er nicht schon wach ist, das kommt selten vor, meistens muß ich ihn wecken, ja, dann will der die Flasche haben, dann trinkt er die erst, und wenn er die ausgetrunken hat, dann muß ich ihn anziehen. Und dann gehen wir aus'm Haus. Ich kann morgens so früh noch nichts essen. Na ja, und dann bringen wir den Jungen zu den Schwiegereltern, jedenfalls mein Mann, dann geh ich zu Fuß weiter, bis zur Haltestelle wo der Bus ist . . . tja der Bus, manchmal wird geschlafen, manchmal ist auch viel los, wenn mal so'n Gesprächsthema ist . . . Ja, und ungefähr um viertel nach sechs, zehn vor halb sieben, sind wir bei der Firma . . . fünf vor sieben, dann bimmelt es da, dann müssen wir ran . . . Zehn nach halb, also zwanzig vor vier ist Feierabend . . . und dann geht's zurück in'n Bus . . . Ungefähr viertel nach vier sind wir hier, also 16.15 Uhr sind wir hier. Dann geh ich meistens einkaufen, so nachmittags zum Kaffee, weil ich Gott sei Dank Essen nicht mehr machen muß, früher mußt' ich noch Essen kochen, wenn ich nach Hause kam . . . Ja dann komm' ich nach Hause, zieh ich mich aus, koche Kaffee, in der Zeit kommt dann auch mein Mann mit dem Jungen, er hat eher Feierabend, aber weil der Junge immer nach der Oma muß, holt er den, und ich geh' dann, wenn ich eingekauft habe, durch hierher, koch' schon Kaffee, daß der fix und fertig ist. Ja, und dann geht's ran, dann heißt es: aufräumen . . . Ich muß meine Betten machen, die schlag' ich ja nur drüber, dafür mach' ich das Fenster auf, manchen

Morgen, wenn ich später aufgestanden bin, bleibt ja alles so liegen, wie's ist . . . Das muß ich dann aufräumen und der Junge sein Zimmer . . . Mein Mann, der saugt denn schon, das macht er ja, ja und die Stube. Die muß ich auch lüften, so aufräumen . . . und was so anfällt. Das ist eigentlich der eine Tag. Bis abends um sieben, da gibt's Abendbrot, dann kommt der Junge ins Bett, wenn Sie dann Glück haben, schläft er. Jaa, und dann kukken wir meistens noch'n bißchen Fernsehen, ich stopfe, oder irgendwie mach' ich denn noch was . . . Wenn's gar nichts Gescheites gibt im Fernsehen, dann hol' ich meine Nähmaschine her und nähe. Und um neune herum geh' ich meistens ins Bett. Weil ich ja abends – wenn Sie das gemacht haben: es ist immer eine Hetze!"

Auszug aus: R. Becker-Schmidt u. a., Nicht wir haben die Minuten, die Minuten haben uns, Bonn 1982, S. 44.

Die 35-Stunden-Woche kann dazu beitragen, die zeitlichen Voraussetzungen für eine Vereinbarkeit von Beruf und Famile für Frauen zu verbessern. Dies gilt aber nicht nur für die Frauen. Kürzere Arbeitszeiten geben auch den Männern die Möglichkeit, sich gleichberechtigt und stärker als bisher um die Familie und die Erziehung der Kinder zu kümmern. Die Gleichberechtigung von Mann und Frau in Beruf und Familie setzt also nicht nur ein anderes Bewußtsein der Betroffenen voraus, sondern die objektive Chance, Beruf und Familie zu verbinden und trotz Kinderversorgung eine qualifizierte Tätigkeit auszuüben.

Auch die 35-Stunden-Woche und der 7-Stunden-Tag reichen sicherlich nicht aus, um den besonderen Bedingungen von erwerbstätigen Eltern mit kleinen Kindern gerecht zu werden. Aber die 35-Stunden-Woche ist nur eine Zwischenetappe, sicherlich nicht das Endziel. Außerdem ist es unverzichtbar, besondere gesetzliche Arbeitszeitregelungen für Arbeitnehmer mit Familienpflichten zu vereinbaren.

Doppelbelastung: Chancengleichheit für Arbeitnehmer mit Familienpflichten ermöglichen!

Mutterschaftsurlaub muß schrittweise in einen dreijährigen Elternurlaub ausgebaut werden, der von den Müttern oder Vätern unter Aufrechterhaltung des Beschäftigungsverhältnisses in Anspruch genommen werden kann. Während dieser Zeit ist ein Elternurlaub aus öffentlichen Mitteln als Lohnersatz in Höhe des Arbeitslosengeldes zu bezahlen. Der Versicherungsschutz in der Kranken- und Arbeitslosenversicherung muß gewährleistet sein.

Für Zeiten der Kindererziehung sind Beiträge zur Rentenversicherung aus öffentlichen Mitteln zu zahlen.

Für Kinder von erwerbstätigen Eltern müssen Kinderkrippen oder Pflegestellen in ausreichender Zahl vorhanden sein.

Für alle Kinder im Alter von drei bis sechs Jahren muß ein Kindergartenplatz zur Verfügung stehen.

Ein ausreichendes Angebot an Ganztagsschulen ist zu schaffen.

Schülerhorte und ähnliche sozialpädagogische Einrichtungen sind insbesondere dort auszubauen, wo Ganztagsschulen noch nicht vorhanden sind.

Kindertagesstätten (Kinderkrippen, Kindergärten, Schülerhorte) müssen die bestmögliche Förderung der Kinder gewährleisten. Sie müssen pädagogisch gut geführt und ganztägig auch über die Mittagszeit geöffnet sein. Die Gruppenstärke muß den Erfordernissen des jeweiligen Alters entsprechen.

(Frey)

Die Schulen müssen ihren Bildungsauftrag so erfüllen, daß Eltern nicht unzumutbar mit Nachhilfe belastet werden.

Die bisherige Möglichkeit der Freistellung zur Pflege von erkrankten Kindern im Alter bis zu acht Jahren ist auf Kinder im Alter bis zu 14 Jahren auszudehnen und auf zwei Wochen jährlich zu erweitern. Während der Freistellung ist das volle Arbeitsentgelt zu zahlen.

Elternbildungsmaßnahmen mit der Möglichkeit der Kinderbetreuung sind verstärkt zu fördern. Sie müssen nach den bestehenden Bildungsurlaubsgesetzen als förderungswürdig anerkannt werden, damit eine Freistellung leichter ermöglicht werden kann. Eine bundeseinheitliche Regelung ist anzustreben.

(Auszug aus: Forderungen des DGB zur Durchsetzung der gleichen Rechte und Chancen für Frauen, 1982.)

(Vollmer)

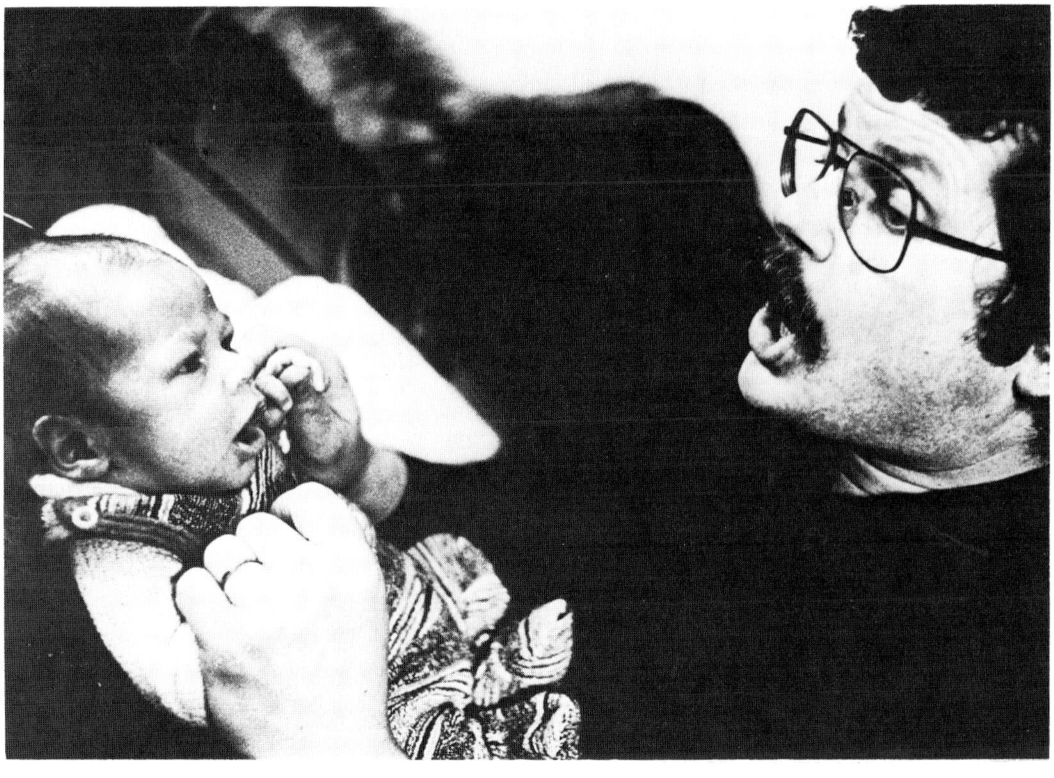

Arbeitgeberargumente gegen die 35-Stunden-Woche auf dem Prüfstand

Von Arbeitgeberseite wird immer wieder eingewandt, die 35-Stunden-Woche schaffe keine Arbeitsplätze, sondern fördere nur Rationalisierung und Leistungsintensivierung. Arbeitsplätze würden dadurch eher vernichtet, und der Beschäftigungseffekt verpuffe. Richtig an dieser Argumentation ist erst einmal der Tatbestand, daß die Unternehmen versuchen werden, den beabsichtigten Effekt der Arbeitszeitverkürzung, nämlich Sicherung und Schaffung von Arbeitsplätzen, zu unterlaufen. An einem Abbau der Arbeitslosigkeit ist ihnen nicht gelegen. Die Frage ist nur, ob und inwieweit es ihnen in der Praxis gelingt, die Beschäftigungswirkungen der Arbeitszeitverkürzungen zu umgehen. Ganz offensichtlich sind die Arbeitgeber dabei selbst sehr skeptisch, denn warum sonst wehren sie sich so vehement gegen die 35-Stunden-Woche? Wenn sich die Beschäftigungswirkungen durch Rationalisierung und Leistungsintensivierung ausgleichen ließen, entstünden nur betriebliche Vorteile und keinerlei zusätzliche Lohnkosten. Dies ist aber nachweislich nicht der Fall.

Die Gewerkschaften gehen davon aus, daß es den Arbeitgebern gelingen wird, den Beschäftigungseffekt der Arbeitszeitverkürzung zu 30 Prozent bis maximal 50 Prozent versickern zu lassen. Hohe Beschäftigungseffekte werden in der wissenschaftlichen Diskussion kaum bestritten und werden durch Untersuchungen über die Auswirkungen der Arbeitszeitverkürzung in der Vergangenheit bestätigt. Der „Sickerverlust" gilt für jede Form der Arbeitszeitverkürzung, für die Wochenarbeitszeitverkürzung wie auch für die Herabsetzung der Altersgrenze. Für die 35-Stunden-Woche bedeutet dies, daß sich der rechnerische Beschäftigungseffekt vermindert, er beträgt aber mindestens noch die Hälfte von 2,8 Millionen – also 1,4 Millionen. Dabei muß berücksichtigt werden, daß Neueinstellungen in den Betrieben erforderlich werden, deren Beschäftigungslage gut ist. Wollen sie ihren Produktionsstand halten, müssen mehr Menschen beschäftigt werden. In den Betrieben, die wegen der Rationalisierung oder der schlechten Absatzlage Arbeitsplätze abbauen wollen, liegt der Beschäftigungseffekt darin, daß Entlassungen vermieden werden. Arbeitszeitverkürzung sichert hier Arbeitsplätze, die ansonsten vernichtet worden wären.

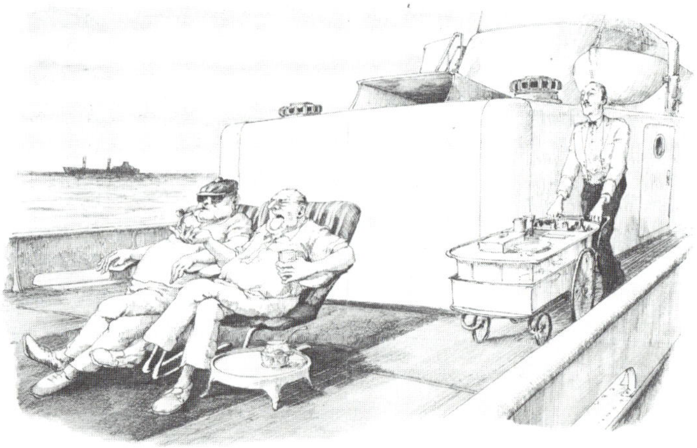

„Die Scheiße ist doch, daß die Leute glauben, wir leben von ihrem Geld", Kurt Halbritter

Rationalisierung ist keine Folge von Arbeitszeitverkürzung

Der Sickerverlust der Arbeitszeitverkürzung gibt das Ausmaß der betrieblichen Gegenreaktionen an. Hierbei gilt es jedoch genau zu unterscheiden: Es ist zu untersuchen, ob durch Arbeitszeitverkürzung zusätzliche, sonst nicht geplante Rationalisierungsinvestitionen und Maßnahmen der Leistungsintensivierung bewirkt werden. Es geht also nicht um die ohnehin laufende Rationalisierung und Leistungsintensivierung. Und diese laufende Rationalisierung und Leistungsintensivierung vollzieht sich ja völlig unabhängig von der Arbeitszeitverkürzung. Der 8-Stunden-Tag besteht seit über 65 Jahren, die 40-Stunden-Woche seit nahezu 20 Jahren. Die Arbeitszeitverkürzung ist also nicht der Anlaß für die Rationalisierungswelle, sondern die Unternehmen zielen so oder so darauf ab, die Lohnkosten zu senken und die Arbeitskraft maximal auszunutzen, um die Gewinne zu erhöhen.

Es wäre ein Irrglaube, zu meinen, daß durch einen Verzicht auf die 35-Stunden-Woche die arbeitsplatzvernichtenden Rationalisierungsmaßnahmen verhindert werden können. Rationalisierungsinvestitionen werden mittelfristig geplant, sie werden den Unternehmern durch die Konkurrenz untereinander aufgezwungen. Ob es um den Robotereinsatz in der Automobilindustrie geht, um die Einführung von Textautomaten in den Büros, um die Einführung des vollautomatisierten Bank- oder Postschalters – durch die Arbeitszeitverkürzung würden diese Investitionen allenfalls zeitlich etwas vorgezogen, sie werden aber unweigerlich durchgeführt. Man könnte auch die theoretische Frage stellen, was denn die Folge einer gleichbleibenden Arbeitszeit oder gar Arbeitszeitverlängerung wäre? Auch dann würden Rationalisierungsinvestitionen nicht unterlassen und erst recht nicht zurückgenommen. In Japan z. B. herrscht eine längere Wochenarbeitszeit als in der Bundesrepublik, dennoch werden dort weit mehr Roboter eingesetzt und die technologische Entwicklung noch schneller vorangetrieben als hierzulande.

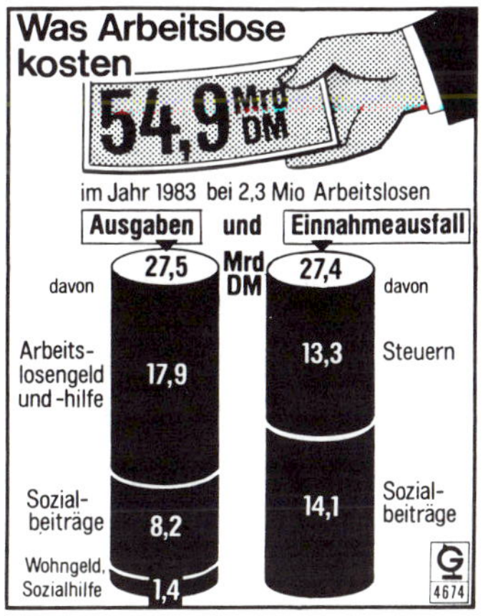

Was gültig ist muß nicht endgültig sein (Liselotte Rauner)

Droht eine weitere Leistungsintensivierung?

Vor allem die Angst vor einem noch weiteren Andrehen der Leistungsschraube beherrscht viele Diskussionen um die Arbeitszeitverkürzung. Werden die Arbeitgeber so reagieren, daß die „alte" Belegschaft in 35 Stunden dieselbe Arbeit wie früher in 40 Stunden erledigt? Zu überprüfen ist also auch hier, ob der Leistungsdruck zusätzlich, d. h. sonst nicht geplant, verschärft wird. Bei dieser Frage darf der Tatbestand nicht aus den Augen gelassen werden, daß es ja vor allem der Druck der Massenarbeitslosigkeit ist, der es den Arbeitgebern gestattet, in den Betrieben und Verwaltungen die Arbeitsintensität ständig zu erhöhen. Die Unternehmen setzen auf die Angst der Beschäftigten vor dem Verlust ihres Arbeitsplatzes, sie setzen – nicht ohne Erfolg – darauf, daß sich kein Widerstand regt. Die 35-Stunden-Woche mit ihren hohen Beschäftigungseffekten trägt aber gerade zu einer Entspannung der Lage auf dem Arbeitsmarkt bei und vermindert insofern den betrieblichen Leistungsdruck.

Die Frage, ob durch Arbeitszeitverkürzung zusätzliche Leistungsverdichtungen erzwungen werden können, läßt sich überdies nicht allgemein beantworten. Maßgeblich dafür ist die Art der Tätigkeit. Eine Reihe von Tätigkeiten sind zeitgebunden und nicht beliebig intensivierbar: Bei Schalterdiensten, Busfahrern, Pförtnern, Kontrolltätigkeiten usw. kann nicht einfach „schneller" gearbeitet werden. Auch bei technisch gebundenen Tätigkeiten, beispielsweise in der Stahlindustrie oder in der chemischen Industrie, muß jede Ausfallzeit voll ersetzt werden. Ähnliches gilt für fast alle vollkontinuierlich arbeitenden Anlagen, die ohnehin nur noch von einer Mindestbesetzung gefahren werden. Im Leistungslohnbereich, also bei Akkord- und Prämienlöhnen ist eine Leistungsverdichtung ebenfalls nicht ohne weiteres möglich. Die Betriebe könnten versuchen, Vorgaben, Verteilzeiten und Erholzeiten zu kürzen. Hier sind aber in den Tarifverträgen zumeist handfeste Schutzbestimmungen vorhanden, die der Betriebsrat nutzen kann.

Größere Intensivierungsmöglichkeiten dürften hingegen noch bei den Zeitlöhnern und bei den Angestellten bestehen. Die Arbeitgeber werden versuchen, die Beschäftigten unter einen „stummen" Zwang zu setzen, darauf vertrauend, daß auch ohne Neueinstellung die Arbeit erfüllt wird. Diese Gefahr ist sicherlich nicht auszuschließen. Allerdings muß auch gesehen werden, daß die Personalbemessung bereits jetzt extrem knapp gehalten ist. Entscheidend wird aber sein, welchen Widerstand die Betroffenen selbst und die Betriebsräte den betrieblichen Leistungsanforderungen entgegenstellen. Die Umsetzung der Arbeitszeitverkürzung im Betrieb wird zur zweiten, und nicht weniger wichtigen Auseinandersetzung nach Abschluß eines Tarifvertrages. Die Umgehungsmöglichkeiten der Unternehmen werden dabei um so geringer sein, je massiver die Arbeitszeit verkürzt wird. Deshalb ist es auch notwendig, die 35-Stunden-Woche möglichst in einem Schub durchzusetzen.

Die betrieblichen Erfahrungen mit der zunehmenden Leistungsverdichtung in allen Tätigkeitsbereichen haben den Gewerkschaften gezeigt, daß es unumgänglich wird, die Arbeits- und Leistungsbedingungen tariflich umfassend zu regeln. Diese Aufgabe stellt sich unabhängig von der Arbeitszeitverkürzung; denn auch wenn die 40-Stunden-Woche weiter gelten würde, muß damit gerechnet werden, daß die noch bestehenden Leistungsreserven ausgenutzt werden und der Arbeitsdruck erhöht wird. Je besser die Kontrolle der Leistungsbedingungen allerdings gelingt, um so größer ist die beschäftigungspolitische Wirkung der Arbeitszeitverkürzung.

Eine wirkungsvolle Einflußnahme auf die Arbeits- und Leistungsbedingungen kann vor allem erreicht werden durch:

- Leistungsobergrenzen;
- Stellenpläne und Stellenbesetzungsregelungen;
- tarifliche oder gesetzliche Mitbestimmungsrechte in allen Fragen der Arbeitsorganisation.

(Rose)

Begrenzung der Mehrarbeit – kein Ausgleich der Arbeitszeitverkürzung durch Überstunden!

Wenn es gelänge, die Überstunden abzubauen, die derzeit in allen Bereichen der Wirtschaft geleistet werden, könnte die Arbeitslosigkeit beachtlich verringert werden. Rein rechnerisch entspricht die Gesamtzahl der geleisteten Überstunden einer Zahl von rund einer Million Beschäftigten. Schon diese Zahl macht deutlich: Überstundenabbau ist ein wichtiger Aspekt der Arbeitszeitverkürzung. Erst recht stellt sich die Aufgabe, wenn die Gefahr droht, daß nach einer Arbeitszeitverkürzung die Überstunden ausgeweitet werden. Die Unternehmer könnten diesen Weg wählen, um die ausgefallenen Arbeitsstunden zu ersetzen, ohne daß Neueinstellungen notwendig werden. Der Beschäftigungseffekt der Arbeitszeitverkürzung wäre zwar gegeben und wird nicht durch Rationalisierung oder Leistungsintensivierung zunichte gemacht. Er äußert sich aber nicht in der Beschäftigung von mehr Arbeitskräften, sondern in einer trotz Arbeitszeitverkürzung gleichbleibenden oder gar höheren Stundenzahl der bereits Beschäftigten. Dadurch würde das Ziel der Arbeitszeitverkürzung verfehlt. Und für die Arbeits- und Lebensbedingungen der Arbeitnehmer träte sogar eine weitere Verschlechterung ein.

Allerdings ist nicht zu erwarten, daß die Betriebe tatsächlich den Beschäftigungseffekt einer Arbeitszeitverkürzung voll in Überstunden auffangen werden und können. Es handelt sich mehr um eine kurzfristige Reaktionsmöglichkeit. Langfristig folgt die tatsächliche Arbeitszeit im wesentlichen der tariflich festgelegten Arbeitszeit; die absolute Zahl der Überstunden hat sich in der Vergangenheit durch Arbeitszeitverkürzung nicht erhöht, die Beschäftigungswirkung ist eingetreten. Aber die Zahl der Überstunden hat sich auch nicht verringert. Es stellt sich daher für die Gewerkschaften auf jeden Fall die Aufgabe, die Überstunden abzubauen. Natürlich gibt es Situationen, in denen aus betrieblichen Gründen Mehrarbeit unvermeidlich ist. Aber diese Ausnahmesituationen dürfen nicht zum Regelfall der betrieblichen Personalpolitik werden. Die gegenwärtige Überstundenpraxis ist geradezu absurd: 1982 wurden die meisten Überstunden im Schiffbau (mit 3,8 Stunden pro Woche) und im Stahl- und Leichtmetallbau (mit 3,2 Stunden pro Woche) geleistet. Dort, wo es am wenigsten Arbeit gibt, ist die Überstundenzahl besonders hoch.

Zur Lösung des Überstundenproblems muß die Arbeitszeitordnung geändert werden. Sie stammt noch aus dem Jahr 1938 und legt die wöchentliche Höchstarbeits-

Aus: DGB Broschüre Arbeitszeit

Mehrarbeit und registrierte Arbeitslosigkeit

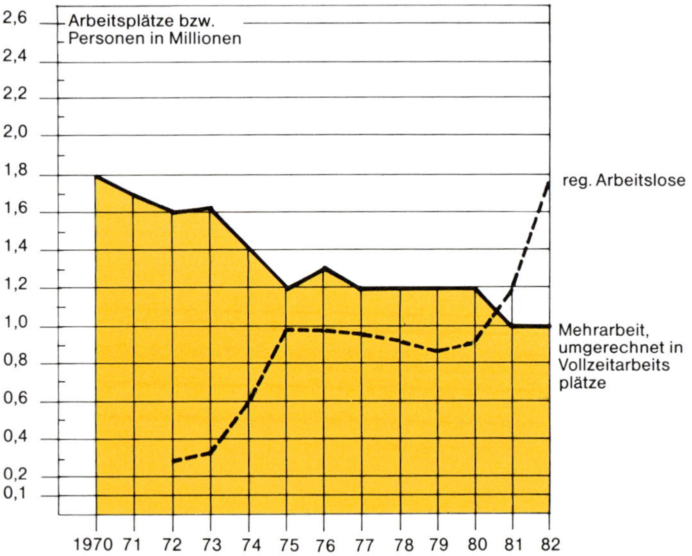

zeit auf 48 Stunden fest. Sie läßt darüber hinaus Mehrarbeit in großzügiger Weise zu. Schon seit vielen Jahren fordern die Gewerkschaften deshalb ein neues Arbeitszeitgesetz, das die Höchstgrenze der zulässigen Arbeit auf neun Stunden am Tag und 45 Stunden in der Woche festlegt. Ausnahmen sollen nur zugelassen werden, wenn die Tarifvertragsparteien sie vereinbart haben.

Allerdings gibt es politisch-parlamentarisch keine Mehrheiten für dieses Gesetz. Schon die sozial-liberale Koalition wollte sich dazu nicht durchringen, und die konservativ-rechtsliberale Koalition hat sogar vor, die Arbeitszeiten und Überstunden noch weiter zu flexibilisieren.

Deswegen muß der Skandal der Überstunden tarifvertraglich angegangen werden. Die IG Metall hat alle tariflichen Bestimmungen zur Mehrarbeit im Zusammenhang mit der 35-Stunden-Woche zum Jahresende 1983 gekündigt. Ziel ist: Festlegung tariflicher Höchstgrenzen und Freizeitausgleich für Mehrarbeit. Anknüpfend an die vorhandenen Tarifverträge sollen entsprechende Bestimmungen in den Bezirken überlegt werden, beispielsweise:

„Die Mehrarbeit ist möglichst zu vermeiden. Nur bei dringenden betrieblichen Erfordernissen darf der Betriebsrat der Anordnung von Überstunden zustimmen. Die dringenden betrieblichen Erfordernisse müssen vom Arbeitgeber in jedem Fall nachgewiesen werden.

Mehrarbeit ist täglich nur bis zu einer Stunde, wöchentlich bis zu sieben Stunden über der regelmäßigen tariflichen Arbeitszeit zulässig. Sie ist höchstens vier Wochen hintereinander und dreimal im Jahr zulässig.

Mehrarbeit muß grundsätzlich durch Freizeit ausgeglichen werden. Der Freizeitausgleich ist innerhalb von vier Wochen nach Anfall der Überstunden möglichst im Zusammenhang zu gewähren."

Das Deutsche Institut für Wirtschaftsforschung
in einem Gutachten von 1963,
erstellt im Auftrag
des damaligen Bundeswirtschaftsministers
Ludwig Erhard (CDU):

„Es sollte dafür Sorge getragen werden, daß Arbeitszeitverkürzungen im Zeitpunkt konjunktureller Flauten bevorzugt durchgeführt werden, wobei der volle Lohnausgleich garantiert sein muß."

Aus: „Frankfurter Rundschau"
vom 17. Oktober 1983

Die 35-Stunden-Woche mit vollem Lohnausgleich ist finanzierbar!

„Die 35-Stunden-Woche mit vollem Lohnausgleich ist nicht finanzierbar, zerstört die Leistungskraft der Betriebe und gefährdet die internationale Wettbewerbsposition der deutschen Wirtschaft." So oder ähnlich lautet das verbreitetste Unternehmerargument. Geradezu gigantische Kostenbelastungen werden an die Wand gemalt: „Für die einzelnen Betriebe ergibt sich eine Verteuerung von 16,5 Prozent bis 20,5 Prozent" (Bundesvereinigung der Deutschen Arbeitgeberverbände). Bislang haben die Unternehmerverbände keine Kosten gescheut, in Anzeigen, Broschüren, Flugblättern diese Horrorzahlen zu verbreiten. Doch dadurch werden sie nicht wahrer. Zunächst verwickeln sich die Arbeitgeber in einen Widerspruch: Er ergibt sich aus ihrem vorangegangenen Argument, daß Arbeitszeitverkürzung angeblich zu keinerlei Beschäftigungseffekten führe. Doch wenn Arbeitszeitverkürzung ohne jede Beschäftigungswirksamkeit verpufft, dann kostet sie auch nichts. Wenn sie aber etwas kostet, und zwar wegen des erforderlichen zusätzlichen Personalbedarfs, dann hat sie auch Beschäftigungseffekte!

Aus gewerkschaftlicher Sicht ist unbestritten, daß Arbeitszeitverkürzung nicht kostenlos zu haben ist, weil nämlich Personalzusatzbedarf entsteht und der volle Lohnausgleich sichergestellt werden muß. Nur bei vollem Lohnausgleich bleibt die wirtschaftliche Kaufkraft erhalten, nur so kann – gerade in der konjunkturellen Krise – die Arbeitszeitverkürzung ihre arbeitsplatzsichernde und -schaffende Wirkung voll entfalten. Bei einem Verzicht auf Lohnausgleich würde der damit verbundene Nachfrageausfall die Arbeitsmarktentlastung wieder zunichte machen.

Der Lohnausgleich ist auch deswegen unverzichtbar, weil die Lebenslage der Arbeitnehmer und ihrer Familien eine Einkommenssenkung nicht zuläßt: Seit drei Jahren mußten Realeinkommensverluste hingenommen werden, weil die Inflationsrate und die Steuer- und Beitragsabzüge die Lohnzuwächse aufgefressen haben. Außerdem wurden öffentliche Sozialleistungen drastisch zusammengestrichen, und auch betriebliche Zusatzleistungen wurden gekürzt. 1981 lagen die Nettoeinkommen bei den Männern zu 68,4 Prozent (Arbeiter) bzw. 30,1 Prozent (Angestellte) unter 1 800 DM im Monat. Bei den Frauen erhielten 98,6 Prozent (Arbeiterinnen) und 98,2 Prozent (Angestellte) weniger als 1 800 DM Nettoeinkommen im Monat. Es fragt sich, wer von denen, die Arbeitszeitverkürzung ohne Lohnausgleich empfehlen, weiß eigentlich, was Arbeitnehmer in der Bundesrepublik verdienen?

35-Stunden-Woche mit vollem Lohnausgleich, das heißt: Nach der Verkürzung der Arbeitszeit bleibt das Bruttomonatseinkommen bei den Angestellten gleich bzw. der Bruttostundenverdienst bei den Arbeitern steigt entsprechend der Arbeitsstundenverringerung. Damit ist das nominale Einkommen gesichert. Aber der Ausgleich für die Preissteigerungen ist noch nicht erreicht. Dies ist und bleibt die Aufgabe der tariflichen Lohn- und Gehaltspolitik, über die allerdings nicht unabhängig von der Arbeitszeitverkürzung verhandelt wird. Der Lohnausgleich und der Inflationsausgleich werden zusammen, im Paket aller Forderungen, verhandelt.

Die 35-Stunden-Woche mit vollem Lohnausgleich hat für das Unternehmen zur Folge, daß die Lohn- und Gehaltssumme für die „alten" Beschäftigten unverändert bleibt. Zwar steigt der Stundenlohnsatz um 14,3 Prozent – aber die Lohnsumme erhöht sich nicht. Zusätzlich finanziert werden müssen hingegen die Lohnkosten für die neu eingestellten Beschäftigten, die zur Aufrechterhaltung der Produktion benötigt werden. Da aber die Wo-

Die Wirklichkeit widerlegt Arbeitgeberargumente

2. Löhne und Beschäftigung

Der Unternehmerverband „Gesamtmetall" hat behauptet

- Die realen Arbeitseinkommen müßten schrumpfen, damit die Beschäftigung steigen kann.
- Der Rückgang der Reallöhne wäre Voraussetzung für die Zunahme der Beschäftigtenzahl.

Die Tatsachen:

- Wenn die Realeinkommen der Arbeitnehmer stiegen, sind auch die Beschäftigtenzahlen gestiegen.
- Wenn die Realeinkommen der Arbeitnehmer sanken, wurden die Beschäftigtenzahlen stark vermindert.

Reallohn und Beschäftigung in der Metallverarbeitung (Veränderung gegen Vorjahr in Prozent)

	Reallohn je Beschäftigten	Zahl der Beschäftigten
79	+ 2,3	+ 0,9
80	+ 1,8	+ 1,2
81	– 0,4	– 1,5
82	– 1	– 2,3

Der Beweis:
In der Metallverarbeitung stiegen 1979 und 1980 die Reallöhne jeweils um rund 2 Prozent; fast 80 000 Arbeitsplätze wurden geschaffen. 1981 und 1982 sind die Reallöhne um mehr als ein Prozent gesunken; 145 000 Arbeitsplätze wurden vernichtet.

Fazit: Lohnverzicht schafft keine Arbeitsplätze.

IG Metall

chenarbeitszeitverkürzung von fünf Stunden wegen der betrieblichen Gegenreaktionen nicht vollständig beschäftigungswirksam wird, verringert sich die Summe der Löhne und Gehälter für die Neueingestellten. Wenn Neueinstellungen nicht zu 100 Prozent der ausgefallenen Arbeitszeit erfolgen, sondern nur zu 50 oder 66 Prozent, vermindert sich der Steigerungssatz für die zusätzlichen Personalkosten auf 6,7 bis 9,6 Prozent. Man kann also nicht den Sickereffekt der Arbeitszeitverkürzung bei der Kostenrechnung vernachlässigen. Oder anders herum: Die angestrebte hohe Beschäftigungswirksamkeit ist teurer als eine Beschäftigungswirksamkeit von nur 50 Prozent.

Können die Unternehmen die Belastung von 6,7 bis 9,6 Prozent nicht tragen? Bedeutet dies den finanziellen Ruin, das Ende der internationalen Konkurrenzfähigkeit?

Zunächst einmal kann festgehalten werden, daß Arbeitszeitverkürzungen ohne Einfluß auf das Kostenniveau des Unternehmens bleiben, wenn das Tempo der Arbeitszeitverkürzung der Produktivitätsentwicklung folgt. Denn der Zuwachs der Arbeitsproduktivität beruht ja auf dem Tatbestand, daß durch die Rationalisierung bei sinkendem Personalaufwand die gleiche Menge an Produktion und Umsatz entsteht. Die Lohnstückkosten sinken, der Gewinn steigt. Bei Arbeitszeitverkürzung im Tempo der Produktivitätsentwicklung wachsen nun die Lohngesamtkosten genau so stark wie Produktion, Umsatz und Gewinn. Die Lohnstückkosten bleiben unverändert, und die Lohnstückkosten sind entscheidend für die Lohnkostenbelastung der Unternehmen. Es ergeben sich im Unternehmen also keine finanziellen Veränderungen – das Verhältnis von Löhnen und Gewinnen wird nicht berührt.

Wenn man die wahrscheinlichen Steigerungsraten der Arbeitsproduktivität zugrunde legt (3,0 bis 3,5 Prozent je Jahr) und zugleich berücksichtigt, daß die Verkürzung der Arbeitszeit zu einer gewissen Beschleunigung der Produktivitätsentwicklung führt, dann könnte die 35-Stunden-Woche in der gesamten Volkswirtschaft in 2,5 bis 3 Jahren durchgesetzt werden, ohne daß sich in den Unternehmen das Lohnkostenniveau verschiebt. In früheren Jahren wurde dieser Produktivitätszuwachs zur Erhöhung der Realeinkommen ausgeschöpft. Unabhängig davon kann und muß der Preisanstieg ausgeglichen werden. Die Anpassung der Löhne und Gehälter an den Preisanstieg läßt die Kostenrelationen ebenfalls unverändert, denn die Unternehmen erzielen durch die erhöhten Preise auch erhöhte Umsätze und Gewinne.

Die Durchsetzung der Arbeitszeitverkürzung muß sich jedoch keinesfalls daran orientieren, daß das Lohnkostenniveau unverändert bleibt. Die 35-Stunden-Woche soll möglichst in einem Schritt durchgesetzt werden. Dafür bedarf es auf der Finanzierungsseite einer Umverteilung zwischen Löhnen und Gewinnen. Dies ist auch überfällig, denn in den letzten Jahren sind die Gewinne weit stärker als die Löhne gestiegen. Die Erhöhung der Arbeitsproduktivität wurde von der Tarifpolitik nicht mehr ausgeschöpft, profitiert haben davon allein die Bilanzen der Unternehmen. Lohnverzicht war gleichbedeutend mit Gewinnsteigerung:

Die Einkommen aus Unternehmertätigkeit und Vermögen nach Steuerabzug haben sich 1982 um 7,1 Prozent und 1983 um 14 Prozent erhöht; die Einkommen der Arbeitnehmer nach Steuer- und Beitragsabzug aber nur um 2,9 Prozent bzw. 2,0 Prozent

Regelmäßig wird argumentiert, Opfergänge bei der Lohnpolitik seien notwendig, um die Arbeitslosigkeit zu verringern. Der Glaubenssatz lautet: Höhere Gewinne führen zu mehr Investitionen und damit zu mehr Arbeitsplätzen. In der Wirklichkeit ist jedoch die Arbeitslosigkeit gestiegen! Das kann nicht verwundern, denn ein immer kleinerer Teil der Gewinne wird für Investitionen verwendet. Der größte Teil der Gewinne wird anderweitig angelegt: Für Wertpapierkäufe im Ausland, weil dort hohe Zinsen winken, für Devisenspekulationen, für Unternehmensbeteiligungen – nur nicht für die Schaffung von Arbeitsplätzen.

Im Zusammenhang mit dem Kostenargument wird immer wieder vorgetragen, die Arbeitszeitverkürzung gefährde die Konkurrenzfähigkeit der Wirtschaft auf dem Weltmarkt. Tatsache ist hingegen, daß die Bundesrepublik im Außenhandel seit Jahren geradezu gigantische Exportüberschüsse erzielt. Und bei der Arbeitsproduktivität liegt die Bundesrepublik an der Spitze. Entscheidend für die Wettbewerbsfähigkeit sind ja nicht die Stundenlöhne, sondern die Lohnstückkosten, d. h. die Lohnkosten je Produkteinheit. Wäre dies anders, so stünden Niedriglohnländer aus Afrika oder Asien im Welthandel besser als die Bundesrepublik da. Aber genau das Gegenteil ist der Fall. Und bezogen auf Japan und die USA läßt sich feststellen, daß in diesen Ländern von 1975 bis 1982 die Lohnstückkosten durchschnittlich um 6,1 Prozent bzw. 7,6 Prozent je Jahr stiegen – in der Bundesrepublik aber nur um 4,1 Prozent.

Während die Unternehmerverbände und die ihnen verpflichteten Wissenschaftler alle möglichen Kostenbelastungen als Argument gegen die 35-Stunden-Woche anführen, wird ein Kostenfaktor prinzipiell verschwiegen. Nicht erwähnt werden die unübersehbaren finanziellen, sozialen und psychischen Kosten der Massenarbeitslosigkeit. Das Schicksal jedes einzelnen Arbeitslosen verschwindet hinter der Finanzierungsargumentation. In den betrieblichen Kostenrechnungen tauchen die Arbeitslosen nicht auf; was für die Unternehmer zählt, sind die maßlos übertriebenen Kostenwirkungen der Arbeitszeitverkürzung. Die gesamtgesellschaftlichen Kosten der Arbeitslosigkeit müssen hingegen von den Steuer- und Beitragszahlern getragen werden: 1983 entstanden durch die Arbeitslosigkeit Kosten von rund 55 Milliarden DM durch die laufenden Unterstützungsleistungen und Steuer- und Beitragsausfälle.

Zeitungsanzeige der Arbeitgeber

„Tabu"-Katalog der Bundesvereinigung der Deutschen Arbeitgeberverbände (Auszug)

Dokument 94

Das Wachstum des Sozialprodukts wird in den nächsten Jahren ausschließlich vom Produktivitätsfortschritt getragen. Nachdem bis Ende des Jahres 1974 für mehr als 80 Prozent der Arbeitnehmer die 40-Stunden-Woche vereinbart wurde, ist eine weitere Reduzierung des Arbeitsvolumens durch Verkürzung der Wochenarbeitszeit unter 40 Stunden keinesfalls zu verantworten.

Die Frage der Urlaubsverlängerung steht in engem Zusammenhang mit dem Problem der Arbeitszeitverkürzung. In keinem Fall darf die 6-Wochen-Grenze überschritten werden.

Vielfach versuchen die Gewerkschaften, durch die Einführung zusätzlicher Pausen eine Verkürzung der wöchentlichen Arbeitszeit durchzusetzen. Zusätzliche bezahlte Pausen können auf eine generelle Unterschreitung der 40-Stunden-Woche hinauslaufen und begegnen dann den „Grenzen der Arbeitszeitverkürzung".

Tarifvertragliche Regelungen sind abzulehnen, die für Arbeitnehmer unter normalen Arbeitsbedingungen die Dauer und die Voraussetzungen für eine Verlängerung der täglichen Arbeitszeit durch Mehrarbeit bis 10 Stunden oder der wöchentlichen Arbeitszeit bis 50 Stunden einschränken.

Unternehmerstrategie gegen die 35-Stunden-Woche: Flexible Arbeitszeiten

Den Forderungen der Gewerkschaften, angesichts der dramatischen Arbeitsmarktlage massive Arbeitszeitverkürzungen durchzusetzen, setzen die Arbeitgeber nicht länger ein absolutes Nein entgegen. Mit einer solchen Verweigerungshaltung würden sie auf Unverständnis in der Öffentlichkeit stoßen, denn der Aussage, daß durch Wachstum allein die Arbeitslosigkeit nicht in den Griff zu bekommen ist, wird kaum noch widersprochen. So haben die Arbeitgeber ein Gegenkonzept zur tarifvertraglichen Wochenarbeitszeitverkürzung entwickelt: Arbeitszeitflexibilisierung oder „Arbeitszeit nach Maß" durch flexible Arbeitszeitgestaltung lautet die Parole. Dieses Konzept wird offensiv vertreten und mit eingängigen, populären Begründungen schmackhaft gemacht: Angestrebt wird, so die Verlautbarungen, eine Überwindung der gegenwärtigen starren Arbeitszeiten, die in ihrer Dauer und Lage den jeweiligen Wünschen und Bedürfnissen der Menschen so wenig entsprechen. Flexible Arbeitszeiten hingegen kommen den persönlichen Bedürfnissen der Arbeitnehmer entgegen, liegen zugleich auch im Interesse der Betriebe und führen außerdem zu einer Entlastung des Arbeitsmarktes. Ohne Zweifel wirkt dieses Konzept verlockend: Gleich mehrere Fliegen lassen sich mit einer Klappe schlagen, und alle die von den Unternehmern befürchteten Nachteile der tarifvertraglichen Wochenarbeitszeitverkürzung werden vermieden. Der Vorschlag setzt an den Arbeitszeitinteressen der Arbeitnehmer an. Kaum eine Woche vergeht, ohne daß nicht eine neue (von den Arbeitgebern finanzierte) Umfrage veröffentlicht wird, in der von einer völligen Übereinstimmung des Vorschlags mit den Arbeitnehmerwünschen berichtet wird. Dies muß skeptisch machen. Seit wann kümmern sich denn eigentlich die Unternehmer –

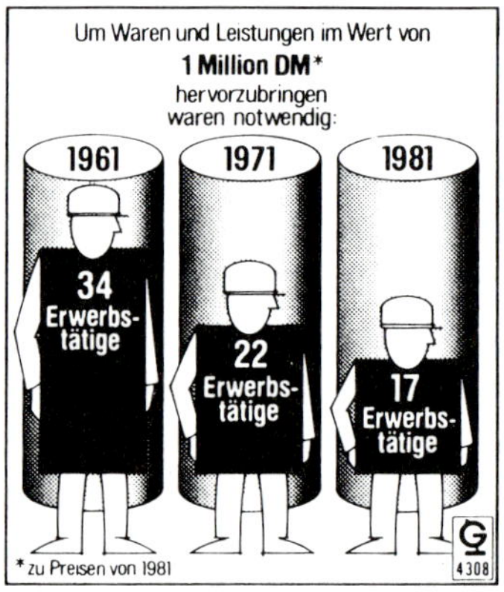

so muß gefragt werden – um das Wohlergehen der Arbeitnehmer? Seit wann herrschen in einer kapitalistischen Wirtschaft paradiesische Zustände, in denen sich die Arbeitszeiten nach den persönlichen Interessen der Beschäftigten ausrichten? Oder gibt es plötzlich eine Interessenharmonie zwischen Arbeit und Kapital, von der nur die Gewerkschaften, die auf die 35-Stunden-Woche festgelegt sind, noch nichts gemerkt haben? Zur Beantwortung dieser Fragen ist es notwendig, sich näher und differenzierter mit dem Konzept der flexiblen Arbeitszeiten zu beschäftigen. In der öffentlichen Diskussion wird nämlich alles und jedes darunter verstanden, und mit dieser Verschwommenheit eines so positiv klingenden Begriffes arbeiten die Unternehmer.

Bereits heute ist die Arbeitszeit flexibel – zu Lasten der Arbeitnehmer

Arbeitszeitflexibilisierung besagt, daß sowohl die Dauer als auch die Lage der Arbeitszeit nicht festgelegt sind, sondern jeweils unterschiedlich, in vielen Variationen flexibel gestaltet sein können. Was hier als Zukunftskonzept so intensiv angepriesen wird, ist aber keine reine Propagandaformel, es existiert bereits. Schon ein kurzer Blick auf die betriebliche Arbeitszeitgestaltung zeigt, daß von einer starren tariflichen Arbeitszeitbestimmung der 40-Stunden-Normalarbeitswoche und des 8-Stunden-Normalarbeitstages überhaupt keine Rede sein kann. Im Gegenteil gibt es in der betrieblichen Praxis vielfältige Formen flexibler Arbeitszeitgestaltung. Das Problem liegt gerade darin, daß Tarifverträge und gesetzliche Bestimmungen in der Frage der Verteilung der tariflichen Normalarbeitszeit einen sehr weiten Spielraum lassen. Angesprochen sind hier vor allem Mehrarbeit, Kurzarbeit und Schichtarbeit:

– Im Rahmen der geltenden Arbeitszeitordnung sind Wochenarbeitszeiten bis zu 72 Stunden zulässig. Tarifvertragliche Vereinbarungen begrenzen zwar die Mehrarbeit, schließen sie aber nicht aus. Mehrarbeit wird von den Unternehmen eingesetzt, um flexibel auf Produktions- und Absatzschwankungen zu reagieren. Neueinstellungen oder Personalreserven werden dadurch vermieden.
– Auch die Kurzarbeit hat eine hohe Bedeutung für die flexible Gestaltung des Personaleinsatzes. Häufig kommt es in den Betrieben sogar zu einem Wechselbad von Kurzarbeit und Mehrarbeit.
– Bei Schicht- und Nachtarbeit weicht die Lage der Arbeitszeit vom Normalarbeitstag ab. Die Betriebs- und Produktionszeit beträgt nicht nur acht Stunden, sondern im Extremfall bis zu 24 Stunden ununterbrochen jeden Tag (vollkontinuierliche Wechselschicht). Der Personaleinsatz hat sich diesen Produktionserfordernissen anzupassen. In den vergangenen Jahren ist die Zahl der Schichtarbeiter ständig angestiegen. Heute liegt sie bei 3,5 Millionen. Ausschlaggebend dafür war das unternehmerische Bestreben, Maschinen und Anlagen durch Ausdehnung der Betriebszeit immer besser auszulasten und dadurch die Gewinne zu erhöhen. Normalerweise wird die Schichtzeit von acht Stunden nicht unterbrochen. Verbreitet, vor allem im Hotel- und Gastgewerbe, ist aber auch der Teilschichtdienst. Der Personaleinsatz wird hier auf Spitzenbedarfszeiten konzentriert, indem die Beschäftigten z. B. nach der Hauptgeschäftszeit am Mittag ihre Arbeit für mehrere Stunden unterbrechen, um dann vom späten Nachmittag bis in die späten Abendstunden hinein zu arbeiten.

All diese Formen der bereits praktizierten Flexibilität des Normalarbeitstages lassen erkennen, daß die Festlegung der Arbeitszeit im Arbeitgeberinteresse bestimmt und genutzt wird. Für die betroffenen Arbeitnehmer ergeben sich nachteilige Folgen – von Selbstbestimmung und Zeitsouveränität bleibt wenig übrig. Eine individuelle Lebensplanung auf der Grundlage berechenbarer und voraussehbarer Arbeitszeiten ist bei einem Wechselbad von Überstunden und Kurzarbeit nicht möglich. Und bezogen auf Schicht- und Nachtarbeit ist unbestritten, daß diese Arbeitszeitformen nicht nur krank machen, sondern auch den familiären, sozialen und kulturellen Interessen der Betroffenen grundlegend widersprechen. Arbeitsverhältnisse dieser Art werden nicht freiwillig eingegangen. Zu Zeiten steigender Massenarbeitslosigkeit kann sich aber der einzelne Arbeitnehmer und auch der einzelne Betriebsrat nur schwer gegen die Unternehmensinteressen wehren. Häufig lautet die Alternative: „Schichtarbeit oder überhaupt keine Arbeit".

Teilzeitarbeit

Die bedeutsamste Form der flexiblen Arbeitszeitgestaltung ist die Teilzeitarbeit. Während Mehrarbeit, Kurzarbeit und Schichtarbeit auf der Grundlage der tariflichen Normalarbeitszeit beruhen, weicht die Teilzeitarbeit von der kollektiven Arbeitszeitnorm von 40 Wochenstunden dauerhaft ab. Auf der Grundlage einzelvertraglicher Regelungen werden Arbeitsverhältnisse geschaffen, bei denen die Arbeitszeit weniger als 40 Wochenstunden beträgt und die Monatseinkommen entsprechend geringer ausfallen.

Teilzeitarbeit, das ist vor allem Frauenarbeit, denn die Quote teilzeitarbeitender Männer ist sehr gering. Rund ein Drittel aller abhängig beschäftigten Frauen arbeitete 1981 in Teilzeitarbeit. Es handelt sich dabei üblicherweise um die klassischen Halbtagstätigkeiten, die entweder vor- oder nachmittags erledigt werden, und bei denen der Arbeitsplatz häufig auf zwei Personen aufgeteilt ist. Die Statistik läßt eindeutig erkennen, daß sich Teilzeitarbeit nahezu durchgängig auf minderwertige, unqualifizierte Arbeitsplätze am unteren Rand der betrieblichen Hierarchie bezieht. Teilzeitarbeitsplätze sind körperlich und psychisch besonders belastend, sie weisen kaum Aufstiegschancen auf und konzentrieren sich auf die unteren Lohn- und Gehaltsgruppen. Die mit Teilzeitarbeit verbundenen geringen Einkommen schlagen sich in entsprechend niedrigen Lohnersatzleistungen nieder: Arbeitslosengeld und Rente liegen häufig unter dem Sozialhilfesatz. Extrem benachteiligt sind die Teilzeitarbeitsverhältnisse mit der sogenannten „geringfügigen Beschäftigung", sie unterliegen nicht der Sozialversicherungspflicht, so daß die Frauen am Ende ihres Arbeitslebens noch nicht einmal einen eigenständigen Anspruch auf Rente haben.

Den Arbeitgebern steht es innerhalb der weit gesteckten tariflichen und gesetzlichen Rahmenregelungen frei, Teilzeitarbeitsverhältnisse einzurichten. Mit dem vorhandenen Instrumentarium können die Gewerkschaften dies nicht beeinflussen; sie können weder entscheiden, ob Arbeitsplätze und Arbeitsverhältnisse angeboten werden, noch wie die Dauer der Arbeitszeit in diesem Arbeitsverhältnis einzelvertraglich gestaltet wird. Die Arbeitgeber verfügen damit über ein Angebotsmonopol. Und wenn sie Teilarbeitsplätze einrichten, dann nicht aus menschenfreundlichen Motiven, sondern weil für sie damit ökonomisch-finanzielle Vorteile verbunden sind. Die Vorteile sind beachtlich:

– Die durchschnittliche Arbeitsproduktivität steigt, da Fehlzeiten geringer sind. Der Arztbesuch wird halt auf die freie Zeit gelegt.

– Die Arbeitsproduktivität steigt auch deswegen, weil in der verkürzten Arbeitszeit die Leistungsintensität gerade bei den schlechtesten Arbeitsbedingungen, die sonst abgelehnt würden, zunimmt. Der biologische Rhythmus des Menschen von Leistungshochs und Leistungstiefs wird voll ausgenutzt. Untersuchungen haben z. B. ergeben, daß Teilzeitkräfte bis zu einem Drittel höhere Leistungen erbringen als Vollzeitkräfte.

– Je nach tariflicher Regelung entfallen bei Teilzeitarbeit tarifliche Ansprüche und

Schutznormen. Teilzeitarbeit wird infolge tarifpolitischer Versäumnisse für die Unternehmer billiger als Vollzeitarbeit.

Im Vergleich zu den in jeder Hinsicht benachteiligten üblichen Teilzeitarbeitsplätzen fallen Teilzeitarbeitsplätze in attraktiven, qualifizierten Tätigkeitsbereichen kaum ins Gewicht. Hier sind die Unternehmer weitaus zurückhaltender, nicht, weil dem technische oder organisatorische Gründe entgegenstehen, sondern vielmehr deswegen, weil die mit Teilzeitarbeit angestrebten Kosten- und Produktivitätsvorteile bei den qualifizierten Berufen weit geringer ausfallen und die Zusatzkosten der Teilzeitarbeit (höhere kopfbezogene Personalkosten, Anlern- und Verwaltungskosten, Abstimmungsprobleme, Reibungsverluste) nicht ausgleichen.

Es droht eine Aushöhlung des Tarifvertragsschutzes

Teilzeitarbeitsverhältnisse sind in den letzten Jahren erheblich ausgeweitet worden, und auch in Zukunft wird sich diese Entwicklung fortsetzen. Die Ausweitung von Teilzeitarbeitsplätzen vollzieht sich zu Lasten der Vollzeitarbeitsplätze, diese werden abgebaut und aufgeteilt. Schon jetzt gibt es Branchen, wie z. B. der Einzelhandel, in denen Teilzeitarbeitsverhältnisse die Regel und Vollzeitarbeitsverhältnisse die große Ausnahme sind. Durch dieses allgemeine Unterschreiten der tariflichen Normalarbeitszeit entstehen aber große Probleme. Für die Gewerkschaften war es immer Ziel, die Arbeitszeit möglichst allgemeinverbindlich kollektivvertraglich festzulegen. Hierfür sprachen und sprechen gute Gründe. Denn eine allgemeine Regelung der Dauer der Arbeitszeit

– dient dem Schutz der Arbeitnehmer vor einer unbeschränkten Ausbeutung der Arbeitskraft und setzt den Maßstab für Arbeitsbelastungen. Bei einem Normalarbeitstag darf – auch auf lange Dauer – keine Gesundheitsbeeinträchtigung auftreten. Bei einer Ausweitung von Teilzeitarbeit besteht hingegen die Gefahr, daß die Unternehmen dies zu einer Anhebung des allgemeinen Leistungsniveaus nutzen werden, indem z. B. die Arbeitsintensität bei einer vierstündigen Teilzeitarbeit als allgemeine Norm angesetzt wird. Inhumane Arbeitsbedingungen werden dadurch tendenziell zementiert, weil durch die verringerte Arbeitszeit die Toleranzschwelle für gesundheitsgefährdende Belastungen nach oben verschoben wird und so Maßnahmen zur Humanisierung der Arbeit unterlaufen werden;

– stellt eine Garantiefunktion für das Einkommen dar. Die Normalarbeitszeit begründet den Anspruch auf ein regelmäßig zu zahlendes Arbeitsentgelt, das zur individuellen Existenzsicherung ausreicht. Damit ist auch der Anspruch auf Leistungen der sozialen Sicherung festgelegt. Eine Ausweitung von Teilzeitarbeit ist deswegen nichts anderes als Arbeitszeitverkürzung ohne Lohnausgleich bzw. Kurzarbeit ohne Kurzarbeitergeld;

– hat strategisch – für die gewerkschaftliche Handlungsfähigkeit – eine hohe Bedeutung. In dem Maße, wie durch individuelle, einzelvertragliche Arbeitszeitgestaltung die Dauer der betrieblichen Anwesenheit einzelner Arbeitnehmer sinkt und die Zahl der Teilzeitkräfte zunimmt, verschlechtern sich die Möglichkeiten zur wirksamen betrieblichen und tariflichen Interessenvertretung: Belastende Arbeitsbedingungen werden eher hingenommen, und die Bereitschaft zur Gegenwehr sinkt.

Eine allgemeine Verkürzung der Normalarbeitszeit verliert für die Beschfätigten an Interesse, weil eine immer größere Zahl davon überhaupt nicht mehr betroffen ist. Es wird für die Gewerkschaften schwer, die Beschäftigten gemeinsam zu aktivieren und zu mobilisieren, da die Interessen aufgespalten sind und eine Entsolidarisierung eintritt.

Individuelle Arbeitszeitflexibilisierung unterhöhlt systematisch die Verbindlichkeit des gesamten Tarifvertragssystems. Sie ist eine Strategie, um den Druck nach verkürzten und menschengerechten Arbeitszeiten aufzufangen und zugunsten profitorientierter personalpolitischer Kalküle zu kanalisieren. So soll den gewerkschaftlichen Forderungen nach kollektivvertraglich geregelten linearen Arbeitszeitverkürzungen für alle das Wasser abgegraben werden.

Die Arbeitgeberoffensive zur Ausweitung einzelvertraglich festgelegter Teilzeitarbeitsverhältnisse wird mit dem Argument begründet, jeder Arbeitnehmer solle für sich entscheiden, welche Arbeitszeitdauer er wählt. Kollektivvertragliche Regelierungen der Normalarbeitszeit behinderten diese individuelle Freiheit, eine „Arbeitszeit nach Maß“ festzulegen, sie seien eine Fremdbestimmung der Gewerkschaften über die Arbeitnehmer. Die Arbeitgeber als Anwalt der Freiheit der Arbeitnehmer? Dagegen steht die Erfahrung der Arbeiterbewegung, daß die Individualisierung der abhängig Beschäftigten gleichbedeutend ist mit Abhängigkeit, Machtlosigkeit und letztlich Unfreiheit. Erst der Zusammenschluß in den Gewerkschaften und das Bestreben, über Tarifverträge, Arbeitszeiten und Entlohnung kollektiv, d. h. gemeinsam zu reglen, entziehen die vereinzelten Arbeitnehmer dem mächtigen Druck des Kapitals. Tarifverträge z. B. über Arbeitszeiten waren immer Zugeständnisse des Kapitals, die wegen des kollektiven Auftretens der Beschäftigten eingeräumt werden mußten. Sie erst schaffen die Voraussetzungen für die Gestaltung individueller Freiheitsspielräume. Wie sähe es aus, wenn alle Beschäftigten in einem mörderischen Wettbewerb untereinander Arbeitszeiten mit den Arbeitgebern aushandeln müßten? Von „Freiheit“ und „Zeitsouveränität“ bliebe nichts übrig, es sei denn die „Freiheit“, sich den Vorgaben der Arbeitgeber anzupassen.

Die neuere Entwicklung: Variable Teilzeitarbeitsverhältnisse

Die Unternehmer werden auch weiterhin immer dort an der Aufteilung von Vollzeitarbeitsplätzen und der Einführung von Teilzeitarbeitsplätzen interessiert sein, wo es sich um überschaubare, begrenzte, einfache und sich häufig wiederholende Arbeitsvollzüge handelt. Dabei geht es aber nicht mehr nur um die „traditionelle" Form der Teilzeitarbeit als Halbtagstätigkeit, sondern darüber hinaus auch um eine Flexibilisierung der Lage und Verteilung der Teilzeitarbeit am Tag, in der Woche, im Monat, im Jahr. Im Mittelpunkt steht das Bemühen, die Arbeitszeit exakt an den Arbeitsanfall anzupassen. Die neuen Technologien und die ausgefeilten Methoden der Arbeitsorganisation machen die Abstimmung von Arbeitszeiten und Arbeitsanfall möglich. Arbeitszeitflexibilisierung wird zu einem Mittel der Rationalisierung! Dies ist insbesondere dort für die Unternehmer von großer Bedeutung, wo der Arbeitsanfall schwankt, etwa bei Belastungsspitzen im Einzelhandel, etwa bei der Besucherfrequenz im Dienstleistungsbereich oder etwa bei unterschiedlichen Auslastungen in der Produktion oder in der Verwaltung. Ohne Arbeitsunterbrechungen und Erholzeiten, ohne Personalreserven können Schwankungen durch den Einsatz flexibler Arbeitskräfte exakt ausgeglichen werden. Der Einsatz der bisherigen Vollzeitarbeitskräfte erübrigt sich, diese Arbeitsplätze können ersatzlos gestrichen werden.

So wird z. B. im Einzelhandel immer häufiger dazu übergangen, bislang Vollzeitbeschäftigte durch Änderungskündigungen auf individuell verkürzte und flexible Arbeitszeiten zu verpflichten bzw. neue Arbeitsverhältnisse nur noch in Teilzeit anzubieten. Die Personalkosten werden dadurch dauerhaft abgesenkt. Die in der gewerkschaftlichen Diskussion bekannte „kapazitätsorientierte variable Arbeitszeit" (Kapovaz) stellt eine besonders extreme Form dieser Entwicklung dar: In einem Arbeitsvertrag werden die monatlich abzuleistenden Arbeitsstunden festgelegt. Dauer und Lage der täglichen Arbeitszeiten bleiben jedoch durch den jeweiligen Arbeitsanfall bestimmt. Die Arbeitnehmer, ausschließlich Frauen, haben abrufbereit zu sein und müssen sich dem anpassen. Bezahlt wird die geleistete Arbeit, nicht aber die Abrufbereitschaft. Eine andere Variante ist die perfektionierte, z. T. computergestützte Personaleinsatzplanung: Zeitpunkt und Dauer des Arbeitseinsatzes werden mehrere Tagen im voraus mitgeteilt.

Aber auch im Büro- und Verwaltungsbereich wird es zu einer Ausdehnung flexibler Teilzeitarbeit kommen. Der Einsatz computergestützter Büro- und Kommunikationstechnologien fordert hier die Ausweitung der Teilzeitarbeit geradezu heraus, weil auf diese Weise eine bessere Auslastung der aufwendigen EDV-Systeme und damit erhebliche Rationalisierungseffekte erzielt werden können. Schutzvorschriften, z. B. zur Pausenregelung und zur Einrichtung von Mischarbeitsplätzen bei Bildschirmarbeit, können umgangen werden. Zugleich ist auch mit einer Ausweitung von Schichtarbeit in Verbindung mit Teilzeitarbeit zu rechnen.

Nicht unberührt von flexibler Teilzeitarbeit wird der Produktionsbereich bleiben. Nachdem bereits erfolgreiche Versuche zur Einführung von Gleitzeit im Produktionsbereich durchgeführt wurden, nehmen jetzt auch Bestrebungen zu, eine weitergehende Flexibilisierung der Arbeitszeit in diesem Bereich zu realisieren. In Baden-Württemberg werden in mehreren Betrieben öffentlich geförderte Modellversuche zur Planung und Einführung flexibler Arbeitszeitmodelle z. B. in der Montage, in der Teilefertigung, in der Kunststoffspritzerei, in technischen Büros usw. durchgeführt.

Völlig neue Möglichkeiten der Flexibilisierung der Arbeitszeit werden sich schließlich zukünftig durch die sogenannte „elektronische Heimarbeit" ergeben. Die geplante Breitbandverkabelung in der Bundesrepublik wird die Auslagerung zahlreicher Schreib- und Sachbearbeitertätigkeiten in allen Wirtschaftszweigen auf die Haushalte technisch möglich machen. Bereits heute gibt es Studien über die Einsatzmöglichkeiten elektronischer Heimarbeit und laufen praktische Modellversuche zur Heimarbeit unter Nutzung des Teletex-Systems der Bundespost.

Die Arbeitslosigkeit wird nicht verringert

Der Einsatz von flexiblen Teilzeitarbeitsplätzen als Rationalisierungsinstrument tritt in zunehmende Konkurrenz zur Vollzeitarbeit. Nahezu alle arbeitslosen Männer und mehr als zwei Drittel aller arbeitslosen Frauen suchen aber einen Vollzeitarbeitsplatz und können finanziell darauf auch nicht verzichten. Ein Abbau von Vollzeitarbeitsplätzen durch ihre Teilung würde daher die Arbeitslosigkeit kaum positiv berühren. Es sind sogar negative Entwicklungen zu erwarten, da durch die Flexibilisierung Produktivitätsfortschritte geradezu forciert werden. So etwa, wenn eine Vollzeitstelle in eine 20- oder 30-Stunden-Teilzeitstelle umgewandelt wird. Schließlich ist zu beachten, daß sich eine Arbeitsmarktentlastung ohnehin nur dann errechnen läßt, wenn die Dauer der Arbeitszeit verkürzt wird. Eine weitere Flexibilisierung lediglich der Lage bereits bestehender Teilzeitarbeit oder Normalarbeitszeit hat keinerlei positive Auswirkungen auf den Arbeitsmarkt; sie führen, da die Personaldecke dadurch beschnitten wird, zu einer Verschlechterung.

Dies gilt ebenso für die Ausweitung von Schicht- und Nachtarbeit und auch für die Einführung von sogenannten „Jahresarbeitszeitverträgen", wie sie von der Automobilindustrie gefordert werden. Bei diesem Jahresarbeitsvertrag wird die im Tarifvertrag fixierte Wochenarbeitszeit auf das Kalenderjahr hochgerechnet und festgeschrieben. Die Wochenarbeitszeit darf dabei jeweils um zehn Prozent nach oben oder nach unten verändert werden, nur im Jahresschnitt muß sich dies ausgleichen. Die Verlängerung oder Verkürzung der täglichen/wöchentlichen Arbeitszeit erfolgt auf Weisung der Direktion. Damit wird erreicht, daß sich die Arbeitsleistung an den saisonalen und konjunkturellen Verlauf der Produktion anpaßt. Überstunden mit Überstundenzuschlägen werden vermieden; der Ausgleich für die z. B. im Mai geleistete Mehrarbeit (etwa durch Samstagsschichten) erfolgt durch freie Tage z. B. im November, wenn die Autonachfrage saisonal nachläßt. Der Personaleinsatz wird dadurch insgesamt flexibler, Personalreserven können gestrichen werden. Für die Beschäftigten ergeben sich Nachteile: Ihre Lebensplanung muß sich an den betrieblichen Produktionsschwankungen ausrichten.

Wünschen Arbeitnehmer flexible Arbeitszeiten?

Es ist unbestritten, daß der gegenwärtige Normalarbeitstag weder in seiner Dauer noch in seiner zeitlichen Lage den Interessen der Arbeitnehmer entspricht. Den Lebens- und Freizeitbedürfnissen wird damit völlig unzureichend Rechnung getragen. Insofern kann überhaupt nicht verwundern, daß in einer Reihe von Befragungen die Arbeitnehmer für eine kürzere Arbeitszeit plädieren – mit Schwergewicht um die 35 Stunden! Auch der Wunsch nach Teilzeitarbeit ist im Grunde nichts anderes als der Wunsch nach Verkürzung der Normalarbeitszeit. Das, was heute noch Teilzeitarbeit ist, wird „morgen" nach der allgemeinen Arbeitszeitverkürzung schon wieder Vollzeitarbeit sein. Grundlegend ist aber die Frage, wie es um den Einkommensausgleich bestellt ist. Die Behauptungen gehen ja dahin, daß viele Männer, aber insbesondere sehr viele Frauen, bereit seien, individuell flexible Arbeitszeiten mit entsprechenden Einkommensverlusten anzunehmen. Ein Blick auf die Einkommensstatistik zeigt jedoch, daß für die große Masse der Arbeitnehmer Einkommensverluste nicht tragbar sind; angesichts der Einkommenseinbußen der letzten Jahre und des Sozialleistungsabbaus besteht ganz im Gegenteil die existentielle Notwendigkeit, die Realeinkommen zu sichern. Dennoch sind viele Frauen an Teilzeitarbeit interessiert:

Derartige Wünsche entstehen aber nicht im luftleeren Raum. Dahinter stehen die Bedingungen und Umstände der jeweiligen individuellen Arbeits- und Lebenssituation, die durch die Arbeitgeber ausgenutzt werden können. Hier verbergen sich vielfach soziale und gesellschaftliche Notlagen, deren individuelle Lösung für die Betroffenen oft der einzige Ausweg ist:

– Die hohe Nachfrage nach Teilzeitarbeit entspringt weitgehend dem Wunsch einer stetig wachsenden Zahl von Frauen und Müttern, Berufstätigkeit und die Erziehungs- und Familienaufgaben zu verbinden, die übermäßige Doppel- und Vielfachbelastung zu vermindern und die Alles-oder-Nichts-Entscheidung, nämlich zwischen entweder vollbelastender Normalarbeitszeit oder dem Rückzug aus dem Erwerbsleben in die Isolation des Hausfrauendaseins, zu vermeiden. Dahinter verbirgt sich das Problem, daß entsprechend der traditionellen Rollenverteilung zwischen Mann und Frau die Verantwortlichkeit für Familien- und Erziehungsaufgaben nach wie vor einseitig den Frauen zugeschoben wird. Zugleich fehlt es an ausreichenden familienergänzenden öffentlichen Einrichtungen und Diensten, wie ganztägigen Kinderkrippen, Kindertagesstätten, Gesamtschulen, Ganztagsschulen. Es ist unstatthaft und demagogisch, diese Notlagen von Frauen in abstrakte Wünsche und Interessen umzumünzen!
– Rationalisierungsmaßnahmen, Einführung neuer Technologien, Leistungsintensivierung haben die Belastungen und Beanspruchungen durch die Arbeit unerträglich ansteigen lassen. Dieser Unerträglichkeit suchen sich manche Arbeitnehmer durch eine individuelle Arbeitszeitverkürzung zu entziehen. Hinzu kommt, daß die Sensibilisierung der Arbeitnehmer hinsichtlich der Qualität und der Bedingungen ihrer Arbeit zugenommen hat. Insbesondere das Problem der Inhaltsleere vieler Tätigkeiten wird als immer bedrückender empfunden.

Bei diesen individuellen Lösungsversuchen gesellschaftlicher Probleme entsteht ein Zwiespalt: Einerseits sind die Betroffenen auf aktuelle Lösungen angewiesen, da sich die Notlagen nicht von heute auf morgen verändern lassen. Andererseits besteht die Gefahr, daß diese Probleme damit verhärtet werden. Bei Teilzeitarbeit für Frauen droht eine weitere Festschreibung der geschlechtsspezifischen Rollenzuteilung – die Alleinzuständigkeit der Frau für Haus- und Erziehungsarbeit bleibt unberührt. Außerdem werden Frauen auf den benachteiligten Randarbeitsmarkt für Teilzeit abgedrängt.

Es ist symptomatisch, daß es beim Stichwort „Abbau der Doppelbelastung" durch Teilzeitarbeit typischerweise stets um die Einschränkung der Erwerbsarbeit von Frauen, und nicht um die Erleichterung von Familien- und Hausarbeit durch den Ausbau familienergänzender öffentlicher Einrichtungen geht. Im Gegenteil, für die aktuelle Situation ist charakteristisch, daß durch Sozialleistungskürzungen die individuellen Belastungen für Erziehung und Familie zunehmen und den Frauen mehr abverlangt wird. Lasten und Kosten der Familienaufgaben sind privat und sollen auf die Frauen abgewälzt werden.

Für viele Frauen ist die Notlage so groß, daß sie ihren (qualifizierten) Vollzeitarbeitsplatz und ihren erlernten Beruf aufgeben müssen und einen Teilzeitarbeitsplatz dort annehmen, wo er überhaupt angeboten wird, nämlich in der unteren Hierarchie des Betriebes. Einen Anspruch auf ein Teilzeitarbeitsverhältnis am angestammten Arbeitsplatz gibt es für die Arbeitnehmer nicht. Das Entscheidungsmonopol liegt allein bei den Arbeitgebern. Sicherlich werden auch hier die Teilzeitarbeitsplätze „freiwillig" besetzt, aber die formale Freiwilligkeit verdeckt völlig den informellen Zwang beim Akzeptieren von unterbezahlten, unqualifizierten Teilzeittätigkeiten.

Von Freiwilligkeit der Teilzeitarbeit kann überhaupt nicht mehr die Rede sein, wenn den Beschäftigten auch gegen ihren Willen Teilzeitarbeit aufgezwungen wird. So ist es in einigen Bereichen der Privatwirtschaft, wie z. B. im Einzelhandel, mittlerweile für Frauen nur noch möglich, eine Teilzeitstelle zu bekommen. Es mehren sich auch die Fälle, in denen die Beschäftigten von den Arbeitgebern vor die Wahl gestellt werden, entweder von einem Vollzeitarbeitsplatz in ein Teilzeitarbeitsverhältnis überzuwechseln oder aber die eigene Entlassung bzw. die anderer Beschäftigter in Kauf zu nehmen. Der öffentliche Dienst spielt bei diesem Trend zum Zwang zur Teilzeitarbeit derzeit die Vorreiterrolle. Bei der Bundesbahn beispielsweise werden Auszubildende nur übernommen, wenn sie Teilzeitarbeit akzeptieren, und in nahezu allen Bundesländern hat sich die Praxis eingebürgert, angehenden Lehrern nach ihrer Referendarzeit ausschließlich Teilzeitarbeit anzubieten. Weil andere Arbeitsmöglichkeiten den Betroffenen nicht geboten werden bzw. nicht offenstehen, wird ihr Anspruch auf einen qualifikationsgerechten, vollzeitigen Arbeitsplatz günstigstenfalls zu einem minderen Recht auf Teilzeitarbeit.

Bedürfnisgerechte, humane Arbeitszeiten statt Arbeitszeitflexibilisierung

Die mit dem Konzept der Arbeitszeitflexibilisierung verbundenen nachteiligen Folgen für die Arbeitnehmer sind offensichtlich. Dennoch wäre es verfehlt, darauf mit einer schlichten Ablehnung zu reagieren. Ein Nein von seiten der Gewerkschaft ist aus zwei Gründen unangemessen: Einmal ändert eine reine Ablehnung nichts an der praktizierten Ausdehnung flexibler Arbeitszeiten durch die Arbeitgeber, der die Gewerkschaften derzeit hilflos gegenüberstehen. Zum anderen kann das reale Bedürfnis von Arbeitnehmergruppen nach Arbeitszeiten, die hinsichtlich Dauer und Lage ihren Bedürfnissen entsprechen, nicht einfach vom Tisch gewischt werden. Es stellt sich demnach die Aufgabe, sowohl die nachteiligen Folgen der praktizierten Arbeitszeitflexibilisierung zu unterbinden oder zumindest einzuschränken als auch ein positives Konzept bedürfnisgerechter, humaner Arbeitszeitgestaltung zu entwicklen. Zunächst müssen sich die Gewerkschaften verstärkt daran machen, durch tarifliche Regelungen die Situation derjenigen zu verbessern, die heute schon flexible Arbeitszeiten haben; vor allem die Teilzeitbeschäftigten sind davon betroffen. Die Forderungen hierzu haben die Gewerkschaften bereits entwickelt, es sind die Arbeitgeberverbände, die sich vehement dagegen sperren.

»Langsam werden die Zeiten wieder normal, wer nicht arbeitet, der fliegt.«

(Halbritter)

Vorschläge der Gewerkschaft HBV zur Verbesserung der rechtlichen Situation von Teilzeitbeschäftigten im Einzelhandel

1. Teilzeitbeschäftigte erhalten einen schriftlichen Arbeitsvertrag, in dem

– Arbeitszeit, Beginn und Ende der täglichen Arbeitszeit, Arbeitszeitlage;

– Art und Umfang der Tätigkeit, Einsatzort und Arbeitsplatz;

– die tarifliche Eingruppierung (Tarifgruppe, -stufe);

– Höhe und Zusammensetzung des Entgelts, einschließlich aller tariflichen und übertariflichen Bezüge und Leistungen;

– Zulagen oder Zuschläge nach Art und Umfang;

– Kündigungsfristen;

festgelegt sein müssen.

2. Jede Verschiebung, Variation oder Verlängerung der arbeitsvertraglich festgelegten Arbeitszeit von Teilzeitarbeitnehmern ist nur mit Zustimmung des Betriebsrates zulässig.

3. Mehrarbeit von Teilzeitbeschäftigten ist jede über die regelmäßig betrieblich festgelegte Arbeitszeit hinausgehende Arbeitszeit und mit den entsprechenden tariflichen Zuschlägen zu vergüten.

4. Teilzeitbeschäftigte dürfen grundsätzlich nur an maximal fünf Tagen pro Woche beschäftigt werden.

5. Wünscht ein Teilzeitarbeitnehmer eine arbeitsvertragliche Aufstockung seiner Arbeitszeit oder einen Vollzeitarbeitsplatz, so ist dieser Wunsch bevorzugt in der betrieblichen Personalplanung zu berücksichtigen.

6. Die Arbeitszeit darf täglich vier Stunden, bzw. wöchentlich 20 Stunden nicht überschreiten.

7. Teilzeitbeschäftigte dürfen nicht von betrieblichen Leistungen wie
z. B.
betriebliche Altersversorgung,
Gratifikation,
Sozialleistungen,
Zulagen,
ausgeschlossen werden.

8. Für Teilzeitbeschäftigte müssen die gleichen Maßstäbe bei der tariflichen Eingruppierung gelten wie für Vollzeitbeschäftigte. Tarifliche Leistungen sind mindestens anteilig im Verhältnis der geleisteten zur tariflichen Arbeitszeit zu gewähren.

9. Teilzeitarbeitnehmer haben den gleichen Anspruch auf alle Förderungs-, Weiterbildungs- und Umschulungsmaßnahmen wie Vollzeitbeschäftigte.

10. Beträgt das Monatseinkommen eines Teilzeitarbeitnehmers weniger als zehn Prozent der Beitragsbemessungsgrenze in der Rentenversicherung, so trägt der Arbeitgeber auch die Arbeitnehmeranteile zur Sozialversicherung.

Werden diese Schutzrechte durchgesetzt, dürfte in vielen Fällen das unternehmerische Interesse an der Beibehaltung bzw. Einrichtung flexibler Arbeitszeitverhältnisse entfallen, da die finanziellen Vorteile gegenüber Vollzeitbeschäftigten aufgewogen werden. Extrem belastende Arbeitszeitsysteme wie Kapovaz würden dadurch ganz unterbunden. Damit ist es aber noch nicht getan. Denn es steht außer Zweifel, daß ein weit verbreiteter Wunsch

(Jakobi)

nach Arbeitszeiten besteht, die sich stärker den individuellen Bedürfnissen des einzelnen Arbeitnehmers anpassen. Die 35-Stunden-Woche und der 7-Stunden-Tag sind ein wichtiger Schritt zur Erfüllung dieser Bedürfnisse, denn die Verkürzung der tarifvertraglichen Arbeitszeit ermöglicht es allen Arbeitnehmern, Männern wie Frauen, weniger zu arbeiten. Einer Einwilligung des Arbeitgebers dazu bedarf es nicht, denn die Beschäftigten haben einen Rechtsanspruch auf die Kürzung der tariflichen Arbeitszeiten.

Doch auch die verkürzte Wochenarbeitszeit entspricht nicht den Bedingungen der Beschäftigtengruppen, die sich in besonderen sozialen und persönlichen Situationen befinden, so z. B. Eltern mit Kindern, gesundheitlich Beeinträchtigte, ältere Arbeitnehmer, Beschäftigte, die eine Weiterbildung absolvieren wollen usw. Für diese Gruppen müßten durch die Gesetzgebung Ansprüche auf besondere Arbeitszeiten bzw. auf eine zeitweilige Arbeitsunterbrechung eingeräumt werden. Ansatzweise sind bereits Schritte dazu getan, es kommt darauf an, sie auszuweiten. Es sind allerdings gerade die Arbeitgeber und die konservativ-liberale Bundesregierung, die u. a. planen, den Mutterschaftsurlaub, den Bildungsurlaub, die zeitlich begrenzte Freistellung bei erkrankten Kindern einzuschränken. Hier wird deutlich, daß die propagandistische Offensive der Arbeitszeitflexibilisierung nichts mit den Wünschen und Bedürfnissen der Arbeitnehmer zu tun hat. Arbeitszeitflexibilisierung, so wie die Unternehmer sie verstehen und praktizieren, ist ein Rationalisierungsinstrument – eine humane und bedürfnisgerechte Arbeitszeitgestaltung muß ihnen durch Tarifvertrag und Gesetz erst noch abgerungen werden.

Beweglichkeit ist gefragt

Dokument 95
Bundesvereinigung der Deutschen Arbeitgeberverbände

Flexible Arbeitszeitformen sind ein neuer Ansatz. Darunter sind betriebliche Maßnahmen zeitgemäßer Arbeitsplatz- und Arbeitszeitgestaltung zu verstehen: von der Teilzeitarbeit bis zum Job-Sharing. Immer mehr Betriebe sind dabei, besondere Formen hierfür zu entwickeln. Formen, die nicht nur das Arbeitsvolumen betreffen, sondern auch die zeitliche Lage der Arbeitsstunden. Und immer mehr Arbeitnehmer – Frauen und Männer – möchten eine Arbeitszeitregelung, die ihren ganz persönlichen Bedürfnissen entgegenkommt. Hier liegt eine nutzbringende, eine weiterführende Chance.

Einzelne, meist größere Betriebe nehmen hier und dort auch eine Frühpensionierung von Mitarbeitern vor. Als kostensparende Entlastungsmaßnahme einerseits. Und als Entlassungsschutz für jüngere Arbeitnehmer andererseits.

Jede Flexibilisierung der Arbeitszeit ist sinnvoll. Für viele, die Arbeit suchen, für viele, die Arbeit haben. Viele Familien, in denen Mann und Frau verdienen, möchten in der Arbeitszeit beweglicher sein. Auch Unternehmen mit schwankender Auslastung könnten mit flexibler Arbeitszeit darauf reagieren. Der technische Fortschritt macht heute vieles möglich, was gestern in der Arbeitsorganisation nur schwer zu praktizieren war.

Deshalb JA zur individuellen Arbeitszeit und NEIN zu kollektiven Arbeitszeitverkürzungen!

... es wird kein Spaziergang werden

Noch nie hat es eine tarifpolitische Forderung der Gewerkschaften gegeben, die nach Ansicht der Arbeitgeber finanzierbar war. Letztlich entscheidend werden die Mobilisierung der Arbeitnehmer und die Entfaltung der gewerkschaftlichen Kampfkraft sein. Es stellt sich die Grundsatzfrage, ob ein Zustand weiter hingenommen wird, bei dem 90 Prozent der Beschäftigten bis zur Erschöpfung arbeiten und zehn Prozent zum absoluten Nichtstun, zur Arbeitslosigkeit verdammt sind.

Der Widerstand von Arbeitgebern und Bundesregierung gegen die 35-Stunden-Woche ist groß. Massenarbeitslosigkeit, die zentrale Begründung für die Arbeitszeitverkürzung, erschwert zugleich die politische Durchsetzung der Arbeitszeitverkürzung. Die Beschäftigten werden eingeschüchtert, es entsteht Angst. Dies kann nur ein Anlaß sein, um so intensiver die Notwendigkeit der Arbeitszeitverkürzung zu verdeutlichen. Denn die 35-Stunden-Woche eröffnet den Gewerkschaften eine realistische Möglichkeit, aus der Defensive der vergangenen Jahre herauszukommen und die Initiative zu ergreifen. Für die Arbeitnehmer ergeben sich wieder politische und gesellschaftliche Perspektiven, es geht um die Köpfe und Herzen der Mehrheit der Bevölkerung.

Die Auseinandersetzungen sind mehr als eine wirtschaftliche Machtfrage. Zur Entscheidung steht die Abwehr einer folgenschweren Schwächung der Arbeiterbewegung, an deren Ende die Kraft zur Durchsetzung tarif- und gesellschaftspolitischer Ziele beschnitten ist und die Demokratie Schaden leidet. Hier hilft kein Warten auf bessere Zeiten. Durch Abwarten werden die Zeiten schlechter. Bessere Zeiten müssen gemeinsam erkämpft werden.

IG METALL CHOR Bochum

AUS DEN STAHLBETRIEBEN KOMMEN WIR

(Melodie: Von den blauen Bergen kommen wir)

Aus den Stahlbetrieben kommen wir,
Frau'n und Männer aus dem Ruhrrevier,
uns're Hände sprechen Bände
von der Arbeit ohne Ende -
aus den Stahlbetrieben kommen wir.

Refrain: Singen heja - und nun geht es rund,
kämpfen um die 35 Stund',
singen heja, hoppla, heja, hoppla,
kämpfen um die 35 Stund'.

Unser Stahl geht in die ganze Welt,
unser Boß kassiert dafür das Geld,
seine Hände sprechen Bände
von dem Zählen ohne Ende -
unser Boß, der zählt so gern sein Geld.

Refrain: ...

"Aber Leute, nein, so geht das nicht!"
spricht vom Stahlverband ein hoher Wicht,
"Eure Hände müssen schaffen,
denn wie sollen wir sonst raffen",
spricht vom Stahlverband ein hoher Wicht.

Refrain: ...

Und nun drohen uns die hohen Herrn
mit Gewalt jetzt alle auszusperr'n,
so wie gestern noch die Drucker
kriegen Peitsche wir statt Zucker -,
ja, das ist die Art der hohen Herrn.

Refrain: ...

Die Gewerkschaft, ja, die gibt uns Kraft,
damit der Stahlverband sein Ziel nicht schafft,
und wir reichen uns die Hände
und wir schaffen auch die Wende,
die Gewerkschaft, ja, die gibt uns Kraft.

Refrain: ...

P.S.: Der IG Metall-Chor trifft sich
jeden Donnerstag um 17.30 Uhr
im IG Metall-Haus!!!

Den Selbstheilungskräften des Marktes stellen wir die Selbsthilfekräfte des organisierten Arbeitnehmers entgegen

Dokument 96
Hans Janßen, 35-Stunden-Woche, Referat auf der Zentralen Geschäftsführerkonferenz am 8. September 1983 in Frankfurt a. M., S. 4–6.

Den Selbstheilungskräften des Marktes stellen wir die Selbsthilfekräfte der organisierten Arbeitnehmer entgegen, wenn wir mit der 35-Stunden-Woche Arbeitsplätze sichern und schaffen, wenn wir mit der 35-Stunden-Woche die Arbeitslosigkeit und ihren Anstieg bekämpfen wollen.

Dies mag in der Tat ein ideologischer Kern sein, wenn man ihn so nennen will, weil wir aus Geschichte und Erfahrung wissen, daß nur unser solidarischer Zusammenschluß, daß nur unsere Geschlossenheit und Stärke eine Veränderung der Lage zu unseren Gunsten, zugunsten der Arbeitnehmer bewirken kann.

Damit greifen wir in unserer Tarifpolitik einen zentralen Punkt des DGB-Programms zur Wiederherstellung der Vollbeschäftigung auf. Damit stehen wir natürlich im Zentrum der gegenwärtigen wirtschafts-, gesellschafts- und sozialpolitischen Auseinandersetzungen.

Die Arbeitgeber machten die drastische Verringerung des sozialen und materiellen Besitzstandes der Arbeitnehmer zum erklärten politischen Programm und zur alleinigen Voraussetzung der Bekämpfung der Wirtschafts- und Beschäftigungskrise. Sie erteilten jeder Form von genereller Arbeitszeitverkürzung eine kategorische Absage. Wer sich so verhält, der hat von vornherein dieser Auseinandersetzung eine höchst politische Dimension gegeben und sich der argumentativen Auseinandersetzung weitgehend entzogen.

So wird die Durchsetzung der 35-Stunden-Woche – ob wir es wollen oder nicht – eine gesellschaftspolitische Auseinandersetzung von höchster Bedeutung. Sie wird das deshalb, weil sich in dieser Auseinandersetzung mit entscheiden wird, ob sich die Kapitalinteressen mit ihren Rezepten, die Wirtschafts- und Beschäftigungskrise zu bewältigen, auf absehbare Zeit ungehindert durchsetzen können. Oder, anders ausgedrückt: In dieser Auseinandersetzung wird mit entschieden, ob nach der Änderung der politischen Mehrheitsverhältnisse auch die ökonomisch-gesellschaftlichen Machtverhältnisse sich eindeutig und dauerhaft zugunsten des Kapitals verfestigen wie schon lange nicht mehr, ja, wie in dieser Republik noch nie zuvor.

Die politische Bedeutung der Auseinandersetzung ergibt sich allein schon aus der Tatsache, daß unsere Gesellschaft den Anstieg der Arbeitslosigkeit auf 4 bis 5 Millionen nicht ohne weitere tiefgreifende Veränderungen unseres demokratischen und sozialen Systems verkraften wird.

Wir dürfen daher nicht müde werden, immer wieder darauf hinzuweisen, daß die Forderung nach der 35-Stunden-Woche natürlich ein Beitrag ist und auch sein soll, zur demokratischen und sozialen Bewältigung der Krise. Dies kann aber nicht ohne Beschäftigungswirkung durch die 35-Stunden-Woche, sondern, positiv formuliert, nur durch diese Beschäftigungswirkung erreicht werden. Darum stehen eindeutig im Mittelpunkt und im Vordergrund auch bei dieser Betrachtung die positiven Wirkungen der 35-Stunden-Woche für Arbeitsplätze, für Humanisierung und für die Verbesserung der Lebensbedingungen der Arbeitnehmer.

Noch ein anderer Punkt ist politisch bedeutsam: Wir haben immer gesagt, daß die 35-Stunden-Woche kein Allheilmittel in der Krisenbekämpfung ist. Bewußt habe ich auf das DGB-Programm mit den Forderungen zur Wiederherstellung der Vollbeschäftigung hingewiesen, weil dort der Zusammenhang dieser Strategie deutlich wird.

Verbunden mit der Forderung nach der 35-Stunden-Woche müssen wir auch unsere gesellschaftspolitische Mobilisierung, die 1981 mit der Stuttgarter Demonstration begonnen hat, die 1982 mit den Demonstrationen des DGB gegen Sozialabbau fortgeführt wurde, weiterführen und verstärken.

(bild-werk)

Erich Fried

Fünfunddreißig Stunden

Nur 35 Stunden
Das scheint den Herrn nicht gut:
Nur 35 Stunden
Arbeiterzeit und -blut.
35 Stunden:
Ich sähe doch wirklich gern
mal 35 Stunden
im Werk malochen die Herrn!
Ob 35 Stunden
dann zu wenig wären für sie?
Nein, 35 Stunden,
das ertrügen die Herren nie.

35 Stunden:
Das ist klar, und jeder sieht,
auch bei 35 Stunden
machen sie noch ihren Profit.
Aber 35 Stunden
schafft da und dort die Arbeit für den,
dessen Arbeitsplatz ist sonst verschwunden,
der muß sonst leer ausgehn.
Drum: 35 Stunden,
wenn einer für alle steht,
das ist eine gute Losung,
weil es um alle geht.

Und wenn da seit fünfzig Jahren
kein Arbeitskampf mehr war,
so seht hin, was die Jahre waren,
und eines ist dann klar:
Ein Teil von diesen Jahren,
das war Hitlers Arbeitsfront,
ja, das war ein Arbeitsfriede,
in dem sich die Herren gesonnt!
Und dann kam mit den Aufbaujahren
die Wirtschaftswunder-Zeit –
die ist auch längst dahingefahren,
die liegt heut zurück schon weit!

Und 35 Stunden,
das sei gegen Sozialpartnerschaft?! –
Im Gegenteil: jetzt zeigt mal
der Sozialpartner seine Kraft!
35 Stunden –
wir alle wünschen euch Glück.
Man kämpft, indem man vorgeht,
denn von selbst geht es sonst nur zurück.
35 Stunden,
das ist kein leeres Wort.
Die Herren, die wollen euch bremsen,
doch der Fortschritt schreitet fort.
35 Stunden,
ist nur eines, worum es geht.
Drum vorwärts und nicht vergessen
die Solidarität!

(Im Zeichen der Solidarität
mit den Stahlarbeitern
und als Gruß an sie geschrieben
am 3. Dezember 1978.)

Weiterführende Sekundärliteratur zur Geschichte der Arbeitszeitverkürzung:

Gerald D. Feldmann,
Irmgard Steinisch
Die Weimarer Republik zwischen Sozial- und Wirtschaftsstaat
Die Entscheidung gegen den Achtstundentag
Archiv für Sozialgeschichte, Band XVIII, Bonn 1978, Seiten 353–439

Jürgen Kuczynski
Die Geschichte der Lage der Arbeiter unter dem Kapitalismus, Band 21, Berlin 1971 (Registerband) Quellenhinweise auf die Bände 1–20 unter Stichwort Arbeitszeitverkürzung, Arbeitszeitbeschränkung und Arbeitszeitverlängerung, Seite 142

Jürgen Reulecke
Vom blauen Montag zum Arbeiterurlaub
Vorgeschichte und Entstehung des Erholungsurlaubs für Arbeiter vor dem Ersten Weltkrieg
Archiv für Sozialgeschichte, Band XVI, Bonn 1976, Seiten 205–248

Zum Thema Arbeitszeitverkürzung sind im Bund-Verlag erschienen:

Hans Mayr, Hans Janßen (Hrsg.)
Perspektiven der Arbeitszeitverkürzung
Wissenschaftler und Gewerkschafter zur 35-Stunden-Woche
Mit Beiträgen von E. Altvater, K. Benz-Overhage, G. Bosch, Ch. v. Ferber, K. Johannson, I. Kühl, R. Kuda, K. Lang, Th. Leithäuser, E. Liebau, E. Loderer, K. Mehrens, D. Mertens, F. Naschold, O. Negt, C. Offe, E. Ott, W. Pöhler, H. Preiss, H. Schauer, E. Schudlich, W. Spieker, K. G. Zinn, R. Zoll

Michael Schneider
Streit um Arbeitszeit
Geschichte des Kampfes um Arbeitszeitverkürzung in Deutschland
Herausgegeben von Hans Mayr und Hans Janßen
Vor dem Hintergrund der wirtschaftlichen und politischen Entwicklung werden die Auseinandersetzungen um die Länge der Arbeitszeit vom Beginn der Industrialisierung um 1830 bis hin zum Kampf um den Einstieg in die 35-Stunden-Woche 1978/79 nachgezeichnet und dokumentiert.